崔鍾洙 言論半世記

전남일보 창간 비망록

나남출판

최종수(崔鍾洙)

학산(鶴山) 최종수는 1931년 전남 무안에서 태어나, 서울대 문리대 영문학과를 졸업했다. 1966년 한국일보 외신부기자로 출발하여, 코리아타임스 편집부장, 부국장, 한국일보 논설위원을 역임한 후, 한국언론연구원 창설에 참여하여 연수 및 연구이사로 한국의 언론인 재교육의 본격적인 토대를 마련하는 데 기여했다. 1987년 광주로 내려가 전남일보의 창간과 1993년 광주대학교 언론대학원 창설과 광주 · 전남 언론학회의 창립 등을 통해서, 지방언론의 자질향상에 진력했다.
1992년 한국종합유선방송위원회 초대위원으로 임명되었고, 1998년에 한국 케이블TV방송협회 회장으로 취임하여 2002년 퇴임할 때까지 10년 동안 우리나라 케이블TV방송의 도입 · 정착과 발전에 이바지하였다. 그는 또한 서울대 신문대학원, 독일 베를린 신문연구소, 미국 신문연구소, 일본 도쿄대학 신문연구소 등에서 신문학 및 커뮤니케이션 이론을 연구하고 1987년 연세대학교 대학원에서 언론학 박사 학위를 취득했다. 주요 저서로는 《한국신문편집론》, 《매스커뮤니케이션 이론》, 《한일언론비교연구》, 《커뮤니케이션 원론》(역서), 기타 다수의 연구논문이 있다.

나남신서 · 1172

崔鍾洙 言論半世記
전남일보 창간 비망록

2006년 10월 15일 발행
2006년 10월 15일 1쇄

저자 ··· 崔鍾洙
발행자 ··· 趙相浩
편집 ··· 방순영 · 김지환
디자인 ··· 이필숙
발행처 ··· (주) 나남출판
주소 ··· 413-756 경기도 파주시 교하읍
출판도시 518-4
전화 ··· 031) 955-4600 (代)
FAX ··· 031) 955-4555
등록 ··· 제 1-71호 (79.5.12)
홈페이지 ··· www.nanam.net
전자우편 ··· post@nanam.net

ISBN 89-300-8172-X
ISBN 89-300-8001-4 (세트)

책값은 뒤표지에 있습니다.

· 이 책은 관훈클럽 신영연구기금의 도움을 받아 저술 출판되었습니다.

崔鍾洙 言論半世記

전남일보 창간 비망록

言論學 博上 최종수 著

NANAM
나남출판

1988년 7월 11일 광주시 중흥동 700-5번지(광주역 앞)에서 신사옥 기공을 앞두고 도열한 전남일보 중역들. 좌로부터 박갑동 광고국 외근국장, 김중광 기획국 상무, 문순태 편집국장, 최봉인 서울지사장, 윤선호 부사장, 이종열 광주상호신용금고 사장, 이훈동 대표이사 회장, 최종수 대표이사 사장, 정일호 광고국장, 김연두 광고부국장(얼굴이 가려진 사람), 최하림 편집부국장, 오무 편집부국장, 이광현 업무국장, 장광영 편집실장, 박기남 업무부국장.

1988년 10월 7일 전남 장성에 있는 전남대 연수원에서 열린 제 1차 사원단합대회에서 창간 작업을 숙의하고 있는 이훈동 회장(왼쪽)과 최종수 사장.

신축사옥의 위용 : 광주시 중흥동 700-5번지(광주역 앞)에 대지 7백 평, 연건평 3천2백 평의 지하 3층 지상 9층 초현대식 건물로 새모습을 갖춘 전남일보 신사옥은 1988년 7월 12일에 착공한 지 1년여 만에 준공되었다. 전남일보는 신사옥 건립을 계기로 삼아, 진실 · 공정보도를 실천함으로써 민주언론의 새 지평을 열고, 광주 · 전남지역의 참다운 대번지로서 지역사회 개발에 더욱 노력하여 이 땅이 희망찬 낙토가 되도록 최선을 다할 것을 다시 한 번 굳게 다짐했다.

1988년 11월 4일 전남 장성에 있는 전남대 연수원에서 열린 제 2차 사원수련대회에서 "전남일보의 나아갈 길"을 밝히고 있는 최종수 사장.

1988년 10월 7일 장성에서 열린 사원단합대회에서 사원들의 배구시합을 지켜보고 있는 이훈동 회장(뒷편 중앙), 이정일 부회장(왼쪽), 최종수 사장(오른쪽).

1989년 1월 9일 광주 신양파크호텔에서 열린 전남일보 창간 축하연에서 축하의 뜻을 표하고 있는 김대중 평민당 총재.

1989년 1월 9일 광주 신양파크호텔에서 개최된 전남일보 창간 축하연에서 김인곤 광주대학교 이사장을 맞이하는 최종수 사장(가운데)과 이정일 부회장(오른쪽).

머리말

나는 근 반세기 동안 언론계에 몸을 담고 살아왔다. 그동안 신문제작의 현장에서 실무를 맡아보면서 때로는 대학강단에서 신문학을 가르치기도 했다. 신문제작은 많은 사람들이 관여하는 것이어서 어떤 특정한 한 사람만의 뜻대로 이루어지는 것은 아니다. 그러나 제작의 한 책임자가 머리 속에 어떤 확고한 신념과 구상을 지니고 있다면 그것은 그 신문의 흐름 속에 드러나게 마련이다.

이 책에 담긴 내용은 상당기간 서울의 한 신문사에 몸담아왔던 한 언론인이 자신의 고향에 내려가 평소 머리 속에 그려오던 하나의 '건실한 지방신문'을 만들어보려 애쓴 발자취를 잊지 않기 위해서 적어놓은 비망록(備忘錄)이다. 더 구체적으로 말하면 이 기록은 저자가 《전남일보》를 창간하자는 권유를 받은 1987년 7월 18일부터 그 신문을 떠난 1992년 11월 13일까지 5년 남짓 동안에 겪었던 일들을 대충 적어놓은 일기이다.

따라서 이 기록은 《전남일보》에 직접 관여했거나 또는 특별한 관심을 갖는 사람이 아니라면 그저 따분하고 싱거운 기록에 불과할는지 모른다.

그러나 내가 이 기록을 한 권의 책으로 엮기로 마음먹은 것은 하나의 건실한 지방신문을 만들어내기 위해서 평소 내가 무엇을 중요시했으며 어떻게 대처하려 했던가를, 앞으로 신문을 공부하는 사람들을 위해 하나의 자료로 남겨 놓으려는 데 있다.

건실한 신문은 첫째, 발행목적이 올바르게 서 있어야 한다. 발행목적은 신문사의 사시(社是)를 통해서 명시적으로 적시되며 그 사시는 신문제작의 기본적 지침, 다시 말하면 편집방침이 된다. 편집방침은 그 신문내용을 제작하는 사람들의 의식 속에 내면화되어 일상적 작업에서 기사의 뉴스가치를 평가 측정하는 데 있어 공통적 기준이 되어주는 것이다.

《전남일보》를 창간하면서 내가 가장 큰 관심을 가진 것은 신문제작에 참여하는 전 사원들에게 어떻게 하면 발행인의 발행목적을 올바르게 인식시키고, 성실하게 실천할 수 있는 튼튼한 바탕을 마련해줄 것인가에 있었다. 사원들을 선발하고 훈련시키는 데에도 가장 역점을 둔 것은 어떻게 하면 건전한 사풍(社風)을 조성하는 데 도움을 줄 것인가에 있었다. 사원들에게 끈끈한 공동체의식과 투철한 언론의 윤리의식을 심어주기 위해서 수련회나 단합대회를 자주 가졌다.

이 기록은 또한 한 신문이 존립하고 유지되는 데에 안팎으로부터 어떤 자극과 압력을 받고 어떤 영향을 주는가를 살펴볼 수 있는 중요한 자료가 될 것이다. 이러한 실증적 자료는 신문사라는 조직체의 생태를 연구하거나 또는 신문의 기능이나 개성을 연구하는 사람들에게는 생생한 자료가 될 것이다.

실제로 한 신문이 그날의 내용을 제작하는 데는 안팎으로부터 여러 가지 자극과 압력을 받는다. 조직 내부로부터 오는 큰 압력 중의 하나는 경영주, 즉 사주로부터 온다. 그러나 그에 못지않게 자주 일어나는 갈등은 신문제작에 최종적 책임을 맡고 있는 사장과 일선에서 개별적인 기사의 수집과 선택에 책임을 진 편집국장 사이에서 벌어지는 견해차이이다.

그것은 어떤 특정기사에 대한 가치평가에서의 차이, 또는 특정사건에 대한 입장차이에서 생기는 마찰인 것이다. 예컨대 광주의 5·18 문제에 관한 시각에서도 그 사건의 발생 당시에 광주현지에서 직접 목격했던 편집국장과 그 당시 그 사건을 서울에서 간접적으로 겪었던 사장 사이에는 약간의 차이가 있었다. 또한 진보적 성향을 지닌 편집국장과 다소 보수적인 사장 사이에는 어떤 특정기사의 선택이나 취급에 상당한 견해차이가 드러나곤 했다.

조직 내부에서 오는 압력, 자주 부딪치는 까다로운 문제는 노조와의 사이에서 야기되는 마찰에서 온다. 5·18 비상사태를 겪은 광주지역은 상당기간 국내의 다른 지역과는 크게 차별되는 특수한 의식풍조가 조성되어 있었다. 그러한 분위기 속에서 숨쉰 젊은 노조원들의 성향은 좀 과격하고, 진보적인 색채가 농후했다. 이래서 온건한 보수노선을 지키려는 경영측과 짐짓 혁신적 노선을 추구하려는 노조 사이에서 뉴스의 선택이나 기사의 배치를 둘러싸고 자주 마찰이 일어났다.

물론 외부의 압력도 여러 갈래를 타고 들어왔다. 전두환 정권 때와 같은 철저한 정치적 통제는 아니더라도 정치적 또는 안보적 면에서 민감한 문제들이 발생하면 안기부 광주분실로부터 은근한 압력이 있었고, 치안 또는 행정적 문제에 있어서는 광주시청, 전남도청, 검찰청, 지방경찰국, 그리고 여러 군사기관들로부터 협조요청이 들어왔다. 뿐만 아니라 각 정당의 지구당, 5·18 관련단체들, 그리고 지역 안의 각종 민·관단체들로부터 항의, 비판 또는 지지, 격려를 보내오기도 했다.

한 지역의 신문사 사장은 그 지역에서 열리는 주요 행사에 참여하게 된다. 대표적인 행사로는 매월 광주시장과 전남도지사가 번갈아서 주재하는 기관장조찬회가 있었다. 그리고 주요 경제단체장들의 친목

모임인 산경회(産經會), 지역 언론사 대표들이 모이는 언론간담회 등이 있었다. 이 밖에도 개별적인 단체나 기관들이 주최하는 행사에 초청되기도 하고 또한 직접 신문사를 방문하는 손님들을 만나기도 하여 많은 정보를 교환하게 된다. 이러한 외부와의 접촉들은 모두 신문의 제작내용에 크든 작든 나름대로 영향을 준다. 따라서 이러한 기록들은 한 신문사가 지역사회와 어떠한 상호작용의 네트워크 속에서 제작 운영되는가를 가려볼 수 있는 생생한 자료가 될 것이다.

이 비망록은 크게 두 가지 부분으로 나누어져 있다. "제 1 부 배경편"에서는 《전남일보》가 어떤 경험과 이론적 배경에서 구상되고 형상화되었는가를 알아볼 수 있도록 두 가지 자료를 제시해 놓았다. 그 하나는 창간의 책임을 맡은 저자 자신이 언론계에서 어떠한 역정을 밟아왔던가를 "나의 언론생활 반세기" 속에 밝혀 놓았다. 또 하나는 저자 자신이 평소 지방언론에 관해서 어떻게 생각하고 있었던가를 짐작할 수 있도록 지방언론에 대한 저자의 기존 논문 두 편을 소개해 놓았다.

그리고 새 신문의 내용을 어떻게 차별화할 것인가, 즉 《전남일보》의 특색을 어떻게 만들어낼 것인가에 관해서는 저자가 창간에 앞서 편집국 간부들에게 한 강연내용, "전남일보의 특성을 어떻게 구현할 것인가"를 제시해 놓았다.

끝으로 독자 여러분의 양해를 구하고 싶은 것이 있다. 애초의 원고는 창간논의가 시작된 1987년 7월 17일부터 시작했는데, 막상 인쇄에 붙이려 정리해 놓고 보니 그 부피가 한 권의 책으로 엮기에는 너무 많았다. 그래서 여기에서는 1988년 12월 31일까지의, 약 1년 반 동안의 창간준비 단계의 부분은 생략하기로 하고 신문이 실제로 발행되기 시작한 1989년 초부터 수록하기로 했다. 다만 이 생략된 준비단계의 경과는 제 1부 배경 편에 실은 "나의 언론생활 반세기" 속의 "전남일보 창간의 개요” 속에 그 주요한 내용들을 적어놓았다.

그리고 또 한 가지 양해를 구하고 싶은 것은 이 책의 “제2부 일기편”에 나오는 내용들은 지금으로부터 10여 년 전에 씌어진 것들이어서 경우에 따라서는 등장인물들에게 달갑지 않은 표현도 없지 않을 것이다. 당시에 지녔던 느낌을 그대로 남겨둔 것이니 너그럽게 양해해 주었으면 한다.

마지막으로 이 책은 ‘관훈클럽 신영기금’으로부터 지원기금을 받았으며, 나남출판 편집부의 정성을 통해서 햇빛을 보게 되었다. 언론인 친목단체인 관훈클럽과 나남출판의 조상호 사장에게 깊이 감사드린다.

2006년 10월
경기도 수지에서

언론인 최종수 박사를 말한다

박 권 상(언론인)

사람이란 그 무엇인가를 하기 위해, 무엇인가 뜻있는 사명을 띠고 태어난다. 그 무엇이 구체적으로 무엇을 뜻하느냐는 사람에 따라 다르고, 그 무엇을 어느 정도까지 이루느냐 역시 그 사람이 지닌 능력과 의지에 달려 있고 또한 그 사람이 처한 객관적 환경에 따라 달라진다.

편안하게 뜻을 이루어 큰일을 이루는 사람도 있고, 아무리 능력이 있어도 객관적 조건이 맞지 않아 아무 일도 이루지 못하는 비운의 사람도 있다.

나의 벗, 언론인 최종수 박사의 경우, 근 50년, 긴긴 세월을 언론이라는 험난한 외길에 집착하여 한눈팔지 않고 언론인으로 큰 뜻을 이루었다는 점, 한 동료로서 충심으로 축하하고 싶다. 온갖 어려움 속에서 고비고비마다 성공한 역사창조의 주인공이었다는 점, 새삼 경의를 표하고 싶다.

1956년 그는 서울대 문리대 영문학과를 졸업한 후 《한국일보》에 참여, 외신부에서 일하게 된 것이 언론계에 디딘 첫걸음이었다. 그로부터 2년 후 자매지 《코리아타임스》에 자리를 옮겨 기자, 부장, 부국장을 두루 섭렵하고 다시 《한국일보》 논설위원으로 돌아오는 등, 지위 상승에 정비례해서 무거워지는 책임을 성공적으로 수행하였다.

그가 감수성이 강한 청년기에 영자지에서 근무하였다는 것은 특별한 의미가 있다. 사실 1950년대만 하더라도 한국의 언론은 삭막한 불모지였다. 일제치하에 배우고 익혔던 낡은 저널리즘의 타성에 젖어 별다른 감회없이 맥없이 신문을 만들었던 시절이었다. 전쟁이 멎은 50년대 중엽에 비로소 미국식 저널리즘이 이 땅에 싹트기 시작하였는데 변화와 개혁의 통로는 AP, UP, AFP, 로이터 등 외국통신, 타임, 뉴스위크, 뉴욕 타임스 등 선진국 언론을 열심히 읽고 배우는 것이었다. 따라서 코리아타임스라든가 코리아헤럴드 등 영자지에서 근무하는 청년기자들이야말로 직업상 변화와 개혁의 문을 여는 데 선구자적 역할을 맡았다. 영어를 읽을 수 있고 쓸 수 있기 때문이다. 그 당시만 해도 언론을 가르치는 학교가 있는 것도 아니고 선생님들이 따로 있는 것도 아니고 모두가 스스로 익히고 터득하는 독학생들이었다.

간단한 사건기사 한 건 쓰는 데도 일제시 배운 기사작성법인 '기·승·전·결'의 문장형식을 따랐다. 반면에 미국식 신문기사는 이른바 '역삼각형 피라미드'식 리드로 시작한다. 제일 중요한 결론을 기사 머리에 서술하고, 다음으로 중요한 내용을 두 번째 문단에 배열하고, 세 번째 중요한 내용은 그 다음 문단에 기술하는 방식이었다. 이런 식의 기사작성은 영문으로 쓰는 기사의 공식이었다. 신식언론의 한 단면이지만, 이 밖에 취재요령이라든가 언론의 자유 및 책임이라는 기본개념이라든가 언론의 법과 윤리 등 모든 분야가 미국에서 직수입하다시피 했는데 당연히 영어를 아는 젊은 기자들이 앞장설 수밖에 없었다.

최종수 기자는 그런 변화와 개혁의 선두그룹에 속해 있었다. 이 기간 독일, 미국에 있는 유수한 언론인 연수기관에서 연수받는 행운을 누렸다. 1960년대 후반에 새로 생긴 서울대학교 신문대학원에서 석사과정을 이수하여 이론적인 분야에서도 두각을 나타냈다.

특히 신문편집론에 관련한 교과서를 펴내 큰 반향을 일으켰다. 그는 1980년대에 한국언론연구원 설립에 참여, 근 10년간 후배언론인을 훈련·육성하는 데 앞장서 그 동안에 익혔던 선진언론의 방법론과 지식 등을 후배들에게 전수하였다. 아울러 이 무렵 연세대에서 언론학박사를 획득한 지극히 드문 언론학자였다.

그러나 무엇보다도 심혈을 기울이고 가장 가시적으로 빛나는 업적을 남긴 것은 1987년에 고향 광주에 돌아가 참된 지방지 《전남일보》를 창간한 것이다. 당시 지방언론은 존재 자체가 별로 인정받지 못한 황폐한 영역이었다. 1980년 군사쿠데타로 집권한 전두환 정권은 일본 군국주의가 전쟁 말엽에 강행했던 '1도1지' 정책을 도입하여 한 도에 한 개의 일간지만 존재를 허락한 것이다. 따라서 경쟁이 없는 언론이었다. 다원적 경쟁이 없는데 발전이 있을 수 없었다. 그저 정권이 지시하는 대로 여론을 일방적으로 몰아가는 홍보의 첨병이었을 뿐이었다.

그러나 6·29 항쟁의 열매는 이 땅에 자유와 민주화를 가져왔고, 자유언론의 지평선을 무한대로 넓혀 놓았다. 그야말로 백화제방, 백가쟁명의 시대가 전개된 것이다. 동시에 어지럽게 요동치는 혼란의 세상이기도 하였다. 이렇듯 흔들리는 세상에 어지럽지 않게 정론의 깃발을 든 《전남일보》가 격랑의 땅 광주에 태어났고 뿌리를 내린 것이다. 여기에는 30년간 갈고 닦은 저널리즘의 혼과 기량을 마음껏 발휘한 참언론인 최종수의 바른 리더십이 있었다.

다음 단계로 그는 다시 서울에 올라와 케이블TV 방송의 문을 여는 데 그의 성숙한 솜씨와 지혜를 발휘하였다. 1990년대에 들어서 이미 한국은 종이신문의 시대가 기울고 방송저널리즘의 시대가 고개를 들고 있었다. 바야흐로 관제방송체제가 서서히 무너지고 자유롭고 그러나 책임있는 방송의 문이 열렸는데, 재정 면에서 넉넉한 지상파방송이 방송의 선도적 역할을 하였다.

다시 말해 케이블방송은 아직까지 별로 알려지지 않은 미지의 세계였다. 그는 처음 6년간 한국종합유선방송위원회 위원의 한 사람으로 갓 태어난 케이블TV 방송을 키우는 데 정열을 쏟았다. 그러나 케이블방송의 길은 결코 순조롭지 않았다. 특히 IMF 사태의 참담한 태풍 속에 케이블방송 업계는 태어나기가 무섭게 파산지경으로 몰락하기 시작했다.

그는 빈사상태의 케이블TV 방송을 구출해야 한다는 힘겨운 사명을 안고, 1998년 5월 한국케이블TV방송협회장에 취임하여 고난의 행군을 시작하였다. 그의 지도하에 케이블방송업계는 불과 5, 6년 만에 가뿐히 소생했을 뿐만 아니라 지금은 거꾸로 지상파방송을 위협할 정도로 재정적으로 넉넉해졌고, 다양한 콘텐츠로 시청자를 이끄는 신흥매체로 발전하였다.

이상은 언론인 최종수 박사가 걸어온 성공의 역정을 간결하게 요약한 것, 다채롭고 그러면서도 험준한 길을 용케도 이겨낸 승리의 기록이다. 거기에는 올바른 방향감각과 요지부동한 의지력, 그리고 언제나 난관을 정면으로 대결하는 용기가 길을 열어준 것이다.

이번에 그가 가장 보람있게 창간했고 성공적으로 성장시킨 《전남일보》 이야기를 정리하여 세상에 내놓는다. 소중한 체험담이라는 데 관심이 쏠리고 지방언론을 이해하는 데 의심할 바 없이 좋은 참고서라고 기대할 만하다. 감히 일독을 권한다.

언론학자 최종수 교수를 말한다

차배근
(서울대 언론정보학과 교수)

"두 마리 토끼를 잡으려다가 하나도 못 잡는다"는 속담이 있다. 그러나 학산(鶴山) 최종수 박사(이하 '학산'으로 약칭)는 두 마리 토끼를 모두 잡으셨다. 학산은 언론인으로서도 크게 성공하셨고, 또한 언론학자로서도 성공했기 때문이다. 그러나 내가 학산을 존경하는 것은 단순히 그가 두 마리의 토끼를 모두 잡았기 때문이 아니라, 언론학자로서 지칠 줄 모르는 학구열과 강직한 선비정신 때문이다.

언론인 겸 언론학자로서의 최종수 박사의 목표

학산이 정식으로 신문방송학과(광주대학교) 교수가 된 것은 《전남일보》 사장을 물러난 다음해인 1993년 3월로서 62세 때였다. 그러나 학산이 교수가 된 것은 요즈음 흔히 볼 수 있는 다른 언론인들, 즉 언론계에서 은퇴하면 대학으로 가서 '석좌교수'니 '겸임교수'니 하는 자리를 얻어 소일(?)하며 명예나 누리는 사람들과는 달랐다. 왜냐하면 학산은 언론계에 종사했다는 경력만으로 교수가 된 것이 아니라, 그간에 언론학 석사와 박사를 취득했으며, 6권의 저서와 60여 편의 논문을 발표한 실력파 언론학자이기에 대학에서 교수로 초빙한 것이기 때문이다.

때문에 학산이 언론학 교수가 되었을 때, 언론학계 교수들은 "최 박사가 드디어 교수가 되셨구나"라든지 또는 "진작 교수가 되실 것이지"라고 말했다. 나 역시 그간에 "학산이 왜 교수가 되지 않나" 하고 여러 번 생각했다. 왜냐하면 학산은 평생 언론인으로 자처했지만 언론인들 중에서는 말할 것도 없고, 언론학계에서도 찾아보기 드문 학구파 언론학자이자 대쪽같은 선비였기 때문이다. 하지만 학산은 계속 언론계에서 헌신하다가 뒤늦게야 교수가 되었는데, 그렇다면 그 이전에도 교수가 될 수 있는 자격과 기회가 얼마든지 있었음에도 불구하고 도대체 왜 학산은 편안(?) 한 교수의 길을 마다하고 40여 년간이나 언론계에서 헌신했을까?

난 이 점이 매우 궁금했다. 그러나 학산에게 직접 여쭈어보기가 좀 '뭐시기' 해서 참고 있었다. 그러다가 학산이 1993년 3월 광주대학교 신문방송학과 교수로 부임하자 "왜 진작 교수가 되지 않았느냐"고 물어보았다. 그러자 학산은 "교수가 되어 학문연구에만 전념하고도 싶었지만, 언론인으로서 한 가지 꼭 하고 싶은 것이 있었기 때문인데, 그것은 언론실무에도 새로운 매스커뮤니케이션 이론을 도입하여 취재와 편집방법 등을 과학화하고 또한 기성언론인들의 자질을 향상시켜 우리나라 언론을 발전시키고 싶은 것이었다"고 대답했다. 그러면서 이러한 꿈을 제대로 이루지 못했다고 말씀했다. 하지만 이는 겸손의 말로서, 난 결코 받아들일 수 없다. 왜냐하면 학산은 자신의 꿈을 모두 이루면서 우리나라 언론과 언론학 발전에 크게 기여했기 때문이다.

우리나라 언론발전을 위해 신문편집이론을 연구 · 정립

언론인으로서의 학산의 업적은 차치하고, 언론학자로서의 학산의 업적만 보아도 너무 많아서 그것들을 일일이 모두 열거할 수 없다. 그러나 그 중에서 몇 가지만 들어보면, 우선 첫째로는 우리나라 신문편집이론의 체계적 정립을 손꼽을 수 있는데, 이는 학산이 1956년 서울대학교 문리과대학 영어영문학과를 졸업하고 동년 《한국일보》에 입사, 외신부에서 근무하다가 뛰어난 영어 실력을 인정받아 1958년 한국일보의 자매지 영자신문 코리아 타임즈(*Korea Times*) 편집부로 전보되어, 편집업무를 맡으면서 우리나라 신문들의 구태의연한 편집스타일의 원인은 곧 신문편집에 관한 이론적 접근이 거의 없기 때문이라는 것을 절감했기 때문이다.

그리하여 학산은 코리아 타임즈 편집부에서 1958년부터 1971년까지 13년 동안 편집기자 · 편집부장 · 부국장을 역임하면서 우리나라 신문편집이론의 정립에 진력했다. 그러면서 선진 외국신문들의 편집방법과 그에 관한 이론을 연구하기 위해 1966년 서독의 베를린 신문연구소(Berlin Press Institute)에 가서 3개월 동안 연구했다. 그리고 귀국하여 1967년 《신문평론》 제21호에 "신문편집 개선의 필요성"이라는 글을 통하여 우리나라 신문편집의 문제점과 개선의 필요성을 역설했다. 그러고 나서 학산은 우리나라 신문편집의 문제점을 개선하기 위하여 편집이론의 정립과 과학적 편집방식의 개발을 위한 연구를 본격적으로 시작했다. 그러던 중 마침 1968년 서울대학교에 신문대학원이 신설되자, 학산은 이 대학원에 입학하여 신문편집에 관한 새로운 매스컴 이론을 공부하고, 1970년 석사학위를 취득했는데, 석사학위논문은 "뉴스 평가과정에 있어서의 뉴스 밸류에 관한 소고"였다.

이렇게 학산은 낮에는 신문사에서, 저녁에는 대학원에서 그야말로 '주경야독'(?)을 하며 신문편집이론을 깊이 연구해서, 그것을 하루 빨리 언론실무들에게 알려주기 위해서 1969년부터 《신문평론》에 "신문편집 특강"을 연재하기 시작했다. 그리하여 "편집디자인의 기본원리"(1969년 여름호), "편집의 정의와 기능"(1969년 여름호), "활자론"(1969년 가을호), "가독성 연구"(1970년 봄호), "헤드라인론"(1970년 봄호), "편집이론"(1970년 봄호~겨울호), "편집자의 독자상"(1970년 겨울호) 등의 논문을 실었는데, 이들 논문은 당시 우리나라 언론계에 대단한 반향을 일으켰다. 왜냐하면 당시 우리나라 신문편집자들은 주먹구구식으로만 신문을 편집했지, 편집이론과 과학적 편집방법을 제대로 알지 못했기 때문이다.

이와 같은 "신문편집 특강" 이외에도 학산은 또 각종 학술지에 "레이아우트론"(《한글신문연구》 제1집, 1969), "신문의 독자투고란"(《신문연구》 제14호, 1969), "보도사진편집연구"(《저널리즘》 1970년 봄호), "뉴스평가와 편집형태의 변천"(《프레스》 1970년) 등 주옥같은 학술논문들을 발표했는데, 1970년에는 한 해 동안 무려 9편의 논문을 발표할 정도로 학구열이 왕성했다. 또한 학산은 학문에 대한 학구욕도 대단하여, 1970년 서울대학교 신문대학원에서 석사학위를 취득하자마자 곧 미국 신문연구소(American Press Institute)에 가서 매스컴이론을 본격적으로 연구했으며, 또 1971년부터 1년간 일본 동경대학 신문연구소에서 대학원과정을 이수했다.

그리고 귀국하여 1972년부터 1981년까지 10년 동안 《한국일보》 논설위원을 역임하면서 조금 한가해지자, 학산은 그간에 연구했던 신문편집에 관한 이론들을 정리하고 체계화했다. 그리하여 그것들은 1978년 《한국신문편집론》이라는 단행본으로 출판(총화각간)했으며, 이를 다시 보완하여 1980년 증보판을 전예원에서 냈는데, 이 책은 우리나라 사람이 처음 쓴 우리나라 신문편집에 관한 체계적이고 독보적 이론서로서, 우리나라 신문편집기자들의 '바이블' 역할을 했다. 또한 이 책은 각 대학 신문방송학과들에서도 신문편집에 관한 대표적 교과서로 널리 사용했다.

이러한 《한국신문편집론》을 학산이 출판하기 이전인 1972년 비록 한국편집기자협회에서 《신문편집》이라는 편집실무서를 낸 적이 있으나, 이 책에 나오는 편집이론들은 거의가 학산이 그 이전에 《신문평론》에 연재한 "신문편집 특강"과 각종 학술지에 발표한 편집이론들을 그대로 원용한 것이었다. 따라서 우리나라 신문편집에 관한 이론을 처음으로 정립한 것은 학산이었으며, 학산이 정립해 놓은 한국신문 편집이론은 우리나라 신문의 편집스타일의 혁신과 발전에 지대한 역할을 했다. 그러므로 학산은 나에게 말하기를 "우리나라 신문의 편집방법 등을 과학화하고 개선시키고자 했던 꿈을 제대로 이루지 못했다"고 했지만, 이 말을 난 절대로 받아들일 수 없다.

언론인 자질향상을 위해 매스컴이론을 연구 · 소개

둘째로 학산이 "우리나라 언론인들의 자질을 향상시켜 우리나라 언론의 발전에 기여코자 했던 꿈도 제대로 이루지 못했다"고 한 말도 난 결코 받아들일 수 없다. 왜냐하면 학산은 "언론인들의 자질향상을 위해서는 언론실무자들도 새로운 매스컴이론을 알아야 한다"는 신념에서 매스컴에 관한 여러 가지 이론들을 나름대로 체계적으로 정리해서, 논문과 저서를 통해서 언론인들에게 가르쳐 줌으로써 우리나라 언론인들의 자질향상에 크게 기여했기 때문이다.

이와 같이 하기 위해 학산은 피땀 어린 노력을 했는데, 앞서 말했듯이 학산은 코리아 타임즈에서 편집기자 · 편집부장 · 부국장을 역임하면서도 서울대학교 신문대학원에 다니면서 매스컴이론을 공부했다. 그러면서 학산은 1969년 《신문평론》(제15집)에 "커뮤니케이션에서의 피드백 작용: 독자란 부활을 위한 제언"이라는 글을 발표했는데, 이 글에서 학산은 커뮤니케이션 과정에서 주요 역할을 하는 피드백(*feedback*)에 관한 이론을 소개하며 이를 토대로 독자란 부활의 필요성을 역설함으로써 언론인들에게 매스컴이론에 관한 관심을 갖게 만들었다.

그러나 학산이 언론인들에게 매스컴이론을 본격적으로 소개하기 시작한 것은 1970년부터 2년 동안 미국 신문연구소와 일본 동경대학 신문연구소에서 매스컴이론을 연구하고 귀국, 1972년 《한국일보》 논설위원을 역임하면서부터였는데, 그는 먼저 《신문평론》(제 41집, 1972)에 "정보사회의 매스미디어"라는 글을 통하여 정보사회에서의 매스미디어는 그 이전의 매스미디어와 다르므로 언론인들도 새로운 매스컴이론을 알아야 한다고 역설했다. 그리고 같은 해 또 《신문연구》(제18호)에 "게이트키퍼론"이라는 논문을 통하여, 언론인이란 곧 뉴스 유통통로의 각 관문을 관장하는 수문장(守門將)임을 알려주면서 언론의 기능과 언론인의 책임을 새롭게 일깨워주었다.

그런 다음, 학산은 더 많은 언론실무자들에게 새로운 매스컴이론을 알려주기 위해 1972년부터 《신문평론》(1977년 《신문과 방송》으로 개제)에 "매스컴이론 강좌"라는 제목 아래, 매스컴에 관한 여러 이론들을 연재하기 시작했다. 그리하여 1977년까지 장장 5년 동안 "매스컴의 특질"(제 47호, 1974), "커뮤니케이션과정"(제 50호, 1974), "기호학과 기호론"(제 50호, 1975), "메시지의 구성과 효과"(제 65호, 1976), "매체론 서설"(제 66호, 1976), "커뮤니케이션 매체비교론"(제 67호, 1976), "맥루한의 매체론"(제 69호, 1976), "커뮤니케이션의 수신자"(제 70호, 1976), "매스컴 수용자의 성격"(제 72호, 1976), "비언어적 커뮤니케이션 서설"(제 74호, 1977), "신체동작의 언어학: 키네식스"(제 78호, 1977), "목소리의 정보전달"(제 81호, 1977) 등 모두 23편의 논문을 통하여 매스컴이론들을 소개했고, 또한 메시지의 내용분석방법도 소개했다.

이와 같은 "매스컴이론 강좌"를 연재하면서 학산은 또한 미국의 매스컴 학자 윌버 슈람(Wilbur Schramm)이 지은 *Men, Women, Message and Media: A Look at Human Communication*(New York: Harper & Row, 1973)이란 책도 번역하여 1977년 《커뮤니케이션 원론》(서울: 전예원)이라는 이름으로 출판했다. 그리고 1983년 《한일언론비교연구》라는 연구서를 출판(서울: 전예원)했으며, 1984년에는 그간에 학산이 《신문평론》에 연재했던 "매스컴이론 강좌"와 그 밖의 여러 학술지에 발표했던 매스컴이론에 관한 논문들을 모아서 《매스 커뮤니케이션이론》이라는 제목으로 출판(서울 : 전예원) 했다. 이러한 학산의 역서와 저서들 중, 《매스 커뮤니케이션이론》과 《커뮤니케이션 원론》은 특히 현역 언론인들에게 새로운 매스컴이론을 알려주어 우리나라 언론인들의 자질을 향상시키는 데 중요한 역할을 했다. 또한 이들 두 책은 전국의 각 대학 신문방송학과들에서도 매스컴이론에 관한 교과서로 널리 애용되면서 신진언론인들의 양성에도 크게 기여했는데, 특히 학산의 《매스 커뮤니케이션이론》은 내용이 풍부하고 체계적인 데다가 이해하기 쉬워서 학생들의 커다란 환영을 받았기 때문이다.

신문사 사장과 교수가 돼서도 언론학 연구·교육에 진력

위와 같이 학산은 논문과 저서들을 통하여 현역과 장래의 언론인들에게 새로운 매스컴이론을 알려줌으로써 우리나라 언론인들의 자질을 크게 높였다. 그런가 하면, 학산은 또한 1981년부터 1984년까지 3년간 한국언론연구원 연수담당 이사로 봉직하면서 조직적이고 체계적인 언론인재교육 제도를 구축해서 언론인들의 자질을 획기적으로 향상시켰다. 그리고 1984년부터 1986년까지는 동 연구원 연구담당이사로서 언론에 관한 여러 가지 연구를 주도했다. 그러면서 학산은 1982년 3월 51세의 나이로 연세대학교 대학원 신문방송학 박사과정에 입학, 1987년 3월 언론학 박사학위를 취득했는데, 학위논문은 "한국신문의 구조적 성격에 관한 연구"로서 학술가치가 매우 높은 역작이었다.

이처럼 학산은 언론학 박사학위까지 취득했음에도 학계로 나가지 않고 1987년 고향인 광주로 내려가서 《전남일보》를 창간하고 사장(대표이사)을 맡았는데, 이는 1987년 6·29 선언 이후 지방신문들이 엄청나게 불어나면서 자질이 낮은 사람들까지 기자가 되어 지역사회에 여러 가지 좋지 않은 영향을 미치는 것을 그대로 방치할 수 없었기 때문이다. 그리하여 학산은 《전남일보》 사장이 되자, 곧 엄격한 사내교육을 통하여 기자들의 자질을 향상시켜 이 신문을 모범적 지방신문으로 만들어 놓았다. 그리고 나서 《전남일보》뿐 아니라 모든 호남지역 언론인들의 자질도 높이기 위해 1992년 광주대학교 신문방송학과 교수로 취임하여 유능하고 책임감 있는 신진언론인들을 양성하는 한편, 1994년 언론대학원도 신설하고 원장이 되어 전남지역 기성언론인들에 대한 체계적이고 강도 높은 재교육을 실시, 많은 성과를 거두었다.

그러다가 1998년 2월 말 정년퇴직했는데, 비록 학산이 대학교수로 봉직한 것은 5년 남짓했지만, 강사경력까지 합치면 18년 동안 대학에서 언론학을 가르쳤다. 즉, 학산이 코리아 타임즈에 재직중이던 1970년부터 대학 상단에 서기 시작하여 한국외국어대학교(1970, 1973, 1976년), 서울대학교(1975~1978년), 경희대학교(1977년), 성균관대학교(1977~1978년), 중앙대학교(1986~1987년), 전남대학교(1990년) 신문방송학과에서 가르쳤다. 그러면서 학산은 언론학계 학술활동에도 적극 참여하여, 1971~1973년에는 한국신문학회(현 한국언론학회) 이사를 역임했으며, 1994년에는 광주·호남언론학회를 창립하여 2년 동안 회장을 맡으면서 지방언론학계의 발전에 크게 이바지했다.

때문에 나는 1972년 여름 미국에서 공부를 마치고 돌아와 이듬해 3월 서울대학교 신문대학원 전임강사가 막 되었을 때 학산을 처음 만난 이래, 지금까지 33년 동안 그가 유명한 언론인이라는 생각을 한 번도 해본 적이 없으며, 나의 뇌리에는 학산이 훌륭한 언론학자로만 깊이 각인되어 있다. 왜냐하면 첫째로 학산은 유명한 언론인이면서도 그런 내색을 전혀 내지 않고 항상 겸손했기 때문이며, 둘째로는 무엇보다도 학산은 우리나라 언론학계에서 찾아보기 드문 학구파 언론학자이기 때문이다.

이 밖에도 내가 학산을 존경하는 또 한 가지 주요 이유는 그의 강직한 성품 때문인데, 학산은 예컨대 고려말의 최영 장군과 조선조의 최만리·최익현·최제우 등 최씨 성을 가진 역사적 위인들과 마찬가지로 확고한 신념, 대쪽같은 절조, 불굴의 기개 등의 강기(剛氣)를 지니고 있으며, 이러한 학산의 강기가 추호라도 흐트러짐을 나는 보지 못했다. 그러나 학산은 항상 후학들에게도 겸손하고 인자하다. 또한 학산은 풍류도 아는 멋쟁이 선비인데, 학산은 판소리의 명고수(名鼓手)로서 북채를 잡고 장단을 맞추고 추임새를 하면서 소리꾼을 리드하는 것을 보면, 탄성이 저절로 나온다.

이러한 멋쟁이 언론학자 학산의 이 책에 내가 이 글을 쓰게 된 것을 정말 영광으로 생각한다. 그러나 이 책 내용을 보면서, 갑자기 나의 이 글이 혹시 학산에게 누를 끼쳐 드리는 것은 아닐까 하는 두려움이 들었다. 왜냐하면 학산이 1987년 7월 18일 《전남일보》 창간 권유를 받은 날부터 시작해서 1992년 11월 13일 사장직을 사임한 날까지 5년 동안 이 신문을 경영하면서 겪었던 모든 일들을 하나도 빼놓지 않고 모두 꼼꼼히 기록한 것을 보니까, 이처럼 치밀하고 완벽한 성격의 '언론학자 학산'에 관하여 난 너무 피상적으로 대충대충 이야기했다는 생각이 떠올랐기 때문이다. 학산은 이번에 또다시 우리나라 언론과 언론학 발전을 위하여 커다란 업적을 남겼는데, 학산이 이 책에 자세히 기록해 놓은 《전남일보》의 창간경위 · 경영 · 발전과정 등은 특히 우리나라 지방언론에 관한 역사연구에 귀중한 사료로 길이길이 남게 될 것이기 때문이다.

학산(鶴山) 최종수(崔鍾洙) 박사 연보

■ 1931년 3월 23일 전남 무안 태생

■ 학 력

1946~1952	목포중·고등학교 졸업
1952~1956	서울대 문리과대학 영어영문과 졸업
1966.6~9	독일 베를린 신문연구소(Berlin Press Institute) 연수
1968~1970	서울대 신문대학원 석사과정 졸업
1970.7~10	미국 신문연구소(American Press Institute) 연수
1971~1972	도쿄대 신문연구소 및 대학원 이수
1982~1985	연세대 대학원 박사과정 졸업
1987.3	연세대 대학원 언론학 박사학위 취득
	학위논문 "한국신문의 구조적 성격에 관한 연구"

■ 경 력

1956~1958	한국일보 수습기자 4기, 외신부 근무
1958~1971	코리아타임스 편집부장, 편집부국장
1972~1981	한국일보 논설위원
1971~1973	한국언론학회 이사

1978~1980	관훈클럽 운영위원(편집담당)
1981~1984	한국 언론연구원 이사(연수담당)
1984~1986	한국 언론연구원 이사(연구담당)
1987~1992	전남일보 대표이사 사장
1987~1992	국제신문협회(IPI) 회원
1992~1998	한국종합유선방송위원회 방송위원
1993~1994	광주대학교 신문방송학과 교수
1994~1997	광주대학교 언론대학원 초대 원장
1996~1998	광주·전남언론학회 초대 회장
1998~2002	한국케이블TV방송협회 회장
2001~2002	아시아케이블위성방송협회(CASBAA) 이사
2002~현재	한국케이블TV방송협회 고문
2000~현재	수성 최씨 호남종친회 회장
2005~현재	전남일보 사우회 회장

■ 강사 경력

1970, 1973 ,1976	한국외국어대
1975~1978	서울대 신문학과 및 대학원
1977	경희대 대학원
1977	성균관대 신문방송학과 및 대학원
1986	중앙대 신문방송학과 및 대학원
1990	전남대 신문방송학과
1991	광주대 신문방송학과

■ 주요 논저

저 서

《한국신문편집론》, 1978, 총화각.
《한국신문편집론》 증보판, 1980, 전예원.
《한일언론 비교연구》, 1983, 전예원.
《매스커뮤니케이션 이론》, 1984, 전예원.

역 서

《커뮤니케이션 원론》(W. Schramm, *Men, Massage and Media*), 1977, 전예원.
《커뮤니케이션》(공역), 1972, 탐구당.
《드리나 강의 다리》(Ivo Andric, *Na Drini Cuprija*), 1961, 정향사
《트랜트의 마지막 사건》(E. C. Bentley, *Trent's Last Case*), 1960, 보진재.
《벤허》(*Ben Hur*), 1960, 수도문화사.

논 문

"신문편집 개선의 필요성", 1967, 《신문평론》 21.
"커뮤니케이션에 있어서의 피드백 작용: 독자란부활을 위한 제언", 1969, 《신문연구》 15.
"레이아웃론", 1969, 《한국신문연구》 제 1집.
"편집디자인의 기본원리", 1969, 《신문평론》 30.
"편집의 정의와 기능", 1969, 《신문평론》 30.
"활자론", 1969, 《신문평론》 30.
"신문의 독자투고란", 1969, 《신문연구》 14.
"보도사진편집연구", 1970, 《저널리즘》 3.
"가독성연구", 1970, 《신문평론》 32.

"해드라인론", 1970, 《신문평론》 32.
"편집이론", 1979, 《신문평론》 33.
"편집이론", 1979, 《신문평론》 34.
"편집자의 독자상", 1970, 《신문평론》 35.
"편집이론", 1970, 《신문평론》 36.
"뉴스평가와 편집형태의 변천", 1970, 《프레스》.
"뉴스평가과정에 있어서의 뉴스밸류에 관한 소고", 1970, 서울대 신문대학원 석사학위논문.
"한국신문편집개설", 1971, 곽복산 편 《언론학개론》, 일조각.
"정보화사회의 매스미디어", 1972, 《신문평론》 41.
"편집자의 양식과 책임", 1972, 《신문연구》 18.
"게이트키퍼론", 1972, 《신문연구》 18.
"뉴스의 정의와 구성요건", 1972, 《신문연구》 18.
"뉴스밸류론", 1972, 《신문연구》 18.
"뉴스밸류의 측정", 1972, 《신문연구》 18.
"새로운 과학적 수사학", 1972, 한국신문학회 편역 《커뮤니케이션》, 탐구당.
"일본 3대지의 한반도에 관한 보도 내용분석", 1973, 《신문연구》 19.
"매스미디어의 변질과 신문의 장래", 1973, 《여성저널》 4.
"커뮤니케이션 서설", 1974, 《신문평론》 47.
"매스컴의 특질", 1974, 《신문평론》 48.
"커뮤니케이션 연구의 개요", 1974, 《신문평론》 49.
"커뮤니케이션의 과정", 1974, 《신문평론》 50.
"신문학이론을 비판한다", 1974, 《신문학보》 7.
"마이크로 커뮤니케이션", 1975. 《신문평론》 55.
"기호학과 기호론", 1975, 《신문평론》 56.
"인간의 커뮤니케이션과 동물의 커뮤니케이션", 1975, 《커뮤니케이션 연구》 제 1집(경희대 간행).

"내용연구의 배경", 1975, 《신문평론》 57.

"내용분석의 응용영역", 1975, 《신문평론》 59.

"내용분석의 설계와 표본추출", 1975, 《신문평론》 61.

"정보화사회와 정보산업, 정보화사회와 신문", 1975, 《신문연구》 21.

"메시지 연구", 1976, 《신문평론》 62.

"내용분석의 단위", 1976, 《신문평론》 63.

"내용분석의 방법론", 1976, 《신문평론》 64.

"내용분석의 단위와 수량화", 1976. 《신문평론》 64.

"메시지의 구성과 효과", 1976. 《신문평론》 65.

"매체론 서설", 1776. 《신문평론》 66.

"커뮤니케이션 매체 비교론", 1976, 《신문평론》 67.

"맥루한의 매체론", 1976, 《신문평론》 69.

"커뮤니케이션의 수신자", 1976, 《신문평론》 70.

"매스컴 수용자의 성격", 1976, 《신문평론》 72.

"매스컴 내용의 특성과 한계", 1976, 《저널리즘》 9.

"유언비어의 사회학", 1977, 《신문연구》 25.

"비언어적 커뮤니케이션 서설", 1977, 《신문과 방송》 74.

"신체동작의 언어학 - 키네식스", 1977, 《신문과 방송》 78.

"목소리의 정보전달", 1977, 《신문과 방송》 81.

"신문편집개선의 필요성", 1977, 《신문평론》 21.

"일본 3대지의 편향보도 - 한반도에 관한 기사의 내용분석", 1977, 《한국커뮤니케이션 연구》, 민중서관.

"윌버 슈람의 학문세계", 1977, 《신문학보》 9.

"이론부재의 한국언론계", 1977, 《저널리즘》 11.

"비정규교육의 어제와 오늘, 신문학교육의 성립과 발전", 1977, 《한국신문학 50년사》, 정음사.

"커뮤니케이션의 미래", 1978, 《한신미네르바》.

"한국신문연구의 과제", 1979, 《신문연구》 29.

"언론인 재교육의 어제와 오늘", 1981, 《신문연구》 33.

"한국신문에 있어서의 일본보도", 1981. 쓰지무라, 김규환 편저. 《일본과 한국의 문화마찰》, 동경출광서점.

"한일 국교수립에 대한 한국신문의 태도", 1981, 쓰지무라, 김규화 편저, 《일본과 한국의 문화마찰》, 동경출광서점.

"김희로사건에 나타난 한일신문 논평의 상호작용", 1981, 쓰지무라, 김규환 편, 《일본과 한국의 문화마찰》, 동경출광서점.

"다가마쓰쓰카 고분보도에 나타난 한국신문의 내셔널리즘", 1981, 쓰지무라, 김규환 편, 《일본과 한국의 문화마찰》, 동경출광서점.

"사설무용론의 원인 - 내용분석", 1981, 《인석 박유봉 박사 화갑기념논총》, 전예원.

"언론환경의 변화와 대응", 1992, 《신문연구》 54.

세미나 및 학술주제발표

"사실의 전파는 막지 못한다 — 한국언론 불신하면 외국간행물에 지나치게 의존한다", 1973, 기협회보.

"대학신문 편집의 이론과 실제", 1975.9.15, 수도여자사범대학보.

"지식정보의 산업화와 인간자산개발", 1976.10.19, 현대경제일보.

"언론인 재교육과 대학신방과", 1976.3.1, 기협회보.

"한글과 미디어", 1977, 한대신문(지령 500호 기념특집).

"한국언론의 현황과 문제점", (공보관, 언론인 합동세미나), 1977.

"한국신문편집의 취약점", (한국편집기자 세미나), 1979.

"한일 신문의 지나친 관심차", 1979.1.30, 기협회보.

"언론인 연수교육의 현황", 1981.12.10. 기협회보.

"신문제목의 재검토", 1982.11.26. 편집인협회보.

"언론인 재교육에 대한 거부반응", 1983.12.10, 기협회보.

"언론인 해외연수의 방향", 1983.7.9, 기협회보.

“다변화시대의 대학신문의 역할”, 1992. 전국대학신문주간 세미나.

“언론의 환경변화와 새로운 방향모색”, 1992. 관훈클럽, 한국언론학회 합동세미나.

나남신서 · 1172

崔鍾洙 言論半世紀
전남일보 창간 비망록

차 례

제2부 일 기 편

제1부
배경편

I. 나의 언론생활 반세기

1. 한국일보 시절

1) 외신부 수습기자로 출발

내가 한국일보 수습기자시험에 합격한 것이 1956년이요 나의 마지막 언론계 직장인 한국케이블TV방송협회에서 물러난 것이 2002년이니, 나의 언론계생활은 정확히 따져서 46년간이다. 그러나 비록 현역에서는 은퇴했다고 하나 지금도 내 하루의 주된 일은 신문을 읽거나 언론관계 서적을 훑어보거나 언론계의 옛 동료를 만나거나 때로는 언론생활을 회고하는 글을 쓰는 데 바치고 있으니 이 글 제목을 "나의 언론생활 반세기"라고 붙였다 해서 과장이라 할 수 없을 것이다.

내가 애초에 기자라는 직업을 선택한 것은 어떤 어마어마한 사회부정을 파헤치는 민완기자가 되겠다거나 뭇사람의 마음을 후련하게 풀어주는 명쾌한 논객이 되겠다는 욕심에서가 아니었다. 사회의 뒤안길에서 벌어지는 작고 굵은 사건들을 직접 들여다보면서 생각하는 기회를 쌓다보면 작가적 안목이나 수양을 지닐 수 있지 않을까 하는 단순한 생각에서였다. 그래서 나는 수습기간이 끝나면 사회부로 배치되기를 바랐다. 그러나 내가 대학에서 영문학을 전공했다는 이유로 영어를 다루는 외신부로 배속되었다. 내 뜻과는 상당한 거리가 있는 일자리였다.

내가 4년간 영문학을 공부했다는 사실은 부인할 수 없지만 영어는 내가 가장 접근을 피하려 했던 과목이었다. 내가 영문학을 선택해 놓고 영어를 싫어하게 된 까닭은 어처구니없는 나의 자존심 때문이었다.

지방(목포)고등학교에서 나의 영어성적은 좋은 편이었다. 영어공부를 특별히 잘 해서가 아니라 시험 전날이면 영어주해서를 두어 번 들춰 보기만 해도 결과는 좋게 나올 수밖에 없었기 때문이었다.

그러나 대학에서는 사정이 달라졌다. 한 시간 동안에 진행된 교과내용을 나중에 사전을 뒤져가며 해석하는 데 대여섯 시간이 걸리는 형편이었다. 게다가 영어문장을 읽어 내리는 동료들의 악센트나 억양이 놀라울 정도로 정확하고 유창하게 들렸다. 외국인과 접촉이 거의 없었던 지방출신의 나에게는 학우들과의 거리가 이미 극복할 수 없을 정도로 아득하게 느껴졌다. 지방에서는 꽤나 잘 나간다고 자처했던 내가 대학에 들어와서 학우들에 뒤처지고 있다는 사실을 깨닫게 되자 어줍잖은 내 자존심이 발동하여 남 앞에서는 한마디의 영어도 발음하는 것을 꺼리게 되었다. 이른바 영문학을 전공했다는 사람이 그 모양이냐는 핀잔이 날아올 것 같았기 때문이다.

어쨌든 나는 그토록 기피하던 영어의 질곡에서 벗어나지 못하고 외신부에 붙들려 2년간을 텔레타이프 앞에서 영문기사에 매달려야 했다. 그 당시 외신부가 있는 신문사는 조간을 발행하던 한국일보와 조선일보뿐이었다. 미국이나 유럽에서 일어나는 큰 뉴스는 주로 밤에 들어오기 때문에 조간신문 외신부의 비중은 크지 않을 수 없었다.

나의 직속부장은 서울대 문리대 영문과를 나온 홍승면 씨였고 조선일보에서의 나의 라이벌은 송건호 씨였다. 그 당시 외신기사의 수신상태는 고르지 못하고 자칫하면 문자가 중복인쇄되어 거의 해독이 어려울 정도로 먹칠되어 나오곤 했다. 그럴 때면 마치 암호를 해독하듯이 모든 상상력을 동원해서 거의 창작에 가까운 기사를 작성하곤 했다.

소련이 최초의 인공위성 '스푸트니크'(Sputnik) 1호 발사에 성공하자 미국이 급히 서둘러 자국 위성 '얼리버드'호를 건조하여 발사실험을 할 때였다. 곧 발사될 것이라고 발표했다가 취소를 몇 번이나 거듭한 끝에 드디어 발사했다는데 기사는 심하게 먹칠되어 나왔다. 다만 실패했다는 것을 짐작할 수 있을 뿐이었다. 두 신문의 기사는 실패했다는 사실만은 공통이었으나 그 이유는 제멋대로 꾸민 것이어서 나중에 보니 고소를 금할 수 없었다.

한 번은 이승만 대통령이 프랑스의 AFP통신과 단독인터뷰를 한 적이 있었다. 한국일보와 조선일보는 AP통신과 UPI통신하고만 특약이 되어 있을 뿐 AFP통신과는 계약되지 않았기 때문에 텔레타이프도 가설되어 있지 않았다. 그런데 다음날 아침 조선일보에는 이 대통령의 인터뷰기사가 몇개 면에 걸쳐서 대대적으로 보도되었는데 한국일보에는 단 한 줄도 비치지 않았다.

AFP통신 서울지사에서는 고의인지 실수인지 그 단독인터뷰 기사를 조선일보에게만 전화로 연락해 주었던 것이다. 유달리 조선일보와의 뉴스 경쟁에 민감했던 장기영 사장은 편집국이 뒤집어질 정도로 격노했다. 그날따라 외신의 수신상태가 깨끗한 편이어서 들어온 기사들을 충실하게 작성했던 나는 억울하게도 그 통신사에 전화를 걸어보지 않았다는 죄로 감봉처분을 당해야 했다.

2) 코리아타임스로 전임

이렇게 별로 달갑지 않은 외신부 근무를 2년간이나 지속하던 차에 동향선배인 최병우 코리아타임스 편집국장이 영문기사를 우리말로 옮기는 일은 웬만큼 했으니 이제는 자신의 생각을 영문으로 직접 써보는 것이 좋지 않겠느냐면서 코리아타임스로 옮겨 함께 일해보자고 권했다. 어차피 영어에서 벗어나지 못할 바에야 차라리 그 속에 푹 빠져버리는 것도 나쁘지 않을 것 같았다.

코리아타임스로 옮긴 지 얼마 후 최병우 국장은 당시 중공군의 포격으로 위기에 몰린 금문도의 전황을 취재하기 위해 특파되었다가 해상에서 실종되어 불귀의 객이 되었다. 후원자를 잃은 나는 그 후 10여 년간을 코리아타임스에서 편집과 외신을 맡아보게 되었다.

영자신문의 편집이라는 생소한 일을 맡게 된 나는 어쩔 수 없이 영자지 편집에 관한 서적을 이것저것 뒤져보지 않을 수 없었다. 한국일보 도서실에 있는 영자지 편집에 관한 책뿐만 아니라 미국문화원에 있는 관계서적도 닥치는 대로 빌려다 보곤 했다. 이러한 서적들은 현장실무에 다년간 종사했던 언론인들이 대학강단에 서게 되자 자신의 체험을 이론적으로 정리해 놓은 것이기 때문에 그 내용이 과학적이고 설득력이 있었다.

그런데 이에 비해 우리나라의 신문편집의 실제를 들여다보면 경험의 축적에서 우러나온 이론적 지침이나 원리 같은 것이 정립되어 있지 않고 모든 것이 주먹구구식이었다. 지면구성에서도 선배들이 취하는 상투적 방식을 어깨너머로 모방할 뿐이었다. 따라서 우리 신문의 편집스타일은 천편일률적이었고 신문마다 독자적 개성을 나타내지 못하였다.

이러한 편집의 불모성은 비단 우리나라뿐만은 아니었다. 우리보다도 현대신문을 발간하는 데 약간 앞섰던 일본에서도 크게 다를 바가 없었다. 신문에 관한 이론이나 실제를 다룬 서적은 상당히 갖춘 편인데도 유독 신문편집에 관하여 체계적으로 설명해 주는 책은 찾아볼 수 없었다.

나는 영자지 편집에 관한 전문서적을 읽으면서 우리나라 신문이나 영자지들이, 문자의 형태나 레이아웃(*layout*)의 형식이나 머리기사를 배치하는 위치가 약간 다르기는 하나, 편집에 적용되는 원리는 하등 다를 바가 없다고 생각했다. 그렇다면 서구신문의 편집원리를 원용해서 우리나라 신문의 편집이론을 구상해 보는 것도 필요하다고 느꼈다.

1969년에 한국신문연구소에서 발행하던 《신문평론》에 신문편집에 관한 이론강좌를 연재하기 시작하여 그 후 2~3년 동안에 동양계 신문 최초로 편집의 이론과 실제에 관한 체계적 골격을 제시했던 것이다. 그러나 신문편집에 관한 최초의 단행본은 이보다 3년 후인 1972년에 한국편집기자회에서 《신문편집》이라는 제목으로 출판되었다. 그리고 나는 전에 연재했던 내용에 새로운 것을 보충하여 1980년에 《한국

신문 편집론》이라는 이름으로 출판했다. 이 책은 여러 해 대학교재로 채택되어 한국에서 신문편집이론의 선구적 역할을 했다고 본다.

3) 베를린 신문연구소 연수

처음에는 영자신문 편집에 관한 서적을 주로 읽다가 차츰 보도(*reporting*)에 관한 책도 읽게 되면서 점차 나의 관심은 저널리즘 학문의 전분야로 넓어졌다. 처음에는 세상사를 경험해 본다는 차원에서 기자생활을 시작했지만 싫었던 좋았던 몇 해 동안 언론계생활을 하다 보니 언론이란 무엇인가 하는 근본문제를 알아야 했기에 저널리즘에 관한 서적들을 골라 보게 되었다.

1966년에 주한 독일대사관에서 일하던 대학동창 손형중이 찾아와서 해외연수의 길을 권했다. 독일정부가 개발도상국의 언론발전을 돕기 위해서 서베를린에 있는 신문연구소(Berlin Institute for Mass Communication in Developing Countries)를 차려놓고 중견언론인들의 저널리즘 자질향상을 위한 고급연수계획을 운영하니 여기에 참가해 보라는 것이었다. 독일대사관에서 소정의 면접과 전형을 거쳐 그 연수계획의 제6차 과정에 참가하게 되었다. 한국, 타이완, 말레이시아, 인도네시아, 스리랑카, 인도, 타이, 필리핀 등에서 11명의 중견언론인들이 참가했다.

연수기간은 3개월간인데 첫 주에는 독일언론에 관한 전반적 소개와 세계 각국의 언론인연수에 관한 설명, 그리고 간단한 회화를 위한 독일어 강좌가 있었다. 둘째 주부터는 서독과 영국의 저명언론인들을 초빙하여 취재와 편집에 관한 지식을 집중적으로 강의하고 신문의 기능, 신문의 책임과 윤리 등을 다루었다. 그리고 3개월간의 연수 중 마지막 2주간은 서독의 주요도시를 순방하면서 언론사와 주요산업시설을 시찰했다.

나는 이 3개월간의 연수를 통해서 세계언론계의 큰 흐름을 알게 되었고 저널리즘 학문을 본격적으로 탐색해야겠다고 생각하였다. 이러한 자극은 물론 강의를 통해서도 받았지만, 그 연구소에 비치된 최신 참고서적들의 영향이기도 하였다. 가장 인상적인 것은 여기에서 내가 나중에 가장 존경하게 된 매스컴학자 슈람(Wilbur Schramm)의 저서 *Responsibility in Mass Communication*과 *Mass Media in National Development*를 읽게 된 일이다. 이 두 권의 저서는 나에게는 매스컴학문에 대한 관심을 북돋았을 뿐 아니라 기본적 지침서로 역할을 했다.

독일연수에 이어서 나는 그 해 10월 20일 영국정부 초청으로 런던을 방문하였다. 영국에서는 런던타임스(The Times of London), 프레스클럽(The Press Club), 런던인쇄대학(London College of Printing), 리딩이브닝 포스트(Reading Evening Post), 톰슨 재단(Thomson Foundation), 로이터통신(Reuters) 등 주요 언론기관들을 차례로 찾아보고 나서 내가 대학 졸업논문에서 다루었던 하디(Thomas Hardy)의 작품배경으로 나오는 웰스 지방으로 건너가 그 곳의 지방자치 시스템을 살펴보고, 자연환경과 전원생활의 면모를 더듬어 보았다.

나는 난생 처음으로 갖는 해외여행을 더 값지게 활용하려는 욕심에 서베를린으로 들어가는 길에 코펜하겐과 스톡홀름을 방문하였고, 독일에서 돌아오는 길에는 미국의 주요도시를 2주일간 찾아다니면서 그동안 간접적으로 받아들였던 미국사회를 직접 내 눈으로 보고 피부로 느끼는 기회를 가질 수 있었다.

4) 목포출신 기자모임 '유달클럽' 결성

나는 이렇게 서구와 미주의 여러 도시를 돌아보고 여러 사람들을 만나는 가운데 나도 앞으로 뭔가 뜻있는 일을 해야겠다는 생각이 들었다. 내가 이미 언론계에 발을 딛고 있는 이상 이 나라의 언론발전을 위해 내가 할 수 있는 역할이 무엇일까 찾아봐야겠지만 우선 더 다급한 일은 날로 시들어가는 내 고향사람들의 삶의 의욕과 사기를 북돋아주는 일이라 여겨졌다.

5·16으로 출현한 군사정부는 한일회담을 서둘러 마무리하고 대일 차관으로 경제개발을 추진하면서 영남지방의 입지적 조건을 내세워 다분히 영남위주의 개발정책을 펴나갔다. 1960년대 초부터 분명해지기 시작한 개발편중정책은 호남지방 주민들에게 심한 상대적 박탈감을 안겨 주었고, 호남푸대접 문제는 경제적 측면뿐 아니라 인재등용에서도 피부로 느껴질 정도로 심각해지고 있었다.

그런데 나중에 좀 사정이 달라졌지만 1960년대 초반까지는 호남출신의 언론인들이 언론계에서 푸대접받았다기보다 오히려 주도적 역할을 했다고 해도 과언이 아닐 것이다. 우선 호남지방 출신의 언론인 숫자가 타지방에 비하여 많았다. 이는 수습기자시험이란 비교적 실력위주의 관문을 통과해야 하는 언론계의 성격 때문에 정실인사가 크게 작용할 수 없었기 때문이었는지 모른다. 아무튼 그 당시 우리 언론계에 새로운 바람을 일으켰던 관훈클럽의 중추인사들이었던 최병우, 박권상, 조세형, 임방현, 정인량 등 대부분이 호남출신이었다.

그 무렵 목포지역을 중심으로 무안·신안·영암·해남·진도·완도·장흥·함평·나주 등 목포인근 출신으로서 서울의 언론기관에서 근무하는 사람의 수가 백 명이 넘었다. 이들이 모이면 자연히 고향이야기가 나오게 되고, 모처럼 찾아간 고향에서 느꼈던 초라한 모습을 회상하면서 은근히 치밀어오는 분노를 토로하게 마련이었다. 동시에 무기력한 고향의 풍토를 개선하기 위해 뭔가 힘이 될 수 있는 일을 해야겠다는 생각이 일어나지 않을 수 없었다.

나는 이 적지 않은 수의 동향출신 언론인들의 잠재력을 결집시키면 고향에 도움을 주는 일을 할 수 있으리라 생각하여 이미 성공적인 활동을 벌이는 관훈클럽과 비슷한 친목회를 만들고자 생각했다. 조직생활에 경험이 많고 강한 리더십을 가진 김필상 선배와 상의했다. 그는 당시 목포에서 발행되던 호남매일의 서울 특파원 겸 서울지사장을 맡고 있었다. 그는 해방 후 우리나라 학생조직의 거두인 이철승 씨를 보좌한 학생연맹의 지도자였고 그 후 정당활동을 하면서도 조직운영에 상당한 능력을 발휘했던 인물이었다.

1968년에 서울의 한 음식점에서 목포지역출신 언론인들을 소집하여 '유달클럽'이라는 모임을 결성했다. 나는 이 모임의 책임자로 김필상 선배를 강력히 추대했으나 그는 굳이 사양하면서 일선 조직은 젊은 사람들이 맡고 나이 많은 선배들은 모두 고문으로 참여하는 것이 좋을 것이라고 고집하는 바람에 하는 수 없이 이 모임의 대표격인 총무 자리를 내가 맡게 되었다. 간사장은 당시 동아일보의 최영철 정치부차장이 맡았고 연락부장은 조선일보의 최호 기자가 맡았다. 그리고 고문으로 김필상, 김승한(중앙일보 논설주간), 조덕송(조선일보 논설주간), 박재순(서울경제신문 편집부국장) 등을 모셨다. 이 밖에 주요 회원으로서는 중앙일보의 이억순, 서울신문의 박갑천·임판호·전남석, 한국일보의 강대형·김용정, 동아일보의 장행훈·김충식, 경향신문의 서행식, 한국경제신문의 박성철, 호남매일의 최봉인, 코리아타임스의 이광현, 전남매일의 김진영 등이 있었다.

유달클럽의 회원들은 주요 일간신문사와 방송사, 통신사에 고루 분포되어 있었기 때문에 이들이 성의껏 협력하기만 한다면 여론형성에 상당히 큰 영향력을 발휘할 수 있었다. 호남지역에 중대한 문제가 발생했을 경우 회원들끼리 전화로 연락하여 거기에 관련된 기사들이 자기 소속사에서 바람직한 각도에서 작성되고 편집되도록 힘을 합했던 것이다.

하나의 예로 호남지역에 한해[旱害]가 극심했던 1970년대의 어느 여름, 회원들의 긴밀한 협동작전으로 농민들의 피해상황이 신속히 그리고 크게 부각되었다. 그 결과 농민들에게 거액의 재해보상금이 지급되었고 상당한 조세감면조치가 취해지기도 했다. 나중에 유달클럽 회원들의 이러한 협동노력을 알게 된 호남출신의 당시 김보현 농림부장관이 회원 전원을 초대하여 고마움을 표시하고 격려하기도 했다.

특히 1960년대 후반부터 1970년대 말까지 10여 년 동안 유달클럽 회원들은 호남푸대접 문제를 기회 있을 때마다 부각시키고 끈질기게 다루었다. 물론 나도 발벗고 나섰다. 호남선 철도의 복선화계획이 무한정 지연된다는 사실이라든지, 경부고속도로에 비해 호남고속도로의 시설이나 운행조건이 열악하다는 사실 등 호남푸대접 문제를 한국일보에서 줄기차게 다루었는데 다음에 예를 들어 구체적으로 언급하겠다.

5) 서울대 신문대학원 이수

1960년대는 우리나라 언론학계가 커다란 변화를 일으킨 시기였다. 1954년에 홍익대학교에 신문학과가 처음으로 개설된 것을 효시로 57년에 중앙대, 60년 이화여대, 63년 한양대, 65년 고려대와 경희대, 66년 성균관대, 68년 서강대 그리고 72년 연세대에 신문학과가 줄지어 개설된 것이다.

그때까지 경험의 영역에 머물러 있던 언론의 현상들이 학문의 대상으로 등장하고 과학적 방법론을 통해서 탐색하는 단계에 이른 것이다. 이러한 물결 속에서 언론실무에 종사하는 사람들에게도 1년간 제도적 교육을 받을 수 있는 기회가 생겼다. 현역 언론인들이 매스컴 이론, 여론과 선전, 매스컴 조사방법론, 한국신문사, 매스컴 특강 등을 수강할 수 있는 신문연구소가 1963년 서울대에 설립되었다.

서울대 신문연구소의 초대 소장은 도쿄대학에서 박사학위를 받고 돌아온 김규환 교수였다. 서베를린 신문연구소에서 국제언론계의 새로운 경향에 크게 자극 받아 현대 매스커뮤니케이션 이론에 눈뜨기 시작했던 나는 친교가 있던 김규환 박사를 찾아가서 당돌하게도 강의를 맡을 수 있는 기회를 줄 수 있는지 타진했다. 그때 내 또래의 언론계 동료 중에 그 곳 강사로 있는 사람이 있었기에 용기를 내 본 것이다.

김 박사는 내 손을 덥석 잡더니 "반가운 말이오. 실은 서울대에 곧 신문대학원을 개설할 예정인데 마땅한 학위를 가진 교수후보가 부족해서 어려움을 겪고 있던 참이라 최형과 같은 학구적인 사람이 꼭 필요하오. 그런데 서울대에서 교직을 맡으려면 석·박사 학위가 필수조건이니 대학원시험부터 응시하시오" 하는 것이었다. 처음에는 좀 섭섭했으나 곰곰이 생각해보니 맞는 말이었다.

나는 1968년에 한국일보 입사 10년 후배인 정일화 기자와 한 자리에서 대학원시험을 치렀다. 석사과정 50명중 15명은 학부출신이고 나머지는 언론계 현역이었다. 초기 전임교수로 임근수, 박유봉, 이상희, 오갑환 등이 강단에 섰다. 나는 오랜만에 청강하는 뿌듯한 분위기를 즐기면서 나름대로 새로움을 던져주는 강의에 도취되어 2년 동안 한번도 결석이 없었다.

나는 대학원에 나가는 동안 주변에 있는 후배동료들에게 공부하는 재미를 일깨우면서, 자신의 직업과 관련 있는 학문을 천착한다는 것은 당장 자신의 자질향상에 유익할 뿐 아니라 먼 훗날에 대비하기 위해서도 반드시 필요하다고 늘 강조했다. 그래서 서울대 신문대학원에는 다른 언론사에 비해서 한국일보와 코리아타임스 기자들이 많이 진학했다.

6) 미국 신문연구소(API) 연수

서울대 대학원과정을 마치고 나자 1970년 봄에 한국외국어대학에서 일반 교양과목인 매스컴론을 맡아 달라는 요청이 있었다. 조선일보의 송건호 선배와 동아일보의 박권상 선배가 차례로 맡았던 과목이었다. 청강하는 학생은 주로 영어과 학생들이 많았고 강의에 대한 반응이 상당히 민감했기에 강단에 선 보람을 느낄 수 있었다.

그런데 그해 가을에는 미국신문연구소(API, American Press Institute)가 아시아 언론인의 자질향상을 위해 뉴욕의 콜롬비아대학에 개설한 3개월간의 연수계획에 참여하라는 초청을 받았다.

API연수계획에서 가장 인상 깊었던 것은 그곳에서 매스컴학문의 4대 창시자 중 한 사람인 콜롬비아대학의 라자스펠트(P. F. Razarsfeld) 박사, 그리고 신문편집이론의 세계 최고의 권위자로 인정받던 시라큐스대학(Syracuse Univ.)의 아놀드(Edmund C. Arnold) 박사의 강의를 듣고 토론에도 참가할 수 있었던 일이다.

이 밖에도 저명한 미국언론인들과 석학들 그리고 각계 전문가들을 초빙하여 여러 가지 사회현안에 대한 강연을 듣고 모두 함께 토론하며 의견을 교환하는 기회가 많았다. 여기에서도 연수계획의 끝 무렵 2주일 동안 워싱턴, 시카고, 휴스턴, 마이애미, 보스턴 등 대도시를 돌아다니면서 언론사의 제작시설과 제작과정을 살필 수 있는 귀중한 기회를 가질 수 있었다.

7) 도쿄대학 신문연구소 이수

1971년에 나는 또다시 해외에서 공부할 수 있는 기회를 갖게 되었다. 이번에는 성곡언론재단이 언론인 해외연수를 위해 마련한 장학금을 받아, 일본 도쿄대학에서 1년간 공부할 수 있었다. 성곡언론재단에서는 국내 언론인의 자질향상을 위해서 언론학을 교육하는 세계의 여러 명문대학들과 제휴하여 매년 상당수의 중견언론인들을 선발 파견했다.

일본으로 떠나기 전 성곡언론재단의 언론인연수계획 책임을 맡고 있던 동양통신의 원경수 상무가 특별히 부탁할 것이 있다며 나를 불렀다. 그는 불쑥 "최 국장, 이번에 도쿄대학에 가거든 그곳 신문연구소의 이케우치 하지매(地內 一) 교수의 콧대를 납작하게 만들어놓고 오시오" 라고 했다. 나는 무슨 뜻인지 모르고 눈만 깜박거렸더니 원 상무는 이케우치 교수로부터 받았던 불쾌감을 털어놓았다. 원 상무가 연수업무를 협의하기 위해 도쿄대학을 찾아갔을 때 신문연구소의 책임자인 그를 상대하게 되었는데 응대하는 태도가 거만해서 비위에 거슬렸다고 한다. 이케우치 교수의 선친이 일제 강점기에 경성제국대학(지금의 서울대학)의 교수를 지냈다는데 혹시 그 아버지로부터 한국인에 대한 우월의식을 물려받은 것이 아닌지 의심했던 것 같다.

진반 농반으로 받아들였지만 내가 일본으로 건너가서 맨 먼저 찾아봐야 할 사람이 신문연구소장인 이케우치 교수였다. 그러나 내가 도쿄에 도착하여 맨 처음 찾아간 곳은 그 교수가 아니라 도쿄대학의 도서관이었다. 원 상무의 말을 반드시 좇지 않는다 하더라도 그 교수의 학문적 위상이 어떤 것인지, 그리고 앞으로 내게 강의할 교수들의 학문적 관심과 깊이를 미리 알아보고 싶었기 때문이었다. 다행히 커뮤니케이션에 관한 도쿄대학 교수들의 주요 논문들은 도쿄대학교 신문연구소에서 발행하는《도쿄대학 신문연구소 기요》라는 책에 대부분 실려 있었다.

나는 이케우치 교수의 논문을 몇 편 읽었다. 그 중에서도 "방법론에 관해서"라는 제목으로 2회에 걸쳐 쓴 긴 논문을 정독했다. 사회과학 조사방법론 중의 하나인 내용분석에 관해 자기의 관점을 피력한 것인데 상당한 수준의 독창적 견해를 발견할 수 있었다. 내가 인사차 연구소로 이케우치 교수를 처음 찾아갔을 때 그는 의례적인 인사말이 끝나자마자 자기자리에서 일어나려 했다.

나는 "아, 선생님!"하고 말로 붙잡았다. "선생님의 글을 전에 몇 편 읽은 적이 있습니다"하고 말을 던졌더니 그는 약간 흥미 있는 표정으로 의자에 다시 앉으면서 "그래요, 어떤 것을 읽었는데요?"하고 묻는다. "선생님이 쓴 "방법론에 관하여"라는 논문입니다. 그 논문은 내용분석의 개척자로 알려진 버너드 베렐슨(B. Berelson)의 방법론에서 진일보한 내용이라고 느껴졌기에 일본에 이러한 학자도 있구나 하고 놀랐었다"는 말을 하자, 그는 무척 흐뭇한 표정을 감추지 않으며 나를 아카몽(赤門) 밖 홍고마찌(本鄕町)에 있는 한 맥주집으로 데려갔다.

거기서 그와 마주 앉아 나는 그가 쓴 방법론이 영문으로 번역됐더라면 국제학계에서 상당한 관심을 끌었음에 틀림없었을 것이라고 추켜세웠다. 그는 취기에 흥분되었던지 긴자(銀座)에 가서 한 잔 더 하자고 앞장서는 바람에 긴자의 고급요정으로 자리를 옮기게 되었다. 우리는 샤미센 선율을 들으면서 이야기를 계속했다.

이케우치 선생은 솔직히 자기의 논문에 대해서 국내에서는 한 번도 칭찬을 들어본 적이 없다고 했다. 뿐만 아니라 사회심리학을 일본에 도입하고 발전시키는 데 자신이 온갖 노력을 쏟아왔는데 일본학자들은 제대로 평가해 주지 않는다고 개탄했다. 나는 일본의 사회심리학자로는 시미즈 이쿠다로(清水幾太郎)와 미나미 히로시(南博)는 알고 있었지만 이케우치 선생이 있다는 사실은 몰랐는데 이제부터는 선생의 학문에 더 관심을 갖겠노라고 했다.

이케우치 선생이 한국인 학생과 홍고(本鄕)의 비어홀에 갔다는 사실이 알려지자 연구소 주변 사람들은 하나의 큰 이변으로 받아들였다. 만약 그가 나를 긴자의 요정에 데려갔다는 사실까지 알려졌더라면 아마 그들은 경천동지의 뉴스로 받아들였을 것이다. 어쨌든 나는 그 후 이케우치 선생으로부터 각별한 친절과 호의를 받게 되었고, 꺾어 놓고 오라던 그의 콧대를 오히려 높여 주고 온 꼴이 되었으니 원 상무의 기대에는 어긋난 셈이다.

이렇듯 미리 도서관에서 탐색적으로 읽어 두었던 여러 교수들의 주요 논문들은 다른 선생들과 개별적으로 접근하는 데도 크게 유용했다. 대체로 대학교수들은 시간을 아끼는 나머지, 웬만큼 중요한 일이 아니면 외국인학생들과 만나는 것을 사양하려는 경향이 있는 것 같았다. 그런 눈치가 보이기만 하면 나는 예의 '이케우치 접근법'을 사용하여 목적을 달성하곤 했다.

도쿄대학에 이나바 미치오(稲葉三千男)라는 학자가 있었다. 그는 사회학자이면서 커뮤니케이션 이론에 밝은 사람인데 철저한 유물론 신봉자이고 북한에도 다녀온, 좀 심하게 편향된 좌경학자였다. 한국에 대해서는 냉소적이어서 한국학생들을 거의 외면하는 편이었다.

처음 그의 연구실을 찾아가 대뜸 "명성 높은 학자를 만나 영광스럽게 생각한다"고 했더니 첫마디에 빈정거림을 느꼈는지 약간 불쾌한 표정을 지었다. 그래서 곧바로 "선생이 《신문연구소 기요》에 쓴 "유물사관에 입각한 커뮤니케이션 이론"을 읽었는데 사회주의국가에서의 커뮤니케이션 이론을 다룬 결정판으로 여겨졌다"고 평가했다. 그는 그러한 평가에 긍정도 부정도 하지 않은 체 과찬이라고 받아넘기면서도 싫지 않은 표정을 지었다.

그는 나에게 일본말을 언제 어디서 배웠느냐고 물었다. 나는 일본말 사용을 강요당했던 시절에 초등학교를 다녔으며 1학년 때 "사이다, 사이다, 사쿠라가 사이다"로 시작되는 교과서를 배웠노라고 했더니, 그렇다면 자기와 거의 같은 시기에 초등학교를 다녔던 것 같다고 친밀감을 나타냈다. 게다가 그가 김규환 박사와 공역한 베렐슨의 '내용분석'을 읽고 내용분석 방법에 흥미를 갖게 되었다고 말하자 더욱 친밀감을 나타내는 표정을 지었다. 나는 "도쿄에 와서 아사히신문을 구독하는데 한반도에 관한 보도가 유독 북한에 대해 편향성을 보이는 것 같아 앞으로 이를 연구과제로 삼아 내용분석을 통해서 검증하려고 하니 도와 달라"고 했다. 그는 내용분석이란 많은 시간과 정력을 투입하는 데 비해 소득은 적기 때문에 머리 좋은 사람은 멀리하는 연구방법이라고 지적했다.

도쿄대학의 신문연구소에는 이케우치, 이나바 이외에도 다케우치 이쿠오(竹內郁夫), 우치가와 요시미(內川芳美), 가하즈히코(何初彦), 이토신이치(伊藤愼一), 스즈키(鈴木) 등 저명한 커뮤니케이션 학자들이 많이 있었다. 이들은 도쿄대학 신문연구소에서 강의할 뿐만 아니라 도쿄대학 대학원의 사회학 석·박사과정에서도 강의를 맡고 있었다.

이들 중에서 내가 비교적 많은 관심을 기울인 것은 다케우치 교수의 현대커뮤니케이션 이론이었다. 그의 강의내용은 여러 학자들이 개발한 이론들을 종합해서 그 개요를 설명하는 것이었다. 대부분의 내용은 그 동안에 여기저기서 단편적으로 얻어들었던 것이나 그의 독특한 해설을 통해서 이해를 깊이 할 수 있었다.

그러나 내가 가장 자주 접촉하고 많은 영향을 받은 분은 사회학자이면서 커뮤니케이션 학자인 쓰지무라 아키라(辻村明) 교수이다. 그도 처음에는 신문연구소에서 소련의 매스컴제도와 일본이나 미국의 매스컴 제도를 비교연구하는 데 관심을 기울이다가 나중에는 사회학연구실로 옮겨 본격적으로 소련의 사회와 사회학을 연구해서 사회주의국가의 매스컴현상이나 대중사회현상에 관한 많은 논문을 내놓은 학자이다.

나는 일본에 가기 전에 그의 《대중사회와 사회주의사회》라는 저서를 흥미있게 읽었던 탓으로 그가 도쿄대학 대학원 박사과정에서 개설한 "정보매체의 국제적 비교연구" 강의에 정식으로 수강신청을 내고 청강했다. 그는 첫 시간에 연구과제를 제시하고 연구의 대체적 범위와 윤곽을 설명했다. 그리고 구체적 연구설계는 학생들이 아이디어를 내어놓고 그것을 수렴해서 결정하도록 유도했다.

내가 놀란 것은 학생들이 저마다의 아이디어를 제기하는 데 사용하는 용어라든지 적절한 방법론을 제시하는 데 동원하는 논리가 그 방면에서 일가를 이룬 전문가 수준에 이른 것으로 느껴졌기 때문이다. 어떻든 이렇게 해서 짜여진 연구계획을 여러 부분으로 분리하고, 그것을 학생들에게 분담해서 연구하도록 해 공동토론을 통해서 종합하여 기말 리포트로 제출하게 하는 것이었다. 그리고 얼마 후에 그것이 한 권의 책으로 출판되어 나온 것을 보고 놀라웠다. 이러한 인연이 있은 훨씬 훗날에 나는 "한일 커뮤니케이션의 갭"이라는 커다란 연구프로젝트에서 그와 공동연구에 참여했고 계속해서 친교를 유지하게 되었다.

1년간의 연수를 마치고 내가 제출한 논문은 "일본 3대지의 한반도에 관한 보도 비교연구"였다. 일본에 건너가 구독한 신문이 아사히신문인데 한국에 관한 보도와 북한에 관한 보도에 상당한 편향성이 느껴졌다. 이를 검증하기 위해서 일본의 대표적인 3대 전국일간지인 아사히, 요미우리, 마이니치가 한반도에 관해서 다룬 기사들을 한국과 북한 두 쪽으로 갈라서 그 내용을 비교, 분석한 것이었다.

8) 한국일보 논설위원실로 복귀

1972년 동경에서 돌아온 나는 한국일보 논설위원으로 발령을 받았다. 장기영 사주가 나와의 오래된 약속을 지켜준 것이다. 당시 한국일보 논설위원실에는 이례적으로 많은 10여 명의 논설위원들이 있었기 때문에 신참자인 나에게 돌아오는 작업량은 많지 않았다. "지평선" 칼럼을 1주일에 세 번씩 분담해서 쓰다가 간혹 내가 제기한 문제가 사설로 채택될 경우에는 그것을 내가 직접 집필하게 되는 수가 많았다.

1972년의 대통령선거에서 김대중 씨에게 근소한 표차로 당선된 박정희 씨는 김대중 씨의 지지기반인 호남지방에 대해서, 특히 목포에 대해서 노골적인 차별조치를 취하는 것을 서슴지 않았다. 무안이 고향이고 목포에서 중·고교를 다닌 나로서는 정부의 노골적인 호남푸대접에 대한 목포사람들의 분노를 못본 체 할 수 없었다.

따라서 한국일보에는 호남푸대접의 사례가 자주 "지평선" 칼럼에 언급되었고 때때로 사설에서 거론되어 당국자들의 신경을 건드리곤 했다. 이에 대해 사내에서 '너무 심하지 않느냐'는 말이 나오기도 했다. 나와 동향이고 후배인 문화부의 강대형 기자는 그러한 불만에 대해서는 자기도 동감이지만 너무 지나치면 어떤 보복조치가 따라올 수도 있으니 좀 자제하는 것이 좋겠다고 충고하기도 했다.

그러나 목포에서의 반응은 대단했다. 나의 칼럼이 나갈 때마다 목포에서 환호하는 전화가 연방 걸려왔다. 그 당시 목포에는 유일한 일간지로 남아 있던 호남매일이 폐간되어 목포의 여론을 반영하는 매체가 하나도 없었기에 목포시민들은 자기네들의 불만이나 숙원을 대변해주는 한국일보를 "목포일보"라고 애칭하고 애독했다. 구독자 수가 눈에 띄게 불어나는 바람에 한국일보 목포지사는 '우수지사'로 표창을 받기도 했다.

영산강 똥물사건

푸대접 문제를 다룬 기사 중에 한 가지 예를 든다면 영산강 똥물사건이 있다. 항구도시 목포는 지하수를 음료수로 이용할 수 없어 외지에 있는 저수지에서 끌어올 수밖에 없기 때문에 만성적인 물기근상태에 놓여 있는 도시이다. 멀리 떨어져 있는 나주에서 영산강 물을 취수하여 수도관으로 끌어다 정화해서 식수로 이용하는 데 농업용수를 개발한다고 상류지역에 장성댐과 나수에 대조댐을 건설하면서부터 양수장부근의 수량이 바짝 줄어들었다.

그러면서 목포의 상수도에서는 이따금 고약한 냄새가 풍겨 나오기 시작했다. 비가 좀 많이 내렸다하면 목포의 수돗물에서 이상한 냄새가 난다는 불평이 들려오곤 했다. 그 무렵 내가 목포에 들렀더니 가까이 지내던 목포대학의 서용석 교수가 "형님, 우리 목포시민은 광주사람들의 똥물을 먹고 삽니다!"라고 말하는 것이었다. 평소에 농담을 잘 하는 친구여서 또 농이겠지 하고 흘려버렸다.

그런데 얼마 후 한국일보 사회면 기사에 목포의 수돗물에서 악취가 심하게 풍겨 심한 식수난에 시달린다는 사실이 보도되었다. 그날의 논설회의에서 나는 "영산강 상류에 위치한 광주의 하수처리장에서 비만 오면 정화처리를 하지 않은 인분을 그대로 흘려보내기 때문에 목포의 수돗물에서 악취가 풍겨 나오는 경우가 있다더라"고 설명했다. 그러자 이 내용을 당장 사설로 쓰기로 결정되었다.

다음날 아침 한국일보(1977년 11월 11일)에 "고질적인 오물소동 왜 방치하니"라는 사설이 나갔다.

> 어떤 고장에선 인분이 섞인 물을 마시고 사는 사람들이 있다고 할 것 같으면 아마 누구도 곧이듣지 않고 농담으로 돌리려 할 것이다. 그러나 이 농담 같은 진담이 바로 이 땅에서 일어났던 사실이라 한다면 어떻게 하겠는가. 그것도 인구 20만 도시의 상수도 송수관 속으로 인분이 마구 섞여들어갈 뻔했다니 열려진 입이 다물어지지 않는다.
>
> 한국일보 10일자 3면 보도에 의하면 목포시 상수도 취수원인 영산강

양수장 일대가 상류에서 흘러들어온 인분으로 오염되어 취수를 중단하는 바람에 목포시민들은 8일 밤 10시부터 9일 하오 5시까지 물 구경을 못했다 한다. (중략) 나주의 양수장으로부터 동북쪽으로 약 20킬로 떨어진 광주시 우덕동에 하필이면 광주시민들이 배출한 인분의 처리장이 설치되어 있다. 이 인분처리장이 얼마나 엉성하게 설계되고 얼마나 허술하게 관리되고 있는지 큰 비가 내릴 때마다 인분이 흘러내린다고 한다. 그럴 때마다 광주의 인분처리장과 나주의 양수장을 관리하고 있는 관계자들 사이에 인분을 일부러 흘려보냈다느니 아니 그저 넘쳐흐른 것이라느니 입씨름이 벌어져왔다.

일부러 흘려보냈건, 큰 비에 씻겨 내려갔건 그것을 따질 문제가 아니다. 원인이야 어디 있건 인분이 분명 식수원으로 흘러 들어오고 있다는 엄연한 사실이 문제인 것이다. 도대체 이런 어처구니없는 소동이 빈번히 일어나는데도 아무런 대책도 세우지 않고 있는 지방행정 당국자들의 무딘 감각을 개탄하지 않을 수 없다. (중략) 목마른 목포시민들은 오물노이로제 속에서 앞으로 더 몇 년을 기다려야 할 것인가. 시의 재정사정이 여의치 못하면 상급 행정당국에서 특별보조비라도 내서 기왕에 착수한 취수원 공사를 하루 빨리 완공시켜 20만 시민들의 물 설움을 풀어주어야 할 것이다.

매일 아침 양대 조간지인 한국일보와 조선일보를 읽는 버릇이 있던 박정희 대통령은 한국일보에서 이 사설을 읽자 격노하면서 어떤 놈이 이런 혹세무민하는 글을 썼는지 당장 알아보라고 지시했다고 한다.

청와대로부터 전화를 받은 목포의 구용상 시장은 안타깝지만 그것은 사실이라고 시인하고, 목포의 절박한 물 사정을 해결하려면 농업용수로 확보한 나주 대조댐 물을 영산강 양수장까지 송수관으로 연결시켜 주어야 한다고 건의했다.

박 대통령은 곧바로 신형식 건설부장관을 불러 농수산부 등 관계장관들과 협의하여 조속한 시일 내에 목포의 식수난을 해결해 주도록 지시했다. 이 새로운 송수관을 부설하는 예산으로 2억 수천만 원인가를 국고에서 지원해 주기로 결정했다. 당시는 목포가 공화당 정부로부터 철저히 소외당하던 처지라서 지역숙원사업이 정치적 또는 행정적절차를 통해 해결되리라고는 꿈에도 생각할 수 없었던 시절이었다. 아마도 청와대는 "미운 목포사람들에게 똥물을 먹인다"는 욕설이 퍼지는 것이 두려웠는지도 모른다.

20만 도시에 대학이 없다

해방 후 얼마동안 목포에도 남해대학이라고 하는 좀 애매한 사립대학이 문을 열었다. 중학교도 다녀본 적이 없는 나의 초등학교 동창생이 버젓이 그 학교의 사각모를 쓰고 다니기도 했다. 목포 지역사회에서 적절한 권위를 인정받지는 못했지만 어떻든 사각모를 쓰고 다니는 대학이었음은 사실이었다. 또 얼마 후에 목포 상과대학이란 것이 생겼다. 이 학교는 정상적인 자격자가 소정의 시험을 치고 들어가는 정규 4년제 대학이었다. 남해대학은 몇 년 안되어 없어지고 상과대학은 국립 전남대학교 상과대학으로 편입되었다가 몇 년 후에는 그것마저 아예 광주로 옮겨가 버렸다.

따라서 목포에는 한동안 4년제 대학은 하나도 없고, 다만 사범학교에서 2년제 초급대학으로 승격한 목포교육대학이 하나 있을 뿐이었다. 해방 전만 하더라도 목포는 북한까지 포함한 한반도 전체에서 열 손가락 안에 들어가는 큰 도시로서의 명성을 누렸는데 어쩌다가 이렇게 대학다운 대학 하나 갖추지 못하게 되었는지, 목포 사람이라면 모두 부끄럽고 안타깝게 생각하고 있었다.

그 당시 목포에서 생활에 여유가 좀 있고 자녀교육에 관심을 갖는 사람들은 열악한 교육환경에 실망하여 자녀들을 서울이니 광주로 유학시키려는 경향을 보였다. 목포에서 동광고등학교 교사를 지냈고 간호학원을 경영하던 조경석 씨는 나를 만날 때마다 목포에 4년제 대학이 없다는 사실을 개탄했다. 그 무렵 마침 우리나라의 모든 중요시설이 서울에만 집중되어 있다는 대한상의의 조사결과가 보도되었기에 나는 한국일보(1978년 2월 14일) "지평선"에서 그 문제를 목포의 실정에 비추어서 다루었다.

모든 분야의 활동이 수도를 중심으로 펼쳐진다는 것은 어찌 보면 불가피한 일이다. 하지만 그것이 이번 대한상의의 조사에 나타난 바대로 지나치게 서울에 편중되는 현상은 국토의 균형적 발전이나 국민의 기회균등이란 점에서 볼 때 분명 바람직하지 못하다. 그러나 이러한 불균형 현상은 서울과 지방도시 간에만 있는 것이 아니라 지방도시 사이에서도 심하다는 사실을 간과할 수 없다.

가령 국민이라면 누구나 균등한 기회를 누려야 할 고등교육시설을 두고 보자. 전국에 있는 73개의 대학 중 60.7%인 37개 교가 서울에 편재하고 있다. 그런데 이러한 불균형은 지방의 도시 사이에도 나타나고 있다. 이를테면 광주와 목포의 경우를 비교해 보면 두드러지게 나타난다. 광주에는 7개의 단과대학을 거느린 전남대학교와 9개의 단과대학을 포용하는 조선대학교가 있다. 게다가 조선대학 부설 여자초급대학과 광주교육대학 등 두 개의 초급대학이 있다. 그런데 목포에는 오직 2년제 초급대학 하나밖에 없다. (중략) 초급대학 하나 못 갖고 있다는 사정에 있어서는 순천이나 여수도 마찬가지가 아니냐고 할지 모른다. 그러나 이 두 도시는 고속도로와 철도를 통해 대학이 많은 광주와 연결되어 있다. 목포도 그 점에서는 다를 바가 없다. 그러나 목포는 인근 다도해에 산재하는 섬사람들의 생활중심지로 기능하고 있다는 사실을 간과해서는 안 된다.

머나먼 낙도에서 통통선을 타고 목포로 나오는데 걸리는 시간은 그 소재하는 위치에 따라서 차라리 특급열차로 목포에서 서울로 가는 시간보다도 더 걸릴 수 있다. 가난한 낙도주민들로서는 친척들이 많이 살고 있는 목포에서 교육받는 것이 부담이 적다. 친척들에게 끼어 지낼 수 있기 때문이다. 그런데 광주에서 학교를 다녀야 한다면 납부금보다 훨씬 많은 생활비를 마련해야 하는 것이다.

목포를 이대로 방치한다는 것은 그 곳 20만 시민들뿐 아니라 인근 다도해 지역에 사는 수십만 도서주민에게 교육비부담을 무겁게 함으로써 결과적으로 고등교육을 받을 기회를 박탈하게 된다. 문교당국은 이런 특수한 사정을 알고나 있는지. 서울대 농대가 수원에 있어 괜찮은 것이라면 전남대 상대를 목포에 두어도 나쁠 것이 없지 않겠는가. 이 문제는 이제 되돌리기 어렵다면 임해도시 목포의 특성으로 보아서나, 바다와 연이 깊은 도서지방 자녀들의 장래로 보아서나 또는 앞으로 주력해야 할 우리나라의 해양진출을 위해서도 목포에 해양대학 하나쯤 건립할만

하지 않는가.

이 “지평선” 칼럼이 나간 다음날 목포의 조경석 씨로부터 연락이 왔다. 평소 4년제대학 문제를 자주 논의하던 목포의 유지들이 “지평선”의 논평에 고무되어 한 자리에 모여 “4년제 대학유치 추진위원회”를 구성하기로 하고, 전남도청이나 중앙의 관계요로를 찾아다니면서 대학설립의 필요성을 강력하게 건의하고 호소하기로 결의했다는 것이다.

얼마 후에 목포에서 서한태 씨를 비롯한 수명의 인사들이 4년제 대학건립을 추진하기 위해서 서울로 올라왔다. 그리하여 세 명의 국회의원 — 강기천(목포), 임종기(무안·신안), 최영철(유정회) — 을 앞장세워 국회, 청와대, 여야정당, 정부 관계부처 등을 순방하면서 목포에 4년제 대학설립을 호소했다.

또한 그 무렵 서울에 집중되었던 대학들이 수도권인구 억제정책에 따라 더 이상의 확장을 못하게 되자 앞다투어 지방에 분교를 설치하는 경향을 보였다. 그러나 이러한 사립대학의 지방진출도 주로 수도권에 가까운 지역에만 국한되었을 뿐 멀리 떨어진 호남지방에는 눈을 돌리려 하지 않았다. 이에 대한 관련자료를 목포의 대학유치추진위에서 “지평선” 앞으로 보내왔기에 그 다음날 “지평선”에 다음과 같은 글(“지방에 진학할만한 대학이 부족하다”)이 나갔다.

… 지평선자 앞으로 보내온 건의서에 의하면 목포는 비록 인구 20만이라 하지만 실제로는 인근의 무안, 신안, 해남, 강진, 완도, 진도, 장흥, 함평, 나주 등 총인구 180만의 생활중심지라는 점을 유의할 필요가 있다. 1977학년도에 이 지역의 54개 고교에서 1만 명의 졸업생이 나왔는데 그 중 50%가 대학진학을 희망했으나 실제로 대학에 들어간 것은 지망자 중의 5%에 불과했다고 한다. 이렇게 대학진학률이 낮은 것은 부실한 교육환경으로 충분한 실력을 배양하지 못한 탓도 있겠지만 그 지방에 진학할 만한 대학교가 없었다는 것이 보다 큰 이유였을 것이다.

물론 다른 대도시에 있는 대학교에 유학할 수 있을 만큼 경제적 여유가 있다면 문제는 없다. 그렇다고 민간의 힘으로 사립대를 건립할 수도 없는 처지이고 보면 국가에서 대학을 세워 좀더 저렴한 비용으로 공부할 수 있는 길을 열어주어야 한다. 목포의 경우 정부예산을 크게 투입하지 않고서도 현재의 유휴 교사나 시설을 대학 신설용으로 전용할 수 있다고 하니 문교부에서는 그 고장의 숙원을 진지하게 검토해 볼 일이다.

때마침 다음 대통령선거를 앞두고 공화당 유정회 소속위원들이 국내각지를 순방하면서 각 지역의 숙원사업을 추심하고 다녔다. 이들이 목포에 들렀을 때 열악한 교육환경의 실태와 대학유치운동의 내용을 자세히 청취하고 돌아가 당에 보고했다. 공화당정부는 당정협의를 거쳐 목포를 포함한 군산, 강릉, 안동 등 4개 도시에 4년제 국립대학을 건립할 것을 건의했다. 이리하여 목포에서는 기존의 2년제 교육대학 대신 4년제 국립 목포대학이 1978년 9월에 설립되었다.

그외에도 한국일보 "지평선" 칼럼을 통해 줄기차게 제기한 호남 푸대접에 대한 문제제기는 다음과 같다.

호남선 철도 복선화 시급하다

철도청은 올해의 철도투자사업을 호남선과 전라선의 시설확장 및 개선에 집중하기로 했다고 한다. 참으로 반가운 소식이다. 사실 그간 철도청이 호남, 전라선을 전혀 방관했던 것은 아니고 시설개선을 위해 여러가지로 노력해왔던 것은 사실이나 아직도 다른 노선들에 비해서 낙후된 상태를 면치 못하고 있다는 것도 사실이다.

호남선도 새마을호 같은 특급 호화열차를 타고 갈 경우에는 별로 불편을 느끼지 못한다. 그러나 완행열차를 타보아야 비로소 이 노선의 기차 여행이 얼마나 불쾌하고 지루하고 짜증스러운지 알게 된다.

사람들은 너무 붐비고 연발착이 오히려 당연하며, 차내 환경이 지저분해서 여행이라기보다는 고행이라는 것이 보다 적절한 표현일는지 모른다. 뒤늦게나마 철도청이 이러한 실정을 깨닫고 적지 않은 돈을 투입해서 불편 없는 여행길로 다듬기로 한 것은 지극히 당연하고 올바른 처사라고 하겠다.

알려진 바에 의하면 호남선에는 현재 2회 왕복운행중인 새마을호를 한 회 더 늘리고 컴파트먼트가 달린 우등열차를 한 회를 더 신설하고, 전라선에는 새마을호 한 회와 우등열차 한 회를 각각 신설, 올해 상반기부터 운행할 예정이라 한다. 철도청은 또한 금년부터 81년까지 시행예정인 20개 중요 역의 시설확충사업 전부를 호남·전라선에 집중키로 했는가 하면, 이리-송정리 구간을 열차 집중제어장치(CTC)를 완성, 열차운행의 안전도를 높이고 선로용량을 늘리기로 했다 한다.

이와 같은 철도계획사업이 순조롭게 진행된다면 호남, 전라 양 선이 머지않아 한층 밝아지고, 빨라지고, 안전해지리라는 것은 틀림없다.

그러나 그것만으로 호남선의 교통지옥이 해결되리라고는 생각되지 않는다. 제아무리 호화열차를 증설하고 주요 역의 교행시설을 확충하고 CTC시스템을 갖춘다 하더라도 이리-목포 구간의 단선이 그대로 남아있는 한, 정도의 차이 뿐이지 근본적인 해결에는 어림도 없으리라는 것이 우리의 생각이다. 현재 이리-송정리 간의 선로용량이 25회로 알려지고 있는데 앞으로 시설이 보강되면 용량이 좀 늘어나기야 하겠지만 이미 한계점을 넘어있는 형편이라서 앞으로 격증이 예상되는 그 지방의 물동량을 소화시키려면 아무래도 단선보강이라는 미봉책보다는 나머지 부분의 복선화를 서둘러야 할 것이다.

(한국일보 1978년 3월 30일)

부지하세월의 호남선 복선화

… 보도한 바에 의하면 정부는 앞으로 늘어날 여객 및 화물의 원활한 수송을 위해 철도와 고속도로를 대폭 확장하는 장기 수송개발 기본계획을 확정했다고 한다. 그 중 철도에 관한 계획에 따르면 서울-부산, 서울-광주-부산간에 초특급 고속전철을 가설하고, 기존의 경부선, 호남선, 경인선, 동북선 등을 복선 전철화하며, 동해남부선, EUD동선, 중앙선, 정선선, 경원선 등 6개 노선을 완전 전철화하며, 장항선, 전라선, 경북선 등 지선까지도 복선화할 것이라 한다.

말하자면 기존의 간선들이 모두 전철화되고 아울러 3개 지선까지 합해서 모두 복선화될 것이라 하니 완성되는 날에는 각 지역간의 소통이 원활해지고 이동시간이 단축될 것이 틀림없다. 그러나 말은 쉽지만 이루기에는 꽤나 벅찬 과제이다. 소요 예산은 아직 발표가 없지만 필시 천문학적인 숫자일 것이다. 하기야 이 계획은 당장에 이루게 하려는 것이 아니고 21세기에 가서 완성할 예정이라고 하니 그렇게 믿고 기대할 수밖에 없다.

정부가 이 장기계획을 확정했을 때까지는 충분한 배려가 따랐으리라 믿지만 지난날 보여준 호남선 복선화공사에 비추어 또 한 차례의 도상계획으로 끝나지 않을까 하는 염려가 없지도 않다. 호남선 복선화는 자유당 시절부터 선거 때마다 그 지역 여당 후보들이 내걸어 온 공약이었고 정부 또한 그럴싸하게 맞장구를 쳐준 선심이었다. 그러나 막상 공사가 시작된 것은 그로부터 10여 년이 지난 68년 초였으며 그나마 공사가 시작되어 또다시 장장 10년의 세월이 흘러간 뒤인 지난 78년에야 전장 280km의 호남선의 3분의 1에 불과한 서대전-이리 간 88.6km만이 겨우 개통되었을 뿐이다. 딴 나라에 나가서는 5~6년이 걸리는 고속도로공사를 불과 2~3년 안에 완성할 정도로 능력을 자랑하는 우리의 토목 기술력을 가지고도 1년에 약 9km의 실적밖에 못 올린 것으로 미루어보면 호남선복선의 완공은 앞으로 능히 20년은 더 기다려야 하는가 보다.

(한국일보 1980년 4월 15일)

뒤늦은 서울-목포 간 고속버스 운행

오는 10월 5일부터 서울-목포 간에 고속버스가 운행될 것이라고 한다. 서울과 국내 주요 도시 사이에는 이미 오래 전부터 고속버스가 달리고 있는 중이고 또한 지방 주요 도시 사이에도 고속노선이 거미줄처럼 얽혀있는 판국에 이제야 겨우 한 지방 도시에 고속버스가 들어가게 되었다는 소식쯤은 하나도 신기할 것 없는 뉴스일는지 모른다. 대부분의 중앙신문들이 이 소식을 묵살하는 가운데 두어 개 신문만이 돋보기를 걸쳐야 겨우 찾아낼 수 있을 정도로 조그맣게 취급하고 있다.

중앙중심주의에 젖어온 매스컴 종사자들의 뉴스감각에 문제가 없는 것은 아니지만 그보다도 여기에서 일깨우고자 하는 것은 중앙관료들의 지방을 보는 눈이 너무 무디다는 점이다. 교통문제 하나만 보더라도 그렇다. 새로운 버스노선을 책정할 때에도 중앙관리들은 그 노선의 종착지 도시 하나만을 고려의 대상에 넣고 있는 것 같다. 인접지역과의 지리적 조건이나 교통의 연결문제는 도외시하는 것 같기 때문이다.

가령 목포를 대상으로 할 때 그 도시의 인구 20만을 고려했을 뿐 그 곳을 경유하여 인근 9개 군에 살고 있는 약 2백만 인구에 미치는 영향은 감안하지 않았던 것만 같다. 앞으로 고속버스가 개통되어 실제로 조사해보면 알 일이지만 이용자 중의 4분의 3쯤은 목포 사람이 아닌 목포를 지나가는 인근지역 주민들임을 알게 될 것이다.

얼마 전에 개통된 제주-목포 간의 페리호의 취항에 발맞추어 서울-목포 간의 고속버스운행도 앞당기지 않을 수 없었겠지만 어찌되었든 그 지역 주민들의 숙원이 풀렸다는 점에서 다행한 일이다.

고속버스의 개통이 얼마나 바람직한 것인가는 인근 주민, 특히 16만 신안군민들의 불편한 교통사정을 생각한다면 쉽게 이해할 수 있을 것이다. 신안군은 737개의 섬으로 이루어지고 있는 특수지역이다. 따라서 이들이 육지에서 일을 보려면 좀 불편한 해로를 이용하여 일단 목포로 나와야 한다. 그 중 7개의 큰 섬과 목포 사이에는 정기항로가 있다. 흑산도선, 진도선, 자은도선, 하의도선, 임자도선, 상태도선, 재원도선이다. 이 밖에 군소도서 간을 연결하는 1주 1회를 운항하는 명령항로가 6개 있고, 그리고 2주 1회 운항하는 항로가 10개 있다. 대부분의 정기항로는 5시간이 걸리지만 가거도 같이 멀리 떨어져 있는 명령항로는 10시간이 걸린다.

여태까지 서남해안 도서지방 사람들은 서울에서 고속버스를 이용하여 고향으로 가는 경우 광주까지 4시간이 걸리고 거기에서 완행버스로 갈아타고 목포까지 가는데 이럭저럭 두어 시간 더 걸렸었다. 그렇게 되면 어차피 목포에서 하루 밤을 더 자야하므로 굳이 고속을 탄 보람이 없어지고 만다. 그러나 앞으로는 천우가 불순하지 않는 한 당일에 고향집에 도착할 수 있게 되는 것이다. 만약 서울에 있는 교통당국자들이 이런 사정을 미리 알고 있었던들 호남선 고속 개통이 좀더 빨라졌을 게 아닌가 한다. 앞으로의 문제는 교통사고가 많은 광주-목포 간의 좁은 도로를 하루 빨리 4차선으로 확대하여 고속버스의 안전운행을 기할 일이다.

(한국일보 1978년 9월 10일)

나주는 백제문화권에 안 들어가는가

예총 산하 25개 지방 지부장들이 지방에서 모금된 문예 진흥기금이 서울 위주로 쓰여지고 있는 데 반발, 이의 시정을 요구하고 있다고 한다. 3년 전에도 제기된 바 있는 그러한 요구는 누가 보아도 타당한 것으로 여겨지는데 어찌 해서 아직도 시정되지 않고 있는지 모를 일이다.

우리나라 문화단체의 총본산격인 예총이 그 같은 모순을 시정하지 않는다면 우리의 지방문화는 싹트기 어려울 것이다. 제 고장의 문화를 다듬고 창조해야 할 역군들이 기를 쓰고 중앙으로만 모여들려 하는 것도 이러한 지방 푸대접 때문이다.

지방문화를 육성해야 한다는 것은 문화의 다양성을 위해서뿐 아니라 인구의 중앙집중을 방지하기 위해서도 절실한 과제이다. 제 고장을 사랑하고 아끼고 자랑하는 마음이 없을 때 사람들은 서슴없이 살던 땅을 떠나게 된다. 다른 고장에서는 도저히 맛볼 수 없는 그 고장 특유의 문화야말로 향토애를 느끼게 하고 북돋아주는 원천인 것이다. 따라서 위정자는 모든 사람들이 제 고장에 대한 긍지를 느낄 수 있게 문화의 싹을 길러주는 데 정책적 배려를 아끼지 말아야 한다.

가령 현재 정부에서 추진 중에 있는 백제문화권 10개년계획만 하더라도 그렇다. 179억 원의 예산을 들여 서울 한강 유역 6개소, 공주 21개소, 부여지구 24개소에 대한 사적지구 정화, 사찰 정화, 단위 문화재 보수, 유적지 발굴조사 등을 실시하기로 확정지은 바 있다. 매우 뜻있는 사업이다. 그러나 이 사업이 "역사의 현장"을 다듬고 "민족의 얼"을 일깨우며 "향토애"를 북돋우는 데 뜻이 있는 것이라면 정부는 좀더 눈을 널리 돌렸어야 할 것이다. 백제문화권이라 한다면 "후백제"의 유적지인 완주(전주)나 무진주(광주)나 나주도 포함되어야 한다는 것을 생각했어야 할 것 아닌가.

신라문화권, 백제문화권에 이어 앞으로 따로 "후삼국 문화권개발"을 계획하고 있다면 모르거니와 그렇지 않다면 우리 국토의 서남부지역에 묻혀 있는 "역사의 현장"들도 햇볕을 받도록 했어야 할 것이다. 이를테면 나주지구만 하더라도 북문 밖에는 통일신라시대에 건립했던 보물 50호인 3층 석탑, 동문 밖에는 고려시대에 건립한 보물 49호 석동관이 있고, 그 주변에는 후백제와 고려가 혈전을 거듭했던 허물어져가는 금성산성이 있다. 이 밖에도 고고학적으로 가치 있는 사적 76호인 대안리고분군, 77호인 신촌리 고분군, 78호인 덕산리 고분군 등이 있다. 영산강 일대에는 견훤의 군사와 왕건의 군사가 혈투를 벌인 싸움터가 수두룩하게 널려 있다. "몽탄강"이나 "파군다리" 따위 그때의 싸움을 일깨워주는 지명들이 아직도 생생히 남아 있는 것이다.

물론 이러한 유적들이 현재 개발계획에 들어있는 많은 유적들에 비해 보호할 가치가 떨어지는지 여부는 전문가가 아니라 잘 알 수는 없다. 그러나 국가가 예산이 없어 제대로 보수하지 못할 형편이라면 그 곳에 말뚝이라도 박아놓고 여기가 역사적으로 "유서 있는 땅"이라고 인정하고 표시해 주는 성의만이라도 있었으면 한다. 그 고장에 사는 사람들은 그것으로 해서 그 고장을 자랑하고 아끼는 마음이 우러나지 않을 수 없는 것이다.

(한국일보 1978년 4월 2일)

9) 해저유물박물관 유치운동

1976년 신안 앞바다에서 남송 아니면 원나라 시대의 도자기들이 인양되기 시작했다. 침몰된 선체가 발견되면서 도자기를 비롯한 수천 점의 유물들이 인양되었다. 엄청나게 많은 유물들이 계속해서 발굴되자 전국의 보도진이 목포로 몰려들었다.

발굴성과에 대한 매스컴의 흥분에 쌓인 보도양태를 지켜보면서 목포 시민들은 오랫동안 신안 해저에 매몰되었던 유물들은 당연히 매몰현장에서 가까운 목포에서 보존되어야 할 것이라는 의견을 제시하기 시작했다. 물론 그 배후에는 목포지역출신 언론인모임인 유달클럽과 목포의 시민지도자들 사이에서 지속적이고도 긴밀한 협의가 진행되고 있었다. 특히 애향심이 강하고 목포문제라면 물불을 가리지 않는 열성 목포시민의 한 사람인 조경석 씨는 연일 취재현장에 나가 서울에서 내려온 기자들과 카메라맨들을 친절히 접대하면서 해저유물들이 목포에 보존되어야함을 설득하고 다녔다.

그리고 그때 취재를 위해 목포에 파견되었던 한국일보 문화부의 강대형 차장은, 발굴된 신안해저유물은 마땅히 목포에 박물관을 세워 보존되어야 한다고, 한국일보 기사를 통해 맨 먼저 주장하고 나섰다. 나는 곧바로 한국일보 사설("목포해양박물관은 어떤가")을 통해서 다음과 같은 몇 가지 근거를 들어 그의 주장을 뒷받침했다.

신안 앞바다 매장문화재 인양작업은 그동안 관계당국과 해군 잠수요원들의 활약으로 25일 현재 청자, 백자, 토기, 동전, 은전, 목각품, 은제품, 청동, 닻, 배 조각 등 4,754점을 찾아 올림으로써 국내외를 흥분시키고 있다.

문화재위원회는 이들 인양문화재를 감정한 결과 13~14세기 남송 말기 아니면 원대의 무역선에 실려 가던 것으로 추정된다고 공식 발표하였다. 전문가들은 이 도자기들이 세계 어디에 내놓아도 손색이 없는 청자호병, 처만청자 접시에서부터 3류급의 접시에 이르기까지 여러가지 수준의 것이 섞여있어 중국도자기를 연구하는 데나 편년하는 데 더 할 수 없이 귀중한 자료라고 입을 모으고 있다. 더구나 이들 유물은 제작연대가 비슷하고 선적시기가 같은 것이어서 고고학에서 제일급 자료로 치는 "일괄유물"이란 점에서 그 학술적 가치가 높다고 하니 우리는 이 귀중한 문화재의 보존과 활용에 신중한 검토와 배려가 있어야 하리라고 본다.

본보 25일자 보도에 의하면 인양현장인 신안과 목포에서는 이들 인양문화재를 연고지인 목포에서 보존, 전시할 수 있도록 관계요로에 건의하고 있다고 한다. 문화재란 발굴이나 인양에 못지않게 그 보존과 활용에 더 큰 뜻이 있으므로 정부에서는 앞으로 이 문제를 관계 전문가들과 깊이 검토하리라 기대하거니와 현지 보존을 요망하는 그곳 인사들의 의견도 결코 소홀히 해서는 안 되리라고 생각한다.

얼핏 현지 주민들의 요망이 유물의 속지주의를 주장하는 편협한 지방에고이즘으로 들릴는지 모르지만 다음과 같은 객관적인 이유에서도 그들의 요청은 충분히 경청 배려할 만한 가치가 있는 것으로 생각한다.

첫째로 문화의 혜택은 중앙에 집중시킬 것이 아니라 가능한 한 지방에도 분산시켜 국민들로 하여금 두루 향유하게 하는 것이 바람직하다고 본다. 발견된 유물이 얼마 되지 않아 분산해서 보존하는 것보다는 한 곳에 모아 다른 유품과 비교 전시하는 것이 효과적인 경우가 있다. 그러나 이 번 중국도자기처럼 1만여 점에 이를 만큼 수효가 많고 특히 일괄유물이라는 특수성을 감안한다면 굳이 기존의 문화재와 종합 전시할 필요는 없으리라고 본다. 물론 동종의 예술품은 나누어 전시해도 좋을 것이다.

둘째로 문화재란 불가피한 이유가 있으면 몰라도 한 곳에 집중적으로 보존한다는 것은 위험한 일이다. 예고 없이 찾아오는 전쟁피해 또는 천재지변에 대비해서 귀중한 문화재일수록 분산해서 보존하는 것이 동서 공통의 지혜이기 때문이다.

셋째로 관광정책의 차원에서도 관광대상지의 다원화가 바람직하다. 대부분의 우리 문화재들은 서울, 경주, 부여 등 몇 곳에 집중되어 있어 외국인 관광객들은 자연히 일정을 빽빽하게 잡아 급하게 뛰어다니다가 떠나버리게 된다. 가능한 한 관광대상지를 좀더 분리해 놓으면 이들을 좀더 차분히 감상하게 되지 않을까 한다.

넷째로 이 번 인양된 문화재의 연고권을 주장하는 목포일대는 본시 도자기와 인연이 깊은 곳이기도 하다. 바로 목포 턱 밑에 위치한 강진은 누구나 다 아는 바와 같이 옛 고려청자의 주산지였다. 오늘날에도 목포에 자리잡은 행남사의 도자기, 조선내화의 내화물이 모두 전국적으로 이름을 떨치고 있는 것으로 알 수 있듯이 목포는 도자문화와 불가분의 인연이 있는 곳이다.

다섯째로 목포는 지리적으로 중국과 가까울 뿐 아니라 중국과 마주보고 있으면서 역사적으로도 중국과 많은 관계를 맺고 있는 항구이다. 통일신라 때 대중국 무역의 중심지였던 완도의 청해진과 중국의 산동반도를 잇는 중계지였으며, 해방 전까지만 하더라도 중국과의 해상교통의 요충지였던 곳이다.

끝으로 무엇보다도 중요한 것은 지역사회의 균형 있는 발전을 촉진하기 위해서 목포에 활력소를 불어넣어 줄 필요가 있다는 점이다. 일제강점기만 하더라도 인구가 13만이나 되던 도시로 활기를 띄던 목포는 30년이 지난 지금 겨우 20만의 도시로 명맥을 유지하고 있다. 내세울 만한 산업시설이 없을 뿐 아니라 널찍이 자리 잡아 놓은 대불공업단지도 여전히 황량한 빈터로 남아 있는 실정이다.

목포는 20만 인구의 생활근거지일 뿐 아니라 인근의 농어촌 지대인 무안, 신안, 해남, 강진, 장흥, 영암, 진도, 완도, 나주, 함평 등 약 2백만 인구의 숨통이기도 하다. 만약 정부에서 인양된 해저유물을 위한 박물관을 목포에 세워준다면 오랫동안 철저한 소외감 속에서 살아가고 있는 그곳 주민들에게 큰 희망과 보람 그리고 용기를 줄 것이다.

(한국일보 1978년 5월 27일)

10) 향우 모임, '남우회'의 결성

이렇게 목포에 해저유물박물관을 짓자는 여론이 일어나자 서울에 살고 있는 목포지역 출신 젊은이들이 크게 환호하며 모여들었다. 동국대학의 김희오 교수, 한진영화사의 송영식 전무, 태양양행의 김공지 사장과 박용백 전무 등 30여 명의 목포지역 출신 젊은이들이었다. 이들은 지난날 목포에 있는 목포고등학교, 목포상업고등학교, 문태고등학교, 동광고등학교, 목포공업고등학교 등에서 저마다 학생회간부를 지낸 사람들이며 남달리 애향심이 강한 사람들이었다.

이들은 나를 찾아와 박물관유치에 필요한 일이라면 어떠한 일이라도 전폭적으로 협력할 용의가 있다면서 이미 유치운동을 벌이는 언론계의 유달클럽과 힘을 합하겠다고 제의했다. 나는 그 제의를 환영하면서 뜻을 함께하는 사람들을 더 모아 "목포해양박물관 유치후원회"를 발족시키자고 했다.

서교동에 있는 경성고등학교에서 열린 창립모임에 참석한 젊은이 120여 명은 나에게 회장을 맡아 달라고 했다. 그러나 언론인인 내가 어떤 특정단체에 소속하여 글을 쓴다면 호소력이 제한받을 수 있다는 이유에서 수락을 사양했다. 대신 당시 인권변호사로서 이름을 떨치며 활약하던 조승형 변호사를 회장으로 추천했다.

그 무렵 나는 청와대의 언론담당 수석 대변인으로 있던 임방현 씨를 찾아갔다. 그는 전주출신이고 나의 서울대 선배이면서 한국일보 논설위원실에서 함께 근무했던 사이인지라 털어놓고 이야기할 수 있는 처지였다. 지금 신안 앞바다에서 오랫동안 묻혀있던 고려청자를 비롯한 유물들이 인양되는데 현지 목포사람들이나 서울에 있는 목포출신들이 한결같이 목포에 해저유물박물관을 세워주기를 바라고 있으니 이 소원이 이루어지도록 도와 달라고 부탁했다.

그는 자신이 할 수 있는 한 협조하겠으니 우선 목포에 박물관을 세워야 할 이유를 밝힌 건의서를 설득력 있게 작성하여 제출하라 했다.

그런데 얼마 후 신안 앞바다 유물박물관은 광주에 건립하기로 결정되었다고 김성진 문공부장관의 담화로 발표되었다. 미처 예상하지 못했던 발표에 놀라 당장 김 장관에게 쫓아갔다. 김 장관은 나와 함께 한국일보에 입사했던 동기생이다. 신안 앞바다에서 인양된 유물은 가능한 한 발굴현장에서 가까운 곳에서 보존하되, 되도록 전국의 많은 사람들이 접근하기 편리하게 고속도로가 뚫려 있는 광주에 박물관을 세우라는 것이 박정희 대통령의 특명이었다고 김 장관은 털어놓았다.

박물관을 광주에 건설한다는 정부의 발표를 접한 현지 목포시민들은 물론이고 그동안 여러 가지 전략을 세웠던 유달클럽이나 서울에서 박물관 유치모임에 참여했던 목포출신 젊은이들의 실망은 이만저만이 아니었다. 나는 이 모임이 박물관유치를 위한 목적으로 맺어진 것이지만 목포는 앞으로 여러분의 애향심과 단합의 힘이 필요할 때가 많을 것이니 이대로 해산하는 것보다 하나의 애향친목회로 유지하자고 제의했다. 이 제의는 만장일치의 찬성을 받았다. 또 이 모임의 이름을 남쪽 벗들의 모임이라는 뜻에서 '남우회'(南友會)로 하자는 나의 제의도 그대로 받아들였다.

남우회는 조승형 변호사를 초대 회장으로 선출하고 나를 고문으로 삼아 그 후 정기적으로 모임을 갖고 친목을 돈독히 해오고 있다.

11) 한일 커뮤니케이션 갭에 관한 공동연구

이웃나라인 일본과 국교를 정상화한 지 13년이나 흘렀는데 양 국민의 마음속에 박혀 있는 오해와 선입견으로 인해 원만한 커뮤니케이션이 이루어지지 않고 있다. 이러한 커뮤니케이션 갭이 어찌해서 일어나는지를 규명하고 해결책을 모색하려는 목적에서 1978년 초에 한·일 양국의 학자들 간에 공동연구가 계획되었다.

서울대의 김규환 교수와 일본 도쿄대학의 쓰지무라 아키라 교수가 공동의 대표였다. 연구의 구체적 방법으로 다음과 같은 세 가지 접근을 시도했다. 첫째, 여론조사를 통해서 두 나라 국민들이 상대국 사람들에 대해 어떤 이미지를 가졌는지 탐구하고자 했다. 둘째, 일반여론을 형성하는 데 크게 작용하는 것이 신문보도이기에 두 나라 주요신문의 내용이 어떤지 분석하기로 했다. 셋째, 상대방의 이미지나 태도를 변화시키는 데 어떤 정보가 필요한지 실험적으로 연구하기로 했다.

한국측 연구원으로 서울대학의 김규환 교수, 이상희·김채윤 부교수, 천외옥 신문연구소 특별연구원, 이효성 신문연구소 조교 그리고 이상회 연세대 부교수, 김재홍 일본 입교대 대학원 박사과정과 최종수 한국일보 논설위원이 참여했다. 일본측 연구원은 도쿄대학의 쓰지무라 아키라 교수, 다케우치 이쿠오 신문연구소 교수, 후루하다 가구다카 조교수, 와다나베 요시도모 신문연구소 조수, 이나기 데쓰로·마쓰무라 겐쇼 조수, 그리고 게이오대학의 이쿠다 쇼키 교수·이와오 스미코 신문연구소 교수 등이 참가했다.

나는 이 공동연구에서 신문기사의 내용분석 분야에 참여하게 되었다. 1978년 초 김규환 교수와 함께 도쿄로 건너가 쓰지무라 교수와 이쿠다 교수와 만나 내가 설계한 내용분석 방식의 타당성을 검토했다. 그 후 양국에서 각각 진행시킨 연구결과를 1979년 1월 도쿄에서 열린 1차 심포지엄에서 발표했고, 이후 더욱 진전된 연구성과를 1980년 서울에서 열린 2차 심포지엄을 통해 발표하였다. 그때마다 두 나라의 신문들이 주요내용을 크게 보도하였고 양국학계에 큰 반향을 불러 일으켰다.

그런데 보도내용분석에 있어서는 일본 쪽 연구자들이 도중에 바뀌게 되면서 처음에 합의했던 동일한 방법론을 따르지 않았기 때문에 두 나라 사이의 차이를 극명하게 드러낸 결과를 얻을 수 없어서 아쉬웠다.

그리고 이 공동연구의 결과는 1974년에 《일본과 한국의 문화마찰》(出光書店)이라는 제목으로 도쿄에서 단행본으로 출판되었다. 이와 별도로 이 공동연구에서 내가 도출한 연구결과와 도쿄대학 유학 중에 내가 분석했던 "일본 3대신문의 한반도에 관한 보도내용 분석"을 함께 모아서 《한·일 언론 비교연구》(전예원, 1983년) 라는 제목으로 출판했다.

12) 언론통폐합 무렵: 김대중 선생과 관련된 에피소드

1980년 5월 18일 광주에서 군부탄압에 항거하여 민주화시위를 벌이던 학생들에게 서울에서 특파된 공수부대가 무차별 발포함으로써 많은 희생자를 낸 이른바 광주5·18 민주화항쟁이 발생했다. 군부에서는 계엄령을 선포하고, 국가보위부를 설치하고, 엄격한 언론검열을 실시하는 한편, 내대적 언론 통폐합조치를 취하기 시작했다. 신군부에서는 군부를 비판하거나 협조하지 않는 언론인들을 색출하여 해직시키거나 비공식 접촉을 통해 회유, 위협하고 있었다.

어느 날 이따금 우리 집을 드나들던 내 처남의 친구가 날 찾아오더니 대뜸 자기 형이 나를 만나고 싶어한다고 말했다. 형이 어떤 사람이기에 나를 만나자는 거냐고 물으니 현재 언론검열을 책임진 사람이라고 했다. 그 무렵 검열에 걸릴 만한 글을 쓴 적이 없는데 왜 만나자고 하느냐고 물으니, 그가 나를 신문사에서 상당히 중요한 역할을 하는 사람으로 평가하는 것 같다고 했다.

그때 후배의 말을 그저 가볍게 흘렸는데 며칠 후에 또다시 찾아와서 꼭 한 번 만나 주라고 간절하게 당부한다. 그 사람은 나에게 부탁할 일이 있을지 모르지만 나는 그 사람에게 바라는 것이 없으니 사양하겠다고 했다. 그러나 그는 나 자신을 위해서 꼭 만나보는 것이 좋을 것이라고 뭔가 있는 듯 암시했다. 며칠 후 무교동 서린호텔 커피숍에서 나는 그의 형이라는 사람과 첫 인사를 나누었다. 자기를 '강 대령'이라고 소개했다. 본명이 아닌 것 같았다. 자신만만한 표정이었다. 자신은 언론검열업무를 처음 맡았고, 자기가 취한 첫 조치가 학원시위에 대한 보도통제를 해제한 일이라고 했다.

나는 참 큰일을 했다고 칭찬했다. 보도통제란 발생한 사실을 그대로 발표해서 사람들을 패닉상태로 빠뜨릴 우려가 있을 경우에 필요한 것이지만 너무 오래 진실을 가두어둔다면 루머가 발생하여 사회혼란을 가져오게 되니 더 위험할 수 있다고 말했다. 대화가 어느 정도 진행되자 강 대령은 자리를 옮기자고 했다. 우리는 회현동 작은 호텔의 일식집에서 맥주를 마시면서 대화를 계속했다. 나는 요즘 군부가 신현확 씨를 중심으로 새로운 정치체제를 모색한다는 말이 있지만 과연 정권을 민간으로 넘겨줄 것인지 의심스럽다고 말을 꺼냈다. 그런데 군부에서는 요즘 김종필, 김영삼 씨에 대해서는 상당한 정도로 자유로운 정치활동을 허용하면서 유독 김대중 씨에 대해서는 지나치게 견제하는 것 아니냐고 떠보았다.

군부가 만약 집권을 포기하고 정권을 민간에 이양하려 한다면 지금처럼 3 김씨에 대해 차별적으로 대하는 것은 매우 위험한 일이라고 본다. 왜냐하면 내가 보기에 만약 세 사람에게 똑같은 자유 선거활동을 허용할 경우 청와대 문턱에 가장 먼저 도착할 사람이 김대중 씨일 것 같다. 그런데 만약 김대중 씨가 대권을 잡게 된다면 자기를 철저하게 견제했던 군부세력을 그대로 두겠는가? 그렇게 되면 또다시 군사쿠데타가 발생하여 나라가 혼란의 악순환에 빠질 게 뻔하다고 경고했다.

강 대령은 그런 일은 결코 없을 것이라고 말했다. 김대중은 빨갱이이기 때문에 대한민국의 대통령이 될 수 없다고 단언했다. 나는 군부에서 김대중 씨를 미워한다는 것은 알지만 그렇다고 바로 '빨갱이'라고 딱지를 붙이는 것은 지나치지 않느냐고 항의했다. 그는 김대중 씨를 빨갱이라고 못박을 만한 확증을 가지고 있다고 주장했다. 나는 껄껄 웃으면서 증거가 있다면 그것은 조작됐을 것이고 그것도 최근에 조작했을 것이라고 단언했다.

"그러면 당신은 그가 빨갱이가 아니라는 어떤 근거라도 가지고 있느냐"고 강 대령이 반격했다. 술에 약한 나는 긴 시간 동안 조금씩 마신 술기운이 올라오자 용감해졌다. "만약 김대중 씨가 빨갱이라는 확증을 가지고 있었다면 어찌해서 그를 대통령선거에 출마하도록 놔뒀느냐. 세계에 유례가 없을 만큼 엄격한 국가보안법과 반공법이 마련되어 있고, 중앙정보부, 검찰, 경찰 등 유능한 전문가집단을 두고 있고 확증도 있는데 어찌하여 어엿이 여권을 소지하고 외국으로 나가도록 허용했느냐"고 되받았다.

초면인 처지에서 나눈 대화가 너무 과열되는 것 같아 나는 말머리를 돌려 나와 김대중 씨 간의 일화를 말해 주었다. "아시는지 모르지만 나와 김대중 씨와는 동향출신이어서 오랫동안 가까이 지내온 사이요. 그러나 그분은 정치인이고 나는 언론인이기 때문에 그분이 옳은 말을 하면 박수를 아끼지 않으나 그렇지 못하면 서슴없이 비판하는 사이요" 하며 10여 년 전에 목포 비행장 건설에 관련된 문제로 김대중 의원과 3년간 소원했던 사실을 예를 들어 설명해 주었다.

1960년대 후반에 박정희 대통령이 목포를 두 번 방문한 적이 있었다. 당시 목포에는 귀빈을 모실 만한 호텔이 없었기 때문에 그때마다 조선내화의 이훈동 회장의 아주 잘 가꾸어진 저택을 이용하곤 했다. 박 대통령이 신세진 답례삼아 뭔가 바라는 것이 있으면 말하라고 하자 마침 목포 상공회의소 회장을 맡던 이 회장은 이 고장 상공인들이 비행장건설을 바란다고 했다.

비행장건설이 착공되고 얼마 후에, 광주와 목포의 지방신문에 "목포비행장이 착공되게 된 데는 김대중 의원의 노력이 컸다"는 기사가 나왔다. 아마 김 의원은 목포지역의 큰 숙원사업인 비행장건설을 위해 노심초사를 했었기 때문에 이 같은 기사가 실리게 된 것 같았다. 그러자 웬일인지 모르나 공사가 중단되었다. 이 사실에 놀란 상공인들은 이 회장을 통해서 대통령에게 공사재개를 호소하였고, 겨우 공사는 재개되었다. 그런데 김 의원이 또다시 공사가 재개된 것은 자기의 항의에 의한 것이라고 주장했다는 말이 들려왔다.

그 얼마 후 종로에 있는 음식점 '장원'에서 30여 명의 목포출신들이 모였는데 목포푸대접 문제를 화제로 올려 이구동성으로 정부와 여당에 비난을 퍼부었다. 그 자리에 있던 나는 이렇게 말했다.

"여러분, 목포를 푸대접한다고 정부나 여당을 비난하기 전에 우리는 먼저 우리 지역출신인 김대중 의원에 관해서도 한번 짚고 넘어갈 점이 있다고 생각합니다. 목포 비행장의 공사진행이 순조롭지 못한 것은 일부 지방지에 나온 김 의원의 주장 때문이라는 얘기도 있기 때문입니다. 야당 국회의원의 주장에 발끈하여 중대한 공사를 중단시킨 공화당정부의 처사는 물론 졸렬합니다. 공화당정부는 비행장건설을 해주면서 목포지역 주민들에게 크게 생색을 내고 싶었을 것입니다. 김 의원은 그 공사가 비록 자신의 정치적 노력으로 실현된 것이었다 하더라도 생색을 내고 싶어하는 공화당정부의 비위를 건드리지 않았어야 마땅합니다. 그것이 진정 목포를 사랑하는 길이 아니었을까요?"

그러자 바로 내 옆자리에 앉아있던 중학교 후배인 이유형이 내 옷을 잡아당겨 말을 멈추게 하면서 "형님, 명색이 비서인 저를 옆에 두고 김 의원을 그렇게 비난할 수가 있소?"하고 항의했다. 나는 '아차, 좀 지나쳤구나!' 생각이 들었지만 이미 쏟은 물이라 "그래 좋다. 내가 방금 한 말 중에 무근하고 부당한 내용이 있다면 이 자리에서 밝혀라. 네 지적이 옳다면 무릎을 꿇고 사과하마. 그렇지 않다면 이 자리에서 공개토론을 벌이자"고 제의했다.

며칠 후 김 의원이, 공개된 장소에서 자신을 비판한 데 대해, 섭섭하다는 뜻을 두 번이나 알려왔지만 그러려니 생각하면서 넘어 갔다. 그런데 세 번째로 이번에는 상당히 비중 있는 선배를 시켜서 유감의 뜻을 전해왔다. 나는 섭섭한 감정이 치밀어 그 선배에게 말했다.

"김 의원이 섭섭했다면 나를 직접 불러서 따지거나 뺨이라도 갈길 일이지 왜 삼자를 통해서 알리는 것인가. 그동안 김 의원과의 사이가 그렇지 않았는데 직접대화를 피하는 것은 단교하겠다는 뜻이 아닌가. 그렇다면 나도 굳이 더 이상 상종할 필요가 없으니 절교하겠다." 결국 몇 년간 소원한 관계가 지속되고 말았다. 1972년 대통령선거를 앞두고 김 의원이 구미여행을 마치고 도쿄에 들렀을 때, 그곳에서 유학중이던 나는 주변 친지들의 권고에 의해 접촉을 재개했다.

김대중 씨와의 개인적 관계를 이렇게 소상히 설명한 것은 그가 빨갱이가 아니라는 것을 말할 수 있을 만큼 가까운 사이라는 것과 그렇다고 덮어놓고 그를 옹호하는 사람이 아니라는 것을 알리고자 했던 것이다. 첫 만남 후 1주일 가량 지나자 강 대령으로부터 만나자는 전화가 왔다. 그는 나를 만나자 전혀 예상치 못했던 말을 했다. 국보위에서 작성한 언론인성향 보고서에 의하면 내가 1급 해직대상자 명단에 올라 있다는 것이다. 나는 그럴 리 없다고 펄쩍 뛰었다. 그는 세 가지 근거를 제시했다. 첫째, 김대중을 지지하는 언론인으로 지목되어 있고, 둘째, 호남푸대접 문제를 가장 많이 떠든 언론인으로 알려져 있고, 셋째, 광주사태를 계기로 준 여당지로 간주되던 한국일보를 동아일보보다 앞서는 야당지로 바꾸어놓은 장본인으로 보고되어 있다는 것이다.

호남푸대접 문제와 김대중 씨와 관련된 대목은 전적으로 부인할 수는 없지만 한국일보의 논조와 관련된 부분은 전혀 사실과 맞지 않는다고 부정했다. 나는 주로 "지평선"을 쓰고 간혹 사설을 쓰지만 정치분야는 전혀 다루지 않았는데 어찌 내가 한국일보의 논조를 바꿀 수 있었겠느냐고 반문했다. 그러나 강 대령은 "호남푸대접 문제는 애향심이 강한 사람이라면 누구라도 그렇게 할 수 있을 것으로 이해할 수 있다. 그리고 김대중을 무조건 추종한 사람이 아니었다는 것은 지난번에 직접 사정을 들은 바 있으니 변명해 줄 수 있다. 그러나 한국일보의 논조를 바꾼 사람이라는 혐의는 객관적 증거가 제시되어 있으니 자기로서도 변명해 줄 수 없다"고 말했다.

결국 그가 바라는 것은 나의 입장을 오해할 수 없도록 밝히는 글을 어디에든 기명으로 발표했으면 하는 것이었다. 나를 도와주려는 우정에 대해서는 참으로 감사하나 일시적 난경을 피하기 위해서 곡필(曲筆)할 생각은 전혀 없다고 잘라 말했다. 강 대령은 나의 거절에 불쾌한 표정을 짓지 않았다. 아니 오히려 나의 순수성을 좋게 평가하는 듯했으며 이후로 나에게 여러 가지 호의를 베풀어주었다.

그런데 나중에야 안 사실이지만 내가 신문논조를 변경시켰다는 것을 입증하는 증거란 내가 쓴 글이 아니라 나의 목소리를 담은 도청테이프였다. 광주사태가 발생하여 철저하게 보도가 통제되고 있을 때 광주에 있는 친지들이 계속해서 나에게 현지상황을 전화로 알려주었다. 아침에 신문사에 나가면 동료들은 내 주변으로 몰려와서 내 입으로 설명하는 광주의 참상을 전해 듣곤 했는데 그때 신문사를 출입하던 기관원이 내 주변에 도청장치를 해놓았던 것 같다.

아무튼 그 후 언론기관 통폐합이 단행되었을 때 나는 코리아타임스 논설위원으로 전임되었을 뿐 언론계에서 쫓겨나는 일만은 면했다. 해직 모면은 아마도 강 대령이 크게 변호해준 결과가 아닌가 생각한다.

2. 한국언론연구원 창설 참여

1) '연수원'에서 '연구원'으로 개칭

1980년 군부는 대대적인 언론개혁을 단행했다. 새로운 언론기본법을 준비하는 한편 방송광고공사, 언론인교육연수원, 언론중재위원회 등 새로운 언론기관의 창설을 추진했다. 가칭 '한국언론인교육연수원'은 한국 언론인들에게 확고한 국가관과 사명감을 심어주기 위해 기성 언론인들에게 체계적 재교육 실시를 목적으로 세우려 했던 것이다.

1980년 가을 어느 날 나에게 '언론인교육연수원'을 창설하기 위한 주비위원으로 위촉한다는 통지가 왔다. 학계에서 2명, 연구기관에서 2명, 현역 언론계에서 2명이 위촉되었는데 어떤 경로를 통해서 내가 현역의 한 사람으로 지명되었는지 알 수가 없었다. 아마 언론인 자질향상을 위해 철저한 기자재교육이 필요하다고 강조한 나의 글과 독일·일본·미국에서의 언론인 연수과정에 참여했다는 경력이 참고되었던 것 아닌가 생각한다.

'언론인교육연수원'이란 이름에서 나타나듯이, 정부는 처음부터 이 기구를 언론인들에게 투철한 국가관을 심기 위한 정신교육 위주의 연수기관으로 만들려는 것 같았다. 그런데 나는 평소 한국언론의 발전을 위해서 현역기자들에 대한 체계적 재교육이 필요함은 물론이요, 그에 못지않게 우리 언론의 실제 기사작성과 편집에 대한 과학적 조사와 연구가 앞서야 함을 주장한 바 있었다.

그래서 나는 다른 추진위원들에게 우리가 이토록 막대한 예산을 들여 새로운 기구를 창설할 바에야 연수뿐 아니라 연구사업도 병행시켜야 하지 않겠느냐고 설득했다. 그리고 언론인연수를 효과적으로 하기 위해서도 우리 언론에서 부족한 점이 무엇이며, 개선해야 할 점이 무엇인지 과학적 조사를 통해서 추려내야 한다고 강조했다.

따라서 새 기구의 골격으로서 연수부와 연구부를 양립시키고 이들을 뒷받침하는 기획부를 두자고 했다. 나의 이러한 수정안에 대해서 이의를 제기하는 위원이 없었다. 우리는 이렇게 해서 원안보다 기구를 확대하고 이름도 '한국언론연구원'으로 바꾸어 부르기로 합의했다.

6개월간의 준비작업 끝에 '한국언론연구원'은 기존의 한국신문연구소 소장을 맡던 윤임술을 초대 원장으로, 조선일보 편집국장을 지낸 김경환을 부원장 겸 연구담당 이사로, 한국일보 논설위원으로 있던 필자를 연수담당 이사로, 그리고 청와대 비서관 출신 박용근을 기획담당 이사로 운영진을 구성해 1981년에 발족하였다.

2) 커리큘럼 편성의 난항

초대 연수담당 이사를 맡은 나는 연수교육의 대상범위를 어떻게 정하고, 편성해서 교육을 실시할 것인지 생각해야 했다. 가장 먼저 교육받을 대상자로 메시지생산에 직접 관련되는 사람들을 생각했다. 즉 신문사의 편집국·출판국·논설위원실, 방송국의 보도국·제작국, 통신사의 편집국·출판국 그리고 각 사의 임원까지 이에 포함된다. 여기에 해당하는 전체인원이 5,641명이었다.

그리고 2차 대상자로는 메시지생산을 지원하는 부서에 근무하는 사람들을 생각했다. 즉 신문사의 판매, 광고, 업무, 공무국에 소속하는 사람들, 그리고, 방송사의 업무국, 기술국, 통신사의 업무국, 공무국에 소속하는 사람들이다. 이 인원이 모두 8,792명이었다.

우선 급한 대로 메시지를 직접 생산하는 사람들을 대상으로 기초과정, 초급과정, 중급과정, 고급과정, 특수과정 등 다섯 과정으로 나누었다. 기초과정은 수습기자들을 대상으로 2개월간(나중에는 1개월간), 초급과정은 5년 이하 경력기자들을 대상으로 2주일간, 중급과정은 차장대우 이하의 중견기자들을 대상으로 1주일간, 고급과정은 데스크를 맡는 부장, 차장들을 대상으로 3일간의 교육을 실시하고, 특수과정은 부국장 이상의 간부·논설위원·임원들을 대상으로 2박 3일간 세미나 형식의 교육을 실시하기로 했다.

그리고 연수내용은 기초과정은 언론인의 기본자세 확립, 즉 언론윤리 준수, 언론과 언론인의 책임의식 제고에 주안점을 두고, 언론 기초이론과 실기를 보충하도록 했다. 초급과정과 중급과정은 언론의 사회적 책임의 중요성을 강조하는 한편 전문지식과 전문이론을 보충하는데 역점을 두었으며, 고급과정과 특수과정은 언론계가 당면한 문제를 놓고 자신들의 체험이나 의견을 교환함으로써 문제해결을 공동모색하도록 세미나형식으로 구성했다.

그런데 연구원에서 작성한 계획 중에서 다른 것은 그대로 통과되었으나 커리큘럼의 내용에 대해서만은 정부에서 불만을 표시했다. 당시 청와대 언론담당 수석인 허문도는 내가 제출한 연수계획서를 일별하고 나서 구체적인 지적 없이 "이게 아니지 않습니까?"라고 했다. 정부의 의도를 알 만한 사람이 왜 이렇게 만들었느냐는 뜻이었다. 허 수석과 나는 도쿄대학에서 함께 공부하고 가깝게 지낸 적이 있다. 허 수석이 조선일보의 도쿄지사에 특파원으로 있으면서 도쿄대 대학원 박사과정을 다닐 때 나도 그와 자주 같은 강의에 참석했다.

우리는 언론의 책임문제를 더 보강하는 방향으로 수정한 내용의 커리큘럼을 다시 제출했다. 이번에는 허 수석이 아니라 같은 방의 차석을 맡고 있는 이수정이 반론을 폈다. 이 차석은 약간 차가운 어조로 언론인

연수의 목적이 어디에 있는지 잘 아실 텐데 이렇게 만들었느냐고 질책투로 말했다. 이 차석은 한국일보 기자출신으로 나보다는 뒤에 입사한 사람이다. 선배에 대한 예우는 팽개쳐버린 듯했다. 그는 퉁명스러운 어조로 "기자들에게 투명한 국가관을 심어주어야 할 것 아닙니까"하고 소리쳤다.

우리는 세 번째로 수정안을 제출했다. 이번에는 청와대가 아니라 문공부의 허만일 보도국장이 만나자고 했다. 허 국장은 좀더 솔직하게 지적했다. 커리큘럼을 보면 일반대학 신방과의 교육내용과 별로 다를 바가 없다는 것이었다. 지금은 언론풍토를 크게 바꾸려는 시점인데 언론인들의 정신자세를 뜯어고치는 교육이 있어야 할 것 아니냐는 것이다. 나도 이제 솔직하게 나의 의견을 말할 필요가 있다고 생각했다.

"정신자세를 뜯어고치라는 뜻은 잘 알고 있다. 그러나 정신자세라는 것이 일방적 교육만으로 전환시킬 수 있다고 생각하지 않는다. 더구나 우리의 교육대상자는 뚜렷한 자아의식과 주관을 지닌 언론인들이다. 지금 언론인들은 정부에서 세뇌교육을 시도하는 것으로 생각하고 마음속으로 경계하고 있다. 만약 '국가관 운운'한다면 그들은 극도의 경계심과 거부감을 일으킬 것이다. 거부감을 주는 교육은 전혀 효과가 없다고 생각한다. 따라서 우리 언론인들을 사회발전에 기여하게 하려면 이미 여러 선진국에서 통용되는 '언론의 사회적 책임이론'을 철저하게 터득하도록 하는 수밖에 없다"고 주장했다.

허 국장은 커리큘럼의 수정을 주문했지만 나는 일방적 교육은 역효과를 낼 뿐이라고 반대했다. 결국 아무런 합의를 이루지 못한 채 또 며칠이 지났다. 하루 빨리 시작하기를 바라던 언론인 연수가 커리큘럼 내용 때문에 옥신각신하는 사이에 한 달 남짓 지연되자 정부에서는 분통을 터뜨릴 기세였다. 그래서 윤임술 원장의 난처한 입장도 세워줄 겸 우리 쪽에서 약간의 절충안을 내놓았다.

'특강'이라는 이름으로 한두 명의 전문가를 초청하여 국가관이나 안보관을 강화할 수 있는 내용을 발표하게 하고, 청강중인 기자들이 자유롭게 반론을 펼 수 있게 토론의 장을 마련했던 것이다. 이러한 토론을 통해서 합의를 이루는 경우는 드물었지만 상대편의 입장을 이해하는 데는 상당한 효과가 있었다고 본다. 반면에 우리의 전통문화 전문가들을 강사로 초빙하여 국악·시조·다도 등 전통문화 특강도 개설했는데 이에 대해서는 대단한 관심과 흥미를 갖고 반응했다. 물론 각급과정에 걸맞은 언론관계 이론이나 실기를 소개하는 것을 소홀히 하지 않았으며 언론관계 법제나 언론윤리에 관한 교양 또는 선진 언론계에서의 새로운 동향과 사조를 소개하는 데 힘을 기울이기도 했다.

각 과정의 소정기간의 교육이 끝나면 수강내용에 대한 반응을 조사했다. 극히 일부 시니컬한 반응도 없지 않았으나 대부분은 모처럼 실무를 떠나 느긋한 마음으로 면학분위기에 젖을 수 있었다는 점과 자신의 직무수행에 직결되는 학술배경에 접할 수 있었다는 것을 아주 흡족하게 생각한다는 만족감을 표명했다. 하지만 그들이 언론사에 돌아가서는 연수소감에 대한 동료들의 질문에 부정적으로 대답했다고 한다. 정직하게 소감을 말했다가 정부로부터 세뇌당했다고 의심받기 십상이었기 때문이다.

아무튼 나는 연수담당 이사를 맡은 3년 동안에 방송국의 PD를 포함하여 국내언론인들 거의 전원이 연수하는 데 뒷바라지했다. 언론연구원의 연수목적에 대해 삐딱하게 보고 빈정대는 사람들도 많았지만, 언론연구원의 창립은 국가가 언론계에 마련해준 최대의 선물이며 우리 언론의 자질을 향상시킬 수 있는 최선의 기회였다고 생각한다. 그래서 커리큘럼을 만들 때마다 그 분야의 최고 권위자를 강사로 초청하는 데 가장 큰 정성을 쏟았다. 이런 점에서 한국 언론인의 자질을 높이는 데 내가 할 수 있는 모든 힘을 기울였다고 스스로 자부한다.

언론연구원이 정부산하의 공익기관으로 설립된 것이기 때문에 그 임원 중의 한 사람인 나를 대부분의 외부사람들은 아마 친정부적 인물로 치부했을지 모른다. 그러나 나는 언론인의 비판적 속성을 버리지 않았고 때로는 정부의 처사에 반대하는 노골적 발언을 서슴지 않았다.

이러한 나의 언행이 당국자들에게 간과될 리가 없었다. 몇 번이나 문공부 고위층으로부터 직접 경고를 받기도 했다. 1986년 겨울 이원홍 문공부장관은 기구를 축소한다는 명분으로 불시에 언론연구원의 임원들에게 일괄사표를 요구했다. 아직 임기가 남아 있은 나의 사표만 수리되었다. 이원홍 장관은 나와 한국일보 입사 동기였다.

3) 학위 취득과 중앙대 출강

언론연구원으로 들어가기에 앞서 나는 한국일보의 장강재 사장으로부터 도중에 돌아오면 받아주겠다는 약속을 받은 바 있었다. 그러나 나는 더 이상 언론계 현역생활로 돌아가고 싶은 생각이 없어졌다. 그 동안 여러 대학에 출강했고 또한 전임 교수직을 맡아 달라는 제의도 여러 차례 받은 바 있기 때문에 이 기회에 아예 학계로 방향을 돌리기로 결심했다.

학교로 진출하려면 박사학위 취득이 필수조건이다. 나는 언론연구원으로 옮기면서부터 연세대 대학원에 입학하여 3년간의 박사과정을 이수하고 학위논문 작성만 남겨두고 있었다.

그런데 오래된 직장을 졸지에 떠나게 되니 세상과의 모든 인연이 끊어진 것처럼 고립감과 무력감에 휩싸였고 한동안 일이 손에 잡히지 않았다. 마음의 안정을 되찾기 위해서는 시간강사라도 맡는 것이 좋을 것 같았다. 중앙대학교에 교섭했더니 다행히 신방과 학부와 대학원 그리고 신방대학원에서 세 과목의 강의를 하도록 맡겨 주었다.

새로 맡은 과목의 강의안 준비하랴 학위논문 준비하랴 눈코 뜰 새 없이 바쁘게 뛰었다. 그런데다 박사논문 초록발표가 통과되고 논문제출까지 너무 시간이 급박하여 그야말로 사투를 벌여야 했다. 마침내 1987년 봄, 연세대학교에서 "한국신문의 구조적 성격에 관한 연구"로 언론학박사 학위를 취득했다.

그 무렵 중앙대학교 신방과의 터줏대감 격이던 최진우 교수가 세상을 떠나 교수직 한 자리가 비어 있었다. 더구나 그분의 전공이 신문편집 분야였는데 내가 평소 신문편집에 관심도 있고 관련저서도 있는 터라 그 자리를 이어받을 가능성이 있어 보였다. 그러나 현실은 그렇게 간단한 것이 아니었다. 여태까지 나의 학술논문과 저서 그리고 언론실무경험을 좋게 평가해 주던 교수들이 막상 빈 자리가 생기자 나와 조용히 만나는 기회마저 피하려는 눈치였다.

나는 중앙대학교의 빈 자리를 계속 주시하면서 다른 학교에도 자리가 나오지 않을까 탐색을 게을리 하지 않았다. 그러는 사이 나에게 다른 새로운 기회가 다가오고 있었다.

3. 전남일보의 창간참여와 사장취임

1) 창간참여를 권유받다

1987년 6월 노태우 민정당 대통령후보는 대선을 앞두고 신문발행의 자유를 보장하겠다는 내용을 포함한 이른바 6·29선언을 발표했다. 얼마 후인 7월 중순에 조선내화의 이정일 부사장이 나의 고등학교 후배인 최봉인과 함께 신사동 내 집으로 찾아왔다.

"아버지인 이훈동 회장께서 평소에 고향에서 건전한 지방신문을 하나 만들어 볼 생각이 있었는데 이번에 기회가 온 것 같다. 언론계 경험이 많은 최 선배가 도와주시면 좋겠다"는 것이다. 이정일 부사장과는 전에 한번 인사를 나눈 적은 있지만 생소한 사이였다. 나는 일단 아버님의 말씀을 들어본 후에 이야기를 진행시키자고 했다.

며칠 후에 이훈동 회장을 만났다. "목포에서 지역사회에 도움이 되는 조그마한 신문을 만들어보고 싶은데 최 교수의 언론경험을 살려 도와 달라"고 했다. 나도 "지금 추구하는 일이 있지만 고향을 위해서 뜻있는 사업을 하신다니 우선 준비단계만이라도 협력하겠다"고 했다.

그렇게 말한 것은 앞으로 대학에서 자리 잡고 강의와 연구에 전념하기로 했던 나의 결심을 쉽사리 버릴 수 없었기 때문이었다.

당시 조선내화의 부사장이던 이정일은 확답을 보류한 나의 주저에 어떤 확신을 심어주려 했는지 그 후 며칠간 나를 포항·부산·광양·해남·목포 등지에 있는 조선내화의 사업장시설들에 차례로 안내하면서 모기업의 탄탄한 잠재력을 확인시켜 주려는 듯했다.

우리는 8월 중순에 전남일보 창간준비를 위한 임시사무소를 서울에 있는 조선내화 본사에 설치했다. 당초 이 부사장과 더불어 신문의 창간을 발기했던 나의 목포고 후배인 최봉인과 전에 한국일보에서 편집을 맡은 바 있던 추영현 선배와 광주에서 올라온 최영태 그리고 나의 중앙대 제자인 임광기와 함께 창간작업에 착수했다.

10월 12일에 목포지방법원에 전남일보의 설립을 등기했다. 처음에 우리는 신문을 목포에서 발행할 생각이었다. 사옥을 물색하던 중 목포역에서 가까운 거리에 있는 쓸만한 건물이 법원공매에 나와 있어서 그것을 낙찰시켰다. 건물이 정해졌으니 다음은 신문을 인쇄할 공무분야의 책임자를 찾아야 했다. 한국일보 공무국에 부탁해 전에 조선일보의 공무국 부국장을 지낸 서한영을 추천받았다. 이 분은 공무의 모든 분야에 밝고 책임감이 강한 반면 수틀리면 상사들에게도 직격탄을 날리는 사람이라 했다. 설령 그로부터 직격탄을 맞더라도 전문가를 구하기 어려운 지방 신생지의 공무책임자로는 소신있게 일하는 그런 사람이 필요하다고 생각했다. 나는 몇 번이나 그를 만나려 '삼고초려의 노력' 끝에 영입에 성공했다.

그 당시 창간이나 복간을 준비하던 다른 신문사 사람들은 대부분 중고 윤전기를 매입하는 데 열을 올리고 있었다. 그러나 새로운 신문은 처음부터 새 윤전기로 인쇄한다는 이 회장의 신념에 따라 서한영과 추영현을 11월 중순에 일본에 보내 새 윤전기를 물색했다. 그러나 적당한 기성제품이 없어 하마다(濱田) 제작소에 우리의 수요에 적합한 새로운 작품을 제조하도록 주문했다.

2) 발행지를 광주로 바꾸다

당초 목포에서 신문을 발행한다는 전제로 세밀한 시장조사 등 입지조건을 검토해본 결과 아무래도 경쟁력 있는 지방지로 발전, 유지시키려면 도청소재지인 광주에서 발행하는 것이 더 유리하다는 결론을 얻었다. 그래서 우리는 광주에 터전을 잡기로 결정하고 1988년 1월 26일에 회사등기를 광주로 이전하였다.

발행지를 광주로 확정하자 우리는 신문제작의 핵심요원을 물색하기 시작했다. 1988년 1월 말에 사업기획에 정통한 것으로 정평이 나있던 김중광을 계열사인 광주상호신용금고로부터 영입했다. 이어 전남매일 부사장을 거쳐 광주일보 부사장으로 있던 윤선호를 부사장으로 영입했다. 그리고 얼마 후에 편집국을 총괄하는 편집국장으로 전에 전남매일에서 명성을 날렸던 문순태를 점찍었다. 그는 이미 우리 문단에서 역량 있는 소설가로 알려진 사람이며 당시 순천대학교 국문과 교수로 근무 중이었다.

문공부에 신문발행등록을 신청하려면 소정의 시설기준에 맞는 윤전기를 보유하고 있어야 했다. 우리가 일본에 발주한 윤전기가 완성되려면 시간이 더 필요했다. 우선 중고윤전기라도 구입해 놓아야 했다. 우리는 실제로 쓰지도 않을 윤전기를 단지 시설기준에 맞추기 위해 2월 11일에 대전일보로부터 매입했다.

3) 광주일보와의 제호분쟁

그 무렵 광주일보로부터 우리 신문의 총무국장에게 전화가 걸려왔다. 광주일보사의 이사회 회의에서 4월 1일자로 광주일보의 제호를 '전남일보'로 환원하기로 결의하였으니 그 사실을 이훈동 회장에게 전해 달라는 것이었다. 나는 이런 어처구니없는 요구에 분격했으나 공식적 반응은 유보하고 당분간 무시하기로 했다.

3월 5일 광주사무소에서 일을 보던 윤선호, 김중광, 김원욱이 서울로 올라왔기에 서울사무소에서 근무하던 최봉인, 서한영, 추영현 등과 한 자리에 모여 광주일보가 요구한 제호변경 문제를 거론하였다. 그런데 뜻밖에도 광주에서 온 간부 세 명은 광주일보와 맞서 싸우는 것보다는 탈없이 창간작업을 완수하기 위해 광주일보의 요구대로 우리의 제호를 바꾸는 것이 좋겠다는 의견을 표명했다. 나는 말도 안되는 소리라며 이들의 의견도 무시하기로 했다.

우리는 4월 17일 문공부에서 내려온 심사위원들로부터 우리가 보유한 인쇄시설이 기준에 합당하다는 판정을 받고, 4월 25일에 문공부로부터 정식으로 등록필증을 교부받았다. 드디어 신문사의 존립을 보장받은 것이다. 그런데 얼마 후인 5월 16일, 이 회장이 나에게 광주일보의 김종태 사장이 보냈다는 두툼한 편지를 건네주었다. 붓글씨로 정중하게 쓴 장문의 서한이었다. 그 편지의 내용인즉 이 회장께서는 앞서 몇 차례 전남일보의 제호를 다른 것으로 바꾸겠노라 약속하고도 아직 안 바꾸고 있으니 어찌 된 일인가? 그 제호는 돌아가신 자기 선친이 만들어 무척 아끼던 제호여서 앞으로 다시 사용하려 하니 그 점 이해하시고 광주일보로 되돌려 주시기 바란다. 우리 두 신문은 형제지간의 우의를 맺으며 공존공영하자는 취지였다.

나는 우리가 전남일보라는 이름을 내걸고 창간준비를 하고 있다는 사실이 널리 알려져 있는 판국에 어떤 이유에서든지 제호를 바꾸라고 요구하는 것은 오만불손한 요구이니 도저히 받아들일 수 없는 일이라고 단언했다.

이 회장은 나의 완강한 반대표명에 약간 불쾌한 표정을 감추지 않았다. "아니, 젊은 사람이 여러 사람들 앞에서 약속을 지키지 않는다고 마구 면박을 주곤 하는데 그런 수모를 앞으로도 더 겪으라는 말이냐"고 역정을 내신다. 그런 문제라면 우리 신문의 사장하고 만나서 해결하라고 떠넘기셨어야 할 일인데 공연히 회장님이 응대하다가 그런 고역을 치르게 된 거라고 위로해 드리고, 앞으로 이 문제는 내가 광주일보 사장과 직접 단판을 짓겠다고 했다.

5월 20일, 나는 윤선호 부사장과 문순태 편집국장과 함께 광주일보를 방문했다. 사장실에는 최승호 전무, 신용호 주필, 전진한 편집국장 등이 김종태 사장을 호위하고 기다리고 있었다. 서로 인사말을 나누자 김 사장이 먼저 제호문제를 꺼내며 그동안의 경위를 장황스럽게 설명하고 나섰다.

"오늘은 전남일보 사장으로서의 취임인사만 하고 제호문제는 따로 찾아와 논의하려 했는데 기왕에 김 사장이 말을 꺼냈으니 나도 이 자리에서 말하겠다"며 내가 나섰다.

"제호문제로 심기가 불편하다는 말은 들었다. 그 점에서는 나도 심기가 편치 않다. 특히 우리 회장님께서 무척 괴로워하신다. 광주일보가 우리에게 전남일보 제호를 쓰지 말아 달라는 말을 들었을 때, 나는 광주일보가 전남일보 제호에 대한 향수차원의 희망사항 정도를 말한 것 아니겠나 생각했다.

그리고 만약 김 사장이 좀더 빨리 그 문제를 나와 직접 상의했더라면 적절한 선에서의 타협이 모색될 수도 있었을 것이다. 그러나 광주일보가 자사의 이사회에서 전남일보로 복호하기로 결정했으니 그렇게 알라고 일방 통고한 것에 대해서는 도저히 용납할 수 없는 무례한 처사라고 생각했고 화가 났다. 우리 회장님은 몇 번이고 제호를 양보하자고 말씀하셨지만 나는 단연 반대했다. 만약에 회장님이 지금도 제호를 양보하려 생각하신다면 먼저 나를 사장직에서 해임시킨 연후에 그렇게 하시라고 말씀드렸다.

'전남일보'라는 제호를 김 사장의 선친께서 만들어 다년간 애용한 것이니 광주일보가 그것에 대해서 애착을 갖으리라는 것은 나도 충분히 이해한다. 그러나 복호문제는 몇 년 전에 문공부에 신청했지만 승인받지 못했던 것으로 알고 있다. 그런데도 이를 남이 사용하는 것을 막으려 한다는 것은 지나친 욕심이요, 억지인 것이다. 전남일보라는 제호에 대해서는 이제 광주일보가 더 이상 참견할 일이 아니며 우리도 더 이상 협상할 생각도 없다"고 나는 잘라 말했다.

광주일보의 김종태 사장도 나의 결연한 태도에 느낀 바가 있었는지 그 후 더 이상의 요구를 하지 않았다.

4) 신입사원 모집과 교육훈련

앞서 말한 바와 같이 우리는 핵심요원들을 차례로 영입하는 한편 신입사원을 모집해서 충분한 교육훈련을 실시해야 했다. 신입사원을 위한 입사시험이 1988년 6월 13일에 있었다. 총 지원자 1,428명중 응시한 사람은 1,167명이었다. 이보다 앞서 광주시와 전남도 내의 여자상업고교 졸업반에서 우수학생 2명씩을 추천받아 전산요원으로 선발했던 20명을 소집하여 6월 25일부터 한자교육과 전산교육을 시작했다.

우리는 또 여러 곳을 물색한 끝에 시내중심 광주역 바로 앞 '광주시 북구 중흥동 700-8번지' 땅을 전남일보 사옥 건축용으로 매입하고 7월 11일에 새사옥 기공식을 가졌다. 그리고 7월 중순부터는 주요 보급권인 전라남북도 내에 있는 각종 주요기관들을 순방하면서 기관장들과 인사를 나누는 등, 친분이 두터워지도록 노력했다. 8월 29일에는 전라남북도의 지사와 지국에서 근무할 주재기자들을 선발했다.

우리는 이렇게 산발적으로 선발한 사원들을 9월 16일에 한꺼번에 소집하여 입사식을 가졌고 곧바로 신입사원들을 위한 순차적 교육을 시작했다. 이날 나는 개강식에서 "전남일보 창간의 의의와 역할"이란 제목으로 강연하였고, 10월 5일에는 광고국직원들을 위한 교육프로그램을 시작하면서 신문경영에서 광고국의 역할이 막중함을 역설했다. 편집기자들을 위한 교육을 9월 16일에 가장 먼저 시작하였다. 첫 강의에서 나는 편집의 중요성을 강조하고 전남일보가 지역지로서의 성격을 살려 제 역할을 다하려면 편집의 원리와 형태에 대해서도 각별한 연구와 노력이 필요하다는 것을 설명하였다.

우리는 신입사원들의 응집력과 일체감을 높여주기 위해 10월 7일

장성에 있는 전남대학교 수련원을 빌려 이틀간 단합대회를 가졌다.

5) 지사·지국 현판식 순방

10월 17일부터 전라남도의 5개 지사 (목포·여수·순천·여천·나주)와 20개 지국 (영광·함평·무안·신안·영암·해남·진도·완도·강진·장흥·나주·장성·담양·곡성·구례·승주·광양·고흥·보성·화순)과 전라북도의 6개 지국 (전주·정읍·남원·부안·고창·순창)을 차례로 찾아다니면서 현판식을 가졌다.

이 현판식 순방에는 이훈동 회장을 모시고 업무국장과 광고국장이 수행했다. 지역마다 그 곳 군수, 경찰서장, 교육장을 비롯한 주요 기관장들이 초청되었다. 현판식에서는 주요 내빈들과 함께 테이프커팅을 하고, 회장과 사장의 인사말을 통해 전남일보의 설립목적을 설명하며 지역사회의 적극적 협조를 당부했다. 그리고 준비한 뷔페를 들면서 인사를 교환했다.

전남일보 지국 개국식 인사

바쁘신 중에 시간을 내어 저희 전남일보 OO지국의 현판식에 왕림해 주신 여러분에게 무어라 감사의 말씀을 올려야 할지 모르겠습니다. 저는 전남일보 사장 최종수입니다. 여러분을 일일이 찾아 뵙고 인사드려야 할 터인데 이 자리에서 한꺼번에 인사올리게 되어 송구스럽게 생각합니다.

여러분 가운데는 저희 전남일보에 대해서 자세히 알고 계시는 분도 있을 것이고 혹은 잘 모르고 계실 분도 있으리라 생각합니다. 8년 전까지 광주에서 전남일보라는 신문이 발행되고 있었습니다. 이미 타계하신 김남중 선생님이 발행하던 것인데, 그 신문은 1980년에 전남매일과 통합되어 지금 광주일보라는 제호로 발행되고 있습니다.

저희 전남일보는 그때의 전남일보하고는 전혀 관계가 없는, 전혀 새로운 사람이 새로운 바탕 위에서 창간하는 새로운 신문입니다. 그러면 어째서 새로운 신문에 새로운 이름을 달지 않고 전남일보라고 이름을 달았느냐고 생각하실 분도 계실 것입니다. 그것은 전남일보라는 제호가 저희 신문의 발행목적에 가장 부합하는 제호이기 때문입니다.

저희 전남일보는 첫째로 전남도민 여러분의 권익을 대변하기 위해서 창간하려는 것입니다. 여러분이 잘 아시다시피 최근에 광주시가 광주직할시로 승격됨으로써 전라남도와 행정구역을 달리하게 되었습니다. 오랫동안 소외되고 푸대접받던 우리 도민들은 억울하고 답답한 사정이 있나 하더라도 속시원하게 털어놓을 수도 없고 자신의 정당한 권익을 주장할 만한 방편이 없는 실정입니다.

둘째로 내년부터는 지방자치제가 실시됩니다. 여러분이 잘 아시다시피 지방자치제란 각 지방사람들의 생활에 직접 영향을 주는 지역개발이나 환경개선문제 등을 중앙정부에 의존하지 않고 그 지역주민들이 의논해서 결정하고 시행해나가는 제도입니다. 아무리 지방의회가 구성된다 하더라도 지역의 실상을 전달하고, 문제점을 지적하고, 거기에 대한 주민들의 의견을 수렴하는 신문이 없으면 지방자치제는 무용지물이 되어버립니다. 저희 전남일보는 새로운 지방화시대를 맞이하면서 이 지역사회의 개발이나 환경개선, 교육이나 문화의 향상을 위한 길잡이가 되기 위해서 창간하려는 것입니다.

셋째로, 저희 전남일보는 여러분의 귀가 되고, 눈이 되고, 입이 되기 위해서 창간하려는 것입니다. 여러분은 아마 여태까지 신문이라면 세상 돌아가는 일에 대해서 궁금증을 풀어준다는 점에서는 고맙게 생각하지만 때로는 귀찮고 괴롭히는 존재로 생각하시는 분도 계실 것입니다. 그리고 신문이란 나와는 관계없는 사람들이 만드는 것이고, 그 내용도 나와는 직접 관계없는 것이라고 생각하시는 분도 혹 있을 것입니다. 그러한 생각은 무리가 아닙니다. 여태까지의 신문은 주로 먼 곳에서 일어난 일들을 다루었고 신문기자들은 무슨 특권이나 있는 것처럼 방자하고, 쓸데없는 일로 여러분을 괴롭히는 경우가 없지 않았을 것입니다. 그러나 새로 나올 저희 전남일보는 이러한 신문들과 전혀 다를 것입니다. 전남일보는 여러분이 살고 있는 가까운 곳에서 일어난 일들, 그리고 여러분이 직접 관련되는 일들을 자주 다룰 것입니다. 그리고 전남일보의 기자들은 여러분을 괴롭히기 위해서 있는 것이 아니라 여러분의 억울할 사정을 대변하고 여러분이 바라는 일을 이룩하는 데 도움을 주기 위해서 헌신할 것입니다. 전남일보는 남의 신문이 아니라 바로 여러분의 신문, 바로 나의 신문이 될 것입니다.

저희 전남일보의 창간목적을 대충 세 가지 말씀드렸습니다만 바로 이러한 목적은 저희 신문의 창업주이면서 발행인인 이훈동 회장님의 뜻입니다. 이미 잘 아시는 분들이 많겠지만 이훈동 회장님은 40년 전에 목포에서 〈조선내화〉 라는 조그마한 회사로부터 시작하여 오늘날에는 포항과 광양에 대규모의 공장을 건설하여 우리나라 중화학공업의 중추적 역할을 하는 전국적 규모의 큰 회사로 성장시킨 대기업가이십니다.

연간 매상고가 1억 원이 넘는 대기업 조선내화를 주축으로 10여 개의 방계회사를 거느린 이 회장님은 이제 고희를 넘긴 연세이십니다. 이제 남은 여생은 자신이 평생동안 피땀 흘려 번 돈의 일부를 쪼개내어 자신이 태어난 고향인 이 지역주민들의 복지향상에 도움을 줄 수 있는 사업을 하나의 선물로써 바치겠다고 생각하고, 그 구체적 방법으로 이 지방의 모든 사람들로부터 신뢰와 사랑을 받을 수 있는 신문을 창간하게 된 것입니다.

여러분, 전남일보를 맡은 저희들은 이 회장님의 높은 뜻을 받들어 여러분에게 군림하는 신문이 아니라 여러분에게 친절하게 봉사하는 신문을 만들겠습니다. 여러분의 전폭적인 지원을 기대하겠습니다. 감사합니다. (1988. 11)

그리고 광주직할시 소재 23개 지국(중앙·금남·남광·동명·계림·중흥·신안·운암·우산·문화·산수·학운·방림·주월·월산·농성·화정·광천·상무·광산·하남·서산·봉선)들은 따로 11월 18일부터 사장인 내가 부사장, 업무국장, 광고국장과 함께 순방하면서 현판식을 가졌다.

이렇게 지사·지국을 정비하고 11월 4일에 우리는 다시 장성에 있는 전남대 수련원에서 전 사원들이 참가하는 2일간의 단합대회를 가졌다. 회장의 훈시에 이어 내가 "전남일보의 나아갈 길"이라는 제목으로 편집방향에 대해 구체적 지침을 제시하였다. 이어 조별로 토론회를 갖고 오후에는 조별로 게임을 했다.

우리가 일본에 주문하고 오랫동안 기다렸던 하마다제작소의 새 윤전기가 1988년 11월 18일에 드디어 도착했다. 이렇게 창간이 박두한 상태에서 우리는 그동안에 선발하여 어느 정도 훈련시킨 200명의 배달소년들을 소집하여 12월 27일 발대식을 가졌다.

그런데 12월 30일, 연초로 예정한 창간일정을 며칠 앞두고, 그동안 의욕적으로 준비해오던 창간특집의 마지막 강판대장을 점검하다가 깜짝 놀랐다. "전남·광주 현대사"라는 창간특집 시리즈 기사에서 '여순반란사건'을 '여순항쟁'이라고 표현한 혁신적 시각의 소제목을 발견한 것이다. 뿐만 아니라 그 기사 전체의 톤이 운동권학생들이 써낸 논문처럼 지나치게 좌경적인 것이었다. 나는 편집국에 뛰어내려가 편집국장을 호통쳤다.

여순반란사건을 어찌 항쟁으로 볼 수 있으며, 극히 일부에서 새롭게 내세우기 시작한 극단적 시각을 바로 전남일보의 시각으로 내세울 수 있느냐고 꾸짖었다. 당장 조판을 해체하고 기사를 전면적으로 다시 작성하라고 지시했다. 사내에 다소 진보적 사고를 지닌 젊은이들이 있음을 짐작했지만 편집국의 최고간부들까지 이러한 시각을 당연시한다면 앞으로 어찌 지면제작을 마음놓고 맡길 수 있겠는가. 사주의 사회적 입장이나 신념으로 보아 보수적 노선을 벗어날 수 없는 신문인데, 창간호부터 이렇게 선명한 혁신적 시각을 드러내는 것을 묵과할 수 없었다.

6) 1989.1.7 창간호 발행

1989년 1월 7일 전남일보는 창간호를 발행했다. 1987년 7월부터 시작된 창간준비가 1년 반이 지나서야 열매를 맺은 것이다. 이 날 아침부터 최인기 광주시장을 비롯하여 많은 인사들이 축하의 뜻을 보내왔다. 윤전기에 지형을 걸어놓고 간단한 고사를 지낸 후 막 작동스위치를 누르는 역사적 순간에 종이가 뚝 끊어져버린다. 윤전부 사람들이 너무 긴장한 탓이었다. 다시 종이를 조정했다. 드디어 전남일보의 창간호 지면이 찍혀 나왔다. 그런데 2면에 게재하기로 한 노 대통령의 축하 휘호가 빠져 있는 것을 발견했다. 우선 편집국장을 강하게 질책하고 다음 날짜에 정중하게 게재하라고 지시했다.

아침에 젊은 기자들이 노태우 대통령의 휘호게재를 반대한다기에 편집국에 내려가 야단쳤는데도 기어이 그 모양으로 만들어놓은 것이다. 휘호문제로 이정일 부회장은 청와대 쪽과 연신 전화를 교환하고 있었다. 편집국의 젊은 기자들은 만약 노 대통령의 휘호를 다음 날짜 신문에 실으려면 김대중 평민당 총재의 휘호도 나란히 게재할 것을 요구하고 나섰다.

내외인사들을 정식으로 초청한 창간축하연을 1월 9일 오후 5시에 신양파크호텔에서 개최하였다. 6시가 되기 전에 넓은 그랜드볼룸은 입추의 여지없이 손님들로 빽빽이 들어찼다. 6시 20분 회장님의 인사말씀이 있은 다음 내가 짤막하게 감사의 말씀을 올렸다. 최인기 광주시장과 이돈명 조선대 총장의 축사가 있은 후 케이크커팅이 있었고, 송언종 전남 도지사의 건배선창이 있었다. 이날 밤 서울에서 온 귀빈들을 위해 광주에 있는 두 개의 큰 요정 '취원'과 '연희'에서 흥겨운 술자리와 노래판이 벌어졌다.

이렇게 해서 신문의 창간행사는 어느 정도 흐뭇하게 지나갔다. 그러나 신문이 매일 발행됨에 따라 지면을 자세히 살펴보게 되니 이따금 얼굴이 뜨거울 만큼 저질기사들이 눈에 띄기도 했다. 사실을 엉뚱하게 날조한 기사, 아무런 근거도 없이 비판을 늘어놓은 기사, 일부러 골탕을 먹이기 위해서 빈정거리는 기사, 아무런 관련이 없는데 마치 있는 것처럼 날조한 사진 등이 버젓하게 실려 있기도 했다.

나는 이럴 때마다 담당기자들을 불러 그 기사의 어느 대목이 왜 문제가 되는지 지적하고, 올바르게 쓰려면 어떻게 표현해야 되는지 가르쳐야 했다. 그리고 담당데스크를 불러 허점이 많은 그런 기사를 무책임하게 통과시킨 것을 문책하고 경고했다.

또한 일부기자들, 특히 경력기자들이 쓴 논평기사 중에는 이따금 좌경적 색채가 두드러진 것이 나타나 나를 놀라게 했다. 해방 직후의 우리 정치상황에 대한 설명 또는 한미관계나 북한의 남침에 대한 해석에서 좌파적 시각을 드러내곤 했다. 나는 그럴 때마다 급진적 편집노선을 경고하고 우리 회사의 기본방침과 어긋난다는 것을 지적했다. 처음에는 지적받은 기자들이 고마워하는 표정이었으나 빈번하게 지적당하자 차츰 불평의 소리가 들려오기 시작했다.

3월 중순에 이르자 노조를 결성하려는 움직임이 보였다. 나는 노조결성을 당연한 추세로 받아들이고 있었으나 회장은 민감하게 반응하면서 노조활동을 철저히 막아 달라고 당부했다. 노조는 3월 21일에 열린 임시총회에서 드디어 언론노조연맹에 결성신고를 내기로 결의했다. 나는 신문사가 현재 건축 중인 새로운 사옥으로 옮기기 전까지 노조의 결성신고를 연기하고 활동도 보류하도록 종용했다.

1989년 8월 7일 우리는 광주역 앞에 새로 지은 신사옥으로 이사하고 8월 11일에는 사내에서 신사옥 준공기념식을 가졌으며 8월 30일에 신사옥 준공축하식을 신양파크호텔에서 성대히 거행했다. 그리고 9월 9일에는 회사임원들이 함께 참석한 가운데 노조사무실 현판식을 가졌다.

이렇듯 창간 첫해에는 신참기자들의 경험부족에서 오는 부정확한 기사들을, 혹은 일부 경력기자들이 작성한 상투적 과장이나 고의적 날조기사들을 바로잡는 데 바빴다. 한편으로는 신문의 사시, 즉 기본방침과 배치되는 논조를 바로잡는 데 신경을 바짝 곤두세웠다. 무엇보다도 품위 있고 건전한 사풍을 깊이 뿌리내리게 하는 데 주력했던 것이다.

7) 기사의 품위와 논조의 통일을 위한 노력

창간 후 두 번째 해인 1990년은 "자기 기반 다지는 해"라는 캐치프레이즈를 걸고 연초부터 각 지방의 지사·지국을 순회하면서 목적달성에 매진하라고 채찍질했다. 기사의 질을 높이기 위해 부별교육과 연수를 강화하였고, 수익기반을 다지기 위해 광고와 판매조직을 강화하였으며 실적에 따라 덤을 보태주는 인센티브제를 실시했다.

또한 기사의 품위를 높이고 논조의 통일을 촉진하기 위해서 매주 수요일 사장이 주재하는 편집간담회를 4월 2일부터 열었다. 간담회에는 박인성 주필, 조효석 논설위원, 문순태 편집국장, 오세성·이홍재 편집부국장, 장광영 편집실장 등 핵심간부들이 참석하며 지난 한 주일 동안 지면에 나타났던 취약점을 지적하고 시정책을 논의하였다.

그리고 이 해에 우리가 기울였던 가장 두드러진 노력은 지역주민들의 의식수준을 높이기 위한 각종 세미나를 개최하는 일이었다. 3월 26일 신양파크호텔에서 개최한 지역개발에 관한 세미나를 필두로 7월 6일 통일문제 세미나, 9월 24일 한국의 정치제도에 관한 세미나, 10월 11일 조순 부총리의 공산권경제의 실태에 관한 강연회, 11월 5일 박철언 의원 초청세미나, 11월 2일 광주학생독립운동 기념 학술세미나, 11월 10일 조순 박사의 한국경제에 관한 강연회 등이 이어졌다.

노사협정 체결을 위한 노사 간 협상은 4개월간의 진지한 협상 끝에 1월 7일 '편집국장 임명에 대한 노조 동의획득' 조항을 놓고 마무리 협상에 들어갔다. 노조에서 이 문제에 대한 회사의 입장을 밝혀 달라 하기에 나는 이렇게 말했다.

"이제까지 우리의 노사협상은 양측의 합리적 주장을 존중하는 가운데 진행되었다. 노사협상은 어디까지나 회사는 노조의 노동3권을 존중하고, 노조는 회사측의 경영권을 존중한다는 대원칙 위에서 이루어져야 한다고 생각한다. 편집국장의 임명은 회사측의 인사권행사의 핵심이며, 인사권은 경영권의 핵심이다. 노조측에서 국장임명에 대한 동의권을 요구한다는 것은 인사권에 대한 개입이며 침해이다. 국내 여러 신문사들의 선례를 들어 이를 주장하지만, 이는 한국의 언론노조가 혁명적 상황에서나 있을 법한 폭력적 위협 아래에서 이루어진 것이기 때문에 조만간 시정되지 않으면 안될 것으로 본다. 민주주의의 선진국이요 언론자유를 누리는 대표적 나라인 미국이나 일본에서도 이와 같은 선례는 찾아볼 수 없는 일이다. 이것이야말로 한국 언론계의 몰상식을 드러낸 수치스러운 단면이다. 만약 전남일보가 이렇게 몰상식한 주장에 터전을 놓고 협약을 맺는다면 결코 건전한 발전을 할 수 없을 것이다. 이렇게 폭압적 협약을 맺을 바에야 차라리 신문사의 문을 닫아버리는 것이 낳을 것이다."

이러한 나의 주장에 아무도 이의나 반론을 적극적으로 펴지 못한 채 편집국장 임명동의권 요구는 칠회되었다.

8) 적자해소와 지역풍토개선을 위한 노력

이보다 앞서 1월 3일의 시무식에서 이훈동 회장은 최근 우리의 지면이 창간 때의 활기를 잃고 전국에서도 최악의 적자운영을 보였다고 평가했다. 예기치 않은 혹평을 받은 사원들의 표정에는 놀라움과 실망의 빛이 완연했다. 물론 창간 초기이니 토지를 매입해서 사옥을 신축하는 데 거액의 은행대출이 있었고 주요 기계시설들을 거의 리스로 구입했으니 숫자상으로 상당한 적자가 나온 것은 당연한 일이었다. 그러나 경상수지상으로는 그리 나쁜 것이 아니었다.

사원들의 사기가 위축되지 않을까 걱정한 나는 뒤이은 사장의 인사말을 통해서 지난해의 실적을 일일이 소개하고, 상당한 적자가 나온 것은 사실이지만 올해에 우리 모두 노력한다면 머지않아 이를 극복하고 크게 발전할 수 있을 것이라고 격려했다. 그러나 나의 이 말이 바로 앞서의 회장 말씀을 뒤집는 듯한 인상을 주었던 것 같다. 10여일 후에 회장으로부터 섭섭했다는 소감을 듣고 송구함을 금할 수 없었다.

경영적자를 메우기 위해서 우리는 중앙지들의 지방현지인쇄를 맡으려했다. 그 무렵 한국일보가 지방에 인쇄공장을 마련하고 현지판을 인쇄하기 시작하자 다른 중앙지들도 경쟁적으로 현지인쇄를 서둘고 있었다. 우리는 1991년 초에 동아일보와 교섭하여 동아일보 호남판을 우리 공장에서 인쇄하기로 협약을 맺고 10월 1일부터 10여만 부를 찍기 시작했다. 이것이 경영적자 부담을 경감하는 데 도움을 주었다.

전남일보는 1991년에 처음 실시되는 지방자치선거를 앞두고 지방의회에 입후보하려는 사람들에게 필요한 지식과 교양을 심어주기 위해서 2주일간의 "지자제 대학" 프로그램을 구성했다. 전국에서 처음으로 시도하는 이 지자제에 관한 강의는 1월 14일에 개강했다. 첫 강의는 최인기 광주시장이, 두 번째 강의는 이영일 의원이, 세 번째 강의는 신순범 의원이 출강했다. 우리의 이런 시도가 지방의 정치 초년생들에게 많은 관심사가 되었고, 순조롭게 진행됨에 따라 후속강좌를 준비하는 한편 전북일보·강원일보·부산일보 등에게 우리가 만든 강의 커리큘럼 내용을 알려주며 시도해 볼 것을 권장했다.

신문의 경영기반을 다지려면 기관광고나 큰 기업체의 광고를 수주해야 하는데 신생사는 이에 약점이 많았다. 이 약점을 보완하기 위해 신문인협회 산하기구인 광고협의회에 가입신청을 했지만 반응이 신통치 않아서 광고협의회 총무국장에게 항의서를 보내도록 지시했다. 그래도 반응이 없자 4월 중순경에 광고협의회의 회장을 맡은 중앙일보 광고담당이사를 전화로 불러, 신문인협회에 정식회원으로 가입된 신생 신문사에 대해서 그 산하기관인 광고협의회 가입을 봉쇄한다는 것은 부당하다고 지적하고 즉각 가입을 허용하라고 요구했다. 그러고서 한 달 후인 5월 16일에야 가입이 확정되었다.

1991년의 중반기에 이르러 이정일 부회장의 태도가 사장인 나에 대해 매끄럽지 않다는 것을 느꼈다. 7월 중순에 나는, 회장과 부회장과 함께 한 자리에서, 요즘 사내의 전반적 운영은 순조로운 편이나 편집국의 지면제작의 방향에 문제가 있다고 지적했다. 현재 우리 신문의 편집방향은 회사의 기본방향에서 상당히 일탈하고 있으며 일부 급진주의자들의 대변지로 오인될 우려가 있으니 단호한 수술이 필요하다는 의견을 제시했다. 이에 대해 이 부회장은 자신도 이리저리 알아 봤더니 전남일보가 위기상태에 있음을 감지했다면서 이를 바로잡기 위한 자신의 복안을 정리해서 말하겠다고 했다. 그 후 8월, 부회장은

"우리 회사로부터 새로 생긴 광주매일신문사로 상당수의 직원이 빠져나간 것은 우리 신문에 대한 비전이 사라져버린 탓"이라고 지적하고, "그 책임이 경영을 맡은 임원들에게 있다"고 추궁했다.

그런데 누구보다도 경영실정을 잘 알고 계시는 회장께서도 뜻밖에 그간 느껴왔던 불만사항을 열거하면서 임원들을 힐책했다. 나는 사장으로 취임한 후 아무런 사심 없이 온 힘을 기울여서 성실하게 일했으나 회장님의 기대에 미치지 못했다면 그만둘 수밖에 없다고 사의를 표명했다. 회장은 이내 사장을 나무란 것이 아니라고 달래었다.

지난번에 부회장이 12월초에는 회사운영을 자신의 복안대로 처리하겠다고 했으니, 그에게 자유재량을 주기 위해 먼저 내 자리를 비우겠다고 회장께 사의를 표명했다. 회장은 고개를 흔들면서 그런 소리에 흔들리지 말고 소신대로 일해 달라고 당부했다.

9) 만 5년 만에 사장직을 사주에게 돌려주다

창간한 지 3년이 지나고 4년째로 접어든 1992년에는 적자상태를 벗어나지는 못했지만 편집·보급·광고 등 모든 분야에서 어느 정도 안정을 찾을 수 있었다. 신문을 창간하기 전부터 정계진출에 뜻이 있었던 이정일 부회장은 그동안 계속 기회를 모색하다가 드디어 결심을 했는지 1992년 1월 하순에 자신의 정계진출에 대해서 사내의 생각이 어떤지 의견을 수집해 달라고 부탁했다.

부회장의 정계진출에 대해 회사간부들의 의견을 물어보기 위해서 윤선호 부사장, 문순태 주필, 이광현 업무이사, 허광욱 편집국장, 오세성 편집부국장, 이만영 정치부장, 박상수 정치부기자 등을 사장실로 불렀다. 부회장의 정계진출은 직간접으로 신문에 큰 영향을 줄 것이란 점에 대해서는 의견이 일치되었다. 그러나 부회장의 연령이나 굳은 의지로 보아 막을 수는 없는 것이고, 기왕 나간다면 민주당 쪽으로 접근하는 것이 좋을 것이라는 의견이었다. 그리고 만약 민자당 쪽으로 접근하려 한다면 지역구 쪽은 목포나 해남 모두 어려우니 전국구를 타진해 보는 것이 좋겠다는 의견이었다.

어떻든 부회장은 그해 3월 총선에 출마하지 않았다. 그리고 신문사 운영에 대해서는 줄곧 비판적 자세를 감추지 않았다. 사실 부회장은 창간한 지 얼마 되지 않았을 때부터 사장이 회사의 중요한 문제를 회장하고만 협의 · 결정한다고 불평하곤 했다. 그러다가 1991년부터는 사장의 일처리에 불만스러운 반응을 보이는 횟수가 늘어나기 시작했다.

6월 25일에 목포지방법원의 한 판사가 목포경찰서장을 고발한 이색적 사건이 발생했다. 뉴스가치가 높은 이 기사는 목포지사로부터 기사가 올라오자 제1면의 좋은 위치에 배치되었다. 한편 이 기사가 보도되면 서로 입장이 난처해질 목포법원이나 경찰서에서는 급한 나머지 직접 목포출신의 사주 쪽에 SOS를 보냈다. 서울 사주 쪽으로부터의 귀띔과 목포의 두 기관으로부터의 간절한 협조요청을 받고 나는 정확한 사실 확인을 위해 기사를 하루쯤 보류하라고 지시했다.

그러나 너무나 분명한 외부로부터의 보도간섭에 젊은 기자들이 묵종할 리가 없었다. 노조에서는 긴급회의를 열고 편집인과 편집국장의 해명을 요구했다. 편집국장과 사장의 솔직한 해명으로 분위기는 약간 진정된 듯했는데 젊은 기자들은 그날 밤 내내 회의를 열고 그 다음 날 편집국장의 해임을 결의하기에 이르렀다. 29일 회장이 노조간부들과 편집국 부 · 차장들을 따로 불러 그들의 불평과 요구사항 등을 직접 듣고 설득하여 겨우 위기국면을 넘길 수가 있었다. 그러나 이러한 노사 간의 대립국면에서도 부회장은 짐짓 방관적 입장을 취할 뿐이었다.

그 사건이 있은 후 회장과 부회장 사이의 의사소통이 점점 더 껄끄러워지는 듯했다. 그런 관계는 부회장과 나와의 사이에도 마찬가지였다. 이렇게 불편한 관계는 부자지간의 관계를 위해서나 신문사의 장래를 위해서나 더 이상 방치해서는 안 되겠기에 9월 초순에 서울에 있는 부회장의 자택으로 내가 직접 찾아갔다.

"누가 뭐라 하더라도 부회장은 훌륭한 아버지 밑에서 태어난 것을 가장 큰 복으로 생각해야 한다"고 나는 말을 꺼냈다. 이번 추석에는 석고대죄하는 자세로 아버지 앞에 무릎을 꿇고 그간의 소극적이었던 태도를 사과드리라고 충고했다. 그리고 회사의 모든 사정이 안정단계에 들어섰고, 나도 자리에서 물러날 용의가 있으니 부회장은 이제 신문사의 모든 책임을 맡고 끌고 나가야 할 것이라고 권했다.

부회장은 자기가 회사를 맡아야 할 적기는 작년이었는데 이제야 책임을 맡을 생각은 전혀 없으니 사장이 회장님과 협의해서 잘 해보라고 한다. 이에 나는, 회장님과의 화해를 위한 접근이나 회사운영의 총책임을 맡는 문제나 모두 부회장이 스스로 해결해야 할 문제인데, 이를 남에게 미루려 하는 것은 무책임한 일이다, 부회장 자신의 앞날을 위해서도 실기하지 말고 이번 추석에는 두 분이 꼭 만나 혹 있을지도 모르는 마음의 찌꺼기를 말끔히 씻어내 버리라고 당부했다.

10월 9일부터 해외여행을 앞둔 회장님께, "전에 몇 번이나 말씀드린 대로 내가 사장에 취임한 지 만 5년이 되는 10월 12일에 사장직을 떠나겠다"고 다시 강조했다. 회장님은 아직도 결심이 서지 않았는지 고개를 좌우로 흔드신다. 나는 어떤 일이 있더라도 이번 기회에 자리에서 떠날 것을 결심했다고 강조했다. 부회장이 일정기간 동안 사장자리에 앉아 회장님으로부터 경영의 핵심요령을 습득할 기회를 가져야 할 것이라 강조했다. 그러자 회장님도 나의 충정을 느끼셨던지 그 큼직한 손으로 내 팔을 붙들고 고맙다는 말씀을 몇 번이고 되풀이했다.

그로부터 한 달 후인 11월 13일 나는 간단한 퇴임사를 남기고 전남일보를 떠났다.

4. 광주대 교수취임과 언론대학원 개설

나는 전남일보를 사임한 다음 해인 1993년 3월에 광주대학교 신방과 정교수로 임명되었다. 광주대학교의 김인곤 이사장은 나의 목포중학 한 해 선배였다. 1980년대 초에 김 선배가 광주대학교에 신문방송학과를 개설하였으니 내려와서 도와 달라고 했으나, 내가 아직은 서울에서 할 일이 있으니 나중에 협력하겠다고 말한 적이 있었다. 그러다가 내가 전남일보 창간에 참여하기 시작한 1987년 가을에 광주에 내려오게 된 것을 환영하면서 내가 원한다면 언제든지 학교에 자리를 비워놓겠다고 귀띔했다.

국회의원 활동 때문에 주로 서울에서 거주하는 김인곤 이사장은 지방에 내려오면 곧잘 신문사를 방문하여 지역사회에서 벌어지는 사정들을 놓고 나와 이야기를 나누곤 했다. 우리는 당시 날로 심화되는 지역주민들의 의식의 편향과 과열경쟁으로 혼탁해지는 언론풍토를 우려했다. 의식의 편향이란, 1980년 광주민주화 항쟁 이후 지역주민들의 관심과 시야가 너무나 지역중심으로 기울어지고 있었음을 말한다. 또한 혼탁한 언론풍토란, 좁은 지역사회에 갑자기 여러 개의 언론매체가 난립하여 제대로 훈련받지 못한 언론인들이 양산되는 바람에 온갖 저질행위가 자행되고 있었음을 말한다.

오염된 언론환경을 정화하고 편협해지는 지역주민들의 시야를 넓히기 위해서는 뭔가 혁신적 조치가 필요하다고 느꼈다. 가장 효과적이고 현실적인 해결책은 철저한 재교육을 통해서 언론인들의 자질을 향상시키고 시야를 넓힘으로써, 양질의 정보와 교양을 주민들에게 제공하는 일이라 생각했다. 그러기 위해서는 전문교수진을 갖춘 대학교에서 석사과정의 대학원을 개설해 언론인들의 자질을 높여야 한다고 생각했다. 그래서 나는 우선 기존의 신문방송학과 학부과정에서 강의를 맡으면서, 이사장·총장과 협의하여 언론대학원 설립을 위한 구상을 실천하기 시작했다. 그런데 문제는 그때까지 서울에서는 이미 여러 개의 대학에 언론대학원 개설이 허용되었지만 지방에는 아직 한 곳도 인가를 해준 적이 없다는 사실이었다.

나는 광주지역 주요 언론기관인 광주일보·전남일보·무등일보·광주매일·광주MBC·KBS광주총국·CBS광주본부의 책임자들과 협의하여 언론관계 전문대학원 설치의 필요성을 호소하는 다음과 같은 건의서를 작성하여 교육부장관에게 발송했다.

오종문 교육부장관에게 보낸 건의서

문민정부의 발족과 더불어 새로운 교육환경 조성에 헌신하고 계시는 귀하의 노고에 대해 경의를 표합니다. 21세기를 눈앞에 두고 날로 치열해지고 있는 국제경쟁에서 선두주자가 될 새로운 한국을 가꾸어 나가기 위해서는 우리 사회의 국제화, 민주화, 정보화, 전문화가 시급하다는 것을 우리 모두가 공감하고 있는 바입니다.

우리 언론계에서도 이러한 시대적, 사회적 요청에 부응코자 언론이 맡은 바 사회적 책임을 완수하면서 부단히 자체혁신과 자질향상에 노력하고 있습니다. 우리 언론계가 당면하고 있는 중요한 과제중의 하나는 언론에 종사하는 사람들의 시야를 넓히는 일입니다.

오늘의 언론이 주어진 사명을 투철하게 이행하기 위해서는, 무엇보다도 언론에 관여하는 모든 사람들이 날로 새로워지고 깊어가는 여러 분야의 학문과 지식에 대한 깊은 소양을 갖추고, 국내외의 환경변화를 종합적이고 입체적으로 파악, 분석, 투시할 수 있는 능력을 갖추어야 하리라 봅니다. 그러기 위해서는 언론종사자들이 자신이 맡은 일상 업무를 수행하는 데 크게 지장을 받지 않으면서 지속적이고 체계적인 재교육을 받을 수 있는 장치와 기회가 마련되어야 하겠습니다.

현재 서울에는 중앙대·서울대·연세대·고려대·경희대·서강대 등에 언론관계 전문대학원이 개설되어 있어 많은 현역언론인들이 새로운 학문이나 지식을 흡수하고 시야를 넓히는 데 적절하게 활용하고 있습니다. 그러나 멀리 떨어져 있는 지방 언론사의 경우는 시간, 거리, 비용 등 여러 가지 장애요인들 때문에 그러한 바람직한 재교육의 기회를 활용하지 못하고 있는 안타까운 형편에 있습니다.

마침 우리 지역서도 적격한 교수진과 시설을 갖추고 있는 광주대학교가 언론관계 전문대학원을 개설하려 추진중에 있는 것으로 알고 있습니다. 이러한 전문대학원이 이 지역에 개설되면 광주, 전남, 전북 지역의 언론종사자들이 체계적인 재교육을 받을 수 있는 호적의 기회가 마련되겠기에 언론대학원 설립에 각별한 배려 있으시기를 바라 마지않습니다.

1993년 4월

이 건의서는 최종수가 작성하여 이 지역 7개 언론사들(광주일보사장 김종태, 전남일보사장 이정일, 무등일보사장 박성섭, 광주MBC사장 김포천, 광주매일사장 김효중, KBS광주총국장 박배식, CBS광주본부장 이정일)이 연서 날인한 후 교육부장관 앞으로 보냈는데 발송한 지 한 달이 지나도록 교육부에서는 아무런 반응이 없었다. 나는 직접 서울로 올라가 오종문 장관을 찾아갔다. 오 장관은 장관 취임 전에 전남대 총장으로 있었기에 나와는 친면이 두터운 편이었다. 더구나 그는 광주에서 재직할 때 지방언론인들에 대한 재교육이 절실하다는 나의 주장을 전폭적으로 찬동하고 지지한 바 있었다.

그런데 오 장관은 1개월 전에 보낸 건의서를 받아본 적이 없다고 했다. 나는 대학교육국장 방으로 찾아가서 1개월 전에 보낸 건의서가 도로 반송되지 않았으니 필경 교육부 내의 누군가가 가지고 있을 터이니 찾아보라고 요구했다. 그 건의서는 모 과장의 미결함 속에서 발견되었다. 실무자들은 장관에게 즉시 상신하지 않은 점은 나에게 거듭 사과했으나 아직 지방에는 언론대학원 개설의 전례가 없다는 점을 들어 설치 허용에 난색을 표명했다.

나는 곧 이어 문공부로 오인환 장관을 찾아갔다. 그 무렵 문공부에서는 사이비기자를 철저히 단속하겠다고 강조하던 판이라 나는 오 장관에게 발행의 자유가 법적으로 보장되어 있는 이상 단속만으로는 사이비기자의 배출을 막을 수 없을 것이라고 말했다. 가장 효과적인 방법은 철저한 재교육을 통해서 지방언론인들로 하여금 언론의 책임을 깨닫게 하여 언론의 정도를 걷게 하는 것이 첩경이라고 했다. 그런 점에서 지방에서도 언론전문대학원을 설립할 수 있도록 교육부장관에게 촉구해 달라고 부탁하면서 다음과 같은 장문의 건의문을 논문형식으로 작성하여 전달했다.

문공부장관에게 보내는 건의문

1. 우리 언론도 달라져야 한다

새로운 문민정부가 들어서면서 우리 사회의 모든 분야에서 개혁의 바람이 불고 있다. 그러나 유독 우리 언론계에서는 새로운 방향을 모색하는 어떤 적극적인 움직임을 보여주지 않고 있는 것 같다. 일부 중앙일간지가 일요 휴간을 포함해서 지면 제한 조치를 취하기는 했으나, 이는 자체 내부사정을 조정하기 위한 것이지 과당경쟁을 지양하기 위한 능동적인 것으로 보이지는 않는다.

새 정부는 지난 4월 앞으로 언론에 대해 과거의 규제방식을 버리고 철저한 공개방식을 통해서 취재의 자유를 보장하겠다고 약속하면서 자율적 노력을 통해서 언론계의 개혁을 추진하도록 촉구한 바 있다.

지난 4월 1일 오인환 공보처장관은 새 정부는 과거의 규제방식에서 지원방식으로 언론정책을 변화시켜 나갈 것이며 언론계 자정문제도 자율에 맡길 것이라고 말한 바 있다. 이와 때를 같이하여 공보처는 1993년 업무보고를 통해서 다음과 같은 언론정책을 발표한 바 있다.

첫째, 정부는 자율과 창의의 문민시대에 걸맞은 언론자유의 창달을 위해 구시대 잔재인 규제적 발상을 완전히 청산한다. 둘째, 정부정책의 구상, 입안, 결정, 집행과정을 투명하게 공개하여 언론의 자유로운 취재기회를 확대한다. 셋째, 언론의 국정감시기능을 정책발전의 여론수렴 채널로 적극 수용한다. 넷째, 언론사의 자발적 옴부즈맨제도 도입을 지원하고 오보와 인권침해사항의 시정노력을 제도화한다. 다섯째, 언론사별로 자발적인 내부 윤리강령을 제정하고 시행하도록 권고한다. 여섯째, 언론의 기업성과 공익성의 조화를 위해 과당경쟁의 폐해(자원낭비, 선정주의 경향 등) 시정에 대한 사회적 공감을 바탕으로 건전경쟁의 질서확립을 위해 공동노력을 경주하도록 한다. 일곱째, ABC제도를 조기에 정착시키도록 한다. 여덟째, 사이비 언론추방을 위한 사법적 응징을 위해 합동실태조사 및 수사전담반을 운영한다.

이상 여덟 가지 사항 중에서 처음 세 가지는 정부의 언론에 대한 약속을 천명한 것이며, 나머지 다섯 가지는 언론의 적극적 협조를 바라는 요청이라고 볼 수 있다. 말하자면 언론의 자유는 최대한으로 보장할 터이니, 언론도 거기에 걸맞게 자율적인 규제를 통해서 맡은 바 사회적 책임과 의무를 다해 달라는 것이다.

이와 같은 정부의 언론에 대한 약속과 요구는 민주국가에서는 지극히 당연한 것이며 별로 새로운 것이라 할 수 없다. 다만 정부가 이러한 약속을 과연 성실하게 지켜나갈 수 있을 것인가 그리고 언론이 자체의 책임과 의무를 충실하게 이행해나갈 수 있을 것인가가 문제인 것이다. 만약 정부가, 언론이 응분의 책임을 다하지 못하고 있다고 판단한다면, 그것을 이유로 해서 언론을 규제하려 들 것이며, 그렇게 된다면 정부는 스스로의 약속을 저버리게 되고 문민정부로서의 큰 바탕을 잃게 될 것이다. 실제로 새 정부가 들어선 이후 공보처는 그동안 방치되다시피 한 사이비기자들에 대한 단속을 강화하고 몇 차례의 의법조치를 취한 바 있다. 사이비언론이 끼치는 해악에 대해서는 비단 일반사회에서뿐 아니라 언론계 자체 내에서도 가장 머리 아픈 문제 중의 하나이기 때문에 당연한 조치로 환영받고 있다. 그러면서도 사이비 언론을 단속한다는 것을 빌미로 규제를 강화하려는 움직임에 대해서는 경계와 우려의 눈초리로 지켜보고 있다.

만약 정부가 어떤 이유, 어떤 명분에서건 언론활동을 규제하게 될 조치를 취하려 한다면, 언론은 필경 정부와의 정면대결을 불사할 것으로 보인다. 그렇다고 현재와 같은 지나친 광고경쟁, 보급경쟁에서 오는 사회적 폐해와 자원낭비 그리고 센세이셔널하고 무책임한 취재와 보도에서 오는 인권침해 또는 보도에 있어서의 공정성, 객관성 결여, 오보의 빈발, 사이비 기자의 범람 등을 더 이상 방치할 수도 없는 상황에 이르고 있다. 언론이 진정으로 정부의 개입을 배제하려 한다면 그리고 맡은 바 책임을 다하려 한다면 현재 언론계가 당면한 문제점들을 해결하기 위해서 언론 스스로 자율적 규제와 노력을 기울이는 길밖에 없을 것이다.

그리고 그렇게 하기 위한 가장 현실적이고 가장 효과적인 방법은 언론종사자들의 자질과 직업적인 능력을 향상시키는 일이고 그것을 위해서는 지속적이고 체계적인 재교육을 받을 수 있는 기회를 마련해 주는 일이다.

2, 언론인 재교육의 필요성

지난 87년 언론관계법이 바뀌고 지방자치제가 부활됨에 따라서 언론매체 특히 활자매체의 수효는 3~4배로 늘어나고, 따라서 편집, 제작, 판매, 광고 등 각 분야에 종사하는 언론 인구도 거의 같은 비율로 늘어났다. 이렇게 갑작스럽게 늘어난 인원의 대부분은 직업적 경험이 전혀 없거나 전문교육을 받은 적이 없는 사람들이었다. 대체로 언론계 신참자들은 입사 후 일상업무를 수행하는 데 자사의 고참상사로부터 직접적 지도나 어깨 너머로 배움으로써 언론인으로서의 자세나 실무능력을 익히게 마련이다. 그러나 신설사의 경우, 대체로 주요 간부직을 함량미달인 사람들로 메운 경우가 많기 때문에 올바른 교육은커녕 오히려 나쁜 영향을 미치는 수가 없지 않다. 최근 몇 년간 보도의 공정성이나 균형성의 결여, 명예훼손이나 인권침해 기사의 격증, 오보의 빈발, 사이비 언론행위의 횡행 등이 두드러지게 나타나는 큰 이유를 여기에서 찾을 수 있을 것이다.

어떻든 언론계의 비리를 바로잡고 건전한 언론풍토를 구축해 나가기 위해서는 무엇보다도 언론에 종사하는 사람들이 첫째, 공익에 헌신하는 사명감과 책임감을 지녀야 하며, 둘째, 여러 분야에 대한 깊은 소양과 전문적 식견을 갖추어야 하고, 셋째, 모든 문제나 사물을 종합적이고 입체적으로 분석, 투시할 수 있는 넓은 시야를 지니고 있어야 한다.

이러한 목적을 달성하기 위해서는 현역 언론인들로 하여금 지속적이고 체계적인 교육을 받을 수 있는 기회를 마련해 주는 길밖에 없을 것이다. 그러나 이러한 교육은 어디까지나 자발적으로 참여할 수 있도록 해야지 어떤 규제를 통해서 강요되어서는 안 될 것이다.

지난 81년에 설립되어 많은 현역 언론인들을 교육시켜온 언론연구원의 교육과정은 매우 좋은 내용을 담고 있었는데도 불구하고, 처음 시작할 무렵에는 수강생들이 세뇌교육을 받을지도 모른다는 선입관 때문에 충분한 효과를 거두지 못하는 수도 있었다. 그러나 꾸준히 계속되어온 연구원의 교육이 한국언론의 자질향상에 크게 기여했다는 사실은 누구도 부인하지 못할 것이다. 언론연구원의 연수교육은 1주일 또는 1개월 아니면 3일 동안의 세미나 등 비교적 단기코스였다. 그러나 일상업무에 젖어 있던 언론인들에게 새로운 정보를 제공하여 새로운 문제에 눈을 뜨게 하는 데는 상당한 효과가 있었다는 것이 정평이다. 그런데 근년에 와서 연구원의 연수교육이 시들해진 것 같은 느낌을 주는 것은 매우 유감스러운 일이다.

새롭고 건전한 언론질서를 구축해 가는데 있어서 가장 먼저 손대야 할 일은 어떤 새로운 곳에서 찾으려 할 것이 아니라 이미 마련되어 있는 언론연구원의 재교육 프로그램을 활성화시키는 것이어야 하리라고 본다. 시설과 인력 그리고 훌륭한 노하우를 지니고 있는 만큼 재원만 늘려 준다면 당장에라도 소기의 목적을 기대 이상으로 달성할 수 있을 것이다.

그런데 언론인의 재교육은 단기코스만으로는 불충분하다. 체계적 교육을 받으려면 1~2년의 장기코스가 필요하다. 언론인 전원에게 장기교육을 시키는 것은 어렵지만 우선 간부급들이 먼저 받게 되면 그 효과는 서서히 아래로 파급되기 마련이다.

지금 서울에서는 중앙대, 연세대, 서강대, 고려대, 한양대, 경희대 등에 언론관계의 전문대학원이 설치되어 있어서 서울에 있는 언론인들은 마음만 먹으면 장기교육을 받을 기회를 나름대로 누리고 있다. 그러나 멀리 지방에 떨어져있는 언론인들은 뜻이 있어도 길이 없는 형편에 있다.

재교육의 필요성의 절실함에 있어서는 중앙에서보다도 오히려 지방에서 더욱 크다고 볼 수도 있다. 사실 공익자금으로 운영되는 언론연구원의 단기코스마저도 지방사에서는 마음놓고 이용하지 못하는 형편에 있다. 아무리 1주일이나 1개월의 단기코스라 하더라도 거기에 소용되는 여비와 하숙비가 적지 않은 액수이고 이들이 비우는 동안의 일상업무처리도 큰 부담이 되기 때문이다. 이 문제를 해결하는 길은 지방에서 연수교육을 받을 수 있는 기회를 마련해주는 데 있다. 그렇다고 지방에다 언론연구원의 지원을 굳이 새로 만들 필요는 없다. 현재 각 지방에 있는 대학교에도 언론관계학과가 개설되어 있는 만큼 이들 지방대학과 제휴하면 충분히 가능하다. 실제로 영국의 기자훈련원에서는 1950년대부터 지방대학과 제휴해서 성공적으로 시행해오고 있다.

우리나라의 경우 서울과의 거리로 봐서 호남지방에서는 광주, 영남지방에는 부산과 대구, 그리고 필요에 따라서는 춘천, 대전, 청주, 제주 등에 설치할 수도 있을 것이다. 지방의 재교육시설은 장기코스와 단기코스를 겸행할 수 있는 능력을 갖추고 있어야 한다. 언론관계 전문대학원을 개설하는 데 충분한 교수진용과 강의시설을 갖추고 있어야 할 것은 물론이다.

3. 호남지방의 사정

이 문제를 좀더 구체적으로 검토하기 위해 호남지방의 현재 상황을 살펴보기로 한다. 광주·전남 및 전북지역에는 10개의 종합 일간신문사와 13개의 방송계열사가 있으며 그 종사자의 수는 3천 명이 넘는다.

뿐만 아니라 크고 작은 주간 지역신문과 광고대행사, 광고제작사를 비롯하여 출판사, 잡지사도 속속 등장하고 있다. 이들 언론분야에서 활동하는 인구는 정확한 통계 숫자는 없지만 줄잡아 5천 명쯤 되리라고 본다. 그런데 이렇게 갑작스럽게 불어난 언론활동 인구 중 절대다수가 언론인으로서의 기초적 소양이나 능력을 갖추지 못하고 있다는 데 문제가 있다. 따라서 취재, 편집, 제작, 광고, 보급 등에서 무리한 현상들이 빚어져 나와 지역사회에 심대한 해독을 미치고 있다.

그동안 사이비 언론활동에 대해 몇 차례 단속이 있었다고 하지만 실제로 적발되어 처벌된 사례는 몇 건이나 되는가. 잦은 단속이나 엄격한 의법처리가 전혀 효과 없다고는 보지 않지만 사태를 해결하는 데 있어서는 그저 미봉책에 지나지 않는다. 그렇다고 사이비 행위를 근절하기 위해 문민정부가 법을 강화해서 언론활동에 규제를 가할 수도 없지 않은가. 얼핏 우회적인 것으로 보일 수도 있지만 최선의 방법은 언론에 종사하는 사람들로 하여금 언론의 올바른 길을 깨닫게 해주는 수밖에 없다.

지난해(1992) 10월 광주 소재 언론사 사장들의 간담회에서는 지방언론인 재교육문제가 진지하게 논의되었다. 처음에 광주에 합동연수원을 설립하자는 안이 나왔다. 그러나 여기에는 시설과 교수인력을 유지하는 데 막대한 재원이 소요된다는 점에서 비현실적이라고 결론짓고, 대신 그러한 시설과 인력을 이미 갖추고 있는 대학과 제휴하자는 데 뜻을 같이했다. 연수교육은 장기와 단기 두 가지 코스로 나누어서 하는 것이 효과적이라는 데도 합의했다. 10여 년의 경력을 가진 간부급에게는 새로운 정보나 지식을 공급해서 시야를 넓혀 주어야 할 필요가 절실한데, 이러려면 지속적이고 체계적인 교육을 받을 수 있도록 제도적 전문대학원 코스로 보내는 것이 보다 좋겠다는 것과 석사학위를 받는다는 것은 면학심을 높이는 데 커다란 인센티브가 될 것이란 점에 의견을 같이했다. 그리고 일반기자들을 위해서는 전문분야별로 1주 내지 2주의 단기코스를 개설하되, 프로그램은 각 사의 간부급들이 협의하여 작성하는 것이 좋겠다는 의견이었다. 그리고 강의시간은 되도록 일상업무에 지장을 주지 않도록 야간을 이용하자는 것이었다.

4. 제휴대학의 선정

호남지방의 대학 중 언론관계학과가 개설된 대학은 원광대(이리), 우석대(전주), 전북대(전주), 전남대(광주), 광주대(광주) 등이 있다. 이 중 전남대에 신방과 대학원코스가 개설되어 있으나, 언론관계 전문대학원은 아직 호남지방에는 한 곳도 없는 실정이다. 따라서 호남지방의 언론인들을 위한 전문대학원을 개설하려 한다면 광주가 모든 여건으로 보아 가장 적지라고 할 수 있다. 광주는 지리적으로 호남지방의 한 복판에 자리 잡고 있어 아무리 먼 곳이라 해도 자동차로 1시간 30분이면 도달할 수 있다. 따라서 야간강의라면 일상업무에 큰 지장을 주지 않고도 참석할 수가 있다.

대학으로서는 광주에 있는 광주대학교가 가장 적합한 조건을 갖추고 있는 것으로 보인다. 첫째, 광주대에는 신문방송학과와 출판광고학과가 개설되어 있고 커뮤니케이션 분야를 전공한 전임교수만도 16명이나 확보되어 있어서 국내 최다의 인적 자원을 자랑하고 있다. 둘째, 광주대는 최근에 새로 18층 건물이 완공되어 대학원을 개설하기에 충분한 수용시설을 보유하고 있다. 셋째, 광주대는 산업현장 종사자들에게 교육의 기회를 마련해 주기 위해 설립된 개방체제의 사립대학이므로 언론현장 종사자들을 위한 전문대학원을 개설한다는 것은 산학협동을 도모하는 설립취지에도 일치된다.

이러한 이유에서 호남지방 언론인 재교육의 마당으로는 광주대학을 최적의 대상으로 보고 당시 전남일보의 사장으로 있던 최종수는 1992년 11월에 신문사에 사표를 내고 93년 3월 1일부터 광주대학교 신방과 교수로 옮기게 되었다. 광주대학교에서는 93년 4월에 전문대학원(가칭 언론홍보대학원)을 설립코자 서류를 구비하여 교육부에 제출한 바 있다. 그리고 그와 거의 때를 같이하여 광주, 전남지역 소재 언론사 사장들도 전문대학원 설립의 필요성을 공감하고 당국의 적극적인 협조를 요청하는 건의서를 교육부장관에게 보낸 바 있다.

모든 분야에서 과감한 개혁이 추진되는 현 시점에서 공보처가 당면한 최우선 과제는 언론인의 마음과 자세를 바로 세울 수 있는 마당을 마련해주는 데 있다는 것을 새삼 강조하고 싶다. 이러한 뜻에서 호남지방의 언론인 재교육이 빠른 시일 내에 진행될 수 있도록 공보처에서 각별한 배려와 지원이 있기를 부탁드리는 바이다.

1993년 4월 10일

광주대학교 신문방송학과 교수 최종수

그 후 5월 31일 나는 청와대 김정남 교육문화수석비서관을 찾아갔다. 거기에서도 사이비기자가 발호하는 이 시점에서 기자들에 대한 재교육이 절실하다고 역설하고, 그런 취지에서 광주대학교에 언론대학원을 개설하고자 하니 도와달라고 호소했다. 김 수석은 당장 교육부로 전화하여 광주대학에서 대학원개설 신청이 있었는지 알아보는 것 같았다. 그런데 그렇게도 완강히 거부하던 교육부의 태도가 청와대 비서관의 문의전화를 한번 받자 크게 바뀌는 것을 보자 놀라웠다. 얼마 후 교육부로부터 언론대학원 개설을 정식으로 신청하라는 연락이 있었다. 그리고 1993년 11월 16일 광주대학교에 언론대학원 설립인가가 나왔다.

■ 광주대 언론대학원의 특색

광주대학교 언론대학원은 1994년 3월에 신방과 교수인 최종수를 초대원장으로 하여 1994년 3월에 정식으로 발족하였다. 초기의 교육목표는 지역사회의 편협한 생각의 틀을 넓히는 데 두고자 했다. 그래서 대학원에는 석사과정과 연구과정을 두고 지역언론의 핵심요원들과 지방의회 의원, 고위 행정관리, 시민단체의 지도급인사들을 주요대상으로 삼았다.

커리큘럼은 신문, 출판, 방송, 광고, 홍보 등 다섯 가지 전공분야를 두었다. 이 점에서는 여느 언론관계 대학원과 별 차이가 없다. 그러나 1학기와 2학기의 과정에서 넓은 시야에서 생각을 가다듬을 수 있도록 두 가지 종류의 이색적인 교양특강을 실시한다는 점에서 차별화했다.

언론학관계의 전공과목들은 광주대학 내의 15명에 달하는 언론관계 전임교수들이 맡고 교양특강인 '언론학세미나'와 '매스컴특강'은 주로 서울에서 초빙했다. 언론학세미나는 박권상(언론사상), 조용중(보도기획), 서규석(방송제작), 김동철(언론윤리) 등 네 분을 정식 초빙교수로 위촉하여 1학기와 2학기에 걸친 연강형식으로 진행하도록 했다.

그리고 매스컴특강은 중앙언론계와 학계 그리고 인접분야의 전문가들을 매주 한 분씩 초청하여 최근의 국제적 흐름과 새로운 경향들이 우리에게 어떤 영향을 미칠 것이며 우리는 어떻게 대처할 것인가를 놓고 강의를 듣고 의견교환을 하도록 했다.

그런데 광주대학교 언론대학원의 가장 두드러진 특색은 바로 호화스럽고도 알찬 외래강사진이었다. 중앙언론계와 학계의 원로와 중진들, 그리고 우리 사회의 각 분야에서 정평 있는 많은 전문가들이 출강해 주었다. 한때 서울의 학계에서는 광주대에서 초청받지 못한 사람은 별 볼일 없는 사람이란 농담이 퍼지기까지 했다. 이렇게 각계의 명사들을 초청할 수 있었던 것은 김인곤 이사장의 파격적인 재정적 뒷받침이었다. 국내에서는 유례가 없는 고액의 강사료와 왕복항공료, 호텔 숙박료 등을 지원했던 것이다.

그리고 초기의 수강생으로는 광주 및 전남북 지역에 있는 주요 언론기관들의 임원과 국장급간부들과 도청과 시청의 고위직행정관 그리고 지방의회 의장과 의원들이 등록했다. 이렇게 지역사회의 여론지도자들이 국내의 각계 전문가들로부터 참신한 정보나 이론을 경청하고 토론에 참여하게 됨으로써 지역사회에 새로운 지적 충격을 주어 의식개혁에 커다란 파급효과를 주었다고 본다.

광주대 언론대학원을 퇴임하면서
이 대학원에서 무엇을 하려 했던가

이 학교에 몸담은 지 얼마 되지 않은 이 사람에게 이렇게 분에 넘치게 성대한 퇴임의 자리를 마련해주신 데 대해서 김인곤 이사장님과 김난수 총장님에게 진심으로 감사드립니다. 아울러 바쁘신데도 불구하시고 이 자리에 나와주신 동료 교직원 여러 분들과 언론대학원 재학생 및 졸업생 여러 분에게 진심으로 감사드립니다.

저는 이 순간 아주 뿌듯하고 행복한 마음으로 이 자리에 서있습니다. 행복이란 무엇일까요? 자기가 하고 싶은 일을 별 탈 없이 하고 났을 때

느끼는 후련한 감정 같은 것이 아닐까요. 광주대학교는 저에게 한동안 제가 하고싶은 일을 할 수 있도록 귀중한 기회를 베풀어 주셨기에 저는 마음으로부터 깊은 감사를 드리고 있습니다.

저는 오늘 이 엄숙한 자리에서 어떤 내용의 말씀을 드려야 할 것인지 무척 망설이지 않을 수 없습니다. 적어도 학자의 정년퇴임사라 한다면 주목할 만한 학문적 시각을 제시한다든지 아니면 만인의 가슴에 오래 남을 만한 농축된 철리를 엮어내야 할 터인데, 감히 학자라고 자처하기도 쑥스러운 지로서는 퇴임사라는 어마어마한 그릇에 담을 만한 일찬 내용을 만들어낼 재주도 미천도 없습니다. 따라서 저는 그저 수수하게 어떻게 해서 광주대학교에 몸을 담게 되었고, 그동안 무엇을 느껴왔는지를 소박하게 말씀드릴까 합니다. 저 자신에 관한 시시콜콜한 이야기가 되어서 대단히 죄송하지만 양해해주시기 바랍니다.

저는 대학을 졸업하자마자 언론계에 들어가 37년간을 현역생활을 했습니다. 저의 언론계 현역생활 중 마지막 5년간은 제 고향인 이곳 광주 전남지역에서 봉사하게 되었습니다. 지난 1987년 노태우 씨의 6·29선언이 있은 후 이 지역의 사업가 한 분이 저에게 좋은 신문을 하나 만들어 보자고 제의해 왔습니다. 평생을 언론계에 바쳐온 몸이라 자기가 태어난 고장에 청신한 바람을 불어넣을 수 있는 좋은 신문을 만들어 본다는 일은 결코 놓칠 수 없는 매력이었습니다. 그래서 전남일보의 창간에 착수하게 되었고, 그 후 꼭 5년간 그 운영책임을 맡게 되었습니다.

여러 분들도 잘 아시겠지만 그 후 이 지역에서는 신문사와 방송사가 우후죽순처럼 속출하여 언론에 관여하는 사람들의 수효가 갑작스럽게 늘어났습니다. 이렇게 되니 충분한 자질과 훈련을 갖추지 못한 사람들이 마구 끼어들어 언론현장은 매우 혼탁한 양상을 띄게 되었습니다.

언론이란 맡은 바 구실을 제대로 이행한다면 사회에 크게 기여할 수 있지만, 자칫 잘못하면 사회에 심대한 해악을 끼치게 된다는 것은, 누구나 알고 있는 사실입니다. 따라서 언론이 올바르게 기능하기 위해서는 무엇보다도 언론인들 스스로가 사회적 책임을 깨닫고 언론의 윤리와 정도를 지켜나가도록 힘써야 되는데, 그러자면 언론인들의 자질을 향상시키는 일이 시급하다고 느끼게 되었던 것입니다. 그래서 만약 제가 지역사회를 위해 어떤 보람있는 일을 하려 한다면 한 신문사에 매달려 있을 것이 아니라, 이 지역에서 활동하는 모든 언론인들의 자질향상에 기여할 수 있는 일을 추진해야겠다고 생각했습니다.

저의 이러한 생각을 김인곤 이사장님께 말씀드린 것이 지난 1992년 10월이었습니다. 저의 고등학교 선배이시며 평소 저에게 각별히 사랑을 주셨던 김 이사장님은 스스로 언론계에 몸을 담으신 경험도 있어 언론현장에 대해서도 깊은 관심과 이해를 갖으신 분입니다. 게다가 광주대학교는 신문방송학과와 출판광고학과를 두었기 때문에 저의 그러한 뜻을 펴기에 좋은 조건을 갖추고 있었기 때문입니다.

김 이사장님께서는 언론인들의 자질향상은 지역사회발전에 필수불가결한 과업이니 만큼, 손익을 따지지 않고 지원해 주겠으니 소신대로 해보라고 격려하시면서, 1993년 3월에 본교 신문방송학과에 저를 위한 자리를 마련해주셨습니다. 그리고 1994년에는 현역언론인들의 재교육을 위해 중요한 영향을 미칠 수 있는 언론대학원을 개설해주셨습니다.

이렇게 해서 언론대학원은 지난 4년 동안에 학교당국의 파격적인 지원과 동료교직원 여러분들의 넓은 이해와 협력 그리고 신문방송학과와 출판광고학과 교수님들의 열성어린 지도에 힘입어 탄탄하게 자리를 잡아오고 있습니다. 언론대학원의 교육목표는 물론 언론학 분야의 전문적이고 체계적인 학문을 전수하는 데 있지만, 우리 대학원에서는 그 중에서도 언론현장에 바로 적용할 수 있는 지식과 경험의 전수라는 보다 실용적인 목적에 중점을 두어왔습니다.

이래서 초기의 학생모집에 있어서는 가능한 한 각 언론사에서 핵심적 역할을 하는 간부들을 끌어들이려 노력했습니다. 그것은 학교강의가 바로 제작내용에 반영될 수 있도록 하기 위함이었고, 동시에 자사의 후배언론인들을 위해 좋은 현장교사의 역할을 맡게 하기 위해서였습니다.

한편 강사를 초빙 또는 선정함에 있어서는 우리 사회의 각 분야에서 정평있는 전문가들을 대폭 초청했었습니다. 당연히 언론계인사들이 많았는데, 언론계에서도 특히 경륜이 높고, 특파원생활을 했거나, 해외유학을 했거나, 해외의 학술활동에 많이 참여했거나, 일상적으로 세계의 권위지를 접하는 분, 국제감각이 투철한 분들을 초청하려 노력했습니다.

이것은 첫째로 언론의 내용을 제작하는 데 있어 핵심적 역할을 하는 각사의 주요간부들의 안목을 넓혀 국제적 시각을 심어주기 위해서였습니다. 그래서 지금 현재 지구상에서는 어떤 새로운 물결이 일어나고 있고, 그로 말미암아 장차 어떤 결과가 밀어닥칠 것인가를 깨닫게 하여, 일상적인 언론내용 제작에 그만큼 폭넓은 기획을 살릴 수 있게 하자는 데 있었습니다.

또 하나의 이유는 이렇게 경륜 높은 원로들이 평생을 바친 언론계 생활에서 얻은 농축된 지혜와 실무경험을 바로 우리지역 언론현장에서 살려가자는 데 있었습니다. 그리고 세 번째 이유는 우리사회에서 명성과 권위를 인정받고 상당한 영향력을 행사하고 있는 이들 명사들로 하여금 이 지역문제의 대변자가 되어주기를 바랐던 것입니다. 그것은 그들이 강의도중이나 강의가 끝난 후에 질의응답이 벌어지는데 아무래도 그 토론의 주제는 이 지역의 문제가 등장하게 마련입니다. 이 지역에 와서 이 지역에 관한 문제로 토론을 거친 이들은 혹 이 지역문제가 어디에선가 거론될 기회가 생기면 자연히 이 지역의 실정을 대변하는 수가 많으리라고 생각한 것입니다.

어떻든 이렇게 해서 우리 언론대학원에서의 강의내용은 그때마다 이 지역언론의 제작내용에 뚜렷하게 반영되어오고 있으며, 이 지역의 언론풍토에 새로운 바람과 활기를 불어넣어 주고 있는 것이 사실입니다. 중앙의 언론계나 학계에서도 이러한 광주대 언론대학원의 역할에 대해서는 각별한 관심을 기울이고 있으며, 광주대에 강사로 초빙받지 못한 사람은 별 볼 일 없는 사람이라는 농담이 있을 정도로 주목을 받고 있습니다. 그리고 그동안 소정의 과정을 마치고 주목할 만한 논문을 남기고 졸업한 제1기생 중 10여 명이 지금 현재 이 지역의 여러 대학에서 당당하게 언론관계 강의를 맡고 있습니다. (후략)

5. 광주 · 전남 언론학회의 창립

1) 지방 언론학회의 결성배경

광주대학교 언론대학원을 운영하면서 나는 학기가 시작하기 2~3개월 전부터 운동화를 신고 광주와 전남북 지역에 있는 모든 언론기관들을 돌아다니면서 특히 중진급 언론인들에게 직장을 위해서뿐만 아니라 자신의 앞날을 위해서도 면학기회를 놓치지 말라고 권했다. 덕분에 초기 몇 년 사이에 많은 핵심간부들이 등록하였고, 나는 이들과 자주 만나 이야기하는 사이에 이 지역 내에 존재하는 많은 언론분야 인적 자원과 잠재력을 개발하면 좋은 효과를 얻을 수 있다는 것을 깨달았다.

1996년 당시 광주·전남지방에만도 종합일간지로 광주일보, 전남일보, 무등일보, 광주매일, 광남일보, 전남매일 등 6개사가 있고, 방송사로 광주방송, 광주MBC, KBS광주총국, CBS광주본부, 불교방송, 교통방송, 광주케이블TV, 광주케이블TV네트워크, 여수케이블TV 등 9개사가 있었다. 이들 언론사에 근무하는 언론인의 수효는 근 2천 명에 이르렀다.

그리고 전남대, 조선대, 광주대, 호남대, 동신대, 광주여자대학, 동신전문대학, 전남전문대학 등의 언론관계학과에 재적하는 학생 수가 2천여 명이나 되었다. 그리고 이들 대학의 언론관계 학과에서 전임을 맡고 있는 교수들의 수효가 50여 명에 달했다.

2) 광주·전남 언론학회의 창립

이렇게 적지 않은 언론관계 전문학자들과 언론사간부들을 합류시켜 산학협동 차원에서 공동노력을 기울이게 한다면, 현역언론인들의 재교육문제를 해결하거나, 언론학도들에게 언론실제에 맞는 커리큘럼을 개발하고, 또는 지방언론의 특색을 살릴 수 있는 제작기술을 개발하는데 많은 도움이 되리라는 생각이 들었다.

전남대 신방과 변동현 교수와 광주대 유한호 교수, 호남대 김명중 교수, 조선대 김성재 교수 등과 산학협동을 위한 광주·전남언론학회를 창립할 것을 사전협의하고, 각 언론사의 편집국장과 주필들과 수차에 걸친 회의를 거쳐 1996년 9월 23일 무등빌딩 컨벤션센터에서 광주·전남언론학회의 창립총회를 열었다. 이날 총회에는 광주·전남지역 언론계 인사 100여 명과 학계 인사 50여 명이 그리고 서울에서 온 김정기 한국언론학회장과 이형균 한국언론재단 전무가 참석했으며, 초대회장으로 광주대학교 언론대학원장으로 있던 최종수가 선출되었다.

나는 취임사를 통해서 “내가 전남일보를 창간하느라 이 고장에 내려온 지난 10년 동안, 지역언론의 발전을 위해서 산학협동의 구체적 방법을 모색하는 모임의 절실함을 느껴왔다"고 말하고, "현재 언론계에서 벌어지는 치열한 경쟁 속에서 지방언론이 살아남을 수 있는 길은 지방특유의 빛깔과 목소리를 내는 데 있다고 하겠다. 그런데 문제는 그 방법이다. 매우 아쉽게도 한국의 지방언론은 오랫동안 중앙언론을 모방하는 데 그쳤지 지방의 특색을 창출하는 노하우를 남겨놓지 못했다. 그렇다면 그 노하우를 어디서 어떻게 구해야 할 것인가. 그것은 이 지역의 구체적 환경조건과 특수성을 잘 아는 이 지역의 언론인과 이 고장에서 사는 전문학자들일 수밖에 없다. 오늘 우리가 산학협동차원에서 광주·전남언론학회를 만든 이유가 바로 여기에 있다. 이 지역 언론인들의 자질향상을 위해서 그리고 이 지역의 특색을 담아내는 내용제작의 방법을 함께 토론하고 연구하고 개발하자는 데 있다" 라고 강조했다.

이 학회의 발기인으로 언론계에서는 공이송(광주일보 논설주간), 김승철(광주일보 편집국장), 허광욱(전남일보 논설주간), 김용옥(전남일보 편집국장), 전진한(무등일보 편집국장), 김봉규(무등일보 논설주간), 김원욱(광주매일 상무이사), 김광렬(광주매일 논설주간), 최희택(전남매일 논설주간), 김진원(전남매일 편집국장), 정태열(광남일보 논설주간), 김광석(광주KBS 보도국장), 장영길(광주KBS 편성국장), 윤용선(광주 MBC 보도국장), 소수옥(광주MBC 편성국장), 김재익(광주CBS 본부장), 김병채(광주CBS 보도국장), 최용훈(광주케이블TV사장), 김태욱(광주케이블TV네트워크 사장) 등이 참여했다.

그리고 학계에서는 전남대 신방과, 광주대 신방과, 광주대 출판과, 조선대 신방과, 호남대 신방과, 호남대 광고홍보과, 동신대 신방과, 광주여대 신방과, 동신전문대 광고홍보과, 전남전문대 방송통신과에 소속하는 50여 명의 교수들이 회원으로 가입했다.

3) 여섯 차례의 학술활동

나는 학회장직을 맡은 2년 동안에 서울과 광주의 여러 곳에서 기금지원을 받아 다섯 차례의 학술심포지엄과 한 차례의 학술강연회를 개최했다.

제1차 심포지엄은 '지역언론의 발전과 산학협동'이라는 주제로 광주시 금남로 컨벤션센터에서 개최하여 네 가지 주제를 발표했다. 제1주제는 〈지역언론의 발전을 위한 산학협동—학계의 시각〉이라는 제목으로 조선대 신방과 김성재 교수가 발표하고, 제2주제는 〈미국 언론계의 산학협동〉이라는 제목으로 미국 웨스턴일리노이대학의 이재현 교수가 발표하였다. 제3주제는 〈독일 언론계의 산학협동〉이라는 제목으로 독일 뮌스터대학의 요하임 베스터마카이 교수가 맡았으며, 제4주제는 〈지역언론의 발전을 위한 산학협동 증진방안—언론계의 시각〉이라는 제목으로 무등일보의 전진한 편집국장이 발표했다.

제2차 심포지엄은 '신문의 가로쓰기, 무엇이 문제인가'라는 제목으로 1996년 11월 28일 광주대 언론대학원에서 개최되었고, 제3차 심포지엄은 '다매체시대 지방광고의 개발방안'이라는 제목으로 1997년 4월 15일에 한국방송광고공사 광주지사에서 가졌다.

그리고 제4차 심포지엄은 한국프레스센터의 지원을 받아 1997년 9월 25일 광주은행본점 대회의실에서 "광주·전남 언론매체의 지역성 제고 방안"이란 제목으로 열었다. 이 심포지엄의 제1주제는 〈광주지방 6개 종합일간신문의 자체게재기사율 현황과 과제〉라는 제목으로 무등일보 김성 편집부국장이 발표하였고, 제2주제는 〈광주·전남 지방신문의 지역성에 관한 분석과 전망〉이라는 제목으로 광주대의 김서중 교수가 발표했다. 제3주제는 〈지역 텔레비전 뉴스의 품질개선 방안〉이라는 제목으로 전 광주방송 이사였던 서공석 씨가 발표했고, 제4주제는 〈지역 텔레비전 뉴스보도 비교분석〉이라는 제목으로 조선대 최양호 교수가 발표했다.

제 5차 심포지엄은 'IMF시대, 지역언론 살리기, 그 위기와 희망'이란 주제로 1998년 6월 12일 한국방송광고공사 광주지사 강당에서 열었다. 제 1주제는 〈지역 신문경영 무엇이 문제인가〉라는 제목으로 한국언론연구원의 정연구 연구원이 발표했고, 제 2주제는 〈IMF시대, 지역신문 편집 어떻게 할 것인가〉라는 제목으로 순천향대학의 장호순 교수가 발표했다. 제 3주제는 〈지역매체 광고, IMF 극복방안은 무엇인가〉라는 제목으로 JWT 광고대행사의 이병훈 이사가 발표했다.

그리고 여섯 번째의 학술모임은 미국 미주리대의 장원호 석좌교수를 초청하여 '21세기를 맞으며 지역언론개혁 어떻게 할 것인가'라는 제목의 강연을 듣고, 무등일보의 전진한 상무, 조선대의 서공석 강사, 광주케이블TV의 최용훈 사장, 광주일보의 박향구 논설위원, 광주대의 유한호 교수, 조선대의 최양호 교수, 동신대의 남궁협 교수 등이 토론에 참가했다.

이상에서 살펴본 바와 같이 1996년 9월에 창립한 광주·전남언론학회는 내가 광주를 떠나게 되어 초대회장을 사임하게 된 1998년까지 불과 2년 동안에 다섯 차례의 심포지엄과 한번의 학술토론회를 치르면서 숨가쁘게 활동했다. 이 여섯 번의 학술행사는 모두 지역언론과 밀접한 관련이 있는 테마를 다루었기 때문에 지역언론의 발전에 나름대로 자극을 주었을 뿐 아니라 적절한 방향을 제시하는 데도 기여했다고 본다.

6. 한국 케이블TV 방송협회 회장 시절

1) 한국종합유선 방송위원회 위원

내가 전남일보에 근무하던 1992년 8월에 김영삼 정부는 정보화사회를 앞당기는 사업의 일환으로 한국종합유선방송위원회를 설립했다.

나는 이때 초대 방송위원으로 위촉됨으로써 처음으로 케이블TV와 연을 맺게 되었다. 그러나 내가 케이블TV에 관심을 갖기 시작한 것은 그보다 10년쯤은 앞서서였다. 내가 1970년대 초 동경대학에서 유학할 때 일본의 주요일간지와 방송사들은 모두 새로 등장한 미디어, CATV에 비상한 관심을 가지고 보도하였다. 나도 그때, 선진국에서는 신문산업이 사양화의 길을 걷고 있다는 점에서 신문이 CATV처럼 쌍방통행이 가능한 뉴미디어와 결합하지 않는다면 앞으로 살아남기 어려울 것이라는 생각이 들어, CATV에 관한 기사를 열심히 읽었다. 그리고 귀국 후 《신문연구》에 뉴미디어의 장래에 대해서 글을 쓴 적이 있다.

그러다가 내가 전남일보의 창간에 참여한 1987년에는 우리나라에서도 중계유선사업이 곳곳에서 뿌리내리고 있었다. 신문사에는 케이블방송의 겸영을 허용하지 않으리라는 것을 예측했지만 만일의 경우를 대비하는 것을 잊지 않았다. 그래서 1990년 5월에는 광주 북구지역에 우리 회사 업무국간부의 이름으로 유선방송사업의 인가를 받아 소규모 유선방송사를 얼마동안 운영하기도 했다.

하지만 내가 케이블TV와 공식적으로 관계를 맺은 것은 1992년 한국종합유선방송위원회의 초대 방송위원으로 위촉받으면서였다. 8월 12일 오전에 손주환 문공부 장관이 전화로 "이번에 설립되는 종합유선방송위원회의 위원으로 위촉하려하니 맡아 달라"고 말했다. 14일 오전에 문공부로 찾아갔더니 손 장관이 새로 위촉된 9명의 위원들에게 임명장을 수여하고 새 기구의 중요성을 설명하면서 책임 있는 임무수행을 당부하는 것이었다. 우리는 호선형식으로 경륜이 높은 여석기 교수를 초대 위원장으로, 한태열 교수를 부위원장으로 선출했다.

나는 신문사 일을 보아야 했기 때문에 비상임직을 맡기로 했다. 대체로 한 달에 한번씩 서울에서 열리는 전체회의에 참석하여 케이블TV 사업에 관한 중요사항을 심의·결정하는 데 참여하느라고 항공편을 이용했다. 초대위원의 임기는 1995년에 끝났지만 2대 방송위원으로 유임되면서 고충처리위원장직까지 맡게 되어 케이블TV와는 계속 관계를 유지할 수 있었다.

2) 케이블TV방송협회 회장 취임

1998년 초에 아내가 이 세상을 떠났다. 그때는 광주대학에서도 물러나 있던 터라 3월에 거처를 아예 서울로 옮기게 되었다. 바로 그 해 연초에 김대중 정부가 들어선 상황이었다.

하루는 케이블TV 서남방송(목포)사의 오완교 사장이 일부러 나를 찾아와서 이렇게 말하는 것이었다. 아시다시피 지금 케이블TV업계는 IMF 경제위기를 맞아 거의 도산상태에 빠져 있어 정부의 과감한 지원 없이는 소생할 가망이 없는 처지에 있다. 그래서 케이블TV방송업계에서는 새 정부와 인맥이 통할 수 있는 사람을 회장으로 옹립하기 위하여 찾는 중이다. 그런데 최 선배는 종합유선방송위원회의 방송위원으로서 우리나라 케이블TV업계를 창출하는 데 기여한 분이고, 또한 김대중 대통령하고도 동향출신이라는 점에서 궁지에 빠진 케이블TV방송업계를 구출할 수 있는 가장 적격자라고 의견일치를 보아 협회의 새 회장으로 추천하기로 의견을 모았다는 것이다.

뜻밖에 이러한 제안을 받고 나는 별로 마음이 내키지 않았다. 협회라면 수지타산에 밝은 사업자들의 모임인데 나의 생리에 맞지 않고 또한 이들의 이해관계를 조정하고 또 외부기관들을 설득하는 데 비상한 로비 능력이 있어야 할 터인데 나는 그런 능력을 갖추고 있지 않다는 것을 알고 있기 때문이었다.

나는 평소 가까이 지내는 후배이면서 김대중 대통령의 한 측근이었던 헌법재판소의 조승형 재판관을 만나서 나의 진로문제를 협의했다. 그는 일단 그 자리를 알아보자고 하면서 나의 간단한 이력을 적어 청와대로 보내보자고 했다. 그런데 뜻밖에도 바로 그 다음날 그 자리에 내정되었다는 연락이 왔다. 나는 가능하다면 내 경험이나 체질에 맞는 '언론연구원' 같은 곳에 배려해주길 바란다고 했다. 그러나 회답은 대통령에게 보고까지 드렸으니 그대로 따르라는 것이었다.

3) 취임사에서 밝힌 세 가지 공약

1998년 5월 19일 한국케이블TV방송협회 강당에서 열린 전국 각지의 케이블TV방송사대표자 임시총회에서 나는 제3대 회장으로 선출되었다. 나는 그 자리에서 다음과 같이 공약했다.

전국의 케이블TV 방송협회 대표자 여러분!

저는 오늘 여러분이 맡겨 주신 이 직책을 제 인생의 마지막 봉사의 자리라 생각하고, 혈서를 쓰는 심정으로 맡은 바 소임을 다 하겠다는 것을 여러분 앞에 다짐합니다. 앞으로 우리 협회가 풀어나가야 할 문제들은 수도 없이 많이 쌓여 있습니다 그러나 그 중에서도 중요하고 시급하다고 제가 생각하는 몇 가지를 말씀드리겠습니다.

무엇보다도 중요한 문제는 지난 3년 동안에 우리 케이블텔레비전 사업의 순조로운 성장을 가로막아왔던 중계유선방송을 새로 제정되는 통합방송법의 테두리 안에 포괄시킴으로써 업계의 통합과 질서를 바로잡아야 하리라고 생각합니다. 중계유선방송은 그 자체의 존립근거인 현행 유선방송관리법의 제2조에 분명히 '방송'이라고 정의되어 있습니다. 그리고 심지어 전광판사업까지 통합방송법에 삽입하면서 엄연히 방송행위를 하는 중계유선방송을 별도의 법체계 속에 놓아둔다는 것은 상식에 어긋나는 일이라 하겠습니다. 우리는 이번 기회에 어떤 일이 있더라도 중계유선방송이 통합방송법의 동일한 법체계의 통제를 받으면서, 본래 주어진 의무를 준수하도록 만드는 데 총력을 기울여야 하겠습니다. 이에 대해서는 이미 협회 내에 비상대책위원회가 구성되어 작업을 진행시키고 있다고 알고 있습니다. 앞으로 더욱 면밀히 보완해서 강력하게 추진코자 합니다.

둘째로 시급한 일은 2차 SO[1]들의 대부분이 전송망의 부설지연으로 예

---

1) SO: System Operator, 방송국운영업자. 서울 등 6대도시 내의 44구역과 각도의 시범지역 1개구역씩 모두 54개 방송국이 1993년 8월 30일에 승인되었는데, 이들을 1차 SO라 한다. 농촌지역의 24개 방송

정했던 방송활동을 시작도 못하는 딱한 사정에 처해 있습니다. 이 문제는 비단 2차 SO 당사자들 뿐 아니라 시청자의 절대수를 시급히 늘려야 하는 우리 업계 전체의 이익을 위해서도 중대한 문제라 하겠습니다. 여기에는 전송망 부설책임이 있는 한전측에도 딱한 사정이 있다고 들었습니다. 그러나 이 문제의 조속한 해결을 위해서도 별도의 교섭팀을 만들어 망 부설을 앞당기도록 강력하게 촉구하겠습니다.

셋째로 현재 우리 업계는 너나할 것 없이 무거운 부채를 안고 심각한 경영난에 빠져 있습니다. 특히 PP[2]들의 경우는 너욱 심각한 것 같습니다. 융자를 받으려 해도 지난 3년 동안 지속적으로 적자를 낸 업체에 대해서는 융자를 해주지 않는다는 말도 있습니다. 이 문제도 따로 대책팀을 만들어 우리 업계의 특수사정을 관계당국에 호소하여 긴급자금을 대출받을 수 있는 방법을 모색하겠습니다.

이 밖에도 앞으로 국제방송 콘텐츠의 개방에 대비한 PP의 체질강화문제라든지, SO들이 주장하는 채널티어링[3] 문제 또는 앞으로 실시하게 될 부가서비스에 있어서의 SO, NO[4] 간의 전송망 이용문제 등, 우리 협회가 풀어야 할 문제들이 너무나 많습니다. …

나의 이러한 단호한 어조의 취임사는 한동안 정부의 무관심과 비협조에 거의 절망상태에 빠졌던 케이블TV협회원들에게 어느 정도의 희망과 용기를 주었던지 신임회장에게 열렬한 박수를 보내며 과분한 기대를 거는 것 같았다.

4) 케이블TV업계 최악의 시기

하여간 내가 회장으로 취임한 1998년은 그 전 해부터 불어닥친 IMF 한파로 케이블TV업계가 그야말로 빈사상태에 빠졌을 때였다. 시

국은 1977년 2월 15일에 승인되었는데, 이들을 2차 SO라 부른다.

2) PP: Program Provider, 프로그램 공급업자, 예: NTV, 투니버스, 바둑 등.

3) Channel Tiering: SO에서 PP채널을 몇 개로 묶어서 서로 다른 가격으로 제공하는 방식을 티어링이라 한다.

4) NO: Network Operator, 전송망사업자. 예: 한국전력, 한국통신.

청가입자가 늘어나기는커녕 줄어들고 있는 데다 PP와 SO들이 잇따라 부도를 내는 등 실로 최악의 한 해였다.

1997년 4월 진로그룹이 부도를 내면서 그 계열사인 케이블TV 여성채널 GTV가 29개 PP 가운데 첫 부도를 낸 데 이어 IMF 한파가 본격적으로 불어닥치면서 다솜방송, 기독교TV, 동아TV, CTN 등 4개 PP가 연이어 부도를 냈다. 이 가운데 동아TV는 1998년 10월 31일 정규방송 중단이라는 사태에까지 이르렀다

'황금알을 낳는 거위'로 인식됐던 케이블TV업계가 꽃도 피우기 전에 IMF사태라는 직격탄을 맞아 휘청거리며 빈사지경이 되었다. 게다가 지난 정부에서 방송정책을 관장했던 공보처가 전격 폐지되자 업계는 방향감각조차 잃고 방황하고 있었다. 새 정부는 공보처를 폐지하는 대신 통합방송법을 제정한 후 새로 만들어질 '방송위원회'에 방송정책권을 넘겨줄 예정이었다. 그러나 1998년 4월까지 반드시 입법하겠다고 공언했던 통합방송법이 계속 지연되자 그 공백을 메우기 위해서 문화관광부로 하여금 방송정책업무를 떠맡도록 했다. 그러나 방송정책권을 한시적으로 위임받았던 문화관광부는 방송분야 주요정책에 대한 정책판단을 내릴 수 있는 입장이 아니었다. 파탄지경에 이른 케이블TV의 회생책 마련, 중계유선과 케이블TV업자 사이의 갈등해소 등 시급히 해결해야 할 문제들이 표류된 채 케이블TV사업자나 위성방송사업자들은 모두 통합방송법의 통과만을 학수고대하는 수밖에 없었다.

5) 한전, 전송망 부설 중단

나는 협회장으로 취임한 다음날인 5월 20일에 직원들과 상견례를 나눈 후 주요업무에 대한 보고를 받을 예정이었으나 업계의 급박한 사정은 그럴 여유마저 주지 않았다. 은행대출금의 회수에 대한 업계의 대응책을 마련하고 중단된 전송망의 조속한 부설을 촉구하는 일이 더 다급했던 것이다.

나는 업계의 급한 불을 끄기 위해서 종합유선방송위원회의 유혁인 위원장과 함께 금융통화위원회, 은행감독원, 기획예산위원회, 국무총리실, 감사원 등을 차례로 찾아다녔다. 부도위기에 처한 우리 케이블TV업계의 회생을 위해서는 정부차원에서 특단의 조치가 마련되어야 한다는 것을 강조하고 호소했다. 우리 SO들은 전송망사업자가 깔아준 전송망시설을 의무적으로 사용해야 하기 때문에 한전이 전송망사업에서 손을 뗄 경우 전송망시설이 전무한 2차 SO들은 사업을 시작할 수조차 없다. 또한 장기간투자가 필요한 케이블TV업계의 특수성을 감안하여 각종 여신규제를 완화해 주고 대출기간 만기의 연장이 시급하다는 것을 호소하고 다녔다.

그런데 바로 그 무렵 새로 한국전력사장으로 장영식 박사가 임명되었다. 미국에서 갓 돌아온 장 사장은 첫 기자회견을 통해서 한전은 앞으로 주력사업인 전력사업에 치중하기 위해 케이블TV 전송망부설 같은 부대사업에서는 일절 손을 떼겠다고 선언했다. 이 발표는 케이블TV업계의 SO들에게는 청천의 벽력이나 다름없었다.

특히 1년 전에 대도시 이외의 지방에서 2차 SO로 선정되었던 방송사업자들은 그동안 막대한 자금을 투입하여 건물과 방송시설을 구입하고 직원을 모집하여 훈련시키면서 방송망을 깔아주기만 기다리고 있었는데 갑자기 전송망을 못 깔겠다고 하니 기가 막힐 노릇이었다. 종합유선방송법에 의하면 SO는 비록 자력으로 전송망을 부설할 능력을 가지고 있다 하더라도 망사업자인 한국전력이나 한국통신의 손을 빌리지 않는다면 전송망을 깔지 못하도록 법으로 규제되어 있었다.

각 지방에 산재한 SO들이 가만히 있지 않았다. 서울로 모여들어 한전과 정부에 대해 전송망부설을 호소했으나 신통한 반응을 얻지 못하자 그들은 협회장이 돌파구를 뚫으라고 종용했다. 나는 한전의 장영식 사장 면담을 요청했으나 바쁘다는 이유로 면담 날짜를 잡아주지 않기에 무턱대고 아침 출근길에 한전 사장실로 바로 찾아갔다. 마침 어떤 기자와 회견 중이었다. 몇 마디 인사만 하고 가겠다고 비서에게 쪽지를 넣으라고 했더니 잠시 후에 장 사장이 나왔다. 그가 짧은 인사만 교환하고 들어가려 하기에 나는 잠시 자리에 앉도록 요구하고 강경한 어조로 다그쳤다.

"장 사장이 이번 기자회견에서 한전은 앞으로 주력사업인 전력사업에만 치중하고 기타의 사업에서는 손을 떼겠다고 했는데 그것은 우리 입장에서 볼 때 너무나 무책임한 발언이다. 장 사장이 외국에서 돌아와 국내사정을 모르는 것 같은데, 귀사는 작년부터 우리 SO사업자들과 전송망부설 계약을 맺고 있다. 한전과 같은 공기업이 어찌 일방적으로 계약을 폐기하겠다는 건가. 전송망부설은 지정업자인 한전 아니면 못하도록 법에 규정되어 있는데, 케이블TV방송업체들은 말라죽으란 말이냐?"

그러나 장 사장은 케이블TV 방송망을 모두 구축하려면 1조 원 이상의 대규모투자가 필요한데 이렇게 되면 한전의 존립의 근거가 되는 안정적 전력공급을 할 수 없기 때문에 전송망사업은 중단하지 않을 수 없다고 주장했다.

나와 장 사장과의 공방전은 그 후로 상당기간 지속되었다. 고집스러운 장 사장도 방송사업자들이 자체적으로 전송망을 구축하려 한다면 설비 임대 등을 통해 다각적 지원을 아끼지 않겠다고 한걸음 물러섰다.

그러나 SO협의회는 1998년 10월 26일 전송망 대책회의를 열고 77개 SO중 한전과 전송망 계약을 체결한 1차 SO 33개사 대표들과 법무법인과의 사이에 사건위임계약을 체결하고 한전에 대해 1조 7천억 원 규모의 손해배상 청구소송을 제기하기로 결의했다.

이렇게 법적 조치로 한전에 공세를 취하면서 또 한편으로 장영식 사장과 계속 접촉하면서 업계의 심각성을 호소하였다. 장 사장은 그해 12월 21일 드디어 2차 SO 20개사에 대해 전송망부설을 재개하기로 약속함으로써 취임석상에서 한 나의 세 가지 공약 중 하나가 이루어졌다.

6) 기사회생을 위한 협회의 노력

나는 협회장으로 취임하자마자 IMF사태의 어려움 속에서 회생을 위해 허리띠를 졸라매는 회원사들의 자구노력에 발을 맞추기 위해 보다 전문화되고 창의적인 협회를 만들고자 1998년 12월 협회조직의 구조조정을 단행하였다. 협회의 기구를 3국에서 2국으로 축소하고 인원을 31명에서 25명으로 감축하였다.

협회는 또한 1995년부터 5년여 동안 논란을 거듭한 통합방송법이 연내에 제정되도록 정부와 국회 등에 적극적인 정책건의를 하는 한편, 구조적인 법제도의 환경개선을 위한 대외 로비에 전력을 기울였다.

정부에서도 협회의 끈질긴 호소에 따라 점차 적극적 지원책을 내놓기 시작했다. 정부와 여당은 8월 28일 당정협의회를 열고 전송망사업의 차질 등으로 어려움을 겪는 케이블TV업계에 대해 지원대책을 수립하기로 결정했다. 문화관광부는 동일 PP의 프로그램 공급분야 재조정, 전체 채널 의무전송규제 해제(채널 티어링 허용), MPP[5] 허용, 전문편성 규제의 탄력적 운영 등을 골자로 한 케이블TV 회생지원계획을 발표하였다.

그러나 업계를 위기국면에서 구출하는 데는 그런 정도의 미온적 지원책으로는 어림도 없었다. 법 개정을 통한 제도적 개혁이 필요했다. 그래서 우리 케이블TV방송협회는 하루 빨리 통합방송법이 국회를 통과하기를 촉구하고 고대했다.

---

5) MPP: Multiful Program Provider, 한 회사가 복수의 프로그램을 공급하는 경우. 예: 동양그룹처럼 영화채널 OCN과 바둑채널 등 복수의 프로그램을 제공하는 업체.

7) 숨통 튼 종합유선방송법의 개정

11월 초에 여당인 새정치국민회의가 연내에 통합방송법의 국회상정을 유보할 것 같다는 말이 들려왔다. 깜짝 놀란 나는 여의도에 있는 국민회의 당사로 쫓아갔다. 조세형 총재권한대행과 김원길 정책위의장을 만나 만약 통합방송법의 국회통과가 더 이상 지연된다면 우리 업계는 꼼짝없이 고사할 수밖에 없으니 우선 기존의 종합유선방송법이라도 개정해서 업계의 무거운 규제를 풀어줘야 할 것이고, 또한 한전으로 하여금 전송망사업을 조속히 재개토록 촉구해 달라고 간절히 호소하였다.

그리고 바로 뒤이어 청와대 박지원 대변인을 찾아가 긴박한 우리 업계의 사정을 대통령께 보고해 달라고 당부했다. 그리고 협회회장단과 간부들을 동원하여 문공위 소속의 여야의원들을 방문케 하여 도움을 요청했다. 그리고 나는 국민회의와 정부 간의 당정협의회에서 결정이 나기 직전인 20일 오전에 기자간담회를 소집하여 케이블TV 업계의 입장을 밝히는 성명서를 발표했다.

바로 그날 오후에 여당인 국민회의는 당정협의를 갖고 통합방송법 제정에 앞서 98년 정기국회에서 종합유선방송법을 우선 개정하여 케이블TV 사업영역 규제를 풀기로 했다고 발표했다. 실은 국민회의가 통합방송법의 정기국회 상정을 유보한 것은 방송업계의 이해관계가 대립하는 상황에서 좀더 개혁적 방안을 마련할 필요성이 있다는 판단 때문이었다.

결국 SO의 자가망허용과 각종 진입장벽 완화 등을 주요내용으로 정부와 여당이 마련한 '종합유선방송법 개정안'은 해를 넘겨 1999년 1월 6일 국회본회의에서 통과되었다. 이 종합유선방송법 개정안은 그동안 통합방송법 논의과정에서 수렴되었던 SO, PP, NO간 상호겸영 허용, 복수SO 허용, 대기업과 외국인의 SO 및 PP지분 33%로 확대(보도채널 제외), NO사업자의 등록제전환, 방송 프로그램 공급분야 지정

제도와 외국방송 프로그램의 사전심의 등 각종 규제철폐를 주요내용으로 담았다.

이렇게 이루어진 종합유선방송법의 개정으로 그동안 SO-NO-PP라는 3분할체제로 운용되던 케이블TV사업이 선진국처럼 SO와 NO-PP라는 2분할체제로 바뀌게 되고, 복수 SO(MSO)와 복수 PP(MPP)가 허용되어 케이블TV업계에 자유경쟁체제가 열린 것이다.

8) 문제의 중계유선방송 흡수

오랫동안 서로 이해충돌이 심했던 케이블TV방송의 SO들과 중계유선방송업자들을 하나로 통합하는 문제는 1998년 내내 업계를 떠들썩하게 만든 문제였다. 뿐만 아니라 내가 회장 취임사에서 꼭 이룩하겠다고 약속했던 세 가지 공약중의 하나였다.

새 통합방송법 제정을 둘러싸고 확산된 중계유선과의 통합논쟁은 당초 예상대로라면 1998년 안에 법안의 통과와 함께 일단락되었어야 했다. 그래서 국민회의와 자민련 그리고 정부의 문화관광부는 1998년 10월 31일에 열린 합동 당정협의회에서 그동안 업계의 논란이었던 중계유선방송을 새 방송법에 포함시키기로 한 정부 여당안을 재확인한 것이다. 그러나 이에 대해 중계유선방송협회는 크게 반발하였다. 산하의 180개 중계유선방송국으로 하여금 1998년 12월 8일 오전 8시부터 오후 4시까지 전국적으로 프로그램 송출을 중단하도록 지시했다. 비록 몇 시간에 그치기는 하였으나 이러한 방송중단은 하나의 사회적 문제를 일으켰다.

어떻든 이 문제의 통합방송법은 그 후 여야정당 간에 진퇴를 거듭하다가 1999년 11월 30일에 국회 문화관광위원회를 가까스로 통과한 후 12월 28일 국회본회의에서 통과되었다. 이렇게 해서 새 방송법은 2000년 1월 12일 대통령의 서명을 거쳐 법률로 공포되었다. 특히 그동안 말썽 많은 중계유선방송을 동일 법체계 속으로 흡수함으로써 케이블TV방송업계의 오랜 숙원이던 통합이 드디어 이루어진 것이다.

개인적 입장에서 볼 때, 내가 회장으로 취임한 후 끈질기게 펼쳐야 했던 고투 끝에 맞이한 최대의 기쁨이요 보람이었다. 나는 이 성과를 내 생애 마지막으로 봉사한 케이블TV업계에 바친 선물이라고 여기면서 이제 자리를 떠나도 여한이 없다고 생각했다.

9) CASBAA 이사 취임과 연설

내가 케이블TV방송협회장으로 봉사하는 동안 또 하나의 잊을 수 없는 일은 2001년 11월 30일 홍콩에서 개최된 아시아케이블위성방송협회(CASBAA, *Cable & Satellite Broadcasting Association of Asia*) 총회에서 16명의 후보를 대상으로 무기명 비밀투표 결과 4명의 이사 중의 한 사람으로 당선된 것이다. CASBAA는 아시아 태평양지역에서 케이블방송과 위성방송 그리고 관련산업계에서 활동하는 전문인들의 재능과 공동이익을 촉진시키기 위해 결성된 지도적 비영리기관이다. 더 구체적으로 설명하면 지역 내 미디어의 사업기준 정립, 시장자유화를 위한 로비, 조사연구, 저작권보호 등을 주요사업으로 추진하는 비정부기구(NGO)로서 아시아 태평양지역에서 뉴미디어 분야에 종사하는 저명한 개인, 사업자, 협회 등 160여 회원들이 가입해 있다.

나는 다음 달 12월 2일 홍콩 박람회장에서 개최된 CASBAA 학술대회에서 약 200여 명의 외국인 참석자들 앞에서 "한국의 케이블TV: 더 밝은 미래를 향하여"라는 주제로 한국케이블TV의 현황과 과제에 대해 다음과 같은 내용을 영어로 발표했다.

친애하는 CASBAA 회원 여러분!

한국케이블TV방송협회 회장 최종수입니다. 저는 먼저 CASBAA의 "한국케이블TV 마켓"을 주제로 한 오늘 패널에 자리를 함께 해주신 여러분께 감사말씀을 드립니다. 저는 한국 케이블TV 산업에 대해 관심이 고조되고 있고 또 앞으로 한국 케이블TV의 앞날이 밝다는 희망을 가질 수 있어 기쁜 마음 금할 수 없습니다.

다른 나라의 경우와는 달리 한국의 케이블TV는 출발시점부터 방송국(SO), 프로그램 공급자(PP), 그리고 전송선로 사업자(NO) 등 3분할 구조를 근간으로 발전했습니다. 이 같은 구조는 사업자간의 교차 소유를 엄격히 금지한 1991년의 종합유선방송법 규정에 의거한 것입니다.

맨 처음 한국정부는 77개 사업구역을 정하고 케이블TV 방송국을 선정했습니다. 각 사업구역은 10만 가구에서 30만 가구를 포함하고 있습니다. 당시에는 방송국에 대한 외국의 투자와 복수 방송국(MSO)이 허용되지 않았습니다. 방송국은 또한 정부의 허가를 받은 전송망 사업자의 망을 사용해야 했습니다. 재벌은 케이블TV의 프로그램 공급업을 할 수 없었습니다. 신문사의 뉴스채널 소유는 매체의 영향력 집중을 우려하여 금지되었습니다. 궁극적으로 한국 정부는 서로 다른 장르의 29개 채널을 선정했습니다. 정부당국은 공익을 중시하여 교육과 정보 분야에서는 복수 채널을 허가했습니다.

여러분들이 알다시피 전송선로 사업을 하는 데는 엄청난 자금이 소요됩니다. 그리하여 한국정부는 전송망 사업자로 한국의 대표적 공기업인 한국전력과 한국통신을 선정했습니다. 그 당시 우리는 케이블TV방송국에서 전송망 사업을 분리하는 데서 발생할 문제점을 예상하지 못했습니다.

이 문제는 그 후 우리 케이블TV 사업에서 이루 헤아릴 수 없이 많은 문제를 낳았습니다. 다른 나라의 경우 케이블TV는 전통적으로 공중파 TV 프로그램의 재송신에서 시작되었습니다. 그러나 한국은 아주 다른 경험을 가지고 있습니다.

1991년, 한국 정부는 정보 중심의 21세기에 대비한다는 계획에 따라 정보초고속도로의 하부구조를 구축하기로 결정했습니다. 그리하여 한국 정부는 1991년 12월 다채널 케이블TV를 도입하기 위해 종합유선방송법을 제정했습니다. 한국에서는, 다채널 케이블TV의 도입단계부터, 이미 공중파TV를 재송신하던 중계유선과 대상가구 수와 수신료를 둘러싸고 심한 마찰을 빚기 시작했습니다. 한국에는 사실상 공중파TV가 처음 신호를 내보내기 시작한 1960년대 초부터 재송신 사업을 해온 많은 수의 중계유선 사업자들이 있었습니다. 중계유선 사업자들은 현재 전국적으로 860개 업체가 있고 이들은 총 가구 중 약 55%의 가구에 서비스를 제공하고 있습니다. 중계유선수신자들은 수신료로 매월 3천 원 정도를 지불하는 반면 28개의 베이직(*basic*) 채널을 수신하는 케이블TV 수신자들은 월 1만 5천 원을 납부합니다. 그 결과 케이블TV와 중계유선은 요금을 둘러싸고 치열한 경쟁을 벌이고 있습니다. 설상가상으로 케이블TV와의 경쟁에서 우위를 차지하기 위해 중계유선업자들은 스타TV나 와우와우(WOW WOW)와 같은 외국위성방송과 국내 공중파TV를 녹화하여 송출하는 불법행위를 자행하기 시작했습니다. 중계유선은 채널 수를 늘려 다채널TV와의 경쟁을 시도하고 있는 것입니다.

중계유선의 도전은 한국 케이블TV 산업의 중요한 과제입니다. 우리 케이블TV는 중계유선들이 케이블TV의 잠재시장을 훼손하고 있다고 확신하기 때문에 이들의 불법행위를 근절하기 위해 피나는 노력을 기울이고 있습니다. 많은 문제는 케이블TV와 중계유선을 관장하는 정부기관이 각각 다르다는 데 원인이 있습니다. 현재 문화관광부는 케이블TV를, 정보통신부는 중계유선을 각각 관장하고 있습니다. 정부 주관부처가 서로 다르다는 사실은 두 매체가 안고 있는 문제의 핵심이라 할 것입니다.

여기 계신 분들 중 많은 분들이 알다시피 한국의 케이블TV는 1995년 3월 1일 사업개시 이래 많은 시련을 겪고 있습니다. 한국케이블TV산업은 과다한 규제로 말미암아 공정하고도 자유로운 경쟁의 부재, 전송망사업 중단 그리고 말할 나위도 없는 IMF 경제위기 등과 같은 도전을 극복하고자 노력했습니다. 이 가운데 IMF 경제위기는 광고수입과 수신자 증가를 크게 둔화시킴으로써 케이블TV산업에 엄청난 타격을 주었습니다.

한국케이블TV방송협회는 최초로 사업자들이 선정된 후인 1994년 4월에 탄생하여 한국에서 케이블TV가 뿌리를 내릴 수 있도록 최선의 노력을 했습니다. 우리는 국민들에게 케이블TV라는 뉴미디어가 무엇인가를 알리기 위해 또 업계가 필요로 하는 당면과제의 수행과 연구를 위해 많은 노력을 기울였던 것입니다. 본인은 여기서 우리 케이블TV의 성공에 장애가 되는 것은 다름 아닌 세 분야 사업자 사이의 주요 쟁점에 대해 같은 목소리를 내기가 어렵다는 사실을 특별히 지적하고자 합니다.

정부당국과 일반 국민들을 대상으로 우리 케이블TV의 현안을 설득하는 것 역시 어렵기는 마찬가지였습니다. 우리는 케이블TV가 자유롭고도 규제가 없는 시장원리에 따라 발전해야 한다고 믿고 또 그렇게 노력하고 있다는 사실을 강조하고 싶습니다.

한국 케이블TV는 사업 개시 이후 많은 어려움을 겪었으나 긍정적 조짐을 보이기 시작하는 것 역시 사실입니다. 지난 2월 정부는 종합유선방송법을 개정하여 진입과 행위의 규제를 완화하고 3분할구도를 철폐했습니다. 새 종합유선방송법은 또한 복수방송국(MSO)과 복수프로그램공급업자(MPP)를 합법화하고, 국내 대기업과 신문사 그리고 외국의 자본이 최고 33%까지 참여할 수 있는 길을 열어 놓았습니다. 나아가 프로그램공급업은 2001년부터 등록제로 바뀝니다. 최근의 긍정적 변화는 사업개시 이후의 경험, 우리 협회의 끈질긴 노력, 그리고 김대중 정부의 개혁정책에서 기인한 것입니다.

우리 케이블TV산업의 새로운 활력소로 지직하고 싶은 것은 전국 규모로 복수방송국(MSO)이 나타나고 있다는 것입니다. 이민주 사장님은 8개의 방송국으로 MSO를 형성하여 한국에서 가장 영향력 있는 케이블TV방송국의 경영주가 되셨습니다. 또 다른 방송국인 서초케이블TV방송국은 이미 6개 방송국을 운영 중에 있습니다. 2000년 상반기 기준으로 우리는 적어도 5개의 MSO가 전국 케이블TV 시장의 60% 이상을 차지하리라 예상하고 있습니다. 수도권의 많은 방송국들과 2개의 홈쇼핑 채널들은 이미 흑자를 기록 중입니다. 미래케이블TV와 동작케이블TV는 코스닥시장의 인기주로 자리잡았습니다.

덧붙이고 싶은 것은 한국 정부가 이 달중 10개 이내의 신규채널을 허가할 예정이라는 것입니다. 우리는 새로운 채널의 허가가 채널의 다양성을 확대할 것이므로 신규가입자 확보에 큰 도움이 될 것이라 믿어 환영하고 있습니다. 한국경제의 회복과 그로 말미암은 광고시장의 활성화 역시 케이블TV에는 청신호가 아닐 수 없습니다.

앞으로 가까운 장래에 우리는 오랫동안 지체되어온 통합방송법이 국회를 통과할 것으로 예상됩니다. 사실 이 법안은 지난 11월 30일 국회 문화관광위원회에서 통과되었습니다. 통합방송법이 제정되면 케이블TV와 중계유선은 정부의 단일부처의 관할하에 놓이게 되어 두 매체간의 허다한 장기적 현안이 해소될 것으로 기대됩니다.

1999년 11월 30일 현재 한국의 케이블TV수신 가구는 약 320만으로 추정됩니다. 이 가운데 약 100만 가구는 베이직 수신가구이고 나머지는 하위채널 수신가구입니다. 통합방송법이 제정되면 케이블TV 수신가구 320만과 중계유선 수신가구 700만이 통합될 것으로 기대합니다. 그렇게 되면 한국 케이블TV는 약 1천만 수신가구를 가지게 되어 아시아에서 가장 강력한 미디어시장의 하나로 등장할 것이라고 확신합니다.

본인은 오늘 한국 케이블TV가 사업개시 이후 지금까지 겪어온 엄청난 시련에 대해, 또 이제 막 조짐을 보이는 희망과 무한한 잠재력에 대해 말씀드렸습니다. 본인은 또한 정부의 정책과 법률이 한국의 처녀 미디어사업인 케이블TV의 발전에 중요한 역할을 했다는 사실을 말씀드렸다고 생각합니다. 오늘 본인의 객관적 발표를 계기로 한국의 케이블TV가 여러분들의 동참으로 더욱 더 밝은 미래를 맞을 수 있기를 기대합니다. 경청해 주셔서 감사합니다.

10) 한국케이블TV의 기사회생을 보면서

1999년 12월 국회를 통과한 통합방송법이 2000년 1월 12일 공포되고, 2월 10일 그 시행령이 입법예고되었고, 3월 13일부터 시행되었다. 이에 따라 종전의 방송법을 비롯하여 종합유선방송법, 한국방송공사법, 유선방송관리법 등은 자동 폐기되었다.

이와 같은 방송환경의 변화에 따라 케이블TV협회도 2000년 3월의 정기총회에서 조직기구를 개편하기로 했다. 사무총장직을 없애고 상임부회장직을 신설하여 전반적 실무를 관장하게 하고, 회장직은 비상임으로 바꾸어 협회의 대외적 활동만을 맡도록 했다.

사실 나는 1998년 처음 회장직을 맡으면서부터 능숙한 로비능력을 발휘해야 하는 케이블TV협회장 자리가 내 생리에 맞지 않음을 자각했기 때문에 적당한 기회가 생긴다면 이 자리에서 물러나리라 마음먹고 있었다. 그러나 막상 회장직에 취임하고 나니 한가롭게 자신의 성격이나 취향을 운운할 처지가 아니었다. 어떻든 그 자리를 선택한 이상 죽든 살든 있는 힘을 다하여 책임을 완수하리라 결심했다.

IMF사태로 만신창이가 된 케이블TV업계도 회원사들의 피눈물나는 노력과 호소 끝에 일시 중단되었던 전송망사업이 재개되었고, 법개정으로 각종 무거운 영업규제에서 벗어나고, 통합방송법의 제정으로 중계유선방송을 통합하게 됨으로써 그동안의 계속된 시련에서 벗어나게 되었다. 사태가 이렇게 진전됨에 따라 나는 내 생애 마지막 봉사의 기회를 나름대로 잘 수행한 것 같은 생각이 들었다.

그래서 3월 총회가 열리기 전에 협회 몇몇 이사들에게 무거운 짐을 벗어버리고 싶다는 말을 넌지시 흘리기도 하고, 이사회에서도 그런 뜻을 비공식적으로 비추기도 하였다. 그러나 막상 3월 6일에 열린 정기총회에서는 새로운 회장선거에 따로 입후보한 사람이 없었기 때문에 자동적으로 내가 2003년 3월까지의 새로운 임기의 회장으로 선출되었다.

2000년과 2001년에 걸쳐서 케이블TV협회의 회원 수는 급격하게 증대했다. 2000년 12월에 중계유선방송의 SO전환방안이 발표된 후 2001년 2월 5일부터 신청접수를 받은 결과 43개 구역 54개 중계유선방송사업자들이 SO전환을 신청했다. 방송위원회는 4월 30일, 그중 38개의 중계유선업체를 3차 SO로 선정발표했다.

또한 방송위는 2001년 1월에 5억 원 이상의 자본금과 일정한 방송시설을 갖춘 법인은 누구나 PP로 참여할 수 있다는 등록신청요령을 발표했다. 이렇게 신청한 업자 중에서 방송위는 4월에 12개 사업자의 47개 채널에 등록증을 배부했다.

그 후 2002년도에 세 번째로 중계유선업자로부터 SO사업자 신청을 받았다. 그리고 또한 2002년 8월에 2차 종합유선방송사업자(SO) 방송구역의 중계유선방송사업자를 대상으로 승인신청을 받은 결과 16개 구역 23개 중계유선방송사업자가 SO승인 신청서를 제출했다.

방송위는 2002년 11월에 13개 지역의 8개 중계유선사업자를 종합유선방송사업 전환업자로 승인했다. 그리하여 SO는 모두 116개로 늘어나고 케이블TV가입가구 수는 약 750만으로 늘어났다.

이렇게 케이블TV의 가입가구가 늘어남에 따라 광고수입이 올라가고 인터넷요금 수입도 들어오게 됨으로써 업계는 차츰 IMF 악몽에서 벗어나 활발한 전진의 발걸음을 보여주기 시작했다. 나는 빈사상태에 빠졌던 업계가 이렇게 기사회생하는 모습을 보면서 임기중이지만 미련없이 사표를 제출하기로 결심하고, 2002년 8월 정식으로 이사회에 사표를 제출하였다. 그리하여 9월 5일 협회 대회의실에서 이임식을 갖고 4년 3개월 동안의 회장직을 마무리했다.

Ⅱ. 나의 지방언론관

1. 지방화시대의 지방언론의 전망과 과제*

1) 한국에 지방언론이 존재했던가

1991년은 우리나라의 정치제도와 사회구조에 큰 변화를 주었을 뿐 아니라 지방언론의 발전에 획기적 전기를 마련해 준 해이기도 하다. 오랫동안의 중앙집권제에 종지부를 찍고 지방의회가 구성되었기 때문이다. 더구나 금년(1995년) 6월에 있게 될 지방자치 통합선거에서 지방자치단체장이 선출되면 우리나라의 지방자치는 명실공히 본격적인 단계에 들어간다. 그동안 구호에 그쳤던 '지방화시대'가 이제 구체적 현실로 우리 앞에 펼쳐지는 것이다. 그러나 그것은 어디까지나 지방언론이 지방자치를 제대로 뒷받침해 줄 수 있을 때의 말이다. 그렇다면 그동안 우리나라에 지방언론이란 것이 과연 존재했던 것일까.

우리나라에서 최초의 지방지(地方紙)가 생긴 지 벌써 1세기가 넘었다. 우리나라 최초의 지방지로 알려진 《慶南日報》가 한말의 언론인 장지연 선생을 모셔다가 경상남도의 진주에서 발행된 것이 일제강점이 있기 한 해 전인 1909년이었다. 그러나 군이 지방에서 나온 신문을 따진다면 일본사람들이 자기네 거류민들을 상대로 낸 일본어 신문인 《朝鮮時報》는 그보다 훨씬 앞선 1881년에 부산에서 발간되었나. 그러고 보면 우리나라 최초의 현대적 신문이며 중앙에서 나온 신문이라고 할 수 있는 《漢城旬報》(1883년)보다 2년 앞선 것이다. 어떻든 지방

---

* 이 글은 1995년 5월 3일 광주 신양파크호텔에서 개최한 제3차 지역발전 정책토론회에서 저자가 지방언론의 전망과 과제에 관해서 발표한 논문내용이다.

지라 해서 역사가 짧은 것만도 아니라는 이야기이다.

그 후 일제강점기에 지방 주요도시에 일간신문들이 있었지만 거의 일어판이었다. 물론 해방 후에도 그 수효에 부침이 심했지만, 주요도시에 지방지들이 존속했고, 총수로 따진다면 오히려 중앙지보다 많았다는 사실을 확인할 수 있을 것이다. 그리고 지방방송국도 일제강점기인 1935년에 부산과 이리에 처음 개설되었고 그 후 대구, 광주, 마산, 목포, 춘천, 청주 등에 설치된 바 있다.

그러나 이처럼 단순히 지방에 언론매체가 있었다고 해서 지방언론이 존재했다고 할 수 있는 것일까? 물론 그들은 나름대로 그 지역에서 일어난 사건들이나 문제들을 중앙지들보다 더 자세히 알리고 더 자잘한 정보들을 전달하기도 했다. 그리고 국내외의 여러 가지 문제들에 대해서 논평도 하고 의견도 제시했다. 그러나 그들의 지면의 대부분은 중앙에서 공급하는 뉴스로 메워지고, 주요문제에 대한 해석이나 논평도 지방의 시각과 지방의 목소리를 내지 못한다고 학자들이나 중앙언론인들로부터 노상 핀잔을 받았다.

만약 지방언론매체들의 보도활동이 그 지역주민들의 필요나 욕구를 충족시킬 만큼 철저하지 못했고, 그 지역주민들의 여론을 반영하거나 대변하지 못하고 그들의 의견이나 논평이 그 지역의 문제를 해결하는 데 결정적 역할을 못했다면, 단순히 지방매체가 있다고 해서 지방언론이 존재했다고 할 수는 없는 것이다. 4년 전 지방의회가 구성되면서 지방언론의 양상이 많이 달라지고 있다. 하지만 적어도 그 이전까지는 우리나라의 지방에는 중앙언론의 그림자만 있었지 지방언론의 실체는 없었다고 해도 과언이 아닐 것이다.

2) 왜 한국의 지방언론은 부진했던가

우리나라에 지방언론매체가 출현한 지 근 1세기가 지났는데도 아직도 제 목소리를 낼 수 있을 만큼 성숙하지 못한 이유는 어디에 있는 것일까? 일반적으로 지방언론이 발전할 수 있느냐 여부는 그 나라의 정치적, 경제적, 사회적, 지리적 조건들에 달려 있다.

첫째로 정치적 조건인데, 그 나라의 정치구조가 중앙집권제냐 지방분권제냐에 따라서 언론미디어의 성장에 크게 영향을 준다. 중앙집권제도하에서는 행정권력이 중앙에 집중되어 중앙정보에 대한 의존도가 높아지는 데 반해서 지방의 독자적인 정보의 수요는 상대적으로 낮아질 수밖에 없다. 따라서 중앙에 본거지가 있는 큰 언론매체들은 전국적으로 세력을 확장할 수 있지만, 입지적 조건이 불리한 지방매체들은 경쟁에서 밀리고 마는 것이다. 그러나 반면에 미국처럼 지방분권사상이 강한 나라일수록 지방차원에서의 발상을 통한 정치적 독립성이 높아지기 때문에 지역단위의 매체가 필요하고, 또한 발전할 수 있는 기반이 주어진다. 미국의 경우 지방분권이 헌법에 보장되고, 교육, 후생, 세금 등의 결정권이 지방의 주정부에 있기 때문에 커뮤니티를 중심으로 한 정치 및 문화활동이 활발하게 전개된다. 미국에서 전국지가 거의 태어나지 못하는 반면에 지방신문들이 성행하는 이유도 거기에 있다.

둘째로 지방미디어는 그 나라의 문화가 지방마다 다양한 사회에서 발전된다. 다시 말하면, 중앙집권제에서는 국가주의가 확산되면 지방문화는 퇴색하기 마련이다. 정치집중화는 문화적 측면에서도 일체화를 강화시킨다. 언어·풍속·습관 등의 지방색이 퇴색하고 전국적·일률적 표준화가 이루어지기 때문이다. 이러한 환경에서는 지역미디어가 성장하기 어려울 뿐 아니라 이미 존재했던 것조차 통합되어 버린다. 그러나 유럽의 여러 나라들에서 볼 수 있듯이 오랜 역사를 통해서 지방주의가 이미 뿌리를 단단히 내린 곳에서는 일시적으로 중앙집권제를 채택한다 할지라도 국민들의 마음속에 문화적 다양성을 존중하는 지방주의(*regionalism*)의 정신이 내면화되어 있기 때문에 지역미디어가 숨 쉴 수 있는 토양을 마련해 준다. 스페인의 경우처럼 프랑코 독재체제가 들어서서 상당기간 강력한 중앙집권제가 계속되었지만 지방지들이 건재한 것도 이 때문이다.

셋째로, 경제적 조건인데, 설사 정치적, 문화적 조건들을 갖추었다 하더라도 지방차원에서 미디어를 뒷받침할 만한 경제력이 충분치 못할 경우에는 지역미디어가 성장할 수는 없다. 일반적으로 오늘날 대부분의 개발도상국가들에 지역미디어가 거의 없다시피 싹을 못 피우고 있는 것은 경제적 취약성이 가장 큰 원인이다. 국민소득이나 교육수준이 낮아 문자해독능력이나 구매력이 없기 때문에 인쇄매체가 뻗어나가기 어렵고, 전자매체도 지방수준에까지 뻗어나가기에는 사회, 경제적 하부구조가 취약하기 때문이다.

넷째로 지리적 조건이다. 국토의 넓이나 형상은 지역미디어의 성장에 크게 영향을 준다. 우리나라처럼 국토가 좁은 나라에서는 배달시차가 작기 때문에 지방지가 중앙지에 압도당하기 쉽다는 것은 뻔한 사실이다. 그러나 국토의 크기가 작은 나라라고 할지라도 지형의 제약, 토지의 형상에 따라 다른 지역과는 다른 작은 문화권을 형성하는 곳에서는 나름대로 지역미디어가 숨 쉴 여지가 있을 수 있다. 더구나 미국이나 중국처럼 광활한 국토를 가진 나라에서는 각 지역에 따라 기후와 풍토에 차이가 있고, 산업이나 관습에 차이가 있기 때문에 중앙의 매스미디어가 전달하는 내용만으로는 불충분한 것이다. 게다가 인쇄미디어의 경우는 수송에 어려움이 있어 시차가 크게 나기 때문에 지역미디어가 유리한 입장에 서는 것이다.

이상은 지역 언론매체의 발전에 부정적 영향을 주는 극히 일반적 조건들을 열거했지만 이 네 가지 조건들은 지난날 한국의 지방언론이 부진했던 이유를 잘 설명해 주고 있다.

3) 지방언론의 현재의 상태는 어떤가

그렇다면 한국의 지방언론들은 현재 어떠한 상태에 있는가? 1980년대 말에서 90년대로 들어서면서 한국언론을 둘러싼 내적, 외적 환경은 많은 변화를 겪고 있다. 우선 지난날 지방언론의 성장에 불리했던 조건들이 대부분 제거되면서 이제 비약적 발전을 위한 발판을 굳히는 쪽으로 변하고 있다.

첫째로 무엇보다 큰 변화는 지방자치제의 실시로 중앙집권제가 완화되면서 서서히 지방분권이 실현되고 있다는 사실이다. 이는 지방매체들에게 내용제작에 있어 중앙매체들과 차별할 수 있는 큰 계기를 마련해 주었으며 지방매체의 존재이유를 뚜렷이 할 수 있는 기반을 마련해 준 것이다. 실제로 1991년 지방에 광역의회와 기초의회가 구성되면서부터 우리나라 지방지들의 지면내용은 상당히 큰 변모를 보여 주었다. 그것은 최근 광주·전남지역 지방지들의 제 1면 머리기사의 처리에서 뚜렷이 나타났다. 웬만큼 큰 전국뉴스가 터지지 않는 한 신문마다 서로 다른 주제의 지방뉴스를 탑에 올리고 있다. 또한 종전에 거의 통신을 전제하던 중앙뉴스도 그 해설은 자사의 서울 주재기자가 쓰는 경우가 두드러지게 많아졌다. 이러한 현상은 지방지의 편집간부들이나 기자들의 머릿속에 중앙지들과의 차별을 추진시켜 가야겠다는 의지가 제법 뿌리내리고 있다는 것을 보여 준다.

둘째로 문화적 조건인데, 불모상태에 있던 우리 지방문화의 토양에도 상당한 변화가 일어나고 있다는 사실이다. 하기야 우리나라의 각 지방에도 나름대로 향토문화가 없었던 것은 아니다. 하지만 그것이 유럽에서의 지방문화처럼 뚜렷이 중앙문화와 차별될 수 있을 만큼 생성하지 못했다. 그나마 향토문화는 일제강점기 때 말살되다시피 했고, 해방 후 혼란기와 6·25 전란을 겪으면서 방치상태에 있었다. 그러나 1970년대 후반부터의 발군과 육성에 힘입어, 아직은 희미하나마, 우리 지방문화의 모태로 색깔을 띠기 시작하였다.

그보다도 중요한 것은 근년에 지방에서의 각종 문화활동이 활성화되고 그 저변이 확대되고 있다는 현상이다. 광주·전남의 경우 예로부터 판소리, 서예, 미술 등은 분명한 자기 색을 보여주는 고장이었지만 근년에는 서양음악, 무용, 연극, 사진, 비디오영상, 문학, 출판 등 각 분야마다 상당규모의 인구들이 참여하여 다채로운 활동을 벌이고 있다. 국제적 무용행사개최는 물론이고 국제적 문화행사인 광주비엔날레를 준비하고 있다. 지방신문들은 많은 지면을 할애해서 지방에서의 문화활동을 보도하고 있고, 각 방송국들도 지역프로의 대부분을 이러한 지방문화행사에 돌리고 있다. 지방언론의 발전에 기름진 토양이 되는 지방문화가 이제 바야흐로 성숙되고 있다는 증거이다.

셋째로 경제적 조건인데, 우리의 사회경제적 하부구조는 이미 1970년대부터 지방지의 존속을 뒷받침할 만큼 성숙되었던 것으로 본다. 우리의 고른 교육보급률이나 높은 소득수준으로 봐서 그렇다. 그동안 '1도 1지 체제'라는 특수한 조건에서이긴 하지만 각 주요도시에 하나씩 있던 지방지들이 모두 흑자경영을 누리면서 성장할 수 있었던 사정이 그것을 말해준다. 물론 1987년 이후 각 지방에 평균 4~5개의 신문들이 창·복간되면서부터 사정은 약간 달라진 것처럼 보인다. 현재 영남지방의 부산일보·국제신문·매일신문·영남일보와 강원지방의 강원일보는 여전히 흑자경영을 누리지만, 여타 지방의 신문들은 연간 10~30억 원대의 적자상태에서 고전하는 것으로 알려져 있다. 그러나 이러한 적자의 큰 원인은 분수에 넘치는 초기 과잉투자에 있다. 갑작스럽게 늘어난 지방지들끼리의 그리고 가열되고 있는 중앙지들의 지방침투로 빚어진 시장쟁탈전에서 살아남기 위한 안간힘이었다.

새로 시작하는 신문들은 오랫동안 독과점상태에서 이미 상당한 규모로 성장한 기존지와 대결하기 위해서는 기존지의 인원과 시설을 기준으로 삼지 않을 수 없었다. 게다가 콜드타이프 시스템(*Cold Type System*, CTS)과 컬러오프셋 윤전기를 갖추기 위해서는 적어도 100~200억 원대의 초기투자가 필요했다. 처음 8~12면 정도의 지면제작을 생각했던 신생지들은 중앙지들의 성급한 증면경쟁과 현지인쇄공장 설치에 주눅이 들어 불과 몇 년 사이에 12, 16, 20, 24면 심지어 32면까지 울며 겨자 먹기로 증면을 강요당하면서 고성능윤전기의 추가도입이나 인원증원에 따르는 추가부담을 감당할 수밖에 없었다.

어떻든 이렇게 과중한 적자상태가 개선되지 않고 더 오래 계속된다면 앞으로 쓰러지는 신문이 나올 것이다. 그러나 그렇다고 거액의 리스 및 은행융자금의 원리금 상환기간 내에 있는 초기의 적자폭이 다소 크다고 해서 향후 지방지경영을 지나치게 비관할 필요는 없으리라 본다. 벌써 우리 경제는 주요 지방도시에서 2~3개의 일간지를 뒷받침할 만큼 성장해 있고 계속 성장하기 때문이다. 그리고 지금 지방지들이 비록 적자상태에 있다고 해서 그들이 모두 빈 껍데기만 둘러쓰는 것도 아니다. 그들은 그동안 경험의 축적과 자질의 향상을 통해서 성장의 계단을 착실히 밟아 올라오고 있다. 현재 상당수의 지방지들은 자본, 시설, 인원의 규모에 있어 1960년대의 전국지 수준에 비해 손색이 없을 정도로 성장했다. 이미 싹터 오르는 특색 있는 지면제작을 꾸준히 추구한다면 중앙지에 침식당한 실지를 일부 회복하면서 사세를 신장할 여지는 충분히 있다고 본다.

넷째로 지방지의 발전에 불리한 지리적 조건은 숙명적인 것이라 어찌할 수 없다. 그러나 다른 정치적, 문화적, 경제적 조건들이 지방지에 유리한 쪽으로 돌아선다면 지리적 협소성은 그리 큰 장애가 되지 않을 것이다.

다섯째로 지방언론의 형성과 강화에 큰 기대를 걸 수 있게 된 것은 토박이 지방방송국의 탄생이다. 물론 종전에도 KBS나 MBC의 지방 네트워크가 없었던 것은 아니다. 약 10% 내외의 지역 프로그램을 내보냈지만 그들이 지역의 여론을 형성시키는 데나 합의를 도출하는 데는 역부족이었다. 그러나 이제 지방에 본거지를 둔 지역민방이 금년 5월이면 본격적 활동을 개시한다. 자체역량에 따라 지역 프로그램을 늘릴 수 있기 때문에 지역 내의 공통관심사가 있을 때마다 심층적으로 파헤치고 널리 의견들을 수렴해서 합의를 도출하고 해결책을 제시할 수 있다면 당당한 지방언론의 주역을 맡게 될 것이다.

또 하나의 새로운 주역은 이미 금년 3월부터 본 방송을 개시한 케이블TV의 지역채널이다. 이 지역채널은 현재 비정치적 생활정보에 한해서 보도하도록 제한받는다. 그러나 주민정치라고 일컬어지는 지방자치시대에는 이른바 생활정보 속에 정치적 요소가 끼어들기 마련이다. 지방주민들의 실생활에 직접적이고도 즉각적인 영향을 미치는 기초의회의 선거나 기초의회의 활동상황에 관한 보도를 정치정보로 보아야 하는지 생활정보로 보아야 하는지 앞으로 많은 논란이 있을 것이다.

그야 어떻든 이 지역채널은 소지역 내의 정보유통망으로서 또한 당해 지역주민들의 지역문제에 대한 의견과 여론을 수렴하는 광장으로써, 풀뿌리 민주주의를 실현하는 데 있어 호적의 매체임에는 틀림없다. 지방자치제를 본격적으로 시작하는 단계에서, 구체적 실현에 아주 적절한 장치와 도구를 제때에 마련해 놓고서, 그 활용을 제한하겠다는 것은 쉽게 납득할 수가 없다. 아마 그러한 제한은 오래 가지 않을 것이다.

어떻든 오랫동안 지방언론이란 이름으로 외로운 자리를 지켜오던 지방의 활자매체가 이제는 수적으로도 증강되어 자체의 힘이 훨씬 보강된 데다가 새로 등장한 지방방송들과 합세한다면 지방의 목소리가 크고 뚜렷하게 울려 퍼지지 않을 수 없을 것이다. 그러면 이제 중앙언론의 그늘에서 벗어나 독자성을 찾게 된 우리의 지방언론은 어떤 역할을 맡아야 할 것인가? 우선 최근에 일어나고 있는 우리 사회구조의 변화를 살피면서 생각해 보기로 한다.

4) 삼중사회의 삼중정보유통망

우리나라는 통일신라시대 이후 오랫동안 중앙집권제에 길들여져 왔기 때문에, 백성들 사이에는 면접거리에 있는 인근집단인 촌락공동체에 대한 의식만 있었지, 좀더 범위가 넓은 지역사회 또는 지방사회에 대한 의식이나 개념이 형성될 기회가 없었다. 물론 행정구역이 있고 행정관청이 있었다고는 하나 그것은 중앙정부의 결정을 일률적으로 전달하고 시행하는 역할만 했지 독자적 결정이나 시책을 집행하지 않았기 때문에 권내의 주민들 사이에 어떤 '한울타리 의식'을 심어 주지는 못했던 것이다.

그러나 4년 전인 1991년에 지방의회선거 그리고 금년 6월의 지방자치단체장선거까지 치르면 우리의 사회구조나 국민들의 사회의식구조가 큰 변화를 일으킬 것이다. 벌써 4년 전 광역의회와 기초의회가 구성된 후, 각 지역의 실정에 맞는 조례를 제정하여 실시하면서부터 우리 국민들의 생활양상은 지역에 따라 다소 차별화되기 시작하였다.

사실 우리는 여태까지 모든 국민의 생활에 영향을 주는 모든 결정과 조치들이 중앙에서 이루어지고, 그것이 전국 방방곡곡에 아무런 차별 없이 일률적으로 시행되는 단일 사회에서 살았다. 그러나 이제 지방의회들이 제 고장의 자연환경과 생활편의에 알맞은 조례를 만든다면 지역마다 생활양식도 약간씩 달라지기 때문에 광역의 지방사회와 협역의 지역사회라는 두 가지 차원을 달리하는 새로운 사회가 조성되는 셈이다. 다시 말한다면 우리사회는 전국적 차원의 총체적 사회와 그 밑으로 여러 개의 광역 지방사회들 그리고 그 밑으로 또 여러 개의 기초단위의 지역사회들이 출현하게 됨으로써 종전의 단층사회(單層社會)가 삼중(三重)의 다층사회(多層社會)로 구조적 변화를 겪고 있는 것이다.

사회의 다층화는 당연히 커뮤니케이션 시스템의 다층화를 요구한다. 아무리 하부사회라 하더라도 그 사회가 어느 정도 독자적 기능을 수행하려면 그 구성원들간의 의사소통을 효과 있게 전담해주는 정보유통망이 필요하다. 종래 우리의 커뮤니케이션 시스템은 중앙집권의 단일사회를 유지하는 데 기능했기 때문에 신문, 방송, 통신할 것 없이 거의 모든 언론매체들이 전국적 정보유통망을 형성했다. 지방매체들마저도 전국매체의 제작내용을 거의 모방함으로써 본질적으로 전국매체로 편입되어 버린 것도 결국 단층사회라는 조건에서 빚어진 현상이다.

그러나 이제 사회의 하부구조가 분화됨에 따라 세 개의 차원을 달리하는 정보유통망이 필요하게 되었다. 전국차원의 유통망은 이미 과다할 만큼 존재하고 있다. 중앙에 본거를 둔 신문, 방송, 통신 등 각종 매체들이 전국 네트워크를 형성하기 때문이다. 그리고 다음 차원인 광역사회를 전담해줄 유통망도 최근 수년간에 괄목할 만큼 탄탄하게 정비되고 강화되었다. 앞서 살펴본 바와 같이 광역유통망으로써는 한동안 유일하게 존재했던 단수의 지방지가 이제 과다할 정도로 복수로 출현하였고, 새로 생긴 민방이 가세하고, 지방에 있는 기존의 전국 네트워크 계열방송국들도 최근에는 지역프로그램을 늘려가면서 지방정보의 유통에 활성을 보태주기 때문이다.

또한 기초지역 차원의 유통망도 종전에는 전무하다시피 한 황무지 상태에서 지난 수년간에 전국 각지에서 소지역지(小地域紙)들이 우후죽순처럼 태어났다. 이들 대부분이 주간지 형태이지만 현재 5백 개 이상이 발행되는 것으로 추산되며 앞으로 더 많은 수가 출현할 것으로 전망된다. 게다가 케이블TV의 지역채널이 본격적 활동을 개시하면 기초지역 정보유통망도 상당한 역할을 수행할 수 있으리라고 본다. 이렇게 보면 삼중의 사회구조에 상응하는 3중의 정보유통망이 정비되었다고 볼 수 있으며 지방화시대를 열어가기 위한 커뮤니케이션 시스템은 대체로 갖추어진 셈이다.

5) 지방언론의 당면과제는 무엇인가

그렇다면 이제 지방언론의 당면과제는 무엇인가? 언론활동에 종사하는 각종의 언론매체들은 각자의 위치와 속성에 따라 어떤 차원의 유통권에서 봉사해야 할 것인지 선택해야 할 것이다. 전국매체, 지방매체, 소지역매체는 서로 활동의 범위와 차원이 다르니 중점을 둘 과제도 다소 다를 수 있을 것이다. 따라서 21세기를 향한 '지방화시대', '세계화시대', '정보화시대'를 열어가는 데 지방언론이 해야 할 일도 여러 가지 있겠지만 우선 당면한 과제를 몇 가지 들어보고자 한다.

⑴ 공동체의식의 조성

앞서 지적한 바와 같이 우리나라 사람들의 머릿속에는 아주 좁은 범위의 공동체의식은 있었지만 좀더 넓은 지역에 대한 공동체의식은 거의 형성되지 않은 형편이다. 지방자치가 성숙함에 따라 지역사회에 대한 개념은 점차 강화되기 마련이지만 자연성숙만 기다리다가는 지방자치의 성숙자체가 지지부진하게 된다. 따라서 지방언론매체들이 주민들에게 공동체의식을 촉빌시키고, 조성해 주고, 강화시켜 주어야 한다. 그러한 노력은 지방자치의 터전을 넓혀줄 뿐 아니라 지방언론매체자체의 발전기반을 두터이 해 주는 결과를 가져오는 것이다.

지역공동체에 대한 의식은 자신의 삶에 대한 자각에서 비롯된다고 할 수 있다. 따라서 주민들에게 자신의 삶을 둘러싼 자연 및 사회적 환경에 대한 관심을 일으키게 하고 삶의 질을 높이기 위해 주변사람들과의 공동노력이 필요하다는 생각을 유발시켜야 하는데 이것이 지방언론이 담당해야 할 큰 몫이다.

그런데 주민들에게 자기가 살고 있는 고장에 대한 관심을 높여주는데 좋은 방법은 그 고장이 가진 역사적 배경에 대한 이해와 그에 대한 자부심을 심어 주는 일이다. 따라서 자기가 살고 있는 땅이 그냥 아무렇게나 버려져 있던 땅이 아니라 역사적으로 어떤 의의를 지니며 얼마나 유서가 깊은 땅인지를 깨닫게 해주어야 한다. 역사적 유적을 찾아서 다듬고, 훌륭한 선인들의 위업을 현창(顯彰)하고, 산천에 얽힌 아름다운 전설을 일깨워주는 일은 그래서 필요한 것이다. 그 고장의 문화적 환경에 대한 긍지를 심어주는 일은 공동체의식을 함양하는 데 또 하나의 효과적 방법이다. 지방언론매체들이 특히 향토문화를 개발, 보존, 육성하는 데 정성을 다 하는 이유도 거기에 있다. 선인들이 그 고장의 풍토에 맞추어 일구어온 문화양식이 그대로 숨쉬는 향토문화는 오늘을 살고 있는 주민들에게 그 고장에 대한 애착과 긍지를 한층 높여준다.

지방매체는, 주민들에게 현재의 생활환경에 대한 정확한 정보를 제공함으로써, 그 고장에서 보다 낳은 환경을 조성하기 위해 어떤 것을 보존하고 어떤 점을 어떻게 개선하고 보완할 것인가를 스스로 생각할 수 있도록 도와주어야 한다. 그럼으로써 지역사회에 대한 공통의 관심을 이끌어내고 공통의 목표를 달성하기 위해 각자의 자발적 협력을 촉발시켜야 한다. 그러나 이러한 지방 또는 지역사회의식의 조성이나 강화는 그 구성원들 사이의 응집력과 친화력 그리고 협동심을 높여 그 지역사회의 건전한 발전에 이바지하도록 하는 데 필요한 것이지 타 지역사회와 맞서서 지역이기주의를 조장하는 데 이용해서는 안 될 것이다.

(2) '지방화'의 선도

우리 사회의 주요 목표 중의 하나인 '지방화시대'를 열어가는 데는 지방의회와 지방언론이 주도적 역할을 맡지 않을 수 없다. 현대국가에서 정치나 행정이 언론의 뒷받침 없이는 제대로 기능을 발휘할 수가 없듯이 지방자치도 지방언론의 뒷받침 없이는 효과적으로 시행될 수가 없다. 또 한편 지방언론도 지방자치라는 튼튼한 토대 위에서 화려한 꽃을 피울 수 있다. 이렇게 지방자치와 지방언론은 상호의존관계에 있다.

언론은 정부와 협조관계에 서야 하는지 견제관계에 있어야 하는지에 대해서는 많은 논쟁이 있다. 시스템이론적 시각에서 본다면 정치나 언론은 하나의 전체사회를 이루는 구성요소들이다. 따라서 양자의 존재이유는 전체사회의 공동목표를 달성하는 데 있기 때문에 일차적으로는 조화관계에 있어야 한다. 그러나 양자는 서로 그 사회 내에서의 역할이나 입장을 달리하기 때문에 때로는 견제관계에 있을 수도 있고 또 있을 필요도 있는 것이다.

언론의 일차적 역할은 환경변화에 대한 정보를 제공하는 데 있고 정부나 의회의 역할은 전체사회가 환경의 변화에 적응할 수 있도록 정책을 세우고 그것을 효율적으로 시행하는 데 있다. 따라서 언론은 정확한 정보제공을 통해서 정부가 정책을 올바르게 세우도록 지원해

줄 책임이 있을 뿐 아니라, 그 정책의 집행과정을 감시하고 때로는 비판할 책임도 있다고 할 것이다. 이와 같은 관계는 지방언론과 지방자치단체 및 지방의회와의 관계에서도 크게 다를 바가 없다. 그러나 비중의 차이는 있어야 한다. 더구나 지방자치는 중앙정치에 비해서 직접적 주민참여가 훨씬 더 요청된다는 점에서 주민정치라고 한다.

지방자치제나 지방의회에서의 정책결정은 그것이 주민들의 생활에 즉각적으로 민감하게 영향을 주기 때문에 사전에 주민들의 의사, 욕구, 필요, 기대 등이 충분히 수렴되어야 한다. 물론 지방자치제 자체의 민원창구나 주민여론조사 등의 공청활동을 통해서 여론수집이 이루어지지만 실제로 큰 몫은 지방언론매체가 담당해야 하는 것이다.

따라서 걸음마 단계에 있는 우리의 지방자치를 조기에 정착시켜 우리의 당면국가목표의 하나인 '지방화'를 앞당기기 위해서는 지방언론을 담당하는 사람들의 내용제작(기획·취재·편집·편성)에 발상의 일대전환이 있어야 한다. 종전에 흔히 볼 수 있었던 어설픈 '중앙언론적 시각'을 깨끗이 버리고, 모든 착상은 그 지방에 중심점을 두고 세워야 한다는 말이다. 그렇게 되면 지방언론은 당연히 그 지방사회의 사건이나 문제에 초점을 맞출 것이고, 외부환경에서 일어난 사건이나 문제에 대해서도 그것들이 지방사회에 미치는 영향의 정도에 따라 뉴스가치의 경중이나 우선 순위를 매길 것이다. 물론 지방자치제라 하더라도 중앙정부의 새로운 계획이나 결정은 지방주민에게 여전히 큰 영향을 미친다. 이러한 정보는 그 지방사회 밖에서 발생했다고 해서 평가절하되는 것이 아니라 그 영향의 정도에 따라서 평가될 것이다. 다만 이러한 정보도 자기지방의 특수한 사정이나 조건에 따라서 다른 고장과 비중을 다르게 평가할 수가 있을 것이고, 경우에 따라 정보내용을 자기지방에 알맞도록 재구성할 수도 있을 것이다.

지방자치단체나 지방의회와의 관계는, 아직 미성숙단계에 있는 만큼 대립관계보다 지역사회를 조성하는 공동의 파트너로 보고 협조하는 것이 바람직하다. 앞으로 지방사회 개발도 지난날의 관청주도방식에서 주민참여를 통한 공동개발방식으로 옮겨갈 것이므로 지방언론은 주민과 지방자치단체 사이에 활발한 정보교환 통로가 되어야 한다. 뿐만 아니라 당면한 주요문제 해결이나 정책수립에 있어서 아직 주민의 직접대표로서의 기능이 약한 지방의회를 대신 또는 보완해서 주민의 정확한 의사를 반영한 정책이 수립되어 집행되도록 도와줄 필요가 있다.

(3) 세계화의 창구

앞에서 지방언론은 지방적 시각을 갖고 지방뉴스를 중시해야 한다고 강조했다고 해서 상대적으로 외부세계에서 일어난 일을 소홀히 해도 좋다는 말은 결코 아니다. 오늘날은 교통통신의 발달로 지리적 거리는 무시해도 좋을 만큼 세계는 좁아졌다. 완전히 지구 반대편에서 일어난 사건도 우리나라 지방의 주민생활에 중대하고 민감한 영향을 주기도 한다. 우루과이라운드협상이 타결된 후 우리의 무역장벽은 급속도로 무너지고, 외국으로부터 농수산물을 비롯한 주요 생필품들이 시골가게에까지 몰려들고 있다. 농업이나 수산업에 종사하는 사람들에게는 이제 미국이나 캐나다, 호주나 뉴질랜드, 중국이나 태국이나 월남 등의 농산물의 작황이나 수산물의 생산동향이 몰라도 될 먼 나라의 사정일 수 없다. 바로 그들의 생활에 즉각 영향을 주는 생활정보인 것이다. 수입개방이 불가피하다는 사실을 인식한 이들은 나름대로 대응책을 모색하려 하지만 적절한 정보도 없고 따라서 뾰족한 아이디어도 있을 수 없다. 기후나 토질이 다르다 하더라도 외국에서의 새로운 농법이나 특수작물의 재배법 또는 화훼산업의 유통상황 등에 관한 정보는 우리 시골농민들의 현실적 관심을 충족시켜줄 뿐 아니라 미래설계에 대한 자극과 지침을 제공한다.

이러한 역할은 근래 전국지나 전국방송망에서 때때로 시도하지만 일부 지방지들도 일부러 특파원을 보내 취재보도하고 있다. 그러나 이러한 역할은 전국매체에서보다 지방매체에서 더욱 적극적으로 맡아서 추진해야 한다. 그것은 지방의 지리적 조건에 따라 주요 관심대상이 조금씩 다를 수 있고, 현지농민들과 직접접촉을 통해서 그들이 알고 싶어하는 점이 무엇인가를 파악해서 취재할 수 있기 때문이다.

요즘 지방화시대를 맞이하여 지방정부차원에서도 직접 외국의 지방정부를 상대로 통상 및 문화교류를 증진시키고 있다. 외국의 주요도시에 무역관을 설치하고 지방의 특산물을 판매·홍보하기도 하고, 외국기업의 지방유치를 위해 실업인들을 초청하기도 하고, 외국도시들과 자매결연을 통해서 주민들의 문화친선교류를 실천하고 있다.

이제 지방주민들에게 외국은 자기와 무관한 땅이 아니라 자세한 사정을 알고 싶고, 가보고 싶어하는 친숙한 땅이 되고 있다. 지방매체들은 기회가 있을 때마다 특파원을 파견하여 새로 싹터 오르는 이러한 주민들의 욕구나 필요를 충족시켜 주어야 한다. 주민들의 생활이나 관심과 직접 연결되는 경우, 외국사정에 대한 소개는 일반적 외신기사와는 달리 생생하게 받아들여지는 것이다.

무역의 자유화나 지방단위의 외국과의 교류가 증진됨에 따라 지방주민들도 어차피 바깥 세상의 일이 피부 가까이 느껴지기 시작하였다. 이제 그들에게 필요한 것은 세상을 보는 눈이다. 국제사회에서 일어나는 일이 그들의 일상생활에 어떻게 연결되는 것이며 어떠한 영향을 가져다 줄 것인가를 알아내는 능력이다. 지방언론은 특히 해당지역과 관련이 깊은 문제들을 짚어서 분석하고 해설해 줌으로써 세상을 보는 눈을 길러주고 가능하다면 적절한 대응책까지 제공한다면 금상첨화일 것이다.

⑷ 공동캠페인의 전개

근년 우리사회의 산업화, 지방화, 세계화, 정보화가 급진전함에 따라 지방사회에도 여러 가지 새로운 문제들이 분출되고 있다. 환경오염 및 보존문제, 상·하수 문제, 쓰레기처리문제, 산업공단이나 학교주변의 청소년탈선문제, 교통질서문제, 행락질서문제 등 수없이 많다. 이러한 문제들은 모두 한두 사람의 개인에 국한되지 않고 그 지역 전체

주민들에게 관련되어 있어서 모든 사람들이 호응하고 협조하지 않으면 해결될 수 없는 문제들이다.

이러한 복잡한 문제를 해결하려면 주민 개개인의 의식전환이 선행되어야 한다. 그리고 개인의 의식전환은 대체로 상당히 지속적인 설득이 필요하다. 따라서 주민전체의 협조가 필요한 문제를 해결하려면 지역의 언론매체들이 중심이 되어 일정기간 조직적이고 집중적인 캠페인을 벌이는 것이 가장 효과적이다. 종전에도 이러한 캠페인은 더러 개별 매체별로 했지만 그 효과가 부분적인 경우가 많았다. 그러나 이러한 캠페인은 모든 수단을 동원해서 다각적으로 접근해야 소기의 성과를 거둘 수 있다. 따라서 앞으로는 옛날처럼 매체마다 서로 다른 문제를 걸고 산발적으로 캠페인을 벌이기보다는, 지역의 각종 언론매체들이 특정기간 동안 특정문제를 걸고 공동캠페인을 집중적으로 벌이는 것이 바람직하다.

뉴스의 취재보도나 영업활동 면에서는 지방언론매체들이 서로 경쟁관계에 있을 수밖에 없지만, 지역사회의 공동선(共同善)을 위해서는 협동관계를 강화해야만 한다. 활자매체나 음성매체 또는 영상매체는 각자의 특성에 따라 호소력이 다르기 때문에 이들이 합동해서 메시지를 전달할 때 강력한 효과가 날 것이다.

그러나 한편으로는 지방자치가 정착됨에 따라 각 지역간의 이해관계가 오히려 첨예화될 가능성이 높다. 지방언론은 지역주민의 여론을 대변한다는 명분 아래 자칫하면 지역이기주의를 부채질하는 경우가 있다. 그러나 지방주민들의 무절제하고 이기적인 주장을 신중한 여과 없이 그대로 대변하다가는 종국적으로 그 지역주민들에게 해로운 결과를 가져올 수도 있다. 지방언론은 마땅히 지역간의 갈등과 이기주의를 해소시키면서 다른 지역과 조화를 이루어갈 수 있도록 하는 조정력과 통찰력을 발휘해야 한다.

⑸ 지방언론인의 자질향상

21세기를 향한 '지방화', '세계화'를 추진하는 데에 지방언론은 앞에서 지적한 대로 새로 생성되는 지방사회의 공동체의식을 강화시키고, 원만한 지방자치활동을 돕고, 지방주민들에게 세계를 보는 눈을 길러주며, 환경개선을 위해 공동의 노력을 기울이도록 유도할 책임과 과제가 주어져 있다.

그런데 과연 우리의 지방언론이 이와 같은 과제를 수행할 능력을 갖추고 있느냐가 문제이다. 이미 지적한 바대로 지방언론이 힘을 발휘할 수 있는 정치, 경제, 문화적 조건은 갖추어져 가고 있고, 또한 매체의 종류나 수효, 그리고 시설이나 인원의 규모 등 물리적 조건들은 어느 정도 성숙되었다고 본다. 다만 지방언론을 실질적으로 움직이는 언론인들이 급속도로 전개되는 새로운 변화에 민첩하게 대응해서 이를 지방사회에 적용시킬 만한 역량이 있느냐고 묻는다면 아직 회의적이다.

앞서 지적한 바대로 근년에, 특히 지방자치가 시작된 1991년 이후로 일부지방지들의 지면제작에 상당한 변화가 일어나고, 관급 및 중앙공급기사의 편중게재에서 지방생활의 여러 국면에 대한 발굴기사가 확대되는 현상으로 보면 지방언론인들의 시각과 취재능력이 진일보해 있음을 짐작할 수 있다. 그러나 제작내용에 지방의 특색을 살리면서도 동시에 수용자들의 시야를 국제적으로 넓혀가는 일을 병행하려 한다면 제작에 참여하는 모든 언론인들의 보다 철저한 자질향상과 발상의 전환 없이는 기대하기 어려운 것이다.

가령 어떤 매체가 그 제작내용의 전부를 단순히 지방기사로 채웠다고 해서 지방적 특색을 살린 것이라고 말할 수는 없다. 지방적 시각을 살린다는 것은, 기사의 출처가 지방이라 해도 기사의 영향이 큰 것이라면, 전국적 차원에서 혹은 국제적 차원에서 어떻게 해석될 수 있는가 부각되어야 하고, 그 기사가 비록 외국에서 발생한 것이라 하더라도 그 영향이 그 지방에 어떠한 영향을 주고 어떠한 의의를 지니는가를 알 수 있게 해준다는 것을 말한다.

따라서 지방적 시야를 갖춘다는 말은 사물을 넓은 시야에서 종합적이고도 입체적으로 조망하면서 그것을 전문적 식견으로 분석할 수 있는 능력을 보유한다는 말이다. 지방언론인들이 이러한 능력을 갖추는 데는 먼저 그러한 필요에 대해 언론인 스스로의 강한 동기부여가 있어야 하겠지만 그에 못지않게 중요한 것은 그러한 동기부여를 자극할 수 있는 기회가 주어져야 한다고 생각한다.

언론인들의 자질향상과 지적 자극을 부여하기 위해 1960년대 이후 수많은 세미나와 토론회가 개최되었고, 1981년부터는 한국언론연구원이 생겨 각급 언론인들을 위해 일정기간의 체계적 재교육이 실시되어 언론계의 자질향상에 상당한 성과를 올렸다. 물론 일부 지방언론인들도 참가하여 도움받은 것도 사실이다. 그러나 지방언론인들은 시간이나 비용상의 문제로 기회를 고루 누릴 수 없는 형편이었다. 이제 지방언론의 비중이 더욱 커지는 시점에서 지방언론인들의 자질향상을 위한 재교육은 마땅히 국가적 차원에서 계획되어야 한다고 본다. 그리고 이러한 재교육은 상당기간에 걸친 지속적이고 체계적인 내용을 담아야 하며 그것도 각 지방현지에서 이루어져야 한다. 각 지방대학에는 이러한 수요에 응할 만한 인적 자원과 시설들이 있기 때문이다.

2. 지역사회와 언론의 역할*

광주전남경영자협회에서 주최하는 이 조찬회가 매주 금요일마다 성황리에 열린다는 말은 들었습니다. 얼마 전 박용훈 회장으로부터 한번 나와 달라는 권유를 받았을 때 적당한 테마도 없고 해서 망설였습니다만, 이 지역의 경제를 움직이는 분들이 모이는 자리인지라, 나가서 인사라도 드리는 것이 도리인 것 같아 나오게 되었습니다.

제가 고향 땅인 이 지역에 내려와서 새로운 신문을 창간하는 데 참여하기 때문에, 오늘 이 자리에서는 '지역사회에서의 언론의 역할은 무엇인가?'를 말씀드리려고 합니다.

요즘 지방에서 새로운 신문들이 너무 많이 나와서인지 많은 사람들로부터 "신문이 이렇게 많이 나와도 되는 겁니까?"라는 질문을 받기 일쑤입니다. 아주 귀찮다는 표정들이어서 민망스러울 뿐입니다. 그렇습니다. 노태우 대통령의 6·29선언으로 이 땅에 신문발행의 자유가 주어지자 경향 각지에서 신문들이 홍수처럼 쏟아졌습니다. 전국의 일간지가 28개에서 77개로 늘어났고 그중 지방지는 10개에서 39개로 거의 4배나 늘어났습니다. 그 중에서도 이곳 광주는 바로 얼마 전 또 하나의 일간신문 광주매일이 창간됨으로써 기존의 4개 지방지(광주일보·전남일보·무등일보·광남일보)를 합해서 5개의 종합일간지를 갖게 되어 전국에서도 최대의 격전지로 부상했습니다. 참고로 다른 주요 지방도시를 살펴보면 부산이 3개, 대구 4개, 전주가 4개, 대전·수원·제주가 가가 3개, 인천이 2개입니다. 좁은 땅에서 과연 이렇게 많은 신문들이 필요할 것인지, 신문에 직접 종사하는 저로서도 환영하기보다는 우려가 앞섭니다. 그야 어떻든 여기에서는 보다 근본적 문제, 즉 신문과 사회는 어떠한 관계인가? 사회를 유지하는 데 신문은 꼭 필요

---

* 이 글은 1991년 11월 29일 광주·전남경영자협회의 조찬연수회에서 저자가 발표한 강연내용이다.

한 것인가를 알아볼 필요가 있습니다.

그러면 먼저 사회란 무엇일까요? 사회란 최소한 두 명 이상의 사람이 만나서 이루는 삶의 공간이라고 할 수 있습니다. 그러므로 로빈슨 크루소처럼 절해의 고도에 표류해서 외따로 혼자 산다면 그는 사회 속에 살고 있다고 할 수 없을 것입니다. 적어도 두 사람 이상의 사람들이 협동해서 삶을 영위할 때 사회를 이루었다고 말할 수 있는 것입니다. 따라서 만약 두 사람 사이에 어떤 형태로든 의사소통이 이루어지지 않는다면 사회는 이루어지지 않는다고 말할 수 있습니다.

두 사람 사이에서 어떤 뜻이나 의사 또는 정보를 주고받는 것을 우리는 흔히 커뮤니케이션이라고 합니다. 그러므로 커뮤니케이션이야말로 사회를 성립시키는 필수불가결한 조건인 것입니다. 따라서 사회의 유지, 발전을 위해서는 커뮤니케이션은 없어서는 안 된다는 것을 알 수 있습니다.

1) 퍼스널커뮤니케이션과 매스커뮤니케이션

커뮤니케이션에는 구두로 직접 의사를 전달하는 퍼스널커뮤니케이션과 기계적 매체를 통해서 간접적으로 정보를 전달하는 매스커뮤니케이션이라는 두 가지 형태가 있습니다. 사회의 규모가 작을 때 즉 원시촌락사회처럼 그 영토가 협소할 때는 사람이 직접 찾아가서 말로 전하는 구두커뮤니케이션만으로도 사회를 유지할 수 있습니다. 그러나 현대사회처럼 그 범위가 넓고 인구가 많아지면, 구두커뮤니케이션만으로는 사회유지가 어려워집니다. 필요할 때 필요한 정보가 제대로 유통되지 못하기 때문입니다. 다행히 인쇄술, 통신기술의 발달로 정보의 대량복제가 가능해지고 신속한 전달이 가능해졌습니다. 신문, 방송, 통신 등 매스미디어가 사회의 한 제도(*institution*)로 확립되어, 사회유지에 필요한 정보를 유효하게 전달할 수 있게 된 것입니다.

물론 오늘날에도 구두커뮤니케이션 시스템이 사회의 정보유통에 나름대로의 역할을 하고 있습니다. 그러나 대량의 정보를 신속하게 전달하는 데는 매스커뮤니케이션 시스템이 주역을 맡고 있습니다. 특히 우리나라처럼 신문, 방송 등 매스미디어가 정보소통네트워크를 갖춘 사회에서는 사회의 주요정보를 매스컴이 신속하게 전달하고 구두커뮤니케이션이 제 2단계로 그것을 받아서 확산, 침투시키고 있습니다.

그러면 구체적으로 이 매스컴이 사회유지에 어떤 역할(기능)을 하는가를 몇 가지 국면에서 살펴보기로 하겠습니다.

2) 환경변화를 감시하고 전달하는 역할

첫째로 언론은 그 사회의 환경을 감시하는 기능을 수행합니다.

사회란 고정된 상태로 머물러 있지 않고 끊임없이 움직이며 변화합니다. 그러므로 그 사회 내에 살고 있는 구성원들은 그 사회의 안팎에서 일어나는 변화에 적응하지 못하면 생존하기 어렵습니다. 전염병이 발생했다거나 전쟁이 발발했을 때 빨리 그 사태를 알고 거기에 대비하지 않으면 죽거나 큰 피해를 당할 수도 있습니다. 물론 가까운 곳에서 일어난 변화는 매스컴을 통하지 않고서도 자신의 오관을 통해서 인지하고 확인할 수 있습니다. 그러나 먼 거리에서 발생한 변화는 자신이 직접 확인할 수 없고 매스컴을 통해서만 알 수 있습니다. 따라서 현대사회에서는 매스컴이 개인을 대신해서 사회 내외의 환경변화를 감시하고 그 변화된 정보를 전달해 주는 주역을 맡는 것입니다.

그런데 매스컴이 '있는 그대로의 환경', 다시 말해 '현실환경의 균형있는 축도(縮圖)'를 전달하지 않고 과대하게 또는 과소하게 표현되거나 전체가 아닌 일부만 전달한다면, 수용자는 왜곡된 사실을 전달받는 것입니다. 이렇게 되면 수용자는 환경변화에 대해서 오판하고 따라서 환경변화에 적절한 대응을 할 수 없게 되는 것입니다. 이래서 공정한 보도, 균형있는 보도는 언론이 환경을 감시하는 데에 기본적 의무인 것입니다.

3) 정책결정을 지원하는 역할

둘째로 언론은 정책결정에 대한 지원역할을 수행하는 것입니다.

사회가 유지되려면 사회자체도 내외의 환경변화에 적응해야 되는 것입니다. 말하자면 그 사회자체가 '최적 상태'를 유지해야 된다는 것입니다. 그러려면 사회 안의 누군가가 최적 상태를 설계하고 그 상태에 도달할 수 있도록 계획을 세워야 합니다. 이렇게 목적을 확정하고 계획을 수립하는 작업을 '정책결정'이라 합니다.

이 정책결정은 그 사회를 움직이는 정부나 국회가 합니다. 그런데 정책결정에는 두 가지 선결요건이 있습니다. 첫째는 사회내부의 현실여건이 충실히 반영되어야 하고, 둘째는 정책결정 목표나 방향에 대한 구성원들의 의견이 반영되어야 합니다. 두 가지 선결요건을 충족시키는 데는 모두 매스컴이 중요한 역할을 담당합니다. 첫째가 환경변화에 대한 정확한 감시이고, 둘째가 사회성원들이 조성하는 여론의 충실한 수렴입니다.

4) 사회를 조직화하는 역할

셋째로 언론은 그 사회를 조직화하는 역할을 수행합니다.

정책결정으로 설정된 목표를 달성하기 위해서는 사회성원들에게 그 내용을 알려주고 그것을 실천하도록 동기부여를 해주고, 각자에게 역할분담을 시켜주어야 합니다. 그런데 사회전체의 목표라고 하지만 사회 안의 여러 부문 사이에서 반드시 이해관계가 일치되는 것은 아닙니다. 따라서 전체의 이익을 위해서는 구성원들이 당면의 희생을 감수하도록 설득하고 집단상호간의 이해관계를 조정해 줄 필요가 있는데 이 역할을 매스컴이 담당하는 것입니다. 이러한 활동을 흔히 홍보(광고)활동이라 하는데, 이러한 활동은 행정기관에서 해야 되지만 매스컴의 도움 없이는 신속하고 효과적으로 이루어지지 않습니다.

5) 사회의 긴장을 해소하는 역할

넷째로 언론은 사회의 긴장을 해소하는 역할을 수행합니다.

사회전체의 목표달성을 위해서는 이해관계를 달리하는 여러 부문을 통제하고 조직화해야 합니다. 그렇게 하려면 사회 안에 긴장과 마찰이 생기지 않을 수가 없습니다. 유기체가 생존하기 위해서는 활동과 휴식, 긴장과 이완의 리듬이 필요하듯이 사회도 존속하기 위해서는 통제와 조직화의 메커니즘과 긴장과 마찰을 해소시켜 주는 메커니즘이 필요합니다. 이러한 사회적 긴장과 마찰을 풀어주기 위해서는 사회 안에 적절한 오락이 제공되어야 합니다. 5·18 광주 민주화항쟁이 발생했을 때, 극도의 사회적 긴장을 풀기 위해 군부에서는 느닷없이 '국풍'이라는 대대적인 잔치행사를 벌였던 일이 있었습니다. 또한 그 무렵에 시작되었던 프로야구에서 '해태'팀이 연속해서 통쾌한 승리를 거두지 않았었다면 호남사람들의 긴장과 갈등 그리고 울분은 아마 폭발했을는지 모릅니다. TV와 라디오를 통한 스포츠·연예오락·연속극·레저프로그램의 제공, 그리고 신문의 연재소설·바둑·퀴즈·스포츠레저활동 소개 등은 모두 사회의 긴장을 풀어주는 데 큰 역할을 하는 것입니다.

6) 문화를 유지하고 전승하는 역할

다섯째로 언론은 문화를 유지하는 역할을 수행합니다.

어떤 사회든지 공통되는 행동양식과 가치의식을 가지고 있습니다. 이렇게 공통적 행동양식과 가치의식을 우리는 그 사회의 문화라고 합니다. 어떤 사회나 두 가지 메커니즘으로 자신의 문화를 유지하려 합니다. 하나는 문화적 규범에서 일탈한 행동에 대해서 제재를 가하는 메커니즘이고, 둘째는 새로운 세대에 그 문화를 전승해 주는 메커니즘입니다.

일탈행동에 대한 제재는 보통 법과 제도에 따른 재판을 통해서 이루어집니다. 또한 비난·배척·비협조 등 비제도적, 관습적 규제력을 사용하는 수도 있습니다. 그런데 일탈행동에 대한 제재에서는 매스컴의 역할이 큽니다. 일탈행동일지라도 그것이 많은 사람들에게 알려지지 않고 개인 또는 특정 집단의 수준에서 숨겨져 있을 경우에는 제재의 대상이 되지 않습니다. 그러나 그것이 매스컴에 의해서 일단 사회의 평면에 노출되면, 사회는 그 문화적 규범을 유지하기 위해서 제재 메커니즘을 발동시킵니다. 언론에 의해 공개되면 그때까지 묵인되던 것도 제재의 대상이 되어 규제조치가 취해지고, 사회적 운동이 조직되기도 합니다. 비근한 예가 지난번에 터졌던 의원들의 호화외유사건입니다. 무역협회 등 관련업계에서 의원들에게 거액을 모아서 줬는데, 이는 국회의원사회라는 특정집단 내에서는 관례처럼 여겨지던 일입니다. 그러나 그것이 매스컴에 의해 규범에 대한 일탈행위로 보도되면, 그 행위에 대한 법적 제재조치가 취해짐은 물론이고 국회의원 윤리강령을 제정하자는 움직임까지 벌어지는 것입니다.

또 하나의 메커니즘인 문화의 전승은 제도적으로는 교육기관을 통해서 이루어집니다. 교육은 개인 속에 숨어 있는 고유의 능력을 끄집어내는 역할과 동시에 그 사회가 공유하는 문화를 새로운 세대에 가르치는 역할을 합니다. 그러나 우리나라처럼 매스컴이 발달된 사회에서는 제도적 교육기관 못지않게 매스컴이 사회교육에서 큰 역할을 합니다. 매스컴은 일상적 사회현상의 보도와 논평에서 기존의 문화적 규범을 유지하도록 유도합니다. 특히 새로운 세대에게 사회구성원으로서 필요한 행동양식을 몸에 익히고 문화적 가치를 내면화하는 데 크게 역할을 합니다.

이상에서 매스컴이 사회의 유지와 발전을 위해서 수행하는 기본적 역할 다섯 가지를 간략하게 말씀드렸습니다. 국가단위의 큰 사회든, 지방단위의 작은 사회든 간에, 그 사회를 원활하게 유지하기 위해서는 이상 다섯 가지 역할은 필수불가결한 것들이라 하겠습니다. 그러므로 매스컴시스템을 구성하는 각각의 매체가 일상적 활동에서 위의 다섯 가지 역할을 충실히 이행한다면 그 매체의 수가 많다고 해서 나쁘다고 할 수 없습니다. 반대로 어떤 이유에서든 간에 기본적 역할을 하지 못한다면, 매체의 수가 많으면 많을수록 사회유지에 해로울 수도 있을 것입니다.

그러나 확실한 것은 그 사회에서 제 아무리 훌륭한 매체라 하더라도 단 하나의 매체가 독점하는 것보다는 두 개 이상의 경쟁매체가 운영되는 것이 바람직할 것입니다. 경쟁적 매체가 있기 때문에 보다 다양하고 보다 균형 있는 정보를 얻을 수 있으며 진실과 허위를 가려내기가 용이하기 때문입니다.

Ⅲ. 나의 새 신문에 대한 구상

1. 전남일보가 추구할 세 가지 목표*

사원 여러분!

오늘 공기도 맑은 이곳에서 회장님을 비롯해서 전남일보의 온 가족이 한자리에 모이게 되니 벅찬 감격이 가슴 가득히 번집니다. 이제 우리는 모두 같은 배를 타고 같은 목표를 향해서 항해하는 한가족이 되었습니다.

나는 앞으로 우리가 만들어갈 새 신문에서 추구할 세 가지 큰 목표를 말씀드리려 합니다. 우리 전남일보가 추구할 첫째 목표는 '민주주의의 구현'입니다. 우리는 해방 후에 민주주의라는 형식적 제도는 도입했지만 실질적 민주주의는 구현하지 못하고 있습니다. 헌법상에는 삼권분립이 명기되어 있지만 실제로는 독재적이고 권위주의적인 관행만이 우세하여 민권이 제대로 보장되지 못했습니다. 이 땅에 태어난 사람이면 누구나 사람다운 대접을 받고 사람답게 살아갈 수 있는 권리를 지니고 있습니다. 우리 전남일보는 이 땅에서 살아가는 모든 사람들이 사람답게 살아갈 수 있는 정의롭고 민주적인 사회를 이룩하는 데 이바지할 것을 첫째의 목표로 삼은 것입니다.

전남일보가 추구할 둘째 목표는 '진실보도의 실천'입니다. 정의로운 사회, 민주적인 사회가 이룩되려면 먼저, 모든 사회구성원들이 사리의 옳고 그름을 판단할 수 있게끔, 진실하고 정직하고 공평한 정보가 사회에 자유롭게 유통되어야 합니다. 그러나 유감스럽게도 이 땅에는 국민들이 당연히 알고 있어야 할 사실들이 숨겨지는 경우가 많았고, 심

* 이 글은 창간을 앞둔 1988년 11월 4일 장성에 있는 전남대 수련원에서 개최된 신입사원 수련대회에서 저자가 밝힌 창간목표이다.

한 경우에는 위정자의 손에서 왜곡·조작되는 경우도 있었습니다. 우리 전남일보는 진실한 보도와 공평한 논평을 제공함으로써 언론기관으로서의 사회적 사명을 다하고자 진실보도의 실천을 두 번째 목표로 세운 것입니다.

전남일보가 추구할 셋째 목표는 '지역개발의 선도'입니다. 전남일보가 상대해야 할 독자의 대다수가 호남지역에 몰려 있습니다. 따라서 우리의 관심은 당연히 호남지역의 발전과 이 지역주민의 복지향상에 우선할 수밖에 없습니다. 여러분이 잘 아시다시피 이 지역은 오랫동안 소외되어 모든 면에서 개발이 늦어지고 있습니다. 그러나 이제 새로운 시대를 맞이하고 있습니다. 호남지역도 이제 제대로 대접을 받아야 하고 제대로 권익을 찾아야 할 때입니다. 우리 전남일보는 정치, 경제, 사회, 문화 모든 면에서 낙오되고 침체되어 있는 우리 지역의 개발에 앞장서서, 이 고장을 가장 살기 좋은 고장으로 만드는 데 이바지하고자 세 번째 목표를 '지역개발의 선도'로 세웠습니다.

여러분은 아마 전남일보의 정치적 성격이 무엇인가를 생각해본 적이 있을 것입니다. 그러나 전남일보가 정치단체도 아니고 그 기관지도 아닐 바에야 정치적 성격이 있을 수가 없습니다. 우리는, 여당의 주장이든 야당의 주장이든, 우리의 목표인 민주주의 원칙에 합치되면 지지할 것이고 위배되면 반대할 것입니다. 그리고 만약 정부시책이 지역적으로 균형을 잃거나 여러 지역의 권익과 상충할 때는, 당연히 이 지역의 권익을 대변하고 수호할 것입니다.

전남일보의 이와 같은 목표와 입장은, 이 신문의 설립자인 이훈동 회장님의 신문발행의 동기이며 평소의 철학을 반영한 것입니다. 이 회장님은 40여 년 전 목포에서 조선내화라는 조그마한 회사를 시작하여 평생동안 노력하여 이제 국가적 대기업으로 성장시킨 기업가입니다. 현재 목포 온금동에는 대규모의 공장건물들이 남아 있습니다. 이곳에서 생산되는 내화물은 조선내화 총생산량의 10% 미만인 것으로 알고 있습니다. 수지계산상으로 적자라고 합니다. 타산적으로 친다면 없애

버리는 것이 낫지만, 사업을 시작한 본거지에 대한 애착과 거액의 세금을 목포세무서에 냄으로써 이 지역의 재정에 보탬을 주려는 애향심에서 본사를 아직도 목포에 존속시키는 것입니다.

포항에 제1공장과 제2공장이 있는데 포항제철 다음으로 거대한 공장입니다. 광양에 있는 새 공장은 세계최신시설이며, 현재 제2공장을 증축중입니다. 이 세 곳의 공장에서 생산되는 내화물은 연간 1천억 가량의 매출을 올리고 있으며, 국내내화물 수요의 약 90%를 충당하고 있습니다. 여러분이 잘 아시겠지만 내화물이란 중화학공업 생산유지에 필수불가결한 자재입니다. 내화물이 없으면 불을 사용하는 큰 공장들, 제철, 제강, 시멘트, 초자, 화력발전소 등을 가동할 수 없습니다. 따라서 만약 조선내화가 생산을 중단하면 이 나라의 중화학공업이 가동을 중단할 수밖에 없습니다. 이런 점에서 볼 때, 이 나라 중화학공업의 사활이 이 회장님의 손에 쥐어져 있다고 해도 과언이 아닙니다.

이렇게 평생을 우리나라 경제건설에 이바지한 이 회장님도 이제 고희를 넘기셨습니다. 이제 남은 여생에 자신이 태어난 이 고장의 발전을 위해서, 자신이 평소 정답게 자라난 이 지역주민들의 복지향상을 위해서, 뭔가 오래도록 남고 오래도록 도움을 줄 수 있는 기념비적 사업을 선물하고 싶었던 것입니다. 그 선물이 바로 새로운 지방지를 창간하려는 의지로 나타난 전남일보인 것입니다.

이 회장님은 자신의 뜻을 이루기 위한 새 신문의 담당자로써 나와 여러분을 선택하셨습니다. 따라서 나와 여러분은 회장님의 뜻을 살리기 위해서 사회발전에 이바지하는 좋은 신문을 만들어야 할 책임이 있습니다. 좋은 신문을 만들기 위해서는 지면을 직접 제작하는 공무, 편집도 중요하지만, 회사의 기반을 다져주는 판매, 광고도 중요하고, 회사의 살림살이를 맡아주는 총무, 기획 등 모든 부서가 중요합니다. 회사에 종사하는 모든 사람들이 자신의 직분에 성실할 때 좋은 신문이 나올 수 있습니다. 따라서 사장으로서 가장 큰 구실은 여러 가지 직분을 맡는 우리 가족들 모두가 따뜻한 정과 뿌듯한 보람을 느끼면서 즐거운 마음으로 일할 수 있게 만드는 것이라고 생각합니다.

그렇기 위해서는, 뭐니뭐니 입에 바른 소리가 많지만, 무엇보다도 생활을 유지할 수 있는 적절한 수준의 급여가 보장되어야 한다고 생각합니다. 나는 30여 년 동안의 언론계생활을 통해서 적절한 급여를 보장해 주는 것이 좋은 신문을 만드는 지름길이요, 가장 현실적이고 현명한 방법임을 믿는 사람입니다. 그리고 창간하는 신문사들이 우수한 인재를 스카우트하기 위해서 더 높은 수준의 급여를 책정하고, 최고의 대우를 호언하는 관행을 모르고 있는 것도 아닙니다. 그러나 이러한 짓들이 모두 얄팍한 수법이라는 것도 경험을 통해서 알고 있습니다.

처음에 좀 높게 책정해 놓고 그대로 동결시켜 나중에는 훨씬 뒤떨어지는 예를 많이 보았기 때문입니다. 우리 전남일보가 창간하면서 월등히 높은 수준의 급여를 책정하지 않은 데는 그럴 만한 이유가 있습니다. 무엇보다도 큰 이유는 신문발행의 목적이 오로지 돈벌이에 있지 않은 바에야 기존 신문사를 자극하여 무모한 경쟁을 벌이는 일은 피하자는 설립자의 경영철학을 따랐기 때문입니다. 기존사에 못지 않은 시설과 인원을 갖추어 주고 기존사에 못지 않을 정도의 대우를 보장해 줄 터이니, 그로부터 출발하여 사원들 자신의 노력을 통하여 선의의 경쟁을 벌여가라는 것입니다. 그리고 신문사에서 나오는 이익은 한 푼도 가져가지 않을 터이니 수익을 올리는 대로 사원들의 복지후생과 처우개선에 쓰라는 것입니다. 나는 이 회장님의 이 말씀을 굳게 믿고 있습니다. 조선내화와 여러 계열회사의 운영을 통해서 이 회장님이 이러한 경영철학을 지켜오신 것을 잘 알고 있기 때문입니다.

사원 여러분! 이러한 바탕 위에서 출발하는 전남일보는 머지않아 가장 뛰어난 지방신문으로 발전할 수 있음을 나는 확신하고 있습니다. 여러분의 우수한 재능과 뜨거운 열정을 믿기 때문입니다. 우리는 유능한 인력과 첨단시설을 갖추었습니다. 이제부터 우리가 흐트러짐이 없이 힘을 합친다면, 전남일보가 2, 3년 안에 남들이 부러워할 정도로 보수가 좋은 직장이 되리라 믿어 의심치 않습니다.

나는 무엇보다도 전남일보를 여러분이 보람을 느낄 수 있는 직장, 즐거움을 느낄 수 있는 직장, 사랑이 넘치는 직장, 순리가 통하는 직장으로 만들어야 하겠다고 생각합니다. 여러분도, 훌륭한 신문으로 이 고장 발전에 이바지하는 보람있는 직장을 만들어가는 데 합심해 주리라 믿으면서 이만 마치겠습니다. 고맙습니다.

2. 새 신문창간에 참여하게 된 배경과 신념*

사장이란 매우 불편한 자리인 것 같다. 30여 년간의 언론계 생활에서 스트레스가 쌓이거나 불편한 일이 있을 때 윗사람에게 그 책임의 일부를 돌림으로써 마음을 가볍게 하는 수도 있었지만, 이제 사장이 되어 모든 책임을 내가 짊어질 수밖에 없으니 긴장이 쌓이게 마련이다.

이 자리는 사장과 사원 간의 친선을 두터이 하면서 앞으로 신문을 제작하는 데 큰 방향을 논의하고자 하는 자리이므로 학술적 강의형식을 피하려 한다. 다만 오늘은 전남일보의 창간을 앞두고 나의 소박한 생각을 두서없이 이야기하려 한다.

내가 처음으로 지방지의 필요성을 느낀 것은 1960년대 후반 무렵이다. 나는 1966년 베를린신문연구소에서 3개월간 신문제작에 관한 연수에 참가한 적이 있다. 그때 서독의 여러 주요도시를 여행하였다. 지방마다 독특한 문화를 유지하면서 자기 고향에 대한 자랑이 대단한 것을 보고 부럽게 생각했다. 그리고 우리나라에서도 향토문화를 진흥시키기 위한 운동을 벌여야겠다고 생각했다. 내가 슈투트가르트

* 이글은 1988년 9월 19일 장성에서 개최된 신입사원 수련대회에서 저자가 창간에 참여하게된 연유를 설명하고, 새 신문제작에 대한 사장의 신념과 포부를 밝힌 내용이다.

(Stuttgart)에 들렀을 때 나의 고등학교 대학친구인 차인석 박사를 만났다. 그는 뉴욕에서 철학을 전공하고 독일의 하이델베르크대학에서 박사학위를 마무리지을 무렵이었는데 나를 만나려 슈투트가르트까지 일부러 나왔던 것이다.

차 박사와 나는, 하룻밤을 꼬박 새우면서, 우리도 독일과 같이 다채로운 향토문화를 가꾸어가자는 이야기를 나누었다. 차 박사는 당시 서독에서 성행중인 '여름학교'식 문화특강운동을 제의했다. 고향 목포의 해변 경치 좋은 곳에 작은 강당과 방갈로를 몇 개 갖추고 방학중에 저명한 학자나 전문가들을 초청하여 선발된 수강생과 함께 지내면서 강의와 실기지도를 진행하고, 마지막에는 성과발표를 하게 함으로써 지방주민들에게 문화적 자극을 주자는 것이었다. 결국 목포에 종합 '문화센터'를 설립하자는 데 합의하고 나는 곧바로 그 아이디어를 예총 목포지부로 연락하여 고무적인 반응을 얻었다. 귀국 후 목포 예총과 목포시장 그리고 유지들과 회동하여 문화센터걸립을 위한 설계와 준비작업에 착수했으나 소요되는 막대한 자금을 조달할 길이 없어서 뜻을 이루지 못했다.

나는 또 서울에 있는 언론사에서 활동하는 목포지역 출신 언론인 100여 명을 모아 '유달클럽'이란 친목모임을 결성, 목포는 물론이고 호남지방에 관한 큰 문제가 있을 때마다 푸대접받는 호남지방의 입장을 대변하는 데 앞장섰다.

1972년 '호남매일'이 폐간되자 목포는 일간지가 없는 도시가 되었다. 목포시민들이 지역발전을 위한 사업을 추진하려 해도 여론을 형성해 주는 매체가 없어서 합의를 이루는 데 어려움이 많았다. 지방방송매체는 있었지만 그것이 전국 네트워크에 묶여 있는 것이어서 활용하는 데 한계가 있었다. 나는 그때 지역사회의 시민운동에는 그 지역의 정보를 유통시키는 인쇄매체가 반드시 필요하다는 것을 절감했다.

1970년대 초는 유신체제로 전환되어 새마을운동이 한참 벌어지던 시기였다. 농촌에서의 새마을사업이 도시지역으로 광역화하면서 정부에서는 '국민의 총화' 또는 '국력의 극대화'를 강조했으나 정부의 언론 정책은 그것에 역행하는 것으로 나에게는 보였다. 국력을 극대화하려면 국가의 주요사업들이 전 국민의 합의에 근거하여 수립되어야 하는데 당시 우리나라의 정보유통 시스템은 지역적 유통망이 없었기 때문에 국력의 총화나 국력의 극대화를 이끌어내기에 한계가 뚜렷하다는 점을 지적했다. 나의 주장을 더 구체적으로 설명하면 다음과 같은 것이다.

국민의 총화를 기하고 국력을 극대화하기 위해서는 사회 각 구성요원들의 의사가 효과적으로 집결될 수 있게끔 이 사회의 정보유통망이 체계화되어야 한다. 한 사회의 정보유통시스템은 대체로 세 가지 수준, 즉 전국망(*national level*), 지방망(*provincial level*), 지역망(*community level*)으로 구성되어 있다. 그리고 매체별로 보면 신문, 라디오, 텔레비전 등 세 가지 유통망을 생각할 수 있다. 그런데 개별적 의견을 여론화하고 국가수준의 합의로 이끄는 데는 인쇄매체가 가장 효과적이다.

그런데 우리 사회의 정보유통망을 보면 전국유통망이 과분하게 많다. 전국에 지사, 지국을 둔 종합일간지(동아·조선·중앙·한국·경향·서울 등)와 특수일간지(서울경제·중앙경제·매일경제·한국경제·한국경제 등), 그리고 전국에 지방방송국을 둔 방송사(KBS·MBC·CBS 등), 전국에 지사·지국을 둔 통신사(연합통신) 등이 모두 전국적 정보유통망으로 기능한다.

그런데 여기에 비해서 도(道) 규모의 유통범위를 갖는 지역유통망은 1도에 1사만 있어 상대적으로 빈약한 상태를 보이고 있다. 그리고 이들은 전국지를 모방하며 내용도 중복되기 일쑤이다. 간혹 지방의 목소리를 낸다 하더라도 희미하고 진실이 가려지기 쉽다. 더구나 군(郡) 지역 정도를 담당하는 지역유통망은 전혀 없는 상태이다. 따라서 가까운 지역의 정보가 유통되지 않을 경우가 많다. 이래서 민중의 목소리는 커지지 못하고, 지역의 여론형성이 불가능하게 된다. 우리의 실생활에 필요한 정보는 가까운 지역에서 발생하는 정보일 경우가 많다.

이러한 커뮤니케이션 시스템에서의 불균형상태는 유신정권이 무너진 1970년대 말에 시정되어야 했다. 그러나 1980년대에 등장한 제5공화국에서는 오히려 이러한 불균형상태가 가일층 심화되는 현상을 보여주었다. 1980년대 초 이진희 문화공보부 장관이 정책과제로 '1980년대의 한국언론의 방향'이라는 제목을 내걸고 신문, 방송, 통신의 세 분야를 전망하는 프로젝트를 내놓았다.

이 프로젝트의 신문분야를 집필할 전문가를 찾다가 그 요청이 마침내 나에게 떨어졌다. 내 생각을 그대로 쓰게 되면 정부의 비위에 맞지 않을 것이라고 몇 번이고 거절했는데도 공보국장이 자기가 책임질 터이니 소신대로 쓰라고 해서 집필하게 되었다. 나는 이 논문에서 전국유통망은 비대한 반면 지역유통망은 전무한 우리나라 커뮤니케이션 시스템의 결함을 지적하고, 시정하는 방향을 제시하였다. 그러나 논문 인쇄 직전에 장관이 읽어보고는 격노하여 공보국장을 크게 문책한 바 있었다.

1987년 노태우 대통령의 6·29선언이 있은 후 민주화의 전망이 밝아지면서 언론상황에 상당한 변화가 있으리라는 예감이 들었다. 1987년 7월 조선내화의 이정일 부사장이 나의 후배인 최봉인과 함께 내 집으로 찾아왔다. 고향에서 신문을 하나 냈으면 하니 도와 달라는 것이었다. 나는 즉답을 피하고 며칠간의 말미를 달라고 했다. 졸지에 받은 제의인데다 이정일이란 인물을 내가 알지 못한 탓이었다. 그러나 이정일의 춘부장인 이훈동 조선내화 회장님에 대해서는 평소 존경하던 터라, 우선 그 분을 만나 뵙고 신문사 창간의 의사가 어느 정도로 굳은지 확인할 필요가 있었다. 이훈동 회장은 해남에서 태어나 지방기업으로 출발하여 국가적 규모의 대기업으로 키운 기업가이다. 성옥문화재단을 설립하여 육영, 언론, 예술 분야를 육성하기 위한 지원기금을 제공한 분이다. 이제 70고개를 넘은 고령에 이르러, 그동안 피땀 흘려 모은 정재(淨財)를 지역사회의 복지향상에 기여하고자, 깨끗하고 건전한 신문을 하나 만들고 싶다는 것이 이 회장의 뜻이었다.

나는 그 무렵 중앙대학교의 신문방송학과와 언론대학원에서 강의를 맡고 있었다. 그런데 마침 교수자리가 하나 비어 그 자리를 맡기로 일이 어느 정도 진행되는 참이었다. 나는 중앙대학에서 강의하면서 언론학에 관한 교과서를 두어 권 만들기 위해서 상당한 자료를 준비중에 있었다. 이런 나로서는 모처럼 맞게 되는 안정된 학자생활의 길을 포기하는 것이 몹시 아쉬웠다. 하지만 생업으로 택한 언론생활에서 어느 정도 자신의 뜻을 살릴 수 있는 신문제작의 기회를 잡는다는 것은 망외(望外)의 행운이라고 생각했다.

나는 이 회장님과 실질적 사주가 될 이정일 씨와 더불어 신문발행의 목적에 관해서 논의했다. 마침내 '지역사회의 발전과 지역주민의 복지향상'에 이바지할 수 있는 신문을 창간하기로 의견을 일치했다. 이 발행목적을 구체화하면서 나는 그 당시 우리 사회의 역사적 과제가 무엇인가를 생각해보았다. 우리 사회의 당면과제는 민주화, 세계화, 정보화라고 생각했다. 첫째, 민주화의 문제다. 해방 후 우리는 민주주의제도를 도입했지만 형식만 빌려온 것일 뿐 실질은 권위주의적, 독재적 요소가 짙었다. 우리는 이제 참다운 민주주의를 구현할 단계에 이르렀다. 둘째는 세계화다. 우리 경제는 수출주도형이었기 때문에 세계화가 촉진되었던 것이며 88서울올림픽을 치르면서 외교적으로나 문화적으로도 세계화가 많이 촉진되었다. 셋째로 정보화다. 정치의 민주화와 경제의 세계화가 진전됨에 따라 나라가 고도산업국가로 급속도로 발전하게 되고, 더불어 정보가치의 중요성도 나날이 높아져가고 있다. 이에 따라 정보의 효과적 수집, 가공, 관리, 활용이 필요하다.

이러한 모든 배경을 감안한다면 전남일보는 시대적, 국가적 요청이나 발행인의 의사에 비추어 다음 몇 가지 신념에 근거를 두어야 한다고 생각했다. 첫째, 전남일보는 참다운 민주주의를 이 땅에 실현하도록 노력해야 된다. 이는 역사적 과제일 뿐 아니라 1980년대 민주화운동의 주역을 맡은 이 고장의 제일과제이다.

둘째, 이 땅에 사회정의가 구현되도록 노력해야 한다. 사회정의의 구현이란 인류사회에서 영원한 숙제이다. 그러나 신문사로서는 정의 구현이 구체적 행동방향이 되어야 한다. 흔히 불편부당(不偏不黨)을 내세우는데 어느 특정단체의 기관지가 아닌 바에야 당연한 이야기이다. 억강부약(抑强扶弱)이 사회정의이다.

셋째, 지역의 권익을 옹호해야 하고 지역의 여론을 대변해야 한다. 한반도의 서남지역은 역사적으로 소외당해온 지역이다. 더구나 1960년대 이후로는 심한 푸대접을 받았다. 전 국토의 균형발전이나 균등대우를 위해서는 일차적으로 지역의 입장을 널리 알리고 지역의 권익을 보호하는 데 앞장서야 한다. 그러나 지역 에고이즘에 빠져서는 안 된다. 서남지역은 대한민국의 판도 내에 존재한다. 소수자의 편견으로 오해받아서는 안 된다. 따라서 지역의 문제는 전 사회적 차원에서 생각해보아야 하고 전국적 문제는 지역의 현실에 비추어 해석할 수 있어야 한다.

넷째, 지역정보의 소통이 잘 되어야 한다. 지방지는 그 지역의 정보유통센터로서의 기능을 충실히 해야 한다. 가까운 곳의 정보야말로 가장 필요한 정보이다. 지방정보의 원활한 소통에 중점을 두어야 한다. 그것이 전국지와의 경쟁에서도 생존할 수 있는 길이다.

다섯째, 복지환경의 조성에 힘써야 한다. 지역주민의 복지향상이란 구체적으로 지역개발을 합리적으로 추진하여 주민들의 소득을 높여주어야 한다. 그러나 개발이라고 덮어놓고 지지할 수 없다. 자연파괴나 생활환경을 오염시킬 공해가 따른다면 신중해야 하고 미리 방지해야 한다. 오히려 아름다운 자연환경을 보존·육성하여 주민의 생활을 쾌적하게 하면서 차라리 관광자원으로 삼아 소득을 올리도록 해야 한다.

여섯째, 향토문화를 진흥시켜야 한다. 서남지역처럼 다채로운 향토문화의 자원을 갖춘 데는 없다. 이들은 우리 한국문화의 원천이라 할 수 있다. 이 고장은 예향(藝鄕)이다. 예술적 인재를 가꿔야 한다. 그래서 주민들의 향토에 대한 긍지와 자부를 느끼게 해야 한다.

근년에 교육환경의 상대적 악화로 자녀를 외지로 유학보내는 경향이 많아졌다. 그러나 이 고장에서 안심하고 자녀를 교육시킬 수 있도록 풍요로운 문화환경을 조성해야 한다. 전남의 인재를 키워야 한다. 근래에 똑똑한 이 지방출신들의 인재들이 정부나 여당에 참여해 왔다. 이들을 덮어놓고 매도하고 경원시하는 경향이 있다. 그들의 행적이나 공과를 따져볼 필요는 있으나 무조건 배격해서는 안 된다. 그들의 능력을 선별해서 향토발전을 위해 계속 기여하도록 뒷받침해 주어야 한다.

Ⅳ. 나의 지방신문 특색구현론

■ 전남일보의 특성을 어떻게 구현할 것인가*

신문의 특성은 편집의 내용과 편집의 외양을 통해서 나타난다. 편집의 내용이란 어떤 종류의 기사를 어떻게 취재하여 작성할 것인가의 문제이다. 그리고 편집의 외양이란 그러한 기사를 어떤 활자로, 어떤 스타일로 배열할 것인가의 문제이다. 여기서는 편집의 내용, 즉 어떤 종류의 기사를 어떻게 작성할 것인가를 중심으로 말하겠다.

신문의 내용이란 독자가 무엇을 바라고 있느냐에 따라 결정된다. 신문의 독자는 불특정 다수여서 독자들의 개별적 바람을 일일이 가려내어 모두 다 충족시킬 수는 없다. 구독자명단도 있고, 객관적 여론조사를 통해서도 독자가 바라는 바를 알 수 있을 것 같지만 실제로는 독자의 바람이 문제별로 다양하기 때문에 정확하게 알아내기가 어렵다. 결국 큰 테두리 안에서 최대다수의 최대공약수를 추정할 수밖에 없다.

우선 전남일보의 독자는 누구인가? 현재 우리는 보급확장운동을 벌이면서 그 주요 대상지역을 광주와 전라남도 전역으로 삼았다. 그렇다면 우리는 일차적으로 광주와 전라남도에 거주하는 4백만 명을 잠재독자로 상정하는 것이다. 그렇다면 환경의 변화에 대한 정보는 왜 중요한가? 그것은 4백만 독자의 생활에 영향을 주는 환경의 변화에 대한 정보일 것임에 틀림없다. 환경의 변화에 대한 정보는 왜 중요한가? 사람이란 환경변화에 잘 적응하면 성공하지만, 적응하지 못하면 실패하기 때문이다.

그렇다면 생활에 영향을 주는 환경의 범위에 대해 생각할 필요가

---

* 이 글은 창간을 앞두고 저자가 편집국간부들을 상대로 전남일보의 특성을 어떻게 구현할 것인가를 설명한 강연내용이다(1988.10).

있다. 생활에 영향을 주는 환경의 범위는 사람에 따라서 넓거나 좁은 차이가 있을 수 있다. 각자의 직업과 관심에 따라 다르기 때문이다. 4백만 잠재독자의 구성을 크게 나누어 본다면 절반은 도시사람들(광주·목포·나주·순천·여수·여천 등 시 구역)이고, 절반은 농어민들이다. 따라서 이들 중에는 지역적 문제에만 관심을 갖는 사람도 있고, 국가적 또는 세계적 문제에 관심을 갖는 사람도 있다. 그러나 가장 확실하고 최대공약수적인 관심이라 한다면 광주 및 전남지역의 환경변화에 대한 것이라고 말할 수 있다. 따라서 우리가 전국적 뉴스나 국제적 뉴스를 등한시할 수는 없지만 남도지역의 환경의 변화에 대한 정보를 가장 중요시해야 한다는 결론이 나온다.

우리나라는 여태까지 중앙집권체제하에 있었기 때문에 지방사람들의 생활에 직접 영향을 주는 결정과 조치가 모두 중앙에서 이루어졌다. 따라서 중앙뉴스가 매우 중요했다. 그러나 1990년대부터는 지방자치제가 실시되어 지방사람들의 생활에 직접 영향을 미치는 많은 결정들이 지방의회나 지방자치제들에 의해서 결정되기 때문에 지방뉴스가 더욱 중요하게 되었다. 또한 대자본을 소유한 중앙지들도 차츰 지방뉴스를 중시하게 되어 지방판을 강화하기 시작했다. 지방지들은 이에 대항하기 위해서라도 중앙지가 결코 따라올 수 없을 만큼 지방뉴스를 개발하여 중앙지의 내용과 다른 '지방전문지'로서의 성격을 굳혀나가야 한다.

그런데 이런 지방전문지로서 광주에서는 3개사가 경쟁해야 하는 처지인데 여기에서 전남일보의 특색을 어떻게 구현할 것인가? 만약 동일한 보급권(圈)을 가진 3개 신문이 모두 동일 지역뉴스에 역점을 둔다면 3개 신문 모두 특색을 나타내지 못할 것이다. 동일한 지역에서 활동하지만 전남일보와 여타의 2개 신문은 역점을 두는 방법에 차이가 있을 수밖에 없다. 광주일보와 무등일보는 제호부터가 '광주광역시'를 대변할 것임을 밝히고 있다. 이에 대해 전남일보는 '전남지역'에 더 많은 역점을 두어야 한다는 뜻이다. 전남일보는 '전남'이 주(主)가 되고 '광주'는 부(副)가 되어야 한다. 광주일보나 무등일보는 '광주'가 주가 될 것이고 '전남'은 부가 될 것이다.

그렇다고 전남일보가 광주시를 경시하자는 것이 아니다. 광주시에 못지않게 전남지역에 역점을 두어야 한다는 말이다. 전남일보의 취재력은 대부분 광주에 집결되어 있다. 게다가 광주는 전남생활권의 중추요 거점도시이다. 행정 · 교통 · 산업 · 금융 · 교육 · 체육 · 문화의 중심지이며, 주요한 취재대상이 광주에 집결되어 있다. 광주는 새삼스럽게 역점을 두지 않는다 해도 자연히 무겁게 취재하기 마련이다.

지금까지 지방지들은 '중앙뉴스 중심'이면서 '지방뉴스'도 도청소재지 중심이었다. 공간적 넓이나 잠재독자의 수효에서도 전남은 광주보다 넓고 많다. 도시인구만 하더라도 광주의 1백만 명에 비해 목포, 나주, 순천, 여수, 여천을 합하면 적지 않다. 지금까지 환경의 변화, 즉 뉴스를 취재하는 데 있어서 광주에만 치우치지 말고 전남 일대에 좀 더 역점을 두어 균형을 취하자는 것이다.

가령 문화부에서 '가을 화단(畵壇)'에 관해서 취재한다고 생각해 보자. 광주일보의 기자라면 자신이 생활하는 광주시내의 전시회를 둘러보고 기사를 쓴다. 그러나 실제로 이 고장의 화가들은 광주에만 있는 것이 아니다. 목포와 순천이나 여수 또는 해남에도 상당수가 있다. 규모가 작든 크든, 지방에 있는 화가들의 활동이 반영되지 않는다면 공평하다 할 수 없다. 집필하는 기자가 직접 취재 못한다면, 그곳의 주재기자에게 연락해서 취재하여 지방도시에서 활동하는 화가들도 그들의 몫을 차지하도록 해야 한다. 광주에서 교통난, 주차난이 문제되듯이 목포나 순천에도 비슷한 수준의 현상이 벌어지고 있다. 광주에서 발생하는 교육문제들은 목포나 여수에서도 발생하고 어쩌면 더 심각할지도 모른다. 이런 문제들은 고루 취재되고 고루 강조되고 고루 시정되어야 한다. 전남일보의 특색을 더욱 선명하게 내려면, 가령 자연보호 캠페인에서 광주일보나 무등일보가 '무등산을 살리자'고 할 때, 전남일보는 '영산강을 살리자'는 구호를 내걸어 대조를 이루는 것이

효과적이다.

둘째로 지방뉴스를 적극적으로 개발해야 한다. 우리나라 지방지의 폐단은 주어진 뉴스를 수동적으로 취재할 뿐, 적극적으로 뉴스를 찾아서 개발하려는 노력이 없다는 데 있다. 화재와 교통사고, 범죄사건 등 가시적 소스가 제공하는 뉴스 또는 행정관청이나 사회단체에서 나오는 홍보성기사만 취재할 뿐이니 지방뉴스가 빈곤한 것이다.

뉴스란, 노출된 가시적 사건과 현상보다 비가시적 사건과 현상 속에 더 큰 것이 숨어 있는 법이다. 아프리카 일부지방의 사막화현상이나 미국 흑인들의 북부이동 같은 커다란 환경의 변화는 큰 사회적 문제지만 순간적으로 일어난 사건이 아니라 오랜 시간 동안 누적된 결과이다. 따라서 문제의식과 통찰력을 지닌 기자가 아니면 놓치고 만다. 어느 지방에서건 가장 큰 문제는 가시적 부분보다 비가시적 부분에 많이 있다. 따라서 평소에 문제를 느끼고 추적하는 노련한 기자가 아니고서는 전모 또는 진상을 부각시킬 수가 없다.

셋째, 우리가 담당해야 할 남도 지역사회는 매우 빠른 속도로 변화하고 있다. 예전의 정태적 사회에서 동태적 사회로 전환되는 것이다. 이를테면 지방자치제 실시로 지역정치의 형성과 활성화, 공업단지(하남·나주·목포·여천·광양·대불 등)의 출현과 지역산업경제 활성화, 테크노폴리스 건설로 과학연구·지식산업의 활성화, 서남해시대 도래에 의한 무역 국제교류의 활성화 등이다. 이에 따라 급격한 도시화현상, 외래인구의 이입, 사고방식 및 행동양식의 변화, 가치관의 변화, 퍼스낼리티의 변화, 노사문제, 청소년문제, 교통문제, 공해문제 등 새로운 문제들이 속출하고 있다.

이러한 문제들은 지난날의 수동적 취재자세로는 감당하지 못한다. 적극적 취재, 발로 현장을 뛰는 취재여야 한다. 당연히 취재시스템도 개편되어야 한다. 1인 1출입처제의 취재시스템을 고수해서는 안 된다. 1인 다출입처제로 바꿔야 한다. 출입처는 기사의 단서를 잡거나 통계적 자료를 얻는 데 이용하고, 나머지는 스스로 현장에서 조사하고 인터뷰해서 기사를 만들어야 한다. 따라서 취재시스템을 출입처별이 아니라 전문 포스트제로 바꿔야 한다. 예컨대, 공해문제·공단문제·교통문제·학원문제·농업문제·원예문제·학원문제·도서(島嶼)문제·관광문제·여성사교계문제 등이다. 이러한 문제들은 한 개 출입처에서 해결되지 않기에 여러 소스를 찾아 다녀야 한다.

넷째, 지방지가 지방뉴스작성을 할 때, 또 하나의 큰 결함은 전국뉴스의 지방화(*localization*)가 되지 않는 점이다. 우리 지방지들은 중앙뉴스나 전국뉴스 또는 국제뉴스의 대부분을 연합통신에 의존한다.

연합통신의 모든 기사들은 전국 각지에 지방지들이 게재할 수 있도록 전국적 시각에서 작성된 기사들이다. 따라서 포괄적일 수밖에 없다. 특정지방의 독자의 생활에 특히 영향을 주거나 관심을 일으킬 제목이 빠져버릴 수 있고, 들어있다 해도 간략하게 압축되어 있다. 노련한 기자라면 이런 대목을 놓쳐선 안 된다. 이러한 기사는 대담하게 지방용으로 순화해야 한다. 편집자나 기자가 지방사정에 정통하고 있다면 이 대목을 당장 보완할 수 있을 것이다. 지방에 관련된 행정관청이나 전문가, 학자들과 전화 또는 직접 인터뷰를 통해 보완하는 것이 최선이다.

말하자면 중앙뉴스나 전국뉴스를 게재할 때 반드시 지방의 시각이 들어 있어야 한다. 거꾸로 순수한 지방뉴스를 취재하는 경우에도 그것이 국지적 시각으로 제한되어서는 안 된다. 지방적 사건이나 문제가 전국적 맥락에서, 또는 국제적 맥락에서는 어떤 의미가 있는 것인가를 밝혀줄 필요가 있다. 다른 지방에서는 어떤가, 다른 나라에서는 어떤가하고 비교한다면, 그 지방의 문제가 보다 입체적으로 부각될 것이며 지방 독자들의 판단력이 깊어지고 시각이 넓어질 것이다.

다섯째, 지방지의 또 다른 문제는 속보(續報)를 등한시하는 점이다. 이는 지방지뿐 아니라 전국지도 마찬가지로 범하는 잘못이다. 우리 사회에서는 웬만큼 큰 사회적 문제가 아니면 한번 기사로 나가면 그것으로 지나쳐 버리는 폐단이 있다. 중요한 문제가 발생하면 그 문제에 대한 건전한 해결안이 나올 수 있도록 상당기간 논의가 지속되어야 한다. 신문은 그 문제의 진전에 대해 속보를 내야 하고, 파생되는 문제에 대해 보충해서 정보를 제공해야 한다. 그래야 공공의 관심을 끌게 되고, 의견교환의 마당이 마련되고, 여론이 형성되어 건전한 해결방안과 합의를 얻는다.

여섯째, 지방지에게 맡겨진 당면과제 중 하나는 지역사회의 형성에 이바지하고, 지역문제를 지역주민들이 해결할 수 있도록 돕는 일이다. 우리 사회의 현 발전단계는 바야흐로 지역사회 의식의 형성단계라고 할 수 있다. 신문은 지역사회의 문제점들을 진단해서 제시해야 하고, 지역개발과 환경보호에 앞장서야 한다. 그렇게 해서 지방의회가 논의하고 행정기관에서 시정조치를 취하도록 해야 한다.

여기에서 가장 강조하고 싶은 것은 라자스펠트(Paul Felix Lazarsfeld)가 말하는 매스컴의 기능 중의 하나인 '지위부여의 기능'을 살려야 한다. 지위부여의 기능이란 어떠한 의견, 문제, 인물, 조직, 운동 따위도 일단 매스컴에서 보도함으로써 공공의 인정을 받는다는 사실이다. 지역사회를 개선하기 위한 훌륭한 의견도 일단 매스컴에 의해서 보도되어야 공적 인정을 받게 되고, 지역개발을 위해 앞장서서 헌신적으로 노력하는 사람도, 그것이 매스컴을 통해서 공공의 인정을 받아야 더욱 신나고 권위를 부여받고, 효과적으로 역할을 수행할 수가 있다.

지역의 번영을 목적으로 하는 단체나 운동도 역시 매스컴을 통해서 공적 인정을 받았을 때 효과적 결과를 달성할 수 있다. 따라서 지역사회의 발전에 헌신하는 인물이나 운동은 적극적으로 보도하고 더 많은 주민들이 적극 참여하도록 유도해야 한다.

전남일보가 이러한 몇 가지만이라도 역점을 두고 수행한다면 전남의 지역신문으로서 전남일보의 특성은 뚜렷하게 부각될 것이다.

제2부
일 기 편

1989년: 社風의 조성과 論調의 통일

창간 첫해의 최대과제는 사풍의 조성과 논조의 통일이었다. 새로 태어난 신문에서는 준거할 말한 틀이 미리 마련되어 있지 않기 때문에 처음에는 한동안 기사의 논조나 문장의 스타일이 산만해지기 일쑤이다. 데스크에서 철저한 가감삭제가 없으면 큰 실수를 범하게 된다. 신참기자들은 흔히 경험부족에서 부정확한 기사를 쓰는 경우가 많다. 경력기자들 중에도 기본교육이 부족한 사람들은 상투적인 과장이나 고의적인 날조기사를 거침없이 써내기도 한다.

상투적인 표현, 저질의 내용, 사실의 날조, 근거 없는 비난, 심지어 날조된 사진까지 나타나기도 한다. 이런 경우 잘못된 기사의 작성자를 사장실로 불러내어 어디가, 무엇이, 어떻게 잘못되었는가를 지적해 주고, 다시 실수가 되풀이되지 않도록 경고하고 때로는 징계를 내리기도 한다.

또한 해방 후의 현대사를 다루면서, 특히 한국전쟁이 미국에 의해서 도발되었다거나, '여순반란사건'을 '여순항쟁'으로 표현하는 등, 노골적인 좌경적 시각을 드러내는 경우도 있었다.

이럴 때마다 우리는 우리의 사시가 '자유민주주의의 구현'에 있다는 사실을 일깨우고, 우리의 편집기본 방침도 '온건한 자유주의 노선'을 준수한다는 바탕 위에서 건전한 사풍을 조성하려는 데 힘을 기울였다.

1월 1일 (일)

새해 첫날이다. 최봉인 이사가 집으로 와서 큰절을 한다. 함께 논현동으로 가서 조선내화 계열사 임원들과 합동으로 회장님께 세배를 드리다. 회장님의 화제는 주로 전남일보 창간문제에 집중되었고, 특히 광고업무에 협조해 달라고 강조하신다. 2시경에 서한영, 최봉인 이사와 함께 부회장댁으로 가다. 창간 특집기사 "광주 · 전남 현대사"에 문제가 있어 이미 제작된 지면을 폐기하고 다시 인쇄하겠다고 하자 부회장은 용지에 구애받지 말고 알아서 처리하라고 한다. '여순항쟁'이란 용어를 어떻게 생각하느냐고 서울대 차인석 교수, 한국일보 김용구 논설위원과 정경희 논설위원에게 물었더니 모두가 "정신나간 사람에게 데스크를 맡기고 있는 것이 아니냐"고 걱정하면서 "기사심사를 더욱 철저히 하고 특집기획 같은 중요기사는 외부 전문가를 초청해서 검토해야 한다"고 충고한다.

1월 2일 (월)

새벽 5시에 서울을 출발, 광주에는 8시에 도착하였다. 간부회의를 마치고 각 국별로 차장급 이상 간부들을 사장실로 불러 신년인사를 교환하다. 문순태 국장에게 창간특집호 지면을 재검토하고 재편집해서 보고하라고 지시하다. 장광영 편집실장을 불러, 특집 2개 면을 털어내 재편집하게끔 편집국 기자들을 조용히 설득시키라고 지시하다.

3시경에 여관에 돌아와서 목욕하고 한숨 자다가 오후 5시에 일어나서 신문사에 다시 나갔다. 특집 "포구"를 박상수 기자가 썼는데 내용이 좋기에 불러서 칭찬하다. 오후에 이정일 부회장이 최봉인 이사와 함께 서울에서 내려왔다. 부국장대우급 이상의 간부들을 '송죽헌'으로 모이게 하여, 부회장과 함께 화기애애하게 술을 마시다. 다들 2차 술자리를 간다기에 나는 빠져 나오다.

1월 3일 (화)

내일부터 신문제작 총연습에 들어갈 예정이었으나 특집제작이 끝나지 않아 어려울 것 같다고 한다. 어제 제작소요시간을 검토한 결과 광주일보보다 40분 정도는 늦을 것이라고 추산했다. 따라서 내일부터 8시에 출근해서 마감시간을 앞당기기로 했다. 어젯밤 이정일 부회장, 박인성 주필, 최봉인 이사, 김중광 이사, 오무 부국장, 이홍재 위원, 허정 광고국 부국장 등은 2차까지 가서 술을 마시고 노래를 불렀다고 한다. 다들 술이 세다. 문 국장에게 "광주·전남 현대사" 기사가 들어 있는 특집판을 무너뜨리고 다른 기사로 바꾸라고 지시했는데 어떻게 되었느냐고 물었더니 바꾸겠다고 한다. 바꾸는 대로 오늘 인쇄에 걸라고 지시했다. 김 이사가 회장님의 창간기념사를 기초해 왔기에 내용을 재정리해 주었다. 박 주필이 쓴 창간사의 내용이 너무 평범해서 힘이 없다. 문 국장에게 박 주필의 창간사가 좀 약한 듯하니 문 국장이 가필하여 웅장하고 약동하는 내용으로 수정해 달라고 주문했더니 처음엔 극구 사양하다가 결국 받아들인다.

1월 4일 (수)

오늘부터 8시 출근이다. 조회를 막 끝내려는데 이 부회장이 들어왔다. 나와 윤 부사장 그리고 김 이사와 함께 창간축하연 문제를 논의하다. 광주상공회의소에서 열린 '광주·전남지역 기관장 신년하례식'에 참석하여 시장·도지사·교육감·경찰국장 등을 만나다. 신년인사차 방문한 정상용 의원과 환담을 나누다. 국회의원 배지를 달고 보니 재야과격파들의 언동에 자신도 거부감을 느낀다고 실토하면서 서울에서 여러 지식인들과 만나다 보니 광주지역의 시각이 너무 좁다는 것을 깨닫게 되었다고 한다. 31사단의 배 장군이 오는 10일 육군본부로 전속명령을 받았다고 이임인사차 찾아왔다. 전남매일이라는 이름으로 신문창간을 준비하는 안광양 씨가 인사차 찾아왔다. 3월에는 창간할 것이라고 큰소리는 치는데, 그 정도로 준비가 된 것 같진 않다. 시설에 대한 실사는 끝나고 윤전기는 시간당 6만 부 인쇄가 가능한 것을 갖추었다고 한다. 광주일보의 오세성을 처음으로 만났다. 온순하고 겸손하게 보인다. 무등일보의 서재일 주간이 자기친구 이홍재를 채용해 주어 고맙다고 전화했다. 전남대 박준규 교수가 다녀가다.

1월 6일 (금)

조회를 빨리 끝내려 했는데 10시경까지 계속되었다. 회장님이 도착하셨다고 한다. 박 주필에게 창간사에 좀더 박력을 넣었으면 해서 조금 손질하겠다고 양해를 구했다. 회장님이 오늘 아침은 기분이 좋으신 모양이다. 지금 모두가 창간준비에 온갖 노력을 다하지만 창간 후에 평온한 시간을 가질 수 있었으면 좋겠다고 내가 말을 꺼내니 회장님이 무슨 일이 있었냐고 물으신다. 최근에 겪은 "광주 · 전남 현대사"기사 개판(改版) 사건을 설명해 드리다. 이어서 부회장, 윤 부사장, 김 이사, 김 국장 등이 참석하여 축하연에 관한 문제를 협의했다. 이홍재가 오세성을 데리고 와서 부회장에게 소개시켰다. 모두 함께 '청하'에 가서 술을 마시다. 이홍재에게 광주일보의 양창열 논설위원을 스카우트해 보라고 귀띔하다. 이홍재가 대인접촉에 재주가 있는 듯하고 말도 곧잘 둘러붙인다.

1월 7일 (토) 대통령의 휘호 게재를 반대하다

아침에 박 주필에게 수정된 창간사의 내용을 읽어보시라고 하면서 다시 한번 양해를 구했다. 그 원고에 발행인 이름은 붙이지 않기로 의견을 모았다. 일찍부터 창간을 축하하는 하객들이 줄이어 방문한다. 최인기 광주시장이 다녀갔고, 정시채, 김복수, 노현옥 등 민정당 쪽에서도 다녀갔다. 12시경에 갑자기 광주CBS에서 전화인터뷰 요청이 있었다. 준비 없이 횡설수설한 것 같다.

공장으로 가서 신문발송차 앞에 상을 차려놓고 안전운행을 기원하는 고사를 드리다. 1시 30분에 윤전기 테이프를 자르고 막 시동하려는데 종이가 끊어졌다. 윤전부 사람들이 너무 긴장한 탓이었다. 일본 하마다의 본부장과 하라찌 씨, 그리고 김영재 사장, 중앙공업사의 조 사장, 한국컴퓨터의 전 전무 등이 지켜보았다. 오후에 회장님 방에 들러 3시에 사내 기념식을 올리겠다고 알려드렸다. 2면에 게재하기로 한 노 대통령의 휘호가 빠져 있다는 사실을 발견하고 문순태 국장을 강하게 힐책했다. 아침에 젊은 기자들이 노 대통령의 휘호게재를 반대한다기에 편집국에 내려가 야난을 쳤는데도 그 모양으로 만들어 놓은 것이다.

1월 8일 (일)

아침에 부회장, 최하림 부국장과 함께 회장님 방으로 자리를 옮겨 노 대통령의 휘호게재 문제를 논의했다. 편집국간부회의에서는 노 대통령의 휘호와 김대중 총재의 휘호를 동일자에 실어야 한다고 의견을 모았다고 한다. 12시에 박우기 기자 결혼식에 참석하다. 5시경 여관에 돌아와 이발하는데 회장님이 찾는다 해서 회장님 방으로 가보니 윤 부사장, 김 이사, 김 국장이 와 있다. 회장님이 휘호문제가 어떻게 되었느냐고 묻기에, 노 대통령과 김대중 총재 두 분의 휘호를 동시에 싣기로 했으나 그것도 젊은 기자들이 그대로 받아들일지 모르겠다고 말씀드렸다. 회장님은 왜 이런 혼선이 일어나느냐고 물으셨다. 그것은 회사의 운영체계가 이원화되어 있어서 전체가 하나로 통솔되지 않기 때문이라고 말했다. 리버사이드호텔로 자리를 옮겨 부사장, 김 이사, 김 국장, 문 국장, 최 부국장 등과 대책을 논의했다. 결론으로 휘호를 동시에 게재할 것이 아니라 하루의 시차를 두고 싣는 것이 좋을 것 같으니 편집국에서 젊은 기자들을 그리 설득하라고 지시했다.

1월 9일 (월) 창간축하연을 성대하게 치르다

문 국장으로부터 휘호게재 문제에 대해서 간부급들을 충분히 설득시켰으며 평기자들로부터도 동의를 얻었다는 보고를 받았다. 9시 30분에 부회장이 내 방으로 내려와 연이어 찾아오는 하객들을 함께 영접했다.

10시경에 회장님이 나오셨기에 그간의 경과를 보고하고 12시 넘어 부회장과 리버사이드호텔 사우나에 가서 목욕하고 점심을 먹었다. 오후에도 연신 서울과 포항 등에서 온 손님들을 맞이하였다. 5시 50분에 회장님을 모시고 신양파크호텔로 가서 곧바로 리셉션라인에 섰다. 하객이 밀려오는데 6시가 되기 전에 넓은 홀이 빽빽하게 차 버렸다. 6시 20분에 회장님 인사말씀에 이어 내가 짤막한 인사말을 했다. 최인기 광주시장과 이돈명 조선대학 총장의 축사가 있은 후 케이크를 자르고, 송언종 전남도지사가 건배를 선창했다. 이 밖에 식장에는 지역 기관장들과 국회의원들 그리고 외지에서 찾아온 귀빈들로 실로 입추의 여지없는 성황을 이루었다. 신양회관에서의 축하행사가 끝난 후에도 '취원'과 '연희'에서 밤늦게까지 술과 노래판이 벌어졌다.

1월 10일 (화)

아침회의에서 이광현 업무국장이 어젯밤의 신문인쇄가 6시 40분에 끝났기 때문에 여러 지국으로부터 불평이 빗발쳤다면서 앞으로는 시내판과 지방판을 따로 찍어야 하지 않겠냐고 제의했다. 서한영 공무이사가 오늘은 5시까지 종쇄하겠다고 약속했다. 하루이틀 더 두고 봐서 대책을 세워야 할 것 같다. 회장님께 어제 있었던 일을 보고드렸더니 회장님이 부사장과 김 이사를 곧바로 불러 대책을 논의하려 하시기에 "회장님께서는 큰 맥만 짚으시고 자세한 사항은 실무책임자들에게 맡겨 달라"고 진언했다. 오후에 회장님과 함께 윤전기 가동상황을 살피는데 우리가 막 도착하자마자 종이가 끊겨 30분 늦어졌으나 그 후로는 순조롭게 진행되었다. 신문에 보도된 축하연 관련기사에서 사장의 동정이 빠져 있기에 나 부장을 불러 주의를 주었다. 4시경에 부회장, 최 이사가 출발하고 회장님도 곧 떠나셨다. 6시 30분부터 최영철 체신부장관 초청만찬 자리에 참석했다. 그 자리에는 최인기 시장, 송언종 지사, 광주고법원장, 광주고검장, 전남도 교육감, 광주시 교육감, 안기부 분실장, 광주MBC 사장, 광주CBS 국장 등이 참석했다.

1월 11일 (水)

어제는 5시에 인쇄가 끝났는데 인쇄시간은 3시간이 걸렸다. 오늘은 4시경에 끝낼 수 있고 앞으로는 인쇄시간을 2시간 30분 정도로 단축시키겠다고 서한영 제작이사가 장담했다. 업무국장은 어제 배달에 지장이 많았으니 오늘은 시내판을 2만5천 부로 줄이겠다고 했다. 부회장에게 전화하고 이어 최 이사에게 했는데 퉁명스럽게 반응한다. 김진원은 무등일보에 사표를 냈고, 내일 광주에 내려와 입사절차를 밟겠다고 한다.

오늘은 3시 30분에 종쇄했다. 인쇄부수를 줄였던 것이다. 회장님이 대전에서 전화, 내일 상경하겠다고 하신다. 오후에 문 국장, 최하림, 김원욱을 불러 편집에 문제가 없느냐고 물으니 충원(편집부장, 교열부 2명, 정치부 1명, 도안사 1명)을 요구하면서 부, 차장들의 직위 및 봉급을 조정해줄 것을 건의한다. 오늘의 지면을 보니 광주일보에 못잖은 열기가 느껴졌다. 조금만 조정되면 경쟁해볼 만하겠다.

1월 12일 (목)

어제는 1시 20분에 인쇄를 시작했는데 도중 전기에 이상이 있어 40분간 쉬었기 때문에 3시 40분에 끝났다. 앞으로는 3시 이내에 인쇄를 끝낼 수 있을 것이라고 한다. 주재기자들의 취재능력이 약해서 본사기자가 참여하는 기동취재반을 만들어 보완해야 할 것 같다고 한다. 10시 30분에 최영철 체신부장관이 내 방으로 찾아왔다. 환담을 나누고 3종 우편물인가와 보도용 전화를 신청했으니 선처해 달라고 부탁했다. 이어 박종태 의원이 내방했는데, 동생인 종학이가 나의 서울 문리대 동창이라 했더니 반가워한다.

오후에 부회장이 서울에서 전화했다. 서울에서의 축하연은 안 하기로 했고, 광고탑 운영문제를 협의해 보라며 내일 오후에 도쿄에 갔다가 주말에 돌아오겠다고 한다. 무등일보에서 근무하던 김진원 부장이 서울에서 내려와 인사절차를 밟았다. 그리고 네 가지 사업계획(회항 — 옛 장보고 항로의 재현, 학생연극 경연대회, 판소리 대회, 5월 예술제)을 제시하였다. 신복진 사진부장으로부터 사진부 사정을 들어보고 이만영 부장을 불러 신상문제를 알아보았다.

1월 13일 (금)

부회장이 오늘 오후 도쿄에 갔다가 일요일에 귀국하겠다고 전화로 알려왔다. 고중석 한전 광주지점장이 찾아왔고, 양성우 의원이 방문했다. 고재방 선배가 아들을 데리고 왔기에 이광현 국장에게 소개했다. 오늘 제작시간은 비교적 순조로워 1시 15분에 시쇄, 3시에 종쇄했다. 지면내용도 짭짤하여 광주일보보다 알찬 것 같다. 도경의 남 국장이 4명의 총경들과 함께 인사차 다녀갔다. 부사장, 문 국장을 불러 인원문제를 점검한 후, 김준태 부장과 독자특집부의 기자 두 명과 함께 아구찜집으로 가서 저녁을 먹었다. 오늘밤으로 예정됐던 업무국 회식을 내주 초로 연기했다.

1월 16일 (월)

업무국 이 국장이 새로 위촉한 판촉사원 10여 명을 데리고 왔기에 열심히 협력해 달라고 격려했다. 오늘의 신문인쇄는 1시 15분경에 시작했는데 간지 종이가 가지런히 나오지 않아 조정하느라 15분쯤 걸렸고, 광고중 부고(訃告)의 활자가 이상해서 개판하는데 늦어져 3시 55분에 종쇄했다. 구용상 민정당 사무차장이 찾아와서 여러 가지 정담을 나누었다. 부회장이 전화로 "조선내화의 고문회계사 윤재순을 우리 회사의 고문회계사로 계약하도록 김 이사에게 지시해 달라"고 한다. 오후에 문 국장, 최하림, 김원욱, 지병두를 불러 칼럼필자를 선정할 때나 특별기획을 세울 때는 사전에 사장에게 보고하고, 독자특집부는 오피니언 페이지를 만들 때 논설위원실의 협조와 심의를 받도록 하라고 지시했다. 그리고 부국장들은 자신이 맡은 분야의 원고에는 책임지도록 데스크를 볼 때 엄격하게 심의하라고 당부했다.

1월 17일 (화)

아침부터 몸이 쑤시고 오한이 든다. 전신이 쑤셔 조회를 겨우 끝냈다. 회장님께 전화해 이곳은 별 일이 없고, 서 이사가 내일 상경할 것이라고 말씀드렸더니 제2호 윤전기문제는 그리 급하지 않으니 우선 제1호기의 관리에 힘써 달라고 하신다. 몸이 불편해서 여관에 들어가기로 했다. 부사장에게 일을 맡기고 박기남 부국장과 함께 박내진 내과에 가서 진찰, 몸살감기 주사를 맞고 약을 받았다. 오늘은 노 대통령 기자회견 기사가 있어서 늦어졌는데, 그보다도 11면 제작이 늦어져서 3시 40분경에 종쇄했다는 보고가 왔다.

1월 19일 (목)

아침에 일어나니 몸이 한결 가뿐하다. 조회를 9시 20분에 마치다. 어제는 3시에 종쇄했다고 한다. 편집국에서는 이동취재반을 구성하여 1주일에 2회 정도 지방취재에 나서겠다고 한다. 9시 30분에 회장님이 전주로부터 도착하셨기에 '제작시간이 단축되고 있고 윤전기의 조절도 잘 되는 편이며 편집국도 가닥이 잡혀간다'고 보고했다. 편집국은 보강할 필요가 있으나 가능한 한 인원을 늘리지 않겠다고 했다. 그러나 7~8명의 승진대상자 명단을 제시하여 간략하게 설명드리고 곧 발령품의를 올리겠다고 했다. 오후에 서용석 교수, 정 교수(정중섭 씨 아들), 최봉인 이사가 목포에서 조문 마치고 찾아오다. 천승준이 동아일보에서 국장급 편집위원으로 복직되었다 한다.

1월 20일 (금)

아침회의에서 출근부를 둘 것인가 말 것인가를 둘러싸고 상당한 논의가 있었다. 결국 출근부는 필요하다는 결론에 이르렀다. PR용 무가지가 부족해서 광고유치에 지장이 있다고 해서 오늘부터 1만 부를 증쇄하기로 했다. 금호그룹의 박양구 씨와 삼양타이어의 전 총무이사가 찾아오고 이어 소방서장이 방문했다. 박 국장이 건강회복을 위해서 주사를 맞으라 해서 김 외과에 다녀왔다. 오승윤 화백이 와서 승마를 권한다. 입회비 10만 원에 매월 5만 원씩만 내면 된단다. 토요일쯤 한 30분만 타도 건강에 좋을 것이라고 한다.

1월 21일 (토)

조회를 빨리 끝내고 김충곤 총무국장에게 직급조정에 따른 봉급차액을 계산해 달라 했다. 문 국장을 불러 김준태와 김원자에게는 '대우' 딱지를 붙이겠다고 했더니 제발 떼어달라고 간청한다. 오후 9시 30분에 회장님을 뵙고 논설위원실에 한성강을 추천하고 안영섭을 비상임으로 발령하겠다고 보고했다. 조선일보의 조덕송 씨를 가까운 시일 안으로 만나 영입여부를 마무리지으라고 하신다. 이어 7명의 편집국간부들에 대한 직급조정과 조장현, 민경환에 대한 출입처 교체문제에 동의하셨다. 부사장과 점심하고, 박 국장과 함께 김 내과에 가서 주사를 맞았다. 회사에 돌아와서 김원욱 부국장을 불러 인사문제를 설명하고, 차후 편집국 분위기 조정에 힘쓰라고 당부했다. 손지현을 불러 위로하고 민경환이는 외출중이어서 만나지 못했다.

1월 23일 (월) 편집국 부장 네 명을 승진발령하다

6시에 최봉인 이사가 차를 가지고 와서 김포까지 태워다 준다. 도중에 서울지사 관리를 철저히 하라고 했더니 불쑥 불만을 드러낸다. 회사에 8시 40분에 도착, 조회를 열었다. 수지예상표를 준비해서 곧 검토하자고 한다. 오전에 금호에서 간부 두 사람이 찾아와서 삼양타이어 복원위원회 관계를 해명한다. 금호와 조선내화 간의 돈독한 관계는 소중하게 생각하지만 이미 공개된 사건을 신문사로서 침묵을 지킬 수는 없으니 쌍방에 피해나 오해가 없도록 공정하게 다루겠다고 했다. 박의갑, 정기호, 이만영, 김용일을 불러서 승진을 알리면서 더욱 분발하라고 촉구했다. 편집국을 한바퀴 돌면서 데스크마다 점검했다. 6시에 신양파크호텔에서 열린 민정당 8주년 기념축하연에 참석해서 이환의,

이상철, 유경현, 김복수 등을 만났다.

1월 24일 (화)

조회 마치고 편집국에 들러 문 국장에게, 사고(社告)를 낼 때는 문안을 미리 사장에게 보여야 할 것이 아니냐고 주의를 촉구했다. 점심때 수제비집에 갔더니 최하림, 김준태, 김원자, 손정연이 와 있어서 함께 식사했다. 고행원이가 와서 오늘 재광(在光) 중앙대 동창회가 열리는데 내가 중앙대에 강의를 맡았던 인연이 있는지라 꼭 모시기로 했다고 동행을 간청한다. 7시경에 찾아가니 25명쯤 모였는데 크게 환영받다. 중앙대와는 약간의 인연이 있으니 준회원으로 인정해 주길 바라며, 전남일보에 대한 각별한 관심과 협조를 구한다고 인사말을 했다. 그 자리에서 광고 신청이 두 건이나 들어왔다.

1월 25일 (수)

오전에 6층에 가서 제작과정을 둘러보니, 오늘은 비교적 순조롭게 진행되는 듯하다. 광주에 있는 미국문화원장이 찾아왔다. 문 국장으로 하여금 미국을 방문하도록 초청장을 가지고 온 것이다. 먼저 고맙다고 하고 방문시기는 다음에 알리겠다고 했다. 미문화원에 관심을 가져주어 감사하다고 말하기에, 한미우호관계의 중요성을 잘 알고 있으니 걱정 말라고 했다. 점심때 도청에 근무하는 목중고 출신 6명이 방문했기에 이들과 한일관에서 점심을 함께 했다. 회장님은 아침에 포항에서 출발, 도중 어딘가에 들렀다가 오후에 서울에 도착할 것이라고 한다. 김원자 부장, 김준태 부장, 민경관 차장대우를 차례로 불러 이야기하고, 저녁때 박정구 금호사장이 방문하여 삼양타이어 관계로 집안싸움을 일으키고 물의를 빚어 창피하다면서 협조를 요청했다.

1월 26일 (목)

회장님에게 전화로 근황을 보고하고 교열부 2명 보충, 중고윤전기 및 수지제판기 매도문제, 조덕송 씨 만나기 위해 주말에 상경한다는 등의 내용을 보고했다. 한성강에 대해서는 부회장이 오면 의견을 듣고 결정하겠다고 보고했다. 그리고 박 주필에게는 이와 같은 사실을 알려주고 사설과 칼럼필자들에 대해서 미리 사장에게 알려 달라고 했다. 오후에 부사장과 김 이사로부터 5개년 경영계획에 대해 보고받았다. 4시 30분에 새로 발령된 간부들이 내 방으로 왔다. 일일이 사령장을 수여하면서 열심히 일하라고 당부하다. 5시 20분에 이한동 장관 초청만찬회가 있었으나 나는 불참하고 부사장을 보냈다.

1월 27일 (금)

조회 끝내고 회장님께 전화를 걸어, 향후 5개년 손익추정표는 만들어 놓았는데 급하면 김 이사와 함께 가서 약식보고할 것이며, 아니면 나중에 간부들과 차분하게 보고드리고 싶다고 했다. 그리고 금년도 업무계획은 아직 구체적 숫자를 수렴할 수 없기 때문에 2월 중순경에나 확정적 보고가 가능하다고 보고했더니, 2월 3~4일경에 내려와서 검토하겠다고 하신다. 4시경에 서 이사가 윤전기 2호 증설안과 발송시설 계획안을 가지고 왔기에 부사장, 김 이사를 불러 검토하다. 견적은 14억 5천만 원쯤 되는데 가능한 한 빨리 발주하도록 준비하라고 지시했다. 저녁, 서울로 가는 비행기 안에서 전남일보를 집어드는 승객들이 많은 것을 보고 흐뭇했다.

1월 28일 (토)

오전에 논현동으로 가서 조선내화의 김 상무, 손 전무, 이 상무 등과 함께 청담동으로 갔다. 사모님에게 기념품을 증정하고 다시 논현동으로 돌아와 회장님과 만났다. 윤전기가 잘 돌아 제작시간이 단축되고, 배달도 차차 순조로워지고 있으며, 광고가 27일 현재 4억 1천만 원 판매되었다고 보고했다. 또한 서울지사에서 일할 총무책임자를 추천해 달라고 하니 좋아하신다. 그리고 황 부국장을 총무담당으로 임명하겠다는 것도 허락받았다. 조덕송 씨 문제는 조 선생이 오늘 오후에 소련에서 온 사람과 만날 약속이 있다고 해서 다음에 매듭짓기로 했다.

1월 29일 (일)

조덕송 씨와 9시 40분에 코리아나호텔 커피숍에서 만났다. 조 선생은 오는 3월에 조선일보에서 은퇴 예정인데, 현재 평통자문위의 서울지역 부의장을 맡고 있으니 사무실은 필요 없고, 전남일보의 고문 또는 논설고문으로 받아준다면 회장님에게 상당한 도움을 줄 수 있을 것이라고 말한다. 다만 자동차 유지비와 기사월급 정도만 대준다면 한 달에 한 번 정도의 칼럼을 써줄 수 있다며, 비용은 회장님의 포켓머니로 충당하면 될 것 아니냐고 한다. 다음에 회장님과 협의한 후 가부를 알려주겠다고 하고 10시 35분에 자리를 떴다.

1월 31일 (화)

조회 끝내고 박 주필을 올라오라 해서 논설위원실 운영상황을 들었다. 간사를 정하고 가능하면 박 주필이 직접 사설원고를 감수하라고 부탁하고, 조덕송 씨 면담결과를 알려주면서 조효석 씨에게는 섭섭함이 없도록 배려해 주라고 했다. 서용석 교수가 와서 이경수 씨의 대불대학 이사장 취임식 기사취재를 부탁한다. 이혁범이 영광수협 비리를 취재해 달라고 해서 최시영 차장대우를 소개해 줬다. 목포대의 모 교수가 찾아와 이광현, 박갑동을 불러 함께 한일관에서 점심을 먹었다. 오후에 광양제철의 부소장이 다녀가고, 김식 농수산부장관이 차관보 등 수 명과 함께 내방하여 농업문제를 이야기하다 갔다. 오무 위원을 불러 어제의 사설은 평민당 김 총재의 주장을 대변한 것에 불과하지 우리 신문의 의견이 나타나지 않았다고 따졌다. 사설을 쓸 때는 문제를 좀더 깊숙이 생각하고 그 문제에 대한 우리의 시각이나 아이디어를 제시해야 한다고 충고하니 머리를 끄덕인다.

2월 2일 (목) 유능한 교장을 목고에 보내 달라

김진배 의원과 호텔에서 아침을 함께하고 나는 먼저 나왔다. 조회를 마치고 나서 박갑동 국장이 올라와서 근래에 목포고 학생들의 서울대 합격률이 형편없이 저하했다며, 교육계 이동인사가 있을 때 전 교육감에게 전화해서 유능한 인사를 목포고로 보내줄 것을 부탁해 달라고 권한다. 당장 전 교육감에게 전화했다. 현 교장의 임기가 9월까지여서 그때까지 적격한 사람을 찾아보고 그때 협의하자고 한다.

편집국 문 국장 방에 들러 방미초청에 관한 이 회장님의 반응이 좋다는 것과 요즘의 편집경향이 긍정적 방향으로 나가고 있어 고맙게 생각한다는 것을 전했다. YWCA의 조규혜 회장이 새로 뽑힌 곽 회장, 김 총무와 함께 방문했다. 한참 동안 환담을 나눈 후에 신양회관으로 가서 점심을 함께 했다. 2시부터 간부회의를 열어 주요사업에 관해서 논의하고 5개년 경영계획에 관해 개략적 브리핑을 받았다.

오후에 고영복 기자가 조선대학생 시위현장에서 약 20명의 경관들에게 린치를 당하여 김하중 외과에 입원해 있다는 보고를 받았다. 병원에 가보니 중상은 아니나 고의적 공격을 당한 흔적이 뚜렷하다. 이만영 부장을 불러 사고경위를 자세히 알아보라고 지시했다. 목포의 김명수 부장이 이번 승진인사에서 누락되었다고 이의를 제기한다.

2월 3일 (금) 경찰의 기자폭행에 항의하다

고영복 기자가 폭행당한 기사를 2단으로 싣는다고 최 부국장이 보고하기에 이번 사고는 우발적인 것이 아니라 다분히 경찰측의 의도적 폭행이었다는 점에서 별도로 서면을 통해서도 엄중히 항의하라고 지시했다. 31사단장이 방문해서 한참 동안 광주의 특수한 풍토에 관해 이야기했다. 문씨라는 노인이 찾아와 '무등산'이라는 이름을 바꿔야 한다고 주장하다가 갔다. 서울에서 부회장이 전화, 광주 미 문화원의 존폐문제에 관한 여론조사를 해보면 어떻겠냐고 제의한다. 얼마 후에 또 부회장이 노 대통령의 국정운영에 대한 중간평가와 국회 광주특위 활동에 대한 여론조사도 아울러서 해보자고 한다. 그러나 이런 범위의 여론조사라면 인력과 시간과 돈이 상당히 많이 드는 데 비해서 얻는 결과는 뻔한 것이어서 실익이 없으니 미 문화원 문제만 떼어서 전화 인터뷰를 실시하여 보도하도록 하겠다고 했다. 문 국장에게 즉시 실시하라고 지시하다. 오후에 회장님이 내려오셨다. 간부들 인사가 끝난 후 단 둘이 남아서 편집, 공무, 판매, 광고 등에 관한 근황을 보고하고, 설 보너스 지급문제, 한성강·조덕송 발령문제, 신문인협회 가입문제, IPI 회원가입문제 등을 협의했다.

2월 4일 (토)

어젯밤 12시 30분에 특집을 몇 판 제작해 놓았기 때문에 오늘은 마감을 12시 20분으로 앞당기기로 했다. 구정 보너스가 나가는데, 연간 500%를 설과 5월 하계휴가, 추석, 연말 등 네 번으로 나누어 지급하게 되니 사원들에게 이 점을 주지시키라고 지시했다. 부회장과 전화통화에서 보너스 지급문제를 의논했더니 중요안건은 시간여유를 두고 검토할 수 있도록 해주기 바란다고 한다. 그리고 김 국장에게 회장님의 보너스결재를 받아놓도록 하라며 조덕송 씨와는 연락이 되었느냐고 물었다. 조 선생에게 전화했더니 조선일보 근무는 3월 3일로 끝난다고 하며 근간에 광주에 내려오겠다고 한다. 지상(紙上) 발령은 늦추기로 했다. 최 이사에게 보너스지불에 관해 설명해주고 서울지사 직원들에게 알려주라고 했다. 부회장이 2시경에 내려오겠다고 해서 오늘은 작업이 빨리 끝나 그때까지 기다리지 않고 상경하겠으니 7일 아침에 만나자고 했다. 회장님이 12시경에 불러, 5개년 경영계획을 더 자세히 검토하고 인건비와 경비를 더 절약하는 데 힘써 달라고 당부하신다. 구정에 세배하러 목포에 가지 못하겠으니 양해해 주시라고 했다. 이광현, 오무를 내 승용차에 태우고 서울로 출발하다.

2월 7일 (화)

〈에비타〉 공연문제로 윤 부사장과 김 이사가 협의중에 충돌을 일으켰다. 김 이사가 화가 단단히 났는지 점심때 부사장이 점심에 초청해도 응하지 않는다. 부사장이 간부들을 자기 집으로 초청하여 박 주필, 문 국장, 이 국장, 정 국장 김 국장, 서 이사와 점심을 함께 했다. 3시경에 회장님 방에서 이야기하는데, 논설위원실 사람들이 세배하러 다녀가고 이어 편집국간부들이 들어와서 한참 동안 덕담을 나누다. 목포에 있는 부회장에게 전화하다. 내일 상경했다가 10일에 광주로 올 것이니 판매와 광고계획에 관해서 집중적으로 토의할 수 있도록 준비하라고 한다. 그러면서 인사문제에 가벼운 불만을 표시한다.

2월 8일 (수)　　목욕재계하고 고사를 지내다

8시에 공무국 윤전실에서 고사가 있기에 아침 일찍 목욕재계하고 참석하다. 초헌으로 맨 먼저 절을 두 번 하고 청주 잔을 윤전기 밑부분에 부었다. 8시 30분 조회에서 문 국장에게 고 기자의 건강상태가 어지간하면 퇴원을 시키라고 했다. 호남대 박승규 교수가 방문했기에 문 국장과 최하림, 손정연에게 소개하다. 최하림을 내 방으로 따로 불러 연말부터 현재까지의 편집국 젊은 기자들의 동향을 물어보고 선도하도록 부탁하다.

부회장이 전화로 회사 내의 공기가 어떠냐고 묻는다. 별로 걱정할 것이 없다고 하니 10일에 못 내려오고 13일에 오겠다고 한다. 손정연 문화부장을 불러 윤이상 씨 인터뷰기사에 관해서 물었더니 전화취재는 못했고 모두 자료를 가지고 작성했다고 실토한다. 간접자료를 가지고 인터뷰기사를 만든다는 것은 독자를 속이는 일종의 날조행위이고 사기행위이며, 특종을 경쟁하는 나머지 이러한 편법에 의존하면 결과적으로 신문의 품위와 독자의 신뢰가 땅에 떨어진다고 경고했다.

2월 9일 (목)

조회중에 회장님으로부터 전화, 자동부착장치를 반자동에서 전자동으로 개량했다는 것과 전산장치를 이전할 해결책을 찾았다고 보고했다. 부회장은 노조문제가 어떠냐고 묻는다. 미문화원 문제에 대해서는 여론조사를 해달라고 한다. 박갑동 국장이 와서 김원욱이 보이지 않는다고 한다. 편집국에 내려가니 그가 아직 나오지 않았다고 한다. 노조간부인 정명섭 기자를 불러 좋은 기사를 많이 쓴다는 사실을 들어 칭찬하고, 나이가 젊은 후배기자들을 건전한 방향으로 선도해 달라고 부탁하다. 그는 노조문제는 걱정할 것 없고 모두 건설적 방향에서 움직이고 있으니 걱정 말라고 한다. 이에 나도, 적어도 몇 년간은 노조라는 이름으로 사주를 자극하는 것은 매우 현명치 못한 일이니 각별히 조심할 것을 강조했다.

2월 10일 (금)

어제는 제작이 늦어 12시 25분에 인쇄를 끝냈다. 늦어진 이유는 첫째 광고 때문이고, 둘째 11면이 출력단계 직전에 다운현상을 일으켰고, 셋째 윤전기의 델리버리(전달) 장치의 볼트가 풀렸다는 것이다. 원인분석과 대책에 관해 서면으로 보고하라고 했다. 회장님에게 전화하여 조선대 신문사에서 인쇄위탁요청이 있었다고 보고하니 좋아하시며 적극 응하라고 하신다. 부회장은 포항에 가 부재중이다. 〈에비타〉 공연문제를 부사장과 김 이사와 협의하고 오후에 부회장의 의견을 들어보자고 했다. 조덕송 씨에게 전화, 3월 말로 조선일보를 정리할 예정이고 2월 말에 광주에 내려오겠다고 한다. 고문역할만 맡겠다는 것을 강조한다. 조효석 씨의 고료는 사설 5만 원, 칼럼 3만 원으로 책정했다. 서울에서 부회장이 전화, 목포의 송재구 시장의 생수개발에 대한 취재를 부탁하기에 편집국에 지시했다. 4시경에 부사장, 김 이사와 함께 편집국, 서울지사, 비서실에 대한 예산을 심의하다. 명노근 교수와 교사협회의 윤 회장이 YMCA 임원취임 인사차 찾아왔다.

2월 11일 (토)　목포-포항 친선의 밤 참석하다

어젯밤 윤전기 고장으로 신문발송에 문제가 있었다는 사실을 서울 회장님에게 보고하다. 그러나 윤전부 사람들이 철야해서 수리했기 때문에 걱정하실 것은 없다고 말씀드리다. 1시에 이홍재, 이광현, 양동출을 대동하고, 목포에서 올라온 방문단 일행과 백운동에서 합류하여 포항으로 출발, 지리산 휴게소에서 잠시 쉬고 포항에 6시 30분에 도착했다. 이어 송도비치호텔에서 개회된 '목포-포항 친선의 밤'에 참석하다. 입구에서부터 화환을 걸어주는 등 대단한 환영이었다. 포항쪽 유지들에 대한 소개가 있은 다음 목포방문단 사람들에 대한 소개가 있었다. 환영사와 답사를 통해, 참석자들은 동서화합을 위해 앞으로 더욱 친선교류를 강화하기로 합의했다.

2월 13일 (월)

오늘도 몸이 가볍지 않다. 조회 마치고 회장님께 전화, 오늘도 별일 없이 작업이 순조롭다고 보고하다. 내일 오후에 광주에 내려오시겠다고 한다. 업무, 광고, 공무, 총무국 등에 대한 예산을 심의하다. 예산심의 도중에 주택은행 행장이 찾아왔는데, 부사장 방으로 들어가자고 하니 자기들도 시간이 없으니 돌아가야겠다고 한다. 이화관광의 김 사장과 부사장이 찾아왔다. 우리 신문에 낸 현상모집광고가 효과 있어 3천여 통의 반응이 있었다면서 '미스 전남'을 추첨하려 하니 입회해 달라고 한다. 아래층 편집국장실에서 경찰관 입회하에 추첨했다. 회장님으로부터 전화, 15일 노태우 대통령이 하광(下光)하는데 11일자 신문의 만평처럼 너무 노골적인 것은 삼가라고 한다면서 편집국장에게 사장의 뜻이라 하고 지시해 달라고 한다. 내과에 가서 검사했는데 다른 데는 이상 없고 기관지에 염증이 있으니 담배를 삼가라 한다. 7시경에 부회장이 도착, 부사장, 서 이사 등과 환담하다가 문 국장까지 함께 신양회관으로 가서 저녁을 먹으면서 회사운영에 관해서 의견을 교환했다.

2월 14일 (화) 제작노선의 연화를 당부한다

조회를 끝내고 나니 뒤늦게 부회장이 도착했다. 〈에비타〉 공연문제를 김 이사가 설명하고 이 행사는 진행시키기로 합의했다. 이어 서 이사로부터 윤전 2호기 발주문제를 보고받고, 그 중 반송시설과 자동라인부분은 제외하기로 결정했다. 부회장이 사장실의 환경정리가 안 됐다고 총무국 사람들을 불러 재정리하라고 지시하다. 6층에 가서 식사하고 나서 5개년 경영계획에 관해 논의하던 중에 회장님이 목포에서 도착하셨다. 모두 함께 회장실로 내려가 인사드리고 다시 〈에비타〉 문제, 윤전 2호기 발주문제, 증자문제 등을 보고하여 결재받았다. 회장님이 서울지사 총무로 조선내화의 관리부장을 임명하겠다고 하며, 국장급으로 대우하라고 하신다. 회장님은 또한 도경의 남 국장으로부터 전화를 받았다면서 신문제작노선의 연화(軟化)를 완곡하게 부탁하신다. 문 국장을 불러 그 취지를 참고하라고 전했다.

2월 15일 (수)

회사에 나가서 박 주필에게 어제의 사설에 관하여 고언했더니 앞으로 유의하겠다고 한다. 민형배 기자가 작성한 미 문화원에 관한 여론조사결과를 서울 부회장에게 팩스로 보냈다. 오늘 노 대통령이 광주에 내려오기에 행사에 참가하기 위해 우선 남도예술관으로 가니 옥순종 기자가 안내해 준다. 임광행 회장님을 뵙다. 전기통신공사 송 지사장, 고중석 한전 지사장 등과 함께 도청으로 가서 다과회에 참석하다. 한참 후에 노 대통령이 입실하여, 창간 때 휘호까지 보내주시고 특별한 관심과 격려를 해주시어 감사하다는 말을 했다. 회장님이 한 딱한 소녀가장의 직장과 그 밖에 장학금 지급을 약속하여 모두 박수로 응했다. 회사에 돌아와 문 국장을 불러 오늘 다과회에서의 회장님의 약속 내용을 기사로 보도하라고 지시했다.

2월 16일 (목)

조회 끝내고 부사장과 업무국장은 전북지국 순회차 나가고 서 이사는 서울로 출장갔다. 최하림 부국장 불러 "광주·전남현대사"의 집필 방향을 논의하는데 김 이사와 김 국장이 서울지사 관리실장으로 근무할 홍석우를 데리고 와 20분 정도 면담했다. 10시경에 편집기자회의 윤산학 사무국장이 전화로, 24일 광주에서 열리는 편집기자회 리셉션에 참석해 줄 것을 요청하고, 25일에는 참석인원 전원을 거느리고 시계를 가지고 우리 회사를 방문하겠다고 한다. 얼마 후에 부회장이 편집기자들을 위해 24일 유달동 저택에서 오찬회를 열어 주자고 한다. 문 국장에게 그 취지를 목포의 김명수 부장에게 알려서 대비토록 지시하라고 했다. 최봉인 이사에게 서울지사 관리실장을 새로 임명하게 되었다는 내용을 알려줬다. 7시경에 퇴근하는데 3층 편집국에선 기자협회 분회장을 선출한다고 떠들썩하다.

2월 17일 (금)

부사장과 김 국장이 어제 전북지사를 순방했다고 전화로 보고해왔다. 우리 신문의 신문인협회 가입신청을 앞두고, 한국일보의 김창열 사장에게 전화로 가입추천을 부탁했다. 김 사장은 기꺼이 추천하겠다고 한다. 그러나 먼저 동향신문사인 광주일보 김종태 사장의 추천을 받는 게 좋을 것 같다면서, 협회의 다음 모임날이 3월 16일이라고 일러준다. 광주학생독립운동의 주역의 한 사람인 조길용 선생님이 찾아오셨기에, 함께 광복회 전남지회를 예방했더니 지회장은 부재중이다. 오늘 발행된 우리 신문을 훑어보니 지나치게 나간 점이 한둘이 아니다. 첫째, 최운지 의원의 광주모독에 대한 발언내용과 그 반응기사들이 1, 3, 11 등 3개 면에 걸쳐서 선정적 제목과 내용으로 너무 많이 보도되었고, 둘째, 광주미국문화원 존폐문제에 관한 여론조사 결과를 사회면 머릿기사로 삼아 제목을 지나치게 선동적으로 달았으며, 10면에는 미국문화원에 근무하는 한국인직원들의 태도를 꼬집는, 별로 내용도 없는 가십에 크게 제목 붙여 반미감정을 부채질했다. 셋째, 농수산부장관에게 보낸 공개서한을 엉뚱하게도 스님에게 맡겨 폭언에 가까운 내용을 담게 했다. 이 사실들은 도저히 묵과하지 못할 편집태도이다. 당장 고행원 부장과 김 부국장을 불러 호통치고는 편집국간부회의를 소집하였으나 대부분이 해남 김준태 부장 상가에 조문을 떠나고 없다. 부사장과 김충곤 국장을 불러 우리 신문의 양식과 신문윤리 결여를 지적하고 개탄했다.

2월 18일 (土) 신문의 편향성과 선정성을 경계하다

아침회의에서 요즘 우리 신문이 특정문제에 과열하는 현상과 논평의 편향성과 선정성을 일일이 사례를 지적하며 비판하고 질책했다. 이에 문 국장이 변명하기에 큰소리로 꾸짖었다. 오늘 편집이 끝나는 12시 30분에 차장급 이상의 편집국간부 전원을 집합시키라고 지시했다. 민주당 문준식 의원이 찾아왔고, 호남대 신임학장이 방문했다.

최하림 부국장을 불러 일요인터뷰의 대상자선정에 편향성이 있음을 지적하고, 의견란 특히 공개서한 필자선정에 노골적인 의도성이 있다는 사실을 지적하고 호되게 질책하다. 1시에 편집국간부 전원을 우래옥에 소집하여 (김원욱은 서울 출장으로 불참) 창간 후 1개월 반에 걸쳐 장족의 발전이 있었다고 먼저 추켜세웠다. 그러나 때때로 과열하는 현상이 있어 우려와 긴장감으로 지켜봐 왔노라고 말하고, 어제 지면에서는 그 정도가 지나쳐 큰 충격을 느꼈다고 털어놓았다. 어제 김 부국장과 고 부장을 불러 지적, 추궁했던 세 가지 점을 다시 구체적으로 예시하면서 격렬한 어조로 힐책했다. 모두 아무 말 못하고 수긍하는 자세였다.

2월 20일 (월)

서 이사가 와서 일본의 중고 스톡카운터를 구입하면 그 돈으로 자동발송장치를 모두 구입할 수 있다고 말한다. 점심때 김원자 부장과 손정연 부장과 함께 '예천'에 가다. 2시경에 회사에 들어왔는데 부사장 방에서 〈에비타〉 공연에 관한 회의를 하고 있다. 3시경에 부회장이 나타났다. CBS 비방보도 문제, 괴편지 문제 등을 논의하다가 서 이사를 불러 자동발송시설 문제를 보고하라 하고, 가능한 한 빨리 일본에 보내기로 합의했다. 부사장이 볼링장 사업계획서를 검토하자고 해서 들어봤더니 긍정적으로 검토할 만한 가치가 있는 것 같았다.

2월 22일 (수)

서울지사에서 회장님의 전화가 있어서 어제의 신문제작은 순조롭게 진행되었고, 오늘 아침 도지사 공관에 불이 났다는 것을 보고했다. 나는 10시경에 광주 경상대학 졸업식에 나갈 일이 있어 광고국 운영계획은 부사장과 광고국장과 검토하라고 했다. 회사에 돌아와서 부회장과 함께 PR지 발간, 한성강 발령의 필요성, 편집기자회 오찬계획 등을 상의하고, 고행원 부장과 함께 광복회 전남지부로 갔다. 12~13명의 광복회회원들이 모여 있어서 금수장으로 초대하여 점심을 대접했다. 2시에 광주·전남 JC 임원진이 찾아왔기에 한참 동안 우리 신문의 나아갈 길을 설명하고, JC에 대한 기대를 크게 걸었더니 나더러 매우 서민적이라고 평한다. 임재경 한겨레신문 편집인이 찾아와 내일 있을 한겨레신문의 행사에 꼭 참가해 달라고 부탁한다.

2월 23일 (목)

10시 30분부터 남봉미술관에서 한겨레신문의 〈두고온 산하〉 전시회가 있어서 화분을 보내고 정명섭 기자와 함께 참석하다. 임재경 부사장이 반가이 맞이하는데 벌써 테이프커팅은 끝난 뒤였다. 12시 넘어 예천으로 갔더니 임재경이 최계원, 신동호, 박화강 등 8명을 데리고 와 있었다. 전주의 전라일보 이치백 회장에게 내일 오라고 초청하고, 목포지사의 김명수 부장에게 전화, 조선내화 목포사무소와 연락해서 내일 있을 편집기자 오찬준비에 실수가 없도록 대비하라고 지시했다.

문 국장이 올라와서 경제부에서 보험관계 세미나기사를 편집국장과 아무런 사전협의도 없이 게재했다고 시말서를 받아야겠다고 보고한다. 최하림 부국장이 인터뷰대상자명단을 가지고 왔는데 대체로 무난했다.

2월 24일 (금) 신문인협회 회원들 회장님 댁에 초대

회장님과 부회장에게 전화하여 오늘의 목포행사에 관해 협의를 했다. 부사상에게 오늘이 김충곤 국장 생일이니 중역들과 점심하면서 축하해 주라고 당부했다. 10시에 전주에서 이치백 회장이 도착, 지병두 부국장과 함께 목포로 떠났다. 11시 45분에 목포 유달동 회장님 댁에 도착하여 준비상황을 점검했다. 12시에 이우세 신문회관 이사장, 원세종 편집기자회장 등 45명이 도착했다. 방문단 일행은 김명수 부장의 안내로 정원을 구경하고 잔디밭에서 기념촬영을 했다. 저택 안의 넓은 방으로 안내하여 인사말을 통해 목포방문을 환영하고 이 회장님의 입지전적 생애와 전남일보 창간배경과 창간정신을 소개했다.

오찬 후에 목포시장을 방문하고 방문단과 헤어져 광주로 올라오다. 서울에 전화했더니 회장님은 안 계시고 부회장과 통화했다. 윤 부사장더러 제2차 보급캠페인 시상내용과 볼링장 운영문제를 회장님에게 보고하도록 지시해 달라 한다. 그리고 청와대에 갔더니 전남일보의 강경노선에 대해 말이 많더라고 한다. 문 국장을 불러 청와대 반응을 전하고 나도 논조의 연화가 필요하다고 생각한다고 부언했다. 민승연이라는 재미교포가 인터뷰 때문에 왔다가 자기 형인 민승백이 나에게 인사드리라고 했다면서 내 방으로 찾아왔다.

2월 25일 (토)

오늘은 교원인사발표가 있기 때문에 일부 직원들이 새벽 6시부터 근무하여 제작시간도 좀 빨라졌다. 서울에 전화했더니 회장님은 나오시지 않은 모양이고 부회장은 나와 있었다. 김준태 부장을 불러, 현재 연재중인 "광주・전남 현대사" 시리즈 제작내용을 지적하면서, 역사적 사실에 대한 새로운 시각은 좋으나 그렇다고 공산주의를 미화하거나 정당화하는 일이 있어서는 안 된다고 강조했다. 독자페이지 제작에서 외부원고를 여과 없이 그대로 노출시켜서는 안 된다는 것과 필자선정에 신중을 기해야 한다고 주의를 주었다. YMCA의 새 임원취임식에 화분을 보내고, 문 국장에게 참석할 것을 권했다. 3시에 부사장이 서울로 올라간 후 정일호 국장이 와서 박갑동 국장이 입금을 못했다고 귀띔한다. 두 사람 사이가 무척 좋은 편인데 뭔가 이상이 생긴 모양이다. 무슨 일이 있었는지 캐묻지 않겠지만 두 사람 사이가 벌어지지 않도록 노력하라고 충고했다.

2월 27일 (월)

아침회의에서 3월 1일부터는 출근부를 없애고 각 국·실장이 근태상황을 파악해서 총무국에 알리기로 결정했다. 회장님께 전화, 서 이사의 일본출장문제, 볼링장문제, 논설위원문제 등을 협의하다. 오전중에 김연두 부국장이 입금보고하러 왔기에 박갑동 국장에 대해 응분의 대우를 해주도록 주의하라고 하였다. 고행원 부장이 와서 김용일, 정기상, 이만영, 나의갑 등이 사표를 제출할 움직임이 보인다고 귀띔해준다. 문 국장을 불러 일부간부들의 동태를 살펴보고, 만약 실제로 사표를 제출한다면, 버르장머리를 고치기 위해서 그대로 수리해 버리는 것도 고려하라고 지시했다. 이내균 사장이 전화, 토요일에 전매청을 비난하는 기사가 났다고 알려준다. 정기상 부장에게 이런 전화가 있었다고 알렸더니, 사장과 노 청장이 친구지간이라는 것을 알고 있으니 앞으로 좋은 기사를 쓰겠노라고 다짐한다. 광주경상대학 신방과 김광옥 교수가 수원대로 가게 되었다면서 강호수 교수와 함께 찾아왔다.

2월 28일 (화) 기사날조 행위를 호되게 문책하다

부회장에게 전화했더니 오늘 홍콩으로 출발했다고 한다. 최 이사에게 알아보니 홍콩, 도쿄로 해서 금주 말 귀국할 예정이란다. 오전에 전매청을 출입하는 박우기 기자를 불러 담배기사 관계를 추궁했더니 이실직고한다. 원고를 찾아오라고 해서 살펴보니, 정 부장이 추가로 가필하여 고의로 사실을 날조한 것이 드러났다. 우선 박 기자에게 자기 기사가 고의로 훼손된 사실을 알면서도 그대로 묵과한 데 대해서 엄중히 경고하고, 정 부장을 불러 문제를 추궁했더니 적당히 얼버무리려고 해서, 원고 추가부분을 적시하면서 따져 들어가자 하는 수 없이 순순히 잘못을 시인한다. 이따위 행위야말로 전형적인 저질기자의 표본이라고 윽박질렀다. 그는 뜻밖의 강경한 질책에 다시는 이런 일이 없도록 하겠다고 맹세했다.

오후에 만화를 그리는 이대혁을 불러 오늘 신문에 게재된 만화의 '니미 떠나시는 날'이라는 캡션을 두고 눈이 빠지도록 호통을 치다. 서울에서 조선내화의 이종락 상무가 전화, 3월 3일 조세의 날에 이화일 조선내화 사장이 철탑훈장을 받게 되어 전남일보에 전면광고를 내겠으니 적절히 보도해 주었으면 좋겠다고 한다. 문 국장과 정 광고국장에게 광고와 기사를 적절히 준비해서 반영시키도록 지시했다.

3월 1일 (수)

도경의 남 국장이 이임인사차 다녀갔다. 오늘은 공휴일이니 신문제작도 빨리 끝내려 했는데 11시경에 대조기에 고장이 났다는 보고를 받았다. 부사장이 5층으로 가서 수습책을 강구해 보는데 급하면 봉조(손으로 조판하는 방법)로라도 해보겠다고 한다. 최 이사에게 서울에 출장중인 서 이사에게 연락해서 빨리 본사로 연락을 취하도록 하라고 했다. 김원욱 부국장을 불러 편집국 내에 문제가 없는지 알아봤다. 요즘 편집국의 문화분야담당 부서와 정치·사회분야담당 부서 사이에 선이 약간 갈라져 있는 듯한 느낌을 받고 있기 때문이다. 아니나 다를까 편집회의 때 문화담당 부서 쪽에서 별로 발언을 안 하기 때문에 지면에 중복기사가 나타나는 현상이 있다는 것이다.

3월 2일 (목)

아침회의에서 지면쇄신 계획에 관한 보고를 받았다. 어제 대조기 고장은 아직 완전히 고쳐진 것이 아니고 간밤에 한국컴퓨터 직원이 철야작업을 했으나 정확한 원인을 발견하지 못했다고 한다. 진도에서 근무하는 목고 후배인 오금택 서장이 찾아와 이야기하는데 김인곤 의원이 성래운 경상대학장과 함께 찾아왔다. 서울에서 최 이사가 우리 회사의 편협가입을 위한 추천장을 충청일보 사장으로부터 받았다고 보고한다. 이만영 부장을 불러 지역기사의 수준을 높일 수 있는 방법을 연구하고 모색하라고 지시했다.

오늘은 초쇄가 12시 30분경에 나오리라 생각했는데 1시 30분에 나왔다고 해서 그 원인을 조사하라 했다. 제판부에서 컬러가 들어가 15분 정도 더 소요되었고, 윤전에서 10여 분 쇄판하느라 늦어졌다고 한다. 김원자 부장을 불러 가정생활부 기사에 관해서 격려하면서 몇 가지 문제점을 지적하고, 박병무 기자를 불러 기사작성법에 대해 상당한 시간을 들여 강의해 주었다. 문 국장이 지면쇄신 내용을 보고했다. 서울의 신문인협회로 전화를 걸어 가입신청에 관해 협의하다. 전라일보 이치백 회장에게 전화해서 편집기자회 윤산학 사무국장 문제를 말했더니 적극 협조하겠다고 한다.

3월 3일 (금)

조회를 끝내고 예산심의에 착수, 점심때까지 계속했다. 오후에 오늘 나온 사설을 읽어보니 두 개의 사설이 모두 마음에 들지 않았다. 논설위원실에 갔더니 박 주필은 부재중이고 이홍재 위원만 있다. 사설에 대한 불만을 구체적으로 지적하고 주필께서 좀더 신경을 써주셨으면 좋겠다는 사장의 말을 전해 달라고 했다. 오후엔 계속해서 예산심의. 최 이사로부터 전화, 내일 김교일 서울지사 광고국장과 함께 내려오겠다고 한다. 최하림 부국장을 찾았으나 갑자기 서울에 올라갔다고 한다. 손정연 부장을 불러 〈5·18과 민주주의〉 심포지엄에 관해서 물었으나 시원한 대답이 없다.

3월 4일 (토) 근거 없는 비판기사 쓰지 말라

아침에 오무로부터 전화를 받았는데, 동아·중앙·세계가 4월부터 팩시밀리로 광주판을 낼 계획을 세우고 있다고 한다. 조회 때 간부들에게 중앙지들의 적극적인 지방침투에 철저히 대비하라고 지시했다. 또 광주교육위원회의 인사에 관한 비판기사를 언급하면서, 요즘 우리 회사의 젊은 기자들도 타지의 패턴을 따라 근거 없는 비판기사를 쓰는가 하면 사설에서도 이를 그대로 받는 경우가 있는데, 우리 신문은 언론의 양식을 살려 저질경향에 빠지지 않고 지역언론계에 모범을 제시하라고 촉구했다. 논설위원실로 올라가서 박 주필, 오세정, 오무에게 요즘 과중하게 일하고 있음을 미안하게 생각하지만 근거가 약한 비판은 삼갔으면 좋겠다고 주문했다. 그리고 중앙지들처럼 정치문제에 치중하지 말고 되도록 지역문제를 더 많이 다루되 너무 서둘러 다루려 하지 말라고 당부했다.

오늘 강판은 별로 늦지 않았으나 종이가 4번이나 끊어져 종쇄가 늦어져서 배달하는 여학생이 전화로 항의했다. 서 이사가 오늘 서울에 간다는 것을 월요일까지 있으라고 만류했다. 서 이사는 화요일부터 일본에 출장갈 예정이다. 천갑수 기자를 불러 기사쓸 때는 사실을 정확히 확인하고 써야지 근거도 없이 비판적 의견을 넣는 것은 기자의 폭행이라고 지적, 앞으로 기사작성에 신중을 기하라고 경고하다. 오후에 도경에 새로 부임한 백형조 국장이 인사차 왔다.

3월 6일 (월) '조선'이란 표현 삼가라

서울의 부회장에게 전화하여 그동안의 이곳 사정을 대충 설명했다. 그러자 3월 16일과 17일에 구미지역 주재공관장들이 전남지역에 들러 간담회를 가지며 지역시찰을 할 예정이라면서 해남, 강진 등 문화유적을 시찰할 때 목포의 유달동 저택도 보여주고 좌담회 취재에도 신경을 써 달라고 한다. 문 국장을 불러 간담회와 나주시찰 등은 취재토록 하고, 문화유적관계는 관의 스케줄을 보고 협조하되 너무 나서지는 말라고 했다. 최하림 부국장을 불렀더니 서울집에 강도가 들어 정신이 없다고 말한다.

민형배 기자가 쓴 기사 중에 '조선'이란 표현이 있는데, 아직 우리가 스타일북을 만들지 않아서 용어통일이 안 되고 있지만, 이런 돌출적 표현은 불필요한 오해를 불러일으킬 수도 있으니 사용을 삼가는 것이 좋겠다고 지적했다. 민 기자를 불러서 이 점을 언급했더니 그는 처음엔 다른 신문에도 그렇게 표현한다고 변명하려 했으나 나중에는 용어 사용에 주의하겠다고 고개를 수그린다.

오늘의 머릿기사인 백화점에 관한 기사를 보고, 저질삼류신문 수법에 아연실색했다. 지병두 부국장과 나 부장을 불렀는데 나 부장만 왔기에, 도대체 무슨 이유로 작년에 발생하여 처리된 사실들을 새삼스럽게 들춰내서 크게 다루었느냐고 추궁했더니 별 항변도 없이 수긍해 버린다. 그리고 지병오 교수의 "광주는 말한다"라는 제목처리가 독자를 혼란스럽게 했다는 지적에 대해서도 순순히 수긍한다. 지 부국장이 나중에 올라왔기 때문에 거듭해서 지적해 주고, 최시영의 완도문제는 왜 아직 해결하지 않느냐 하니까, 내일 김에 관한 취재와 겸해서 출장 보내려 하는데 그래도 해결이 안 되면 자기가 직접 가겠다고 한다. 한일은행의 신임본부장이 인사차 왔다. 오후에 3층에 내려가 장광영 실장방에 들렀더니, 지병오 교수 기사의 제목에 문제가 있다는 지적을 나 부장에게서 들었다고 하면서, 잘못이 있었음을 솔직히 시인한다.

3월 7일 (화)

아침회의에서 어제의 사회면 톱기사에 올린 백화점 비판기사가 저질성을 드러냈다고 지적하고, 보다 철저한 데스크 체크를 촉구했다. 전광미 기자에게 유도회의 장의(掌議)를 장의(長義)로 기술했다고 지적하고, 교열부 서 부장에게 금호(錦湖)를 금호(金湖)로 오식(誤植)했음을 지적했는데 변명조로 반응한다. 호남대의 박승규, 양인옥 교수가 방문하고 나주의 최병철 씨로부터 전화, 우리 신문에 보도된 다시면의 농민기사 때문에 농협에서 항의하고 있다고 한다. 이춘발 기자를 불러 기사의 잘못된 점을 지적하며 지도하고, 나 부장을 불러 주의를 촉구했다.

오후에 고행원 부장과 함께 광주학생독립운동기념관을 찾아가 열람실을 둘러보았다. 서울의 김진원 부장을 전화로 불러 조순 박사와 유준상 의원의 대담기사와 이종찬 인터뷰 문제에 관해서 알아보고 앞으로 큰 기사는 사장에게 사전보고하라고 지시했다. 문 국장을 불러 평민당의 조선일보 고소사건, 서울지사의 출입처문제, 조순, 이종찬 등에 관한 기사들, 윤한봉 탈출기 및 농민문제 등에 관해 주의를 환기했다. 예총 전남지부의 임병성 지부장과 6시 30분에 예천에서 만나 9시 30분까지 술과 저녁을 들면서 환담했다.

3월 8일 (수)

아침회의가 끝난 뒤 박갑동 국장이 올라와서 어제 고행원 부장과 정용화 기자 사이에 상당히 심한 폭언이 오갔다고 말한다. 손지현 차장을 불러 그 경위를 들어보았다. 박 국장에게 화니백화점에 미안하다는 뜻을 전하라고 지시하다. 광주고속에서 3백만 원을 협찬하면서 협찬사로 기명되는 것은 사양하겠다고 하니, PR기사를 써주고 입장권 일부를 전해 주면 어떻겠느냐고 부사장이 협의한다. 기사는 조건 없이 써주되, 자선적 성격의 돈으로 우리 행사를 할 수는 없으니 거절하라고 지시했다. 조영남이 미국에 있기 때문에, 17일에 못 들어올지도 모른다고 김 이사가 보고한다. 최 이사에게, “김진원 부장이 직접 조영남을 만나, ‘기일 내에 돌아와 약속을 지킬 것’을 강경하게 통보하라”고 했다.

오후에 김채환 기자를 불러, 11면 편집에 관한 사정을 들어본 후, 지나치게 강경하고 선정적인 편집을 삼가라고 주의하다. 또한 정용화 기자를 불러 기사 중에 부적절한 표현이 많음을 지적하고, 윤한봉에 관한 기사에 관해서도 몇 가지 주의를 주었다. 나머지 3회분 기사를 가지고 오라해서 읽어보고, 과격한 대목을 일부 삭제하고, 인공기가 들어 있는 사진은 제외하도록 조치했다.

3월 9일 (목)　사진변조는 저질 범죄행위이다

조회 끝내고 회장님께 전화, 내일 밤에 상경하여 토요일에는 중앙지들을 인사차 방문할 예정이라고 보고했다. 광주은행 간부들이 인사차 왔다. 김원욱 부국장에게 어제 결석한 이유를 물어보고, 요즘 편집국의 기류가 어떻게 흐르는지 알아봤다. 광주국세청의 김거인 청장이 점심을 함께하자 해서 만났더니 한서우유 관계를 신경쓰는 것 같다. 지병두 부국장이 최시영의 보고서를 가지고 왔기에 편집국간부들간의 감정의 흐름에 관해서 알아보았다. 김원욱은, 회의가 끝나면 늘 불평을 토하고 자신의 세력구축에 신경을 쓰는 것 같다고 한다. 최시영이 보고서를 가지고 올라왔기에, 내가 중요시하는 것은 분규의 해결여부보다 날조사진을 만들었다는 사실 자체라는 점을 강조했다. 사진을 변조한다는 것은 진실을 날조하는 행위이고, 언론이 가장 삼가야 할 저질 범죄행위임을 알아야 한다고 일깨웠다. 특히 최 기자는 우리 편집국에서도 핵심인물이고 다른 기자들에게 모범을 보여야 할 위치에 있지 않느냐고 지적했다. 오후에 부회장이 전화, 광주·목포·여수·순천의 숙원사업과 불만들을 조사해 달라고 한다. 장형래에게 편집국 회의결과를 집약해서 보고하라고 지시하다.

3월 11일 (토)

9시에 최봉인 이사가 왔기에 프레스센터로 함께 가서 언론연구원 조용중 원장실에서 이종전 이사, 강범석 이사 등을 만나다. 전남일보에 대한 근황을 설명하고 업계동향에 관해 들어보다. 이어서 기자협회, 편집기자회, 관훈클럽, 프레스센터 이사장 방에 들렀다가 연합통신으로 가서 김종규 사장을 만났다. 우리 신문의 신문인협회 가입문제와 이훈동 회장의 성품이나 경륜을 설명하고, 앞으로 많은 배려와 협조를 보내달라고 당부했다. 오후 2시 넘어 한국일보 김창열 사장을 만나 추천서를 부탁하고, 편집국장을 만났는데 회장은 부재중이다. 서울경제 편집국장 박병윤을 만나고, 코리아타임스 조병필 국장 등 간부들을 만났다.

3월 13일 (월)　노조가 정식으로 발족하다

새벽에 일어나 김포로 해서 광주 사무실에는 8시 40분에 도착하다. 간부회의를 하는데 회장님이 도착하셨다. 회장님에게 신문인협회 가입문제, 논설위원실 사정과 안영섭 박사 영입문제, 우리 신문의 편집방향 문제를 의논하다. 안 박사 문제는 이력서를 다시 보고 면접을 새로 하자고 하신다. 손정연 부장에게 김성훈 박사를 만나보라고 지시하다. 11시 40분경에 한 광고국직원이 전화로 오늘 12시 30분에 편집국에서 노조를 결성할 예정이라고 알려준다. 문 국장에게 자세한 정보를 알아보도록 하고, 부사장에게 알렸더니 김원욱 부국장을 통해서 알아보겠다고 한다. 잠시 후 내 방에서 부사장, 서 이사, 김 이사, 문 국장 등과 대책회의를 열다. 사전에 봉쇄하려 하는 것은 오히려 역효과를 낼 수도 있을 것이고, 당면한 민감한 문제가 없을 바에야 차라리 지켜보는 것이 나을 것이라는 의견이 우세했다. 다시 논의를 계속했으나 별 진전이 없었다. 간부들과 함께 6층식당에서 점심을 먹었다.

노조결성회의가 2시 30분에 끝났는데 위원장에 최시영 차장이 되었고, 결의문이나 요구사항 등은 제기되지 않았다고 한다. 공무국의 이광희와 최혁 기자가 찾아와 노조가 결성되었음을 정식으로 사장에게 통고한다. 노조가 일단 설립된 이상 건전하게 운영하기 바라며, 활동은 새 건물로 이사할 때까지 연기하라고 말하니 그렇게 하겠다고 동의한다.

3월 14일 (화)

최시영 노조위원장에게 노조결성 신고를 사무실 이전 이후로 연기하라고 재촉구했다. 조회 끝내고 다시 나종경, 정명섭 등 노조간부들을 각각 불러 같은 말을 되풀이했다. 코리아헤럴드의 한종우 사장, 한국경제의 이규행 사장, 전북일보의 서정상 사장, 조선일보의 신동호 전무, 동아일보의 김병관 사장, 매일경제의 유광필 이사, 코리아타임스의 정태연 사장 등에게 전남일보의 신문인협회 가입에 협조해 달라고 전화로 부탁하다. 대전일보의 안 사장은 사임했다고 하고, 강원일보의 강표원 사장은 부재중이었다. 부회장에게 전화, 어제 노조간부들에게 노조활동을 연기해줄 것을 권했는데 협조하겠다고 약속하더라고 말했다. 7시에 신양파크호텔에서 열린 중앙일보의 마라톤대회 축하식에 참석했다. 이종기 사장, 김금태 부국장, 최장석 국장 등을 만나고 화니백화점 이 사장, 최인기 광주시장, 임병성 예총 지부장과 만났다. 8시에 박용훈 신양파크호텔 회장이 동방프라자에서 저녁을 하자고 해서 함께했다.

3월 15일 (수)

조회중에 회장님이 도착하셨다고 연락이 왔다. 내려가서 노조간부들에게 노조활동을 사무실 이전까지 유보해 주도록 요청했다는 것과 신문인협회 가입을 위해 여러 신문사 사장들에게 협조를 요청했다는 것을 보고했다. 부사장, 김 이사, 김 국장을 참석케 하여 이 업무국장더러 지사, 지국 지원문제를 보고하도록 했다. 보고가 계속되다가 점심때가 되어 국장급 이상을 한일관으로 불러 식사를 함께하다. 오후에 다시 전북지국 문제, 목포·순천지사 문제 등을 보고하고 3월 예산안을 결재받았다. 3시경에 여수MBC 사장이 방문하고, 4시에는 김포천 광주MBC 사장이 찾아와서 간부들과 환담을 나누다. 부회장으로부터 전화, 내일 구주 및 미주지역 주재 공관장 41명이 광주에 내려가는데, 전남일보에서 술 한 잔 사는 것이 어떻겠냐고 하기에 부회장이 직접 내려와서 하는 것이 좋겠다고 했다. 전라일보 이치백 회장이 내일이 쌍용 창립기념일인데, 함께 참석해 광고를 교섭하면 어떻겠느냐고 한다. 어떻든 올라가 보자고 했다.

3월 16일 (목)

강원일보 강표원 사장이 전화, 어제는 자기가 부재중이었다고 하며, 신문인협회 가입문제는 전폭적으로 협조하겠다고 한다. 3시 비행기로 서울로 갔다. 관훈클럽에 들러 이치백 회장과 전화로 연락하고, 김영성 국장과 언론인금고 김충기 이사와 환담을 나누었다. 최 이사가 왔기에, 이치백 회장과 함께 쌍용 리셉션이 열리는 롯데월드로 갔다. 크리스털룸은 하객들로 빽빽하다. 박권상, 조경희, 임철규, 한종우 등을 만났다. 한종우 사장이 자기가 바로 신문인협회 회의에 참석하고 왔는데, 우리 신문의 협회가입 문제는 다음 회합으로 미루고, 오늘 회의는 조선일보와 평민당 간의 성명서문제를 토의했다고 한다. 리셉션에서 김대중 총재를 만났는데, 신문 잘 내고 있냐고 관심을 표명한다. 최영철 장관도 만났다. 이치백 회장과 최 이사와 저녁을 함께하고, 9시 넘어서 신사동 집에 들어왔다.

3월 17일 (금)

새벽에 최 이사 차로 김포로 해서 8시 35분에 광주에 도착했다. 부사장은 회장님과 옥과로 골프 치러 나가서 자리에 없다. 노조가 오늘 1시에 회합할 예정이라는 정보가 들어왔다. 문 국장은, 최시영에게 알아보았더니, 오늘은 외부방문을 나가고 내일 회의를 소집할 예정이라고 하더란다. 제작이 끝나면 국장급들은 사장실로 모이라고 연락했다. 민형배 기자를 불러 알아봤더니, 사장의 지시는 충분히 전달되었지만, 노조결성 신고만은 늦출 수가 없다는 것이 노조의 합의라고 한다. 12시 40분에 신양회관에서 회장님, 부사장과 점심을 먹었다. 어제 신문인협회의 회의내용을 자세히 알아보았더니 전남·국제·전라일보는 이의가 없지만 경기·인천일보 등은 사이비 기자문제로 말썽이 있으니 좀더 조사해 보고 4월 7일에 다시 모여 심의할 것이며, 전남일보는 이의 없이 통과될 것이라고 한다. 그리고 광주일보의 김종태 사장도 전남일보의 가입에 하등 이의를 달지 않았다고 한다. 2시 30분에 조덕송 씨가 도착해서 회장실에서 만나다. 3시부터 〈에비타〉 공연이 있어 관람안내를 비서실에 지시하고, 최시영에게 백형조 도경국장에게 연락하여 회장님께 인사드리도록 하라고 지시했다. 밤에 조덕송, 박인성, 오무, 이홍재와 리버사이드 중국집으로 가서 술을 마셨다.

3월 18일 (토) 노조결성신고를 만류하도록 하다

아침회의중에 회장님이 부사장, 김 이사, 서 이사와 함께 내려오라기에 갔더니, 노조결성 신고를 늦추도록 하라는 지시이다. 이어 문 국장, 최하림, 지병두, 김원욱 부국장들을 불러 같은 내용을 지시했다. 조덕송 씨가 논설위원실에 있기에 내 방으로 함께 왔다. 중요한 협의가 있다고 해서 들어보니, 몇 번이나 들었던 과거사를 또다시 말한다. 유인학 의원이 찾아왔기에 부사장더러 편집국으로 안내하라고 했다. 점심은 6층 식당에서 시켜 먹고 1시 45분에 이종열 사장 집안 결혼식장에 참례하다. 회장님께서 노조신고 문제를 묻기에, 신고만은 막기가 어려울 것 같다고 말씀드리자, 어떤 일이 있더라도 새사옥으로 이사갈 때까지는 막으라고 하신다.

김활용 목사가 왔다가 바빠서 그냥 돌아갔다. 최하림, 김원욱을 불러 노조동향을 알아봤다. 1시경부터 노조회의가 시작된 모양인데 별다른 진전이 없다고 한다. 3시경에 회장님이 궁금해서 전화하셨다. 아직 노조회의가 안 끝났으니 좀더 기다려보자고 했다. 최시영에게 연락, 회의진행 상황을 물었더니 노조원들이 모두 건전한 생각을 갖고 있고 신고하더라도 곧바로 활동에 들어가지는 않을 테니 걱정말라고 한다. 회장님이 떠나셨기에 카폰으로 연락했더니, 어떤 일이 있더라고 만류해야 한다고 강경히 지시하신다. 부사장, 김 국장과 협의하다가 김원욱을 불러 들어봤으나 별 수 없어서, 내일 회의는 소집하지 않고 전화로 설득하기로 했다. 7시에 뮤지컬 〈에비타〉를 관람했다. 막 뒤로 가서 배우 유인촌·이영애와 김의경 단장 등을 만나 격려하고 금일봉을 전달했다.

3월 19일 (일)

간밤에 문 국장에게 전화하여 "편집국간부들이 노조 움직임에 대하여 강 건너 불구경하는 듯한 태도를 보인다"고 지적하고, 좀더 적극적으로 대책을 세워야 할 것 아니냐고 촉구했다. 오늘 새벽에는 편집국의 나의갑 부장과 손정연 부장에게 소속부원들의 동태에 무관심하지 않느냐고 경고하면서, 오늘은 그들에게 노조활동을 사무소 이전할 때까지 유보하도록 하라고 당부했다. 노조활동의 핵심인물들을 전화로 점검했더니 정명섭, 민형배, 정용화는 모두 어젯밤 외박했고, 조장현은 전화가 통하지 않는다. 김중태는 마침 집에 있기에 9시까지 미도장으로 나오라고 지시했다.

김중태가 미도장으로 찾아왔기에, "노조원이 되기 전에 기자가 되고, 기자가 되기 전에 인간이 되어야 한다. 기자가 되었으면 이젠 운동권 학생이 아니지 않는가. 지성과 이성으로 판단하고 언동에 신중하고 책임을 져야 하지 않는가. 강경노선만이 옳고 정의롭다고 생각하는 우를 범하지 말라. 그렇게 되면 남에게 이용만 당하고 희생될 뿐이지 지도자가 되기는 어렵다. 하수인에 머무르지 않고 지도자가 되려면, 옳고 그른 것을 신중히 저울질하고 행동해야 하지 않겠는가?" 하고 타이르자 어느 정도 납득하는 듯한 표정을 짓는다. 11시경에 박갑동 국장이 여관으로 찾아와 함께 가톨릭센터에서 거행된 나종경 기자의 결혼식에 참석했다. 최 이사, 김 국장, 문 국장, 장 실장 등이 나와 있다. 밤에 전화로 들었는데 오늘 나종경 결혼식 피로연에서, 채복희 기자가 노조에서 봉급문제를 다루자고 제의했다가, 박병모 기자에게 호되게 당했다고 한다.

3월 20일 (월)　노조에 대한 설득을 거듭하다

아침회의 때, 회장님이 노조문제에 대한 간부들의 방관자적 태도를 몹시 유감스럽게 생각하시더라고 전하고, 좀더 적극적인 대처에 힘써 달라고 촉구했다. 문 국장더러 어떻게 대처하겠느냐고 물으니 말은 않고 곤혹스러운 표정만 짓는다. 문 국장의 종용에도 말을 듣지 않는다면 내가 직접 설득시킬 터이니, 오늘 오후에 내 방으로 노조간부들을 집합시켜 놓으라고 했다. 그러자 문 국장 자신이 오후에 노조원들을 모아놓고 설득해 보겠다고 한다. 정기상 부장, 김용일 부장, 김준태 부장 등을 따로 불러 회장님의 생각과 회사의 입장을 설명하고, 신고를 보류하도록 종용하라고 지시했다.

오후 4시에 문 국장이 찾아와, 자신이 노조간부들을 모아놓고 회장, 사장 그리고 국장의 입장을 설명했으므로 납득한 줄 알았더니, 자신이 나온 뒤에 만장일치로 신고하기로 결의했다는 보고를 받았단다. 즉시 노조간부 전원을 사장실로 소집했다. 12명의 노조간부들이 왔기에 차분하게 현재 우리 회사가 처한 어려운 상황, 지난번 노조대표들이 제기한 요구내용, 회장님의 경영철학과 17개 계열회사에서의 노조활동의 실황 등을 설명했다. 그리고 회장님의 생각과 입장을 존중하여 새로운 사옥으로 이사할 때까지 신고만은 보류하라고 종용했다. 최혁, 민형배, 채복희 등으로부터의 이의제기에 일일이 응답하면서 설득했다. 그러면 표결로 정하자고 나오기에 순간 불쾌한 표정으로 사장의 말에 최소한의 예의는 보여야 할 것 아니냐고 쏘아붙였다. 정명섭이 시간여유를 더 갖고 결정하자고 긴장된 분위기를 풀어주었다. 그러면 좀더 시간을 갖고 어른들의 말을 수용하기를 바란다는 당부를 남기고 해산했다. 밤에 정명섭, 김영창, 민형배, 옥순종 등이 찾아왔기에 '구미호'에서 12시까지 술을 마셨다.

3월 21일 (화)

아침회의를 마치고 김 총무국장과 노조문제를 논의하고, 오늘 3시

비행기로 서울에 가서 회장님께 보고하려고 생각하고 있는데, 11시경에 문 국장이 전화, 12시 30분에 노조임시총회가 열릴 것 같다고 한다. 최시영을 찾았으나 부재중이어서 간부긴급회의를 소집하여 대비책에 대하여 의견을 물었더니, 오늘 회의에서 신고연기 여부를 표결에 부친다면 가결될 것이 뻔한 일이고, 노사대립만 대외적으로 홍보하는 결과가 될 것이니 아예 총회를 못 열게 하는 것이 상책일 것이라는 의견으로 일치되었다.

오후에 최시영이 올라와서 달리 어찌할 도리가 없어서 신고하기로 가결했으니 제발 묵인해 달라고 한다. 신고하더라도 노조활동은 경영자측에서 바라는 대로 새 건물로 옮기고 시작할 테니 믿어달라고 한다. 신고는 노조집행부에서 적절한 시기에 암암리에 하되, 노조활동은 이사하는 날까지 회장님의 귀에 들어가지 않도록 하겠다고 약속한다. 서 이사, 최 부국장과 함께 점심을 먹었다.

광고협회 전무가 ABC협회 가입을 권고하기 위해서 찾아왔다. 가입을 적극 검토하고 있으나 당분간 보류할 생각이라고 했다. 3시에 주한 중국대사관 신문참사가 비서관과 함께 찾아왔다. 우리 신문의 편집방향을 이것저것 묻는다. 오후에 회장님으로부터 전화, 오늘 상경하겠다고 했는데 오지 말고 노조의 신고만류에 전력을 기울이고 내일 아침에 그 결과를 전화로 보고하라고 한다. 홍남순 변호사를 5시에 방문키로 했다가 취소했다.

3월 22일 (수)

오전에 김충곤 국장과 회장님에게 어떻게 전화해야 할지 논의했다. 부사장더러 최혁에게 연락해서 노조의 최근 동정을 알아보라 했는데, 축협에서 건물임대계약을 하러 와서 거기에 매달려 있다고 한다. 11시경에 서울로 전화했으나 말이 별로 수월하게 나오지 않는다. 회장님은 여전히 최선을 다해서 막으라고 하신다. 도경에 있는 최호준 경감이 최씨 종친회의 청년부장이라는 사람을 데리고 왔다. 풍년제과를 경영하는 사람인데 용모가 준수하고 온순하게 보인다. 도청에 근무하는 척범 동생이 광고거리가 있다고 연락하기에 정 광고국장더러 사람을 보내라고 했다. 오무 위원이 내려와서, 내일 오소백 씨가 광주에 온다고 알려준다.

3월 23일 (목)

회장님의 전화에 아무 이상 없다고 말씀드리자 수고한다고 위로하신다. 광주교육대의 강문주 학장이 취임인사차 왔다. 전기공사를 한다는 강만기업의 김상룡 대표이사가 찾아와 김옥형 씨 이야기를 꺼내면서, 몽탄면 대치리가 자기의 고향이라고 소개한다. 오후 3시경에 회장님으로부터 전화, 서울지사에 들렀다가 궁금해서 전화하셨다고 한다. 오소백 씨가 찾아와 전남일보의 편집방향에 관해 상당시간 동안 환담하다. 논설위원실에 내려갔더니 박 주필만 있다. 지난번 편집국에서 '서석대' 회람사건이 있어서 심기가 불편했을 것이라고 위로하고 인원을 충분히 보강해 주지 못한 점을 양해하라고 했다. 오늘밤 오소백 선생과 만나기로 했다고 하기에, 적절하게 대접하고 영수증을 가져오라고 하니까, 저녁은 광주일보의 최승호 전무가 사기로 했다고 한다. 요즘 자주 피로감을 느낀다.

3월 25일 (토)

오늘은 좀 빨리 끝내기로 조회 때 결정했다. 회장님에게 전화하니 월요일에 광주로 내려오시겠다고 한다. 결재하다가 이기홍 옹의 옥중기 30회 분을 연재하겠다는 품의가 있기에, 김준태 부장을 불러 그 내용을 물었더니 이 옹의 약력을 가져왔다. 이 분은 광주학생독립운동에는 별로 관여하지 않고 1930년대의 농민운동에 참여했다가 옥고를 치렀고, 4·19 후에 '사회대중당'에 관여했다가 5·16 이후에 기소되어 옥살이를 한 분이다. 말하자면 일제시대에는 사회주의운동가요 해방 후에는 좌익계로 알려진 분인 듯하다. 문 국장을 불러 연재에 문제가 있다는 점을 지적하자 다른 연재로 바꾸어 보겠다고 한다. 오늘 2시에 조아라 여사의 희수연이 있다는 연락을 받고 편집국장더러 가보도록 했다. 5시에 대한페인트잉크회사의 이전식이 있어서 박갑동 국장과 함께 참가했다. 권 지부장과 본사의 사장과 임원들이 반갑게 맞이한다. 권진욱 변호사도 거기에서 만났다.

3월 27일 (월)　　노조문제는 사장에게 맡기라고 하다

아침회의를 마치려는 참에 회장님이 서울에서 도착하셨기에 간부들 이끌고 내려가 인사를 드렸다. 다른 사람들은 보내고 부사장을 남도록 해서 몇 가지 사안을 보고하고, 부사장도 내보내고 회장님과 단 둘이 앉아서 이제부터는 노조문제는 전적으로 사장에게 맡기고 회장님께서는 관여하지 마시라고 진언했다. 회장님도 오늘은 심기가 매우 편안한 듯하다. 오히려 수고 많았다고 격려해 주신다. 고귀남 의원이 인사차 와서 한참 동안 환담했다. 5시에 남도예술회관에서 영호남 서예교류전이 열리기에 화환을 준비하라 하고 정명섭 기자와 함께 참석했다. 돌연 날더러 축사를 부탁하기에 짤막한 축사를 올렸다. 거기에서 서예가 장전을 만났다. 정구영 광주지방고검장이 청와대 민정수석으로 가고, 지검의 지헌범 검사장이 법무부 기획관리실장으로 영전하기에 광주시장 주재로 신양파크호텔에서 오찬이 있어 참석했다. 마침 광주에 내려온 이상희 과기처 장관이 오찬석상에 나왔기에 인사를 교환했다.

3월 28일 (화)

회장님이 11시경에 나오셔서 내려가 보니 김충곤 국장이 평통조직을 통해 신문을 확장하는 방법을 건의하고 있었다. 오늘은 평통자문위원회의 김창식 총장이 광주에서 간담회를 가질 예정이어서 회장님도 거기에 참석하신다고 한다. '광주 · 전남경영자협회'의 상무이사가 찾아왔다. 오후에 손정연 부장을 불러 '목포신안 해저인양선 연구소'의 최광남 소장과 연락해서 그 연구소에 관한 기사를 만들어 보라고 지시하다. 문공부에서 문익환 목사와 김일성의 회담사진을 게재하지 말았으면 한다고 서울지사에서 알려왔다. 문 국장에게 그 사진을 점검해 보고 중앙지들의 보도양태를 잘 살핀 후 신중하게 다루라고 지시하다. 오후에 회장님이 사장실을 방문했기에, 모시고서 사내를 두루 순시하다. 7시에 평통의 김 총장이 초청하는 만찬이 '예원'에서 열렸기에 참석하다. 회장님도 이 자리에 참석하셨다. 광주시장, 광주MBC 사장, 그리고 평통의 지방위원들이 참석해서 9시까지 환담하다.

3월 30일 (목)

조회를 끝내고 최하림 부국장을 불러 편집계획에 대한 사전보고가 왜 없냐고 추궁하니까, 1백호 기념특집은 아직 구체화하지 못했고 '통일론'을 세 편 기획했다고 한다. 아무래도 이번 특집에도 문제가 있을 것 같아서 다음에 내용을 살펴보고 결정하자고 했다. 독자투고란에 중학 3년생이 쓴 문 목사 방북에 관한 글이 있기에 문 국장을 불러 문제점을 지적하고 삭제하도록 했다. 오후에 회장님과 독대하여, 지금 우리에게 중요한 것은 노사문제보다도 편집방향을 바로잡는 일이라고 강조했다. 밤 11시경에 고행원 부장이 돌연 방문하여, 정웅 의원의 지구당 조직국장이 5·18 당시 31사단 대대장이었다는 사실을 취재했는데, 이로 인해서 문 국장과의 사이에 언쟁이 있었다고 보고한다.

3월 31일 (금) 우리 편집의 급진성향을 꾸짖다

8시 20분에 일부러 편집국에 들러 간부회의가 끝나기를 기다렸다. 회의가 끝났기에 간부들을 그대로 머물게 하고, 최근 문 목사 방북 이후 우리 지면이 균형을 잃고 위험수위를 넘을 정도로 편향되어 있다고 지적했다. 나의 지적에 문 국장이 변명하기에 그 편향된 증거를 제시하면서 큰소리로 질타하자 편집국 안은 아연 긴장했다. 나의 구체적 지적에 대부분의 간부들은 수긍하는 태도였으나, 최하림 부국장이 변명하고 저항하기에 일갈했다. 그 후 내 방에서 열리는 정례 국·실장회의에 편집국에서는 아무도 참석하지 않았다. 문 국장을 불렀더니 올라와서 죄송하게 되었다고 일단 사과한다. 그러고서는 어제 정웅 의원에 관련된 기사 때문에 고 부장과의 언쟁한 바 있는데 오늘의 나의 질책이 고 부장의 고자질에서 영향을 받은 것이 아니냐는 투로 이야기한다. 나는 어디까지나 최근 우리 지면에 돌출해 있는 편향성을 구체적으로 지적하여 말한 것이다. 내가 문제 삼은 것은 우리의 사시나 편집방향과는 동떨어진 급진적 통일론을 경계하는 데 있다고 말하자, 문 국장도 말로는 조심하겠다고 나온다.

신임 광주지검장이 인사차 왔기에 상당한 시간을 잡아 광주의 분위기에 대해 의견을 교환했다. 오늘도 SUN 3에 고장이 있어 20여 분 늦었다. 최하림 부국장을 불러 단단히 경고했다. 앞으로는 사전보고를 착실히 하겠노라고 다짐한다. 조덕송 씨에게 전화, 우리 신문의 편향성을 우려하면서 소신 있는 통일론을 전개하여 균형을 잡아달라고 당부했다. 화천기공의 권 사장이 방문했다.

4월 1일 (토)　우리의 기본 편집방침을 밝혀주다

회장님이 목포에서 9시 30분에 도착하셨기에 근황, 특히 우리 신문의 통일에 대한 편집노선이 지나치게 급진적으로 기울어져 있으며 위험수위를 넘어섰다는 사실을 보고했다. 이제는 휴간하는 한이 있더라도 시정하지 않으면 안 되겠기에 아침 편집국회의에서 간부들에게 호통을 치며 편향성에서 벗어날 것을 요구했다고 말씀드렸다. 회장님은 그렇지 않아도 목포에서 조효석 씨도 똑같은 점을 지적하더라 하면서 참으로 잘했다고 하신다. 고행원 부장이 어제 결근한 것을 사과하기 위해서 내 방을 찾아왔다.

김원욱을 불러, 술만 마시면 결근하는데 중책을 맡은 간부가 그렇게 자제력과 책임감이 없어서야 되겠느냐고 나무라다. 김원자 부장을 불러 우리 신문의 편집경향에 대해서 어떻게 생각하느냐고 물었더니, 혁신과 진보의 색채를 띠는 것이 바람직하다고 한다. 이렇게 편집국간부들이 신문의 기본노선과는 동떨어진 생각을 지니고 있다니 놀랍고도 우려스러운 일이다.

오후에 최하림 부국장을 불렀다. 요즘 기사를 다루는 것을 보면 좌파적 성향이 상당히 강하게 배어 있는 듯하다고 지적했더니, 자기는 진보적 견해를 선호한다는 것을 부인하지는 않지만 급진은 아니라고 변명한다. 현재 광주, 전남지역의 지적 풍토가 진보적 경향이 우세한 것은 사실이지만, 우리 신문은 사주의 신념이나 사회적 입장으로 보아 진보적 노선을 지향할 수 없다. 우리 신문은 어디까지나 보수를 바탕으로 삼아야 하고 진보를 표면에 약간 발라주는 정도면 충분하다. 혁신세력의 의견을 크게 포용할 수는 있으나, 결코 그것에 끌려가거나, 따라가거나, 대변할 수는 없음을 명심해야 할 것이라고 못박았다. 그리고 지금 기획중인 "통일론" 원고는 폐기하고 대신 조덕송씨의 원고로 대체하라고 지시했다.

4월 3일 (월)

노조원들이 몇 번의 집회를 가졌다는데 '신문의 날'을 기해 무슨 결의문 같은 것이 나오지 않을 것인지 또는 최시영에게 중국 취재명령을 내린 것이 노조를 회유하려는 술책의 일환이 아니냐는 설이 떠돌고 있다는데 그 진상을 알아보라고 문 국장에게 지시했다. 회장님에게 별다른 이상이 없음을 보고했다. 서울지사의 최봉인 이사가 신문의 날에 회장, 사장, 지사장에게 기념식에 참가해 달라는 초청장이 왔다고 하기에, 회장님에게 다시 전화를 걸어, 6일 6시 30분 프레스센터 국제회의장에서 열리는 기념식에 내가 모시고 나가겠다고 하니 그렇게 하자고 하신다.

조덕송 고문으로부터 전화와 더불어 문 목사의 방북에 관한 기사를 팩스로 보내왔기에 최하림 부국장을 불러 내일 지면에 게재하라고 지시하다. 오늘 제작은 제대로 진행되었는데 제 10면 제작에서 이상이 발생하여 20여 분 늦어졌다. 장광형 실장과 지병두 부국장과 함께 예천에서 점심을 하면서, 우리의 편집방향에 대해서 다시 설명하고 기자들을 철저하게 교육시킬 것을 당부했다. 논설위원실에 들러서 우리 신문의 논설의 방향은 시장원리를 존중하는 자유민주주의의 실현에 있음을 명심하여, 설익은 진보노선에 매몰되어 있는 젊은 기자들에게 똑바른 자세를 가르쳐 주어야 한다고 강조했다.

5·18에 관련된 사진을 둘러싸고 광주일보와 분규를 일으키는 신복신 부상에게, 그 문제에 대한 우리 사의 입장을 전달하고, 조속한 시일 안에 원만히 해결하도록 도와주라고 윤 부사장에게 지시했다. 김 이사에게는 MBC 김포천 사장과 협의해서 CATV에 관한 정보와 의견을 받아들여 앞으로 우리가 새로운 매체에 대한 사업을 기획할 수 있도록 준비하라고 지시했다.

4월 4일 (화)

아침회의에서 방북중인 문 목사에 관한 기사를 다루는 데에 유의할 점을 미리 지적해 두었다. "문 목사의 평양성명을 보니 김일성에게 말려들어 북한의 노선에 동조하고 있다. 앞으로 우리 신문에서는 문 목사의 방북에 관한 의견이나 기사는 균형 있게 싣되 우리의 의견으로서는 그를 지지, 옹호, 찬양, 고무하는 일이 없도록 하라." 최하림 부국장이 조덕송 고문의 원고를 2~3일 후에 실으면 어떻겠느냐고 하기에 오늘 당장 실으라고 단호하게 지시했다. 오늘 신양파크에서 세계일보의 리셉션이 있기에 부랴부랴 신양파크로 갔다. 벌써 리셉션은 시작되어 곽정환 사장이 인사말을 하는 중이었다. 홀로 들어서니 헤드테이블로 안내해 준다. 이억순 주필과 악수하고, 최인기 광주시장, 송언종 전남지사, 유 고검장, 백형조 도경국장, 곽 세계일보사장 등과 합석하다.

4월 6일 (목)　신문인협회 정식회원으로 가입하다

조회 마치고 회장님에게 전화, 오늘 3시 비행기편으로 올라가겠다고 말씀드리다. 업무국장과 광고국장을 불러 근황을 보고받고 김 이사에게는 부회장 귀국에 대비해서 보고서를 작성하라고 지시했다. 김충곤 국장은 치료 때문에 결근했다. 오후에는 편집국, 광고국, 업무국에서 수습기간을 마친 사람들에게 정식사원 사령장을 수여하고 훈시하다. 3시 비행기로 서울로 올라가 6시 30분에 신문의 날 행사에 참석하다. 기념리셉션에는 김대중 총재, 강영훈 총리, 고건 서울시장, 김용래, 이상위, 건설부 장관, 검찰총장, 남재희, 홍기훈, 손주환, 김창렬, 서기원, 이종기, 서정상, 이치백, 신동호 등을 만나다. 오늘 있었던 신문인협회 회의에서 전남일보의 협회가입이 드디어 가결되었기 때문에 관계자들에게 감사하다는 인사를 하다.

4월 8일 (토)　　무등일보 배제는 언론탄압이다

아침 6시 20분 서울 신사동 집에서 출발, 김포로 해서 광주 신문사에는 8시 40분에 도착했다. 간부회의가 진행중이었다. 10시경에 5·18 기념사업추진위원회의 명노근 회장과 몇 명의 회원들이 찾아왔다. 이번 〈5월제〉 행사에 협조해 달라고 한다. 그러면서 무등일보는 제외했다고 한다. 무등일보를 제외하다니 그것은 일종의 언론탄압이다. "〈5월제〉 라면 광주나 전남의 모든 사람이 차별 없이 동참해야 할 것인데, 5·18 유관단체에서 어떤 이유에서든, 특정신문을 배제한다면 말이 되겠는가? 대국적 입장에서 모두 동참할 수 있도록 하라"고 권했다. 방문한 일행 중의 한 사람으로 조선대 교수라는 사람이 무등일보는 창간동기가 불순하기 때문에 젊은 학생들이 무등일보의 참여를 극력 반대한다고 한다. 나는 여기에서 내 생각을 재삼 밝혔다. "글쎄, 무등일보의 창간동기가 어떤 것인지는 확실하지 않지만, 무등일보가 실제로 공익을 해치고 있다는 증거가 없는 이상 일방적으로 단정해서는 안 된다. 조선대학과 박철웅 씨 간에 얽혀 있는 부정적 감정을 그대로 무등일보에 옮기는 것은 5·18단체의 편협성을 드러내는 것이다"고 반박했다. 내가 굳이 이렇게 따진 것은 요즘 광주 사회에서 5·18 유관단체들의 자세가 오만하다고 느꼈기 때문이다.

오후에는 목포상공회의소 강당에서 거행된 성옥문화재단 장학금 전달식에 참가하기 위해 2시 넘어 목포에 도착했다. 식을 마친 후, 회장님과 조효석 씨 그리고 목포유지들과 차를 마시며 전남일보에 관한 이야기를 나누다가 4시경에 회장님은 전주로 떠나셨다.

4월 10일 (월)

아침회의에서 문 국장에게, 요즘 일요당직제가 잘 지켜지지 않는 것 같다고 지적하고, 최근동향을 조사해서 보고하라고 지시하다. 지난 토요일에, 서울지사의 취재기자들이 동해와 광주로 떠나서, 서울은 공백상태에 있었다는 사실을 지적하고, 뉴스는 일요일에 터지는 법인데 이런 무방비상태로 어떻게 경쟁에서 이기겠느냐고 질타하다. 서울지사의 김진원 부장을 전화로 불러 토요일에 서울지사를 비운 사실을 추궁하고 사과받았다. 청와대와 중앙청 취재가 부실함을 지적하자 변명을 늘어놓기에 그렇게 수동적으로 대처한다면 기자 2명 정도를 광주로 철수시키겠다고 경고했다. 우리 지면에 '주부모니터'를 모집한다는 '사고' 비슷한 기사가 나와 있다. 김원자 부장에게 사장이 모르는 사고가 나갈 수 있는 것이냐고 추궁하고 앞으로 새로운 기획을 하거나 필진을 바꾸는 경우에 반드시 문서로 품의를 올려 사장결재를 받으라고 타일렀다.

4월 12일 (수)

오늘 회장님이 소련 방문을 위해 떠나시는 날이어서 새벽 6시에 최 이사 차를 타고 김포로 나갔다. 김문갑 사장, 박성철 회장도 방문단에 끼어 있다. 손용석 상무, 김 상무, 이 상무, 홍 전무 등이 전송을 나와서 회장님의 장도를 기원했다. 홍 국장, 김 부국장과 '목포집'에서 아침식사를 하고 지사에 돌아오니 채영석 의원이 기다리고 있다. 한참 동안 이야기하다가 홍 국장으로부터 지사의 현황보고를 받으니 12시가 되었다. 교보문고에 가서 일본서적 5~6권을 사고, 김 기사와 메밀

국수로 점심하다.

4월 17일 (월)

10시경에 문 국장이 올라와서, 지난 토요일에 노조에서 한겨레신문에 대한 언론탄압에 관한 성명을 내려다가 오늘로 미뤘는데, 오늘 12시 30분에 모임을 가질 예정이라고 한다. 최시영 노조위원장을 불러 한겨레신문 탄압에 관련된 성명을 내기 전에, 광주일보에서는 어떻게 대응하는지 먼저 알아보고, 과격한 용어를 사용하지 말고, 짤막하게 기사화하고, 회합은 제작에 지장이 없는 시간을 잡되 편집국 위주로 짧게 하도록 권유했다. 또한 문 국장에게 최준 교수의 원고를 넘겨주면서, 서재필 박사 기념비건립관계를 알아보고 적절한 날짜에 게재하라고 지시하다. 시인 권일송이 동구문학기행을 한다는데, 만나서 알아보고 연재를 검토해 보라고 지시하다. 이화관광 김 사장이 개점식은 자기네끼리 거행하고 점심이나 함께하자고 해서 '남원'으로 갔더니, 지병두, 나의갑, 최시영, 정용화, 오무 등이 와 있다. 오후에 최하림 부국장을 불러, 부서재배치 문제가 어떻게 되었는가 알아보고, 이 업무국장과 정 광고국장을 불러, 각 국의 현안들을 점검했다.

4월 18일 (화)　바둑 우승자에게 상장을 수여하다

10시경에 내 방에서 제 1회 〈호남 아마추어바둑 최강전〉에서 우승한 사람들에게 상장을 수여했다. 상장을 수여하고 나서 축하와 격려사를 전하다. 11시경에 부사장이 조선대의 박금자 교수를 데리고 왔다. 이화여대의 홍정희 교수의 무용발표회를 광주에서 갖는데, 우리 신문사에서 후원해 달라는 것이다. 박 교수는 전에 주간한국의 박양주 주간의 누이동생이라고 한다. 한참 동안 무용에 관해 이야기하다가 6층에서 식사를 함께했다. 오후에 아시아나항공의 황인성 회장이 중역들과 함께 인사차 왔다. 향토기업이고 창사시점이 우리와 비슷해서 특별한 관심을 가지고 있다고 말하고, 앞으로 많이 노력해야 할 것이라고 성원했다.

4월 19일 (水)　난잡하게 다루어진 4·19 특집

조덕송 씨가 보낸 것은 사설이어서 오늘 싣기로 했다. 조 고문은 25일경에 광주에 내려와서 이곳 분위기를 몸소 익히겠다고 한다. 정시채 의원이 찾아와 점심을 함께하자고 해서 문 국장과 함께 신양회관으로 갔더니 김복수 위원장도 나와 있다. 오늘 우리 신문 지면을 보니, 4·19 특집좌담회 기사와 "4·19 혁명의 의의와 과제"라는 기사가 3면에 실려 있고, 11면에 또 4·19 기사가 두 개나 실려 있다. 최하림 부국장을 불러, 조선대 교수의 글이 어떻게 실리게 되었는지 알아보고, 김원욱, 지병두, 나의갑을 불러 29주를 맞는 4·19를 이렇게 취급해야 했는가를 따졌다. 좌담은 누가 제의했으며, 인선은 누가 했느냐, 정동년은 너무 과격한 발언을 하는데 앞으로는 그런 점을 미리 참작하라고 일깨웠다. 그리고 나의갑에게 지면을 너무 외곬으로 끌고 가지 말라고 주의했다.

4월 20일 (목)

처음으로 나타난 《노조 소식》 지 문제로 아침회의에서 간부들이 긴장하다. 기사에서 취급한 내용 자체가 마치 경영자측으로부터 동의를 얻고 발표한 것처럼 꾸며져 있다. 윤 부사장, 김 이사, 김 국장을 따로 불러 논의 끝에, 도저히 묵과할 수 없는 내용이니 부사장이 노조위원장과 총무국장을 합석시켜 선을 그어 설명하고, 적절한 시정조치를 취하라고 지시했다. 목포 조효석 선생에게 전화하여 고교평준화 해제문제에 관해 사설을 쓰도록 요청했다. 부사장으로부터 노조와의 대화내용을 보고 받았다. 최윤섭 씨가 찾아와서, 내가 비문을 기초한 무숙사 묘비제막식이 내일 나주에서 있으니 참가해 달라고 한다. 그러나 내일 내 스케줄이 너무 많아서 어려울 것 같다고 양해를 구하고 대신 나주 지국에 연락해서 화환을 보내도록 지시했다. 이광현 국장이 업무국 사정(여수, 목포)을 설명하고 광주시내 보급문제도 순조롭게 진행되는 중이라 한다. 박갑동 국장이 여관으로 왔기에, 저녁을 함께하며 광고국 사정을 들었다.

4월 21일 (금)

아침회의에서 문 국장이 100호 특집을 28면으로 제작하면 어떠냐고 상의한다. 그러나 편집국의 의욕은 가상하나 광고가 따르지 못하는 형편에서는 24면으로 줄이는 것이 적절할 것 같다고 하니 모두 동의한다. 이 부회장과 통화, 오늘은 못 내려오고 내일 아침이나 오후에도 다른 약속이 있어서 밤에나 오겠다고 해서 어차피 내일 내가 3시 비행기로 서울에 갈 예정이니 서울에서 만나기로 했다. 김 총무국장을 불러 요즘 광고국 내부에 이상한 기류가 도는 것 같고 최근 판매성적도 부진하니 외근자들을 불러 알아보라고 했더니, 문제를 대체로 파악하고 있는데 공연히 건드리면 가라앉아 뿌리를 뽑을 수 없으니 곪아 터지는 것을 기다리는 것이 좋을 것이라 한다. 최하림 부국장을 불러 100호 특집의 구체적 내용을 제출하되, 한 면에는 신방과 학자들의 좌담기사를 마련하여, 우리 신문에 대한 의견이나 바라는 점을 모아 보는 것을 검토하라고 지시했다. 12시 50분에 부랴부랴 다시로 출발, 무숙사를 찾아갔는데 마침 사우재와 개비(改碑) 제막식이 끝날 무렵이었다. 나창주 의원, 이공열 씨, 고판남 씨 등이 참석했다. 문 국장이 일본 농촌 취재에 경제부 옥순종과 사진부 오태석을 품의했기에, 취재기자 한 명만 보내고 사진촬영도 직접 하게끔 지시했다.

4월 22일 (토)

10시경에 매일경제에 있던 김재원이란 사람이 찾아와서 신문인협회 가입을 위한 추천을 해달라고 한다. 나는 발행인이 아니니 추천할 자격이 없다고 했다. 10시 35분에 광주상공회의소로 갔다. 공예품 전시회의 테이프커팅이 시작되고 있었다. 최인기 광주시장, 신상호 상공회의소장 등과 인사하고 전시장을 둘러보았다. 회사에 돌아와서 최하림 부국장을 불러 특집제작에 관해서 보고받고, 설문조사 대상자로 언론학자 10명을 지명했다. 김선남과 장형래 등 8명의 선수들이 〈언론인테니스대회〉에 출전한다고 인사하러 왔기에, 선전을 당부하면서 금일봉을 주었다. 비행기로 서울에 5시에 도착했다.

4월 23일 (일)

10시경에 논현동 부회장집으로 가서 신문사의 근황을 설명하고, 부회장과 함께 효창공원에서 열리는 언론인테니스 대회장으로 갔다. 테니스장에 들어서니 각 신문사의 깃발들 가운데서 전남일보의 사기가 나부끼고 있다. 이우세 대회장과 악수하고 나니 문공부에서 나온 장 계장이 반갑게 다가온다. 전남일보 응원석으로 가보았더니 서울지사 직원가족들이 모두 나와서 응원하고 있다. 우리 전남일보 팀은 이미 경인일보 팀을 물리치고, 동아일보 팀과 대결중인데 승리가 확실하다고 한다. 이우세 대회장을 우리 응원석으로 불러 식사를 함께하고, 부회장과 한참 동안 사내문제를 협의하다가 2시 30분에 집으로 돌아왔다.

4월 24일 (월)

서울에서 김인곤 의원이 전화, 오늘 동구(東歐)로 떠나 5월 초순에 귀국하겠다고 한다. 오늘 오후에 도정보고회가 있는 모양인데 거기에 참석하기 위해 내려온 평민당 국회의원 이재근, 유준상, 조승형, 이경재, 박석무, 홍기훈 등이 차례로 찾아왔다. 이들의 말을 들어보니, 이 고장 재야세력의 행태에 대한 시각이 상당히 달라지고 있음을 느낄 수 있었다. 논설위원실로 가서 광주문제에 대한 서울의 시각이 많이 변했다는 것을 알려주고, 그러한 점은 우리도 예의주시하고 신문제작에 참작해야 할 것이라고 말했다. 논설위원 전원과 함께 태극식당으로 가서 점심을 먹었다. 오후 3시 30분에 부회장과 최 이사가 서울에서 내려와 내 방에서 간부들과 한참 동안 환담했다. 문순태 국장에게 이번 100호 특집에서 광주문제를 너무 내세우지 말라고 지시하고, 사옥 이전 이후에 전개할 본격적인 취재활동을 위해서 부서의 재편과 출입처문제를 재조정하라고 하다. 최하림 부국장을 불러 앞으로 나아갈 편집방향에 대해서 8시가 넘도록 의논하다.

4월 25일 (화) 중역의 무례한 행동을 꾸짖다

아침회의 때 김 이사와 서 이사가 카운터스티커 구입 품의문제로 격돌하다. 서 이사는 자신이 하고 싶은 말을 다 퍼붓고 나서 자리를 박차고 나가버린다. 이런 안하무인격의 행동은 도저히 용납할 수 없다. 회의를 해산시키고 서 이사를 불렀다. 회의하다가 감정이 격해서 격론을 벌이는 일이야 있을 수 있지만, 사장이 주재하는 회의에서 사장의 말도 있기 전에 자리를 박차고 나가는 것은 평소 사장에 대한 자세가 어떠한지 짐작할 수 있는 일 아니냐고 다소 큰 소리로 꾸짖었다. 그런데 서 이사도 이놈의 직장 그만두면 될 것 아니냐고 큰 소리로 대항하면서 다시 나가려 한다. 이에 "좋다 그만두고 싶으면 그만두더라도 우리 할 말은 하고 지나가자"고 붙잡아 놓고, 제아무리 화가 나도, 직장에서의 기본적인 예절까지 무시해 버려서야 말이 되냐고 따졌더니 그제야 머리를 숙이고 사과한다. 오후에 나주문화원장이 이번 나주의 〈배꽃여왕 선발대회〉에서 뽑힌 4명의 미인들을 데리고 인사차 방문했다. 부회장과 이야기하는데 조덕송 고문이 찾아와서 우리 신문의 편집방향과 논설방향에 문제가 있다고 지적한다. 여기에 조효석 위원도 합석했기에 마침 잘 됐다고 생각하여 박인성 주필, 오세성, 오무 논설위원 등을 '대서양'으로 안내하여 술을 마시면서 앞으로의 논설방향에 대해서 밤늦도록 토론을 벌였다.

4월 26일 (수)

어제 밤 〈스키아비 공연〉에서 1부의 몇 곡을 변경했고 2부는 생략했기 때문에 공연시간이 1시간 정도밖에 안됐다고 한다. 이에 일부 관객들로부터 불만이 제기되었다고 한다. 문화부 임미희 기자에게 물어보니, 대체로 1부에서는 잘 불렀고 앙코르까지 받아주어 박수를 받았으나, 음악팬들이 기대했던 2부가 생략되는 바람에 격분한 사람들도 있었다고 한다. 프로모터 측에 엄중하게 항의하기로 하고, 오늘 나갈 행사기사에는 어제 2부가 빠져서 아쉬웠다는 점을 지적하고 사과하라 지시했다. 서 이사가 내 방으로 찾아와서 어제 일은 죄송하게 되었다고 사과한다. 오후에 김원욱 부국장을 불러 100호 특집에 관해 보고를 받았다.

4월 27일 (목)

아침회의에서 문 국장에게, 황석영이 도쿄에 도착하면, 우리 기자를 그곳에 특파하는 문제를 검토하라고 지시하다. 오후에 문 국장을 불러, 앞으로 연재하겠다는 "빨치산의 노래"의 주인공과 대필자 그리고 스토리의 윤곽을 더 자세히 보고하라고 했다. 그리고 공산당을 정당화하거나 미화하는 일이 없도록 철저하게 주의를 환기하고 가능하면 빨리 끝내라고 지시했다. 정 국장을 불러 광고국의 해이한 분위기를 단속하라고 촉구했다.

4월 29일 (토)　　김대중 선생이 식장에 나오시다

오늘은 큰아들 창락의 결혼식이 있는 날이다. 아침밥 먹고 이발관에 들러 머리를 손질하다. 12시경에 강남의 YMCA 예식장에 도착하다. 예식은 2시 정각에 시작되다. 교통이 붐비고 하객들이 한참 모이는 중이어서 식장 앞자리는 비어 있는 편이다. 차범석 선생의 주례사는 언제 들어도 명품이다. 깔끔한 문인이 쓴 수필같이 잘 다듬어진 주례사가 물 흐르듯 매끄럽게 흘러간다. 주례사가 끝나는 대로 인사말을 하려고 준비했는데 사회자가 깜박했는지 혼주의 인사말이 없이 신랑신부의 퇴장으로 진행되어 버린다.

뒷좌석 쪽에서 웅성거리기에 보니 김대중 총재가 앉아 있다가 일어나면서 신랑에게 악수하는 것이었다. 나는 자리에서 일어나서 달려가서 김 총재에게 악수하며 감사드렸는데, 김 총재는 이것이 개혼(開婚)

이냐고 묻는다. 기념촬영 등을 마치고 2층 피로연장에 들렀더니, 넓은 홀 안에 많은 하객들이 정연하게 앉아서 음식을 먹고 있다. 동창생들이 꽤 많이 와 있다.

5월 2일 (화)

부사장, 서 이사, 김 이사, 황 부국장과 공무국 예산심의를 하는데 회장님이 만나자고 하신다. 회장님 방에 내려가니 평통자문위원회의 김창식 사무총장이 와 있다. 곧 순천으로 내려가시겠다고 해서 부사장, 김 이사를 내려오라 해서 약식보고를 하다. 무안의 최종경 기자가 이번 5월 9일에 무안에서 150명 가량의 목중고 동창들이 모이게 되는데 참석할지 묻는다. 회장님이 5월 5일에 광주 골프장에서 전라남도 기관장들을 초청하여 골프를 치고 싶다면서 기관장들의 참석여부를 확인해 달라고 하신다. 최인기 시장과 도지사, 지검장은 OK인데, 다른 사람들은 사정이 여의치 못하다고 한다. 창락이가 제주에서의 밀월여행을 끝내고 서울에 돌아왔다고 전화하다.

5월 3일 (수)

아침회의에서 100호 발행 기념행사에 관해서 논의하다. 5월 6일 오후 3시에 음료수와 떡을 준비하고, 사장이 간단히 기념사를 하는 정도로 조촐하게 갖기로 하다. 오전 중에 광고국, 업무국 예산을 심의하다. 오후에 회장님이 전화, 제작이 정상적으로 진행되고 있다고 말씀드리자, 오늘 무슨 큰 뉴스가 있느냐고 물으신다. 부산 동의대에서 경관 6명이 사망한 사건을 머릿기사로 다루는 중이라고 말씀드리니, 그런 큰 뉴스는 알려 달라고 하신다.

5월 4일 (목)

아침에 간부회의에서 약 10분간 약식보고를 받고 공항으로 떠났다. 기내에서 정상용 의원, 이경재 의원을 만나다. 신사동 집에 들렀다가 논현동으로 가다. 부회장과 12시 10분까지 이야기하다가 잠실 올림픽 공원 앞 교회에서 열린 서 이사 딸 결혼식에 참석하다. 중학동 현대화랑에서 열리는 박관수 전시장에 들러 상당한 시간을 머물다가 서울지사로 갔더니 홍 국장이 근황을 보고한다. 광주로 전화하니, 제작은 순조롭게 진행되었고 회장님이 5시경에 도착하여 회장실에서 중역들과 회의중이라고 한다. 회장님과 전화를 연결, 6일에 거행될 100호 발행 기념식에 참가해 주시라고 말씀드렸다.

5월 6일 (토) 100호 발행을 축하하고 전진을 격려하다

8시 40분에 광주로 내려와서 간부회의를 주재하다. 회장님은 아침에 전주로 떠나면서 100호 기념식은 사장이 맡아서 하라고 하셨단다. 3시에 편집국에 가보니 중앙부에 2열로 음식을 차려놓았다. 논설위원실 사람은 아무도 보이지 않는다. 사원들 앞에서 기념사를 하다. 100호를 발행하니 감격스럽다는 것, 의욕적인 내용을 담아 앞으로의 비약을 다짐할 수 있었다는 점, 전남일보가 전국적 관심과 높은 평가를 받고 있으며, 그동안 착실히 뿌리내리고 있다는 점, 총무 · 편집 · 공무 · 광고 · 업무 등 각 부서가 모두 열심히 협력하고 있어 꽤 알차게 뻗어나가고 있다는 점을 일일이 지적하고, 연말까지는 지역경쟁에서 앞서고, 내년에는 전국적 경쟁을 벌여나갈 수 있을 것이라고 기대했다. 앞으로 국간의 협조를 강화하고 각자가 자신의 시야를 넓히도록 공부하고 노력해야 할 것이며, 큰 신문이 되기 위해 편향된 입장을 경계하고 모든 것을 포용할 수 있도록 독립적이고 중립적인 입장에 서야 한다는 점, 그리고 지역사회에 애정을 가지고 접근할 것, 지방행정기관이나 지방기업이 설사 잘못하더라도 일방적으로 매도할 것이 아니라 어떻게 하면 그 잘못에서 벗어나 건전한 방향으로 나아갈 수 있을 것인지 건설적인 방법을 제시해 주라는 것을 부탁하다.

5월 8일 (월)　용공성 기사에 연대책임을 묻다

아침회의 때, 이번 100호 기념특집의 내용이 매우 알차며 방향도 잘 잡았다고 칭찬했다. 그러나 "광주·전남현대사"의 첫 부분과 끝 부분에 필자의 주관적이고도 편향적인 견해가 들어가 우리 사의 발행목적이나 사시에 어긋나는 것이어서 그대로 묵과할 수가 없다고 지적했다. 간부들도 모두 읽어보고 소감을 말해 달라고 했다. 논설위원실에 들러 어제 100호 자축파티에 불참한 사실을 지적하자, 그렇지 않아도 주필이 사과 드리려고 올라가려는 참이었다고 말하면서 앞으로는 사내정보가 원활하게 유통하는 방법을 찾아야겠다고 다짐한다. 그리고 현대사에 나온 기사를 읽어보고는 모두가 충격적이었다고 시인한다. 김준태 부장을 불러 그 기사에 대한 데스크를 봤느냐 물었더니, 기사를 읽어보고 자기가 톤다운(*tone down*)시킨 것이라고 한다. 그렇다고 하더라도 그런 정도의 기사를 넘겼다는 것은 회사의 편집방침을 전혀 모르고 있음을 뜻하며, 이는 마땅히 데스크로서 책임을 져야하는 것이라고 따졌더니 그대로 승복한다. 문순태 편집국장을 불렀더니, 김준태 부장은 잘못을 승복하나 필자인 윤귀현 기자는 반론을 펴더라고 한다. 그래서 그 반론을 서면으로 기술해서 제출하도록 했다고 한다. 문 국장더러 이 문제에 대해서 부국장들과 의견을 수렴해서 적절한 대처방안을 마련하라고 했다. 그리고 필자, 부장, 담당부국장은 문책하겠다고 통고했다. 오전에 새로 부임한 CBS의 한 국장이 찾아왔다.

5월 9일 (화)

10시 30분에 광주상공회의소에서 전남도 공예품 전시회가 있어서 김영창 기자와 함께 가서 테이프커팅에 참가하다. 그런데 도지사도 상공회의소의 신상호 회장도 보이지 않는다. 서 이사가 노조결의문을 가지고 왔다. 내용은 별것 없으나 MT를 한다는 것이 눈에 띈다. 광주교대의 장근화 교수와 점심약속이 있어 12시 30분에 나갔더니 김우자 교수가 함께 나와 있다. 김 교수와는 첫인사를 나누었다. 김원욱, 지병두 부국장을 불러, 현대사 기사를 읽어보고 문 국장과 협의하여 적절한 처리안을 제출하라고 지시했다.

5월 10일 (수)

아침회의에서 우리 신문의 구 서체와 새로 마련한 서체를 비교 검토하다. 회의 후에 노조결의에 대한 대응책을 논의하다. 일차 창구를 맡고 있는 김 총무국장이 내일 나오면 노조위원장을 불러 자세한 내용을 알아보도록 했다. 서울 이 부회장과 통화하고 노조의 움직임을 팩스로 전달하다. 10시 30분에 변동현 교수가 가톨릭대학의 학생 20여 명을 데리고 신문사를 견학왔다. 30분간 학생들에게 신문발행에 대해서 이야기하다.

낮에 나의갑 부장과 함께 점심하면서 사회면 제작에 관한 사장의 생각을 말하고 시정할 점을 지적하다. 2시 40분에 최혁 기자와 함께 광주시청 부시장실에서 신상호 상공회의소 회장과 안종일 교육감 등과 미국문화원 폐쇄에 관한 이야기를 나누었다. 3시에 시청회의실에서 열린 '종합예술대학 추진위원회' 회의에 참석했다. 박갑천 서울신문 논설위원, 그리고 전남도의 김천옥 의원이 찾아왔다. 저녁때 김 총무국장이 목포에서 돌아와 노조측 통고문을 가지고 왔는데, 결의문 내용보다는 훨씬 연화된 것이었다.

5월 11일 (목)　　변사사건에 추리를 넣지 말라

아침에 나의갑 부장에게 조선대학생 변사사건을 다룰 때, 경쟁심 때문에 사인에 추리를 넣는 일이 있어서는 안 된다고 경각심을 환기했다. 서울의 부회장이 아침에 광주로 출발했다고 한다. 문 국장이 전남대 송기숙 교수가 나와 점심을 함께 할 수 있도록 연락해 달랬다고 보고한다. 최하림 부국장이 지난번 목포에서 상징기념물 건립 세미나에 참석해서 발언했던 내용이 회장님의 심기를 불편하게 한 것 같다고 오늘에야 뒤늦게 고백한다. 그는 또한 "광주·전남 현대사"에 대한 문제점 지적에 대해서는 아무런 이의 없이 받아들이고 있다고 표명한다. 그 문제는 최 부국장에게 책임이 있으니 이번 문책을 제대로 받아들이고 앞으로 같은 잘못을 되풀이하지 않도록 유의하라고 촉구했다. 논설위원실로 가서 박 주필의 최근 노력을 평가해 주고 이홍재 위원이랑 함께 다방으로 내려가 유자차를 대접하다. 또한 편집국에 내려가 목포에 관한 특집내용을 놓고 칭찬도 하고 경고도 했다. 특히 "굴렁쇠"에 나온 기사는 명예훼손에 걸릴 우려가 있다고 지적하다.

5월 12일 (금)

조사부에 들러 자료수집이 잘 되는지를 점검하고, 편집국을 한 바퀴 돌아보고 공무국에 들렀다. 점심은 6층에서 먹었다. 부회장이 목포에서 출발했다는 연락이 왔다. 그런데 부회장이 직접 전화하여 바로 서울로 가겠다고 해서 신문사에 들렀다 가라고 했다. 부회장이 신문사에 들러 약 1시간가량 대화했는데, 지역개발연구소 같은 것을 만들었으면 한다는 생각을 말한다. 어제 유언비어에 관한 사설 때문에 항의전화가 많았기에 오세성 위원을 불러 내막을 알아보았다. 저녁에 여관에 돌아와 오늘 신문을 보니 "광주 · 전남현대사" 연재기사의 내용이 또 엉망이다. 하도 화가 나서 최하림 부국장을 여관으로 불러 질책했더니, 자기도 더 이상 견딜 수가 없다며 그 연재를 당장 중단하자고 한다.

5월 13일 (토)　　변사기사로 항의가 빗발치다

조선대생 변사사건을 다룬 우리 기사를 둘러싸고 독자들로부터 항의전화가 빗발치고 있다고 아침회의에서 보고를 받았다. 더구나 사설에 대한 항의가 많다고 한다. 독자의 소리는 하느님의 소리로 받아들이고, 신중한 자세를 잊지 말라고 강조하다. 문 국장에게 "광주 · 전남현대사"에 관한 기사처리 결과를 빨리 보고하라고 독촉하다. 회장님께 전화통화로 독자항의가 심하다고 말씀드렸더니 제발 신중히 해 달라고 당부하신다. 김원자 부장에게 5월 문화제 행사 중에서 볼만한 것이 있는지 물었더니, 진혼관현악 연주가 내일 3시와 7시에 있다면서 초대권 4매를 김준태 부장을 통해서 전해 준다. 사실은 오늘 오후 2시에 골프예약을 해놓았는데, 하도 주변사정이 어수선하여 취소해 버렸다. 그리고 내일 김우자 교수랑 등산하기로 했는데 이홍재 위원이 연락해 보니 불가피한 사정이 있어 다음 기회로 미루자고 하더란다.

5월 15일 (월)

아침회의 시간에, 어젯밤 〈5월 음악제〉에서 얻은 소감을 이야기하면서, 앞으로 이 지역의 독특한 문화를 조성하고 육성하기 위해서 우리 신문사가 이런 종류의 문화활동을 적극 후원해야겠다고 강조하다. 논설위원실에 내려가서 어제의 음악제에 대한 소감을 이야기하고, 요즘 조선대생 변사사건에 관한 사설로 독자들의 항의가 있어 큰 곤욕을 겪는 박 주필을 위로하다. 박행오 의원이 전화하더니, 흑산면장에 대해 박 의원이 압력을 넣고 있다는 우리 신문의 기사가 일방적인 것이라고 항의한다. 서울대의 이경숙 교수가 산문집을 보내왔기에 김원자 부장을 불러 서평을 써보라고 말하다. 그런데 김 부장은 김은영 기자의 동남아여행에 관해서 부른 줄 알고 결재를 빨리 해 달라고 촉구한다. 전남대 지역개발연구소의 신임소장이 방문하다. 문 국장에게 현대사관련 보고서를 오늘 중에 제출하라고 했다.

5월 16일 (화)

아침회의 마치고 문 국장에게 현대사 기사처리에 관한 보고가 어떻게 되었느냐고 재촉했더니 최 부국장이 보고할 것이라고 하고, 최 부국장에게 독촉하니 오늘 보고하겠다고 한다. 서울에 전화, 부회장은 18일에나 내려오겠다고 한다. 김명수 부장에게 박행오 의원이 본인관련 기사가 불공평하게 보도되었다고 항의하더라고 했더니, 오히려 박 의원의 행태가 형편없다고 하면서 만나면 혼내주겠다고 한다. 어제 박 의원이 고행원 부장에게 '정경유착'이니 '제 2의 조선일보'니 하고 비난하다가 오히려 고 부장으로부터 강력한 반박을 받았던 모양이다.

오후에 우리 신문을 보다가 채복희 기자를 불러 역사학이나 고고학 쪽에 상당한 조예가 깊은 것 같은데, 앞으로 우리 신문이 이 지역의 문화유산에 중점을 두고 정리해야 할 터이니 더욱 공부하라고 격려하다. 새사옥 건축상황을 돌아보고 6시 30분에는 신복진 부장과 함께 남도예술회관에서 열리는 〈손재석 전시회〉, 〈춘추사진회 전시회〉의 테이프커팅에 참가하다. 그 후 박갑동 국장과 전남의대 앞 5거리에서 벌어진 학생시위 모습을 지켜보다가 도청 앞으로 갔더니 경찰과 학생들이 대치중이었다. 11시까지 대치현장을 지켜보다가 돌아왔다.

5월 17일 (수)

조회 끝내고 서울로 회장님과 통화, 어제 밤의 시내 분위기를 전했더니 신문내용에 더욱 신경 써 달라고 당부하신다. 부회장은 내일 오후에 광주에 내려오겠다 한다. 문 국장에게 현대사에 관한 보고를 재촉하니 최 부국장이 할 것이라는 같은 대답이다. 오후에 심재훈 기자가 광주 MBC의 심 부장과 함께 찾아왔다. 우리 사진 몇 장을 크레디트를 붙이고 쓰겠다고 한다. 최 부국장이 오늘도 보고서를 제출하지 않고 일찍 퇴근해버렸다.

5월 18일 (목) 문 국장을 너무 궁지로 몰지 말라고 한다

어제 밤 도청 앞에는 10만 군중이 모였는데, 경찰이 아무런 제지를 하지 않았기 때문에 아무 일 없이 끝날 수 있었다 한다. 이 회장님에게 어제 밤 이곳에서 아무 일도 없었다고 보고하다. 11시경에 서울에서 심재훈 기자가 찾아왔다. 신 부국장 불러 그가 특종 했던 1980년 5·18 때의 처참한 현장 사진 5매를 제공해 주라고 주선하다. 오후에 부사장, 김 이사, 김 총무국장과 함께 인사규정을 심의하다.

최 부국장이 오랫동안 미루었던 현대사기사에 관련된 경위서를 제출했다. 그런데 경위서를 개인차원에서 썼을 뿐, 대책 같은 것은 언급하지도 않았다. 문 국장을 불러 5월 6일의 현대사 연재기사의 집필시각이 우리 신문의 편집방침과 합치하는지 여부에 대해서 각 국장의 의견을 묻고, 그 연재물을 중단한다면 어떻게 중단할 것이며 계속한다면 어떻게 보완할 것인가를 서면으로 보고하라고 지시했다. 뭔가 이의를 달려다가 포기하고 그대로 하겠다며 물러났다. 박갑동 국장과 함께 도청 앞에 나가 집회상황을 지켜보다가 저녁을 먹고 여관으로 돌아오니 김 총무국장이 기다리다가 문 국장을 너무 궁지로 몰지 않았으면 좋겠다고 건의한다.

5월 19일 (금)

부회장이 어제 오후에 광주에 와서 신양파크호텔에서 대학교수들과 만나고 있다는데, 아침조회가 끝날 때까지 아무런 연락도 없다. 회장님은 다음 월요일에 오시겠다고 한다. 손정연 부장을 불러 "빨치산의 노래"의 필자가 김세일의 일대기를 너무 불필요한 부분까지 쓴다고 지적했다. 신복진 부국장이 와서 서울에서 온 사진기자 10여 명을 점심에 초대하는데 사장도 함께 참석해 달라는 부회장의 지시가 있었다고 한다. 사장에게 사전에 일언반구 상의도 없이 그런 결정이 어떻게 나올 수 있느냐면서 참석을 거부했다. 오후에는 줄곧 급여규정과 주재기자 문제를 논의하다. 조덕송 고문이 전화, 통일원으로부터 4백만 원 예산의 프로젝트를 따올 수 있는데 심포지엄을 여는 것이 어떻겠느냐고 하기에 내일 확답을 주겠다고 했다. 문 국장이 보고서를 놓고 갔다. "광주 · 전남현대사" 연재를 계속하겠다는 내용이다. 밤에 여관에서 김원욱에게 전화하여, 편집국간부들의 의사결정에서 김 부국장은 왜 침묵만 지키느냐고 따졌다.

5월 20일 (토)

조회를 끝내면서 문 국장에게 오늘 2시에 국장단을 데리고 내 방으로 오라고 했다. 그런데 잠시 후, 지병두 부국장이 1시 버스표를 사놓았고 다른 간부들도 주말 약속이 있는 것 같으니 월요일 오후에 모이는 게 어떻겠느냐고 한다. 그렇게 하라고 했다. 회장님께 전화했으나 지방에 내려가셨다고 한다. 서 이사가 이화경, 최도철의 불평을 듣고, 자신의 의견을 말해 주었다고 보고한다. 부사장, 김 이사, 서 이사, 김 국장을 내방으로 불렀다. 현대사 기사문제에 대한 편집국 국장단의 보고서내용을 알려 주고 어떻게 처리하는 것이 좋겠느냐고 의견을 물었다. 회사의 편집방침에 위배하고 있다는 점에 대해서는 의견이 일치했다. 그러나 처벌보다는 설득을 통해서 중단시키거나, 연재를 계속 허용한다면 외부 전문가들의 자문을 받는 게 좋겠다는 의견이다.

5월 22일 (월)　"광주 · 전남 현대사" 계속할 것인가 고민하다

조회 끝내고 문 국장에게 오늘 2시에 국장단을 데리고 올라오라고 했더니 12시 30분으로 앞당기면 어떻겠느냐고 해서 그렇게 하라고 했다. 10시경에 회장님이 오셨다. 내려가서 노조의 동태, 현대사 기사문제, 목포지사의 김상기 문제 등을 놓고 약 1시간 동안 의논하다. 11시 30분에 국장단이 올라왔다. 현대사 시리즈는 자체가 우리 신문의 기본 편집방향과는 상충되는 점이 있어 더 이상 그대로 계속할 경우 우리 신문의 정체성에 영향을 줄 우려가 있기 때문에 중단하는 것이 좋겠다, 그러나 이 연재기사가 우리 신문 초창기에 지면의 특색을 만드는 데 큰 무게를 지니고 있기 때문에, 이를 무조건 중단하는 것은 독자의 신뢰성을 잃게 될 우려도 있으니, 이 시점에서 어떻게 처리하는 것이 가장 현명한 방법인지 의견을 모아 달라고 했다.

문 국장이 일어서서 앞으로 국장단이 더욱 책임감을 갖고 더욱 신중히 데스크를 볼 터이니 계속할 수 있도록 허용해 달라고 간청했다. 그러나 현재 필진의 역사를 올바르게 다루는 능력을 의심하지 않을 수 없으니 아예 외부 전문인들에게 위촉하거나 아니면 최 부국장이 책임지고 집필을 전담하겠다면 그렇게 하라고 했다. 그러나 문 국장은, 기자로부터 붓을 빼앗는 것은 너무 가혹한 일이니, 기자들을 격려하고 지도하기 위해서도 계속 집필하도록 해 달라고 사정한다. 그러나 이제까지의 경과로 보아 믿을 수가 없으니, 집필자 개인의 주관에 맡기지 말고, 기사의 구성과 방향에 대해서 사전에 국장단의 논의를 거쳐 기사를 작성하게 하고, 이 후에도 데스크의 신중한 체크를 받게 하는 안전장치를 마련한 연후에 계속하라고 했다. 점심은 회장님과 부국장급 이상의 간부 16명이 참석하여 신양회관에서 하다. 오후에는 회장님 방에서 업무국, 총무국 등의 결재를 받을 때 배석하다. 회장님은 오후에 목포로 가셨다.

5월 23일 (화)

조회 때, 주재기자들은 6개월이 지나면 수습기간을 면하는 것으로 규정하고 있지만, 아무런 평가도 거치지 않고 자동으로 사원에 임명한다는 것은 경솔한 짓이다. 따라서 그동안의 실적을 참작하되 능력이 부족하다고 생각되는 사람은 기자임명을 보류할 것이니 편집국과 업무국에서 각자의 능력을 평가해서 보고하라고 지시했다. 지역뉴스부 이 부장을 불러 주재기자들의 업적에 대한 평가보고서를 받아보니 10명 정도가 약하게 나와 있다. 그 중 주재기자들이 보류대상자로 평가되고 있다. 윤 부사장이 문 국장에게 연락했으나 퇴근했기에 결론은 내일 맺기로 했다. 3시경에 회장님이 목포에서 올라오시다. 주재기자의 능력평가에 관한 복안을 설명드렸더니 그렇게 하는 것이 좋겠다고 하신다.

5월 24일 (수)

조회 마치고 윤 부사장, 김 이사, 문 편집국장, 이 업무국장을 남게 해서 주재기자에 대한 능력평가 문제를 협의했다. 임명보류 대상자로 세 명의 주재기자들을 거명했더니 문 국장이 자신을 배제하고 결정했다고 반발한다. 어제 문 국장이 일찍 퇴근해서 협의하지 못했고, 그렇기 때문에 오늘 협의하자는 것 아니냐고 타이르다. 그리고 오늘 오후에 사장실로 전원을 소집하여 개별 면담하면서 적절한 격려와 충고를 할 것이라고 했다. 이 부회장에게 전화로 주재기자 평가문제를 이야기했더니 그렇게 하는 것이 좋겠다고 동의를 표한다. 순천 방면 이동편집국 취재기획에 관해서는 순천대의 허승만 교수를 참여시켜 달라고 한다.

김갑형 동창이 암으로 사망하여 내일 몽탄으로 운구될 것이라는 충격적인 연락을 받다. 점심때 회장님이 부사장, 문 국장과 함께 식사하자고 하신다. 내일 청와대 만찬에 초청받았는데, 광주문제에 대해 나와 문 국장의 의견을 들어보고 싶었던 것이다. 오후에 부사장은 조문할 일이 있다고 서울로 갔다. 5시에 회장님은 서울로 출발하시다. 5시 30분에 주재기자들을 사장실에 소집해 약 40분 동안 이야기하다. 전남일보가 착실히 뿌리내리기 시작했고 독자들로부터도 좋은 평가를 받고 있다는 점, 금년 말부터 지자제 실시로 지방화시대가 도래해서 지방뉴스의 중요성이 더욱 높아지고 있다는 점, 앞으로 본사와 지사 사이에 차이 없이 인사교류가 되어야 하고, 수습기자도 지국에서 훈련하고, 군판(郡版)도 만들어야 하니 기자들의 자질과 능력을 중시하지 않을 수 없다는 점, 10여 명은 능력평가에서 기준에 미흡하니 개별적으로 면담 통고하겠다는 점을 밝히다. 내 저서 두 권씩을 사인해서 나눠주고 모두 함께 회식하다.

5월 26일 (금) 논조 강경하다고 청와대가 지적하다

조회 마치고 이정일 부회장과 통화, 16면 발행을 주 2회로 정기화하는 방안을 연구해 보라고 한다. 그리고 2천만 원 예산의 청와대 프로젝트를 땄으니 전남대, 조선대, 목포대, 순천대에 용역을 맡길까 하는데 전부터 구상하던 지역개발연구소 개설문제를 구체화하자고 한다. 오후에 회장님으로부터 전화. 어젯밤 청와대에 갔는데 비서실장이 전남일보의 논조가 매우 강경하다는 말을 대통령 면전에서 하기에, 초기에는 지역감정에 어느 정도 맞출 필요가 있어서 다소 그러한 지적을 받기도 했으나, 이제는 사장과 편집국장이 지역개발문제를 중점적으로 추진하고 있으니 걱정하지 말라고 했다고 한다.

점심 먹고 1시 30분에 돌아왔는데 신문이 아직 나오지 못하고 있다. 서 이사가 와서, 광고의 출고가 늦어져서 출력을 못하고 있다가 1시 50분에야 강판했다고 보고한다. 부사장에게 원인을 조사시켰더니 팩스로 들어온 부고의 내용이 확실하지 않아서 두 번이나 다시 받는 바람에 사식에서 처리하는 데 시간이 걸렸다고 한다. 4시경에 무등일보에 들렀다. 박성섭 사장, 김정호 국장, 김태식 전무, 서재일 주간, 장기웅 논설위원, 최 논설위원 등을 만나서 이야기하다. 무등일보를 서울로 옮길 것이란 말은 낭설이라고 한다. 내일이 윤 부사장의 생일이라 하여 꽃바구니를 보내도록 하다.

5월 27일 (토)

황치과 원장이 김화태 화백과 함께 찾아와서, 목포지역 고교평준화 문제에 관한 전라남도 교육위원회의 결정이 월말까지 나와야 하는데 사립고 쪽에서 농성을 벌이며 반대하고 있으니, 나더러 전 교육감을 만나서 단단히 못박아 놓으라고 한다. 도 교위에 전화 넣었더니 전 교육감이 부재중이어서 자택 전화번호만 확인해 놓았다.

김용일 부장이나 유일선 기자도 회사 안에 있지 않아 연락을 취하지 못했다. 광고부 김영근 차장이 광고대장을 가지고 왔다. 국장은 없느냐고 물으니 있다고 한다. 왜 국장이 직접 안 오고 차장이 가지고 왔느냐고 물으니 오늘부터 자기가 가지고 올라오기로 했는데 국장의 보고가 없었느냐고 묻는다. 정 국장 불러 질책하고 계속 본인이 직접 가지고 오라고 지시하다. 점심때 신양회관에서 간부들이 모여 윤 부사장의 생일을 축하하다. 오후에 교육감 자택으로 전화했으나 연결이 안 됐다. 염화섭 동창과 최진 기자의 아버지인 최 교감이 찾아오다. 6시에 비행기로 서울로 가다.

5월 29일 (월)

새벽에 최 이사 차로 김포로 갔는데 안개가 짙어 비행기가 40분이나 연발했다. 9시에 송정리에 내려 회사에 가니 아침회의는 끝난 뒤였다. 김 국장을 불러 조회에서의 토의사항을 보고받다. 박갑동 국장이 어제 사들인 전자제품 대금 영수증을 가지고 왔다. 서울 부회장과 통화하다. 김용일 부장을 불러 전남도 교육감이나 학무국장을 만나 목포지역 고교평준화 문제에 어떤 결정이 내려졌는지 알아보라고 했다. 최하림 부국장과 정명섭 기자를 불러, "빨치산의 노래" 기사에서 김세일이 쓸데없이 자기의 과거를 정당화시키고 있다고 주의를 환기하고, 가능한 한 빨리 마무리짓는 방향으로 유도하라고 하다. 김준태 부장을 불러 《길》에 나온 김진현 씨의 글을 읽어보라고 하고, 또 운기현 기자에게도 읽어보라고 지시하다.

5월 30일 (화)

조회 마치고 서울로 전화하니 부회장은 방금 포항으로 떠났다고 한다. 예산심의를 시작했는데 업무국 부분이 너무 오래 걸려 12시가 넘자 부사장이 선약이 있다고 해서 중단하다. 오전 중에 조효석 씨로부터 전화가 왔기에 목포지역 고교평준화 문제에 관한 사설을 준비하라고 당부하다. 광주일보에 평준화를 해제하라고 강력하게 주장하는 사설이 나왔다. 김용일 부장이 교육감이나 학무국장을 만나지 못하고 관리국장만 만났다는데 잠시 결정을 연기하기로 했지만 결국은 해제하는 쪽으로 갈 것이라고 하더란다. 오후에 다시 업무국, 편집국, 총무국 예산을 심의하다. 포항으로 전화해서 회장님과 통화하려 했으나 연결되지 않았다. 조덕송 고문이 서울에서 내려와 박인성 주필과 함께 찾아와서 담소하다.

5월 31일 (수)

목중고 동창회의 김명철 회장과 황치과 원장이 찾아와서 고교평준화 문제 때문에 목포에서 서한태 박사 등이 찾아와 교육감을 만나러 가니 나더러 합석해서 응원해 주었으면 한다. 공무국 예산심의를 끝내고 나서 부사장, 서 이사, 김 이사와 함께 태극식당에서 점심하다. 오후에 서한태 박사가 찾아왔다. 오전에 전 교육감을 만났는데 오후 3시에 다시 만나기로 했다고 한다. 4시경에 전 교육감으로부터 전화가 왔기에, 평준화문제는 미루면 미룰수록 일이 더 복잡해지니 빨리 결단을 내리는 것이 좋을 것이라고 촉구하다. 무등일보의 서재일 논설주간에게 전화하여, 무등일보에도 고교평준화 해제를 촉구하는 사설을 써주도록 당부하다. 6시경에 목포대 배종무 교수, 전남대의 송인성 교수, 목포대의 허영만 교수, 조선대의 박 교수 등이 찾아왔다. 7시경에 이정일 부회장이 포항으로부터 도착, 금수장에서 9시가 넘도록 담소하다.

6월 1일 (목)

황치과 원장이 고교평준화문제 때문에 다녀갔다. 목포 현지에서 평준화해제운동이 더욱 강렬하게 전개되어야 한다고 말하고, 어젯밤 MBC 토론방송을 보니 사학 쪽에서 로비가 들어가 있는 듯하다고 말해주다. 신기하, 신순범 의원이 찾아와서 김대중 총재의 광주방문을 앞두고 광주에 이상기류가 흐르고 있다면서 좋은 분위기 조성에 적극 협조를 요청한다. 목포지사의 김상기 기자가 업무국장과 함께 왔기에 신양회관에서 점심을 함께하면서 목포 사정을 들어보다. 서울 광고국 리베이트 문제에 대한 품의 결재과정에서 김 이사가 사인을 거부하는 바람에 부사장이 불쾌해서 큰소리를 쳤노라고 내 방에 와서 하소연한다. 박갑동 국장과 함께 여관으로 와서 저녁을 먹고, 가톨릭센터 앞에서 시위광경을 지켜보다가 경찰의 공세에 밀려 우리까지도 길옆 상점 안으로 피신하지 않을 수 없었다.

6월 2일 (금) 폭력을 자제케 하는 지면을 만들어라

아침회의에서 간부들에게 작금에 광주공기가 무척 과열되고 있으니 폭력을 자제해야 할 것을 강조하는 지면을 제작하라고 지시하다. 학생들의 과격시위뿐 아니라 경찰측의 과잉진압도 균형 있게 다루라고 촉구하다. 무등일보에 고교평준화문제가 났기에 목포의 서한태 박사에게 참고하라고 연락하다. 박석무 의원이 찾아와 광주의 심상치 않은 분위기를 함께 우려하다. 광주교육대의 장건화, 김우자 교수가 점심을 함께하자고 해서 리버사이드 중국음식점에서 만나다. 2시 넘어 회사에 돌아와서 간부들과 새 활자 선택문제를 논의하다. 한화갑 의원이 찾아와서 내일 있을 김대중 총재 광주방문을 앞두고 광주상황을 살피고 가다. 문 국장을 불러 노조에서 요청한 내용에 대해 자세한 설명을 듣고 그것을 긍정적으로 검토하겠다고 말해 주다.

6월 3일 (土)

아침회의 후에 이 회장님께 전화 드렸더니 광주 분위기가 각박한데 신중하게 대처해 달라고 당부하신다. 서울 신사동 집으로 전화했더니 오늘 아침 8시 10분 전에 이삿짐이 광주로 떠났다고 한다. 10시경에 국사편찬위원회의 최영희 위원장과 조각가 김영중 씨가 찾아와서 《호남절의록》 번역게재 문제를 꺼낸다. 그런데 그 조건이 너무 일방적이다. 당장 도장찍고 계약하자고 한다. 우선 조건을 검토한 후에 우리쪽 사원을 보내 계약을 맺도록 하겠다고 했다. 그리고 최하림 부국장을 불러 자세한 조건을 들어보고 적절한 대책을 세워 보고하라고 지시하다. 신양파크호텔에서 개최된 김대중 총재 간담회에 참가하다. 간담회가 끝나 헤어지면서 김 총재에게 다가가서 지난번 큰아들의 결혼식에 참석해 주시고 또한 축하휘호까지 보내주신 데 대해 감사드렸다. 3시에 명성예식장에서 있었던 이용현 기자 결혼식에 참석하고 회사로 돌아오니 노조에서 대전일보 사태에 대한 성명을 지상에 게재하겠다는 것을 간신히 말렸다고 부사장이 보고한다.

6월 5일 (월)

아침회의를 마치고 회장님과 통화, 내일 광주에 내려오시겠다고 하면서 종합보고를 해 달라고 하신다. 신기하 의원이 북구지구당 부위원장을 데리고 인사차 왔다. 이번에 고생 많았다고 치하했더니 광주에 재야쪽 사람들과의 관계를 이야기하면서 자신의 시국관을 토로한다. 3시에 경영분석 결과를 설명하기 위해서 간부들을 모이게 했다. 김 이사가 설명하고 부사장이 각 국실 별로 당면과제를 간추려서 지적하고 거기에 대비하도록 촉구했다.

6월 6일 (화) 노동전문가 초청해서 조언 받아라

아침회의 마치고, 회장님께 최근 광주 시내의 시위양상과 사람들의 심리상태 등을 말씀드리고 나서 본사의 주요과제들로 새사옥공사 문제 및 이전문제, 여름휴가 대책, 노조의 MT 비용요청 문제, 신문보급 현황, 광고판매 현황, 당면한 인사문제 등에 관해서 보고하다. 회장님은 서울에서 노조전문가를 초청하여 조언을 들어보고, 김 이사를 업무이사로 임명하면 어떻겠느냐고 제의하신다. 약 2시간 반쯤 이야기하다가 부사장, 김 이사, 김 국장, 황 부국장을 불러 신사옥문제와 자금사정을 논의하다. 점심때 부국장급 이상 간부전원을 신양회관으로 불러 함께 점심하다. 식후 다시 회장실에서 6월 예산, 5월 경영실적, 기타 당면 주요과제들을 보고하다. 회장님이 다시 업무이사 문제를 꺼내며 곧 발령하라고 말씀하신다. 부회장이 오전 10시 30분에 서울을 출발했다고 하는데 아직 광주에 도착했다는 소식이 없다.

6월 7일 (수)

아침에 서울에서 *Asian Street Journal*의 심재훈 기자가 광주사정이 어떠냐고 전화로 물어왔다. 표면적으로는 잠잠하지만 이철규 문제를 놓고 8일 이후에 국정조사가 시작되면 시끄러워질 것이라고 말해줬다. 서울로 전화했더니 회장님은 안 계시고 오후에야 들어오실 것이라 한다. 박석무 의원이 우리 신문에 자기가 김 총재의 꽁무니만 따라다니느라고 도당 지부장 선출장소에도 나타나지 않았다고 신순범 의원이 꼬집었다는 기사가 나왔다면서 섭섭함을 표명한다. 문 국장에게 저간의 사정을 해명해 주라고 했다. 신양파크호텔의 박용훈 회장이 점심을 함께하자고 해서 호텔로 갔더니 신동호 KBS 광주총국장, 외환은행 호남본부장 그리고 전남대 여교수 3명이 나와 있다. 문화재단 비슷한 것을 만들어볼 모양이다. 윤 교수라고 하는 사람이 전남일보가 너무 강성으로 나가는 것 같다고 평한다. 2시 넘어 들어왔더니 이 부회장이 장성에서 목포로 오고 있다는 전화가 왔다. 목포의 조효석 선생이 하얀 눈으로 덮인 산수화 한 폭을 가져왔다. 화면 왼쪽에는 나의 이름을 들어 전남일보 초대사장 취임을 축하한다는 화제(畵題)를 붙여 놓았다. 과분한 축의에 감격했다.

6월 8일 (목) 우수 신문확장자들을 포상하다

아침에 김 총무국장과 문 편집국장을 불러 인사관계와 노조 MT 문제를 점검하다. 이 부회장이 조선내화의 김은태 부사장과 일본인 나루세 씨 부부를 데리고 왔기에 한참 동안 이야기하다가 따로 부회장만 만나서 노조 MT 문제와 김 이사의 업무이사 전보문제와 기획실을 총무국으로 귀속시키는 문제를 논의하고 의견을 같이하다. 윤 부사장과 김 이사를 불러 6월 예산안과 5월 실적분석결과를 김 이사더러 보고하도록 했다. 1시 30분에 부회장은 서울로 떠나고 부사장과 6층에서 점심하다.

2시 넘어서 사장실에서 제2차 사원신문확장 캠페인에서 우수한 성과를 올린 사람들에 대한 시상식을 갖고, 수상자들을 치하 격려하다. 2시 30분에 방문하기로 했던 전남대 신방과 학생들이 먼저 새사옥에 들러 윤전기를 견학하고, 변동현 교수를 따라 내 방으로 찾아왔기에 한 시간가량 신문제작에 관해 이야기해 주고 질문을 받았다. 6시에 간부회의를 소집하여 인사문제를 사전에 설명하고 나중에 이광현 국장을 불러 별도로 배경설명을 하다. 최하림 부국장이 6월항쟁에 관한 좌담회를 건의하기에 별로 달갑지 않다고 하고, 이데올로기문제를 너무 내세우지 말라고 타이르다.

6월 9일 (금)

서울로 전화하니 회장님은 부재중이라 부회장과 통화, 최 이사를 왔다가도록 불렀다고 알렸더니 잘했다고 한다. 김 이사에 관한 발령은 지상에 게재하고 팩스로 서울에 보냈다. 노조보조금이 조달되었기에 나종경 기자를 불렀다. 노조 운영위원회 사람들이 많이 자리를 비워서 오후에 다시 올라오라고 했다. 오후에 나종경, 최혁, 정우천, 박병무, 최시영 등이 올라왔기에 이번 노조수련회에 관해 사전협의를 거쳐 협조를 요청한 것은 아주 바람직한 자세였다고 평가하고, 전남일보 없이는 노조도 없다는 점을 명심하고 건전한 내용으로 수련회를 마치고 돌아오도록 당부하면서 1백만 원을 건네주다. 그리고 총무국장이 MT에 동행할 것이라고 알리다.

6월 10일 (토)

새벽 7시 30분, 송언종 지사가 주재하는 기관장 월례회에 참석하다. 신임기관장 순으로 소개했다. 송 지사의 나에 대한 소개가 있은 후 내가 인사말을 했다. 지사는 보훈의 달 행사에 협조해 줄 것과 시위문화의 선도를 강조했다. 검찰청에서는 이철규의 사인규명 결과를 슬라이드를 비춰가며 설명했다. 회사에 돌아오니 아침회의를 끝내고 부사장과 김 국장이 내 방에 남아 있다. 잠시 보고를 듣고 서울로 회장님과 부회장에게 전화하다. 부회장은 오늘 캐나다로 떠나서 23일 귀국하겠다고 한다. 오전 중에 문 국장을 불러 어제의 오식문제 뒤처리를 물어보고, 어제 지면의 좌담회 기사 중에 김홍명 교수가 너무 강경하게 발언하고 있다고 지적하고 앞으로 특집제작은 사전에 알려 달라고 하다. 편집국에 내려가 MT 출발 전의 상황을 살피면서 여러 사원들과 대화를 나누고, 4시경에 귀가하다.

6월 14일 (수)

오전 중에 관훈클럽에 보낼 원고를 써보려 했는데 뜻대로 되지 않는다. 오후 3시경에 부사장, 김 이사, 정 국장이 서울에서 돌아오다. 아침에 조경석 씨가 전화로 보해양조의 임건우 사장이 목포에서 교통사고로 팔과 얼굴에 큰 상처를 입었다는 소식을 전한다. 서울 최 이사에게 임 사장이 교통사고로 영동 세브란스 병원으로 이송되었다니 들여다보라고 연락했다. 오후에 최 이사로부터 꽃바구니를 가지고 위문했다고 하기에 병원으로 직접 전화를 넣었다. 치료기간이 좀 오래 걸리겠지만 몸의 상태는 좋은 편이라고 한다.

6월 16일 (금)

관훈클럽에 원고를 팩스로 보내고 사진 두 장은 서울지사로 보내는 파우치 편으로 부치다. 낮에 이종열 금고사장, 윤 부사장과 담양에 갔다가 급하게 돌아와서 금호재단 도서관 기공식에 참석하다. 오후에 간부들 모아놓고 활자비교 회합을 가졌다. 광주은행의 새 행장과 감사 등 네 명이 찾아와서 긴 시간 동안 이야기하다 갔다. 박갑동 국장에게 가구구입 대금을 전해 주라고 했다. 박관수가 포항을 다녀와서 앞으로 광주에 볼링장이 생기게 되니 거기에서 근무하라고 하더란다. 다시의 최병철, 이공열 씨 등이 찾아와서 영산강 개량조합장 선거에 부정이 있었고 또한 전 직무대리의 월권행위가 있었으니 취재해 달라고 한다. 이춘성 기자에게 취재하도록 지시하다.

6월 17일 (토)

전라일보의 이치백 회장이 서울에서 전화, 광주은행의 새 행장이 자기 친구이니 좋게 지내라고 한다. 서한태 박사가 어제 목포에서 사립고교쪽 사람들이 고교평준화를 지키기 위한 대회를 목포역 앞에서 가졌는데 다른 시민들의 호응이 전혀 없었다고 알려준다. MBC 김포천 사장이 전화, 내일 있을 화순 산행에 따라가려 했는데, 이환의 씨가 오늘 밤에 온다고 해서 아무래도 못 갈 것 같다고 한다. 화순군의 박준식 군수가 찾아왔다. 아무래도 유선우 기자의 광고대금관계를 해명해 주러 온 것 같은데, 딴 말만 하고 그 얘기는 꺼내지 않는다.

6월 19일 (월)

조회 끝내고 최 부국장을 불러 인터뷰 대상자들에 대한 설명을 듣다. 서울로 전화해서 최 이사더러 공항에 나가보라고 했다. 5시경에 최 이사로부터 전화가 왔는데 이 회장님이 4시 40분에 무사히 도착하셨고, 광주에는 별일이 없다고 보고했다고 한다. 손정연 부장 불러 통일문제 세미나에 서용석 교수를 토론자로 넣도록 지시했다. 밤에 최병철 씨가 전화, 취재 의뢰한 것 어떻게 되었느냐 묻는다. 김동구 백제약품 사장이 향우회 원고문제로 전화, 종경이에게 무안문화원에 가서 내 원고를 찾아보도록 지시하다.

6월 20일 (화)　기자들의 예절을 바로잡도록 하다

아침에 회사에 출근하자 바로 화순의 유성운 기자가 광고대금 입금문제에 대한 해명서를 가지고 찾아왔다. 읽어본 후에 인사위원회를 소집하여 결정을 내리겠다고 말했다. 김진원 부장이 전화, 한국일보의 임원진이 사표를 제출했으며 봉급인상에 합의했다고 알려주면서 자신이 오사카에 다녀오겠다고 한다. 불급한 출장은 허용할 수 없다고 했다. 부사장과 자장면으로 점심하다. 윤귀현과 남신희 기자를 불러서, 지난 토요일에 비서를 시켜서 올라오라고 연락했는데, 불응했던 사실을 추궁하다. 남신희는 연락을 받고서도 메시지를 남기지 않았고, 다른 사람에게 부탁하지도 않은 채 나간 것에 대해 잘못을 시인한다. 그러나 윤귀현은 오늘 오전에도 급한 일이 없는데 올라오지 않은 데 대해 아무런 반성의 태도가 보이지 않는다. 김준태 부장을 찾았으나 취재가고 없다. 장광영 실장 불러, 편집부사람들의 요즘 작업태도를 물어보고, 편집국기자들의 예절을 바로잡는 데 신경을 써 달라고 부탁하다.

6월 21일 (수)

아침회의 마치고 회장님에게 전화했으나 부재중이시다. 오늘 오후에 있을 징계위 절차에 관해서 부사장, 총무국장과 협의하다. 남광주관광의 박 사장이 골프장개설에 관해 설명한다고 회사에 찾아왔다. 2시부터 간부들을 소집하여 징계문제를 3시간에 걸쳐 논의하다. 이춘성 기자가 와서 영산강개량조합장 인사문제를 취재해 봤는데 별다른 하자를 발견하지 못했다고 보고한다. 오전 중에 송언종 도지사가 전화, 어제 도청이전에 관한 기사가 1면 머릿기사로 나오는 바람에 매우 곤혹스러웠다고 한다. 도와 내무부 사이에 본격적인 협의가 없었는데 확인도 하지 않고 보도했다는 것이다. 나경주의 수습연장에 대해 최 이사와 협의하다.

6월 22일 (목)

조회 마치고 회장님께 전화하니, 내일 포항에 가신다고 한다. 부회장은 토요일 오후에 귀국할 예정이며 지금은 태국에 있다고 한다. 한국일보 정경희 논설위원에게 전화, 요즘 인사관계를 물었더니 인원적체를 덜기 위해서 안간힘을 쓰는데 자신도 일자리를 하나 구해야겠다고 농담한다. 김영석 부장과 점심을 함께하고 다방에 들렀는데, 전에 전남경찰국장을 지낸 박만영 씨가 반갑게 인사한다. 이곳에서 조그맣게 아스콘사업을 시작했다고 한다. 오후에는 서울탑 사장, 이성주 차장으로부터 사옥 마무리공사 일정에 대해 보고를 받다. 7월 20일까지 완공예정이라고 한다. 밤에 최병철 씨로부터 전화오다. 취재결과, 영산강조합의 인사는 동결령이 내리기는 했지만 그것은 신규채용의 경우이고, 결원 시에는 승급발령을 할 수 있고, 기술이사의 관리업무에 하자가 없다고 하더라고 알렸더니, 실망하는 듯한 반응을 보인다.

6월 23일 (금)

황 부국장이 광양 이상연이 토지이전비를 보내 달라 하더라고 하기에 직접 이상연을 전화로 불러, 그것은 납득할 수 없으니 이전비 문제는 부회장에게 말해보라고 했다. 서울에서 김원욱(남우회)이 찾아왔기에 한참 동안 아야기하다가, 박기남 부국장과 함께 예천에서 점심하다. 식사하고 돌아오니 편집국에서 노조 임시총회가 열리고 있다. 한참 있다가 문 국장이 노조규약을 가지고 와서, 부회장에 김영근 광고국차장, 사무장에 정용택 기자가 새로 선출되었다고 보고한다. 김용일 부장에게 목포의 고교평준화 문제를 더 알아보라고 했더니 월요일에나 알 수 있을 것 같다고 한다. 28일에는 목포 문제를 크게 기사화할 작정이라고 한다. 여론조사는 일부의 방해로 회수율이 좋지 않다고 한다. 광주시내지국장들이 낮에 모여서 6월 임금조정액에 불만이 많아 불평하고 있어서 시판부에서 나가 개별접촉중이라고 한다.

6월 26일 (월) 목포지역 고교평준화가 해제되다

광주 미국문화원장이 새로 부임했다면서 전임원장과 함께 찾아왔다. 한국말을 좀 배운 모양인데 똑똑한 인상이다. 전남도 교위의 전 교육감으로부터 전화가 왔다. 목포지역 고교평준화를 해제하기로 결정했노라고 생색내면서 그 경위를 자세히 보도해 달라고 부탁한다. 당장 서한태 박사, 김명철 목중고 동창회장, 황치과 원장에게 알리다. 오후에 목포의 목중고 총동창회의 김환 회장으로부터 평준화해제에 고생이 많았다는 인사 전화를 받다. 3시에 회장님이 노착하셨기에 한 시간 동안 이야기하다가 윤 부사장, 김 이사, 김 국장을 불러 중요업무에 대해 보고하도록 하고, 광고 업무국장을 불러 결재받도록 했다. 회장님은 6시경에 서울로 떠나셨다. 방에 돌아오니 목고 교장으로부터 감사하다는 전화메모가 있다. 최시영을 불러 노조지회 결성에 관해 사정을 알아보고 불필요한 잡음을 내지 말라고 당부하다.

6월 27일 (화)

광양지국의 서범원 기자로부터 광양지사 현판식을 이 달 30일에 거행한다는 초청장이 왔다. 업무국장과 부사장을 불러 물어보았더니 이미 품의가 올라와 있다고 한다. 본사 결재도 내리기 전에 제멋대로 청첩장을 돌린 행위가 괘씸해서 광양지국으로 전화 걸어 내일 중으로 본사로 출두하라고 했다.

6월 28일 (수)

서범원 기자가 광양에서 올라왔다. 활발하게 활동한다는 점을 크게 칭찬한 뒤 본사 결재도 없이 대외적으로 청첩장을 돌린 행위를 지적했더니 정중히 사과한다. 우선 30일의 현판식은 취소하도록 하고 지사승격 문제는 내일 본사 간부회의에서 긍정적으로 검토하되 견책여부도 아울러 검토하겠다고 하니 그대로 승복하겠다고 한다. 서울신문의 김재영 씨가 찾아왔기에 오무, 오세성 부국장과 함께 예천에서 점심하다.

6월 29일 (목)　　서울광고부 집단사표를 제출하다

최 이사로부터 전화, 서울지사 광고부 사람들이 집단사표를 제출했다고 한다. 자신도 그만두고 싶은 심정이라고. 본사에서는 서울지사의 광고판매 실적이 무등일보보다 떨어진다는 것을 매일같이 강조하고, 심지어 서울지사광고팀을 접수하려는 팀이 본사 내에 구성되고 있다는 풍문이 돌아 서울팀이 크게 좌절을 느껴 어제는 남한산성에 가서 소주를 마시고 울었다고 한다. 그따위 근거 없는 마타도어에 넘어가다니 형편없는 놈들이라고 호통치고 내가 내일 중으로 상경하겠으니 김교일 국장에게 회사에 나오도록 연락하라고 지시하다.

6월 30일 (금)

오전 중에 자금사정을 알아보고 시판관련 지원대책에 관한 브리핑을 듣다. 오후 1시에 차로 상경하다. 6시경에 프레스센터에 가서 윤산학 국장을 잠시 만난 후 6시 30분에 언론학회 창립 30주년 기념리셉션에 참가하다. 거기에서 박권상 씨를 만나 기고를 약속받았으나, 최정호 교수는 해외여행 후에 쓰겠다고 한다. 김우룡 교수가 CATV에 관한 여러 가지 자료를 모두 가지고 있고, 방송에 관한 최신정보도 있으니 언제라도 자문에 응하겠다고 한다. 적당한 기회에 원우현 교수와 함께 광주로 초청해야겠다. 리셉션이 끝난 후 언론계와 학계의 원로급 10여 명을 남포면옥으로 초청, 저녁을 대접하다.

7월 1일 (토)

9시에 논현동 사무소에 나가 손용석 전무를 만나 정담을 나누고, 8층으로 올라가서 회장님을 뵙다. 자금문제, 시판지원금 문제, 광양·화순지국에 대한 징계문제 등을 보고하다. 회장님이 오늘 오후에 열릴 무등클럽 회원골프모임의 스폰서를 맡게 되었는데 그 행사를 전남일보 이름으로 하게 되어 최 이사, 김 국장도 나오라고 했으니 사장도 시간이 된다면 나왔으면 좋겠다고 하신다. 이 부회장과 11시 30분까지 담소하다가 서울지사로 가다. 최 이사는 없고 광고국 사람들이 나를 기다리고 있다. 본사에서는 서울지사의 어려움을 잘 알고 있으며 인수팀을 구성하고 있다는 말은 터무니없는 낭설이니 동요치 말고 맡은 일을 착실히 수행하라고 당부하다. 3시에 백상기념관에서 열리는 〈민주의 현장〉 전시회에 김대중 총재가 나온다 해서 가보았더니 이희호 여사만 보였다. 5시에 인천 씨사이드에서 열린 무등산클럽 회원골프모임에 나가다. 거기에서 강유원, 이환의, 김창식, 고재필, 박경원, 나석호, 임영득, 정래혁, 장지량, 유재희, 김상영 씨 등을 만나다.

7월 5일 (수)

새벽 7시 30분부터 신양파크호텔에서 열린 월례기관장 간담회에 참석하다. 최인기 광주시장 주재로 새로 부임한 10여 명의 소개와 법질서 확립에 협조해 달라는 요청을 듣고, 한은 광주지점장으로부터 최근의 경제동향에 관한 브리핑을 듣다. 9시 넘어 회사에 나갔더니 최 부국장이 김원욱으로부터 심한 모욕을 받았다고 분개하고 있다. 동서인 최윤도 씨가 남아토건의 최 사장과 함께 찾아왔다. 한참 동안 이야기하고 나서 12시경에 예원에서 점심을 함께하자고 한다. 부사장과 함께 1시 20분까지 담소하다. 오후에 문 국장을 불러 노조 임원개선(改選)에 대한 배후기류를 살펴보고 앞으로의 편집국 개편과 출입처 재조정 문제 등에 대한 대체적 윤곽을 제시했다. 언론연구원 이종전 이사가 "한국형 가로쓰기 신문과 구미신문의 비교"에 관해서 200매 가량의 원고를 써 달라고 한다.

7월 7일 (금)　　김 부국장에게 화합적 자세를 종용하다

김원욱이 사장실로 올라와서 자기는 여태껏 사장의 뜻을 받들어 꾸준히 실천하고 있다고 고백한다. "그렇다니 고맙게 생각한다. 내가 바라는 것은 사내의 화합인데 김 부국장이 편집국 내에서 중심이 되어 보다 적극적으로 화합을 이끌어 달라는 것이다. 지금 편집국내에서는 실제로 대립적인 두 개의 기류가 흐르고 있다. 김 부국장은 문 국장에게 대립하지 말고 화합적 자세를 취해주고, 최하림 부국장에게는 형님대접을 해주면서 자기 맡은 일을 충실히 하면, 상부로부터나 하부로부터나 모두 신임과 존경을 받을 것이니 제발 그렇게 노력해 달라"고 당부했다. 그도 말인즉 철저히 따르겠다고 다짐한다.

오후에 전남일보의 심벌디자인 공모에 당선된 청년이 한스피알사의 상무명함을 가지고 찾아왔다. Image-up 광고문제를 이야기하다가 이벤트광고를 권한다. 한국일보가 캐릭터 심벌을 존중하고 사기나 마크를 중요시하며, 〈미스 코리아 선발대회〉로 전국광고를 해서 성공했다고 주장한다. 독자조사도 자사에서 하는 것보다는 전문회사에 맡겨 객관적 자료를 토대로 하여 전략을 세워야한다는 것을 강조한다.

7월 8일 (토)

아침 간부회의 때, 새 사옥의 옆면에 달린 제호간판 위에 우리 사의 심벌마크를 넣는 것이 어떨까 검토해 보고, Image-up 광고는 무등산과 새사옥의 영상을 결합해서 전국망 TV에 광고하는 것을 검토하라고 지시하다. 회장님이 서울지사에 가셨다하기에 그 쪽으로 연결해서 통화하다. 1시경에 조덕송 고문이 서울에서 도착하여 약 1시간 동안 통일눈제 세미나에 관해서 협의하다. 2시에 박갑동 국장과 컴퓨터 전시회에 나가기로 했는데 혼자 가도록 했다. 김종효 차장 불러 배진의 역할을 물었더니 6개월이나 훈련시켰기에 이제 예산문제는 맡길 만하다고 한다. 최하림 부국장이 저녁 7시에 부인과 함께 집으로 방문하다.

7월 10일 (월)

조회 중에 회장님이 오셨기에, 부사장, 김 이사, 김 국장을 불러 6월 판매실적, 미수금내역, 주요업무 추진상황 등을 보고하다. 12시가 넘어 점심하러 가자고 하는데 나는 광양지사에 가야하기 때문에 빠졌다. 이광현 업무국장과 김선남 부장과 함께, 선물로 시계를 하나 마련하여 광양지사로 갔다. 3시에 도착했는데 개국식장에는 이광배 광양시장, 윤원보 광양군수, 광양경찰서의 정 서장, 광양교육장, 포항제철 광양공장의 김 부사장, 조선내화 광양공장의 김 상무 등 약 15명의 내빈이 기다리고 있다. 테이프커팅이 있은 후 피로연장으로 옮겨 내빈 소개, 주재기자와 지사장의 인사말이 있은 후 내가 격려사를 하고 김서정 옹의 축사가 이어졌다. 지사장실에서 잠시 휴식한 후 동광양시장을 예방하고 광양 읍내에 있는 지국에 들르다.

7월 11일 (화) 새사옥 동상 디자인을 의논하다

아침에 박갑동 국장이 서울에 출장가면서 전화했다. 우리 신문의 독자페이지에 있는 “전남일보를 읽고”란에 정치부와 편집부를 비판하는 내용이 나왔는데 그것이 사내에서 만들어졌다는 사실 때문에 상당한 마찰이 일어나고 있다는 것이다. 조회 때, 최인기 시장이 상경했다는 기사가 2중으로 나와 있다는 사실을 지적하다. 그리고 총무국장에게는 회장의 결재를 받은 것 중 중요한 것은 반드시 사장에게 보고하라고 일러두다. 오전에 부사장, 김 국장, 황 부국장, 이성주 차장, 김봉수 차장, 서울탑의 최장혁 부사장을 소집, 사옥 준공에 대해서 종합검토를 했다. 7월 29일까지 일단 마무리하되 사무실 이전은 8월 5일로 연기하기로 하고 최종 정밀점검을 하기로 했다.

문순태 국장과 김충곤 국장이 조각가인 호남대의 문옥자 교수를 데리고 왔다. 새사옥에 세울 동상의 디자인문제를 논의했는데, 가지고 온 디자인은 새와 여인상을 담았는데 좀 연약한 느낌을 준다. 연약한 영상보다는 이 고장의 역사와 정신에 비추어, 불의에 항거하는 투사상이 우리 신문사의 성격을 상징하는 것이 될 것이니, 그런 방향으로 구상해 보면 어떻겠느냐는 나의 제안에 문 교수는 몹시 불만스러운 표정이다. 김 국장과 점심한 후 회장님이 도착했기에 전남일보의 이미지 홍보를 위해 영상결합방식의 세련된 TV광고를 제작, 서울권과 광주권에 방영하자고 설명했더니 좋겠다고 하신다. 사내의 흐름과 사람 관리 방침을 설명했더니 회장님은 마음에 흡족했던지 "최 사장은 역시 종신사장이야"라고 즉흥적으로 칭찬하신다.

7월 12일 (水)

조회 마치고 부사장, 김 이사, 김 국장을 데리고 회장실로 내려가 예술품, 홍보, 이전 축하연 등에 관해서 11시까지 협의하다. 오전 중에 최 부국장이 올라와서 독자란에 게재한 기사문제는 자신이 부장회의에서 정식으로 사과했으니 더 이상의 조치를 취하지 않았으면 좋겠다고 하기에 그것은 앞으로의 물의를 막기 위해서나 상벌의 형평성을 유지하기 위해서도 견책 안 할 수가 없다고 선언하다. 5시에 〈광주시전〉 개막식이 있어서 참가하려다 가지 못했다. 최 부국장에게 미술관계 사설을 써보는 것이 어떠냐고 했더니 논설위원실과의 마찰이 우려

된다고 피한다. 이홍재 위원을 찾았으나 외출중이다. 조효석 씨가 목포에서 올라왔기에 새사옥으로 옮기면 집필활동에 보다 적극적으로 참여해 달라고 말하다. 5시가 넘어서 부회장이 도착했다. 국장급 이상 간부들과 저녁을 함께하자고 해서 신양회관에서 양구이로 저녁을 하다.

7월 13일 (목)

조회를 마치고 나니 신 부국장이 중앙일보 기자라는 두 사람을 데리고 왔다. 목포 유달동에 있는 이 회장님의 저택을 취재하러 왔다는 것이다. 김 국장에게 목포에 연락해서 편의를 봐주도록 했다. 허경만, 김영진, 홍기훈, 조홍래 의원 등이 방문했다. 부회장과 합석하여 한참 동안 담소했다. 부회장 방에서 부사장, 김 국장과 함께 동상, 홍보, 리셉션, 새사옥에서의 방 배치 문제 등을 협의하다. 김원욱이 노조에서 한겨레신문에 대한 수색을 규탄하는 성명을 내자는 것을 최시영 위원장이 눌렀다고 보고하기에 잘 했다고 치하하다. 그리고 간밤에 사회부, 정치부, 교육체육부 소속의 20여 명의 기자들이 교조와 관련된 전화인터뷰를 하느라고 11시까지 고생했다하기에 편집국에 내려가서 어젯밤의 노고를 치하했다.

오전에 최 이사, 김교일 서울지사 광고국장, 부사장, 정일호 국장, 최정권 등과 서울지사의 광고활동에 관한 회의를 마치고 신양회관에서 점심을 함께하다. 서울의 김활용 목사가 박동호 선생과 함께 찾아왔다. 오후에 김준태 부장을 불러 물의를 일으킨 "전남일보를 읽고"란 기사사선의 경위를 청취하다. 사안의 중대성에 비추어 견책이 불가피하다는 것을 강조하고 김 부장 본인을 견책하겠다고 통고하다. 부회장, 부사장과 함께 새사옥 현장을 둘러보다. 최 이사, 김교일 국장은 광고회의를 마치고 서울로 돌아가다.

7월 14일 (금)　세 가지 캐치프레이즈를 정하다

조회 때 문귀현과 김준태에 대한 보고서와 경위서를 제출하도록 문순태 국장에게 지시하다. 별도로 부회장, 문 국장과 만나 지역사회연구소 설립문제를 논의하다. 내일 오후 2시에 다시 회합하기로 하다. 점심을 먹고 있는데 서 이사로부터 전화, 지절이 있어 종쇄가 1시간 30분 정도 늦어지겠다고 한다. 업무국장에게 긴급대책을 취하도록 지시하다. 5층에서 장 실장 만나 물의를 일으킨 독자란에 대한 견책조치를 설명하다. 3시부터 간부회의를 소집하여 우리 신문의 캐치프레이즈로 1) 민주, 진실, 전남일보, 2) 새롭고 바른 전남일보, 3) 바로 보고 바로 서는 전남일보 등 세 가지를 선정했다. 이어 16면 증면문제를 논의했다. 8월 15일부터 격일제로, 그로부터 1개월 후인 9월 15일 아니면 10월 15일부터 매일 16면 발행으로 전환하기로 했다. 5시경에 회장님이 대여섯 명의 일본사람들과 함께 오셨다기에 내려가서 인사한 후 부사장에게 새사옥을 안내하도록 했다. 그리고 회장님과 증면문제, 견책문제를 협의했다.

7월 15일 (토)

조회 때 어제 신문제작이 늦어 일부지역의 배달지연을 사과하는 '사고'를 내도록 지시하다. 제작지연의 원인규명에 서 이사가 섭섭했는지 또 그놈의 사의를 표명한다. 이정일 부회장이 왔기에 서 이사의 사의표명과 편집국에 흐르는 대류관계를 설명하고, 혹시 일방적 정보가 들어가더라도 내 해명이 있기까지는 믿지 말라고 당부하다. 징계대상 2건의 보고서를 왜 안올리느냐고 문 국장에게 재촉했더니 품의가 올라오는 중이라고 한다. 부회장은 옥과로 나갔다가 해남으로 돌아 내일 광주를 거쳐 상경하겠다고 한다. 2시 30분에 지역사회연구소 정관을 토의하기로 했는데 박인성 주필과 문 국장이 외출중이어서 하지 못했다. 문 국장은 방송비평회에 나가면서 내가 비서에게 소재를 알리지 않고 갔다고 불평하더란다. 이광현 국장으로부터 내일 산행을 장흥으로 하고 9시 30분에 떠나자는 연락이 왔다.

7월 18일 (화)　　문화부 두 기자를 문책하다

서울로 전화했더니 회장님은 부재중이고, 부회장은 새 건물에 세울 돌은 해남에 많이 있으니 연락해서 활용하라고 한다. 2시 30분부터 부사장, 김 이사, 서 이사, 김 국장, 문 국장, 손정연 부장을 불러 지역사회연구소 설치안을 의논하다. 이어 문화면 기사를 문책하는 인사위원회의 심의를 시작했다. 심의결과는 윤귀현에게는 '견책'을 주어 시말서를 쓰게 하고, 님신희는 이미 시밀서를 받았고, 김준태 부장에게는 여러 가지 영향을 생각하여 데스크의 책임을 다 하지 못했다는 점에서 '경고'조치하기로 결정했다.

7월 19일 (수)

부회장이 10시경에 광주로 출발한다고 전화하다. 이 번 개각에서 최영철 장관이 노동부로 전보되었기에 축전을 보내다. 김충곤 국장은 해남으로 돌을 골라보려고 갔다. 김 이사는 한남투신 회의에 참석했고 이광현 국장은 휴가중이다. 신문제작은 개각뉴스 때문에 1면과 2면의 강판이 늦어진 데다가 컬러인쇄기의 먹판이 하나 내려앉아 인쇄가 늦어져 3시 13분에 종쇄하다. 3시에 부회장이 백운동에서 새사옥으로 간다고 연락이 와서 나도 함께 새사옥을 둘러보다.

7월 20일 (목)

8시경에 신문사에 나가다. 조회 마치고 회장님과 통화했는데 윤전기 고장이 자주 일어나는 것에 걱정이 되시는 모양이다. 10시경에 부회장이 홍도로 떠난다고 전화했다. 광고국장이 그동안 광고국과 경리부 사이에 기장 차이가 32만 원 정도 났는데 이제 모두 정리되었다고 보고한다. 서해안고속도로에 대한 공사계획 변경기사를 읽고, 목포 조효석 고문에게 전화, 서해안지역에 대한 정부의 경시를 공박하는 사설을 썼으면 한다고 주문하다. 이홍재 위원이 자기가 작성한 전남일보의 카탈로그 초안을 브리핑하다.

7월 21일 (금) 판소리를 기간사업으로 육성하자

아침회의에서 전남일보는 앞으로 이 고장의 문화적 전통을 계승 발전시켜 나가기 위해서 연례적인 기간사업으로서 〈판소리 경창대회〉와 〈남화 미술대전〉을 개최해야 할 것이라고 제의했다. 전남은 전북과 더불어 판소리의 고장으로 그 전통과 명맥을 이어오는데 근년에 와서는 전주와 남원에 국립국악원이 있고 대통령상을 수여하는 경창대회도 두 곳에서 열리고 있는데 전남에는 그런 것들이 갖추어지지 않아서 크게 균형을 잃고 있다. 그리고 소치와 의제 같은 남화의 대가들이 일구어놓은 남화의 전통은 우리 전남이 마땅히 중심이 되어 발전시켜 가야 할 책임이 있다. 이 두 가지 사업은 앞으로 우리 신문이 일종의 사명감을 갖고 추진해야 할 것이니 간부들은 이 사업들이 성공적으로 실현될 수 있도록 좋은 아이디어와 힘을 보태라고 촉구했다.

목포의 조효석 고문에게 전화, 서해안고속도로에 관한 사설이 시의에 맞고 설득력이 있었다고 찬사를 드리다. 서한태 선배와 통화, 지난번에 나간 송재구 목포시장에 관한 비판적 기사가 목포사람들을 실망시켰다고 불만을 표한다. 최 부국장 불렀더니, 요즘 자기는 사내외 할 것 없이 사면초가라고 고개를 설레설레 흔든다. 오후에 김 국장이 출근했기에 문종신을 광고부로 보내는 문제를 타진했더니 괜찮다고 한다. 성균관대의 장을병 교수가 광주상경대학의 성락운 학장 방에서 전화했기에, 무등산장으로 나오라 해서 식사를 대접하고 공항까지 차를 제공하다.

7월 23일 (토)

아침에 전화로 회장님에게 최 이사의 방미문제를 보고하다. 그리고 최 이사에게 세종대의 서예가 서희환 교수에게 "민주, 진실, 전남일보"라는 휘호를 청탁하라고 지시하다. 한문보다는 한글을 고집하는 작가라 의사를 존중하여 한글로 써도 좋다고 했다. 100만 원 정도의 사례를 해야 할 것 같다고 한다. 김종효 차장이 한스PR의 진 상무와 우리 신문의 TV 광고안을 가지고 왔다. 그런데 이 안은 영상결합방식의 입체적인 것이 못되고 너무 평면적이어서 마음에 들지 않는다. 그것보다는 차라리 MBC쪽에 맡기는 것이 좋을 성싶다.

회의중에 안기부 지부장이 전화, 요즘 교조문제 때문에 골치가 아픈데 전남일보가 좀더 협조해 주었으면 좋겠다는 것. 지난번 여론조사결과를 1면 톱으로 취급한 것이 못마땅한 듯하다. 점심때, 문 국장, 최 부국장, 김 부국장, 지 부국장, 나의갑 부장 그리고 박주필, 윤 부사장을 신양회관으로 불러 식사하면서 교조문제를 지나치게 다룬 21일자 신문을 예시하면서, 과열하지 말고 냉정히 사태를 다루도록 하라고 강조하다. 김 부국장이 좀 보수적인 견해를 피력하면서 편집국 내의 과격현상은 일부간부들이 부채질한 결과라고 비판한다. 식후에 나 부장을 따로 내 방으로 불러 편향적 성향을 지적하고 시정하라고 경고하다. 7시 30분에 금호회관에서 무세중의 〈상하좌우〉라는 전위극 공연을 관람하다.

7월 24일 (월)

10시경에 회장님이 내려오셨다. 내려가서 사옥공사 현장의 진행상황과 제작시간의 추이 등을 보고하다. 그리고 교조관련 기사 때문에 안기부의 김건이 지부장으로부터 불만 전화를 받았음을 보고하고 오늘 12시에 만나기로 약속되었다고 말씀드리다. 12시 10분에 국제호텔에서 김 지부장과 만나다. 신문의 내용에 대해서 때때로 섭섭할 때가 있겠지만, 요즘 신문은 군사정권 때처럼 발행인이나 편집인이 뜻대로 만들어지는 것이 아님을 이해할 필요가 있다고 말했다. 그러나 전남일보 편집의 기본성격은 보수적일 수밖에 없고 우리가 추구하는 최고의 가치와 목적은 지역사회의 발전에 기여한다는 데 있으니 너무 걱정하지 말라고 타이르다. 자기도 회장이나 사장이 애쓰고 있다는 것은 잘 알지만 이 고장에서 지금 교조문제는 우려하지 않을 수 없을 만큼 과열되어 있으니 연화하는 방향으로 힘써 달라고 당부한다. 부회장은 내일 못 내려올 것 같다면서 지역문제 간담회의 진행상황을 묻는다. 8월 18일에 개최하자는 데 합의했다.

7월 25일(화)　편집국장 못해먹겠다고 하소연하다

오늘의 독자페이지 편집대장을 보니 교조에 관련된 기사와 독자만화가 나 있다. 문교부가 교조를 망치로 쳐부수는 모습이 그려져 있다. 남신희 기자와 최 부국장을 불러 만화를 빼라고 했더니 시간여유가 없어 망치만 지우고 강판했다. 문 국장을 찾았으나 부재중이다. 아마 교수들과 지역숙원사업에 관한 토의장에 나간 모양이다. 점심을 먹고 있는데 회장님이 오셨다하기에 내려갔다. 회장님이 요즘 광고와 판매가 어떻게 진행되느냐 물으시기에 정 광고국장과 이 업무국장에게 각각 보고드리도록 지시했다.

오후에 네 사람의 교수들이 쓴 지역숙원사업에 관한 공동논문을 검토해보니 내용이 그런대로 잘 정리되어 있다. 서 이사에게 그것을 조판해서 200부 정도 인쇄에 맡기라고 지시하다. 우리 사에 신설하는 지역사회연구소의 사무국장은 우선 오세성 위원을 발령하도록 품의하라고 부사장에게 지시하다. 문 국장에게 오늘 낮에 만난 안기부 김 지부장과의 대화내용을 이야기해주고 회장님으로부터는 아무 말 못 들었느냐 했더니 전혀 모르겠다고 한다. 앞으로 편집국의 인사조정에 필요하니 보고서를 작성해서 제출하라고 했더니 솔직히 말해서 자신은 한계에 도달한 것 같고, 논설위원실로 가서 일하면서 소설 창작이나 학교강의에 나갔으면 한다고 실토한다.

7월 26일 (수)

아침회의 때, 수재민들에 대한 의연금을 모집하는 문제를 논의하다. 먼저 우리 회사에서 얼마를 내놓을 것인가를 밝히기 위해서 서울로 전화, 부회장에게 협의했더니 1천만 원쯤 내놓아야 하지 않겠느냐면서 회장님과 협의해 달라고 말한다. 회의에 참석한 간부들에게 우리가

1천만 원쯤 내면 어떻겠느냐고 떠보았더니 모두 선뜻 말하려 하지 않는다. 우리 회사몫은 나중에 회장님과 협의할 터이니 우선 의연금을 오늘부터 접수한다는 사고를 내도록 하자고 했다. 그리고 각 국의 인력을 총동원하여 각계로부터 의연금을 유치하는 데 힘쓰라고 촉구했다. 김 국장의 의견은 이런 돈을 내는 문제는 결코 서둘 일이 아니라 타사에서는 어떻게 나오는가를 보고, 또 회장님의 이 지역의 위상문제가 있으니 전남지방의 유지들이 어떻게 나오느냐를 보고 결정하는 것이 좋겠다는 의견이다. 서용석 교수가 들렀다. 지금 목포에 있는 서한태 씨나 김암기 씨 같은 유지들은 김명수 부장이나 전남일보의 목포 문제를 다루는 태도나 내용에 불만이 많다고 귀띔해 준다.

7월 27일 (목)

서 이사가 조회 때 앞으로 제작일지를 써서 제작지면의 책임한계를 가리자고 제안한다. 10시 50분에 일단 원고마감을 하고 편집국장의 요청이 없는 한 추가원고를 받지 않겠으며 그렇게 함으로써 2시 45분까지에 종쇄하도록 하겠다고 선언한다. 11시경에 회장님과 통화, 오늘 제주도로 가시는데 발행인협회 골프행사는 취소되었지만 전경련 골프모임이 있어 그대로 출발하신다고 한다. 그리고 전남일보의 수재의연금은 5백만 원을 내기로 결정했다. 낮에 상호신용금고의 이 사장에게 연락하여 그 쪽 중역들을 데리고 나오라고 하고 우리 쪽 부사장과 김 이사와 함께 담양에서 점심을 먹고 2시경에 돌아오다. 정기상 부장이 노광표 전매청장으로부터 수재의연금을 받아 왔다기에 노 청장에게 전화했으나 부재중이다. 6시경에 서 이사로부터 호외를 낸다는 말을 듣고 문 국장을 불렀더니 자기도 다방에서 방금 들어와서 영문을 모르겠다고 한다. KAL기 추락사건을 호외로 낼까말까 망설이다가 광주일보를 떠보았더니 그 쪽에서는 낸다고 한다. 우리도 내기로 했다. 그 바람에 7시 30분까지 신문사를 떠나지 못했다.

7월 28일 (금)　홍수피해지역을 순찰 위문하다

조회석상에서 어제 낸 우리 신문의 호외와 광주일보의 것을 비교하면서 우리 쪽의 역량이 태부족하다는 것을 깨달아야 한다고 지적했다. 특히 호외를 낼 때 편집국간부들 사이에 충분한 협의를 거치지 않고 있다는 것이 뚜렷하게 드러나고 있음을 개탄했다. 회의 마치고 서울의 부회장과 통화하고 홍수피해가 큰 장성지국을 시찰하기 위해서 이광현 국장과 김선남 부장과 함께 가다. 장성지국 차 기자와 총무 및 경리직원들을 위로하고 금일봉을 전달하고 격려하다. 특히 장성지역은 전국에서도 가장 피해가 심하여 전 국민의 관심이 쏟아지고 있으니 지역의 애로사항을 소상히 알리는 데 힘쓰라고 독려하다. 특히 장성읍의 중심가에 수해가 심한 편인데 처마에까지 물이 닿은 흔적이 역력하고 집집마다 흙탕물을 닦아내느라고 고생하고 있다. 이어 송정리로 내려와 나주. 영산포로 갔다. 영산포의 신희준 기자를 찾아 금일봉을 전하고 역 앞쪽에 있는 김중광 이사의 고향집으로 찾아갔더니 여기는 정말 상태가 엉망이다. 나무기둥은 그대로 서 있으나 벽의 흙이 다 무너져서 앙상한 뼈대만 남아 있고 가재도구만 겨우 마당으로 옮겨놓은 상황이다. 돌아오는 길에 남평에서 점심 먹고 신문사에 돌아와 업무국 직원 몇 사람을 김 이사 본가로 지원차 보내다.

7월 29일 (토)

어제는 창간 후 처음으로 제작시간이 단축되었던 날이었기에 그 사실을 칭찬하고 앞으로 이런 능률적인 제작진도를 살려가라고 촉구했다. 회장님은 아직 제주도에 계시고 부회장하고 통화했다. 회장님이 내신 의연금 5천만 원(조선내화 몫)은 사진과 더불어 크게 제목으로 뽑고 기사에는 본보의 회장임을 밝히라고 지시하다. 상호신용금고의 이 사장에게 전화하여 창업금고의 문 사장하고 회식할 수 있는 기회를 마련해 달라고 부탁했더니 월요일쯤으로 하자고 한다. 광주생명의 최 사장에게 전화, 근일 내로 한번 만나자고 했다.

전남교위에서 목포의 고교평준화문제가 문교부에 의해서 확정되어 공보로써 전달되었음을 맨 먼저 나에게 알려준다고 전화로 알려왔다. 목포의 서한태 박사에게 알리고 황 치과원장에게 연락하다. 그리고 내주 중에 목중고동창회 간부들과 교위측이 모여서 회식자리를 갖도록 하자고 제의했다. 조경석 씨가 찾아와서 목포출신 친목회인 상유회 회원들의 소식을 듣고 앞으로 우리 신문의 새사옥 준공축하연에 초청하는 문제를 협의하다. 오후에 부사장, 총무국장, 박갑동 국장 등이 나주 김 이사 집을 찾아가 위문하다.

8월 1일 (화)　나주군수가 수해기사에 유감을 표하다

조회 마치고 회장님에게 전화했더니 오후에야 들어오신다고 한다. 이홍재 위원을 불러 새로 만들 카탈로그에 넣을 사장인사말 원고를 넘겨주다. 김원자 부장을 불러 지면제작내용에 대해 사장의 의견을 일러주다. 정영식 나주시장이 전화, 31일자 우리 신문에 나온 수해기사 중 나주시 당국의 무성의로 피해가 많아졌다는 내용이 보도되어 나주시의 입장이 곤혹스럽게 되었는데 이는 너무 일방적인 책임전가여서 섭섭하다는 취지이다. 이만영 부장에게 알아봤더니 이번 수해가 천재보다는 인재였다는 각도에서 사회부에서 다루려던 것을 자기가 희석시켜 지방면 기사로 돌린 것이라고 해명한다. 그러나 좀 지나쳤다고 생각하는지 사태를 수습하는 데 적절히 협조하겠다고 말한다. 오후에 회장님에게 노 대통령이 나주와 광산을 시찰하고 부산으로 떠났으며 기관장들과 만나는 기회가 없었다고 보고하다. 내일 광주로 오시겠다고 한다. 고재철 사장이 수재의연금 1백만 원을 아들을 시켜 전달하다. 최윤섭 씨가 찾아와서 국세청 산림불하사건에 관련된 기사가 취재되지 않았느냐고 묻는다. 자신과 관련이 있는 모양이다.

8월 2일 (수)

조회 도중에 이번에 미국을 다녀온 최봉인 이사가 서울로부터 도착했다. 미국에서 사왔다고 넥타이를 하나 선물로 가지고 왔다. 그리고 신문의 캐치프레이즈를 모필로 쓴 서희환 교수의 휘호를 가지고 왔다. 회장님이 나오셨기에 새사옥으로의 이전문제를 말씀드리고 김용대 등 네 명의 고참 주재기자들을 8월 1일자에 차장으로 승진시킬 것에 합의하다. 그리고 김명수 부장대우도 승진에 포함시키기로 합의하다. 그리고 또한 목포, 순천, 여수지사를 강화시킬 필요성, 영암, 완도, 강진 지국문제, 배달학생들을 위한 기숙사 마련문제 등을 의논하다. 오후에 회장님과 새사옥 공사현장을 시찰하다. 부사장, 서 이사, 김 국장, 최장혁 서울탑부사장 등이 수행하다. 윤 부사장과 김 국장은 이사를 1주일 늦추자고 하는데 서 이사는 예정대로 하자고 우긴다. 그래서 용역회사와의 약속도 있으니 이사는 2단계로 나누어서 하기로 했다. 공무국, 편집국, 광고국 도안실은 원안대로 8월 5일에 이사하기로 하고 나머지는 공사진행을 보아서 하기로 했다. 사내입주식은 8월 11일 오후 4시 40분에 하기로 했다.

8월 3일 (목)

조회를 하다말고 광주공항에서 열린 아시아나항공 광주-부산 취항식에 참가했다. 시장, 도지사, 상의회장 등 주요기관장들이 모습을 보였다. 광주일보의 최 전무, MBC 김 사장, KBS 신동호 총국장, CBS 광주보도국장도 나왔다. 황인성 회장과 박성용 금호그룹회장, 박정구 사장 등이 부산으로 출발할 비행기 앞에서 테이프커팅을 하다. 낮에 연희장에 나오라는 것을 사양했다. 오후에 회장님이 목포에서 오셔서 "도자문명 역사탐방"계획을 보고받고 승인하다. 오전부터 총무국과 업무국이 이삿짐을 나르기에 새사옥으로 가보았다. 나중에 회장님도 거기에 오셨기에 함께 각 층을 돌아보았다. 화단에 심은 꽃에 대해 회장님이 일일이 지적하는 것을 보고 회장님의 섬세한 관찰력에 감탄하지 않을 수 없었다. 지역개발간담회 준비관계로 오세성 위원을 서울로 출장보내다. 김원욱 부국장을 불러 요즘의 편집국 사정을 들어보고 대립되는 분위기를 해소하는 데 노력할 것을 당부하다. 또한 노조의 과격한 행동을 미리 대비하고, 간부들 중에 술마시고 자제 없는 발언으로 불필요한 오해를 불러일으키는 일이 없도록 단속하라고 지시하다.

8월 4일 (금)

오세성 위원이 서울에서 돌아와 보고한 바에 의하면 지역숙원사업 산남회 논문에 전남지역 수민들의 자세와 노력에 관한 대목을 첨가했으면 좋겠다 하더란다. 그 점에 관해서 점심 때 문 국장과 송 교수가 만나서 협의했는데 송 교수가 난색을 표명하더라고 한다. 오늘 오전에 조사자료실, 광고국, 논설위원실이 새사옥으로 이사하다. 오후에 무등일보 기획이사로 취임한 김효중이 방문했다. 나를 최 선배라고 부르며 예의를 깍듯이 지키는 품이 마음에 든다. 광고국 김연두 부국장이 핼쑥한 얼굴로 찾아왔다. 위가 좋지 않다고 한다. 병원에 가 보라고 권하다. 그리고 지난번 국장의 승인 없이 일을 처리한 데 대해서는 정 국장에게 사과하고 경위서를 써내라고 했다. 김 부국장의 성격 탓으로 광고국 외근 사이에 마찰이 자주 일어난다고 하니 혹 다른 부서로 자리를 옮긴다 하더라도 개의치 말고 빨리 건강을 회복하여 능력을 발휘하도록 하라고 격려했더니 승복하는 표정을 보이다.

8월 7일 (월) 오늘부터 새사옥으로 출근하다

아침에 구 사무실에 일단 들렀다가 새사옥으로 출근했다. 9층 업무국장실에서 간부회의를 마치고 회장님께 전화, 이사는 무사히 마치고 모든 것이 정상적으로 움직이니 걱정하실 것 없다고 보고하다. 모레 광주에 오시겠다고 한다. 부회장은 오늘 11시에 방콕으로 떠나는데 13일 귀국예정이라고 한다. 최 이사에게 16일에 있을 행사에 차질이 없도록 잘 챙기라고 당부하다. 조회 끝내고 간부들과 함께 회사내의 각 국실을 순시하다. 모든 자리가 제대로 정돈되고 모두가 새로운 환경에 만족하는 모습이다. 제판부의 나 부장이 손에 부상을 입었다고 한다.

김명수 부장이 목포에서 축하광고를 모집중에 있는데 보해 오완교 부사장에게 전화해 달라고 한다.

8월 8일 (화)

새사옥으로 출근, 업무국장실에서 조회를 마치고 서울에 전화했더니 회장님은 오후에 오신다고 하더니 다시 회장님으로부터 전화, 내일 오시겠다 하면서 오늘 카펫을 깔라고 재촉하신다. 윤한봉이 노 대통령과 김 총재에게 공개질의를 신문광고로 내겠다고 한다기에 권진욱 변호사에게 망명한 자가 정치성을 띤 성명을 광고로 낼 경우 실정법에 저촉되는 것은 없느냐고 물었더니 자신으로서는 확실하지 않으니 안기부에 일차 물어보는 것이 안전하지 않겠느냐는 대답이다. 새사옥 준공기념 리셉션은 29일보다는 30일로 잡는 것이 좋겠다고 회장님과 합의하다.

8월 9일 (수)

조회 때 KBS, MBC에 낸 전남일보 홍보화면에 대한 이야기 끝에 문 국장에게 매사에 사장이 책임자의 한 사람이란 것을 의식하지 않으면 안 된다고 말하다. 11시경에 회장님으로부터 전화, 오늘 못 오시고 내일 아침 9시에 오시겠다고 한다. 그동안의 창간작업에 모든 편의를 제공해 준 광주상호신용금고에 고맙다고 인사 갔더니 이종열 사장은 휴가중이고 문 상무만 만나다. 새로 구입한 비품 중에 원탁이 너무 면적이 좁아 초라하게 보인다. 키만 높아서 불안정한 느낌을 준다. 책장도 조잡하고 옷장도 문이 맞지 않는다. 차라리 쓰던 소파를 그대로 쓰는 것이 훨씬 좋았을 터인데 공연히 원탁으로 바꾸라고 내가 요청했던 것이 후회스럽다. 책상 서랍을 정리하는데 유준상 의원이 찾아왔다. 대뜸 사장실이 좁아 보인다고 한다.

8월 10일 (목)

새사옥으로 이사와서 정식으로 여는 첫 번째 조회이다. 부사장이 조회는 사장실에서 하는 것이 좋겠다고 해서 부회장실에서 의자를 두 개 더 가지고 왔다. 회의를 끝냈는데 아시아나 항공사에서 선물을 가지고 왔다. 11시경에 회장님이 오셔서 방송계의 동향을 설명해드리고 서희환 교수에게 휘호사례로 1백만 원을 보내기로 결정했다. 회장님을 모시고 사내를 한 바퀴 돌아보다. 새로 취임한 광주박물관장이 찾아왔기에 30분간 환담하다. 박 주필과 세 명의 논설위원들이 올라와서 논설위원실이 좁아 불편하다고 호소하며 시정해줄 것을 요청한다. 총무국장을 불러 사진부와 바꾸든지, 김 이사 방을 치우든지 연구해 보라고 지시하다. 결국 조사자료실을 쪼개기로 했다. 무등일보 사람들이 시찰왔다는 말을 듣고 회장님이 공무국 출입은 통제하라고 말씀하신다. 사실은 김정호, 서재일, 최병연 등 편집국간부들이 이전했다는 소식을 듣고 찾아온 것이다.

8월 11일 (금)　새사옥 준공테이프를 끊다

조회를 끝내고 나니 서울에서 최 이사와 홍 국장이 도착했다. 이종열 사장이 방문했기에 새사옥을 한 바퀴 돌면서 안내했다. 11시에 회장님이 오셔서 점심을 함께하고, 오후 4시 30분에 회장님모시고 신사옥 준공을 기념하는 테이프커팅 행사를 치렀다. 국장급 이상의 간부들과 최장혁 서울탑부사장, 북구청의 나 청장, 신탁은행광주지점의 이지점장 등이 테이프커팅에 참가했다. 이어 7층으로 올라와 전 사원을 모아 놓고 준공유공자를 표창하고 회장님의 기념사가 있은 다음 내가 인사말을 했다. 새사옥 준공까지에 공이 많은 사람들과 애쓴 사람들을 일일이 호명하면서 고마움을 표시하고 이제 사옥이 마련되었으니 총력을 기울여서 튼튼한 기반조성을 위해서 편집국, 공무국, 업무국, 광고국에서 할 일들을 열거했다. 리셉션에서는 주로 주재기자들과 악수하면서 한 20분간 머물다가 회장님과 함께 퇴장하다.

8월 12일 (토)

간밤엔 조부모님 제사를 모시고 아침 일찍 마을의 가까운 친척들과 아침을 함께하다. 10시경에 회사에 도착하여 임 지사장을 만나 운영상태를 알아보다. 현재 유가독자를 3,200부 정도 확보했는데 광주일보의 유가독자는 2,800부 정도라고 한다. 처음에 본사에서 모아준 구독자 중에서 이탈한 독자는 약 600명이었는데 요즘 와서는 이독률이 줄어들면서 차츰 뿌리를 내려간다는 것이다. 김명수, 김상기, 김민영 기자들과 함께 11시 30분에 세미나가 열릴 신안비치호텔에 도착하다. 오세성 위원을 만나 함께 세미나실로 들어가니 청주대 박정규 교수가 주제발표 중이었다. 점심은 송재구 목포시장과 함께하고 변동현 교수의 발표가 끝난 후 종합토론 세션에 내가 사회를 맡았다. 인사말을 하고 3개 주제에 대한 종합평가를 한 다음 노조결성의 영향과 자치제실시 후의 변화에 대해 6명의 패널리스트들의 의견을 듣고 토론을 종결지었다. 10층에서의 약식 칵테일 파티는 전남일보가 스폰서가 되었다. 저녁에 몽탄에 들러 광주로 올라오다.

8월 16일 (수) 지역발전 간담회를 서울서 열다

아침에 조선내화 이화일 사장 방에 들러 차를 마시며 오늘 있을 간담회에 관해서 이야기하다. 10시경에 서울지사로 나가 부회장 방에서 이야기하다가 회장실로 내려가 최 이사와 홍 국장으로부터 오늘의 진행상황을 보고받다. 오세성 위원, 조선대 문병란 교수, 전남대 이 교수, 송인성 교수, 박경옥 교수, 순천대 박 교수, 목포대 배종무 교수 등이 모여들었다. 부회장과 이들 교수들과 함께 프레스센터 외신기자클럽에 가서 점심을 하다. 1시 조금 넘어서 19층 세미나장에 갔더니 복도에 거물급 인사들의 축하화환이 즐비하다. 장 내에는 많은 토론참가자들과 초청손님들이 기다리고 있다. 유준상, 박석무, 김영진 의원들이 보인다. 간담회는 2시에 개회했다. 내가 인사말을 했다. 하도 저명인사들이 많이 나와 있어서 누구를 특별히 거명하면 섭섭하게 생각할 사람들이 있을 것 같아 두루뭉실하게 "참석해주신 모든 분들에게 감사드린다"고 말했다. 나중 휴식시간에 유준상 의원이 최 사장은 원고도 없이 우리 정치인들보다 또박또박 알찬 말만 하고, 기라성 같은 명사들 중에서 어느 누구를 지명할 것인가 궁금했는데 아무도 지명하지 않은 채 요령껏 피해 나가더라고 칭찬한다. 도중에 김대중 총재가 오셔서 자리를 함께 하다. 김 총재께서 15분간 연설하다. 홍남순 변호사기 5시경에 도착하다. 토의는 7시가 넘도록 계속되고 만찬식상으로 옮겨 9시까지 이어졌다. 올 만한 사람은 다 와서 지역개발문제에 대해서 할 말은 다 한 셈이다.

8월 17일 (목)

논현동으로 가 회장님을 만나자, 어제의 간담회가 대성황리에 끝났는데 회장님이 불참하셔서 섭섭했다고 말씀드리다. 이에 대해 말씀은 수고했다고 했지만 회장님의 표정은 그리 밝지 않았다. B-프로젝트(CATV 사업)에 관해서 잠시 설명드리고 나와서 이화일 사장 방에 들러 어제의 간담회 이야기 끝에 회장님이 불참하셔서 섭섭했다고 말했더니 어째서 그렇게 되었느냐면서 작은 일은 말하면서 큰일은 사전에 말씀드리지 안 했느냐고 지적한다.

11시 30분에 서울지사에 들러 부회장을 만나고 최 이사, 홍 국장을 데리고 외신기자클럽에서 점심하다. 광주에서 올라온 김 이사도 동석하다. 식후에 다 함께 이우세 프레스센터 이사장, 신우식 언론연구원장, 그리고 서기원 서울신문사장을 방문하고 환담하다. 모두 어제의 간담회가 성공적이었다고 칭찬을 아끼지 않는다. CATV에 관한 움직임을 탐색하기 위해서 최 이사와 함께 이환의 의원을 만나러 갔다. 이 의원도 어제의 지역문제 간담회가 아주 성공적이었다고 만족해 한다. 방송에 관해서는 동아그룹에서는 움직이고 있다는 말이 있지만 구체적인 것은 없다고 한다. 다만 민정당은 이 의원이 관여해서 9월 중순경에 입법안이 마련될 터이니 그때 자료를 주겠다고 한다. CATV사업을 선취하는 것이 좋을 것이라면서 일본의 《중부신문》을 시찰해보는 것도 도움이 될 것이라고 조언한다.

8월 18일 (금)

아침 아시아나 편으로 광주로 오다. 신문사로 가서 부사장으로부터 그간의 업무보고를 받고 나서 서울의 이 회장님하고 통화하다. 간담회에 대한 광주지방의 반응이 매우 좋다는 것을 알려드리다. 서울에서 만들어온 TV-CM 시사회를 가졌다. 부사장, 문 국장, 김 국장, 정 국장, 이 국장 등이 참석했는데 자막을 더 뒤쪽으로 옮기고 구독전화는 없애는 편이 좋겠다는 의견이다. 이번에 승진시킨 주재기자들, 김범무, 박봉식, 김명수, 노동식 등에게 사령장을 수여하다. 축협이전 축하를 사후에 했다는 말을 듣고 지회장에게 전화를 걸었더니 휴가중이라고 한다. 윤 부사장, 김 이사, 김 국장이 지켜보는 가운데 고중석 한전광주지사장에게 감사장을 수여하고 약 1시간 동안 신문과 광주사회에 관해서 이야기하다. 부회장이 내일 오전 중에 내려오겠다고 전화하다. 이번 서울에서 열린 지역문제 간담회에 대한 서울의 반응은 매우 좋다고 이균범, 이환의 의원으로부터의 격려전화가 있었다면서 광주지방의 반응은 어떠냐고 묻는다.

8월 21일 (월)

10시경에 회장님이 목포에서 오시다. 서 이사를 불러 윤전부 신입사원문제를 협의하고 조 기사를 고려해 보라하니 부정적이다. 그리고 또 자신의 신상문제를 꺼내면서 불평을 늘어놓는다. 회장실에서 부사장, 김 이사, 이 국장을 불러 3차 신문확장문제를 계속 논의하다. 오후에 부회장이 목포에서 전화로, 오늘 목포에서 열린 통일문제 세미나에 참가한 학자들을 회장님 저택으로 초청해서 회식했는데 그 자리에 참석한 많은 사람들이 최 사장과 친한 사이라고 하더라면서 그들에게 전화해 주라고 한다. 오후에 회장님께 서 이사 문제를 말씀드리고 자동차를 하나 사주자고 건의했더니 그렇게 하자고 승낙하신다. 최 이사가 재경 전남향우회 서정완 간사와 함께 수해의연금을 가지고 광주에 내려왔다. 최인기 광주시장에게 전화를 걸어, 9월 3일에 전남일보 주체로 광주CC에서 주요기관장 초청 골프모임을 가졌으면 한다고 말했더니 좋겠다고 한다. 문 국장에게 조덕송 고문의 원고료 문제를 품의하라고 하다.

8월 22일 (화) 회사 전용식당의 문을 열다

전남 도지사에게 골프 초청을 했더니 즐겁게 참가하겠다고 한다. 우리 회사식당이 오늘부터 영업을 개시한다. 김 국장과 이 국장과 함께 시식하기 위해 식당에 들렀다. 마련해 놓은 음식은 먹을 만하고 직원들도 만족스러운 표정들이다. 안기부 지부장에게 전화했더니 도지사로부터 골프모임에 관해서 들었다면서 참석하겠다고 한다. 그러나 우리 신문의 편집내용이나 논조에 대해서 기관장들이 불만이 많아서 실은 골프초청에도 응하지 말자는 의견도 있었다고 귀띔한다. 고검장은 참석하겠다고 하고 지검장은 참석 못하겠다고 한다. 이환의 의원에게 전화, 오늘 신문에 간담회에서의 발언내용이 정리되어 나간다고 했더니 그때 찍은 사진을 보내줄 수 있느냐 하기에 신부국장에게 말해 사진 네 장을 파우치 편으로 발송했다. 한화갑 의원이 전화로 지난번 자기가 발언한 내용 중에 1990년대 일본의 개인소득이 4만 불이 될 것이라고 이야기했는데 신문에는 4배로 나왔다고 불평한다. 최종경 기자에게 전화, 기사를 너무 안 쓰고 있다고 질책하다. 서한태 씨로부터 전화, 나주 옥탄올 공장에서 유해물질을 유출시킨다고 주민들이 항의중인데 우리 신문에 취재되지 않고 있다고 지적한다. 나종경 기자에게 취재하도록 지시하다.

8월 23일 (수)

조회 중에 회장님과 통화, 이번 골프행사에 시장, 지사가 모두 참가하겠다 하며 4개 팀의 부킹을 교섭 중이라고 보고하다. 3차 확장캠페인에 대한 논의가 길어져 9시 40분에 조회를 마치고 광양 세풍초등학교 고숙 박창후 교장선생님의 정년퇴임식에 참가하기 위해서 광양으로 출발하다. 11시 30분에 광양에 도착하여 서 기자와 새 지국장과 함께 학교로 가니 퇴임식은 이미 진행중이었다. 내빈축사를 요청받고 약 5분간에 걸쳐 박 교장선생님과 나와의 관계를 설명하고 그분의 교육가로서의 인품과 덕행을 높이 평가했다. 3시에 광양을 출발, 도중 폭우를 만났지만 담양까지 오니까 볕이 나고 광주에 도착해보니 비가 한 방울도 떨어지지 않았다고 한다. 배종무 교수, 임주현 교수 그리고 사진작가 김승규 등이 내방해서 환담하다. 신태호 회장에게 전화해서 골프에 초청했더니 자기는 골프를 칠 줄 모른다고 한다. 그 대신 회장님이 오시면 식사를 대접하겠다고 한다. KBS의 신동호 총국장이 전화, 골프모임에 언론계는 왜 초청하지 않느냐고 항의 비슷한 물음이다. 이번 모임은 이 회장님 개인의 초청이니 오해 없기를 바란다고 이야기하다. 김중광 이사가 지방언론의 경영에 관한 논문을 써 가지고 와서 감수해 달라고 한다.

8월 24일 (목) 시장이 전남일보를 따끔하게 비판한다

최인기 광주시장이 점심을 하자고 해서 문 국장과 함께 가족회관에서 만나다. 우선 지난번 서울에서 우리가 주최했던 지역사업에 관한 간담회가 성공적이었다고 평가하고 그동안 전남일보에 대해 기관장들끼리도 섭섭한 점이 많았다고 털어놓는다. 신문이 시시비비를 가리는 것은 좋으나 때로는 사실에 어긋난 경우도 있고 뉴스가치의 평가에 있어서 납득되지 않는 점도 있다고 지적한다. 예컨대, 이철규 사건 때의 점퍼문제라든지 8·15때 대통령의 통일정책에 관한 발표내용보다 교조관계 기사를 톱으로 올린 경우라든지, 영광 원자력발전소의 영향으로 무뇌아가 출생했다는 보도, 또는 광주시장, 전남도지사의 술집출입에 관한 오보 등을 지적하는 것이었다. 시장의 지적은 정곡을 찌른 것이어서 뜨끔했다. 그러나 나는 중요한 독자의 솔직한 지적이니 크게 유의하겠다고만 말하고, 그러나 일부 기관장들의 권위주의적인 행태나 사고도 고쳐야 할 필요가 있다고 꼬리를 붙이다. 오후에 연습장에 가서 공을 한 박스쯤 쳐봤는데 우드가 잘 맞지 않는다. 이 국장, 부사장과 함께 총무부 배진네 상가를 조문하다.

8월 25일 (금)

조회 중에 어제 함평에 갔던 부회장이 김활용 목사와 함께 도착하다. 회장님으로부터 전화가 왔기에 골프모임초대에 대한 반응을 보고하고 KBS 신 국장의 반응을 말씀드렸더니 언론계 사장들도 초청하자고 하신다. 그런데 김종태 광주일보사장은 야구행사 때문에 못나온다고 하고, 김포천 MBC사장과 신동호 KBS 총국장은 다른 개인사정 때문에, 그리고 CBS국장은 추후에 연락하겠다는 반응이다. 부회장과 그간의 밀린 이야기를 나누고 각 방에 서화를 붙이라고 나누어주고, 점심때 부사장, 문 국장, 장 실장, 논설위원들과 함께 나주곰탕 집으로 가서 식사하다. 광주향교에서 전남일보사장을 고문으로 추대하겠다는 위촉장을 보내왔다.

8월 26일 (토)

조회에서 서 이사가 윤전기 2호기가 9월 18일에 선적되어 10월 2일에 도착, 11월 19일에 조립완료될 것이라는 공정표가 왔다고 보고한다. 며칠 전에 리스회사에서는 8월 26일 선적예정이라 했는데 어찌된 일이냐고 했더니 대답이 확실치 않다. 중계상인 김영재 사장에게 몇 번 연락하려 했지만 연락이 되지 않았다고 한다. 내가 일본 하마다 사장에게 직접 연락하겠다고 하니 사장이 직접 연락하는 것은 좋지 않다는 의견이다. 김영재 사장에게 전화로 계약위반이 아니냐고 추궁했더니 죄송하다는 말만 되풀이한다. 아무래도 이상하다. 회장님과 통화했지만 윤전기 건은 언급하지 않았다. 김포천 사장에게 광고시간을 확보해 달라고 부탁했더니 서울로 알아보고 최선을 다할 것이니 더 이상은 어렵다고 한다. 축협 지회장이 찾아왔고 이경재 의원이 내방하여 간담회 건을 칭찬한다.

8월 28일 (월)

일본 하마다회사에 전화를 넣어 오히라 사장하고 통화, 먼저 안부인사를 정중히 하고 윤전기 2호기의 납기가 8월말로 약속되어 있던 것이 아무런 해명도 없이 9월 18일에 선적하겠다고 일방적으로 통고했느냐고 따졌다. 오히라 사장은 대단히 죄송하다고 사죄하면서 자세한 내용을 알아보고 가능한 한 빨리 서둘도록 하겠다고 다짐한다. 그러면 다시 정식으로 기록해서 서면으로 보내 달라고 했더니 그렇게 하마고 순응한다.

10시 넘어서 회장님이 목포에서 오셨다. 윤전기 2호기의 선적이 늦어진다는 사실을 자세히 보고드렸다. 회장님은 서 이사를 불러 물어보고 혹시 김영제 사장이 장난친 것 아니냐고 넌지시 떠본다. 11시 30분에 중국에서 3명의 손님이 온다고 해서 기자를 대기시켰는데 오지 않았다. 회장님과 지하식당으로 가서 식사하다. 오후에 신태호 회장에게 회장님 오셨다고 전화했더니 저녁을 송죽헌에서 6시에 함께하자고 제의한다. 일하다보니 약속한 6시가 넘어 6시 15분에 신 회장으로부터 전화를 받고서야 허겁지겁 회장님 모시고 박인성 주필, 윤 부사장과 함께 송죽헌으로 갔다. 상의의 박선홍 부회장도 기다리고 있어서 8시경까지 담소하면서 식사하다.

8월 29일 (화)

신문활자를 바꾼다는 사고를 내는 일을 한 주 더 연기하기로 하고 사고의 내용을 회장님께 설명드렸더니, 신구활자의 차별을 거의 식별할 수 없는데 2천만 원이나 돈을 더 주고 바꿀 필요가 있는 것이냐고 말씀하신다. 또 새로 설립하는 지역사회연구소 소장에 조효석 선생을 임명하는 것이 좋을 것 같다고 말씀드리니 좀더 연구해보자고 하신다. 김연두 부국장 문제를 설명하는 도중에 중국손님들이 왔다고 하기에 결말을 짓지 못했다. 중국 하남성에 있는 무역회사의 사장인 장이라는 사람과 그의 북경지점장인 왕이라는 여인과 우리 교포인 최라는 여인 등 세 사람이 왔다. 옥순종 기자를 불러 이들과 인터뷰하게 하고 사진을 찍었다. 회장님과 함께 이들을 데리고 사내를 일순하고 신양파크호텔에서 점심하면서 중국에 관한 이야기를 듣다. 목포 MBC사장이 찾아와서 목포시민의 날 행사를 우리와 공동으로 주최하는데 1천만 원을 대라고 뚱딴지같은 소리를 한다. 거절했다. 내일 우리의 신사옥 준공축하연에 최영철 장관, 이종찬 민정당 사무총장이 참석하겠다고 연락이 왔다.

8월 30일 (水)　사옥준공 축하연을 성대하게 열다

오늘 우리의 신사옥 준공축하연이 있는 날이라 사내가 좀 들떠있는 기분이다. 아침에 회장님 방에 들렀더니 오늘 행사 때 하실 '인사말'을 점검하고 계신다. 최 이사가 서울에서 차범석 선생을 모시고 왔다. 부회장도 오전 중에 도착하여 화환과 화분을 정리하는 데 바쁘다. 태풍성 바람이 불어 축하 플래카드가 유리창을 때리는 바람에 걷어 놓았다. 지하식당에서 식사하고 올라오니 31사단장이 들어온다. 이번 수해에 군(軍)이 민(民)을 잘 도와주어 군민친선을 한층 더 두터워졌다고 찬사를 보냈다.

5시 40분에 회장님을 모시고 7층에 마련한 축하연시장으로 나가서 오는 손님들을 맞이했다. 올라오는 엘리베이터마다 손님들이 가득히 모여들어 6시가 되기 전에 식장이 거의 메워졌다. 회장님이 인사말을 마이크로 크게 했는데도 웅성거리는 소리에 잘 들리지 않을 정도였다. 이어 내가 올라가서 짤막하게 인사말을 하고 광주시장의 축사, 이종찬 민정당 사무총장과 신순범 평민당 도당위원장이 축사, 그리고 도지사의 축배선창과 케이크커팅이 이어졌다. 약 1천 명 가까운 손님들이 들어차서 광주 유사이래 최대의 축하연이라는 말까지 나왔다.

축하연이 끝나고 나서 회장님은 부회장, 부사장, 문 국장 그리고 나를 부르더니 일부 기관장들의 전남일보에 대한 불만과 불평을 전하면서 앞으로 신문제작에 이러한 비판을 참고하도록 하라고 당부하신다. 밤에 연회정에서 벌인 주석에서 차범석 선생이 멋들어진 춤을 추고 김태문, 김태천, 김기중 등 서울대 신문대학원 동창생들도 함께 어울려 흥을 돋우었다.

8월 31일 (목)

문 국장과 함께 고검장을 만난 후 지검장을 만나려 했으나 부재중이어서 명함을 놓아두고 오다. 사전에 연락하고 갔는데도 부재라니 어떤 이유였든 불편하다. 안기부 지부장과 보안대장들을 차례로 방문하여 고맙다는 인사를 하고 유쾌하게 담소했다. 한국일보의 정경희 논설위원이 제주도에 갔다가 김포천 사장과 함께 공로로 일부러 찾아왔다. 그는 특히 5·18의 현장이었던 금남로와 망월동을 찾아보고, 송강 정철이 시를 읊었던 식영정을 보고 싶다 하여 이광현 국장에게 안내하도록 했다. 기독교예장 호남협의회 소속 목사 4명이 찾아와서 호남지역개발 간담회를 서울 프레스클럽에서 열려고 하는데 어떻게 준비하면 되겠느냐고 물으러 왔다. 부사장과 함께 절차와 요령을 말해주다. 신사옥 기념동상을 제작한 문옥자 교수에게 감사패를 수여하다.

9월 1일 (금)　　보수세력도 포용할 줄 알아야 한다

오전에 일본 하마다회사의 오히라 사장에게 국제전화로 보내주겠다고 약속한 팩스를 왜 여태껏 보내주지 않느냐고 항의하다. 곧 보내주겠다고 사죄한다. 박갑동 국장이 상업은행 광주지점장과 차장을 데리고 왔기에 한 20분간 환담하다. 12시 30분에 편집국 부장급 이상의 간부들과 점심을 같이 하면서 그동안 잘 한 일은 칭찬하고 못한 일은 시정하라고 일렀다. 우선 사옥준공축하연이나 숙원사업간담회가 대성공리에 끝났는데, 이는 평소 사주의 적덕(積德)의 힘이 크지만 그에 못지 않게 여러 사우들의 노력과 성의의 보답이라고 칭찬하다. 또한 창간초기부터 이 지역 여론의 중심세력이라 할 수 있는 재야 진보적 성향의 사람들을 독자층으로 끌어들이는 데는 성공했지만, 보수세력 특히 관료층으로부터는 상당한 불평과 비난이 적지 않은데 이제는 이러한 보수층 사람들도 모두 포용할 수 있도록 편집의 폭을 넓혀 가야 할 단계에 이르렀다고 말하다. 교조문제, 원자력발전문제, 대미관계, 그리고 검찰관계에 대해서도 편향성을 지양하고 균형 있는 커버로 모든 계층을 포용할 수 있는 신문을 제작해야 하며 특히 편집의 편향은 철저히 배격해야 한다고 강조하다. 오후에 김원욱 부국장, 이만영 부장과 함께 전남도지사, 도경국장, 광주시장 등을 인사차 방문하고 환담을 나누다.

9월 2일 (토)

논설위원실을 새로운 장소로 옮겼기에 7층으로 내려가 보았다. 주필실이나 논설위원실이 널찍하고 훤하다. 박 주필이 좋은 방을 배정해 주었다고 정중히 고마움을 표한다. 11시경에 문순태 국장이 여천시 부시장과 공보계 직원 몇 사람을 데리고 올라왔다. 그 여천 부시장이란 사람은 목고 2회 졸업생인데 이번 인사에서 나주시 부시장으로 전임되었다 한다. 그런데 민정당 여천시지구당 위원장인 황화태란 사람의 등살에 못 이겨 나에게 사정하러 왔다고 한다. 일전에 우리 신문지상에 황화태란 사람이 여천시 시장실을 점거하고 횡포를 부렸다는 기사가 보도되었는데 진남일보사장이 부시장의 신배라는 사실을 알고 부시장더러 나에게 찾아가서 정정기사를 내주도록 부탁해 달라고 종용했다는 것이다. 나중에 문제의 그 기사를 읽어보니 익명으로 되어 있고, 그 정도의 사연이라면 정정은커녕 실명을 더 똑똑히 밝히고 비행을 대서특필했어야 할 것 같다.

9월 4일 (월)

오전 중에 업무국, 광고국, 총무국에 대한 예산심의를 하다. 김준태 부장과 독자특집부 사람들과 함께 점심을 함께 할까 해서 편집국으로 내려갔는데 KBS-TV에서 우리 신문의 만화를 그리는 이장혁 씨를 촬영하는 중이었다. 우리 만화가 외부에서 인기가 있는 모양이다. 김용일 부장, 남신희, 윤귀현을 차에 태우고 담양군에 있는 대밭농원으로 갔다. 윤귀현은 요즘 단식 중이어서 무슨 효소와 물만 마신다하고, 김 부장은 불명열 때문에 술을 마시지 않는다고 한다. 세 사람을 앞에 놓고 매스미디어와 외부압력관계에 대한 원론적 이야기를 하다. 또한 우리 전남일보의 광주에서의 사정을 설명하면서 현대사를 올바르게 쓰는 어려움과 독자투고의 선택에 있어 균형감각의 중요성을 강조하다. 김 부장은 사장의 폭넓은 영향력 행사가 요청된다고 말한다. 오후에 편집국, 공무국의 예산을 심의하다.

9월 5일 (화) 광주 국세청으로부터 항의를 받다

7시 50분에 신양파크호텔에 도착, 연회실로 들어가니 광주·전남지역 기관장들의 대부분이 도착해 있었다. 오늘의 간담회는 도지사가 주관한다. 송언종 지사가 수해복구문제와 교조관계, 화염병추방문제 등을 언급하고 앞으로 있을 전국체전 출전에 관해 보고하다. 이어 최인기 광주시장은 교조문제와 학생수업 문제를 우려하면서 서울에서는 전남대 입시대책반을 만들었다고 하는데 이 지역의 고3 학생들은 서울대는 물론 전남대도 어렵게 된다면 큰 문제라고 우려를 표명한다. 회사에 돌아와서 최시영 차장을 불러 도경국장이 나누어 준 화염병추방전단을 건네주면서 기사쓰는 데 참고하라고 했다.

낮에 박인성 주필과 논설위원들(이홍재는 부산에 갔다고 빠짐)과 함께 늘봄 갈비집에서 점심하다. 전남일보의 편집각도의 폭을 넓히자고 말하면서 화염병문제를 사설에서 심각하게 경고하라고 주문하다. 오후에 국세청의 김 청장이 전화, 세무사찰을 남발했다는 우리 신문의 지적에 대해서 자기네 입장을 해명한다. 이어 조사국장과 과장을 신문사로 보내 다시 해명한다. 경제부 정기상 부장을 불러 우리 기사가 오해를 불러일으킬 수 있도록 작성되어 있음을 지적하고 데스크가 그런 것을 바로잡을 능력이나 센스도 없는 것이냐고 추궁했다. 국세청에서 서울의 회장님에게도 호소했는지 밤에 회장님께서 매우 강한 유감의 뜻을 표명하신다.

9월 6일 (수)

아침회의 때 문 국장에게 어제의 국세청에 관한 기사에 대해 주의를 환기하다. 그리고 앞으로 기관장조찬회가 있을 때에는 기자를 파견하여 내용을 취재해서 보도하도록 하라고 지시하다. 논설위원실에서 세무사찰에 관한 사설을 쓴다기에 중단하고 테마를 다른 것으로 바꾸라고 말했다. 최시영 차장이 노조의 현판식문제를 보고하러 올라왔기에 노조를 건전한 방향으로 이끌어가야 한다고 새삼 강조하다. 새로 부임한 도경의 백철우 수사과장이 인사차 왔다. 한 20분간 그 사람을 붙잡고 전남일보의 지역사회를 보는 시각에 대해 설명했더니 매우 공감을 느낀다고 하면서 돌아갔다. 나창주 의원이 찾아왔다. 한 20분간 환담하다. 서울지사의 김교일 광고국장이 내려왔기에 격려하다.

9월 7일 (목)

오전에 김거인 광주지방 국세청장에게 전화, 16일 오후 2시에 이내균, 박동훈과 함께 옥과에서 골프하자고 약속하다. 최하림 부국장에게 지난번 퇴직교사의 편지에 관한 기사를 아무런 체크도 없이 넘긴 사실을 지적하고 앞으로는 직접 기사를 쓰는 것보다도 데스크 보는 일을 더 우선시하라고 당부하다. 부회장이 오후에 서울에서 도착하고, 회장님이 7시경에 대전에서 도착하셨다. 회장님과 한참 동안 이야기하는데 부회장이 들어왔다. 부회장은 한 달에 한번 아니면 두 번쯤 회장님을 모시고 확대간부회의를 해야 한다고 주장한다. 윤 부사장, 김 이사, 김 국장을 부회장 방으로 불러 협의한 결과 매월 초에 실적보고와 대책회의를 하기로 결정하다.

9월 8일 (금)

10시경에 부회장 방에서 추석선물을 보낼 대상자명단을 점검했다. 언론계는 사장명의로 보내기로 하다. 오늘 9층에서 열리게 될 세미나 준비상황을 살피고 지하식당에서 점심하다. 1시 30분에 9층으로 올라갔더니 벌써 강당에 참가자들이 가득 앉아 있다. 애국가 봉창에 이어 사장의 인사말을 간단히 끝내고 세미나 진행은 전남대의 박하일 교수에게 맡기고 내려왔다. 회장님이 일본손님들과 함께 완도에서 돌아오셨다. 보성 남국민학교의 학생 40명이 견학차 왔다. 그들을 환영하여 격려하고 노트를 선물로 나누어주다. 김원자 부장이 주부 모니터 3명을 데리고 왔기에 접견실에서 만나 한참 동안 환담하다. 내일 노조현판식에서 말할 격려사를 준비하고 나서 9층 세미나실로 올라갔더니 제 3주제를 발표하는 중이었다. 목포대 서용석 교수가 사회를 멋들어지게 본다. 서 교수 부인도 나와 있었다. 프로어에서의 열띤 반응이 7시까지 이어졌다.

9월 9일 (토)　　노조는 회사의 테두리 안에 있다

조회 마치고 이만영 부장과 함께 도청으로 수재의연금을 전달하러 갔다. 송언종 지사에게 수재의연금 9천만 원을 건네주고 포즈를 취해 기념촬영하고 잠시 말을 교환하다. 회사에 돌아오니 부회장이 나와 있어서 함께 노조사무실을 들여다보고 현판축하식장의 준비상황을 살펴보다. 부회장은 11시 30분에 서울로 떠나면서 내일 도미했다가 22일경에 귀국할 예정이라고 한다. 김연두가 신병치료를 끝내고 출근했다고 인사차 올라왔다. 2시 10분에 노조사무실에 들렀더니 외부 축하객들이 많이 와있다. 노조위원장 최시영이 김준태 부장이 작성했다는 장문의 고천문을 낭독한다. 이어서 내가 고사상에 잔을 올리고 재배한 후 금일봉(1백만 원)을 돼지 입에 물려주다. 최시영과 함께 현판하고 나서 피로연장으로 나가 축사하다. 전일노조는 전남일보의 울타리 안에 존립한다는 사실과 전일노조의 모든 권익은 전남일보의 발전 속에서만 찾을 수 있음을 명심하라고 강조하다.

9월 11일 (월)

오후에 회장님이 오셨기에 황 부국장더러 9월분 예산안을 보고하게 하고 이어 부사장, 김 이사, 김 국장, 김종효 차장 등을 불러 하반기 경영계획안을 보고토록 했다. 회장님은 애초에 금년도 적자가 26억이라고 했는데 30억으로 늘어났으니 경영을 담당했던 사람들이 책임져야 할 것 아니냐고 추궁하신다. 그러고 나서 지방검찰청장이 돌려보냈다는 등기물을 보이면서 지난번 골프모임에도 일부 기관장들이 보이콧했던 사실이 있는데 이는 우리 신문의 편집내용이 너무 편향된 탓이 아니겠느냐고 추궁하신다. 편집방향에 대해서 내가 약간 변명했더니 바로 역공을 가하신다. 하여간 2시에서 7시까지 무려 5시간에 걸쳐 고문을 당한 셈이다. 내일 편집국간부들을 모두 한 자리에 모아놓을 테니 그 자리에서 회장님이 다시 강조해 주시라고 말씀드렸다. 김거인 국세청장하고 16일 오후 2시에 옥과에서 골프치기로 약속하다. 성화용 보안대장이 다음 일요일에 기관장들과 골프하자는 것을 일단 거절했다가 오후에 참가하겠다고 통고하다.

9월 12일 (화) 신문사 회장 되어 오히려 홀대받았다

오후 2시에 편집국의 부장급이상의 간부들을 모두 회장실로 소집하다. 갑작스럽게 이렇게 간부들을 소집한 이유를 내가 설명한 후 회장님이 경영상의 적자문제에 언급하신 다음 편집상의 편향문제를 지적하셨다. 신문사를 안 할 때는 존경받았는데 신문사를 하고 보니 오히려 비난과 불손한 대접을 받게 되니 어이가 없고 재미가 없다는 취지의 말씀이었다. 약 한 시간 동안 계속되었는데 간부들도 회장님의 지적과 생각에 어느 정도 감응하는 것 같다. 큰아들 내외가 추석을 보내기 위해 서울에서 내려왔다. 고속도로의 통행은 별로 번잡하지 않았다고 한다.

9월 13일 (수)

오늘은 추석 전날이어서 신문제작을 빨리 끝내도록 했다. 서 이사는 오늘 아침에 상경, 조회에 불참했다. 김원욱 부국장과 박갑동 국장이 다녀가다. 최 부국장을 찾았으나 연락이 되지 않는다. 5시경에 이광현 국장이 서울로 올라가면서 지금 시내교통이 번잡해 배달이 늦어진다고 걱정한다. 서울에서 작은아들 승락이가 11시경에 출발한다고 했는데 제대로 내려올 수 있을지 걱정이다.

9월 14일 (목)

7시에 광주를 출발, 8시경에 몽탄에 도착하니 차례상이 준비되어 있다. 9시경에 차례를 지내다. 집 앞 평나무 밑에 연극무대를 만들어 놓았는데 오늘 밤 학산마을 청소년회 주최로 노래자랑 대회를 연다고 한다. 금일봉을 형님에게 전달해 주시라고 맡기다. 11시경에 집안식구 모두 함께 산소로 가서 성묘하다.

9월 16일 (토)

아침에 회사에 나가니 서 이사가 출근해 있다. 오늘 쉬겠다고 하더니 아무래도 안 되겠던 모양이다. 오늘은 미리 몇 개 지면을 제작해 놓았기 때문에 좀 빨리 끝내기로 했다. 회장님은 서울에 올라가신 모양인데 논현동사무소에는 아직 출근하시지 않았다고 한다. 11시 30분에 회사를 출발, 금호타운으로 가서 이내균 사장을 태우고 옥과에 도착하니 12시 10분이다. 점심을 먹고 기다렸더니 박용훈 회장, 그리고 김거인 광주국세청장이 도착했다. 2시 30분에 티업, 비가 내려서 방수복을 입고 치는데 우중이라 볼이 제대로 맞지도 않고 퍼팅도 제대로 되지 않는다. 아웃에서 57, 인에서 54. 캐디피는 박 회장이 내고, 신양 파크호텔로 가서 저녁을 먹다.

9월 17일 (일)　지검장의 비난을 맞받아치다

오늘은 기관장 친목 골프모임이 있어서 8시 30분에 출발 9시 20분에 옥과에 도착하다. 송 지사, 최 시장, 김종태 사장, 성 보안대장 등이 왔다. 나중에 신동호 KBS 총국상, 백 경찰국상, 김 안기부지부상, 유석열 31사단장, 임복진 소장 등이 도착하다. 우리 조는 성 보안대장, 백 경찰국장, 김 안기부지부장 등으로 구성했다. 2시경에 끝났는데 나의 스코어는 111. 롱게스트는 31사단장, 니어리스트는 김종태 사장, 메달리스트는 유 보안대장, 기타는 참가상으로 골프화를 탔다. 스폰서는 고재철 광주CC회장이다. 폭탄주를 돌리는 바람에 얼굴이 벌게졌는데, 지사공관으로 자리를 옮겨 다시 양주를 몇 잔 더 마시니 화끈거린다. 한편에서는 고스톱을 하고 한쪽에서는 술을 하다. 유 검사장이 술에 취해서 이훈동 회장님을 노골적으로 성토하기에 나도 화가 나서 맞받아쳤더니 공기가 험악해졌다. 성 보안대장이 중간에 개입하여 적절하게 무마하는 바람에 조용히 끝나다.

9월 18일 (월)

아침회의 때, 어제 기관장골프모임 끝에 벌어진 술자리에서의 유 지검장의 이 회장님에 대한 취중비난으로 빚어진 나와의 언쟁을 설명하고 우리 신문에 대한 일부 외부의 시각이 매우 싸늘하고 적대적인 면도 있다는 사실을 유의하라고 말하다. 회장님과의 통화에서도 어제의 언쟁을 전해드리다. MBC 김포천 사장과 무등일보의 박성섭 사장에게도 전화로 일부 기관장들이 언론계에 대해 싸늘한 시각을 지니고 있다는 사실을 일깨우다. 문순태 국장을 불러 편집국 부서조정 문제를 협의하다. 지병두 부국장을 사회부장으로 보직하는 데는 반대한다고 한다. 또 독자특집부는 문화부로 흡수시키고 특집부를 신설하고 체육부는 해체시키는 것을 찬성한다. 고행원 부장에 대해서 불신감이 있는 듯하다. 김 부국장은 말은 잘 들으나 너무 강해지면 곤란하다고 한다. 최 부국장을 불러 광주학생독립운동 시리즈 관계를 알아보다. 나중에 발생과정을 집필할 때는 미리 보고하겠다고 한다. 밤에 김정식 농협지회장 부친상에 조화를 보내다.

9월 19일 (화)

오전 중에 김원욱 부국장이 올라와 25일에 국회 재무위원회에서 광주국세청을 감사하기 위해 15명이 내려올 것이라 보고한다. 그런데 광주감사에서는 조선내화가 지난 5년간 정기 세무감사를 받았는지 여부와 과세현황에 관해 질문할 것 같다고 한다. 그리고 광주 국세청에서는 전산컴퓨터로 분석한 결과 조선내화는 매우 성실한 납세업체였기에 감사가 필요 없었다고 답변할 작정이라고 정기상 경제부장이 알려왔는데 더 자세한 것은 점심때 조사담담관과 만나서 알아오겠다고 하더란다. 회장님께 그대로 보고하다. 오늘은 집에 들어가서 점심하다. 집사람이 친구들과 일본을 여행할 기회가 있다며 망설이기에 다녀오라고 권하다. 오후에 정기상 부장의 보고를 직접 들었다. 별로 큰 문제는 없을 듯한데, 국세청 내에서의 문제는 광주 3사가 모두 걸려 있는 공통적 문제이니 서로 조심하기로 하고 방송국에 대해서는 미리 단속하겠다고 한다. 국회의원들에 대해서는 김진원 부장더러 서울에서 일차 만나서 조선내화가 전남일보의 모기업이란 사실을 사전에 알려주고 민경환 차장으로 하여금 국회의원들을 따라붙도록 하라고 지시하다.

9월 20일 (수) 노사대표들이 상견례를 갖다

조회 마치고 회장님께 광주국세청에 대한 국회감사에 대한 대비책을 보고하다. 김진원 부장이 국회감사에 대비하기 위해 본사로 내려오다. 오후 3시에 전남일보의 노사대표들 간에 정식으로 상견례를 가졌다. 사용자측 대표로는 나와 부사장, 서 이사, 김 이사, 김 총무국장, 최영태 차장이 나가고 노조 측으로는 최시영, 나종경, 김영근, 정용택, 최도철, 최성국이 참석하다. 나는 인사말을 통해서 전남일보의 노조가 결성된 후 처음으로 노사 간에 대좌했는데, 이는 전남일보의 발전을 위해 크게 뜻있는 자리라고 전제하고 앞으로 모두가 양식을 발휘하여 잘 해주리라 생각하지만 우리는 모두 공동운명체이며 우리의 권익은 전남일보의 발전 속에서 찾아야 할 것이라고 말했다. 이어서 나는 전남일보가 신설사임을 감안하여 초기에는 밀월기가 필요할 것이니 합리적이고 해결가능한 선에서 협약이 맺어져야 할 것임을 강조하다. 오후에 회장님으로부터 전화가 왔다. 노사회합은 무사히 끝냈다고 보고하다. 8시 40분에 무등장어집에서 노사대표들과 문 국장, 정 국장, 이 국장을 더하고 노조 측에서도 5~6명을 더 보태어 저녁을 함께하다. 이 자리에서 또한 최근의 우리 회사사정을 설명하고 슬기롭게 극복해 갈 것을 당부하다.

9월 21일 (목)

회장님과 통화, 어제 밤에 알게 된 조효석 고문의 건강상태를 함께 걱정하다. 실은 어제 밤에 조 고문더러 목포대학의 종합대학 승격이 좌절되어 목포대에서 시위를 통해 항의한다는 말을 듣고 거기에 대해서 사설을 쓰자고 말하려 했다. 그런데 그는 최근 몸이 아파서 글을 쓰지 못할 지경이라 해서 이야기를 아예 꺼내지 않았다. 논설위원실에 내려가 박 주필과 잠시 이야기하고 오무, 이홍재 위원들과 담소하고 공무국을 한 바퀴 돌았다. 허경만 의원이 과일 한 바구니를 보냈다. 무슨 일인지 어리둥절했는데, 고행원 부장의 말을 들으니 어제 나주수해에 관한 허 의원의 발언내용을 우리 신문에서 대서특필한 것을 대부분의 중앙지들이 받아 실었는데 아마 그 때문에 몹시 기분이 좋았으리라 한다.

9월 22일 (금)

목포 김명수 부장을 불러 목포대학문제에 대한 해설기사를 왜 쓰지 않느냐고 재촉했더니 이미 써보냈노라고 한다. 그리고 남양어망이 노임체불로 노동위에서 문제가 되었다는 기사를 쓰겠다 하기에 그런 기사는 어쩌면 이 회장님을 욕보이게 할 우려가 있으니 다른 곳에서 기사화하지 않는다면 먼저 쓸 것은 없다고 타이르다. 지역뉴스부에 와있는 목포대학에 관한 기사를 보고 이홍재 위원에게 내일 사설을 쓰도록 하라고 귀띔하다. 요즘 화제에 오르고 있는 영화 〈로메로〉를 볼까 하고 조 기사를 데리고 지하식당으로 내려갔더니 최하림 부국장이 정우철 기자와 식사하다가 자기네도 가겠다고 해서 동행하다. 오랜만에 보는 와이드 스크린에 박진감 넘치는 음향효과, 내용도 괜찮다. 최 부국장과 정 기자를 데리고 집으로 와서 위스키를 마시다. 정은 11시경에 가고 최는 2시까지 편집국 이야기를 하다가 그대로 자다.

9월 25일 (월) 국정감사에 미리 대비하다

서 이사로부터 그제의 윤전기 고장에 대한 보고를 받고 알림란에 배달지연을 사과하는 기사를 내도록 지시하다. 조회 도중 회장님으로부터 전화, 홍성철 비서실장이 초청하는 오찬이 있어 오늘 내려오시지 못하겠다고 한다. 민영배 기자가 신혼여행을 마치고 인사차 올라왔다. 최 이사가 왔다. 이어 김원욱 부국장이 오늘의 국정감사에서 임춘원 의원이 행할 조선내화에 관한 질문내용이 담긴 팩스를 받았다고 들고 왔다. 즉시 광주 국세청에 나가 있는 김진원, 민경관, 정기상 등에게 팩스내용을 알리고 적절히 대처하라고 전화했다. 최 이사가 평민당의 최 보좌관에게 전화로 임 의원에 대한 강력한 유감을 전했는데, 1시간쯤 후에 전화로 사회중인 임 의원을 불러 질문하지 말도록 확답을 받았다고 보고받다.

점심 후 광주일보를 보니 조선내화에 관한 기사는 찾아볼 수 없었다. 회장님께 전화로 오전 중에 대처한 사항을 보고하고 별일이 없을 것 같다고 말씀드리다. 오후에 황하택이 찾아왔다. 정치가가 성급하면 손해가 많다. 정치하려면 우선 언론을 다룰 줄 알아야 하는데 화가 나더라도 욕하는 것보다는 끌어안을 줄 알아야 한다고 타이르니 고개를 끄덕인다. 오후에 서울에서 농림위에서 조선내화에 관한 질문이 있었다고 연락. 69억 원 융자건이라 하는데 이화일 사장과 통화했다.

9월 26일 (화)

회장님이 아침 비행기편으로 오셨다. 이번 국정감사를 마치 전남일보가 받는 것처럼 최근 며칠 신경을 쓰지 않을 수 없었는데 결과적으로 조선내화가 신문지상이나 방송에 오르지 않아서 다행이라고 말씀드렸다. 반면 광주고속, 금호, 로켓트, 금광기업 등은 무수히 지적당했음을 강조했다. 최 이사로 하여금 더욱 구체적인 사실들을 분석해서 나중에 보고 드리라고 했다. 이번 감사결과에 대해서는 회장님도 신문사의 역할을 상당히 평가하고 흡족해하시는 표정이었다. 윤전기 2호기 공사준비관계를 서 이사에게 보고하게 하고, 총무국에 시설관리부를 증설하는 안을 결제받도록 하다. 결제받는 과정에서 인원을 더 줄이라는 바람에 황 부국장이 진땀을 뺐다. 12시 넘어서까지 회장실에 있다가 회장님과 함께 지하식당에서 점심하고 다방과 주변을 순시하다. 안기부 정보과장이 신임인사차 왔다. 최 이사는 오늘 비행기로 서울로 가다. 오후에 예산심의를 했는데 비교적 빨리 끝내다.

9월 27일 (수)

목포지역의 모니터 최추자 여사가 사무소로 왔다. 시동생이 교통사고로 지난번 모니터회의에 참석할 수 없었다고 한다. 이내균 사장이 찾아와서 점심을 함께했는데 원주이씨 종친회의 광고를 내 달라 한다. 나중에 회장님과 상의해서 적절한 사이즈로 내주겠다고 했다. 2시경에 회장님이 목포에서 올라오셨다. 3시부터 사진부기자 면접을 시작했다. 다섯 명을 상대로 면접한 후 그중 한 명을 만장일치로 합격시켰다. 이어 윤전부 직원으로 기계부분 8명과 전기부분 5명을 면접, 기계에서 3명, 전기에서 1명을 확정하다. 끝내고 나니 7시가 넘었다. 회장님은 일본사람과의 만찬약속시간이 늦어져서 황급하게 퇴사하셨다. 이광현 국장이 시무룩한 표정을 짓고 있다. 김 이사가 현장사정을 잘 모르면서 일방적으로 지시를 내리는 바람에 업무국 직원들을 통솔하는 데 어려움이 많다고 한다.

9월 28일 (목)

회장님이 오후에 도착, 2시경부터 부사장, 김 이사, 이 국장, 박기남 부국장, 김선남 부장, 손 차장 등을 합석시켜 업무국 보고회를 가졌다. 우선 업무국 준사원 1명을 증원하는 문제를 까다롭게 결재하며 인원 증가억제를 위한 집요한 의지를 보여주셨다. 확장문제, 중지독자 방지문제, 배달소년 지원문제, 지국경영 지원문제 등을 논의하다. 그런데 김 이사가 지난 토요일에 윤전기 고장으로 배달이 늦어져 지대입금에 영향을 주었고 지국기자들이 신양파크호텔에서 모임을 가졌다는 등 자극적 보고를 하자 회장님은 사장이 윤전기 고장의 원인분석이나 사후대책에 소홀히 하기 때문이라고 심하게 책망하신다. 미리 오늘밤 7시에 목포시 예술제 전야제에 참석한다는 말을 했기에 겨우 5시 20분에 끝내고 김충곤, 최하림과 함께 목포에 가다. 차중에서 광주 상경대 박지동 교수의 기고문제로 최 부국장을 추궁하다. 7시부터 목포 시민회관에서 김암기 예총지부장, 송재구 시장, 김준형 회장님과 동석하여 무대공연을 감상했다.

9월 29일 (금) **광고대책이 미비하다고 질책받다**

오전중에 회장님은 화순에서의 평통자문위 회의에 참석하시다. 정일호 국장에게 오후에 있을 광고문제 보고회에서 보고할 내용을 들어보다. 그동안의 실적과 앞으로의 대책을 정리했는데 별로 새로운 것이 없다. 낮에 식사하고 돌아오니 회장님이 김창식 평통사무총장과 함께 들어오신다. 김 총장에게 신문사의 새 시설을 안내 소개하였다. 오후 2시부터 부사장, 김 이사, 정 국장, 박갑동 국장, 김연두 부국장과 함께 광고에 관한 보고를 듣다. 회장님은 결산공고유치에 있어서의 정관 개정문제에 관심을 보이며 그 명단을 달라고 하신다. 그리고 서울지사 광고국운영에 관해서 연구하지 않는다고 호되게 추궁하신다. 앞으로 별로 전망이 좋지 않다는 점에 대해 걱정하시기에 금년에는 신설사에 대한 예산배정이 없으나 내년부터는 배정할 것이고, 우리 신문의 광고 효과도 차차 좋아지고 있고, 경제성장도 될 것이니 내년부터는 더 나아질 것이라고 말씀드리다. 그러나 회장님은 그런 기대를 일축하시면서 적자를 감축시키기 위한 대책이 없음을 들어 공격하신다. 6시 넘어서까지 계속 추궁을 당하니 피로해서 견딜 수 없었다.

9월 30일 (토)

회장님이 8시 20분에 출근하셨다. 간부회의에서 비상경영대책을 논의하기 위해서이다. 10월 분의 예산안에서 7억 1천만 원이 적자로 되어 있는데 그것을 조달하는 데 어떤 대책을 가지고 있느냐고 묻는데 적절히 답변할 말이 없었다. 그리고 하반기 운영계획에서 4억의 적자가 불어났는데, 이를 타개하기 위해서는 인력을 조정·경비를 절약, 지대와 광고판매를 늘리는 수밖에 없지 않느냐며 각국실장은 인력재검을 통한 감축안을 10월 5일까지 제출하고, 연후에 인력평가위원회를 조직해서 정밀 검토하라고 지시하신다. 서 이사가 이의를 제기했으나 어떻든 그렇게 하라고 밀어붙이신다. 10시 30분에 성옥장학금 전달식을 가졌다. 회장님의 격려사와 사장의 인사말이 있었다. 인사말 가운데 47명의 청소년사원들에게 혜택을 주신 데 대해 회장님께 감사하다는 말씀도 드리다. 이들과 함께 식당에서 점심을 먹고 회장님은 옥과로 가시다.

10월 2일 (월)

서 이사의 보고서건으로 부사장이 일찍 찾아왔다. 몹시 분개한 상태이다. 조회 때, 서 이사에게 사고난 지 9일이 넘도록 왜 보고서를 제출하지 않으냐고 추궁했더니 지난 토요일에 제출했는데, 자기책임하에 보고서를 작성했는데 또다시 수정하라고 하니 그렇게 못 믿는다면 사표를 제출하겠다고 한다. 그러나 부사장이 수정을 지시했다면 그만한 이유가 있을 것이기에 거기에 반발하는 것은 항명이 아니냐. 상사의 지시에 사표를 내겠다 운운하는 것은 납득할 수 없는 행동이니 수정보고를 제출하라고 지시하다. 그제 밤에 있었던 pop concert도 70만원쯤의 결손을 냈다고 한다.

10월 3일 (화)

아침에 서울로 전화해서 여행에서 돌아온 부회장과 통화하다. 그동안의 몇 가지 큰 문제를 말해주고, 요즘 회장님으로부터 연일 기합 받느라고 기진맥진할 지경이라고 했다. 언제 오겠느냐 했더니 급한 일이 있다면 당장에라도 가겠다고 한다. 급한 일은 없지만 보고회를 갖도록 7일쯤 내려왔으면 좋겠다고 했다. 오후 3시경에 회장님이 오셔서 부사장, 김 이사를 데리고 올라가 광고문제를 논의하다. 회장님은 조선내화에서 연간베이스로 계약하여 광고를 낼 작정이니 구체적 요금내역을 적어 달라 하신다. 회장님은 그러면서 다시 광고대책이 어떻게 되었으며, 특히 서울 광고팀을 어떻게 조치했느냐고 추궁하신다, 인력감축문제를 다시 강조하면서 지하실의 전시관 처리는 어떻게 되었느냐고 따지신다. 지독한 고문이다.

10월 4일 (수)　　윤 부사장과 서 이사가 충돌하다

조회중에 회장님이 나오셨다 해서 서 이사를 데리고 윤전기 사고원인에 대해서 보고하도록 하려 했는데, 부사장까지 부르라고 하신다. 서 이사는 자기가 부사장의 말에 반항하게 된 것은 부사장이 중역을 하급자로만 취급하는 듯한 태도에 참을 수가 없어서라고 변명한다. 회장님은 서 이사의 수고에 대해서는 평소 잘 알고 있으면서도 요즘 자주 일어나는 윤전기 사고가 혹시 산업스파이의 소행이 아닌가 해서 자세한 원인분석을 요청했던 것이라고 무마조로 이야기하신다. 그러자 부사장은 업무를 집행하는데 서 이사가 그렇게 불순한 태도를 취한다는 점은 도저히 간과할 수 없는 일이라고 강조한다. 회장님은 두 사람을 달래서 내보냈다. 내가 막 회장님께 김 이사로 하여금 출납전표를 결제하게 하자는 안에 대해 이견을 제기하려는데, 부사장이 다시 들어와 회장님께 단독회담을 요청하기에 나의 발언은 잠시 보류하기로 했다.

오후가 되어서야 회장님을 만나, 김 이사에게 출납전표를 결제하게 한다면 정확성을 기한다는 점에서는 득이 있겠으나 간부들 사이에 불화와 갈등을 확산하는 결과를 가져올 수 있을 것이라는 점을 지적했다. 회장님은 부사장과 김 이사를 불러 놓고 김 이사더러 국장들에게 너무 심하게 개입하지 말라고 타이르고 전표결제문제는 당분간 보류한다고 선언하신다. 회장님은 4시경에 상경하시다. 김 이사가 내 방에 들어오더니 내가 회장님께 무어라 했기에 자신에게 주의를 주는 것이냐, 이런 처지에서 무슨 일을 할 수 있느냐고 항의한다. 무슨 말을 듣고 그 따위 소리를 하느냐고 호통치고, 지금 어려운 시기이니 다 함께 힘을 합해 극복하도록 하자고 달랬다. 오늘 오전중에 박기남 업무국 부국장이 나에게 자신의 잘못을 시인하면서 사과하다. 회장님을 찾아가서 여러 가지 불평을 늘어놓다가 회장님에게 단단히 꾸지람을 들은 모양이다.

10월 5일 (목)

조회 때 인력평가보고서를 제출하기로 했는데 왜 제출하지 않느냐고 상기시켰다. 우리가 창간때 대충 TO를 정해서 출발했지만 그동안 9개월쯤 운영했으니 각 국실장은 어느 정도 정확한 인력평가를 할 수 있지 않겠느냐. 더구나 경영상태를 개선하기 위해서라도 기초자료가 필요하니 성심껏 협조해주기 바란다고 했더니 일부에서 이의를 제기하는 사람도(김, 서 이사) 있었으나 토요일까지 모두 제출하기로 낙착되었다. 최 이사에게 회장님이 여행시에는 동정난에 신경써서 송고하라고 지시하다. 조경석 씨가 상유회의 운영관계를 협의하기에 조형이 책임지고 월례회를 개최하도록 하라고 하다. 오전에 도지사에게 전화했더니 여천화제사건 현장에 나갔다고 한다. 오후에 다시 전화해 취임 1년간의 치적을 평가하고 더욱 분발하라고 격려하다.

10월 6일 (금)

10시에 사진부 신종찬 기자를 데리고 31사단 본부를 찾아가다. 사단장 김 장군을 만나 이야기하는 사이에 CBS국장, 안종일 시교육감 등이 들어오다. 식장으로 나가니 시장, 도지사 등 각 기관장들과 시민들이 다수 참석하였다. 기동부대의 시범훈련과, 태권도시범들을 구경하고 전비품을 시찰, 탱크 한 대 값이 20억이라니 놀랍다. 12시가 못되어 뷔페로 점심을 하다. 1시 30분에 김 이사가 갑자기 서울에 가겠다고 한다. 자기 친구 아버지 문상을 간다 하는데, 아무래도 부회장을 만나러 가는 것 같다. 오늘 오후에 노사협상이 있으니 오후 늦은 비행기로 가라고 했으나 막무가내다. 3시에 노사 양측대표들이 회의실에서 만나 협약전문 그리고 제1조에서 제9조까지를 별 이의 없이 사용자측이 제시한 수정안에 동의하다. 그러나 앞으로는 협상을 가속화하자고 노조의 최시영 위원장이 촉구한다.

10월 9일 (월)

아침회의에서 우리 창간기념일을 언제로 할 것인가를 논의하다. 창간호를 낸 1월 7일로 잡을 것인지, 또는 4월 25일, 또는 8월 5일, 또는 10월 12일로 할 것인지 결론을 내지 못했다. 오늘은 광양제철이 스폰서하는 골프모임이 있어 10시 30분에 출발, 11시 10분에 옥과에 도착했다. 광양제철의 김 부사장과 배 건설본부장이 영접했다. 송 지자, 최

시장, 유 지검장, 김 안기부지부장, 성 보안대장, 상무대 임복진 장군, 김종태 광주일보사장, 신 KBS 총국장, 백 경찰국장 등이 참석했다. 나는 3조로 김 지부장, 성 대장, 백 국장하고 11시 30분에 티업했다. 오늘 드라이브 샷은 괜찮았는데 스푼샷이 좋지 않았다. 목욕 후 시상식에서 또 폭탄주 순례. 한 잔밖에 받지 않았는데 아찔하다. 전남일보에 대한 기관장들의 태도에 변화가 보인다. 최 시장이 이번 이내창 군 망월동 매장행사에 관련해서 전남일보가 협조적이었다고 평가하고 특히 교조문제에 있어 광주여론을 돌려주는 데 결정적 역할을 했다고 높이 평가한다.

10월 11일 (水)

오전 10시경에 사진부 1명, 윤전부 4명의 신입사원에게 사령장을 수여하고 환영과 당부의 말을 주다. 아남산업 홍보이사인 김이환 교수가 '시각적 사고'라는 광고학술서를 보내왔기에 전화를 걸어 칭찬하고 격려하다. 그런데 그는 묻지도 않았는데 무등일보에 자기네 회사인 아남산업의 광고가 나간 것은 국회 쪽에서 자기네 사장에게 부탁했기 때문이라면서 미안하다고 한다. 미안하게 생각할 것이 아니라 전남일보에도 광고를 주면 될 것 아니냐고 했더니 앞으로 적극 협력하겠다고 한다. 그러면서 자기의 저서를 서평란에 소개해 주었으면 한다. 천갑수 기자를 불러 신간소개에 넣어주라고 지시했다. 전라일보의 이치백 회장에게 전화하니 서울에 갔다고 하기에 서울로 전화, 13일에 서울에서 있을 신문인협회 총회에서 만나서 이야기하기로 했다. 서울에 올라간 것은 광고 때문이라고 하는데 중부일보의 임철규 사장은 광고 때문에 절반 이상은 서울에서 지낸다고 한다.

10월 12일 (목) 뜻밖에 지검장이 화분을 보내다

조회를 막 끝냈는데 문종주가 청초한 난 한 분을 가지고 들어왔다. 그 화분에는 "축 사장취임 2주년, 광주지방검찰청 검사장 유준석"이라고 쓰여진 리본이 달려 있다. 곧바로 전화했더니 회의중이라고 했는데 얼마 후에 전화가 걸려왔다. 보내준 따뜻한 뜻을 고맙게 생각한다고 했더니 정말 진심으로 축하한다고 다시 되풀이한다. 무뚝뚝한 사람으로만 여겼더니 잔신경을 쓸 줄 아는 사람인 것 같다. 조덕송 고문이 서울에서 내려왔다. 박 주필과 목포에 다녀오겠다 해서 차를 내주다. 고 선생이란 사람이 이가형 선생의 미얀마학도병 기록을 전남일보에 실었으면 한다기에 문 국장과 협의하라고 보냈다. 4시경에 부사장, 오세성과 함께 무등일보를 방문하고 박성섭 사장, 김태식 전무, 김효중 실장과 만나 창간기념 2주년을 축하하다.

10월 13일 (금)

아침 8시부터 시작하는 기관장조찬회에 참석하기 위해 신양파크호텔로 갔다. 최혁 기자가 취재하러 나와 있다. 이성제 농협중앙회 도지회장과 한 자리에 앉았는데 오늘의 사회는 최 시장이 맡았다. 따라서 지사는 아무 말도 없었고 최 시장은 체전에 협조해준 데 대해 감사를 표하고 이내창의 망월동 매장을 반대한 데 대해 감사한다고 말했다. 이어 한전광주지사장이 원전의 안전성에 관해 짤막하게 강조하고 안기부에서 제공한 북한의 종교에 관한 필름을 관람하다. 12시 비행기로 서울에 올라가다. 서울에서 최 이사와 프레스센터에 가서 점심하고 3시부터 시작한 신문인협회 정기총회에 참석하고 6시에 장원에서 열린 만찬회에 참석하다. 김종태 광주일보사장, 서기원, 이규형, 이치백, 김병관, 박성섭, 매일경제의 장 사장을 만나다. 동아일보 김병관 사장과 서울경제의 권혁승 사장이 전남일보를 칭찬했으나 모두가 노조문제에 우려를 표명한다.

10월 16일 (월)

아침회의를 마치고 한국증권금융광주지점 개점식에 참가하다. 우선 한 사장과 인사하고, 신태호 회장, 김종태 사장 등과 함께 행사에 참여하다. 이훈동 회장님께 주는 감사패를 내가 대신 받고 테이프커팅과 다과회에 참석한 후 돌아오다. 정용택에게 주제기자들의 노조가입이 부당하다는 점을 강조하니 고개를 끄덕인다. 3시경에 송언종 지사가 수제의연금관계로 이 회장님에게 드리는 감사패를 가지고 찾아왔다. 수재복구문제를 놓고 송 지사와 한참 동안 이야기하다. 4시 40분에 이원배 의원이 내방했다. 나주수재가 천재냐, 인재냐를 가리기 위한 평민당의 보고서를 마무리하기 전에 현지시찰과 증언을 들으러 왔다 한다. 도지사나 나주시장이 무던히 고생했고 복구작업도 순조롭게 되고 있으니 공연히 평민당이 문제를 일으키는 것보다는 지원해주는 것이 좋을 것이라고 충고하다. 그리고 정치부장을 불러 인터뷰하고 기사를 작성하라고 일렀다. 6시 30분에 금수장에서 산경회 모임이 있었다. 도로공사 호남지사장이 본사로 영전한 데 대해서 환송회를 겸하다.

10월 17일 (화)

전병곤 전남교육감이 퇴임인사차 내사했다. 목포지역 고교평준화를 풀어주는 데 많은 노력을 했다고 치하해 주고 목중고동창회와 회식하는 자리를 갖자 했더니 당분간은 여행을 떠나니 다음 달에나 만나자고 한다. 언론인금고의 김충기 부장이 찾아왔기에 함께 점심하고, 적십자 전남사무국장이 찾아왔기에 한동안 언론계 소식을 이야기하다. 해외의 테크노폴리스 문제를 취재하는 데 크게 지원해 준 민정당 광주북구 위원장 지대섭 씨에게 감사패를 증정하다. 부사장, 문 국장, 김 국장 등이 배석했고 테크노폴리스 문제를 논의하다.

서울지사의 김교일 광고국장과 여수의 김용대 지사장, 본사의 정일호 광고국장, 김 이사, 윤 부사장을 한자리에 불러 광고유치에 있어 혼선현상과 현지의 불만을 듣고, 이 문제의 해결책은 앞으로 더 연구해서 추후 통지하겠다고 말했다. 도예가 조규정 씨가 공예조합상무하고 내방하여 내일 있을 전남공예조합 이전식에 참가해 달라고 한다.

10월 19일 (목) 연수는 그룹별로 하기로 하다

아침회의에서 사원연수를 종합적으로 할 것인가 아니면 그룹별로 할 것인가 간부 각자의 의견을 청취했다. 박 주필과 이광현 국장만 종합연수를 찬성하고 나머지는 그룹별 연수를 선호한다. 요즘 긴축과 감량운영이 사내에 위축과 긴장을 주고 있음으로 사원들의 일체감을 올리기 위한 종합연수의 효과를 거두기는 어렵다는 것이 다수의견이다. 차라리 국별로 전문프로그램을 만들어 사 내에서 단위별로 연수를 하는 것이 좋을 것이라는 것이 문 국장의 의견이다. 그렇다면 이번에 실시하려던 종합연수는 보류하고 개별 프로그램을 진행시키라고 지시하다.

신임 노동청장이 방문했다. 광주의 북한관 관장인 김중체 씨가 정용석 박사를 데리고 찾아왔다. 정 박사에게 사내를 일순하면서 소개하고 광주고속 옆에 있는 식당에 가서 박윤종 씨와 함께 식사를 하다. 최 부국장을 불러 "나의 이력서 시리즈"에 취재할 대상자명단을 미리 보고하지 않았음을 지적하다. 또 "문화와 삶" 칼럼니스트의 저질성을 따지다. 심재식 기자에게 광주학생독립운동사 취재에서 유의할 점을 짚어주다. 서울광고국 문제를 논의하다가 7시부터 신양파크에서 열린 통일원고문들과의 모임에 참석하다. 이홍구 장관, 양호민, 최완복, 백성엽, 이도연, 이용희, 신태환, 장성환, 김일환 등 여러 원로들과 한 자리에서 만찬하면서 통일문제와 남북접촉에 관해 의견을 교환하다. 이돈명 총장이 송건호 씨가 나의 안부를 묻더라고 전한다.

10월 20일 (금) 아파트광고 유치의 구획을 정하다

조회를 마치고 신양파크호텔에서 열린 MBC 창사기념 심포지엄에 참석하다. 김포천 사장이 인사말에서 특별히 전남일보사장의 참석에 감사하다는 말을 한다. 유창순 씨의 기조연설을 들어보았는데 별로 알맹이가 없다. 회사에 돌아와서 부사장, 김 이사, 정 국장을 불러 건축회사의 아파트광고 유치에 있어서 서울지사와 본사 그리고 지방지사 지국간에 일어나는 혼선을 해결하는 방안을 논의하다. 결국 지사·지국을 육성하는 차원에서 지방에서 건설하는 아파트는 해당지국의 구좌로 인정하기로 결정하다. 회의 끝내고 모두 함께 태극당식당에 가서 점심을 하다. 3시부터 노사협약을 위한 4차 회의를 시작해서 인사관계 조항을 심의했는데 도중에 별로 충돌 없이 진행되어 6시에 산회하다.

10월 21일 (토)

윤 부사장에게 회장님 귀국하시면 보고할 수 있도록 약식 업무보고안을 정리해 놓도록 하고 김 총무국장을 불러 인력평가, 경비절약에 관해 몇 가지를 당부하다. 편집국을 한 바퀴 돌아보고 나서 최하림 부국장과 함께 시청 뒤 추탕집에서 점심하다. 돌아오니 부사장이 나와 함께 전남지역 언론인배구대회에 가려고 기다리고 있다. 염주체육관에 갔더니 안종일 광주시교육감, 김포천 사장, 박성섭 사장 등이 나와 있다. 전남일보팀은 광주일보팀과 겨뤘는데 비등하게 올라가다가 결국은 2대0으로 승리했다. CBS팀과의 2차전도 낙승할 것 같기에 회사로 돌아왔는데 무등일보와 결승전에 진출했다 하기에 급히 체육관으로 가다. 그러나 결과는 2대0으로 패배했다. 우리 팀이 꽤나 잘하는 편인데도 무등일보가 아주 잘한다.

10월 23일 (월)

김 총무국장을 불러 인력평가문제를 의논하고 정 국장을 불러 현재까지의 광고신탁액을 물어 보고, 부사장으로부터 업무보고서를 건네받다. 2시 비행기로 서울로 올라가다. 기내에서 임복진 장군을 만나다. 김포공항에 최 이사가 나와 있다. 비행기가 도착하는 신청사로 자리를 옮겼는데 , 기기에는 조선내화의 이화일 사장, 김 상무, 이 상무, 손 전무 그리고 이정일 부회장이 나와 있었다. 회장님과 사모님이 탄 비행기는 4시 넘어서 도착했다. 사위인 홍 상무가 따라 나온다. 업무에 관해서는 내일 보고드리겠다고 하고 신사동 집으로 돌아오다.

10월 26일 (목)

회장님이 10시경에 내려오셨다. 신문인협회 사무국장이 골프모임과 만찬을 협찬해 달라 한다. 회장님에게 몇 차례나 전화를 걸어 11월 8일이나 9일 경으로 날짜를 잡았다. 오일랑 토지개발공사 감사가 광주에 내려와 지사 등 주요기관장들을 초청한 오찬이 있다고 해서 12시에 송죽헌으로 가다. 송언종 지사, 백승조 도경국장, 성화용 보안대장, 토개공전남지사장 등이 모였다. 대불공단 등 전남지역 주요사업과 이정일 부회장의 막후교섭역할 등이 화제에 오르다. 오후에 회장님에게 인력평가결과를 대충 설명드리고 조치는 당장 취할 수 없다는 말씀을 드리다. 도중에 전남도청 유 과장이 오고 이어 임원식 세무서장이 찾아와서 회의는 중단되다. 중요안건은 내일 보고하기로 하다.

10월 27일 (금)

아침회의에서 김 이사가 요즘 서울지사 광고국 공기가 안 좋은데 최 이사든 김 국장이든 불러내리는 것이 어떻겠느냐고 제의한다. 부사장이 이런 일은 국장과 이사 선에서 해결해야 하지 않느냐고 하자 정 국장이 전에는 분규가 없었는데 최근에는 국장에게 재량권을 주지 않아 이런 현상이 일어나는 것이라고 하니 김 이사가 또 발끈한다. 10시 30분에 문종주와 함께 전남도교육위원회에 가다. 새로 교육감으로 임명된 이양우 씨를 만나 축하하고 송 지사, 박진동 광주일보 고문 등과 함께 취임식에 참가하다. 신문인협회 회원들의 골프모임을 취소하고 제주도에서 개최하기로 했다는 연락을 받고 신문인협회 사무국장을 전화로 불러 경솔함을 추궁했더니 사과한다. 제주도에서의 스폰서는 다른 곳으로 돌리고 본사에서는 내년 봄에 광주 CC에서의 행사에 협찬하겠다고 했다. 오후에 광고주 초청계획안을 의논하고 서울광고 활성화방안을 논의하다. 3개년계획안은 내일 협의하기로 연기하다.

10월 28일 (토) 창간일 지정을 논의하다

10시 30분 3개년 경영계획안에 대한 보고회를 가지려 하는데 김인곤 의원이 전화, 광주경상대학이 종합대학으로 승격했다고 알려준다. 3개년 계획안을 심의하다가 중단하고 간부들을 소집하여 창사기념일을 어느 날로 잡을 것인가를 논의했다. 실지의 창간일인 1월 7일은 광고모집이나 특집제작상 절대 불리하니 창간일은 무엇보다도 광고사정을 감안하여 다른 적절한 날로 잡기로 하다. 1월 29일은 회사의 등기를 광주로 옮긴 날이다. 4월 25일은 문공부에 등록된 날이고 7월 19일은 새사옥이 준공된 날이며, 10월 12일은 목포에서 회사설립이 등기된 날이다. 나는 10월 12일을 주장했으나 많은 사람들이 창간일과 너무 시일이 떨어졌다는 이유로 반대하고 7월 19일 쪽으로 기울어지다. 회장님이 그 쪽으로 선도했기 때문이다. 그러나 결론은 다음 기회로 미루었다. 지하식당에서 점심하고 2시에 금남볼링센터 개점식에 참가하여 테이프를 끊고 2시 30분에 양재동 씨 장남결혼식에 참가하다. 회장님은 3시 넘어 서울로 출발하시다. 퇴근후 집사람과 화니백화점에 들러 골프셔츠를 사다.

10월 30일 (월)

김중광 이사가 내 방으로 올라와서 정일호 국장이 아직도 자기에게 사과하지 않는다고 불평한다. 점심 무렵에 전남대의 이용일 교수가 서울대 강석희 교수와 함께 찾아오다. 그 교수들에게 편집국과 공무국을 안내하고 문화부 채복희 기자까지 데리고 예천에서 점심하다. 강 교수의 말에 의하면 광주일보의 김종태 사장이 자신의 이종사촌 매제라고 한다. 광주지역의 예술적 전통을 이야기하다가 전주 대사습과 같은 연례행사를 구상중에 있다고 하니까 명창대회를 열려면 5일간을 잡아 다섯 마당 완창대회를 열면 뜻이 있을 거라고 아이디어를 준다. 오후에 전남대의 박준규 교수가 같은 대학의 정 교수와 함께 고산논집을 가지고 와서 부회장이 내려오면 회식하자고 한다. 퇴근길에 부사장,

김 이사, 이 국장, 김선남과 함께 나주 봉황면 박기남 부국장 모친상에 조문을 가다.

10월 31일 (화)

아침회의 마치고 회장님과 통화, 2호기를 연결해 가설했는데 설계 잘못으로 2호기의 가동이 7~8일 늦어질 것 같다고 했더니 빨리 일본으로 연락해서 부품을 공수하여 고치도록 하라고 하신다. 오전에 업무국, 광고국 총무국에 대한 예산을 심의하다. 오후에 광주미국문화원의 에임스 원장이 한국인 부원장과 함께 찾아오다. 신사옥 예방차 들렀다 한다. 그런데 문순태 국장을 미국을 방문하도록 초청했는데 응하지 않아서 섭섭하다고 말한다. 내후년에나 보내겠다고 했다.

11월 1일 (수)

10시 30분부터 광주경기장에서 시민의 날 행사가 있기에 문종주와 함께 참석하다. 회사에 들어와 독자페이지의 대장을 보니 미국 농무부가 우리나라 안에 있는 희귀식물을 마구 채취한다는 독자투고가 실려 있다. 미국 농무부가 채취해간다는 말이 납득이 되지 않는다. 문 국장도 최 부국장도 없어서 김준태 부장에게 그 기사를 빼던지 제목을 고치던지 하라고 했다. 그런데 시간이 없어서 쩔쩔맨다. 한겨레신문에도 그 기사가 났다고 하기에 보니 다소 근거가 있는 기사 같기에 그대로 놓아두었다. 6시 30분에 남도예술회관에서 영호남미술교류전시회가 있어서 문 국장과 함께 참석하다. 도착하니 벌써 테이프커팅중이었다. 광주일보의 김종태 사장도 나와 있다. 최 시장과 함께 전시장을 일순하면서 작품을 감상하다. 그 후 리셉션 장에서 신동호 총국장이 환영사를 하다.

11월 2일 (목)　**이철규 장례식 광고를 거절하다**

점심 후 회장님에게 김 이사문제와 인력평가결과의 처리문제를 의논했더니 구체적 해결방안을 제시해 달라 한다. 6시경에 강신석 목사와 5·18항쟁동지회장과 조선대 교수 등 5명이 찾아왔다. 이철규의 장례식 광고를 부탁한다. 광고국장을 불러 광고를 실을 수 없다는 사정을 설명해 주라고 했다. 그러나 과격한 문면은 모두 삭제할 터이니 꼭 넣어 달라고 간청한다. 이 광고는 이미 회장님과 부회장과도 계제하지 않기로 합의가 되어 있었기 때문에 이들의 간청을 들어주기가 어렵다. 그래서 이철규 사건은 이미 자세히 보도되었고, 장례식 문제도 이미 보도된 것이고 또 장례식 날에도 보도될 터이니 굳이 광고낼 필요가 없을 것 아니냐고 타일렀으나 막무가내다. 이들과는 일단 어색하게 갈렸다. 그러나 나중에 광고국장에게 광주일보로 연락해 보고 거기서 실어주기로 했다면 우리도 똑같은 조건으로 실어주도록 하라고 지시하다.

11월 3일 (금)

아침에 부사장과 정 국장에게 이철규 장례광고문제는 광주일보와 동일한 문안으로 게재하라고 지시하다. 오늘 노 대통령이 참가하는 대불단지 기공식이 있어 8시 50분에 도청에 도착했는데 다른 일행들은 출발했고 기자단 차만 남아 있어 그것을 이용해 9시 50분에 대불단지에 도착했다. 이 회장님, 김포천 사장, 홍순기 회장, 임광행 회장, 김준형 회장, 이건일 씨 등이 이미 자리 잡고 있다. 회장님 옆으로 나란히 앉아 기공식을 끝내고 목포시청 4층에 마련한 오찬회장으로 이동하다. 옆자리에 김창근 교통부장관, 김포천 사장이 앉고 앞자리에 최영철 장관이 앉았다. 최 장관이 김 장관에게 나를 소상히 소개하고 망유비행장 문제를 설명하기에, 나는 지난번 안개 때문에 광주비행장에 내리지 못하고 망운 상공을 몇 바퀴 배회했는데 그 곳은 안개가 없이 매우 선명하더라고 거들었다.

노 대통령이 목포의 삼학도 공원화계획과 상수도사업에 10억 원을 지원하고 종합예술회관 건립을 지원하겠다고 약속한다. 이러한 결과는 그동안 서울에서 끈질기게 벌여온 이정일 부회장의 사전로비가 어느 정도 주효했다고 할 수 있다. 목포지사에 들러 임 지사장, 최 이사, 문 향우회장과 이야기하다가 3시에 광주에 도착하다. 3시부터 노사협약회의를 시작하여 5시경에 마치고 회장실에서 부사장, 김 국장을 참석시켜 그동안의 노사협약 경과를 대충 회장님께 보고하다. 내일은 이철규 장례 때문에 소란할 것이라고 하니 회장님은 서울에 갔다가 7일에 다시 오겠다 하신다. 목포의 송재구 시장이 이번 목포에서의 대통령공약에 전남일보의 뒷받침이 많았다고 감사하는 전화를 주다.

11월 4일 (토)

아침에 부회장 집으로 전화하니 어제 밤 미국에서 돌아왔다고 한다. 동일상역으로 전화하여 부회장과 연결되다. 부회장에게 어제 노 대통령이 대불공단 기공식에서 목포에 대한 여러 가지 지원을 공약했는데 이는 부회장의 배후교섭에 힘입은 바 많으며 송재구 시장도 그 점에 대해서 그렇게 평가하는 전화를 주더라고 전하다. 오전에 해태구단의 노 전무, 김응용 감독, 선동열, 김성환 선수 등이 방문했다. 해태의 4연승을 축하하고 그동안 해태팀이 승리를 거둘 때마다 이 지역 사람들의 스트레스를 많이 풀어주었다고 평가하다. 이가형 교수님이 서광전문대학의 고 학장과 함께 방문했기에 한참 동안 정담을 나누다가 예천에서 점심을 대접하다. 오후에 부사장 불러 인력평가의 뒤처리문제를 논의하고 김 이사, 나경주, 배진, 최동립 등의 문제를 협의하다.

11월 6일 (월)

이광현 국장과 서 이사가 비행기 관계로 서울에서 오는 것이 늦어져 아침회의에 참석 못했다. 정일호 광고국장이 이리 국토관리청의 최고송달광고를 교섭하고자 청장을 만나기 위해서 이리로 출장갔다. 토지개발공사의 오남 지사장에게 전화, 지난번 목포에서의 브리핑이 퍽 인상적이었다고 칭찬하다. 낮에 이내균, 노광표, 이성제 농협지회장과 일송정에서 점심하다. 한미은행의 이상근 행장이 신송식 광주지점장과 함께 방문했다. 서울대 11기 출신인데 내 영문과 친구 최승락과 잘 아는 처지라고 한다. 김오봉 외환은행 풍향지점장이 차장을 데리고 인사차 방문하다. 저녁에 문 국장과 함께 금수장에서 저녁을 들면서 편집국 인사문제를 논의하다. 지병두 부국장이 거의 사임을 결심했다고 한다. 김중태 부장에게는 당분간 교정부 책임을 맡기자고 했다.

11월 7일 (화) 창간기념일을 7월 19일로 정하다

조회 마치고 회장님께 전화하면서 국토관리청 광고를 유치하려 노력한다고 했더니 부회장과 연락해서 기어이 확보하라고 하신다. 목포로 부회장에게 연락했더니 1시경에 광주에 오겠다고 한다. 오덕교 동창이 무안군수로 영전되었다고 인사차 찾아왔다. 낮에 가톨릭센터에서 무안군향우들이 모여 오 군수를 위한 축하오찬을 하니 참석하라고 한다. 축하 오찬은 구미항에서 열렸다. 노준체, 박하일, 송영식 등 15~6명의 무안군출신들이 나왔다. 한국통신의 송영식이 전화기와 넥타이를 선물로 내놓았다.

1시경에 부회장이 도착해서 인사문제를 논의하다. 김 이사와 홍 국장 문제를 논의했는데, 홍 국장 문제는 부회장이 책임지고 처리해 주었으면 좋겠다고 하니 그렇게 하겠다고 수락한다. 3시에 회장님이 도착하시다. 3개년 경영계획안을 보고했는데 부회장이 구체적 대책을 제시하지 않았다고 지적한다. 그러나 회장님은 광고판매고를 올리는 일과 경비절약에 힘써야 한다고 강조하신다. 창간기념일은 7월 19일로 하기로 하고 18면 증면문제는 내년쯤으로 미루기로 결정하다.

11월 8일 (수)

8시에 신양파크호텔에서 기관장 조찬회가 열렸다. 오늘 회의는 도지사가 주재했는데 추곡수매를 반대하는 농민들을 설득해 달라고 한다. 최인기 시장이 내 옆으로 와서 모레 저녁에 청와대 정 민정수석을 위한 만찬회가 있으니 꼭 참석해 달라고 당부한다. 회사로 돌아왔더니 오남 토지공사 전남지사장이 최 이리국토관리청장과 함께 찾아왔다. 국토관리청장에게 광고물을 발표할 때 우리 신문을 배려해 달라고 요청했더니 쾌히 승낙한다. 회장님이 목포에서 오셨기에 광고문제를 보고하고 인사문제는 대충 윤곽만 합의하다. 6시에 조 기사를 데리고 광주를 출발, 여산에서 저녁을 먹고 10시경에 서울에 도착하다.

11월 9일 (목)

9시에 신사동 집에서 나와 서울지사에 들렀다. 김교일 광고국장이 막 밖으로 나가려다가 따라 들어오더니 약속이 있어서 가야겠다고 한다. 최 이사가 김 국장더러 5분간만 더 머물러 사장님께 말씀드리고 가라고 한다. 무슨 말이냐 했더니 김 국장이 사의를 표명했다고 한다. 농담말라고 일갈하고 3시에 지사에서 다시 만나 이야기하자고 했다. 12시에 관훈클럽 간담회에 나가다. 박권상, 진철수, 이영희, 조용중 등이 참석했다. 안병찬 총무와 관훈클럽 임원들과 만나 언론계 동향을 듣다. 박권상 씨는 한국언론인들이 누리는 고임금은 일종의 스캔들이라고 평하고, 이영희씨는 한국신문들은 수사기관의 왜곡된 조서내용은 자세히 실으면서 피의자들의 진술은 단편적으로 다룬다고 비판하다. 조용중 씨는 언론중재위원회와 윤리위원회의 기능이 중복되었다는 데 문제가 있다고 지적한다. 다시 지사에 들러 5시까지 기다렸으나 김교일 국장이 나타나지 않아 신사동 집으로 갔다가 집사람을 싣고 10시경에 광주에 도착하다.

11월 10일 (금)

조회 마치고 부사장, 김 이사, 정 국장에게 서울지사의 김교일 광고국장의 사임을 만류하도록 했다. 부사장이 김 국장과 직접 통화했는데 오늘 최 이사와 만나서 이야기하겠다고 한단다. 하여간 추후 연락해보고 여의치 않으면 부사장이 올라가서라도 만류하라고 지시하다. 12시 30분에 문 국장과 함께 목포로 떠나려다가 2호기의 가동상황이 어떤가 해서 윤전실에 들렀더니 1호기가 막 돌다가 실린더에 신문용지가 끼어 종이가 끊어졌다. 그러나 곧 2호기를 가동시켜 신문이 나오는 것을 보고 떠나다.

성옥문화상 심사위원회의 심의는 목포상공회의소에서 열렸다. 조효석, 차남수, 배중무, 김암기 씨 등이 심사위원으로 나왔고 언론상 수상자로는 조효석 고문이 적격자라는 데 의견이 일치했다. 돌아오는 길에 문 국장으로부터 김용일 부장과 나의갑 부장간에 매우 심한 격투가 있었다는 보고를 받다. 내용이 심상치 않기에 내일 양자로부터 경위서를 받아 인사위원회에 회부하라고 지시하다. 신문사에 들어가 서류를 결재하고 6시에 송죽헌에서 청와대 민정수석으로 영전한 정구영 수석을 만나 그동안 광주·전남을 위해서 애를 많이 썼다는 점을 치하하다.

11월 11일 (토)　폭력행사한 부장을 출근금지 처분하다

조회 때 어제 문 국장으로부터 들은 김 부장과 나 부장간에 있었던 구타사건을 설명하고, 지성인이라 자처하는 편집국간부들이 원인이야 무엇이든간에 폭력으로 해결하려 했다는 것은 용납 못할 일이니, 편집국장에게 양 당사자들로부터 경위서를 받아 오늘 오후 2시에 인사위원회를 열어 처리하라고 지시하다. 김 이사가 이 문제를 처리하는 데는 시간 여유가 필요하다고 이의를 제기한다. 그러나 이 문제를 검토할 시간은 오늘 중에도 충분히 있으니 오늘 중에 결정을 내리라고 지시하다. 김 이사는 자기는 친구 아버지가 순천에서 작고해서 조문을 가봐야 한다며 회피의 구실을 내세운다. 12시경에 회장님이 오셨다. 인사위 개최문제, 서울지사 김교일 국장 사의문제, 공무국 기계고장 문제 등을 보고하다. 2시에 인사위원회를 열다. 나의갑 부장은 경위서를 써서 제출했는데, 김용일 부장은 쓰지 않았다. 김 부장의 해명을 들어보니 반성의 빛은 추호도 없고 자신이 나 부장하고 육탄전을 벌인 것은 개인적 차원의 일이요 또한 어쩌면 회사를 위해서 한 일이라고 강변한다. 총무국장과 서 이사는 출근금지를, 문 국장과 부사장은 대기 쪽을 찬성한다. 그래서 출근정지 쪽으로 결정했다.

11월 13일 (월)

새벽에 서울의 최 이사로부터 회장님의 아우인 이성일 의원 부부가 경기도 내의 도로에서 다른 차와 충돌하여 참변을 당했다는 소식을 들었다. 조회때 교통사고 기사를 쓰고 별도로 부고를 광고란에 게재하라고 지시하다. 서울 회장님에게 전화로 조의를 표하고 아무래도 오늘 오후에 전남일보를 대표해서 서울에 마련한 영안실에 조문해야겠다고 하니 그렇게 하라고 하신다. 광주 상호신용금고의 이종열 사장의 차를 함께 타고 2시 10분에 출발하다. 도중 천안과 서울 톨게이트에서 차가 밀려 중앙대 부속병원 영안실에 도착한 것은 8시가 넘어서였다. 회장님, 이화일 사장, 최 이사를 만나고 해남 분들과 함께 저녁을 먹고 김교일 광고국장, 노 부국장을 데리고 다방으로 가서 서울지사 광고국문제를 의논하다. 영안실로 다시 가보니 회장님은 나가시고 부회장도 몸이 피곤해서 먼저 돌아갔다고 한다. 이화일 사장과 성옥산업 홍 상무랑 한참 이야기하다가 나도 10시경에 신사동 집으로 돌아오다.

11월 14일 (화)

새벽 6시에 일어나 김포로 해서 광주에 8시 40분에 도착하다. 조회가 막 시작되었다. 그제 인사위(징계위)에서 결정된 사항은 곧바로 편집국에 방을 부치도록 지시하다. 문 국장에게 편집국 개편안을 오늘 안으로 제출하라고 지시하다. 김용일 부장이 징계문제로 사장을 극렬히 비난하면서 회장님과 면담하겠다고 소리지른다는 말이 들려온다. 문 국장이 편집국 개편안을 두 가지로 작성해서 제출했다. 최 부국장이 올라와서 부국장 모두를 재조정해줄 것을 촉구한다. 밤에 김 총무국장을 불러 문 국장이 제출한 안 중에서 제 2안 쪽으로 절충안을 마련하라고 하다.

11월 15일 (水)

회의 마치고 서울로 전화하니 회장님, 부회장 모두 장례식에 참가중이라고 한다. 문순태 국장을 불러 편집국개편을 제2안대로 하겠다 하니, 그렇게 되면 해결해 나갈 자신이 없으니 제발 제1안으로 결정해달라 한다. 점심 후에 다시 만나기로 하고 보내다. 점심때 부사장과 등나무농원에서 점심을 하면서 편집국에 있는 세 부국장들을 모조리 교체하는 방안이 어떻겠느냐고 타진했더니 특히 김원욱 부국장을 빼버리는 것이 마음에 걸리는 모양인지 상당히 거세게 반대한다. 그러나 우리 편집국 내의 상충적 기류를 완화시키기 위해서는 김 부국장을 한 6개월 동안 후퇴시키는 것이 최선의 방법일 것 같으니 부사장도 이 방안에 적극 협조해야 한다고 주장했더니 그도 나중에는 그렇게 따르겠다고 응한다.

11월 16일 (목)　사장배격의 움직임도 보인다

아침에 비행기로 김포에 도착했으나 지사에서 차를 준비하지 않아서 택시를 잡아 논현동으로 갔다. 회장님과 부회장이 기다리는 중이었다. 우선 김용일 부장이 작성하여 돌린 유인문을 읽어보고 나서 모두 이러한 짓은 용서할 수 없다는 데 의견을 함께 했다. 회장님이 10시부터 신탁은행회의에 참석하신다고 해서 부회장과 둘이서 인사문제를 협의했다. 내 생각도 제1안에 크게 반대하고 싶지는 않지만, 편집방향에 대한 문 국장의 자세가 마음에 걸린다고 했다. 그러나 부회장은 단연 제1안쪽을 주장한다. 최 이사와 함께 셋이서 사우나하고 점심한 다음 2시부터 회장님 방에서 인사문제를 더 검토하여 결국 제1안을 채택하기로 결정하다. 6시 20분에 비행기로 광주에 내려오니 문종주가 사 내의 움직임이 심상치 않고 사장을 배척하는 쪽으로 공기가 돌고 있다는 것이다. 밤에 김 총무국장과 문 국장을 불러 문 국장으로부터 편집국의 동요를 막겠다는 다짐을 받고 어떻든 내일 작업에 지장이 없도록 대비하라고 지시하다.

11월 17일 (금)

조회때 세 가지 문제를 언급하다. 첫째, 기획국을 신설해서 조직과 업무의 한계를 가려줄 필요가 있다는 점을 강조하다. 둘째 편집국 내의 인사문제 재조정이 필요하다는 점을 지적하다. 현재의 국장단이 창간 이래 열심히 일했기 때문에 좋은 성과를 거두었음은 인정하지만 편집국 내에 어느덧 대립기류가 형성되어 어쩌면 전진을 저해할 우려가 없지 않기 때문에 당장 재조정이 필요하다는 것을 지적했다. 셋째 징계받은 김용일 부장이 징계재심청구서를 제출한 모양인데 어떻든 조속한 시일 내에 처리해야 되지 않겠느냐고 의견을 물었더니 월요일에 인사위원회를 열자고 한다. 그리고 총무국장에게 새로 서울에서 합의된 인사개편내용을 전달하고 당장 방을 써 붙이도록 했다. 부사장이 인사내용을 미리 좀 알려주지 않은 데 대해 유감의 뜻을 표한다. 부사장을 일부러 소외시킨 것이 아니니 너무 섭섭하게 생각하지 말라 하고 그 경위를 설명해 주다. 2시부터 있을 노사협약 회의는 내주로 연기했다. 김 이사가 광주에 생길 불교방송은 무등일보의 박성섭 씨에게 떨어질 것 같다고 한다.

11월 18일 (土)　　통일문제에 대한 세미나를 열다

통일문제에 대한 세미나가 있어, 9시에 부사장과 신양파크호텔로 가다. 9시 50분에 최인기 광주시장이 오고 10시 좀 넘어서 부회장과 서울에서 참석하는 청와대 염 비서관이 함께 도착했다. 세미나는 10시 10분에 개회했다. 나의 개회사 다음으로 예정되었던 이홍구 장관의 축사는 이 장관이 노 대통령의 출국 때문에 참석하지 못하여 생략했다. 제1세션에서는 염 비서관이 주제를 발표하고 토론자들로부터 날카로운 반론이 제기되었다. 부회장과 함께 신문사로 돌아와 잠시 인사발령 후의 사내동태를 살펴보고, 다시 신양파크호텔로 가서 제3세션으로부터 종합토론까지 마치는 것을 보고 돌아오다. 중앙의 비중 있는 학자들이 대거 참가하여 지방학계나 지역사회에 상당한 자극을 불러일으키는 좋은 세미나였다.

11월 20일 (월)

지병두 부국장이 사표를 제출하기에 만류하다가 월말에 그만 둔다면 그때 가서 제출하라고 반환하다. 3시에 징계위를 열어 편집국간부 격투사건에 대한 징계에 대해 재심하다. 부사장과 김 이사가 재조사를 주장하고, 서 이사도 일단 재조사하자고 한다. 그러나 문 국장은 재조사를 하면 혼선이 일어날 것이니 서면으로 의견을 제출하도록 하자고 한다. 김 총무국장은 재조사는 실제로 불가능하다고 반대한다. 조선대 미술관 개관식과 전남광주미술50년전이 4시에 있기에 징계위는 내일로 연기하기로 했다. 문 국장과 함께 조선대로 가서 이돈명 총장, 미술대의 황 교수를 만나서 축하하다. 이 자리에는 시장, 지사와 여러 기관장들이 참석했다.

11월 21일 (화)

아침회의 마치고 서 이사와 오늘 있을 징계위문제를 협의했다. 문 국장이 편집국 후속인사 수정안을 제시하다. 나중에 김 이사가 찾아와서 중역에 대한 인사를 이사회와의 사전협의 없이 했다는 점과 기획국을 정리당한 직원들로 채웠다는 점, 그리고 예산업무를 기획국업무에서 제외했다는 점을 지적하면서 그 배후를 조사하여 일전을 불사하겠다는 투로 이야기한다. 점심때 김 이사를 데리고 등나무집으로 가서 아침에 시적한 바를 일일이 반박하고 머리가 영리한 사람이라면 사태를 정확히 파악하고 적절히 처세하라고 호통쳤더니 태도를 일변하여 사과하는 자세를 취한다. 3시에 징계위를 열려 했는데, 이리 국토개발청의 광고배정에 문제가 있어 그것을 수습하느라고 징계위는 내일로 연기하다.

11월 22일 (수) 김 부장 징계는 원안대로 가결하다

아침에 광고국에서 이리로 가서 국토관리청 광고를 우리가 900건, 광주일보가 400건을 받아왔는데 가격은 덤핑 때문에 4천만 원 정도로 줄었다. 부사장에게 오늘 오후에 있을 징계위에서 다른 의견을 내어 옥신각신하는 것보다는 모두 한 목소리로 원결정을 재확인하는 것이 좋을 것 같다고 이야기하니 그는 최근의 모든 결정에서 자기를 소외시켰다고 섭섭함을 표명한다. 12시에 문종주와 함께 송죽헌으로 가서 언론중재위원회의 정희경 위원장을 만나다. 그는 한동원 사무국장과 함께 광주에 내려와 광주・전남지방 언론중재회의를 가진 후 이곳 언론계사장들을 오찬에 초청한 것이다. 이 자리에는 마삼열 중재위원과 세 명의 판사들(중재위원들)과 김종태, 김포천, 신동호, 안광양 등이 참석했다.

오후 2시부터 징계위회의를 가졌다. 부사장이 입장이 괴롭다고 광고국회의 참석을 빙자하여 피하다가 나왔고, 김 이사 역시 괴롭다고 피하려다가 결국 출석하여 원안대로 결정했다. 편집국 노조지회에서 인사에 불만이 있다고 7시부터 강당에서 회의를 소집한다는 말을 들었으나 그냥 집으로 돌아오다.

11월 23일 (목)

아침회의에서 총무국장에게 우리 신문의 ABC가입을 추진하라고 이르다. 그리고 목포애향단체에서 고운 말 쓰기 운동을 벌이고 있다는 기사가 무등일보에 게재되었는데 이런 기사는 우리도 취재해서 지역사회의 언어순화에 일조해야 할 것이라고 문 국장에게 일러주다. 핀란드 대사가 우리 신문사를 방문하겠다는 연락이 있었다고 한다. 핀란드 대사관에 연락했더니, 조철용 사무관이 월요일 11시에 세 사람이 방문하겠다고 한다. 노사협의회에 제출할 경영상태 자료와 공정보도에 관한 조항의 내용을 검토하기 위해서 사측대표들끼리 11시에 회합을 가졌다. 오후에 삼성신용카드 사장 일행이 박갑동 국장과 함께 찾아왔다.

지병두 위원이 와서 청와대 민정반에서 김거인 광주국세청장에 대한 여론을 수집중에 있다고 한다. 김 청장에게 그러한 정보를 전해주다.

11월 24일 (금)

조회 막 마치고 나니 회장님이 도착하셨다. 윤전기와 발송시설이 완비되어 제작시간이 단축되었음을 말씀드리다. 12시 30분에 편집국간부들을 무등장어집으로 데리고 갔다. 문 국장, 김 조사부장, 이난영 사회부장, 장형래 교열부장, 손정연 부장, 이홍재 · 오세정 논설위원, 김원자 문화부장, 김준태 특집부장, 고행원 정치부장, 신복진 사진부장 등이 참석했다. 이번 대폭인사의 배경과 의의를 설명하고 문 국장을 중심으로 응집하여 위계질서를 지키며 기강을 바로잡아 좋은 사풍을 조성하는데 협력하라고 당부했다. 3시부터 노사협의회를 열다. 회사의 경영상태를 설명하고 공정보도에 관한 조항을 논의하다. 대부분 회사안대로 통과시키고 편집국장 임명에 관한 조항만 다음 회의로 넘겼다.

11월 25일 (토)

어제 저녁 대학입시원서 접수현황을 호외로 발행, 1만 부를 광주시내에 산포하다. 홍 국장이 정식으로 광주에서 집무하기 시작했기에 부사장, 김 이사, 박 부국장, 김 부국장과 함께 회식하다. 3시경에 서울에서 광고대행사 대표들 30명이 도착했다. 접견실에서 그들을 환영하면서 우리 신문을 홍보하다. 밤 7시부터 이들을 위해서 연희정에서 열리는 환영연은 부사장에게 맡기고 나는 5시경에 귀가하다.

11월 27일 (월)

그제 밤 서울의 광고대행사 대표단에 베푼 연희정 향연은 매우 만족스럽게 진행되었으며 어제 있었던 골프팀이나 여행팀의 일정들이 모두 만족스럽게 끝났다고 부사장과 광고국장이 아침회의에서 보고한다. 술값이 200만 원이나 초과했지만 앞으로 서울에서의 광고가 훨씬 순조롭게 풀릴 것이라 한다. 서울로 전화하여 회장님과 부회장에게 광고대행사 대표들에 대한 접대경과를 보고하다. 11시경에 핀란드 대사가 조철영 상무관과 함께 방문했다. 문 국장, 고 부장, 옥순종 기자를 배석시키고 약 40분간 만나다. 목포의 항만시설이나 서남지역개발에 대한 관심이 높고 신문사의 현황이나 애로 같은 것도 묻는다. 12시 넘어서 박동호 선생과 안 학무관 그리고 목포 신영여상 교장 등이 찾아왔다. 함께 나가 일송정에서 점심을 대접하다. 도서교육에 대한 관심과 적극적 후원을 부탁한다.

11월 28일 (화)　목포대 종합대학 승격을 축하하다

조회를 마치고 문종주와 함께 목포대학으로 가다. 목포대학의 종합대학승격을 축하하는 행사에 참가하기 위해서다. 9시 50분에 목포대에 도착했는데 마침 평민당의 김대중 총재가 박석무 의원과 함께 도착한다. 김 총재와 함께 학장실로 갔더니 전남대 오 총장, 조선대 이 총장, 광주대 성 총장 등이 와 있고, 이제근, 김영진, 신순범, 박석무, 유인학, 정대철, 박행오 의원 등과 임광행 회장, 홍순기 회장 등이 와 있다. 11시 30분에 체육경기장에서 종합대학 승격축하행사가 시작되다. 그런데 이때에 김 총재가 운동권학생들이 지르는 평민당에 대한 비판구호와 농민회가 지참한 "평민당은 각성하라"는 플래카드에 열받아 "평민당과 김대중이 없었던들, 오늘 이 자리에서 학생들이나 농민들이 구호나 플래카드로 항의행동을 하지도 못했을 것이 아닌가"하고 외치기도 한다.

11시 30분에 차를 하남공단으로 돌려 최 이사를 태우고 서방전지 하남공장 준공식에 참가하다. 눈이 내린다. 이의순 회장을 만나 축하인사를 나누다. 시장 도경국장, 지검장 등이 보인다. 서울에서 무등산클럽 회원들이 많이 참석했다. 이환의, 정태균, 장준호, 권진욱, 김거인 등을 만나다. 회사에 돌아와서 이만영 부장을 불러 최시영 차장이 시청출입도 않고 노조사무실에 있다는 데 불러내어 일을 시키라고 지시하다.

11월 29일 (수)

회장님이 오늘은 광양에 계신다. 오후에는 광주로 들르시겠다고 한다. 이리 국토관리청 최 청장에게 전화, 돌아오는 일요일 9시에 티업하도록 예약했으니 국토개발청에서 적당한 사람을 데려오라 했다. 부회장이 전화로 여러 가지 주문을 한다. 수입용지 발주의뢰서를 동일상역 앞으로 내주고, 호남절의록 문제로 문 국장으로 하여금 김영중 씨에게 연락을 하도록 전해 주고, 수익성이 있는 문화사업은 사장결재 나는 대로 곧 부회장과 직결하도록 조치해 달라고 한다. 오전 중에 업무, 광고, 총무국에 대한 예산안을 심의하다. 오후에 편집국, 공무국, 기획국에 대한 예산안을 심의하다. 회장님이 3시경에 도착하다. 김원욱, 최시영, 지병두에 관해 협의하다. 최하림 부국장이 주간지발행의 타당성 조사를 위해 목포에 다녀오겠다고 한다.

12월 1일 (금)

부회장에게 전화로 김원욱이 무등일보 부국장으로 발령되었고, 지병두 부국장이 사표냈다는 것을 알리다. 우리의 논설위원 후보로는 김정호, 안영섭, 한성강이 있는데 그 중에 김정호를 가장 먼저 알아보는 것이 좋을 것 같은데 문 국장 쪽에서 경계할는지 모르겠다고 했다. 부회장이 한참 후 문 국장과 통화하고 나서 전화를 걸었다. 문 국장이 양창성, 서재일, 김정호 등 세 사람을 거명하기에 자기는 김정호가 좋겠다고 말했다 한다.

지하식당에서 점심하고 3시부터 노사협약 회의에 들어가다. 최시영 노조위원장이 공정보도에 관한 조항과 여성들의 출산휴가문제, 징계문제 등에서 보충해야 할 부분이 있으니 재론하자고 제의한다. 그러나 어떤 쟁점이 있어 일단 토의를 거쳐 합의를 이룬 것은 재론의 여지가 없고 꼭 보충할 부분이 있다면 나중에 검토하자고 했다. 그러나 오늘은 공정보도 조항의 편집국장 임명에 관한 대목을 토의하자고 하니 그것은 보류하고 임금문제를 토의하자고 한다. 결국 오늘은 일단 산회하고 돌아오는 화요일에 공정보도 문제, 금요일은 임금문제를 논의하기로 합의했다. 밤에 김정호와 통화하다. 자기는 당분간 무등일보를 떠날 생각은 없다고 한다. 무등일보에서 제3인자의 위치를 누리고 있는데 확실한 직책보장도 없는 전남일보에 가서 신경 쓸 필요가 있겠느냐는 것이다.

12월 2일 (화)

아침회의에서 오늘 오후에 있을 노조단합대회에 대해 각국실장들이 사전에 신중히 단속하라고 지시하다. 점심때 지하식당으로 갔더니 최하림, 김준태, 손정연, 김원자가 있기에 동석하여 식사하다. 식후에 김총무국장을 불러 오후에 있을 노조 단합대회에 어떻게 대처할 것인지에 대한 보고를 듣다. 광주대의 유한호 교수가 우리신문의 노조집회에서 강연하기로 되었다고 한다. 유 교수는 성균관대학에서 나의 강의를 들었던 처지여서 가볍게 전화를 걸었다. 지금 한국의 언론노조들은 인사문제에 지나치게 관여함으로써 경영권을 침해하는데 유 교수는 강연을 통해서 이 점을 분명히 지적해 주고 또 노조가 지켜야 할 올바른 방향을 밝혀주라고 당부하다.

12월 4일 (월)

회장님께 전화, 어제 있었던 노조의 단합대회에 관해 말씀드렸더니 너무 서둘지 말고 천천히 진행시키라고 한다. 낮에 문 국장, 오 부국장, 이 부국장과 함께 점심을 하며 두 부국장들에게 다른 일보다도 기사를 철저히 읽고 책임 있게 데스크를 보아 달라고 당부하다. 통일성 있는 지면을 제작하기 위해서 편집위원회를 구성하는 것이 어떠냐 했더니 오히려 창의성을 죽이는 결과를 가져올 수도 있다고 반대의 뜻을 표한다.

3시에 편집국간부회의를 소집하여 16면 발행을 언제부터 단행할 것인지 논의했다. 업무국과 편집국, 공무국은 정월 초부터 하자하고 , 광고국은 3월부터, 총무. 기획국은 계산해보아야 한다하고, 부사장은 2월이 어떠냐고 한다. 5시경에 이홍재 위원이 올라와서 편집위원회 구성은 반대한다면서 문 국장이 따르도록 지시만 내리라고 한다. 오늘 오전에 31사단장이 완도에서 발생한 방위병 총기사건에 대해 협조해주기를 요청하기에 문 국장에게 축소보도하도록 지시했는데, 광주일보에서는 그 기사를 아예 묵살해버린 것 같다.

12월 5일 (화) 편집국장 임명조항 대체로 합의하다

조회 마치고 최시영 노조위원장을 불러 할 말이 없느냐 물으니 별로 없다고 한다. 그러나 노조가 제출한 전담업무제에 관한 품의서에 "전담문제는 편집제작 형편상 허용할 수 없으므로 불필요"라고 내가 써놓은 문귀는 사장의 노조관을 잘 보여준 것이라고 지적한다. 그것은 총무국장에게 내린 지시라는 점을 밝히고 쓸데없는 오해는 하지 말라고 전제하고 어떻든 회사의 형편으로나 최 위원장 개인의 장래를 위해서나 노조일만 전담하는 문제는 부적절한 것이니 판단에 착오 없도록 하고, 초창기 회사의 기반조성을 위해서는 사내의 기본질서가 유지되어야하니 노조도 인사권의 침해를 삼가도록 협조해야 한다고 강조하다. 아무튼 이번 편집국 인사에도 상당한 불만이 있는 듯한데 그는 구체적 사례는 제시하려 하지 않는다.

오후 3시부터 노사협의가 시작되다. 노조 측에서는 나종경 대신에 민형배가 나왔다. 공정보도에 관한 24조 25조는 전에 합의한 대로 존중하고, 26조에서 편집국장은 이사회에서 임명한다는 조항도 존중하고, 편집국장 재임중이라도 적부문제가 제기되면 편집국 총의를 존중해서 인사조치할 수 있다는 요지를 넣어도 된다고 양보했다. 그러나 임기 2년은 삭제하라고 했다.

12월 6일 (수)

오전에 이홍재 위원에게 광주일보의 양창열 위원을 교섭해 본다더니 어떻게 되었느냐 했더니 움직이기 힘들겠더라고 한다. 그러나 오늘 다시 알아보겠다 한다. 무등일보의 서재일 주간과 그랜드호텔에서 점심을 함께 했다. 무등일보에 아주 만족하고 말뚝을 박았느냐고 했더니, 그런 것은 아니지만 어려운 처지에 나 몰라라 떠날 수는 없지 않느냐고 한다. 김정호, 김원욱 등의 처지에 대해서도 들어보다. 6시부터 21세기위원회가 마련한 리셉션에 참석하다. 전남대 오 총장, 조선대 이 총장, 송 지사, 최 시장, 안 교육감, 이양우 교육감, 전남대의 김광수, 송인성 교수 등이 참석하다.

12월 7일 (목)

9시 넘어서 회장님이 오셨기에 노조의 동정과 인사발령 후의 사내 분위기를 보고하다. 최하림 부국장이 올라왔기에 적당한 논설위원을 찾아보라고 주문했다. 문 국장을 불러 1980년대 인물시리즈 중 오늘 문병란이 나갔는데 너무 재야 쪽으로만 기울지 말고 다른 보통사람들도 섞어 넣으라고 충고하다. 2시에 회장실에 들어가서 회장님께 회사의 현상황을 말씀드리고 내년도에 추진할 계획을 말씀드렸다. 16면 증면을 내년 초에 시작하고 수습기자를 연초에 모집하겠다고 보고하고 논설위원 1명과 편집국간부 두 사람을 더 들여놓겠다고 했다. 유준상 의원이 상을 치르고 인사차 방문했다. 회장님은 6시 30분에 목포로 떠나셨다.

12월 8일 (금)　증거확실한 기사를 봉쇄하려 하지 말라

오전에 이홍재 위원을 불러 광주일보의 양창열 위원 교섭결과가 어떠냐고 다시 물었더니 여전히 움직일 것 같지 않다고 한다. 오세성 위원을 불러 문원섭과 허광욱을 교섭해 보라고 지시했다. 광주세무서의 임원식 서장이 찾아와서 해남세무서 직원 3명이 수뢰죄로 검찰에 구속되었다는 것을 광주일보에서 취재하였다는데 전남일보에서도 취재하였다면 선처해 달라고 한다. 문 국장에게 알아보니 그런 기사는 아

직 도착하지는 않았는데 취재는 지시해 놓은 상태라고 한다. 임 서장에게 검찰이 구속했다면 증거가 확실한 것이니 기사를 봉쇄하려 시도하지 말고 차라리 크게 취급하지 말라고만 부탁하라고 충고했다. 그러나 하루쯤은 보류하라고 하겠다고 선심을 쓰다.

오후에 노사협의회를 열다. 다시 공정보도조항을 논의하자고 하기에, 지난번에 모두 합의해 놓고 무슨 협의를 또 하자고 하느냐, 빨리 끝내고 임금문제로 들어가자고 했더니, 노조측에서 언제 합의했느냐면서 논의는 보류한 것으로 하고 임금문제로 넘어가자고 한다. 내가 좀 강경한 자세를 취했더니 노조의 최시영 위원장이 협상은 결렬되었다고 큰 소리로 외치면서 퇴장해 버렸다.

12월 9일 (토)　고교평준화 해제 공로패를 받다

회장님이 11시경에 오셨기에 부사장과 황 부국장 불러 자금관계를 보고하도록 하고, 이어 김 이사를 불러 11월 실적과 12월 추진계획을 보고토록 했다. 오후에는 주요간부들을 소집하여 16면(매일) 발행의 시기문제를 확정하기 위해 의견을 청취했다. 업무국과 편집국(문 국장이 서울에 출장중이어서 이홍재 부국장이 참석)에서는 1월 1일을 주장했으나 광고국장은 3월부터 하자 하고, 김 국장, 김 이사, 부사장은 수지문제를 따져 신중론을 주장한다. 회의 끝내고 회장님과 단 둘이 있는 자리에서 ABC제도가 내년 하반기에 시작된다는 점과 증면을 실행하기 전에 단계적 연습기간이 필요하다는 점을 상기시키다. 목포고 동창회에 참석하기 위해서 오후에 출발하여 5시 50분에 목고에 도착했다. 그 자리에서는 목포지역고교평준화를 해제하는 데 기여했다 해서 공로패를 받았다. 수여식이 끝난 뒤 목고 1회생들 20여 명이 따로 모임을 갖고 나를 축하해 주었다.

12월 11일 (월)

조회 마치고 김 총무국장과 노조에 대한 대책을 의논하다. 노조회보를 읽어보니 그다지 과격한 표현은 없으나 그래도 김 국장은 몹시 섭섭한 표정이다. 김중광 이사가 서울로 출장간다고 비행장으로 나갔는데 안개 때문에 11시경까지 뜨지 못한다고 연락이 오다. 서울로 전화하니, 부회장이 무등산 서석대 개방에 앞서 연말에 전남일보 주최로 산악인들과 함께 촛불행사를 벌이는 것이 어떻겠느냐고 묻는다. 문 국장에게 이에 대한 구체적 아이디어를 모아 보라고 지시하다. 문 국장이 신년특집 중에서 농민에 대한 앙케트 조사를 하자고 하면서 250만 원쯤 경비가 필요할 것이라 한다. 오후에 오무가 올라와서 제1면, 사회면, 경제면 등의 편집이 엉망이라고 지적한다. 그렇다면 앞으로 광주일보, 무등일보 등 타지와 비교하여 평가결과를 올려 보내라고 하다.

12월 12일 (화)

문종주 비서가 와서 부회장이 최종경 기자의 인사기록카드를 복사해서 보내라 지시했다고 보고한다. 최 기자에게 전화해서 그동안 무슨 일이 있었느냐 물었더니 별일 없었다고 대답한다. 지난번 병원관계로 말썽이 있었다는데 어찌된 일이냐 했더니 원칙에 어긋난 일에는 타협하지 않는 자기의 성격 때문에 왕왕 주변으로부터 섭섭하다는 말을 듣고 때로는 모함까지도 받는다고 한다. 부회장이 오후에 최종경 기자가 무안의 다른 주재기자들에 비해 질이 좋지 않다는 말이 있다고 지적한다. 나도 지난번에 최 기자를 비난하는 정보를 접했기에 알아보았더니 전혀 사실무근이며, 그렇게 말한 사람이 오히려 질이 좋지 않은 사람이라는 것을 알게 되었다고 말했다. 이 문제를 이광현 국장에게 더 자세히 조사해 보라고 말했더니 이 국장은 부회장이 오히려 터무니없는 정보를 가지고 열심히 일하는 직원의 사기를 꺾으려 한다고 불평이다. 오후 3시경에 노조대표들이 회의실에서 대기중이라는 말을 들었지만 모르는 척했다. 그런데 부사장이 그 자리에 나가서 사유를 듣고 절충안을 제시했다고 한다. 풍물강습회를 열겠다고 해서 만류하다가 2주 정도로 줄이도록 절충했다고 한다.

12월 13일 (수)　풍물놀이나 하려 한다면 문닫아라

회장님과 통화 중에 노조의 풍물놀이 강습문제를 말씀드렸더니 버럭 화를 내면서 노조가 그런 식으로 나오면 신문사 할 생각 없다고 전화를 끊어버리신다. 전화를 다시 연결시켜 그래도 우리 노조의 태도는 다른 신문들에 비해 온건한 편이라고 말씀드리다. 그리고 새해 정초부터 16면 증면을 할 수 있도록 결정을 내려 달라고 촉구하다. 그러나 그 문제는 3월에나 생각해 보자면서 끊으신다. 나중에 서울지사로 전화해 보았더니 회장님이 지사로 오셔서 부회장과 최 이사에게 증면에 관한 의견을 물어보고 조 고문의 의견도 청취하였다고 한다. 그런데 부회장이나 최 이사도 조기증면을 강조했다고 한다. 이홍재 부국장과 오무 위원이 와서 지면제작에 관해 이야기하다. 밤에 목포대 서용석 교수가 전화, 배중무 교수가 목포대 총장으로 뽑혔다고 알려준다.

12월 14일 (목)

목중고동창회 간부 2명이 찾아와서 이번 19일에 재광 목중고 동창회에서 송년의 밤을 개최하는데 꼭 참석해 달라고 한다. 박갑동 국장이 사장 몫으로 찬조금 30만 원을 제출했다고 한다. 11시부터 윤 부사장, 서 이사, 김 이사와 노조문제에 대한 대책을 협의하고 오리탕 집으로 가서 점심하다. 서울에서 회장님이 평통회의를 마치고 전화, 내일 오후에나 내려오시겠다고 한다. 부회장이 장광영 실장을 논설위원실에 보내면 어떻겠느냐고 전화로 묻는다. 아직 우리 회사의 편집기자들이 편집에 익숙하지 못해 장 실장의 감수가 조금 더 필요하다고 했다.

12월 15일 (금)

오늘밤에 서울에서 편집기자의 밤이 있기 때문에 우리 편집국에서도 8명이 참가할 예정이라고 한다. 3시에 노사협의회를 시작하다. 인사말을 통해서 여태까지 10차례에 걸친 노사협의에서 상호존중과 상호이해를 통해서 협의가 잘 진행된 것에 대해서 고맙게 생각한다고 말하고, 그러나 지난번 노조위원장이 일방적으로 '결렬'을 선언하고 인사도 없이 퇴장해버린 것은 매우 방자한 짓이며 크게 유감스러운 일이라고 말하다. 그리고 노조회보에서 '열악한 노동조건'이니 '노임착취'니 하는 따위의 부적절한 용어를 쓴다는 것은 우리의 사정과는 전혀 어울리지 않는 폭언이라고 본다, 노조는 노조원들의 불만을 대변하는 것에 그치지 말고 노조원에게 회사의 입장을 설명하고 이해시키는 책임도 있다는 것을 유념하라고 촉구하다.

12월 16일 (토)

회장님이 도착하시어, 어제의 노사협의 과정을 설명하고 노조측의 과잉행동에 대한 훈계내용을 말씀드렸다. 그러나 노조의 요구가 좀 거칠기는 하나 광주일보나 무등일보에 비해 우리의 임금이 전체적으로 낮다는 것은 사실이니 어느 정도 조정해 주어야지 설득만으로는 통하지 않을 것이라고 진언했다. 그리고 16면 전면발행은 1월 1일부터 시작하는 것이 모든 사정에 비추어 좋을 것이니 회장님께서도 결단을 내리셔야 한다고 강조하다. 그 결정은 오늘 포항에 갔다가 월요일에 다시 와서 내리겠다고 약속하신다.

12월 18일 (월) 16면으로 증면하기로 하다

회장님이 포항에서 공로로 10시경에 도착하시다. 증면은 연초에 단행한다는 것을 다짐하면서도 최종결론은 오늘 오후에 있을 간부회의에서 또 다시 의견을 들어보고 발표하겠다고 하신다. 문 국장, 이홍재 부국장과 편집부 기자 12명 전원을 늘봄으로 초치해 점심을 먹으면서 나종경 기자의 편집기자상 수상을 축하하다. 편집부에서 꾸준히 노력해준 탓으로 외부로부터 상당히 좋게 평가받고 있으나 최근 무등일보의 편집도 제법 안정되고 정리되어 있어 경각심을 갖지 않으면 안 되겠다고 강조하다. 그러니 편집을 담당하는 사람은 각자가 매일 경쟁지나 중앙지들의 지면들을 비교하면서 자신의 편집결과를 평가해보고,

수시로 편집부가 합동해서 상호비판과 의견을 교환할 것을 촉구하다.

2시부터 회장님 모시고 박 주필, 부사장, 서 이사, 김 이사, 문 국장, 이 국장, 김 국장, 홍 국장, 박갑동 국장, 이홍재 부국장, 오세성 논설위원 등이 참가하는 간부회의를 시작하다. 증면시기에 대한 의견을 일일이 들어본 후에, 인원상 증원 없이 1월 1일부터 증면을 단행하기로 최종결정을 내리다. 서울 광고국장 김교일이 영남일보로 가기로 결심하고 사표를 냈는데 그의 결심이 확고하다고, 최 이사가 연락을 해왔다.

12월 20일 (수)

회장님과 통화, 김교일 광고국장이 사표를 냈기에 오늘 최 이사와 노경오 부장을 광주로 불러 대책회의를 열 것이라고 보고하다. 10시경에 부사장, 최 이사, 노경오 부장과 서울지사 광고국 문제를 협의하다. 노경오 부장을 부국장으로 승진시켜 책임을 맡기기로 하고, 최 이사가 지원비 처리문제에까지 더 적극적으로 관여해서 감독하고, 차장급 1명을 보완하기로 하고 차량문제는 미결로 남기다. 노경오가 운전을 기피하고 있어서 문제다. 광주교대의 장건화 교수와 김우자 교수가 점심하자고 찾아오다.

3시부터 노사협의회 회의를 시작했다. 노조측에서 고졸과 전문대졸의 초임이 광주일보나 무등일보에 차가 있다면서 동일한 대우를 요구했다. 어떻든 실상을 알아본 후에 시안을 만들어 보자고 했다. 정영식 나주시장이 전화로 자기가 수원교육원으로 내정되었다는 설이 있다면서 도와 달라고 호소한다. 이만영 부장더러 정 시장의 사정을 들어보고 내일 도지사에게 이 쪽의 관심을 전하라고 했다. 나창주 의원에게 전화했으나 연결되지 않았다. 부회장이 오늘 외국으로 출발했다. 오전에 전남대의 변동현 교수가 다음 학기에 "언론학 특강" 강의를 맡아달라고 전화했다.

12월 21일 (목)

부사장, 김 이사, 김 국장과 만나서 노조에 제시할 회사측 안을 어떻게 만들 것인가를 협의하다. 호봉차 3천 원을 1만 원 정도로 해서 줄여보고, 직급수당을 올려서 승급의 경우 상당한 차가 나오도록 해보는 것이 어떨까 해서 기획실의 배진이를 투입하여 시안을 작성해서 그 결과를 보고, 대책을 세우기로 했다. 회장님께 전화하여 서울 광고국에 대한 대책내용을 설명했더니 이의가 없으신 듯했다. 노사협의는 졸속을 피하고 되도록 연장하면서 진행시키라고 하신다.

12월 22일 (금)

회장님과 통화하고 부사장, 김 국장과 오늘 오후에 있을 노사협의에 대한 대책을 협의하다. 오후에 부사장, 서 이사, 김 이사, 김 국장과 함께 노사협의에 대한 사전회의를 하다. 3시에 노사협의에 들어갔는데 노조측에서 봉급인상표를 제시한다. 무등일보를 참조하여 비교적 성실한 입장에서 작성한 것이었다. 일단 설명을 듣고 정회하다. 이 안을 토대로 회사측에서 실지로 봉급액을 정해 어떤 액수가 나올 것인가를 보고, 문제점을 파악해서 몇 가지 대안을 만들려면 시간이 걸릴 것이므로 내주 수요일은 쉬고 금요일에 협상을 재개하자고 제안했더니 노조측에서는 늦다고 불만을 표하면서 이 이상 절대 양보가 없다고 엄포를 놓는다.

12월 23일 (토)

회장님에게 어제 노사협의 결과를 보고하다. 26일이나 27일에 광주에 내려오시겠다고 한다. 노조 측이 제출한 호봉수정안에 따르면 20% 정도 인상이 된다고 했더니, 그렇게 되면 신문사 못하겠다고 하신다. 그러나 회사측 안을 만들어 비교검토 후에 29일에 다시 협상할 것이니 내주에 다시 구체적인 것을 말씀드리겠다고 했다. 1시에 정유철 기자의 결혼식이 있어 가 보니 문 국장이 주례를 맡고 있다. 끝나고 나서 문 국장, 오 부국장과 함께 리버사이드 옆 중국식 뷔페식당에서 점심하고 회사에 들러 이광현 국장과 함께 전남태권도연맹 송년의 모임에 참석하다. 임행년 목포지사장이 태권도연맹의 회장이기 때문에 축사를 요청하기에 간단히 몇 마디 하다.

12월 25일 (월) 노조에서 13%인상안을 제시하다

조회 마치고 문 국장에게 편집부 김채환 기자가 떠난 자리에 광주일보나 무등일보에서 경력기자를 스카우트하든지 아니면 작년에 경력사원 모집 때 떨어진 사람 중에서 선발해 보라고 지시하다. 연하장 리스트에서 빠진 이름들을 체크하여 새로 명단을 작성하도록 문종주 비서에게 지시하다. 노사협의에서 노조측에서 제출한 봉급인상안을 분석한 결과를 김 국장이 가지고 왔는데 13% 정도의 인상으로 계산되어 있다. 회사측 안을 만들기 위해서 오후에 부사장, 김 이사, 김 국장과 협의를 계속하다. 조금 더 검토하여 기본적 골격을 만들어 계산해 보도록 지시하다.

12월 26일 (화)

회장님이 도착하셨기에 노조의 요구대로 계산해 본 결과 13% 정도로 인상되는 것으로 되어 회사측 안을 작성중이라고 보고하다. 연하장을 800매 정도 보냈는데 100매 정도 더 보내야 하겠기에 문종주에게 더 주문하라고 지시하다. 대구일보의 고의식 전무가 실무자 한 사람과 함께 방문했나. 서 이사를 불러 신문 인쇄의탁 문제를 협의하라 소개하다.

고행원 부장이 올라와 오늘 5시에 편집국간부회의를 소집한 것이 오무가 사장에게 고자질했기 때문이 아니냐고 오세성이나 문 국장이 매우 민감하게 반응한다고 귀띔한다. 5시에 회의실에 편집국간부들을 소집해 놓고 최근 지면제작이 산만해졌다는 것을 지적하고 부장과 부장 사이, 부장과 부원들 사이의 대화기회를 늘리고 새해부터는 신상필벌주의로 나갈 터이니, 새로 기구를 신설하여 특종과 낙종을 철저히 가려내도록 하겠다고 선언하다.

12월 27일 (수)

조회 중에 서 이사가 어제 대구일보의 특집인쇄에 관해서 보고하던 중 계약내용을 자세히 말하지 않자 부사장이 그런 일은 기획국에서 절차를 거쳐서 처리해야 한다고 말하자, 서 이사의 표정이 변한다. 서 이사가 민감하게 반응하면서 퇴장해 버린다. 송 지사가 전화, 박일출 여천시장이 인사에 반발한다는 기사를 보류해 달라는 부탁이다. 문 국장, 이만영 부장에게 전하자 이 부장이 기사화를 보류하겠다고 보고한다. 회장님이 목포에서 올라오시다가 나더러 신양회관으로 점심하러 나오라고 전화하시다. 점심하는 사이에 서 이사와 부사장 간의 충돌사건을 설명드리다. 점심 후 회사에 돌아와 부사장을 불러 달랜 후에 서 이사 방에 가보니 문 국장, 김 국장, 황 부국장이 열심히 서 이사를 달래고 있다. 서 이사의 심기가 많이 풀어져 있기는 하나 여전히 그만두겠다고 고집을 부린다. 회장님이 부사장, 김 이사에게 화해를 종용하시다.

12월 28일 (목)

조회에 서 이사가 불참하다. 공무국 예산심의 때도 불참했다. 출석을 강요해 보았자 소용없을 것 같아 그만두다. 부사장과 지하식당에서 점심하다. 오후에 전주제지회사에서 갈비선물이 왔다. 요즘 용지도 사주지 않고 있는데 참 딱한 일이다. 요즘 총무국에서 고생이 많기에 갈비를 모두 총무국으로 영양보충하라고 보내다. 회장님이 9시경에 나오셨다가 경찰국으로 장학금 전달차 갔다가 10시경에 다시 오셨다. 노조측에 제시할 회사안을 사전협의하려 했으나 아직 준비가 덜 되었다 해서 정월 3일에 협의하기로 하다. 회장님이 지검장에게 점심을 함께 하자고 전화했는데 화장실에 갔다하더니 뒤에 리턴콜이 없었다고 한다. 아직도 무슨 마음의 찌꺼기가 남아 있는 것일까.

12월 29일 (금)　혈압이 최저 110으로 올라가다

내 차가 노후화해서 조 기사가 고치러 갔다. 다른 차를 타고 전남대병원으로 갔다. 요즘 뒷머리가 무겁고 혈압이 높아진 것 같았기 때문이다. 11시경에 전남대병원의 윤 원장을 만나 특진을 받았다. 다소 혈압이 높은 듯하여 약을 타가지고 오다. 정영식 시장이 오후에 나를 찾아와 덕택으로 국방대학으로 가게 되었다고 인사한다. 위로와 축하와 격려를 보내다. 3시에 노사협의를 시작하다. 노조측의 분석결과를 논의하고 회사안을 15차 회의에 내놓기로 했다. 여태까지의 노조측의 협조적 태도를 칭찬하고 회사측에서도 성의 있는 안을 만들겠다고 약속하고, 94년쯤에는 경상수지가 맞는 시기이니 최고의 봉급을 지급할 수 있을 것이라고 다짐했다. 내가 오늘 병원에 다녀왔다는 사실을 알고 회장님은 업무수행에 너무 무리하지 말고 종종 골프로 몸을 풀라고 충고하신다.

12월 30일 (토)

서울에서 최 이사가 전화, 미국에 있는 부회장이 이곳 소식을 매우 궁금하게 생각하니 근황을 팩스로 넣어 주었으면 한다. 부사장과 김 이사에게 근황을 알리는 내용을 작성케 하여 팩스로 뉴욕으로 발신하다. 박석무, 김영진 의원이 광주대학의 성내운 총장의 장례식에 참례했다가 신문사에 들르다. 2시 넘어서 집사람을 데리고 증심사로 해서 중봉까지 올라갔다. 오전 중에 내리던 눈은 멈췄다. 섣달 그믐날이라 그런지 사람들이 별로 없다. 5시 30분에 내려오다.

12월 31일 (일)

조회에서 지난해 동안에 신문사 기반조성에 많은 성과가 있었음을 지적하고 간부들을 격려했다. 10시부터 전두환 전 대통령의 국회증언 중계를 듣다. 오늘은 오전 중에 빨리 인쇄하기로 했는데 증언이 중단되는 바람에 늦어졌다. 12시에 명성예식장에서 유일선 기자의 결혼식이 있어서 참석했더니 문 국장과 오 부국장을 비롯해 편집국기자들도 많이 나왔다. 유 기자 아버지를 만나 축하하고 신부입장을 지켜본 후에 회사로 돌아왔다. 광주일보는 배달이 되었는데 우리 신문은 1시가 넘도록 인쇄에 들어가지도 못했다. 집사람을 데리고 3시 30분에야 서울로 출발하다. 오늘은 국회증언이 있어서인지 연말이지만 고속도로가 평상시보다 한산하다. 7시경에 서울에 도착하다.

1990년: 지역주민의 意識改革과 視野擴大

두 번째 해인 1990년은 주민들의 좁아진 의식을 개혁하려는 데 중점을 두었다. 1980년 5·18 광주항쟁을 치루고 난 광주지역은 군부세력의 강압하에서 고립된 상태에 빠져 있었기 때문에 주민들 사이에 배타적이고 지역중심적인 의식이 형성되고 있었다.

미국이 광주항쟁에 대해 방관적 태도를 취했다고 해서 미국에 대한 불신감이 높아졌고, 중앙정부에 대해서도 반감과 냉소적인 태도를 버리지 않았다. 점차 지역중심의 이기주의로 움추러드는 주민들의 의식을 바로 잡아주기 위해서는 외부세계에 대한 시야를 확대시켜줄 필요가 있었다.

이를 위해 전남일보에서는 중앙의 각계 전문가들을 초빙해서 각종 세미나를 개최하는 데 힘을 썼다. 3월 26일에 지역개발에 관한 세미나를 연 것을 필두로, 7월 6일에 통일문제 세미나, 9월 24일에 한국의 정치제도에 관한 세미나, 10월 10일에 조순 박사의 동구권실태에 관한 강연회, 11월 5일에 박철언 의원 초청세미나, 11월 2일에 광주학생독립운동 기념세미나, 11월 10일에는 다시 조순 박사 초청의 한국경제에 관한 세미나 등을 열었다.

한편 기사의 품위를 높이고 논조의 통일을 촉진하기 위해서 매주 수요일에 사장, 주필, 편집국 간부들이 참가하는 편집간담회를 열어 지난 한 주 동안에 지면에 나타난 취약점을 검토하고 시정책을 강구했다.

1월 3일 (수)　"자립기반 다지는 해"로 정하다

조회 중에 회장님이 오셨다. 오늘 오후에 있을 시무식에 관해서 협의하다. 10시 30분에 회장님 차에 동승하여 광주상공회의소에서 열린 지역유지 신년하례식에 참석하다. 주요 기관장들과 유지들 3백여 명이 모였다. 오직 나 혼자 한복을 입은 탓으로 많은 사람들로부터 한복이 썩 어울린다는 인사를 받다. 상공회의소의 신태호 회장과 최인기 광주시장 그리고 송언종 전남도지사 순으로 인사말이 있었다. 11시 30분에 하례식장에서 나와 회장님과 함께 신양회관에서 점심하다. 3시에 9층 강당에서 시무식을 거행하다. 지방의 주재기자들도 참석하고, 서울에서 최 이사, 김진원 부장 등이 내려와서 참석했다. 회장님의 인사말이 끝난 후에 내가 단상에 올라가 약 30분 동안 인사말을 했다. 지난해에 거둔 성과를 정리해서 칭찬하고 올해의 경영방침인 "자립기반을 다지는 해"를 해설하고, 올해의 행동목표로 책임완수, 질서확립, 지면쇄신 등을 제시하다. 6시에 수궁갈비집에서 차장대우급 이상의 간부들을 불러 저녁을 먹다. 그 자리에서 회장님은 만담과 노래까지 하시고 분위기가 퍽 화기애애하였다.

1월 4일 (목)

자금문제를 부사장과 황 부국장더러 회장님께 보고하도록 했다. 회장님은 이곳 신탁은행에 교섭해 보고, 그 결과를 가지고 부사장이 서울로 가서 이화일 사장에게 설명하라 하신다. 김 이사, 서 이사, 김 국장까지 참석시켜 여태까지의 노사협의 내용을 보고하고 회사 안을 설명드리다. 호봉조정 결과를 일단 최종안으로 내놓고 나머지 요구들은 회사의 실정을 알려 설득하기로 했다. 오후 3시경 회장님은 서울로 떠나시다. 전남대병원에서 혈압검사를 받아보니 거의 정상상태로 돌아와 있다. 초음파검사를 받았는데 기름기와 알코올을 조심하고 운동을 적당히 하라고 권한다.

1월 5일 (금)

서 이사 생일이 어제여서 점심을 함께하기로 했는데 회장님과의 회의가 있어서 못했기 때문에 오늘 낮에 부사장, 김 이사, 홍 국장, 정 국장 등과 함께 무등 장어집에서 점심하다. 오전에 한전의 고중석 지사장, 전남도의 이양우 교육감, 도경의 백형조 국장이 찾아오다. 4시에 노사협의를 시작하려는데 송언종 지사가 인사차 내사했다. 4시 좀 넘어 노사협의를 시작하다. 노조 측의 요구가 무리한 것은 아니라고 생각하나 회사의 경영사정상 노조의 요구를 그대로 받아드릴 수는 없고 회사측이 성의껏 조정안을 마련하였으니 나머지 것은 연차적으로 해결해 나가기로 하고 받아들이라고 타이르다. 노조 측에서는 간부사원들의 초임을 분명히 하지 않았다는 점을 지적하고 기사들의 봉급이 낮다는 사실을 지적한다. 그러나 대체로 회사의 조정안을 기초로 구체적으로 적용해보기로 합의하다. 그리고 나머지 요구는 15차 회의에서 논의하기로 하다.

1월 6일 (토)

회장님이 월요일에 내려오시겠다고 한다. 김충곤 총무국장에게 어제의 노사협의 결과를 서울 부회장에게 팩스로 보내라고 지시하다. 서울지사 광고국의 차경수가 조선일보의 스포츠지로 가기로 했다고 하니 빨리 후임을 물색하도록 지시하다. 고행원 부장과 손지현 차장을 데리고 2시 30분에 담양으로 출발했다. 추월산으로 가서 보리암까지 올라갔는데 오랜만에 산에 오르니 마음이 상쾌하다. 밤에 빅동해 교수와 박지동 교수가 집으로 찾아왔기에 술을 대접하고 9시까지 담소하다.

1월 11일 (목)

오전 중에 새해의 업무추진계획 중 업무국계획을 부사장, 김 이사, 김 국장과 심의하다. 임복진 장군이 이임인사차 왔다. 감사패를 가지고 왔기에 함께 기념촬영 하다. 3시부터 노사협의를 시작하다. 노조측

요구에 대한 회사측의 입장을 김 총무국장이 설명하다. 운전기사의 월급은 충분하다는 점에 합의하다. 서울주재수당은 조사해서 긍정적으로 검토하기로 하다. 군경력 인정은 회사측에서는 인정할 수 없다 하고 결정을 보류했다. 학자금 지급은 장차 하겠으나 금년에는 몇 사람만 골라 성옥장학금을 수여하도록 주선하기로 했다. 상여금은 줄 수 없는 사정이지만 한 20% 정도라면 고려해 보겠다고 했더니 50%에서 100% 정도쯤 달라고 요구한다.

1월 12일 (금)　　업무미숙자가 무슨 시간외 수당이냐

낮에 이화일 사장이 광주에 내려왔다는 연락이 있기에 윤 부사장을 데리고 신양회관에 가서 점심을 함께 하다. 1시 30반에 육군종합전투학교장 이취임식이 있어서 상무대로 가다. 임복진 장군을 만나 석별의 악수를 나누다. 이임식에는 최 사장, 안 교육감, 백 도경국장, 김 안기부지부장, 성 보안대장 등이 참석했다. 매섭게 추운 날씨에 연병장에서 30분 동안 벌벌 떨었다. 3시부터 노사협의회의가 있었다. 대충 합의에 이르다가 시간외수당 지급문제가 나와 신경이 곤두섰다. 자기에게 주어진 책임만 주어진 시간 안에 완수할 수 있다면 시간외수당문제는 나올 필요도 없는 것 아니냐. 아직 일에 익숙하지 못한 사람들이 시간외수당을 요구한다는 것은 염치없는 짓이 아니냐고 쏘아붙이고 정회했다. 결국 다음 회의로 미루었다. 오전에 김연두 문제 때문에 김 이사가 토라진 태도를 보이더니 오후 노사협의 회의에는 칭병하고 나오지 않았다.

1월 13일 (토)

조회 마치고 회장님과 통화, 노사협의 결과를 정리해서 설명드리고 시간외수당 때문에 말썽이 많았으나 다음 회의 때 마무리짓기로 했다고 보고하다. 자금관계는 금고에서 5억을 융통하기로 하고 화재보험관계는 좀더 적극적으로 회장님이 지시해서 1억 5천쯤 (보험료) 확보해 주셔야 하겠다고 말씀드리다. 노조의 최시영 위원장을 내방으로 불러, 그동안 노조를 잘 이끌면서 협조적 자세를 취해준 데 대해서 고맙다고 하고, 서울주재수당, 간부사원수당을 조정하고, 상여금은 40% 선에서 확정짓겠으니 시간외수당은 더 이상 떠들지 말고, 편집국장 해임건의제는 몰라도 임명동의제는 절대로 허용하지 않을 터이니 그 문제 때문에 더 이상 옥신각신하지 않도록 하라고 당부하다.

1월 15일 (월)

조회 마치고 서울에 전화했더니 이정일 부회장이 나와 있다. 토요일 오후에 무사히 도착했다고 한다. 그동안의 소식은 팩스로 알렸으니 노사협의 결과만을 요약설명했다. 그런데 내일 다시 태국으로 갔다가 19일 귀국예정이라고 한다. 11시경에 조 체신청 지청장이 취임인사차 찾아왔다. 서울출신인데 몹시 부드러운 인상이다. 2시에 신춘문예 당선자 시상식을 내방에서 가졌다. 소설분야 당선자 이향란 씨와 시분야 당선자 성 군에게 상패와 상금을 수여하고 축하와 격려를 하다. 이 여사의 낭군과 성군의 후배들이 대여섯 명 참석했다. 6시에 산경회 모임이 있어 금수장으로 갔더니 이성제 농협도지회장과 고중석 한전 광주지사장이 시간 있을 때 골프하자고 제의한다.

1월 16일 (화) 지사, 지국 순방을 시작하다

조회 마치고 회장님과 통화했더니 확대이사회는 1월 24일에 회장, 부회장, 이화일 조선내화사장이 광주에 내려오는 기회에 열자고 하신다. 오늘부터 지사·지국을 시찰하고 그 지역기관장들을 방문하여 그동안의 협조에 감사를 표하는 행사를 시작한다. 10시경에 이광현 업무국장, 나의갑 제2사회부장, 김선남 업무국부장과 함께 담양으로 가다. 10시 30분에 조상용 기자로부터 업무보고를 받고, 담양군청으로 갔더니 군수, 경찰서장, 교육장 그리고 다른 두 명의 기관장들이 기다리고 있었다. 대나무 그림통을 선물로 받다. 이어 곡성으로 이동하여 이선우 기자로부터 업무보고를 받고 식당으로 초청해 놓은 군수, 서장, 교육장, 기타 3명의 기관장들과 회식하다.

구례로 가서 김영민 기자로부터 보고받고 경찰서장, 축협 박덕래 조합장, 군수 등을 만나다. 5시경에 승주로 넘어가 선 기자로부터 업무보고 받았는데 보급상태가 엉망이다. 군수도 출타중이어서 선 기자에게 일을 맡은 바에야 기를 쓰고 뭔가를 이루어 놓아야 할 것 아니냐고 경고성 충고를 하다.

1월 17일 (수) 편집국장 임명동의 요구 철회되다

3시에 노사협의회의를 시작했다. 노사협약을 맺기 위해서 4개월 동안 진지하게 협의하여 양방의 입장을 서로 알게 되었고, 노조측도 자체의 입장을 충분히 피력했으니 이제 더 이상 끌지 말고 오늘 마무리 짓도록 하자고 촉구하다. 미결문제를 정리하고 편집국장 임명조항이 마지막으로 등장했다. 먼저 회사측 입장을 밝혀 달라 하기에 내가 말했다. 이제까지의 노사협의가 양측이 모두 합리적 바탕 위에서 진행되었다, 노사협약은 본래 회사는 노동3권을 존중하고, 노조는 회사측의 경영권을 존중한다는 것을 전제하에서 이루어진 것이다, 편집국장의 임명은 회사측의 인사권행사의 핵심이며, 인사권은 경영권의 핵심이다, 노조측에서 국장임명 동의제를 주장한다는 것은 인사권에 대한 개입이며 침해이다. 국내의 다른 신문들의 선례가 그렇다고 말했으나 그것들은 모두 한국의 언론노조의 폭력적 위협하에서 이루어진 불합리한 협약들이니 불원간에 시정되지 않으면 안될 것으로 본다. 민주주의의 선진국이요 언론자유의 대표적 나라인 미국이나 일본에서도 이와 같은 선례는 찾아볼 수 없는 일이며 이것이야말로 한국언론계의 몰상식을 드러내는 수치스러운 현상이다. 만약 전남일보가 이러한 몰상식한 주장에 터전을 두고 협약을 맺는다면 결코 건전한 발전을 할 수 없을 것이고, 또한 이러한 협약을 맺을 바에야 차라리 신문사의 문을 닫아버리는 것이 낳을 것이다라고 말했다. 이와 같은 사장의 단호한 주장과 논리에 아무도 더 이상 이의나 반론을 제기하지 않았다. 편집국장 임명에 있어서 노조의 동의권 요구는 철회되고 노사협약은 타결되었다. 밤에 부사장, 서 이사, 김 이사, 김 국장, 황 부국장과 함께 축배를 들다.

1월 18일 (목)

이광현 업무국장, 오세성 편집부국장, 김선남 업무국부장과 함께 나주로 가다. 그러나 나주지사에서 브리핑준비가 되어 있지 않고 구두로 보고하려 하기에 접수를 거부하고 나주시청으로 가사 유상철 시장과 만나다. 이어 장흥에 도착, 이영규 기자로부터 업무보고를 받다. 보급상태가 좋지 않은 편이다. 윤충한 전 기자도 인사차 들렀기에 함께 나가 점심하다. 장흥군수실에서 군수, 서장, 교육장을 함께 만나다. 2시 30분에 강진에 도착하다. 김찬문 기자가 도중에까지 마중 나오다. 김 기자로부터 보고받았는데, 비교적 충실하게 운영하고 있다. 강진군수를 만나다. 무슨 행사가 있어서 부재중이라고 들었는데 신문사 사장이 내방한다고 해서 급히 돌아왔다 한다. 완도에 도착, 임장호 기자를 만나 군청에 먼저 들렀다. 백 군수는 출장중이고 부군수, 정보과장 등이 기다리고 있어서 완도지방사정을 살필 수 있었다. 최 지국장과 임 기자로부터 업무보고를 받아보니 매우 건실하게 운영하고 있기에 칭찬과 격려를 남기고 7시경에 그 곳을 출발하다.

1월 19일 (금)

오늘은 영산포, 영암, 해남, 진도 지국 등을 순시할 예정인데 부사장을 대신 보내다. 아침회의 끝내고 신문확장 시상식을 갖다. 상장을 수여하고 노고를 치하하다. 김 총무국장을 불러 오후에 있을 노사협의에 관해 의논하다. 몇 가지 문제점들을 검토하고 정식회의 대신 실무선에서 타결하라고 지시하다. 낮에 기획국 사람들 모두를 데리고 늘봄갈비집에서 식사하다. 오후에 고행원 부장이 올라와서 점심때 편집국간부들 사이에 있었던 일을 말한다. 그 자리에서 노조위원장인 최시영 차장이 그제의 노사협의 과정을 설명하면서 편집국장 임명문제가 의제에 오르자 최 사장이 아연 강경하고 단호한 태도로 노조의 편집국장 임명개입을 반대하더라고 말하자 문 국장이 경탄하는 표정을 짓더라고 전한다. 오후에 김포천 MBC사장이 찾아와서 6시에 함께 금수장에 가서 평민당 정책설명회에 참석하다. 주요기관장들은 안 나오고 언론기관장들과 일부 시민들만 참석했다.

1월 20일 (토)

오늘은 이 업무국장, 김 부장, 나 부장과 함께 장성으로 가다. 차 기자를 데리고 장성군청에 들러 서재관 군수와 서장, 교육장을 만나다. 차 기자의 보고를 받아보니 매우 의욕적으로 경영하는 것 같다. 차 기자의 전송을 받으며 영광으로 출발하다. 대마면 검문소에 이르니 김범무 영광기자가 일부러 거기까지 마중나와 기다리고 있다. 검문경찰관을 위로하라고 선물까지 마련해 가지고 와서 나더러 건네주라고 한다. 영광군청에 들러 군수를 만났는데 약간 생경한 자세이다. 경찰서장은 법학박사라고 하는데 매우 겸손한 자세다. 진도장이란 한식집에서 군수와 서장을 초청해서 점심을 대접하고 지국에 들러 보고를 받다. 그리고 조기상 민정당 영광지구당 위원장을 만나 정담을 나누다. 실은 장성에 가기 앞서서 광산지국에 들러 김 기자로부터 보고받고 광산구청에 가서 구청장, 경찰서장, 교육장을 만나 인사를 나누었다.

1월 22일 (월)　　목포기사에 과민반응한다고 불평

오늘은 화순, 보성, 고흥을 순방하기로 하였는데 노사협약에 조인해야 하기 때문에 순시는 안 하기로 했다. 서울로 전화했더니 회장님이 오후에 내려오신다고 한다. 부회장과 통화, 노사협약이 끝났고 1월 25일 오후 2시부터 보고회를 가질까 하니 참석해 달라고 연락하다. 서한태 박사가 송재구 목포시장을 직위해제시킨 데 대해 목포시민들이 크게 반발하고 있으니 그러한 목포시민의 반응을 우리 신문에 반영해 달라고 전화했다. 목포지사의 김명수 부장에게 연락하였더니 벌써 취재해서 송고했다고 한다. 그런데 본사의 나의갑 부장이 최 사장은 목포 이야기만 나오면 기사화하려 한다고 불평하면서 거부적 태도를 취했다고 한다. 그런데 결국 신문을 보니 그 기사를 사회면에서 1단으로 취급하고 말았다.

오선중에 3개년 경영계획보고를 받느라고 신경을 못 썼더니 그 모양이다. 점심 후에 다시 경영계획 보고를 받고 나니 4시경에 회장님이 도착하시다. 부사장, 김 국장을 올라오라 해서 노사협약에 관한 결과를 보고하도록 했다. 8시에 노사양측 대표들이 만나 협약서에 조인하고 기념촬영하다. 이어서 코리아나호텔에서 회식하면서 그동안의 협상이 평화적으로 해결된 것을 축하하다.

1월 23일 (화)

아침회의에서 편집국간부들 중에 사장의 뜻을 오해하는 사람들이 있음을 지적하고 목포문제에 대한 관심을 마치 사장 개인의 편향된 애향심으로 여기려 하니 한심스러운 형상이라고 개탄하다. 이광현 업무국장, 오세성 편집부국장, 김선남 부장을 데리고 함평으로 가다. 함평군청에서 군수, 서장, 교육장 등을 만나고 일어서는데 붓을 선물로 준다. 이어 함평지국으로 가서 서영록 기자로부터 업무보고를 받다. 운영은 건실하게 되는 것 같다. 무안에 11시 50분에 도착하여 최종경 기자로부터 보고를 받고, 무안군청으로 옮겨 오덕교 군수와 무안서장, 교육장을 만나 이야기하다. 이들을 점심에 초대했는데 무안서장은 마침 목포대에서 데모가 발생했다고 해서 참석하지 못했다. 이어 목포로 내려가서 임 지사장으로부터 보고를 받다. 그 자리에는 기자 3명과 직원 5명이 참석했다. 그 후로 MBC의 남궁 사장, KBS의 양 국장, 목포시의 나승포 시장을 차례로 방문하고 환담하다.

1월 24일 (수)

회장님에게 최근 지방출장에서 느꼈던 점을 보고하고, 이번에 보수 3당 합당의 결과로 앞으로 신문제작에도 어려움이 있을 것 같다고 말씀드리다. 전남대 박준규 교수가 내일 저녁에 만나자고 전화했다. 부회장과 통화하면서 중역들은 연월차수당을 받지 않으니 그 점을 유의하라고 알렸다. 낮에 김포천 MBC사장이 김거인 국세청장과 점심하자고 해서 '예원'에서 함께 식사하다. 신임 환경청장이 인사차 찾아오다. 오세성 부국장을 불러 편집국에 대한 아쉬운 점을 몇 가지 지적했더니 자신도 똑같은 것을 느낀다고 동감을 표시한다. 오전에 목포의 차남윤이라는 사람이 와서 목포시장 송재구의 유임을 바란다는 취지의 광고를 1면에 내 달라고 한다. 그런데 그 것을 받아들이기를 꺼리는 눈치이기에 나는 단호하게 그 광고를 받아들여 게재하라고 지시하다.

1월 25일 (목)

아침회의에서, 어제 밤 첫 손자를 얻었음을 발표하고 오늘 낮에 점심을 함께하자고 제의했다. 점심하고 돌아오니, 회장님과 이화일 사장이 도착했다. 2시부터 부사장, 김 이사를 데리고 89년도 경영실적, 90년도 운영계획, 3개년 운영계획 등 중요안건을 회장님께 보고하다. 이 보고회를 통해서 이화일 조선내화 사장이 전남일보의 운영실정을 대체로 파악한 것 같다. 30억의 적자 중 10억은 신탁은행 융자로, 10억은 보험회사 융자로, 나머지 10억은 증자를 통해서 해결하는 방법을 연구해보기로 했다.

1월 29일 (월)

문 국장이 편집국의 부장급이상의 간부들을 이끌고 세배한다고 올라왔다. 모두 한자리에 앉혀 놓고 새해에는 힘을 모아 자립기반을 다져가자고 격려하다. 이어 총무국 직원 전원이 다녀가고 기획국, 광고국 간부들, 업무국 간부들, 공무국 간부들이 다녀가다. 회장님은 이리에서 전화로 광주에 들르지 못하고 상경한다고 연락하시다. 부회장은 어제 서울에 도착했다고 한다. 전남대에서 새학기 출강에 필요한 수속을 한다고 몇 가지 서류를 제출하라고 한다. 저녁에 김용일이 세배한다고 찾아왔다. 그러나 반성하는 기색이 전혀 없다. 임광기, 이명섭, 박상수, 민형배 기자가 찾아와서 맥주를 마시며 이야기하다 가다.

1월 30일 (화) 눈 속에 지사·지국순시에 나서다

눈이 내리고 있지만 지국순시차 떠나기로 했다. 업무국장, 오세성 편집부국장, 김선남 부장과 함께 먼저 화순으로 가다. 유성운 기자로부터 업무보고를 받고 군청에 들러 박준식 군수와 만나 함께 경찰서로 가서 박 서장을 만나 이야기를 나누다. 이어 보성에 들러 김용욱 기자로부터 보고받고 이관종 군수와 보성 경찰서장을 만나다. 두 사람을 점심에 초대하여 회식하고 고흥으로 떠나다. 고흥에서는 박봉열 차장으로부터 보고받다. 김옥현 군수와 고흥서장을 만나 이야기하고 다음에 교육위에 들러 교육장을 만나다. 9시경에 광주에 도착하다.

1월 31일 (수)

눈이 많이 왔다. 그러나 광양, 순천, 여수, 여천순방은 지난번에도 변경한 곳이라 이번에는 강행하기로 했다. 회장님이 전화로 일기도 불순하니 무리하지 말라고 만류하신다. 업무국에 대한 예산심의를 빨리 마치고 10시 넘어서 출발하다. 남해고속도로가 눈에 덮여 하얗고, 대밭에 눈이 쌓여 대끝이 휘어져 있다. 승주고개에서 차가 미끄러져 정지하는 바람에 예정시간보다 늦게 순천에 도착하다. 순천지사의 양동채 기자의 보고내용은 엉망이다. 보고서에도 비운 칸이 많고 준비한 것이 허술하다. 업무국장이 벌컥 화를 내면서 보고를 중단시켜버린다. 광양에는 12시 20분에 도착, 광양군수와 경찰서장을 초대해서 회식했다. 식후에 지국으로 가서 서범원 기자로부터 보고받고, 여천으로 가서 김윤성 기자로부터 보고받다. 이만의 시장을 만나고, 여수에 들러 김용대 차장으로부터 보고받다. 김용대 차장은 보성지국을 자기 동생에게 물려주고 여수로 진출한 지 얼마 되지 않았는데 그동안 무던히 노력해서 어느 정도 터전이 잡힌 것 같다. 박일출 시장, 이석주 서장, 여수항만청장 등과 술을 마시고 11시에 광주에 도착하다.

2월 3일 (토)

9시에 지사에서 차를 보내주어 논현동으로 가서 회장님을 만나다. 어제 밤에 들었던 방송관계정보와 김용일 부장 문제, 김 총무국장 서울출장문제, 최동림 본사 파견근무 문제, 조덕송·조효석 고문들에 대한 대우문제 등을 논의하다. 최동림 파견근무 문제는 사전협의가 없었다는 점을 지적하고 임시조치임을 강조하다. 조효석 고문 문제는 일본에 다녀오신 후에 결정하자고 하신다.

2월 5일 (월) **강 총리께 송 시장 도와 달라 부탁하다**

회장님에게 전화, 어제 골프모임에서 안기부지부장과 보안대장이 우리 신문에서 보도한 민정당 지역구위원장들의 결의에 관한 기사 때문에 몹시 섭섭함을 표명하더라고 보고하다. 3시에 편집국 문 국장, 오세성·이홍재 부국장 등을 사장실로 불러 어제 안기부지부장이 제기한 불평을 그대로 전해주면서 앞으로 신문을 제작하는 데 참고하라고 했다. 문 국장에게 차남수 옹의 전기를 신문에 연재하라고 건네주다. 6시에 신양파크에서 열린 강 총리 초청 만찬모임에 나갔다. 식전 리셉션에서 강 총리와 단 둘이서 담소중이었는데 송 지사가 다가와서 목포 송재구 시장 이야기를 꺼내면서 언론에서도 퍽 동정적으로 말하고 있는 것 같다고 하기에, 나는 이 기회를 놓칠세라 오랫동안 푸대접을 받아오던 목포에 송재구 시장이 부임하면서 모처럼 희망과 기대를 갖게 해주었는데 불의에 해직되고 보니 목포시민들이 몹시 아쉬워한다는 것을 말했더니 그런 훌륭한 공무원이라면 내무장관에게 선처를 촉구하겠다고 다짐한다.

2월 6일 (화)

9시 30분에 광주시 공무원교육원에서 강 총리의 경제난국극복을 위한 특별 보고회에 참석하다. 이화일 사장이 이 자리에 참석하기 위해 서울에서 일부러 내려왔다. 12시 40분에 보고회가 끝나서 모두 오찬회장에 가는데 나는 빠져나와 회사식당에서 점심하고 이 국장, 나의갑 부장, 김선남 부장과 함께 순창으로 가다. 김건 기자로부터 업무보고를 받고, 4시경에 남원으로 올라가서 김기환 기자로부터 보고받다.

2월 7일 (수)

일찍 기관장조찬회에 참석하다. 오늘은 송언종 지사가 주제하고 백도경국장이 충장로를 살리자는 캠페인에 대한 주제를 설명하다. 식후 '북한의 언론'에 관한 영화를 관람하다. 10시부터 전남일보 근로장학생 발대식이 있었다. 이광현 업무국장의 환영사와 사장의 격려사가 있은 후에 기념품을 증정했다. 3시경에 금남로지국에서 배달학생들에 대한 가두훈련이 있으니 그들을 격려하기 위해 나가보자고 하기에 부사장, 이 국장을 데리고 한일은행 앞에서 그들을 만나 격려하고 금일봉을 전달하다. 밤에 박갑동 국장과 광고국의 양춘광이 찾아와서 광고국 사정을 이것저것 이야기한다.

2월 8일 (목)

조회 끝내고 이 업무국장, 오세성 부국장, 김선남 부장과 함께 전북 정읍으로 가서 김득령 기자로부터 업무보고를 받고 격려하다. 나름대로 노력하는 것 같다. 이어 부안으로 가면서 길을 우회하는 바람에 예정시간보다 30분 늦게 부안에 도착하다. 부안군수가 군내시찰중이었는데 우리의 방문소식을 듣고 시찰을 중단하고 점심을 함께하기 위해 돌아와서 식당에서 기다린다는 연락이다. 군수, 경찰서장, 교육장, 산림조합장, 농협조합장 등이 모두 나와서 환영해 준다. 2시까지 덕담을 교환하며 유쾌하게 담소하다. 이어 고창으로 내려가서 권봉행 기자로부터 업무보고를 받다. 용모나 태도도 단정하고 업무처리도 깔끔한 편이다. 우리 신문이 전북일보보다 늦게 도착하지만 배달은 더 빠르게 한다고 보고한다.

2월 9일 (금)

광주·전남 청년상공회의소 회장단이 10시에 본사를 방문했다. 지역개발을 위해 신문사와 JCI가 서로 긴밀히 협조하자고 격려하다. 이 국장, 오 부국장, 김선남 부장과 함께 전주를 향해 10시 40분에 출발하다. 점심 때 전북지사의 노동식 차장과 전라일보의 이치백 회장을 만나다. 함께 식사하면서 이 회장이 주도하는 '전북 홀로서기운동'에 대해 이야기하다. 전남이 광주항쟁 이후 정부로부터 배려를 받는 데 대한 서운함을 드러내는 좁은 생각으로 오해받기 쉬운 구호이니 아직도 불균형한 대우를 받는 호남지역의 권익을 찾기 위해서는 더욱 씩씩한 '전남과 함께서기 운동'을 벌여 나가야 할 것이 아니냐고 설득하다. 그리고 앞으로 전북도청을 출입하게 될 전남일보 기자에게 취재상의 편의를 제공해 달라고 부탁하다.

이 회장은 월간《전남여성》발간을 생각해 보라고 아이디어를 준다. 이 회장과 함께 전북도청으로 찾아가서 강현욱 지사를 만나 전남북 기관장들 상호간의 보다 활발한 교류와 전남북 언론사 간의 취재문호가 개방되어 양 도민간의 상호이해를 증진시켜야 한다고 강조하자, 강 지사도 전폭적으로 찬동한다고 맞장구를 친다. 이어 전북도민신문을 방문, 송 사장과 양 편집국장 만나 남북교류와 취재편의 협조를 다짐하다. 우리 신문의 전주지사에 들러 업무보고를 받고 그동안의 엉성한 관리에 놀라다. 노 차장을 엄하게 꾸짖다. 전북일보의 서정상 사장을 방문하고 광주로 돌아와 6시에 송죽헌에서 열린 김창식 평통 사무총장이 초청하는 만찬에 참석하다.

2월 10일 (土) 여성 월간지 발간을 검토하라고 하다

부사장과 김 이사에게 여성월간지 발간의 타당성을 조사검토하라고 지시하다. 서울의 사진기자회에서 광주에서 내일 전시회를 열게 되었다고 회장과 부회장이 방문했다. 10시경에 이정일 부회장이 방송통신대의 임 교수와 나주를 둘러보고 광주로 왔다. 12시 30분에 수원지법의 최 판사가 광주에 들렀다는 소식을 듣고 최석철 정형외과로 가서 그를 만나 초원에서 점심을 대접했다. 김용기 동창의 자당께서 별세하셨다는 부음을 접하고 조문가기 위해 목포로 향하다. 상가에서 위정철 무등일보 제2사회부장을 만났는데 우리 편집국기자들의 역량을 대단치 않은 것으로 평가한다.

2월 14일 (水)

아침에 문 국장이 김용일 부장이 오늘 사표낼 것 같다고 하더니 낮에 사표내고 서울로 올라갔다 한다. 박 주필 올라오라고 해서 김윤식 씨를 논설촉탁으로 위촉하는 문제를 협의하다. 일년간의 시한을 두는 것은 좋으나 70만 원의 수당은 확정하기가 어렵다고 한다. 목포의 임 지사장과 김명수 부장이 올라왔는데 김 총무국장이 조동균 사건과의 관련여부를 물으니 매우 언짢은 표정이다. 밤에 집에 돌아오니 정권이가 찾아왔다. 아무래도 정 국장이 무등일보로 갈 것 같다고 한다. 김 총무국장과 전화로 대책을 논의하는데 박갑동 국장이 찾아왔다.

2월 15일 (목)

조회 때 2월의 광고가 목표량에 미달하여 광고국장이 고군분투하고 있으니 전 간부들이 나서서 거사적으로 협력하라고 촉구하다. 더구나 정 국장이 18일 장녀의 결혼식을 앞두고 마음고생이 심한 것 같으니 물심양면으로 도와주라고 강조하다. 김 이사와 홍 국장으로부터 운영회의에서의 회장님 지시사항에 대한 보고서내용을 보고받다. 광고국에 정 국장네 결혼광고를 내일자로 내주도록 지시하다. 김용일 부장이 연통에서 발령을 받았다면서 그동안 심려를 끼쳐 죄송하다고 사과전화를 하다. 보훈청의 최동명 청장이 신임인사차 내사하고 동화은행의 최 지점장이 찾아오다. 2시에 들어오니 서울에서 신인섭 ABC전무가 3명의 직원을 데리고 찾아왔다. 가입문제를 이야기하고 공무국을 돌아보고 갔다. 오후에 국세청 직세국장이 우리 신문 3면에 국세청을 공격하는 기사가 나갔다고 하기에 편집국장을 불러 물었더니 오 부국장이 통신기사를 보고 이춘성 기자에게 기사를 쓰게 했다는 것이다. 6시 넘어 '예원'에서 산경회 모임이 있었다. 나는 그 자리에서 전북지방에서 벌어지는 전북홀로서기 운동에 대해 우려를 표명하다.

2월 16일 (금)　국세청관계 오보에 사과하라 지시하다

조회에서 어제의 국세청관계기사를 지적, 그런 실수는 두 번 다시 범하는 일이 없어야 할 것이라고 훈시하다. 오세성 부국장과 정기상 부장을 불러 추궁했더니 오 국장은 정중히 사과하고 정 부장은 즉시 국세청으로 가서 해명하겠다고 한다. 광주세무서 임원식 서장과 국세청 정 직세국장에게 전화하다. 회장님에게 전화하면서 국세청관계 기사에 대해 언급했더니 크게 노하시다. 오늘의 편집계획표를 가져오라 해서 들여다보니, 통신회사의 납중독 기사가 적혀 있다. 오세성 국장에게 전화, 그 내용을 알아보니 애매한 점이 많기에 제목을 고치고 단수를 줄이라고 지시하다. 2시에 1천만 원 장편소설 공모당선작 시상식을 애초에 접견실에서 약식으로 마칠까 했는데 하객들이 하도 많이 찾아왔기에 9층 강당으로 옮겨 거행했다. 미리 인사말을 준비해 놓았기에 망정이지 하마터면 실수할 뻔했다. 광주상공회의소의 박 부회장과 지선 스님, 작가들이 참석했다.

2월 17일 (토)

조회 때 고행원 부장이 데스크칼럼 기사내용에 문제가 있다는 점을 지적하기에 문 국장에게 사전에 읽어보았느냐고 물었더니 읽지 못했다고 한다. 사내의견을 대변하는 그런 기사내용을 읽어보지 않고 내보내면 어떻게 되느냐고 질책하고 데스크칼럼을 당장 없애버리라고 했다. 9시 30분에 회장님이 도착하셨기에 간부들을 이끌고 인사하러 갔더니 국세청 관련기사를 지적하시고 또한 김창식 평통사무총장에 관한 기사를 묵살했다고 섭섭함을 표명하시다. 조회 직전에 정일호 국장이 부사장에게 사의를 표명했다기에 회장님께 그대로 말씀드렸더니 거기에 대한 어떤 대책을 세워두었냐고 약간 꾸중하는 어조로 말씀하신다. 정 국장을 사장실로 불러 무슨 사정이 있는지 모르지만 사전신고도 없이 그리고 시간여유도 없이 그만둔다는 것은 무리한 짓이니 후임자를 물색하여 업무를 인수인계하고 떠나라고 타이르다. 만약 직원들을 데리고 나간다면 파괴행위로 해석하겠다고 경고하다. 3시경에 회장님은 목포로 떠나시고 부사장과 코리아나호텔로 가서 입사시험문제를 출제하던 국장들을 격려하다. 밤에 박 국장이 광고국 신준만, 김현철, 김대혁 등을 만나 동반이탈이 없을 것이라는 다짐을 받았다고 보고한다.

2월 18일 (일)

9시에 리버사이드호텔에 가서 부회장, 정상용 의원과 차를 마시며 환담하다. 부회장과 신문사로 돌아와 광고국문제를 논의하다. 정 국장이 떠난 광고국장 자리에 외부인사를 영입할 것인가, 홍 국장을 전임시킬 것인가, 박갑동 국장을 전임시킬 것인가 등 세 가지 방안을 냈더니 박 국장 전임안을 적극 찬성한다. 입시시험장에는 못나간다고 연락하고 11시에 정일호 국장 딸 결혼식장에 가다. 회장님은 금방 다녀가셨다 한다.

11시에 신문사로 돌아와서 회장님, 부회장하고 광고국장 후임문제를 논의하다. 회장님은 홍 국장을 전임하는 안을 찬성하시면서 박갑동 국장이 다른 조건을 걸지 않을 경우 박 국장을 전임하는 것도 좋다고 하신다. 회장님은 조효석 씨를 상임논설위원으로 해보라고 하고, 부회장은 서울지사의 김용해를 본사로 데려다 쓰라고 한다. 2시경에 회장님은 서울로 가시다.

2월 19일 (월)

오늘 조회에는 정일호 국장이 나오지 않았다. 집으로 연락해 보아도 연결되지 않는다. 박갑동 국장더러 광주일보의 이상호 국장을 금수장 호텔로 불러내어 이 부회장과 만나게 하라고 지시했다. 12시경에 부회장이 이상호 국장과 만나고 돌아오다. 만나보니 사람이 믿음성이 있어 보이더라고 한다. 오후에 회장님께 전화, 광주일보의 이상호 국장이 우리 회사로 올 마음이 있는 것 같은데 이사발령 조건을 제시한다고 말씀드리다. 그 사람이 자리를 옮기는 데는 그만한 명분을 주어야 할 것이라고 했다. 지금 광주일보나 무등일보나 광고국장이 이사를 겸하고 있고, 또한 이들이 모두 이상호보다 나이나 경력이 어린 후배들이라는 점에서 그렇게 해주어야 할 것이라고 말씀드렸다. 회장님도 이 점을 충분히 수긍하신다. 박 주필에게 조효석 선생을 상임 논설위원으로 발령하고 1주일에 절반만 출근시키고, 지역개발연구소장직을 겸임시킬까 하는데 어떠냐고 물었더니 좋다고 한다.

2월 21일 (수) 아시안게임 취재팀에서 빠지다

아침회의에서 이번 아시안게임 취재팀등록에 우리 신문이 누락되었다는 어처구니없는 사실을 들어 편집국에 나사가 빠져 있음을 개탄하고 누락된 경위를 조사해서 응분의 책임을 묻도록 부사장에게 지시하다. 문 편집국장에게 서울지사의 김용해를 본사로 송환하고 김지연 기자를 서울로 보내는 문제를 검토하라고 지시하다. 아침에 박갑동 국장이 광주일보 이상호 국장과 서울로 출발하다. 김준태 부장을 불러 서평관계 기사로 주의를 주다. 조장현 기자에게 동요말고 일하라고 격려하고, 정용화 기자를 불러 좋은 기사 썼다고 칭찬하다. 오후에 부사장에게 광고국장을 광주일보에서 물색중에 있는데 이 문제는 당분간 비밀로 지켜 달라고 하다. 그런데 한참만에 그 인물이 이상호란 사실을 알아차리고는 별로 달갑지 않은 표정이다. 밤에 김지연 기자가 신혼여행에서 돌아와 인사차 내방했다.

2월 22일 (목)

윤 부사장이 광고국장 문제가 어떻게 되어가는 거냐고 말을 꺼내면서 어제 박 국장이 서울에 간 것은 그 문제 때문에 간 것이 아니냐고 자기를 소외시킨 데 대해 강하게 항의한다. 부사장은 자기 누님이 수술받는다는 핑계로 급한 결재서류를 팽개치고 나가버렸다고 한다. 오후에 임원식 세무서장이 전화, 어제와 오늘에 걸쳐 전남일보가 국세청을 연타했다고 항의한다. 문제의 기사들을 읽어보니 별로 문제될 것은 없다. 정기상 경제부장을 불러 취재경위를 알아보고 국세청 기사는 각별히 조심하라고 촉구하다. 임 서장을 전화로 불러 우리 기사에 잘못이 없는데 간섭이 너무 지나친 것 같다고 경고해 두다.

2월 23일 (금)　사이비기사를 미리 경계하다

아침회의 마치고 회장님께 전화, 어제 광주국세청에 관한 기사 때문에 항의가 있었는데 기사를 자세히 읽어보니 우리 기자를 나무랄 일은 없고 오히려 세무서 측에서 과잉간섭한다는 느낌이 있다고 말하고 그러나 우리 편집국에 더욱 조심하도록 단속했으니 더 이상 신경을 쓰지 마시라고 말씀드리다. 오후에 주재기자들을 모아 놓고 요즘 공보처에서 사이비기지문제를 자주 논의하고 있으니 언론활동 중 혹시 오해받는 일이 없도록 정도를 걸어 달라고 주문하다. 서울의 조경석 씨에게 전화하여 24일의 상유회 모임에 나가지 못할 것 같다고 알리고, 서울지사에는 26일의 언론연구원 총회에 지사장이 나가보도록 하라고 지시하다. 오후에 부회장과 전화, 광고국장 후보에 무등일보의 김광희와 이상호 중에서 어느 쪽을 선택하겠느냐고 윤 부사장의 의견을 물어보자고 한다. 밤에 박갑동 국장이 와서 이상호 국장의 장점과 역량을 높이 평가한다.

2월 24일 (토)

부사장을 불러, 부회장은 광고국장 후보로 김광희와 이상호 두 사람을 추천하던데 부사장은 어떤 사람을 선택하겠느냐 물었더니 이상호가 낫다고 한다. 회장님과 통화중에 수습기자 필기고사 합격자 15명을 면접하기 전에 신원조회를 먼저 해보는 것이 좋겠다 하시기에 그렇게 하도록 총무국장에게 지시하다. 밤에 박 국장이 오다. 광주일보의 배 이사가 이 국장의 움직임을 알고 있다는 것을 이 국장이 눈치채고 먼저 사표를 제출했더니 배 이사가 김 사장도 회외출장중인데 제발 마음을 돌리라고 강력히 종용했다고 한다.

2월 26일 (월)

아침회의 중에 회장님이 오셨다는 연락이 왔다. 회장님 방으로 가서 광고국장문제 때문에 광주일보에서 세찬 만류작전을 벌인다는 말씀을 드리고 부사장을 데려올 터이니 먼저 이상호에 대한 부사장의 의견을 물어보시고 연후에 회장님의 의중을 밝히시라고 했다. 회장님은 부사장에게 이상호에 대한 의견을 물어보시더니 즉시 이상호를 불러오라고 지시하신다. 서울에서 영자지 창간을 준비한다는 이규현 사장과 김용국 전무가 찾아왔다. 부사장이 이상호 국장을 데리고 왔기에 반갑게 맞이하여 몇 가지 질문을 하고 3월 1일부터 나오라고 말하다. 낮에 이규현 사장, 김용국 전무 그리고 서한영 이사와 함께 코리아나호텔에서 점심하다. 오후에 사규 중에서 몇 조항을 수정하는 안을 심의하고 나서 두 분의 손님들과 함께 담양에 있는 식영정, 소쇄원을 돌아다니면서 정명섭 기자로 하여금 자세한 해설을 해드리도록 했다. 집으로 돌아가니 박 국장이 와 있다. 광주일보에서 자기더러 다시 오라는 교섭이 왔다고 한다.

2월 27일 (화)　　제2기 수습기자 15명을 면접하다

오후 2시부터 회장님을 모시고 부사장, 문 국장, 김 국장 배석시킨 가운데 제2기 수습기자 15명에 대한 면접을 시작했다. 여성은 하나뿐이었는데 용모나 두뇌나 매너가 모두 마음에 든다. 6시경에야 면접은 끝났는데 무척 피곤하다. 노동청 광주지청장이 전화, 3월 2일 최영철 노동장관이 내광하여 신양파크호텔에서 기관장들과 만찬하는 자리를 마련했으니 꼭 참석해 달라고 한다. 밤에 변농현 교수가 전화. 전남대 신방과에서 2명이 면접했는데 한 명도 합격하지 못했으니 아쉽다고 말한다.

2월 28일 (수)

아침회의에서 간부들에게 새로운 광고국장 겸 이사로 광주일보의 이상호 국장이 오게 되었다는 것을 예고했다. 이정일 부회장이 전화로 어제의 면접결과를 묻기에 염 비서관이 추천한 사람은 합격되었다고 알려주다. 11시 30분에 회장실에 부사장과 김 이사를 데리고 들어가 지난번 운영회의에서 회장님이 내린 지시사항에 대해 그 결과를 김 이사더러 보고하도록 했다. 오후에 목포예총의 김암기 지부장과 간부 다섯 명이 방문하여 예술회관문제, 목포신문 문제 등을 화제로 삼다. 전남대의 조성술 교수가 다녀가다. 언론연구원의 강범석 이사가 전화, 3월 22일에 속리산호텔에서 "지방화시대의 언론"에 관해 세미나를 하는데 모더레이터의 역할을 맡아 달라고 한다. 오후에 이상호 이사가 찾아왔다.

3월 2일 (금)

서울 전경련의 조규하 전무가 전화, 앞으로 생길 CATV가 아무래도 전경련이나 광고주협회 쪽으로 떨어질 것 같다고 한다. 그렇게 되면 조 전무가 큰 역할을 하게 될 것 아니냐니까 그럴지도 모른다고 시인하면서 그러나 아직은 종이 호랑이에 불과하다고 한다. 우리도 TV에 관심이 있으니 앞으로 밀접하게 정보를 교환하자고 했다. 10시에 광주시 상수도본부 개소식이 광호빌딩에서 열렸기에 참석했다. 최인기 시장과 박윤종 자문위원과 나란히 앉아서 진행을 지켜보다가 현판식 끝에 기념촬영을 함께 했다. 낮에 코리아나호텔에서 이상호 이사의 취임과 조효석 선생의 상임 논설위원 취임을 축하하는 모임을 가졌다. 신문사로 돌아와서 공보처에 전화해 최 장관에게 한번 만나자고 했더니 17일 국회가 끝난 후에 만나자고 한다. 내 사투리가 많이 늘었다고 한다. 6시 30분에 신양파크에서 최영철 장관 초대만찬이 있어서 참석했다. 박성섭, 김포천, 신태오, 최인기, 송언종, 조성욱, 성화용, 김건이, 이양우, 안종일 등이 참석했다. 그 자리에서 최 장관이 전남이 고립된 원인은 김대중 씨가 합당을 거부한 데 있다고 한 말이 귀에 거슬린다.

3월 5일 (월)

회장님과 통화, 이상호 이사의 승용차문제를 협의하다. 외간수입에 관해 보고해 달라 하신다. 광주대학교의 입학식이 있기에 9시 40분에 학교로 찾아가다. 아직 입학식이 시작되기 전이어서 김난수 총장을 만나 축하의 말을 건네다. 행사장인 운동장으로 가는데 일단의 학생들이 김인곤 이사장의 민자당 탈당과 김 총장의 취임을 반대하는 구호를 외치면서 행사를 저지하려 한다. 아무래도 행사가 지체될 것 같아 그냥 신문사로 돌아오다.

서강대 김규 교수로부터 전화, 뉴미디어 방송관계로 문의할 것이 있으니 서울에 가게 되면 만나자고 한다. 한전의 고중석 지사장의 기고를 읽고 격려전화를 걸다. 부회장이 전화로 지역개발세미나 준비가 어떻게 되어가느냐 묻는다. 문 국장에게 물었더니 5개의 주제로 1천 5백만 원쯤 소요될 것 같다고 한다. 3월 하순경에 열 수 있도록 서둘라고 지시하다.

3월 6일 (화)

오늘 사회면에 게재된 경칩에 관련된 계절사진이 엉망이다. 신복진 부국장에게 그 따위 사진을 보도하라고 내어주었느냐고 나무랐다. 손정연 부장을 불러 사진편집이 형편없음을 지적하고 편집부원들에게 좀더 철저한 사진취급방법을 지도하라고 촉구하다.

3월 8일 (목)

신양파크호텔에서 7시 30분부터 기관장조찬회가 있어 참석하다. 이미 만당을 이루고 있다. 안종일 교육감과 나란히 앉아서 최인기 시장의 담화를 듣다. 그는 광주문제 해결을 위한 여러 가지 활동을 보고하고, 노사평화 정착을 위한 공동노력을 요청했다. 뒤이어 노동청장과 노총위원장의 의견발표도 있었다. 조찬회를 마치고 회사에 들어와 조회를 주재하다. 3시 넘어 전남대 신방과에서 학과 조교를 만나 출석부를 받아보니 60여 명이 수강신청을 해놓았다. 강의실에 들어가 1시간 남짓 신문사사장이 하루에 어떤 일을 하는가를 소개하고 이 학기에 진행할 강의개요를 설명하다. 신문사에 돌아가니 부회장이 서울에서 도착해 있다. 문 국장을 불러 세미나 관계를 협의하고 저녁에 부회장이 몇몇 교수들과 회식을 약속했다는데 나는 참석을 사양했다.

3월 9일 (금) 스리랑카 대사가 찾아오다

11시경에 스리랑카 대사가 참사관과 통역관을 데리고 신문사를 찾아왔다. 전남이 농수산지대이니만큼 스리랑카와 정부 대 정부의 교류뿐만 아니라 민간 대 민간 교류를 활발히 가졌으면 좋겠다는 것이다. 우리 신문에 관해서 설명해 주고 모상관 기자에게 인터뷰 기사를 쓰라고 지시했다. 저녁엔 집에 마련한 파티에 간부급 직원들이 참석하여 즐거운 한때를 보냈다. 그 자리에서 조효석 위원이 사장이나 총무국장이 논설위원실을 소홀히 한다고 불평한다.

3월 12일 (월)

신문사 간부들이 내 생일이라 하여 코리아나호텔에서 회식하다. 윤 부사장과 다른 간부들이 참석했지만 박 주필과 조효석 위원이 참석하지 못했다. 11시에 서울신탁은행 광주지점 기공식이 있다고 해서 이종열 사장과 함께 참석하다. 이광수 은행장, 박용호 본부장, 이삼남 지점장, 정홍기 한남신탁 사장, 박용훈 회장 등과 테이프를 자르고 삽질하다. 서울의 이 부회장더러 3월 23일에는 내가 언론연구원 세미나 사회를 맡기 때문에 나갈 수 없을 것 같으니 지역개발 세미나를 3월 26일이나 27일쯤으로 잡도록 청와대 쪽과 미리 협의해 달라고 당부하다.

3월 13일 (화)　도미선 돕기 캠페인을 시작하다

아침에 서울 부회장과 통화, 지역세미나는 3월 27일 신양파크 사정 때문에 문 국장이 청와대와 협의한 결과 3월 26일로 바꾸어도 좋다고 합의를 보았다고 한다. 비용 1천만 원은 이미 송금했고 5백만 원은 부회장이 가지고 내려오겠다고 한다. 이상호 이사에게 새로운 풍토에 익숙하려면 어려움이 있겠지만 참고 모든 일을 소신대로 처리해 나가라고 격려하다. 광고구좌 관계로 김관수가 부회장과 가까운 심백악을 이용하여 광고이사에게 압력을 넣으려 했던 모양이다. 도미선을 돕자는 기사를 임광기 기자가 썼는데 사회면 머리기사로 박스를 싸서 강조하다. 백 도경국장과 유 지검장에게 도미선에 관한 기사가 나갔다는 것을 알리다. 유 지검장에게는 화천기공에 연락해서 성금헌납에 앞장서도록 촉구하라 했더니 지검에서 대책회의를 열겠다고 한다.

3월 14일 (수)

아침에 목포 임 지사장에게 보해의 결산공고 유치가 어떻게 되었느냐 물으니까 확실하지 않으니 나더러 임광행 회장님께 전화해 주라고 한다. 임 회장님께 전화했다. 보해의 새로운 심벌마크가 잘 디자인되었더라고 칭찬하고, 이번에 일본 벳푸에 목포시민대표로 가신다더니 어떠냐 묻고 장성공장의 준공이 가까워진 것이 아니냐는 등 먼저 안부를 전했다. 그리고 결산공고를 우리 신문에 주시라고 말씀드렸더니 괴로운 듯 김남중 씨와의 옛 정 때문에 광주일보와 거래를 딱 끊을 수가 없다면서 최 사장이 전화하더란 말을 아들인 임건우 사장에게도 이야기하고 적절히 나누어 내게 하겠다고 한다. 낮에 김원자 부장하고 점심하려고 금수장으로 갔더니 전남대 예술대의 김 교수와 이 교수가 와있어서 함께 식사하면서 이 고상의 음악계 이야기를 듣나. 오후에 김동구 사장하고 전화, 결산공고 이야기를 꺼냈더니 초당 것은 서울 매일경제에 내고 백제약품 것은 경리에게 맡겨두어 잘 모르겠다고 한다. 전화해서 우리에게 돌리라 했더니 나중에 전화로 그 광고는 이미 내버렸으니 내년에는 꼭 전남일보에 내게 하겠다고 한다.

3월 15일 (목)

10시경에 백형조 도경국장이 찾아왔다. 김우현 치안본부장이 도미선 양을 돕겠다고 50만 원을 보냈기에 가지고 왔다 한다. 11시에 조선대의 김홍명 교수가 새로 보직을 받은 4명의 교수들과 인사차 내사했다. 4시경에 이광현 국장과 함께 하남으로 가서 1시간 동안 운전을 연습하다. 6시부터 '예원'에서 산경회의 모임이 있었다. 한전지사장과 통신공사 본부장만 안 나왔고 모두 참석했다. 박용훈 신양파크호텔 회장이 서울 다녀왔다고 전화, 결산공고 광고건을 부탁했더니 나누어주겠다고 한다.

3월 16일 (금)　　제작국 여직원이 빰을 맞다

아침회의를 마쳤는데 서 이사가 나가지 않고 남아 있다가 어제 교열부 김용갑 기자가 제작국 송영미 양의 빰을 때린 일이 있었다면서 적절한 징계조치를 취하지 않으면 오늘 상당한 분규가 벌어질 것이라고 예단한다. 편집국의 문 국장의 말을 들어보니 편집국 쪽에서는 적절하게 사과조치를 취했는데 서 이사가 과잉반응하는 것 같다는 의견이다. 어제 두 책임자간에 절충이 있었으니 서로 양해하는 선에서 마무리지으라고 했다. 그런데 그 후 부사장이 제작국에 다녀오더니 오늘 교열부 사람들이 또다시 제작국에 내려가서 책상을 치는 바람에 제작국 사람들이 대결 직전의 상태에 이르렀는데 겨우 말려 일단 작업은 진행시켰다고 한다. 내가 편집국에 내려가 문 국장더러 더 이상 악화되지 않도록 신경쓰라고 말하고 서 이사에게도 그렇게 타일렀으나 좀처럼 수그러들지 않는다. 서울로 가버리면 그만 아니냐는 서 이사의 말투에 화가 났다. 연세에 비해서 아직도 치기가 남아 있다. 오후 2시에 전남대에 가서 강의를 하다. 강의 끝난 후인 6시 30분에 신태호 회장이 우리 편집국간부들을 '예원'으로 초청하여 저녁을 함께하다.

3월 19일 (월)

아침회의를 막 끝냈는데 회장님이 도착하셨다. 간부들과 함께 인사드리고 수습기자들을 불러들여 회장님께 인사시키다. 모두 내보내고 단 둘이서 광고, 보급, 행사관계 등 잡다한 문제들을 말씀드리고 3월 23일 속리산 세미나에 나가는 문제와 전남대에 출강하는 문제를 보고했다. 기획국장을 불러 옥탑광고 관계를, 업무국장을 불러 순천지사문제와 신문확장 캠페인 문제 등을 보고케 했다. 점심때 조효석 고문, 이상호 이사를 환영하는 뜻에서 주필, 부사장, 서·김·이 이사 문 국장 그리고 박갑동 국장과 함께 코리아나호텔에서 식사하다. 김창식 장관에게 전화 걸어 장관취임을 축하하다.

3월 21일 (수)

10시경에 이 부회장이 목포에서 올라왔다. 부회장방에서 이야기하고 있는데 수습기자들이 인사차 올라왔기에 내방으로 왔더니 회장님이 도착하시다. 회장님께 이 감사의 임기만료와 조효석 위원이 서류상 비상임 이사직에 머물러 있는 문제를 어떻게 처리할 것인가를 협의하다. 조 위원 문제는 내부적으로 말소시키기로 했다. 오전중 회장님과 이야기하는 중 부회장이 시내지국의 건물을 매입하는 것이 좋다고 역설하는데 회장님은 별로 탐탁지 않은 표정이시다. 서울 광고문제로 최 이사를 광고담당으로 임명하자고까지 부회장이 강조하면서 박 국장도 서울로 보내는 것이 바람직스럽다는 듯이 말한다. 광주 광고문제도 중요하니 박 국장을 서울로 보내는 문제는 신중한 검토가 필요하다고 말해두다. 부회장은 점심을 먹고 떠나고 회장님은 5시경에 상경하시다. 서울 최 이사에게 주발에 한번 내려오라고 전화하다.

3월 22일 (목)

아침에 윤 부사장이 서울의 최 이사하고 평화당 광고유치문제로 이야기하다가 최 이사가 도중에 전화를 끊어버리는 바람에 부사장이 몹시 화를 냈다. 최 이사에게 전화 걸어봤더니 접속되지 않는다. 부사장이 분에 못 이겨 연거푸 욕설을 퍼부으면서 자기는 용서할 수 없다고 투덜거린다. 세미나에 참석하기 위해 3시경에 부슬비 속에 속리산을 향에 출발하다. 차타고 가는 도중에 계속 세미나 주제발표문을 검토하느라 바깥구경할 틈이 없었다. 6시 30분경에 속리산관광호텔에 도착하다. 언론연구원의 신우식 원장과 강범석 이사, 감풍민 부장 등과 만나고 박정규, 한진만 교수 등을 만나 저녁을 함께하고, 식후에 발표자와 토론자들과 세미나 진행문제를 협의하다.

3월 23일 (금)

속리산관광호텔 9층에서 "지방화시대의 언론"에 관한 세미나를 9시에 시작하다. 신우식 원장이 인사말을 끝낸 후 내가 사회를 맡아 제1세션 "지방신문의 실태와 전망"을 계명대 김세철 교수가 주제를 발표하였다. 두 토론자의 논평을 들은 후 시간이 없어 토론은 짤막하게 진행시키다. 제 2세션 "지방방송의 내용과 대책"은 건국대의 한진만 교수가 주제를 발표했다. 그런데 이 시간에 세미나에 참석했던 우리 신문의 고행원 부장과 광주일보의 김승철 부장이 보이지 않는다. 나중에 알아보니 문장대에 올라갔다 한다. 오후에 "지방자치와 언론"은 원광대의 김 교수가 제4세션의 "지방선거와 언론의 역할"은 한국일보의 이성춘 논설위원이 주제를 발표했다. 시간을 연장해서까지 열띤 토론을 하고 7시경에 종료하다. 저녁먹고 고행원, 김승철, 김향옥, 목포 문화방송의 황종수, 여수 문화방송의 김 부장, 우리 신문의 사진부 박경래와 김 기자, 2명의 무등일보 기자, 1명의 광주일보 기자를 한 자리에 불러 동동주를 마시면서 환담했다.

3월 24일 (土)

새벽에 일어나서 샤워하고 7시 30분에 식당에 내려가 아침을 마치다. 이성춘 위원도 곧바로 떠나겠다고 한다. 나도 출발하려 하는데 문종주 비서로부터 전화가 왔다. 업무국 손창호 차장이 사표를 내고 업무국 내부가 동요되고 있다는 것이다. 바로 출발하다. 대청댐을 끼고 옥천으로 나와서 대전으로 해서 정주휴게소에서 커피를 한 잔 마시다. 11시에 회사에 도착, 윤 부사장으로부터 그간의 사내사정에 관해 보고받다. 오후에 이 부회장으로부터 전화, 내일 3시에 7명의 손님들을 데리고 광주에 도착할 터이니 저녁에 국악을 들을 수 있는 집에다 저녁예약을 부탁한다고 한다.

3월 26일 (월)　　지역개발 세미나를 개최하다

오늘은 본사가 주최하는 지역개발문제 세미나 행사가 있기 때문에 9시 30분에 신양파크로 가다. 세미나장의 준비상황을 점검하다. 10시 10분에 세미나를 시작하면서 나의 인사말에 이어 지사를 대신하여 부지사가 격려사를 대독했다. 제1세션 "광주권 개발문제"에서 이정구 전남대 교수의 주제발표를 듣다가 신문사로 돌아오다. 아침결재를 마치고 최봉인 이사와 이야기하다가 엘리베이터에서 이상호 이사를 만나 최 이사와 초대면 인사를 시키다. 다시 호텔로 가서 오후 세션 시작하는 것을 보고 다시 신문사로 돌아와서 최 이사를 부사장실로 보내 서로 화해하는 기회를 갖도록 했다. 6시 넘어서 신양파크에 갔더니 종합 토론이 진행중이다. 염 비서관이 지역감정문제에 대해서 언급하면서 우려를 표명한다. 7시 30분에 세미나가 끝났는데 참석자들 모두 오늘의 세미나 내용이 매우 진지했다고 호평한다. 주요 참석자들과 만찬을 함께하다.

3월 27일 (화)

아침에 문 국장에게 순천지사 파견기자문제가 어찌되었느냐 물었더니 업무국 손 차장을 보낼까 하는데 편집국 부장들이 반대하면서 이진영 기자를 보내자고 한단다. "논설위원 칼럼"을 당분간 보류하라고 지시하다. 고행원 부장을 불러 손지현 차장에 대해서 말이 있는 것 같은데 손 차장의 역량을 어떻게 평가하느냐고 물었더니 잘은 모르나 여러 부장들이 친절하게 봐주는 것 같지 않다고 한다. 서울에서 내려온 장 원장과 더불어 광주은행의 양 전무, 추 사장, 그리고 미국에서 왔다는 김 사장 등과 함께 '예원'에서 점심하다. 3시부터 공무국 윤전부 지원자 6명을 면접하다. 6시에 신양파크에서 기술투신금융 광주사무소 개소 리셉션이 있어 참석하다.

3월 28일 (수)

이정일 부회장이 오늘 외국으로 떠난다 해서 동정기사로 쓰라고 했다. 11시에 광주 보훈복지회관의 준공식이 화정동에서 거행되기에 참석하다. 서울에서 이상연 보훈처장관이 내려왔고, 최인기 시장, 안종일 교육감이 참석한 가운데 테이프커팅과 리셉션이 있었다. 오후에 나의갑 부장을 불러 손지현 차장의 능력을 물었더니 약간 서툴기는 하나 성실한 편이라고 보증한다. 아무래도 자꾸 문제를 삼는 이만영 사회부장에게 오히려 문제가 있는 듯하다. 최하림 위원과 이야기해 보았더니 편집위원회를 빨리 발족시키는 것이 좋겠다는 의견이다. 차인석 박사에게 아버지 차남수 선생의 회고록이 오늘부터 게재되기 시작했음을 알리다.

3월 29일 (목) 학생독립운동 주동자의 훈격을 높여라

광주보훈청의 최 청장이 신문사로 찾아왔다. 광주학생운동이 우리 민족사에서 차지하는 의의가 크다는 것을 강조하고 그 운동을 주도한 분들에 대해 대통령표창으로 그친다는 것은 말이 아니라고 이의를 제기했다. 보훈처에서는 광주학생운동을 일으키는 데 주동하신 분들에게는 당연히 훈격을 높여드려야 한다고 주장했다. 자기는 잘 모르지만 이 문제에 대해서 상부에 보고하겠다고 약속한다. 밤에 이광현 국장과 업무국의 최숙환이 광주일보의 이효방 시판차장을 데리고 왔다. 이효방은 광주일보의 시판책임자인데 우리 신문으로 오겠다는 의사가 있어서 아예 데리고 왔다는 것이다. 최숙환도 이효방을 강력히 추천한다. 이 국장이 약간 흥분한 상태인 것 같고 곧바로 데려온다는 것도 약간 경솔한 짓 같다. 그러나 우리 업무국의 다른 사람들과 호흡이 맞는다면 이 국장의 생각을 밀어주겠다고 약속하다.

3월 30일 (금)

오전 중에는 각 국의 예산을 심의하다. 1시 40분에 하남공단에 있는 광주전자 기공식에 참가하다. 2시에 행사가 시작되고 20분경에 사장의 인사말이 끝나는 것을 보고 단상에서 내려와서 나오는데 얼마 전에 무등일보로 옮겨간 정일호 국장이 인사한다. 강의가 있는 날이라 2시 35분에 전남대로 가다. 우선 지난번 속리산에서 있었던 지방신문과 지역개발문제 세미나에서 다룬 내용을 1시간쯤 이야기해주고 나머지 1시간은 강의계획표에 있는 내용을 설명하다. 나오려는데 변 교수가 기다리고 있어서 한 20분쯤 차를 마시다. 저녁에는 지난번에 초대했던 국장급중역들은 빼고 부국장급과 부차장급 직원들을 봉선동 우리집으로 초대했다. 박기남, 김연두(출장중) 광고국의 허 국장만 빠지고 전원이 참석하다. 9시까지 유쾌하게 먹고 마시고 떠들다. 김준태 위원이 노래하다.

4월 2일 (월) 매주 편집간담회를 갖기로 하다

회장님과 단 둘이서 3월중의 광고실적을 보고드리고 이상호 이사가 광고국을 탄탄하게 통솔하고 있음을 칭찬하다. 그리고 앞으로 광고국을 강화하는 방책과 서울광고부 보완문제를 말씀드리고 또한 업무국 보충방안을 설명드리고 새로 온 이효방 부장을 불러 인사시키다. 같은 원주 이씨라는 것을 확인하고 '하게'로 말을 낮추면서 매우 만족하신다. 논설위원실에 내려가서 박 주필과 조효석 위원을 만나 앞으로 매주 한번 씩 편집간담회를 갖겠다고 그 취지를 설명하다. 그 간담회에는 사장, 주필, 조 선생, 문 국장, 오세성, 이홍재 부국장, 장광영 실장 등이 참석하고 매 수요일 오후 2시 30분에 30분간씩 회합을 갖기로 하다. 이 간담회에서는 지난 한 주 동안의 신문제작내용을 훑어보고 잘된 점과 못된 점을 가려보고 다른 경쟁지들과의 편집내용을 비교검토하기로 하다.

4월 3일 (화)

업무국 이효방 부장이 간밤 자정무렵에 집에 들어갔는데 광주일보 김 상무와 업무국장이 기다리고 있다가 전남일보에 사표를 철회하라고 새벽 5시까지 계속 종용하더란다. 하도 귀찮아 집에서 나와 처형 집으로 피신했다는 것이다. 9시경에 회장님이 오셨다. 서 이사가 서울에 다녀오겠다면서 대조기를 구입할 필요가 있다고 설명드리다. 회장님이 조석간의 이점을 새삼스럽게 물어보시면서 조간문제를 연구해보라고 하신다. 오 부국장에게 광주일보의 김용욱을 한번 만나볼 수 있도록 주선하라고 부탁하다.

4월 4일 (수)

조회 끝내자 회장님이 도착하시다. 광주일보의 이효방이가 6일부터 우리 회사에 나올 것이라고 이 국장이 보고한다. 점심때 회장님을 모시고 새로 들어온 수습기자 다섯 명을 부사장, 편집국장과 함께 코리아나호텔로 불러서 점심하다. 식후에 수습기자들에게 회장님의 창간정신이나 전남일보의 기본방향에 대해서는 앞서 설명했으니 오늘은 회장님으로부터 직접 격려말씀을 듣고 궁금한 것이 있으면 질문을 서슴지 말라고 권하다. 회장님께서 회사의 경영에 대한 말씀이 있었고 흡족한 분위기에서 식사는 끝났다. 2시부터 박인성 주필, 조효석 위원, 문 편집국장, 오세성, 이홍재 부국장, 장광영 실장 등을 사장실로 불러 앞으로 매주 수요일 오후 2시에 편집간담회를 소집할 것이라고 통고하다.

4월 6일 (금)

회장님이 오늘 9시부터 고귀남, 이대순, 이환의, 송용식 의원 등과 골프하러 가셨다 하기에 최 이사더러 오늘밤 6시에 '신문의 날' 행사가 있으니 회장님께 말씀을 올려서 동행할 수 있으면 모시고 가고 그렇지 못하면 최 이사가 회사를 대표해서 참석하라고 지시하다. 광주 보훈청의 최 청장이 전화, 광주학생운동 때 선친의 공적을 보충할 것이 있으면 하라고 한다. 2시 넘어서 전남대에 강의를 나가다. 강의도중 질문받고 토론하는 바람에 예정시간보다 늦게 끝내다.

4월 9일 (월)　부사장이 느닷없이 그만두겠다고 한다

조회를 마치고 나니 윤 부사장이 느닷없이 이제 문제를 정리하고 나니 개운하다면서 한 달 후에는 직장을 그만두겠으니 적당한 후임자를 찾아보라고 한다. 그런데 아무런 이유도 내세우지 않지만, 아무래도 부사장으로서의 위상도 세우지 못할 바에야 그만두겠다는 투다. 무슨 뚱딴지같은 소리냐, 혹시 마음속에 꺼리는 일이 있거든 속시원하게 말해보라 했지만 역시 이유를 대지 않는다. 저녁에 술이나 마시면서 말해보자고 했다. 정시채 의원이 와서 한참 동안 이야기하다 갔다. 오후에 목포의 임 지사장이 올라와서 본사와 트러블을 일으킨 데 대해

사과한다. 부사장, 이 이사와 잘 협의해서 광고문제를 해결하겠다고 한다. 부사장이 오전에 보인 불쾌한 심정을 다소 짐작할 수가 있었다. 저녁때 부사장더러 술을 마시러 가자고 하니 자기 부인과 식사 약속이 있다고 하기에 굳이 권하지 않았다. 큰 자부의 아버지가 별세했다는 비보를 받다.

4월 11일 (수)

오늘 신양파크에서 기관장조찬회가 있었다. 송언종 지사가 주재하여 민생치안에 적극협력을 당부하고 남도학숙에 관한 보고가 있었다. 신문사에 돌아와 조회를 마치고 9시 45분에 사돈댁 상가에 가서 발인행사에 참가하다. 2시 넘어 논설위원실과 편집국의 간부들을 소집하여 간담회를 열었다. 오늘은 조효석 위원이 문제를 제기하지 않기에 내가 최근의 무등일보의 편집경향과 우리 신문을 비교하여 몇 가지 문제를 제기했다. 가정문제와 특집문제에 대해서는 문 국장이 이견을 제기했다. 연재소설은 가능한 한 빨리 마무리지으라고 독촉하다. 광주보훈청장과 31사단장이 방문하다.

4월 12일 (목)

부사장과 이 이사가 와서 서울 광고국을 보강하는 방안을 논의하다. 현재의 서울 지원액에다 박 국장의 평균월급 560만 원을 향후 6개월간 보장하고 서울에서 수주하는 광고의 리베이트는 30%로 정하는 것으로 합의하다. 1시 30분에 산경회에서 마련한 군산 꽃놀이 야유회에 참가하기 위해 일단 도로공사에서 집결했는데, 여기에는 신태호 회장, 박진동 고문, 수협지회장, 농협지회장, 주택공사 지사장, 광주투자신탁위 사장, 광주생명 최 사장, MBC 김 사장, 광주은행 송 행장 등이 합류하다. 빗속이었지만 전주에서 군산까지 가는 도로 양편에 피어 있는 벚꽃을 바라보면서 가다. 군산 횟집에 들러 실컷 먹고 이야기도 푸짐하게 나누다가 8시경에 광주에 돌아오다.

4월 13일 (금)

조회 끝내고 사내를 한 바퀴 돌아보다. 노성경 기자를 불러 도경에 박성윤 문제를 알아보라고 했다. 10시부터 민생치안대책협의회 결성식이 있다는데 불참하다. 우리 신문의 민생치안대책협의회에 관한 기사중에 "범시민적 좌경의식 고취"라는 대목을 읽고 '자경'이 '좌경'으로 오식된 것이라 짐작되어 편집국장에게 연락했다. 문 국장이 올라와서 당황한 표정으로 안기부에 연락할 것인가를 묻기에 "무슨 소리냐, 경위를 알아보고 책임을 물어 시말서를 받고 단단히 경고하고 내일자로 정정기사를 내라"고 지시하다.

4월 16일 (월)

낮에 손정연 부장에게 전화해서 점심을 함께하자 했더니 사양하려다가 응한다. 무등갈비집에서 식사하면서 편집국의 취재시스템을 개선하는 방법을 연구해 보라고 했다. 이 이사가 오후부터 지방의 지사·지국을 순회하는데 교통캠페인 광고 아이디어를 내고 지방에서의 호응도를 알아본다고 한다. 좋은 아이디어 같아서 편집국에서도 뒷받침해주는 것이 효과적일 것이니 문 국장에게 지시하도록 부사장에게 말하다. 저녁때 부사장하고 이야기하는데 황 부국장이 와서 우리 신문에 한 독자가 CBS의 퀴즈상금과 관련하여 비난하는 내용의 글을 투고했는데 CBS 쪽에서 분격하여 우리 신문에 대하여 보복하려는 준비를 서둘고 있다고 보고한다. 독자투고를 읽어보니 CBS가 불쾌감을 느낄 만도 하다. 동업자간에는 서로 비위를 건드리지 않는 것이 불문율인데…. 경험 없는 사람이 범한 실수이지만 그렇다고 방치할 수도 없어 미리 손을 쓰는 것이 좋을 것 같다. 문 국장을 불렀으나 없다. 집으로 연락했더니 문 국장은 이미 알고 있었다. 엉뚱한 짓을 하는 사람들이니 오늘 밤 안으로 사과의 뜻을 전하는 것이 좋을 것이니 이만영 부장을 CBS로 보내 무마하고 무모한 짓을 하지 않도록 경고하라고 지시하다.

4월 17일 (화)

조회때 CBS에서 지난번 전남일보에서 다룬 예천여상에 관한 기사가 오보라고 꼬집는 내용이 보도되었다는 보고를 받다. 문 국장은 CBS의 김재익 부장에게 전화해서 자제하라고 단속했고 어제 밤 이만영 부장도 CBS로 가서 잘 이야기했다고 보고한다. 김인곤 의원이 전화, 광주국악협회에서 제1회 국창대회를 열려고 하는데 전남일보가 수최했으면 좋겠다고 한다. 경비는 1,500만 원 정도인데 문예진흥원이나 다른 몇몇 업체도 자신이 광고를 주선해 주겠다면서 국악협회 측에서 찾아갈 것이라고 한다. 내외경제의 박재순 사장이 전화, 토요일쯤 광주에 내려가겠으니 만나자고 한다. 퇴근길에 전남대병원에 들러 서용석 교수를 위문하다.

4월 18일 (수) CBS가 또 전남일보를 중상하다

CBS가 지역개발협회의 망월동묘지 분산조치를 비판하면서 이훈동 회장님과 전남일보를 싸잡아서 중상모략하는 내용을 보도하더라고 조회때 보고받다. 이홍재 부국장이 CBS에 가서 교섭한 결과 철회하기로 양해했다고 하는데 미덥지가 않아 문 국장더러 찾아가서 마무리짓고 오라고 지시하다. 11시에 부사장을 데리고 옥과에 갔다. 골프를 마친 후, 맥주 마시면서 정홍기 사장에게 광고를 내도록 권했더니 협찬은 어렵고, 타사와 함께 광고를 내겠다고 한다. 회사에 전화하니 총무국장이 5시 30분에 CBS 뉴스에서 또다시 이 회장님을 비방하더라고 한다. 회사로 돌아와 문 국장, 김 국장, 부사장과 대책을 논의하다. 6시 30분 뉴스에는 안 나왔으나 믿을 수 없으니 저녁에 손을 써야 할 것 같다.

4월 19일 (목) 자리바꿈으로 책임을 묻다

조회 중에 문 국장더러 10시 30분이면 편집국 사정이 어떠냐고 물었더니 눈치를 챘는지 자신이 수습하겠다고 한다. 회의를 마치고 회장님과 통화, 몇 가지 업무에다 보고를 곁들여서 최근의 CBS보도 내용을 말씀드리다. 회장님이 CBS 보도에 대노하시면서 누차 터무니없는 보도가 나오는데도 그것을 막지 못한 책임을 물어야 할 것 아니냐고 하신다. 이왕 문책하려면 대내적으로나 대외적으로나 오늘 중에 인사조치하는 편이 좋겠다고 하니 그렇게 하라고 한다. 이홍재 부국장에게 책임을 물어 최하림 위원과 자리바꿈하는 식으로 오늘 지상에 발령하기로 했다. 부사장을 불러 인사조치 내용을 설명했더니 시점은 적절하다고 보나 이 부국장 하나만 문책하는 것은 형평에 어긋난다는 의견이었다. 문 국장을 불러 문책인사를 하겠다고 밝히고 그 범위는 이 부국장과 김준태 부장이라고 지적했다. 그랬더니 문 국장은 우리 회사가 까딱하면 목을 자르거나 인사조치하는 등, 비정하다는 투로 말하기에 그만한 사유가 있어서 하는 것인데 뭐가 비정하다는 말이냐고 꾸짖었더니 그만 두겠다면서 뛰쳐나간다. 약 1시간 후쯤에 문 국장이 찾아와서 자기의 언동에 지나침이 있었다고 사과한다. 위계질서를 존중하지 않는 못된 태도에 유감을 표명한 후 편집국에 어려운 사정이 있다면 2~3일간 유보할 터이니 그동안에 적절한 조처를 취하라고 했다.

4월 20일 (금)

조회때, 어제 광주일보가 남도학숙 건립성금을 모집하는 캠페인에 선수를 쳤는데 우리는 어떻게 할 것인가를 논의하다. 어차피 적극적으로 지원하지 않으면 안될 문제라면 우리도 사고를 내고 캠페인에 뛰어들자고 했다. 회장님께 전화하니 오늘은 필드에 나가셔서 연락이 안되고 내일 광주에 가실 것 같다는 것이다. 오늘 송언종 지사의 둘째 아들의 결혼식이 있다 해서 축전을 보내라 하고 회장님 명의로 화환을 보내도록 조처했다. 업무국 사원의 봉급조정 문제를 부사장, 이 국장, 김 국장과 협의하다. 2시에 전남대 강의에 나가다.

4월 21일 (토)

아침회의를 하는 중에 회장님이 유성에서 도착하시다. CBS의 비방방송 문제를 말씀드리고 책임을 묻기 위해 인사조치를 취하려 했는데 편집국장이 반발하고 있어 잠시 유보하고 있으나 그 문제의 처리는 사장에게 맡겨 달라고 했다. 서울 광고국 강화문제는 장시간이 걸릴 것이니 월요일로 넘기고 우선 업무국과 공무국에 관계되는 결재만 받도록 하라고 지시하다. 회장님은 이리에서 결혼식에 참가할 일이 있어 떠나시다. 내외경제의 박재순 사장이 찾아왔기에 신문사 안을 돌아보도록 안내했다. 3시 넘어 회장님이 돌아오시다. 오늘부터 남도학숙 건립을 위한 기금모집 접수를 시작했는데 걱정했던 것과는 달리 서울에서 김대중 평민당 총재와 평민당 소속 국회의원들, 그리고 신원통상의 박성철 회장이 5천만 원을 기탁해주어 체면을 살렸다.

4월 23일 (월)

오후에 문 국장을 불러 문책조치를 오늘까지 말미를 주었는데 어떻게 되었느냐고 추궁했다. 경위서는 작성해서 이홍재 부국장이 가지고 있고, 인사조치는 창사기념일에 해주시라고 간청한다. 이 문제를 결코 가볍게 보지 말고 김준태 부장 배치문제에 대한 의견을 제시하라고 종용했다. 김 총무국장을 불러 문 국장의 불성실한 태도를 개탄했더니, 한참 후에 문 국장이 찾아와 무척 겸손한 태도로 관용을 베풀어 달라 한다. 그러나 이 문제에 대한 해결을 위해서 먼저 문 국장이 취했어야 할, 경위서 제출, CBS 타결, 편집국 전체회의에서의 각성촉구 등에서 하나도 실행한 것이 없지 않느냐고 추궁하다. 경위서는 다시 쓰게 하도록 하고, CBS에는 오늘 다녀오겠으며, 편집국에는 내일 주의를 촉구하겠다고 다짐한다. 회장님이 광양에서 돌아오셔서 문 국장이 만나자고 하는데 무슨 일이 있느냐고 물으신다. 회장님은 얼마 후에 문 국장을 불러 모든 것을 사장에게 일임했으니 사장을 통해서 해결하도록 하라고 지시했다고 하신다. 밤에 고행원이 편집국 내의 문화부와 편집부에서 심상치 않은 공기가 돌고 있다고 전한다.

4월 24일 (화)　견책발령을 유보해 달라고 한다

아침회의를 끝내자 문 국장이 남아서 어제 회장님에게 사과드렸더니 회장님께서 CBS문제로 굉장히 화가 났었다는 말씀과 그 때문에 사장에게 심하게 이야기하고 엄중한 문책을 요구했다 하시더라고 한다. 그러고는 이홍재, 김준태, 김광미가 연서한 경위서를 제출하고, 어제 CBS를 찾아가서 한 국장을 만났더니 그 사람이 전남일보 사장으로부터 전화가 왔었다는데 리턴콜도 못하고 죄송해서 면목이 없다고 하더란다. 어제 터미널 기공식에서 최 사장을 기다렸는데 나오지 않았기에 사과드리지 못했다 하더란다. 편집국 전체에 대해서는 오늘 주의를 주겠으니 인사발령만은 유보해 달라고 사정한다. 결국 문책의 목적은 당사자뿐 아니라 편집국 전체에게 이번 사건에서 얻은 교훈을 명심하도록 하는데 있는 것이니 편집국장이 그렇게 그 취지를 주지시킬 수 있다면 인사발령은 연기할 터이니 국장이 약속사항을 이행하라고 하다.

오전 중에 회장님 방에서 부사장, 이 이사를 데리고 서울광고국 강화방안을 논의하고, 박 국장에게 12월까지 활동지원금으로 4천만 원을 주자는 선까지 합의했으나 최종결정은 내일로 미루다. 오후에 광주일보의 허광욱 위원을 부근 다방으로 불러내어 부사장과 함께 만나 이야기하다. 내일 우리 신문사로 와서 회장님과 면담할 것을 약속받다.

4월 25일 (수)

아침회의 마치고 부사장, 김 이사와 함께 회장님과 광고국 보강방안을 협의하다. 무등일보의 모 부장을 영입하는 것을 부사장이 집요하게 반대한다. 그 이유를 알아본즉 그 부장이 광주사회에서 평이 좋지 않다는 것이다. 서울에서 최 이사가 전화, 이정일 부회장이 오늘 아침 6시에 귀국했으며 자기는 오늘 비행기로 광주로 내려오겠다고 한다. 11시경에 부회장으로부터 전화, 서울광고국을 도급제로 전환하고 박갑동 국장이 책임자로 갈 것이라는 것과 광주일보의 허광욱 위원을 논설위원실로 데려오겠다는 것과, CBS의 비방보도와 그 문책인사에 관해서 간략하게 설명해주다. 3시에 허광욱이 왔기에 회장님에게 인사시키다. 최 이사가 강진을 다녀서 오후에 도착하다. 서울광고국 운영을 도급제로 바꾸겠다고 하니 상당히 어렵겠다는 표정을 짓더니 하여간 노 부국장을 설득시켜 보겠다고 한다. 장광영 실장을 불러 최근의 편집국 파동에 대한 나의 생각을 자세히 설명하고 문 국장에게도 진실한 충고를 해줄 것을 당부하다.

4월 26일 (목)

문 국장이 몸이 아파 못 나온다고 손정연 부장에게 연락이 왔다 한다. 오세성 부국장에게 남도학숙 성금관계를 인계하여 잘 처리하도록 부탁하다. 회장님이 오셨기에 문 국장이 안 나왔다고 하니 불안한 표정이시다. 문 국장에게 무슨 일이 있었느냐고 물으신다. 총무국장더러 연락해보고 필요하면 병원에 데려가도록 지시해 놓았으니 너무 걱정하지 말라고 말씀드리다. 회장님 방에서 부사장, 최 이사, 이 이사와 함께 서울광고팀을 어떻게 동요 없이 따라오도록 설득할 것인가를 논의하다. 일단 최 이사가 박 국장과 상의한 내용을 토대로 노 부국장을 설득하는 데 최선을 다하기로 했다. 중역들과 점심하자고 했는데 최 이사는 나가버렸다. 부사장, 김 이사, 이 이사, 김 국장과 함께 점심을 먹었다. 오후에 김준태 부장을 불러 이번 CBS문제에 대한 나의 견해와 조치에 대해서 설명해 주다. 가슴에 닿도록 설명하느라 노력했는데, 어떻게 보면 감명을 받은 것도 같고, 어떻게 보면 너무 긴장해 있는 것도 간다.

4월 27일 (금)

어제 밤 귀밑 부분에 통증이 느껴져서 잠을 잘 이루지 못했다. 조회를 마치고 반 이비인후과에 갈까 하다 노준채 외과원장에게 전화했더니 자기 병원으로 와보라고 한다. 귓속을 검사해보더니 염증은 없으니 주사를 맞고 이틀간 약을 복용하라고 한다. 이 이사가 광고국직원으로 김호균을 데리고 와서 소개한다. 가정환경도 좋고 거절할 이유가 없다. 오후에 미스전남에 뽑힌 6명의 미녀들이 방문했기에 축하와 격려를 보내고 함께 기념촬영을 하다. 최 이사가 어제 밤 노 부국장은 설득하는 데 성공했지만 오늘 두 차장을 설득하는 데는 실패했으니 박 국장이 상경했으면 하기에 3시에 박 국장을 서울로 보내다. 광주일보의 이척묵이 사표를 내고 우리 회사로 찾아왔기에 회장실에서 면접하고 5월 1일부터 근무하기로 했다. 전광미 기자가 임신휴가를 받고 인사차 찾아왔다. 이홍재가 무등일보의 선무정의 이력서를 가지고 오다.

4월 28일 (土)

신양파크호텔에서 현경대 평통총장이 남도학숙성금을 내겠다고 하니 기자와 카메라맨을 보내 달라는 회장님의 전갈이 왔다. 10시경에 신양파크에 가서 회장님을 뵙고 현 총장과 인사를 교환하다. 이어 현 총장이 주재하던 세미나 진행을 멈추고 나를 소개한 다음 성금을 전달했다. 한참 동안 커피브레이크를 가지면서 회장님, 현 총장 그리고 몇몇 간부들과 환담하다가 회사로 돌아오다. 12시 40분에 YMCA 예식장으로 가서 임광기 기자 결혼식에 참석하다.

오늘은 집사람의 생일을 축하하기 위해 우리 가족들이 모두 포항 딸네 집에서 모이기로 했다.

4월 30일 (일) **허광욱 들어오고, 김중광 나가다**

아침회의 때 박갑동 국장이 서울로 가게 되었다고 밝히고 광주일보에서 허광욱과 이척묵이 오게 되었다고 인사발령 내용을 알려주다. 회장님은 오늘 완도에 가셔서 내일이나 나오실 것 같다고 한다. 김중광 이사가 조심스럽게 찾아와서 내일 5월 1일부터 금호그룹으로 가서 상무이사로 일하게 되었다고 고백한다. 김 이사는 여러 가지 능력을 갖춘 사람이기에 본사를 떠나는 것이 아쉽지만 좋은 곳으로 옮겨가니 축하하고 싶은 심정이라고 말하다. 그러나 회장님과는 특수한 사이이니 회장님 뵙고 말씀드린 후에 전직을 공개하라고 이르다. 나의 신체검사 결과가 나왔는데 혈압이 높은 것으로 나와 있다. 코리아나호텔에서 박갑동 국장 환송회식을 했는데 문 국장, 박 주필이 불참하다. 송언종 지사가 내일 밤에 자기집에서 기관장 몇 사람들과 회식하자고 초대한다. 서울지사의 광고국 책임자인 노 부국장이 전화, 사전협의 없이 도급제로 변경되고 충분한 보장이 없어 불안하다고 하소연한다. 곧 상경하여 만날 터이니 흔들림 없이 근무하라고 위로하다.

5월 1일 (화)

아침 비행기로 최 이사가 왔다. 서울지사 광고국 사람들이 회사가 신용보증하고 1천만 원씩을 융자해 달라고 요구하면서 광고수주활동을 중단했다고 한다. 회장님은 어제부터 해남에 계시는데 낮에 손님들과 회식할 예정이어서 오후 3시경에나 들어오실 것 같다고 한다. 서울지사의 광고책임자인 박갑동 국장과 서울지사의 책임자인 최봉인 이사를 마지막 항공편으로 올라가도록 했다. 광주일보에서 새로 자리를 옮겨온 허광욱, 이척묵, 김호균 등이 출근신고 인사차 내 방에 들렀다. 이척묵의 친구들 (광고주) 15~6명이 이 국장을 격려하기 위해서 본사를 방문했기에 접견실에서 이들을 맞이하여 고맙다는 말과 앞으로의 협력을 당부하다.

12시 40분에 전남일보 노조가 강당에서 메이데이 기념행사를 한다기에 그 자리에 나가 격려의 말을 주고 다과회에 참석하다. 3시에 회장님이 해남에서 오셨기에 부사장, 이 이사, 최 이사 합석시켜 서울광고국 문제를 협의하다. 서울광고국원들에게는 각자 1천만 원씩 회사가 신용보증하고 융자를 알선하되 박 국장이 회사에 대한 보증을 서도록 하기로 했다. 6시 30분부터 송언종 지사 사택에서 주요기관장들을 초청한 만찬회가 있어서 참석하다.

5월 2일 (수)

김중광 이사가 오늘부터 나오지 않고, 이 국장이 서울출장 중이어서 아침회의 자리가 꽉 차지 않는다. 오늘은 공휴일이다. 회장님은 유성에 계시고 부회장은 포항으로 출발했다 하기에 카폰으로 연결, 오늘 내가 상경하겠다고 했더니 그러면 내일 아침 서울에서 만나자고 한다. 아침회의 마치고 광고국, 업무국, 조사자료실, 논설위원실을 차례로 돌아보다. 박 주필, 조효석 위원, 허광욱 위원, 최하림 위원 등과 한참 동안 환담하다가 공무국으로 내려가 서 이사하고 이야기하다. 윤 부사장은 오늘 순천에서 자기 친척이 개업하는 데 가보겠다고 11시경에 퇴사했다. 1시 30분에 서울로 출발, 5시에 서울지사에 도착하다. 최 이사와 광고국의 박 국장, 노 부국장, 조 차장, 박 차장 앞에 놓고 서울 광고국 운영시스템을 변경하지 않을 수 없는 사정을 설명하고 쓸데없는 불안은 없애고 열심히 일하면 좋은 결과가 올 것이라고 말하다. 이들을 데리고 우정식당에서 저녁을 함께하다.

5월 3일 (목)

조선내화에 들러 이화일 사장과 만나 상유회의 5월모임에 관해서 협의하고 회장님이 오셨기에 어제 서울광고국 사람들에 대한 설득노력과 남도학숙 성금모집관계를 보고하다. 그리고 조선내화의 이 상무, 김 상무, 홍 전무, 손 전무 등과 만나다. 12시경에 박갑동 국장을 보해에 내려주고 서울지사로 갔더니 점심때가 넘어서 김 기사와 짜장면으로 때우다. 2시 넘어서 이정일 부회장과 만나 그동안에 있었던 일들, 그 중에서도 CBS비방보도에 관련된 문제들을 이야기하고, 무등일보의 선정치 부장 영입에 대한 의견을 물었다. 한국일보 정경희 논설위원을 나성다방에서 만났더니 자기의 저서《한국고대사회와 문화》가 나왔기에 첫 번째로 나에게 증정하는 것이라고 하면서 건네준다. 조경석 씨가 지사로 찾아왔기에 상유회 모임에 관해서 상의하다. 김우룡 교수에게 전화했더니 CATV에 관한 문제는 KBS사태 때문에 아직 아무런 결론을 못 내리는데 아마도 상당히 지연될 것 같다고 한다.

5월 4일 (금) 타 노조 지지하는 플래카드 붙이지 말라

새벽 5시에 서울을 출발, 8시 40분에 광주에 도착하다. 아침회의가 막 시작되는 참이었다. 업무국에 근무하는 안광기가 순천지사의 지대 입금중 140만 원을 유용했다는 보고를 받다. 이효방 시판부장을 불러 시판상황에 대한 전반적 보고를 받고 순천지사 지대문제 처리방안을 제시하라고 하다. 이 부장의 보고에 의하면 중지독자가 많이 나오고 있어서 판촉사원을 더 보강할 필요가 있다고 한다. 김중광 이사를 위한 송별회식을 코리아나호텔에서 가졌다. 도로공사의 최 지사장이 부임인사차 방문하고, 도경 심학무 수사과장이 서재연 씨하고 함께 와서 인사를 하다.

우리 노조의 정용택, 정명섭, 천갑수, 문종신, 유한동 등 임원들이 내 방으로 올라와서 지금 서울에서 농성중에 있는 KBS 노조를 지원하기 위해서 본사건물의 정면 벽에 그들의 활동을 지지하는 플래카드를 부착하겠다고 한다. KBS사태에 관해서는 이미 언노련을 통해서 성명을 발표한 것으로 충분하지 않느냐. 본사에 직접 관련되지 않은 문제를 플래카드까지 내걸자는 것은 너무 지나친 요구라고 물리치다. 아니면 노조대표부가 불신임을 받게 될 것이라고 하소연했지만 승낙하지 않았다.

5월 5일 (토)

오늘은 어린이날이다. 광주일보는 8면만 낸다는 말이 있다. 우리도 12시 이전에 제작을 완료하기로 했다. 어제 밤 노조에서 기어이 정문 앞에 플래카드를 달아 놓았다고 하기에 큰 소란을 피하기 위해서는 차라리 부착장소를 옮기도록 할까 하고 부사장과 총무국장을 데리고 내려가 보았더니 다른 마땅한 곳이 없다. 그러나 앞으로도 그 장소가 고정될 염려가 있으니 건물측면 쪽으로 옮기도록 서면통고하라고 지시하다. 회장님은 휴일이라 전화를 연결하지 않았다. 사내를 일순하고 조사자료실에 나의 저서 《한국신문편집론》을 몇 권 기증했다.

5월 7일 (월)　전남일보 인기가 떨어졌다 하더란다

아침에 문종주 비서가 리버사이드에서 전화, 이 부회장이 어제 광주에 도착했단다. 부회장이 10시경에 회사에 나왔다는데 5층부터 돌아다닌다고 한다. 11시경에야 사장실로 왔다. 어제 점심때와 저녁때 광주에 있는 각계 사람들과 접촉하고 오늘 사내사람들과 만나 보았는데 전남일보에 대한 평가가 떨어지고 있다는 것이다. 전남일보의 논조가 초기보다는 보수화했다는 것은 사실이지만 그렇기 때문에 오히려 안정되고 있으며, 모든 문제가 이제 많이 가닥이 잡혀간다고 주장했지만 납득이 안 간다는 표정이다. 낮에는 부회장과 함께 간부들을 데리고 코리아나호텔에서 회식하다. 영광의 조기상 민자당 위원장이 3시 넘어서 찾아왔다. 지난번 영광 민자당 개편대회를 보도했던 우리 기사가 매우 불쾌했던 모양이다. 정치부 고 부장을 불러 알아봤더니 그 기사는 최진 기자가 썼는데 데스크에서 많이 다듬어냈다고 한다.

5월 8일 (화)

오늘이 어버이날이어서 조 기사가 아침에 카네이션을 사 가지고 와서 달아준다. 아침회의를 마치고 회장님과 통화하고 나중에 부회장으로부터 일본의 한 대학교수가 일본의 한국침략에 대해 사죄하는 방향의 강연을 광주에서 하고 싶어하니 우리 신문 주최로 강연회를 열면 어떻겠느냐는 전화가 왔다. 오후에 윤 부사장이 내방으로 와서 이번에 이 부회장이 내려와 김충곤 총무국장에게 상당한 압력을 준 것 같다고 한다. 김 국장더러 '조선내화'식 경영스타일을 고착시키고 있다는 비난이 자자하게 들려오고 있으니 스스로 총무국장직을 벗으라고 하더란다. 김 국장을 불러 물어보니 사실이라 시인한다. 그러니 제발 자기를 생각해서라도 전임을 고려해 달라고 한다. 참으로 답답한 일이다. 그럴 만한 이유가 있으면 사장에게 말할 일이지 총무국장 자신에게 말할 일이 아니지 않는가. 그러면서 회장님에게는 발설하지 말라고 당부하더라는 것이다. 회장-사장-총무국장이 너무 밀착해서 사태를 냉정하게 보지 못한다는 식으로 생각하는 것 같더라고 한다.

5월 9일 (水)

2시에 편집간담회를 하다. 5·18 특집에 관해서 평가하고 토론했다. 지난번보다는 분위기가 좋아졌다. 3시경에 서울대 김한곤 박사가 찾아왔다. 약 1시간 동안 정담을 나누고 회사 안을 안내했더니 CTS시설과 공장시설을 보고 놀랜다. 장광영 실장과는 국민학교 동창 사이라 한다.

5월 11일 (금)　노조가 신문제작 거부를 결의하다

노조에서 내일 신문제작을 거부하기로 결정했다는 정보가 있다. 노조의 정용택 위원장과 정명섭 사무국장이 무등일보와 광주일보 노조와 접촉하기 위해서 나갔다고 한다. 황치과에 들렀다가 점심먹고 오후에 강의가 있어 전남대로 가다. 오후 늦게 노조가 제작거부에 대한 행동통일을 위해 모인다고 한다. 부사장, 문 국장, 총무국장과 대책을 논의하다가 노조간부들을 설득하기 위해 세 간부들이 내려갔다. 노조에서는 정용택 위원장이 설득에 실패하고 자기 방으로 들어가 버리자, 정명섭과 천갑수가 투표에 부친 결과 전면거부하기로 결정했다고 한다. 어떻든 비노조원들을 총동원해서 내일자 신문 1면을 오늘 밤 안에 제작해 놓도록 하고 귀가하다.

5월 12일 (토)　노조의 제작거부로 8면만 발행하다

출근하니 엘리베이터 벽에 '노조원들은 지하실로 모이라'는 방이 붙어 있다. 간부들의 말에 의하면 오전작업에 협조할 기미는 보이지 않는다고 한다. 정용택 위원장도 위원장 역할을 포기한 상태라고 한다. 정명섭과 천갑수를 불러 광주일보는 어제 밤 8면을 제작해 놓았다고 하니 우리도 8면쯤은 발행할 수 있도록 협조하라고 종용했더니 협의해보겠다고 내려갔다. 지하실에서 노조가 다시 표결을 했는데 결과는 제작협조거부로 나왔다는 것이다. 문 국장에게 어제 밤 만들어 놓은 1면에다 이미 만들어 놓은 간지를 합해 8면을 인쇄하도록 지시하다. 지하실로 내려가 보니 풍물놀이의 장단에 맞추어 손뼉을 치고 있다가 나를 보고는 머쓱한 표정들을 지어보였다. 기협회장이 찾아오고 박석무 의원이 다녀갔다. 회장님께 전화로 8면을 발행한다고 보고, 2시 30분에 서울로 출발하다.

5월 13일 (일)

9시에 논현동 이 부회장 댁으로 가다. 파자마 바람으로 나왔으나 건강은 나쁘지 않은 것 같다. 요즘 김 국장이 직책을 바꿔 달라고 조르는데 그 원인이 부회장에게 있는 것 같은데 그럴 만한 사정이 있으면 털어놓고 이야기해 달라고 했다. 부회장은 이번에 서울과 광주에서 여론을 수렴해본 결과 몇 가지 문제점을 알았다고 한다. 첫째 전남일보 논조의 약화, 둘째 경영스타일의 경화, 셋째, 사원들의 사기저하라는 것이다. 나는 그 세 가지 점에 대해서 내가 느낀 바를 설명하고 그러한 여론이라는 것은 진실도 있지만 오해도 많이 섞여 있는 것이라고 생각하는데 부회장의 해결책은 어떤 것이냐고 물었다. 부회장은 사내의 불만이 곪아터지기 전에 경영스타일에 신축성을 주기 위해서 총무국장, 업무국장, 기획국장 등의 교류를 생각해 보자는 것이라고 했다. 그러기에는 시기적으로 좀 빠른 감이 있으나 고려해 봄직도 하니 창사기념일까지 빌미를 두고 서로 더 연구해보자고 했다. 12시경에야 함께 차를 타고 김포로 나가 3시경에 부회장을 전송하고 3시 30분에 그곳을 출발하였다.

5월 14일 (월)

오늘 사원전체회의를 소집하여 노조의 제작거부 결과를 따지면서

다 함께 반성하는 기회를 삼으려 했으나 간부들의 의견이 오늘은 우선 각 국실장들이 단단히 주의를 주고 사장은 다음 기회에 훈계했으면 좋겠다는 것이었다. 조회 중에 회장님이 도착하셨다. 회장님께 광주의 세 신문사 노조들의 제작거부 실정을 대략 설명드리고 이에 대한 집단훈계는 다음 기회로 미루었다고 보고하다. 그리고 어제 부회장과 만나서 여러 가지 사내문제를 놓고 대화하는 기회를 가졌다고 보고하다. 낮에 회장님을 모시고 지하식당에서 점심하고 오후에 논실위원실에 내려가 논설위원들과 환담을 하다. 4시경에 회장님과 다시 만나 부회장의 인사구상을 전했더니 다 들으시고 말도 안 되는 소리이니 귀담아 들을 필요도 없다고 일축해 버리신다. 그리고 신문사의 기틀이 잡힐 때까지는 부회장께 인사권은 절대로 맡길 수 없다고 단언하시고, 술자리에서 지껄이는 잡소리 여론을 듣고 무엇을 안다고 그러느냐고 부언하신다.

5월 15일 (화)　독자를 무시한 파업이라 질타하다

회장님은 목포에서 거행되는 평통 세미나에서 대통령훈시를 대독하는 임무를 맡았다고 한다. 문 국장과 함께 점심을 했는데, 그 자리에서 문 국장은 그간 잘못된 것을 죄송하게 생각한다면서 허광욱을 들여올 때 미리 말해주지 않았기 때문에 우정에 약간 금이 가는 손실을 겪었다고 말한다. 내가 문 국장을 처음 만날 때부터 여러 차례 거듭 강조한 것은 나를 친형님처럼 믿어 달라는 것이 아니었더냐, 그 점만 잘 지켜간다면 만사가 편안할 것이라고 말해주다. 오후 2시 30분에 노조간부들을 사장실로 불러들이다. 정명섭, 천갑수 오명하, 문종신, 정의영, 박수홍, 양동원 등이 참석하다. 신문은 독자를 위해서 존재하는 것인데, 어떤 이유에서든 신문사의 일방적 사정으로 정보를 제공하지 않는다는 것은 독자를 무시하는 처사이고 독자와의 계약위반인 것이다, 노조의 이번 제작거부는 명분도 아주 약한 것이라고 지적하고 충분히 회사나 노조나 독자를 위해서 타협할 수 있었는데 이를 합의하지 못한 것은 노조지도력의 미숙성에 있는 것이니 앞으로 이 점을 명심해주기 바란다고 강조하다.

5월 16일 (수)

어제 일을 보고드리니, 회장님은 이번에 신문에서 국세청이나 지검의 비위를 상하지 않도록 조심해 달라면서 그 이유로 부회장의 입장을 예로 들었다. 그러고는 현재 신문사의 자금사정을 묻는다. 보고서에 있는 계수를 머리에 넣어두지 않았기 때문에 어설프게 답변하지 않을 수 없었다. 완전히 허점을 찔린 것이다. 회장님은 이제 한 2년 책임을 지고 있으니 자금사정은 정확히 파악하고 있어야 하고 자금의 염출방법도 생각하고 있어야지 회장에게 전적으로 미루어서는 안될 것 아니냐고 너무나 당연한 말씀을 하신다. 변명의 여지도 없고 부끄러워서 쥐구멍이라도 들어가고 싶은 심정이었다. 2시부터 순천주재기자 후보인 이병수 군을 면접했다. 여러모로 호감이 갔다. 3시부터 편집간담회를 가졌다. 창간특집에 관해서 서로 논평을 교환하고 도서지방의 의료사정에 대한 시리즈를 기획하기로 했다. 회장님은 5시경에 상경하시다. 오랜만에 편집국에 들러 각 부장들과 차례로 만나 대화를 나누었다.

5월 21일 (월)

11시경에 회장님과 통화, CATV에 관해서 설명드리다. 그리고 창사기념 퀴즈현상모집에 관해서는 24일에 광주에 오시면 자세히 논의하기로 했다. 문종주가 출근해서 업무국에 가서 일하겠다고 한다. 식사 후 리버사이드 호텔 커피숍에 들렀는데 금호문화재단의 이광제 이사장과 명노근 교수를 만나다. 이광제는 자기가 최 사장의 트러블을 없애 주었다고 농담한다. 김중광 이사를 자신이 이끄는 금호문화재단으로 데려간 것을 그렇게 표현한 것이다. 오후에 이광현 국장이 와서 문종주가 아직도 편집국에 미련을 두고 업무국에서는 잠정기간 있을 것으로 말하기에 그런 자세라면 차라리 지금 주재기자라도 나갈 일이지 엉거주춤 일하지 말라고 타일렀다고 한다. 문정주를 불러 다시 한번 주의를 주다.

5월 22일 (화) 노사는 동반자관계임을 잊지 말라

10시경에 뉴욕의 이정일 부회장으로부터 전화, 부회장실 확장을 위한 실계도를 팩스로 받았나면서 부회장실은 늘릴 필요 없고 그 대신 지역문제연구소를 복도를 넣어 크게 만드는 것이 좋겠다고 한다. 문종주 전임문제와 자동차구입 문제도 팩스로 받았다고 한다. 서울에서 구용상 의원이 내려왔는데 신문사에 들르지 못하겠다 하고 28일의 상유회 모임에도 못 나오겠다고 한다. 문준식 의원이 광주에 내려와 인사차 들르다. 제법 여당의원다운 소리를 한다. 전남대 강의는 25일까지는 진행이 어려울 것 같고 6월 중순까지만 강의하면 된다고 한다. 6시 20분에 노사협의회 회식이 '늘봄'식당에서 있었다. 부사장, 서 이사, 이 이사, 김 국장이 참석하다. 소주와 갈비를 시켜놓고 노사관계는 적대관계가 아니라 어디까지나 동반자관계라는 것을 망각해서는 안 된다고 강조하다.

5월 23일 (수) 시청에 CATV 영업 개설을 신청하다

10시경에 공무국 서 이사가 올라와서 출력기의 power supply에 고장이 있어서 서울로 연락했으나 신문인쇄가 1시간 정도 지연될 것이라고 한다. 그러나 12시경에 공무국으로 내려가 보았더니 겨우 작업은 되고 있어서 예정보다 한 20분 정도만 늦어질 것이라 해서 마음놓았다. 2시부터 편집간담회를 가질 예정이었으나 마침 신호동 장례행진이 있어 약 30분 정도 늦게 시작했다. 5·18 특집, 논설위원 칼럼, 시론필자 선정문제, 제목활자 선택문제 등을 논의하다. 오후에 부사장과 문 국장이 광주시 부시장과 공보관을 만나 CATV 개점에 관한 신청서를 제출하고 가능한 한 단시일내에 시에서 승인해 주겠다는 언약까지 받았다.

5월 25일 (금)

조회 중에 회장님이 도착하셨다. 회장님이 업무국 사정을 물으시기에 모두 잘 되고 있으나 순천지사만 차질을 빚고 있다고 하자, 지대 올린 것은 어떻게 하고 있느냐고 물으시기에 단계적으로 올려받기로 하고 있다고 말씀드리고 언제부터라는 대목을 우물쭈물했더니 그 점을 꼬투리 잡아 경영에 관해서 너무 소홀하지 않느냐고 강하게 추궁하신다. 아침부터 낌새가 이상하다 했더니 결국 당하고 말았다. 낮에 이내균 사장이 서울대 재광동창회 관계로 찾아왔는데 마침 고재철 사장이 전화하여 함께 식사하자고 한다. 오후 3시 넘어 회장님이 나주에서 열린 평통 세미나를 마치고 다시 회사에 들르셨다.

5월 28일 (월)

아침회의에서 출근시간을 8시에서 8시 30분으로 늦추고 하계휴가를 3박4일에서 4박5일로 늘릴 것을 결정하다. 회장님이 오셨기에 순천지사문제, 사장실 비서문제, 6월분 자금문제 등을 협의하다. 사장비서로는 임동욱 군을 면접하고 6월 1일부터 근무하도록 수속하라고 하신다. 그리고 경리사원 2명을 뽑기 위해 목포, 광주, 벌교 상고에 3명씩 추천해 달라고 하다. 12시에 국제호텔에서 보훈의 달 기념 오찬 및 간담회가 있었다. 지사, 시장, 광주와 전남 교육감들, 경찰국장, 안기부지부장, 보안대장, 무등일보 사장, MBC 사장, KBS 총국장, 전남매일 고문 등이 참석했다. 최혁 기자를 불러 노조위원장 후임문제가 어떻게 돌아가느냐 물어보았으나 확실치 않기에 오후에 정명섭 기자를 불러 물었더니 천갑수를 위원장으로 하고 편집국 지회장만 새로 뽑고 다른 사람들은 유임될 것이라고 한다. 노조를 강성으로 이끈다면 노조자체나 전남일보가 모두 좋지 않은 결과를 가져올 것이니 명심하고 평화로운 노사협의를 이루어 가도록 노력하라고 권고하다.

5월 30일 (수)

아침회의에서 독자퀴즈문제를 논의하다가 창사기념행사를 총괄적으로 검토하기 위해서 6월 5일에 별도로 확대간부회의를 열기로 했다. 오전중에 총무국과 서울지사를 위한 예산을 심의했다. 김은영 기자가 곧 결혼하게 된다고 인사차 찾아왔다. 오늘의 편집간담회는 부사장과 서 이사까지 합석시켰기에 확대되었다. 퀴즈문제를 논의하는데 문 국장이 큰 문제를 논의해야지 작은 문제를 다루고 있다고 이의를 제기하고 서 이사도 이에 가세한다. 회장님께 목포건물 이용방안을 건의했더니 나중에 논의하자고 하신다. 공보처의 진병무 과장이 노 대통령의 방미기사를 엠바고로 해 달라고 전화했다.

6월 2일 (토)

노조의 천갑수 위원장이 이번에 새로 편집국지회장으로 뽑힌 노성경 기자를 데리고 인사하러 왔다. 점심때 새로 들어온 임동욱 비서를 데리고 음식점에 갔더니 부사장, 광고이사, 업무국장 등이 식사하고 있다. 오늘은 토요일이라 3시경에 집으로 들어가다. 밤에 박갑동 국장이 서울에서 내려오는 길이라면서 우리 집에 들렀다. 얼굴이 수척해 보이고 심신이 피로해 보인다. 노경호를 비롯한 서울광고팀이나 서무부서 쪽에서도 아직도 흡족한 협조를 못 얻고 있다 한다. 최 이사에게도 당부하고 서울에 직접 올라가서 분위기를 다듬어 주어야 하겠다.

6월 4일 (월)

축협의 새로 부임한 지회장이 인사차 찾아왔다. 해남출신이라 한다. 상이군인 선교회의 김치수 목사가 와서 7일에 조찬기도회가 있으니 꼭 참석해 달라 하면서 일반적으로 언론계가 비협조적이라고 불만을 토한다. 임미희 기자에게 김 목사를 인물난에 소개하라고 했다. 서울에서 박갑동 국장이 전화, 노경오와 협조가 잘 되고 있으니 걱정하지 말라고 한다. 오늘 밤 김창식 장관이 '국민과의 대화'를 위해 광주에 와서 기관장들과 지역유지들과 만찬을 함께하자고 해서 신양파크호텔로 가다. 김 장관은 나를 만나더니 이 회장님의 안부를 묻고 전남일보가 평소 자기에게 호의적으로 다루어준 데 대해 감사한다고 말하다.

6월 5일 (화)　OA팀 구성문제로 노조의 항의를 받다

오늘 기관장 조찬회가 있었는데 시간을 맞출 수 없어 불참했다. 조회를 마치고 서 이사가 공무국 OA팀의 노조탈퇴문제를 놓고 의견타진을 해보았는데 그것 때문에 노조에서 파문이 일어난다고 보고한다. 그러면서 오늘 그 때문에 노조대표들이 사장을 찾아갈지 모르겠다고 한다. 10시부터 광주시청 회의실에서 이승윤 부총리 일행이 국민과의 대화를 위한 간담회를 연다고 해서 시청으로 나가다. 지검장과 나란히 앉아 이 부총리의 장광설을 듣고 있으니 졸음이 온다. 뒤따르는 오찬까지 마치고 돌아오다. 회사에 돌아오니 김창식 교통부장관이 찾아왔다. 광고주에 보내는 메시지 문안을 작성하고 있는데 천갑수, 정명섭, 문종신, 노성경, 오명하 등이 와서 OA팀을 구성하는데 노조탈퇴를 전제로 했다는 점을 항의한다. 자유의사를 통해 결정하라는 것인데 무슨 항의냐, 개발팀구성은 회사발전을 위해 불가결한 것이니 노조에서도 양해하고 협조하라고 촉구하다.

6월 7일 (목)

서울로 전화하니 회장님이 오늘 일본에서 5시에 귀국하신다고 한다. 김활용 목사가 목포를 다녀오면서 신문사에 들렀다. 현혜은 바이올린 독주회를 위해서 목포시장과 부시장을 만나서 협찬을 부탁하고 오는 길이라고 한다. 오늘 오후에 '주간목포' 창간기념 축하식이 있어서 4시에 김 총무국장과 함께 목포로 갔다. 지사에 들러 임 지사장으로부터 현황보고를 받고 지난번에 매입했던 지사건물부지를 돌아보다. 현재의 지사건물은 25평 정도여서 협소하고 관리도 허술해서 보수할 필요가 있고, 매입한 토지가 200평 정도가 되니까 10평 정도의 가건물을 세우면 지사용 건물로는 충분할 것 같다. 6시 30분에 오늘의 주간목포의 행사장인 신한비치호텔로 가다. 행남사의 김준형 회장님이 와계신다. 행사의 주인공인 임 변호사와 서한태 선배를 만나다. 임 사장이 나에게 축사를 부탁한다. 7시부터 축하연이 시작되었는데 화환은 많이 왔으나 하객의 수가 너무 적고 목포시장은 못나오고 부시장이 나왔다. 임 사장의 인사말이 끝난 뒤 박석무 의원과 내가 축사를 했다.

6월 9일 (토)

10시부터 일본의 가나자와대학의 후지사와 교수의 "한일관계와 일본의 자성"이라는 제목의 강연회를 본사강당에서 가졌다. 인사말을 통해서 후지사와 교수를 청중에게 소개하고 강연회의 취지와 의의를 설명하고 내려오다. 12시 30분에 코리아나호텔에 가서 후지사와 교수와 그를 초청해 준 호남대의 이태영 교수 그리고 박 주필, 조효석 위원, 광주은행장 등과 오찬을 함께하다. 오후에 회사에 돌아오니 영광의 조기상 위원장이 전남일보를 걸어 언론중재위원회에 제소한 문건이 송달되어 있었다. 오세성 부국장을 불러 대책을 강구하도록 지시하다. 서울의 언론인테니스시합에 출전하는 우리 회사 테니스선수들에게 금일봉을 주어 격려하다.

6월 11일 (월) **테니스팀이 3등에 입상하다**

조회 중에 회장님이 오셨기에, 자금사정을 말씀드린 후 부사장더러 주요업무를 보고토록 했다. 그리고 김충곤 국장더러 19~20일에 있을 신문협회 초청에 관한 일정표와 준비관계를 보고하도록 하고 황 부국장더러는 자금계획을 보고하도록 했다. 일본인 기다가와 씨 부처가 찾아와서 회장님과 함께 식사하자고 해서 지하식당에서 회식하다. 식사 후 두 분 손님들에게 공무국 전산실과 윤전실을 시찰하도록 안내했다. 서울에서의 테니스시합에 참가했던 우리 팀이 3등으로 입상했다고 컵을 가지고 돌아왔다. 6시 30분에 신태호 회장이 초청한 만찬회에 참석하다. 만찬장에는 최 광주시장, 김 안기부지부장, 유 검사장, 병무청장, 안 교육감, MBC사장, KBS총국장 등이 참석하다.

6월 12일 (화)

낮에 테니스팀을 불러 3등 입상을 축하하는 오찬을 가졌다. 식후에 무등일보의 김효중 편집국장의 모친상 조문을 가다. 부사장, 이 이사가 동행하다. 3시경에 목포에서 회장님이 도착하셨다. 부사장, 이 국장을 참석시켜 목포지사와 여천지국 문제를 협의하다. 이어 광고이사를 불러 창사기념 축하광고 계획안을 보고하도록 했다. 그에 앞서 허광욱 등 새로 영입한 10여 명의 사원들에 대한 사령장을 수여하고 격려를 보내다.

6시 30분에 '예원'에서 경기도로 영전하는 김건이 안기부지부장 환송 만찬에 참석하다. 이 만찬에는 광주국세청장, 무등일보사장, 광주일보사장, KBS, MBC사장, 광주시장, 전남도지사, 전남교육감, 광주교육감, 전남대총장, 보안대장, 31사단장, 경찰국장, 지법원장, 지검장 등이 참석하다. 경찰국장이 오늘 아침 미문화원 앞 시위현장에서 카메라맨들이 미리 대기하고 있다가 촬영하더니 1시간도 못되어 방영하더라고 언론사를 비난하다. 그러자 KBS 신 국장이 즉각적으로 호되게 반격한다.

6월 13일 (수)

신양파크호텔의 박용훈 회장이 전남광주 경영자협회장으로 취임했다고 인사차 왔다. 오후 2시에 편집간담회를 열다. 언론중재위에 피소된 사건의 심리에 응하기 위해 오늘 오세성 부국장이 출두했다고 한다. 대통령 인터뷰문제는 채택하기로 하고 아울러서 김대중 총재와 김추기경도 인터뷰를 하는 것이 좋겠다는 의견이다. 창사기념특집계획은 대체로 성안되었으나 아직 완결하지 못했다. 간담회가 끝난 후 중재위에 출두했던 오 부국장이 돌아왔다. 원고측 조기상 쪽에서는 자문위원인가 하는 사람이 나왔더란다. 중재위에서는 이런 문제는 법적으로 해결하는 것보다도 다른 기사를 통해서 원고쪽의 체면은 좀 세워주면 될 것 아니냐는 의견을 제시하더라고 한다. 오 부국장은 중재위 의견을 그대로 받아들이겠다고 했는데 그 쪽에서는 당사자인 조위원장의 의견을 물어봐야 되겠다고 하더란다. 이 자리에 나올 때는 전권을 위임받고 나와야 될 것 아니냐고 했지만 결정은 다음 회의로 연기하게 되었다고 한다.

6월 14일 (목)

오전에 서울신탁은행 광주본부장과 외환은행 광주본부장에게 각각 전화를 걸어 내일과 모레 점심을 약속했다. 오늘이 이상호 광고이사의 생일이기에 간부들을 데리고 일송정에서 회식하다. 오후에 회장님과 통화, 대통령인터뷰 계획을 앞서 광주에 오셨을 때 협의하지 않았다고 크게 불만을 표하신다. 아직 계획이 성숙되지 않아서 그렇게 되었다 했는데도 못내 못마땅하신 모양이다. 문 국장을 불렀으나 오후 내내 아무 연락 없이 나가고 없다. 오 부국장에게 사정을 이야기해주고 미리 준비하라고 지시하다. 서울 조 고문이 내일 일본에 갔다가 주초에 청와대 쪽과 연락하겠다고 한다. 김대중 총재와의 인터뷰는 자신에게 맡겨주었으면 한다.

6월 15일 (금) 대통령 인터뷰 문제를 논의하다

어제 최 공보처장관의 방송국개편안에 관한 기자회견내용을 검토한 결과를 회장님께 보고하다. 문 편집국장과 대통령인터뷰 문제를 상의하다. 배석자는 회장, 사장, 부회장으로 하고 질문자는 사장으로 하는 것이 좋겠다는 의견이다. 그리고 인터뷰의 질문내용은 1) 북방외교, 2) 남북통일, 3) 지역개발 문제, 4) 지역감정 해소, 5) 광주문제 해결 등으로 하여 세부내용을 작성할 것이라고 한다. 문 국장은 자기가 김대중 총재와 인터뷰했으면 한다. 그 문제는 조 고문도 원하고 있으니 다음에 정하기로 하다. 낮에 신탁은행 박 호남본부장과의 점심약속이 있어 일송정으로 가다. 서울대 상대 9회라는 문광래 사장이 합석했다. 매우 괄괄한 성격으로 광주사회의 여론메이커로 알려졌다는 것이다. 등산을 좋아한다 해서 다음에 산행을 함께 할 기회를 갖기로 하다. 밤에 박갑동 국장이 서울에서 내려와 이 이사와 만난 후 집으로 찾아왔다. 얼굴이 수척하다. 아직도 노경오, 박 차장이 비협조적이라 한다. 최 이사의 태도도 마음에 들지 않는 모양이다.

6월 18일 (월)

간부회의를 마친 뒤 회장님을 뵙고, 발행인협회 초청 준비문제, UHF지방 방송국 검토문제, 김영근을 기획국으로 보내 CATV 전담토록 맡기는 문제, 서울광고국 문제 등을 보고하다. 목포지사 문제는 부사장과 업무국장을 불러 보고하게 하다. 오전 내내 토의를 계속하다가 오후에 다시 정리해서 보고하도록 했다. 회의도중에 새로 부임한 안기부의 송준호 지부장이 인사차 방문하여 환담하고, 주택은행의 김윤환 호남본부장이 취임인사차 왔다. 전남도지사에게 전화로 내일 밤 만찬에 참석하겠느냐 물었더니 참가하겠다고 한다. 오후에 다시 목포지사 문제를 논의하다가 회장님이 문제수습에 짜증을 내면서 언짢은 어조로 사장의 의견을 묻는다. 나도 몹시 맥이 빠진다. 문 국장이 대통령 인터뷰에 관한 계획안을 가지고 왔다. 질문자는 사장으로 하고 배석자는 회장, 논설고문, 그리고 기록자는 편집부국장으로 하자는 것. 그리고 질문내용을 약간 손질하고 문항에다 “지방지의 역할”에 대한 것을 첨가했다. 저녁 때 김활용 목사가 다녀갔다.

6월 19일 (화)

오늘은 우리가 초청한 편집인협회 멤버들이 내려오는 날이다. 점심식사 후 곧바로 공항으로 나가다. 서울에서 온 비행기는 1시 정각에 도착했다. 연합통신의 조용중 사장, 서울신문의 신우식 사장, 동아일보의 김병관 사장, 한국경제의 이규행 사장 등과 반갑게 악수하다. 이들과 함께 회사에 도착하니 회장실에서 전북일보의 서정상 사장, 전북도민신문의 송계천 사장 등 7~8명이 담소하고 있다. 사람들이 많아서 두 방으로 나누어 앉았다. 우리 회사의 간부들을 불러 이들에게 소개시키다. 2시가 조금 넘어서 이들에게 신설지방지가 어떤 시설로 어떻게 제작되는가를 살펴볼 기회를 주기 위해서 우리 공무국의 전산제작 시설과 윤전실, 자동발송시설을 관람토록 했다. 모두 큰 관심을 가지고 보면서 약간 놀라운 표정도 지어 보였다. 2시 40분에 대기했던 버스편으로 목포로 떠났다. 나는 내일 필드에서 만나자면서 광주에 머물렀다.

6월 20일 (수) 편집인골프모임, 비 때문에 무산하다

간밤에 비가 꽤 많이 내렸다. 오늘 예정된 골프행사는 아무래도 어렵겠다. 신문사 일은 부사장에게 맡기고 김 국장과 함께 옥과로 가다. 필드에는 한 팀도 나가있지 않다. 목포에서 사장단 일행이 도착했다. 많은 사람들이 웬만하면 플레이를 했으면 하는 눈치였으나 폭우경보는 이미 내려져 있고 각지에서는 전 공무원들이 비상대기하고 있는 판에 언론계의 지도급인사들이 골프했다는 소리가 알려지면 뒷말이 많을 터이니 오늘 운동은 중지하는 것이 좋겠다는 의견을 제시하자 모두 수긍한다. 클럽하우스에서 점심을 먹고 서울로 가는 분들은 내가 인솔하여 공항으로 가기로 하고 나머지는 회장님이 돌보기로 했다. 광주공항까지 가면서 이규행, 조용중, 강표원 등과 정담을 교환하다. 1시 40분 발 비행기로 일행을 전송하고 회사에 돌아오다. 3시부터 편집간담회를 열다. 특집계획에 대한 보고를 받고 의견을 교환하다. 무등일보의 기획기사에 볼 만한 것이 많다는 사실을 지적, 분발하라고 촉구하고, 주필에게는 사설에서 지방문제를 더 많이 다루라고 권고하다.

6월 22일 (금)

조회 끝내고 부사장과 이 국장을 불러 목포지사 운영문제를 장시간 논의했다. 목포의 남부지국은 김상기 기자에게 맡기고 북부지국은 임

지사장과 김명수 부장이 맡고, 새 지국을 하나 더 만들어 본사 직영으로 하고, 최 기자는 본사로 불러들이고, 현재 지급하는 지원금 80만원은 순차적으로 줄여나가고, 차량은 연말까지 회수하고, 지사사무소는 매입한 땅으로 이전하거나 아니면 2천만 원짜리 정도를 임대하도록 하기로 했다. 회장님이 평통회의를 마치고 돌아오셨다고 연락이 왔다. 오덕교 무안군수가 방문했다. 오후에는 나주쯤 나가보려 했는데 신임 광주시장이 인사차 방문하겠다고 연락했기에 기다렸다.

6시에 새로 부임한 이효계 광주시장이 문 국장의 안내를 받고 응접실로 왔다. 무척 샌님같이 얌전한 인상이다. 나에 대해서는 회장, 부회장, 최 이사로부터 많은 것을 들었다고 한다. 지역개발문제에 전남일보가 앞장서고 있다는 것을 강조하고 협조를 부탁했다. 전석홍과의 관계를 묻기에 그가 내 고교 2회 후배라고 밝혔더니 자기도 나를 형님으로 모시겠다고 한다.

6월 23일 (토)

내일 오후 2시에 김대중 총재 셋째 아들이 결혼식을 갖는데 서울지사장에게 나를 대신해서 가보라고 하려 했더니 최 이사는 또 내일 광주에서 자기 누님네 혼사가 있어서 내려와야 한다고 한다. 그래서 김진원 부장을 보내기로 했다. 화환이나 축의금은 사절한다고 한다. 최인기 시장이 전임인사차 들러 한참 동안 정담을 나누고 갔다. 송 지사에 관해서는 최 시장이 기회 있을 때마다 요로에 환기시키라고 당부한다. 변동현 교수가 전화, 서강대 최창섭 교수가 광주에 왔는데 오후에 무안 톳머리에 데리고 가서 회나 대접하겠다고 한다. 오후에 내가 동행할 형편이 못 되니 차라리 나와 함께 광주에서 점심을 하자고 했다. 변 교수가 최 교수와 장용주 신부를 데리고 왔기에 우리 신문사의 전산시설을 둘러보게 하고 일송정으로 가서 점심을 대접하다.

6월 27일 (수)　산행을 비방하는 편지가 나타나다

회장님께 몇 가지 업무보고를 하고 유선방송문제와 목포지사 문제는 별도로 보고하기로 했다. 오전에 오무 위원이 헐레벌떡 올라와서 중대한 문제가 발생했다면서 쪽지 하나를 건네준다. 읽어보니 참으로 졸렬하게 씌어진 비방문이었다. '마운틴 파워에 관한 소식'이라 제목을 붙이고 나를 '두목'이라 표현하고 이광현 국장, 김선남 부장, 손지현 차장, 최성권, 이 이사, 이석묵 부국장, 박갑동 국장, 이홍재 편집부국장 등을 부하로 열거했다. 그리고 김충곤 총무국장을 학동파 두목이라 써놓고 그 밑에 정, 김이라 써놓았다. 이러한 졸렬한 내용을 전달받았다 하더라도 그걸 또 전하라고 주는 사람이나 받아 전하는 사람이나 모두 졸렬하게 느껴진다. 오후 2시에 회장님을 모시고 2명의 경리사원을 뽑기 위해 9명의 후보자들을 면접했다. 4시경에 새로 부임한 여관구 경찰국장이 인사차 왔다. 6시 넘어서 회장님은 목포로 가시다.

6월 28일 (목)

유선방송사업 계획내용을 홍 국장이 보고하다. 도중에 이화일, 이경일이 찾아왔기에 자리를 비워주다. 상당한 시간 후에 보고를 이었는데 대체로 만족스럽게 끝내다. 8천만 원은 가수금에서 지불키로 했다. 다음에 업무국장을 불러서 목포지사 문제를 보고하게 했다. 지국 하나는 기자에게 맡기고, 또 하나는 임 지사장과 김명수 부장이 맡고, 새로 개설하는 지국 하나는 본사직영으로 하는데 목포지사에 대한 지원금 80만 원의 중단문제와 지프차 회수문제는 좀더 유예기간을 두고 해결하기로 했다. 그러나 지국개설 문제를 놓고 회장님이 연방 질문하는 바람에 이 국장이 설명하느라고 쩔쩔맸다. 나는 아무 말도 하지 않고 듣고만 있었더니 회장님이 사장의 의견을 말하라고 하신다. 짐짓 머뭇거렸더니 사장은 가만 있기만 하면 되느냐고 지천하신다. 당연한 꾸중이지만 멋쩍기 짝이 없다.

6월 29일 (금)

아침에 일어나니 머리가 무겁다. 10시경에 회사에 나갔더니 회장님이 아직 떠나지 않으셨다. 11시경에 회장실에 들렀더니 어제 밤 이야기하겠다는 말을 하라고 하신다. 근간에 총무국장을 교체하라는 압력을 강력하게 받고 있는데 그렇게 되면 여러 가지 어려운 국면들이 벌어질 것 같아 걱정된다고 말씀드리다. 그 말에 대해서 회장님은 인사권자는 회장 자신이니 그 문제에 더 이상 신경 쓸 필요는 없다고 하신다. 그러고는 나의 최근 심정을 털어놓았다. 요즘 저로서는 최선을 다하고 있다고 생각하는데 회장님이 최근 오실 때마다 꾸중을 주시니 능력의 한계가 느껴진다고 했다. 회장님은 내가 언제 꾸중했느냐, 의견을 묻는 것은 사장의 의견을 존중하기 때문인데 그것을 꾸중으로 받아드린다면 곤란하다고 오히려 또 한번 꾸중이시다. 이어 괴편지사건을 보고했더니 그런 못된 짓은 철저히 찾아내어 뿌리를 뽑아야 한다고 하면서 총무국장이 업자로부터 1천만 원을 받아서 회장에게 주었다고 오무가 말했다는데 그 문제는 어째서 감추고 보고하지 않았느냐고 꾸중이시다. 밤에 부국장급 이상의 간부 23명에게 저녁을 사셨는데, 그 자리에서 오무를 일으켜 세우고 최근의 처신을 엄중하게 규탄하면서 3개월간의 출근정지를 회장직권으로 내리시다.

6월 30일 (토)　인사위에서 3개월간의 출근정지 결정하다

부사장을 데리고 회장실로 가서 오무 위원 징계조치 문제를 협의하다. 옛날에는 대표이사 직권으로 인사조치가 가능했지만 이제는 근로기준법에 의거해서 인사위원회의 결의절차를 밟아야 한다는 것이다. 오늘 인사위원회를 열어 결의하기로 했다. 오전에 오무 위원을 회장실로 불러 사건에 대한 진술을 들었다. 총무국장이 업자로부터 1천만 원을 받아 통장에 넣어두고 총무국 비용으로 쓰고 있다는 말을 발설한 것은 사실이나, 그 돈을 회장님에게 가져다주었더니 칭찬했다고 하는 말은 한 적이 없다고 완강히 부인했다. 그러나 무슨 근거로 그런 말을

했느냐니까 문종주로부터 들었다고 한다. 회장님은 나가시고 부사장, 박 주필, 이 이사, 황 부국장 그리고 나를 포함해서 인사위원회를 구성하여 오무 위원에 대해서 3개월의 출근정지를 결정했다. 그리고 김 국장과 오무 위원의 경위서를 접수했다. 낮에 부사장과 기흥식당에 들렀을 때 오무 위원이 나를 보자 인사위원회 결정에 유감을 표시하고 형평의 원칙에 어긋나는 조치라고 항의하다.

7월 2일 (월)　서 이사가 '한겨레'로 가겠다고 한다

아침회의를 마치고 문종주를 불러, 오무 위원의 진술내용을 설명하고, 그것이 사실이냐고 물었더니 태연스럽게 그렇다고 한다. 작년 8월 새 건물로 이사왔을 때 김 국장이 아침 총무국 전체회의에서 저금통장을 들어 보이면서 여기저기서 모인 돈이 9백만 원쯤 되는데 그것을 저금통장에 넣었고, 회장님께도 보고했다고 말하더란다. 그것이 사실이라면 그런 사실을 경위서로 작성하여 오전 중에 제출하라고 지시하다. 서 이사가 꼭 점심을 함께하자고 해서 코리아나호텔로 갔다. 이번 창사기념일만 지나면 20일자로 사표를 내고 서울 한겨레신문으로 가게 되었다고 말한다. 한겨레에서는 이미 승낙했고 지난 달부터 월 1백만 원씩 고문료를 받고 있다고 실토한다. 2시에 회장님과 통화하여 오늘 오후에 서울로 출발하겠다고 보고했다.

7월 5일 (목)

오후 2시부터 편집간담회를 열었다. 박 주필이 조 고문과 점심하러 가면서 2시 30분에 돌아온다고 해놓고 돌아오지 않았기에 편집국 사람들하고만 간담회를 진행시키다. 이 간담회에서 전남대 신방과 학생들의 지방지에 대한 논문내용을 소개하고 우리 신문의 대처방안을 논의하다. 오후에 최 이사로부터 은행대출 문제가 이도선 의원의 도움으로 해결되었다는 소식을 듣다. 조 고문과 박 주필에게 모처럼 저녁대접을 위해 광주호반의 횟집으로 안내하다. 부사장, 허광욱, 최하림 위원을 합석시켜 10시 넘도록 술을 마시다.

7월 6일 (금)

오늘은 본사가 주최하는 세미나가 있어 9시 45분에 신양파크호텔로 가다. 세미나 장에는 들어가는 사람들이 줄지어 서 있다. 박하일 전남대 교수가 나와 있기에 잠시 이야기하고 있었더니 조덕송 고문과 백운선, 김홍명 교수 등이 도착한다. 세미나는 10시 정각에 시작되었다. 한 5분간 인사말을 끝내고 일단 신문사로 돌아와 회장님께 전화로 보고한 뒤 다시 세미나 장으로 가다. 청와대 김동오 정무비서관이 주제를 발표하는 제2세션이 진행되고 있었다. 1시경에 뒷방에서 식사를 하는데 참가자들이 240명이나 되어 예산이 초과하게 되겠다고 기획국장이 걱정한다. 전남대 정기화 교수가 제3세션의 주제 "한소관계와 경제문제"를 발표하는 것을 보고 회사에 돌아오다. 조덕송 고문이 신문사로 돌아왔기에 일본에서의 좌담회계획은 예산상 어렵다고 결론지었더니 몹시 아쉬워하는 표정을 지었다. 이내균 사장이 서울대 동창회 관계로 전화했다.

7월 7일 (토)

아침회의 때, 전남대 신방과의 실습지에 우리 신문의 유가부수가 무등일보보다 떨어지는 것으로 보도되었다는 것이 알려져 물의가 분분했다. 신문의 실태를 외부로 알리려면 아무래도 사보 같은 것을 발행할 필요가 있다고 의견이 모아져, 창간기념일을 계기로 발간을 추진하라고 지시했다. 서울로 전화하니 회장님은 필드에 나가신 것 같다. 이도선 의원에게 전화하여 이번 장기신용은행 대출문제를 도와준 데 대해 감사의 뜻을 표하다. 부사장, 서 이사와 함께 점심하다. 윤 부사장이 와서 광고국의 이 이사가 최정권을 차장석에 벌써 앉혀버렸는데 이를 시정해야 한다고 주장한다. 인사에 무리가 있다면 시정하도록 하라고 했는데 이 이사가 올라와서 되돌리기가 난처하게 되었다고 난색을 표명한다. 월요일 회장님과 협의해서 조치하기로 했다.

7월 9일 (월)　편집국을 재조정하라 지시하다

오전에 문 국장을 불러 창사기념일을 계기로 편집국 내의 조직을 재검토하고 인사의 재조정을 준비하라고 지시하다. 창사기념일에는 그동안 회사의 발전을 위해 기여한 사람들에 대하여 광범위하게 표창할 예정이지만 승진은 극히 제한적으로밖에 할 수 없는 실정이라고 귀띔하다. 인사문제는 이정일 부회장이 미국에서 돌아온 후인 8월 초에나 하겠으니 그동안 부서재조정과 출입처 재조정안을 마련하라고 했다. 편집국에는 승진은 없을지라도 대우딱지 떼는 것이라든지, 부장급의 대우개선, 시청출입기자의 재조정, 손 차장과 이명숙 기자의 능력평가 등을 지적했다. 장기은행 대출관계의 입보문제를 광양에 출장 중인 조선내화의 이화일 사장하고 협의하다. 서울 아남정밀의 김이환 전무에게 승진을 축하하면서 광고를 부탁하다. 이내균 사장이 내일 있을 서울대 동창회관계로 전화했다. 광주일보의 박진동 고문의 모친상에 조문 가다. 박갑동 국장이 서울지사 광고국문제는 이제 풀려가고 있으니 걱정말라고 한다.

7월 11일 (수)

10시 넘어서 회장님이 대전에서 도착하셨다. 7월 자금계획, 7월 광고실적 등을 보고했더니 시험성 질문은 하지 않고 경비절약을 강조하면서 당부하신다. 사원표창 문제, 무종주 문제, 서 이사 문제, 최정권 문제, 사보 노보 발간문제 등을 말씀드리다. 부사장과 이 광고이사를 불러 축하광고 매출실적을 보고하고, 최정권을 차장으로 승진시키는 문제가 나오자 이력서를 보시고 '차장 대우'를 뛰어넘는 것을 꺼려하신다. 점심은 지하식당에서 하고 오후에는 홍 국장과 함께 6월 실적과 7월 추진계획을 보고하다. 이어 황 부국장을 불러 자금계획을 보고하도록 했다. 예산배정을 하나하나 따져가며 경비절약을 재강조하신다.

취재비, 원고료, 통신비가 과다하지 않느냐고 지적하시기에 신문사와 같은 정보산업에서 전화비를 절약하고 취재를 억제한다는 것은 형편없는 신문을 만들라는 말이나 같다고, 사실상 우리의 경우는 너무 억제하는 건 아닌가 걱정되는 지경이며, 접대비도 극히 제한하고 있다고 해명하다.

7월 12일 (목)

점심에 전남대 신방과 교수들을 일송정에 초대했다. 12시 30분에 갔더니 변동현, 김원태, 송정민, 이의정 교수 등이 와있다. 지난번에 전남대 신방과의 실습지(우리 말길)에 전남일보의 유가부수가 무등일보보다 못한 것으로 보도했는데 그 근거가 무엇이냐고 따졌다. 이렇게 인쇄된 숫자는 아무리 엉터리라도 만약 한 신문에서 악용하게 되면 다른 신문에 영업상 막대한 피해를 주는 것인데, 특히 숫자에 정확을 기해야 할 신방과 실습지에서 사실과 크게 어긋나는 숫자를 확인하지 않고 활자화했다는 것은 얼마나 무책임한 짓이냐고 비판하다. 송 교수가 무거운 책임을 느낀다고 사과하다. 어떤 형식으로든 정정하는 노력을 보이라고 요청하다. 김창식 교통부장관이 전화, 고속전철계획에서 호남선이 소홀히 다루어지고 있다는 우리 신문의 보도에 대해 해명하면서 원칙적으로 계획은 이미 되어 있으니 조금 기다려 달라고 한다. 문 국장, 장 실장, 손 부장을 불러 교통부장관의 말을 전하고 교통정책에 대한 비판은 좋지만 김 장관의 입장도 고려하라고 했더니 문 국장이 외부압력이라고 반발한다.

7월 13일 (금)　　허술한 기사취급을 꾸짖다

조회 중에 회장님이 오셨다. 문종주 문제를 보고하다. 아주 부드러운 어조로 그간의 노고를 치하하고 격려를 주신다. 업무국 이광현 국장에게 임자도 해수욕장 민박예약건을 연락해 보라고 지시하다. 조효석 위원을 사장실로 오시라 해서 약 30분 동안 환담하다. 오후에 이만영 부장을 불러 원정대 사고기사에 관련하여 우리 데스크가 너무나 허술했다는 점을 지적하여 각성을 촉구하고, 나종경 편집부기자와 노성경 사회부기자를 따로 불러, 기사취급의 허술한 점을 집으면서 실속 없는 자만을 부리지 말라고 호통치다. 두 사람 모두 자신들의 실수를 순순히 시인하면서 물러가다. 아마 평생동안 못 잊을 경고로 기억할 것이다. 김원자 부장이 새로 뽑은 주부모니터 두 사람과 함께 인사차 올라왔다.

7월 14일 (土)

결원 중이던 신문사의 이사선임 문제는 상호신용금고 이종열 사장을 선임하기로 결정했다. 아침회의에서 문화사업문제가 제기되기에 국창대회 개최문제를 윤 부사장에게 넘겨주며 검토하라고 지시하다. 때마침 지난번에 국악대회안을 제안했던 국악협회 광주지부장 최 씨가 찾아왔다. 금호재단과 보해양조에 스폰서교섭을 해보라고 시사하다. 김민영 기자가 대만에 취재차 출장갔다가 돌아와서 인사차 오다. 11시경에 뉴욕의 이정일 부회장으로부터 전화가 왔다. 창사기념행사, 서 이사사임 문제, 총무국장 동남아출장 문제, 오무와 문종식처리 문제, 백두산 취재계획과 일본취재 문제 등을 설명하다.

7월 18일 (水)

10시경에 회장님이 나오셨다. 서 이사가 내일 떠나게 되는데 공무국을 비어 놓을 수가 없으니 곧바로 발령히는 것이 좋겠다고 하고, 공무국장으로 김충곤 국장을 보내고 총무국장으로는 홍석우 기획국장을 겸임시키자고 했더니 동의하신다. 그리고 전산제작부의 오한진 차장대우를 우선 차장으로 하되 부장직무대행으로 발령하고, 나머지 김서규, 박치우, 오병하는 다음 기회로 미루다. 뉴욕에 있는 이정일 부회장에게 장거리전화를 넣어 인사이동 내용을 알렸더니 좋다고 하며 8월 1일쯤에 귀국하겠다고 한다. 오후에 홍안과에 가서 안질을 치료받고 오다.

오후에 회장님이 신임기관장들과의 만찬기회를 가질까 하는데 어떠냐고 의견을 물으신다. 기념식 뒤끝에 일부 기관장들하고만 따로 만나면 오해의 여지가 있으니 다음 기회로 미루는 게 좋겠다고 건의하다.

7월 19일 (목) **창사기념식을 거행하고 노고를 치하하다**

9시 30분에 이효계 광주시장이 창사기념축하차 방문하다. 이어 김동환 부지사와 나 북구청장, 박 세관장 등이 방문하다. 회장님이 서 이사 전별금으로 금일봉을 전달하다. 서 이사 방에 가서 석별의 아쉬운 말을 나누고, 올라와 회장님과 윤 부사장과 함께 지하식당에서 점심하다. 3시에 창사기념식을 강당에서 거행하다. 회장님의 인사말이 있은 후 내가 단상에 올라가 창사일을 7월 19일로 정한 내력을 설명하고, 그동안 각 국실의 노고를 치하하다. 몇 가지 당부 말도 준비했으나 시간이 길어질 것 같아 생략하다. 이어 표창장을 수여하고 다과회를 열어 사원들과 어울렸다. 국세청장이 찾아왔다. 회장님이 내일 윤 부사장이랑 옥과로 운동하러 가자고 하신다.

7월 24일 (화)

아침에 손지현 차장이 그동안 자기가 쓴 기사리스트를 가지고 왔다. 어제 밤 문 국장을 만났다 한다. 그동안 기사작성이 서툴다고 말이 많기에 내가 직접 점검해 보려고 기사리스트를 작성하라 했던 것이다. 송진우 기념비건립추진위의 김성수 위원장(담양)이 찾아와서 후원을 부탁한다. 오늘은 중복날이라 부사장, 이 이사, 이·김·문·홍 국장 등을 데리고 등나무집에서 보신탕을 먹다. 오후에 회장님으로부터 전화, 성옥재단 장학금 4백만 원을 목포지역 배달소년들에게 지급할 수 있는 방법을 재단 상임이사인 조효석 씨와 상의해서 보고하라고 하신다. 조 선생은 불가능한 것으로 대답한다. 4시부터 노사협의회를 열었다. 천갑수 위원장과 문종신, 노성경, 이수종 등이 참석했다. 내가 인사말을 통해서 노조활동과 회사의 일상업무를 구별 못한다면 엄벌에

처하겠다고 했더니 천갑수 위원장이 드세게 항의한다.

7월 27일 (금)　임자해수욕장에서 휴가를 보내다

뉴욕으로 부회장에게 전화, 몇 가지 상황을 알리고 언제 오느냐 물었더니 8월 3일 아침에 도착할 예정이라 한다. 아침에 집 식구들은 먼저 임자 해수욕장으로 떠나보내고 나는 점심 후에 신문 나오는 것을 보고 이광현 국장과 함께 출발했다. 해제, 지도를 거쳐 임자에는 3시경에 도착했다. 해변에서 한참 찾아다니다가 민박촌으로 갔더니 박성태 기자와 최종경 기자가 점심을 먹고 있었다 그들도 일찍 출발했지만 도선을 한번 놓치고 2시에야 도착할 수 있었다 한다. 오후에 1시간 정도 해수욕을 하다. 해수욕장은 별로 사람이 붐비지 않는다. 그러나 광주에 있는 각 기관들이 이곳에 텐트를 가설해놓고 하계휴계장으로 이용한다고 한다.

7월 30일 (월)

서울지사에서 박갑동 국장이 전화, 광고국 박 차장이 국장의 지시를 따르지 않고 오히려 방해행위를 자행하기 때문에 시말서를 받고 징계 조치를 취했다고 한다. 회장님과 통화, 그동안의 유선방송 계약문제와 김대혁, 박지영 사표문제를 보고하다. 오전 중에는 예산심의를 하다. 신탁은행 지점장이 인사차 왔다. 오후에 최봉인 지사장에게 전화로 서울지사의 박 차장에 대한 조치문제를 말했더니 불만스러운 어조이다. 박지영 기자가 사직인사차 올라왔다.

8월 1일 (수)

10시경에 해남 황산면 농협 대의원들 일행 12명이 신문사를 찾아왔다. 한참 동안 신문사의 현황을 설명해 주다. 서울로 전화, 내일 저녁때 상경하겠다고 했더니 회장님은 내일 아침에 광주에 오시겠다고 한다. 박하구 통신공사 전남본부장이 신임인사차 찾아왔다. 본부에서 크게 활약했던 전문가라 이 지역에서의 역할이 기대된다고 격려하다. 이어 조흥은행 광주본부장이 광주지점장과 함께 인사차 내방하다. 2시부터 편집간담회를 열다. 박 주필, 조효석 의원, 오세성 부국장, 이홍재 부국장, 장광영 실장 등이 참석하다. 수요칼럼문제가 제기되어 주필과 편집국 양쪽이 모두 책임이 있다고 싸잡아서 질책하다. 오세성 부국장에게 여천 화력전기에서 온 질의서에 성실하게 해명하고 적절한 시정조치를 취하라고 지시하다.

8월 2일 (목)

조회 중에 회장님이 도착하셨다. 10시경에 회장실로 찾아가 상반기 결산내용을 부사장과 홍 국장이 보고하다. 광고국 외근직원으로 안옥현 군을 회장님께 소개하고 면접을 받게 하다. 이어 또 한 사람 더 면접을 받도록 하다. 유선방송사업에 대한 경과를 홍 국장이 회장님께 보고하다. 오후에는 업무국장과 이효방 부장이 지대인상을 보류하게 된 배경을 설명하고 하반기 판매계획에 대한 수정안을 보고하다. 6시경에 내가 서울에 올라가겠다고 하니 회장님도 목포로 내려가시겠다고 한다. 저녁 때 아시아나편으로 서울로 가다.

8월 3일 (금)　이정일 부회장이 미국에서 돌아오다

오늘 이정일 부회장이 미국에서 돌아올 예정이어서 일찍 최 이사와 함께 김포로 나가다. 비행장에는 부회장을 마중나온 사람들이 10여 명이나 된다. 비행기에서 내린 부회장의 모습은 다소 건강은 회복한 것 같았으나 아직 완전하다고는 할 수 없었다. 8시에 남서울호텔 사우나에서 만나자고 해서 최 이사, 김남식 씨하고 먼저 목욕하고 기다렸더니 9시 30분에 부회장이 도착했다. 잠시 이야기를 교환했으나 몹시 바쁜 표정이어서 미리 준비했던 약식 주요업무보고서를 건네주고 헤어지다. 최 이사와 아침 겸 점심으로 식사를 때우고 프레스센터에서 내리고 차를 보내다. 우선 언론연구원의 고판흠 국장을 만나서 노조측에서 새 임원진에 대한 반발하는 이유를 설명듣다. 그러고 나서 한동원 원장과 조순환 이사를 만나, 근래에 연수를 대폭 줄였는데, 적어도 기초과정만큼은 1년에 4번 정도의 연수계획을 실시하라고 권고하다. 5시경에 서울지사에 들러 조덕송 고문과 이야기하다가 최 지사장, 박갑동 국장으로부터 지사운영관계를 보고받다.

8월 6일 (월)

광주생명의 최병수 사장에게 전화, 일전에 광고를 협조해 주어서 고맙다고 했더니 곽한식이란 사람을 기억하느냐고 묻는다. 그 사람이 자기 처남인데 내 이야기를 많이 하더라고 한다. 삼능건설의 이광국 회장과 통화하고 이어 서울 해태의 신형식 고문에게 전화, 오늘 우리 신문에 기고한 전남의 인재를 키우자는 취지의 글로 감명을 받았다고 칭찬했더니 껄껄 웃는다. 오후에 이만영 부장을 불러 토요일에 데스크를 비운 사실을 지적하고 우리 신문에 게재된 독자편지를 읽어주며 앞으로 사회면을 제작하는 데 참고삼으라고 타이르다. 나의갑 부장으로부터 최종경 기자의 근무자세에 대한 보고를 들었는데 한마디로 그는 언론의 정도를 걷는 사람이라고 평가한다.

8월 8일 (수)　　서남유선방송 시설을 점검하다

10시경에 윤 부사장, 홍 국장과 함께 이번에 우리 회사에서 비아에 새로 마련한 서남유선방송 사무실을 시찰했다. 건평이 8평에 불과하지만 사무실과 방송실 그리고 창고로 구분되어 있어 아쉬운 대로 쓸 수가 있을 것 같다. 150만 원쯤 들여서 수리한 것인데 사무실로 별로 손색이 없는 것으로 보인다. 배진 군과 실습생 한 사람이 사무실을 지키고 있다. 밖으로 나가 사무실 주변을 살펴보고 아직 진행중인 간선 가설공사 현장을 돌아보고 앞으로 공사를 진행시킬 하남동까지의 지형을 둘러봤다. 오늘 아침 조선일보의 사고를 보니 앞으로 한국경제의 KETEL과 데이터통신의 DACOM을 통해서 전자신문을 발행할 것이라 했는데 그 자세한 내용을 김연두에게 조사해서 보고하라고 지시하다.

오후 2시에 편집간담회를 열다. 논설위원실의 조효석 위원과 편집국의 이홍재 부국장, 장광영 실장이 불참하다. 박 주필에게 요즘 사설 제목의 사전연락이 잘 안 되고 있음을 상기시키다. 연재물도 적기를 놓치지 않도록 촉구하고 이도선 의원 관련기사의 균형문제와 광주보상법 기사 중에 나오는 불상계에 관한 대목을 정정하도록 촉구하다. 그리고 여천화전, 여천오염문제 등에 관한 기사에 주의를 환기시키다. 한국경제의 이규형 사장과 통화, 우리 신문의 뉴스를 KETEL에 제공하기로 합의했다. 데이터통신의 유경희 박사와 통화하여 DACOM가입에 협조해 달라고 부탁하다.

8월 10일 (금)

홍 국장이 총무부와 기획부의 인원보충안을 들고와 보고한다. 서울에서 박갑동 국장이 회장님에게 서울 광고국의 현황을 보고드렸다고 연락한다. 회장님께 전화드렸더니 더위에 고생이 많다고 위로해 주신다. 이종열 사장이 자기의 장남인 현우 군을 데리고 왔다. 미국에서 스피치 커뮤니케이션을 전공하고 조교수로 있는데 오늘 아침 경영자 조찬회에 나가 강연을 성공리에 맞추었다 한다. 함께 일식집에서 점심하고 내 저서를 두 권 주다. 이광현 국장이 와서 내일 완도 가는 문제를 협의했는데 김명수 부장을 데려 가자 한다. 오후에 서울의 부회장으로부터 오무와 문종주에 대한 처리문건을 팩스로 보내달라고 홍 국장에게 연락이 왔다 한다. 정기상 부장을 불러 편집국의 제작방향에 대한 의견을 들어보다.

8월 11일 (토) 보길도 해수욕장을 찾아가다

평민당의 박상천 의원이 방문하다. 그동안 신문사에 찾아오지 못해 미안하다면서 우리나라 선거풍토의 낙후성을 들면서 민주주의가 아직 멀었다고 개탄한다. 서울에 있는 인간개발원의 장만기 원장이 광주은행을 찾아 내려온 길에 신문사에 들렀다. 조찬회가 이곳 경영자협의회에 의해서도 성공리에 추진되는데 이는 장 원장의 아이디어가 이곳에서도 꽃피고 있다는 증좌라고 칭찬하다. 12시 20분에 집사람이 여름휴가 채비를 갖추고 신문사로 나왔다. 이광현 국장과 고행원 부장과 함께 출발, 3시 넘어 완도에 도착하다. 3시 30분에 보길도 행 도선을 타고 소안도를 거쳐 보길도에 도착하다. 거기에서 이 보급소장의 안내를 받아 해수욕장에 도착하다. 방풍림과 까만 자갈돌이 특색이다. 민박이 깨끗하고 조용하다.

8월 12일 (일)

아침에 일어나 해안을 한 바퀴 산책하다. 식사를 마치고 10시경에 부용동으로 가서 고산의 정원이었던 세연정지(洗然亭祉)를 돌아보다. 그곳 중학교의 서무과에 있다는 사람이 해설해 준다. 고산이 제주도로 가려다 태풍을 만나 도중에 피난했는데 부용동의 지리에 반하여 이곳에 자리잡게 되었다 한다. 100여명의 식솔을 거느리고 와서 낙선제에 자리잡고 그곳을 조경하여 세연정을 지었다고 한다. 고향인 재해남에 자기 선조의 전답이 있는데다가 여기 저기 간척사업을 해서 경작지를 많이 늘렸는데 곡수를 노역으로 받았기에 이곳에서의 호화로운 생활이 가능했다고 한다. 이 낙선제에 자리잡은 정원은 한국의 민간정원으로서는 최대의 것이며 약 5천 평의 넓이라고 한다.

8월 13일 (월) **회장님과 인사문제를 조정하다**

부사장, 홍 국장을 데리고 회장실에 들어가 기획국의 인사조정문제를 협의하다. 나는 기획국을 총무부로 흡수하는 것은 시기상조라고 우겼는데 회장님은 통합을 주장하신다. 이어 하반기 경영계획 수정안을 보고했는데 회장님은 적자폭이 늘어났다는 사실을 지적하면서 인건비와 경비를 절감할 것을 강조하신다. 오후에는 7월 실적과 8월 추진계획은 중복되기에 보고를 생략하겠다고 말씀드렸다. 인사조정문제를 종결지으려 했는데 회장님은 박귀남을 총무국부국장, 김연두를 유선방송책임자, 김영근을 총무부 서무, 최동립을 업무국으로 배치하자고 하신다. 다른 사람들은 내보내고 회장님과 독대하여 각자의 적성에 비추어 박귀남을 유선방송으로, 김연두와 김영근을 사업담당으로, 최동립을 서무로 보내자고 했다. 그리고 업무국은 신규채용하고 외간사업은 공무국으로 이관하는 것으로 결정하다. 인사조정안을 이렇게 마무리짓고 회장님의 재가를 얻어 부회장에게 팩스로 보내도록 했다.

8월 16일 (목)

조회 마치고 문 국장에게 김용해, 박용래 기자에 대한 부회장의 불만을 전하고 대비책을 세우라고 촉구하다. 오늘은 편집간담회 대신에 부장회의를 하면 좋겠다고 했더니 휴가나간 사람이 많으니 내주 월요일에 열자고 한다. 공무국의 김봉수 부장이 다른 곳으로부터 스카우트되어 벌써 발령을 받았다는 말이 돌기에 불러다가 강력히 만류하다. 회장님에게도 연락했다. 면허증수당과 기본급을 조정해 주고라도 붙잡기로 했다. 김종효, 유병동, 김길천, 박한제, 장영래 등을 불러 동요하지 말라고 종용하다. 오후에 문 국장을 불러 광양만 오염기사가 15면 톱과 특집면에 중복되어 게재된 사실을 지적하고 사진취급의 불합리성을 지적했더니 순순히 시인한다. 김진원 부장이 아시안게임 취재문제로 전화했다.

8월 17일 (금)

이효계 광주시장이 예고 없이 방문했다. 오늘부터 광주민주화운동 희생자들에 대한 보상이 시작되기 때문에 언론의 협조를 받으려는 것이었다. 무거운 과제를 풀어야하는 시장의 입장을 이해하고 협조를 아끼지 않겠다고 하니 고마워한다. 이내균 사장이 서울대 동창회 관계로 김훈 국세청장이랑 점심을 하자고 해서 삼능건설에 들러 이광국 회장을 모시고 광주호변에 있는 호반산장으로 가다. 돌아오는 길에 또 이 회장을 집까지 태워다 드렸는데 무등일보의 지면을 상당히 칭찬한다.

8월 18일 (토)

아침회의 때 아시안게임 취재진 출장수속을 빨리 하라고 독촉하다. 회의시작 때는 김봉수에 대한 설득이 거의 성공적이라고 했는데 조금 후에 황 부국장이 헐레벌떡 들어오더니 김봉수가 벌써 서울로 떠나버렸다고 한다. 그런데 서울에서는 자기 매형과 만날 것 같다고 해서 회장님께 전화를 올렸다. 김봉수를 불러 만류해 주시고 그 사람의 매형에게도 그 점을 당부해 주시라고 하기 위해서다. 그런데 김충곤 국장의 말에 의하면 김봉수가 어제부터 서울 갔다 온다고 버스표를 샀다면서 아마도 그 쪽을 정리하기 위해서 갔는지도 모른다는 것이다.

8월 20일 (월) 우리 지면의 취약점을 지적하다

9시 30분에 회장님이 도착하셨다. 부사장과 함께 들어가 김봉수가 오늘 나오기는 했으나 떠나기로 결심하는 것 같으니 회장님께서 강력히 만류하시라고 권하다. 목포에서 부회장이 전화로 회장님께 목포에 온 한국정치학회 회원들을 대접한다는 말을 하고 회장님이 그 자리에 참석하시겠느냐고 물은 모양이다. 나도 나가시도록 권했더니 그렇게 하겠다고 하신다. 내가 준비한 인사말을 요약해서 일러드리고 나는 빠지기로 했다. 10시 30분에는 이번에 승진, 전보, 또는 신임하는 사원들 20명에게 사령장을 수여하고 격려의 말을 하다.

오후에는 부장급 이상의 편집국간부들 전원을 회의실에 소집하고 요즘 우리 신문지면에서 발견되는 취약점들을 다음과 같이 열거하고 앞으로 연구 보완할 것을 촉구하다. (1) 기사제목에 고딕체를 과도하게 사용하여 지면이 칙칙하게 보인다. (2) 사진의 사이즈가 너무 작고 톤이 어둡다. (3) 연통에 대한 의존도가 너무 높고, 자사의 독창적 취재가 별로 두드러지게 나타나지 않는다. (4) 사회면에 시위, 폭력, 사고기사가 너무 많다. (5) 문화기사가 점점 약화되고 있다. (6) 체육기사의 양이 적고 자사기사가 거의 없다. (7) 8월 11일자의 여천공단에 대한 특집면 기사와 사회면 둘째 머리기사는 길이만 달랐지 완전히 똑같은 사실을 중복한 것이어서 지면만 낭비했다. (8) 8월 16일자의 광양만 오염에 관한 특집기사도 사회면 톱으로 다시 반복한 것에 불과했다. (9) 8월 17일자의 젖소 "한우고기 둔갑" 기사는 며칠 전에 TV에 나온 기사인데, 뒤늦게 커버하면서 머리기사로 다루었다. (10) 8월 8일자 기사로 중재위로부터 시정권고를 받았는데 왜 비슷한 과오가 되풀이되는가. (11) 되찾은 수군절도사비는 사진설명으로만 취급했는데, 실물이 목포문화원에 있다면 왜 더 자세하게 보도하지 않았는가. (12) 8월 16일자 지면에는 기념촬영식(초미니) 사진이 3매나 게재되어 있다. (13) 8월 16일자 기녀 홍도비는 비면이 보이지 않는다면 무엇 때문에 실었는가. (14) 인물난 편집은 너무 수동적이다.

8월 22일 (수) 목포종합병원 건립을 건의하다

조회 마치고 나니 부회장이 목포에서 도착하다. 부사장, 홍 국장이 참석한 가운데 황 부국장이 상반기 결산안을 보고하다. 이어 황 부국장이 하반기 경영수정안을 보고하다. 부회장이 다음 몇 가지를 강조하다. (1) 인쇄매체뿐 아니라 방송매체(주로 CATV, FM방송, 가능하면 민방)를 겸영하는 것을 기본노선으로 삼겠다. (2) 신문이외에 수익사업을 찾아야 한다. (3) 광고판매확장안(주로 서울지역과 계열사 임직원 동원)을 세울 것, (4) 증자 등 자금염출방안을 제시할 것, (5) 부회장과 부사장은 광고, 판매, 경영을, 사장은 편집제작을 분담하자 등이다.

12시부터 신양파크호텔에서 보사부장관 초청 오찬에 참석하다. 문준식 의원이 나에게 발언을 권유하기에 도서지역의 의료시설이 열악하다는 점을 들어 목포에 종합병원을 건설해야 한다는 것을 다음과 같이 상당히 자세하게 건의했다.

우리나라에는 516개의 유인도가 있는데 그중 58%인 302개가 전남에 있다. 그 302개 도서 중 병의원이 있는 곳이 115개 (38%)밖에 되지 않는다. 그런데 보건지소나 진료소에는 기본시설인 X-ray나 인공호흡기 마저도 없다. 중환자를 싣고 종합병원이 있는 광주까지 오려면 무려 6~7시간이 걸릴 수도 있다. 결국 구제할 수 있는 생명을 놓치는 경우가 있다는 말이다. 따라서 모든 섬에 병원을 지어줄 수 없는 형편에서 가장 현실적 방안은 인근육지에 있는 도시, 가령 목포나 여수 등에 종합병원을 세워주는 일이다. 그렇게 되면 이 지역주민의 복지향상은 물론이고 마음속에 싸여있는 소외감을 없애는 데도 크게 기여할 것이나.

이러한 취지의 나의 건의에 대해서 김 장관은 매우 좋은 의견을 주어 감사하다면서 적극 검토하겠다고 약속했다. 2시에 편집간담회를 열다. 주필에게 김 장관에게 건의한 내용을 되풀이 설명해 주고 사설에 반영시키라고 요청했다.

8월 23일 (목)

아침에 주필에게 목포에 종합병원을 건립하고 목포대학에 의학부를 신설하는 문제를 연결하여 사설을 쓰도록 요청했더니 집필자로 허광욱 위원을 지명했다기에 허 위원을 불러 그 요지를 설명해주다. 11시에 동화석유 신태호 회장실에서 산경회 멤버들이 일단 모여서 심문섭 농협지회장 부친상 장지에 가기로 했다. 신태호 회장, 오남, 김정식, 김포천 사장 등과 함께 장지까지 가서 장례식에 참가하다.

4시 넘어 부회장과 통화, 어제 보사부장관에게 목포에 종합병원을 건립할 것을 건의했다고 하니 좋아라 하면서 9월말이나 10월초에 개헌안이나 지역문제를 놓고 세미나를 열 것을 생가해 보자고 한다. 목포대학의 배종무 총장이 전화했다. 어제 내가 보사부장관에게 목포대학에 의학부신설이 필요하다는 점을 일깨워준 데 대해 감사하다고 하면서 내일 낮에 전남대 오 총장이랑 함께 점심하자고 한다.

8월 24일 (금) 신문윤리의 실천요강을 지켜라

최옥수가 이력서를 가지고 왔기에 서울 박갑동 국장에게 연락했더니 이상호 이사에게 먼저 보이고 보내 달라고 한다. 목포대의 배 총장이 12시까지 '서궁'으로 나오라고 해서 갔더니 목포대의 사무총장하고 기다린다. 전남대의 오 총장도 합석했다. 이들은 입을 모아 일전에 목포종합병원 문제와 의학부신설 문제를 정면으로 제기한 것을 좋게 평가해준다.

3시부터 지방주제기자들을 회의실에 모아놓고 약 1시간 동안 강의하다. 흔히 기자는 모름지기 신문의 정도를 걸어야 한다고 말로는 떠들지만 정작 어떻게 하면 신문의 정도를 걸을 수 있는 것인가를 진지하게 생각하지 않는 경향이 있다. 이 땅의 기자들이 걸어야 할 바른 길은 "한국신문윤리강령과 그 실천요강" 속에 적혀 있다. 그것을 잘 이해하고 실천하면 되는 것이라고 강조하다. 6시 30분부터 영호남미술교류전시회에 참석하다.

8월 28일 (화)

관훈클럽의 김영성 사무국장과 통화, 이번 광주에서 열리는 관훈클럽 세미나에는 광주시장뿐 아니라 전남도지사도 참석할 것 같다고 귀띔하다. 그 세미나 스케줄에는 내가 환영인사를 하는 것으로 되어 있다 한다. 초청인사는 70명, 일반 참가인사는 50명을 예정하고 있다는 것이다.

3시 30분에 최인기 지사를 만나 우루과이협상에 따른 농민대책문제를 이야기하다. 그러다가 우리 회사에서 국창대회를 계획한다고 설명했더니 전남도청에서도 전폭적으로 협조하겠다 한다. 그리고 관훈클럽 세미나가 광주에서 있다고 알렸더니 자기도 인사드릴 기회를 갖고 싶다고 한다. 오늘의 지면에 중소기업실태조사에 관한 기사가 경제면의 머리기사와 해설기사로 나와 있다. 그런데 두 기사에 동일한 내용이 중복되어 있다. 편집국장과 두 부국장, 그리고 편집부장을 불러 무책임한 편집을 지적하고 관련자에 대한 경위서를 받을 것과 앞으로 이런 일이 다시는 되풀이되지 않도록 단속하라고 지시하다.

8월 29일 (수)

아침회의에서 어제의 경제기사 중복문제와 관련 세 번째의 실수인데 그대로 묵과할 수 없으니 자세한 경위를 조사하고 원인을 규명한 후 다시 되풀이되지 않도록 안전책을 세우라고 문 국장에게 새삼 지시하다. 이에 대해서 문 국장도 책임을 통감한다고 말하고 편집과 교정에 관여한 기자의 감봉처분을 내일까지 건의하겠다고 한다.

2시부터 편집간담회를 열다. 부사장, 박 주필, 조효석 위원, 문 국장, 오 부국장, 이 부국장 등이 참석하다. '울밑에 선 봉선화' 팀에 관한 우리 신문 기사와 광주일보 기사를 비교논평하고 우리 신문의 교육관계 기사가 약하다는 점을 지적하다. 중요정보의 보고를 더 충실히 실행해 줄 것과 OK대장의 책임분담을 지시하다.

8월 31일 (금)

낮에 금수장에서 서울대동창회 문제를 협의하기 위해서 이광국 회장, 이내균 사장, 류호열 지검장, 김훈 광주 국세청장과 회동하고 점심을 나누었다. 이내균 사장을 상임부회장으로 하고 박성섭 사장을 간사장으로 지명하자고 김훈 청장이 적극 추천한다. 11일에 이사회를 소집하고 서울대학교 동창회칙을 좀 손질해서 채택하고 명칭은 서울대학교 광주동창회로 하자고 내가 제의해서 만장일치로 채택했다.

2시경에 회장님이 도착하셨다. 몇 가지 근황을 보고하고 부사장, 이 국장, 홍 국장을 동석시켜 업무국 임종문, 목포주재 기자 정제조, 유선방송에서 일할 추연호을 면접한 후 모두 채용하기로 했다. 오전 중에 부회장과 통화했는데 주말에 못 내려오겠다 한다. 동일상역과 반도종합개발을 함께 묶어 육사 11기 출신 최 장군을 공동대표이사 회장으로 영입하여 업무를 맡기고 자기는 서울과 광주에 반반씩 주재하면서 일을 돕겠다고 한다.

9월 1일 (토) 중복편집에 대한 문책을 의논하다

경제기사 중복편집과 관련해서 편집국 손진국 기자, 교열부 이진영 기자, 제작국의 서영이 양으로부터 경위서를 받았다. 문 국장을 불러 견책범위와 종류에 대한 의견을 물었더니 충분할 만큼 경고가 되었으니 감봉까지 중벌을 줄 것까지는 없고 회사차원의 견책이나 경고, 그것도 손진국 한 사람정도로 좁혔으면 좋겠다고 한다. 내주에 인사위원회를 열어 의견을 물어보기로 하다. 10시 15분까지 비가 내려서 오늘 골프는 못할 것으로 알았는데 조 대리로부터 회장님이 옥과로 출발하신다는 연락을 받다. 나는 11시 20분에 신문사를 출발했는데 부사장도 카폰으로 연락받고 집으로 해서 옥과로 오겠다고 연락이 왔다. 12시경에 점심을 먹고 회장님, 이종열 사장, 부사장과 첫 조에 끼고, 이화일, 이경일, 이 감사가 둘째 팀으로 12시 30분에 티업했다.

9월 3일 (월)

전남일보 노조에서 어제 호남대 교수 재임명탈락에 관한 기사를 신지 않았다는 이유로 항의성명을 냈다. 사실은 큰 광고주인 가든백화점을 의식하여 어제 광주일보와 협의한 후 게재를 보류했던 것이다. 요즘 전남매일에서 신문을 압수당했다고 항의농성중인데 중앙지에서는 모두 언론탄압이라고 비판하지만, 우리는 짐짓 묵살했는데 오늘은 검찰청에서 수사에 착수했다고 하니 더 이상 묵살할 수가 없다. 서울에서 조승형 의원이 전화로 전남매일 사건에 대한 나의 의견을 묻는다. 동업자라 보호하고 싶지만 솔직히 말한다면 언론의 정도를 걷지 않은 신문은 정화되어야 한다는 것이 나의 생각이라고 대답했다. 그리고 평민당에서 전남매일이 탄압받는 것으로 성명을 내는데 그것은 적절치 못하다고 생각하며 앞으로 검찰에서 진상을 발표할 것이니 그때까지는 논평을 삼가는 것이 좋을 것이라고 일러주다.

11시경에 회장님이 전화, 유선방송의 추연훈을 빼고 조선내화의 조 대리를 우리 신문의 총무국으로 보내고, 총무국의 직원 배동립을 업무국으로 보내고, 업무국의 이창노를 유선방송으로 보내자고 하신다. 오전에 있었던 인사위원회에서는 손진국을 견책하고 장형래 부장과 김정연을 경고처분하기로 결정하다.

9월 4일 (화)

회장님께 전화로 조선내화의 조 대리를 신문사에 파견형식으로 보낼 것이 아니라 정식 신문사직원으로 임명해야 할 것이라는 것을 몇 가지 이유를 들어 건의했더니 그렇게 하자고 동의하신다. 나주경찰서장과 목포경찰서장이 신임인사차 찾아왔다. 한국경제의 이규행 사장과 통화, 9월 15일 KETEL서비스를 시작하는데 개통식 사진이 필요하니 9월 14일 광주에 내려와서 사진촬영하고 옥과에 가서 골프하는 것이 어떠냐고 했더니 좋다고 한다. 회장님께도 그렇게 연락드리다. 한국경제에서 직원 두 명이 KETEL업무 교육차 내려왔다. 오후에 부회장으로부터 전화, 김영삼 총재를 만나고 왔다 한다. 세미나는 24일에 개최하고 윤재걸 기자를 채용하는 문제를 검토해 보라고 한다.

9월 6일 (목)　　회장님 협박하는 텔렉스를 받다

11시에 김포천 MBC사장이 전화, 지금 '예원'에서 대우의 김용원 사장하고 점심을 하려던 참인데 다른 선약이 없으면 함께 어울렸으면 좋겠다 한다. 김용원 사장과 오랜만에 만나 반갑게 정담을 나누고 대우가 호남에 대세를 몰고 오더니 요즘 잠잠해졌는데 웬일이냐 했더니, 사실 다시 호남쪽에 비중을 두고 주력할 작정이라고 한다. 그러면 대우와 전남일보가 제휴해서 판소리부흥을 위한 국창대회를 개최하는 것이 어떠냐고 떠보았다. 김 사장은 자기 자신도 판소리에 큰 관심을 갖지만 김우중 회장도 굉장한 관심을 지니고 있으니 김 회장과 연결시키겠다고 적극적이다.

저녁때 문 국장이 다급하게 찾아와서 방금 박상수 기자가 텔렉스를 받았는데 거기에는 이 회장님과 광주금고의 이 상무에게 보내는 협박장 비슷한 내용이 들어있다고 가지고 왔다. 즉시 문 국장과 박 기자에게 함구령을 내리다. 그 팩스내용을 읽는데 황 부국장이 올라와서 서울 조선내화 비서실에서 그 팩스를 보관하라는 연락이 있었다고 한다. 서울로 전화를 넣었더니 지금 회장님이 전화받을 기분이 아니라면서 사장이나 문 국장이나 모르는 것으로 해주었으면 한다는 것이다.

9월 8일 (토)

전남매일의 안광양 사장이 어젯밤 검찰에 구속되었다 한다. 상궤를 벗어난 언론사 경영은 당연히 정화되어야 한다. 이정일 부회장이 오늘 3시에 광주로 출발한다고 연락하다. 서울에서 박갑동 국장이 전화, 어제 오리엔트시계 회장을 만나서 관계기사를 전달했더니 사장인 나의 인품까지도 잘 알고 있다면서 감사의 뜻을 표하고 자기 쪽 사장에게 지시해서 협조하도록 하겠노라고 하더란다. 오후에 MBC 김 사장이 내일 10시 20분에 옥과에서 만나자고 한다. 마형열 사장으로부터는 아무 연락도 받지 않았다면서 혹 연락이 있거든 자기에게도 알려 달라고 한다. 재광 서울대동창회 창립추진을 위한 회의를 18일로 연기했다는 엽서가 왔다.

9월 10일 (월)

이 부회장이 왔기에 윤 부사장이랑 회장실에서 오무에 관한 문제, 청와대 출입기자문제, 논설위원 보충문제 등을 협의하다. 11시에 회장님은 평통 모임에 나가시고, 11시 30분에 중앙대학교 신방대학원의 제자인 목포의 박 군과 서울의 박 군이 찾아왔다. 12시가 되어 부회장은 다른 사람과 점심약속이 있다고 해서, 두 박 군과 손진국 기자와 일송정으로 가서 점심하다. 2시에 회장님이 귀사하셨기에 부회장, 부사장, 홍 국장이 합석한 가운데 9월 자금계획, 8월 실적개요, 서울지사 경비내역 등을 보고하다. 9월 자금은 2억 원, 그리고 연말까지 10억 원이 부족한데 이 자금연출방법을 놓고 회장님은 영업계획을 연구해

보라고만 종용하신다. 부회장이 자금의 큰 흐름을 잡아주고 영업계획을 연구하도록 해야 할 것이 아니냐고 직언하자 회장님은 역성을 내시며 '네가 그 돈을 마련해보라'고 호통치신다.

9월 11일 (화)

신양파크호텔의 박용훈 회장이 전화하다. 금강기업의 고재철 사장이 전남매일을 인수한다는 말이 있는데 사실여부를 알아봐 달라고 부탁하다. 측근들에 알아보니까 아직 확실한 것은 모르지만 그럴 가능성은 있는 것 같다고 말하더란다. 방송사라면 몰라도 현재와 같은 상황에서는 신문사에 손을 대는 것은 무모한 짓이란 것을 충고해 주라고 했다. 이내균 사장이 서울대동창회 회칙을 팩스로 보내고 수정할 것이 없느냐고 물어왔다. 이광국 회장이 끝내 사양한다면 오 총장이나 홍승민 씨를 추대하자고 한다. 목포대 배종무 총장이 전화, 부회장이 내려왔는지 물어보면서 의과대학 신설문제를 도와 달라고 한다. 부회장이 2시까지는 올라온다고 했는데 끝내 오지 않았다.

9월 12일 (수)

2시가 되었는데 편집간담회에 국장들이 들어오지 않고 장광영 실장만 기다리고 있다 한다. 더 알아보았더니 부회장이 올라와서 다방에서 문 국장이랑 이야기하는 중이라고 해서 빨리 간담회에 참석하라고 했다. 주필과 조효석 선생은 점심을 먹으러 나가서 안 돌아왔고 대신 허광욱 위원이 침석했다. 간담회에서 오늘의 지면 중 수해관계 사진의 선택과 김경제 인터뷰기사 등이 잘 되었다고 칭찬하고, 윤리위의 시정권고를 지적하고, 조직적 교육의 필요성을 강조하다. 부회장이 해남의 투서사건을 설명하기에 모함풍조나 폭력문제 배격을 위한 캠페인을 기획해 보도록 지시하다. 6시에 귀가하여 서울로 가다.

9월 13일 (목)　지역신문에 관한 세미나를 주재하다

오전에 부회장이 전화, 수재의연금으로 5백만 원이 어떻겠느냐고 묻기에 그렇게 하자고 동의했다. 오늘 맡은 세미나 사회를 위해 준비하다가 최봉인 이사가 왔기에 집에서 함께 나오다. 신문회관에서 점심을 먹고 1시 30분에 20층에 올라가 한종우 이사장, 원우현 회장, 김지운 교수, 이상희, 박유봉, 박현태, 변동현, 김우룡, 안광식 교수 등을 만나다. 4시 30분부터 제3주제 "한국지역신문의 당면과제와 해결방향"에 관한 토론의 사회를 맡아 진행시켰다. 원광대의 김병국 교수가 주제를 발표하고 이치백 전라일보 사장, 임철규 중도일보 사장, 김영일 연합통신 상무, 김세철 교수 등이 토론에 참가하다. 사회는 대과 없이 끝내다. 7시부터 리셉션이 있어 김석원 쌍용그룹 회장, 최영철, 최병렬 장관, 이환의, 장기봉 사장, 김상만 동아일보 명예회장, 방우영 조선일보 회장 등을 만나다.

9월 15일 (토)

조회 마치고 회장님과 전화, 해남검찰청에서 김봉태 기자에게 사표제출을 요구했다는 문제에 대해 월요일에 오세성 부국장을 보내서 알아보고, 다른 사실이 없는 한 검찰의 월권을 좌시하지 않겠다고 했더니 회장님은 대립을 피하라고 종용하신다. 서울로 부회장에게 전화, 오무와 만난 결과를 이야기해 주고 처리방안을 말해주다. 이내균 사장에게 전화, 서울대 재광 동창회 구성에 있어서 나를 부회장에서 빼고 고문정도로 고려해 보라고 말해두다. 오세성 부국장이 올라와 광주일보에 있던 김진형을 스카우트하려 했는데 불응하더라고 보고한다.

9월 17일 (월)　국세청기사가 또 말썽을 부린다

조회를 하는데 회장님이 도착하셨다. 9시 30분에 회장님 방에 갔더니 회장님의 심기가 좋지 않은 것 같다. 대충 중요사항만 보고하고 자금 20억 원이 내일까지 필요하다고 했더니 자금이고 뭐고 신문사를 하고 싶은 마음이 싹 떨어졌다고 하신다. 지난 13일자 신문을 가져오라고 하시더니 그 날짜 경제면 가십난에 난 국세청기사를 읽었느냐고 물으신다. 이 기사를 보고 김 청장이 국장들에게 조선내화에 대해 철저하게 내사를 하도록 지시했다고 한다. 국세청에 전화를 걸어 김 청장과 만나다. 이번 국세청인사는 신중에 신중을 기했는데 뒤늦게 뚱딴지같은 평이 나와 화가 나서 이야기한 것이 임원식 서장을 통해서 그렇게 와전된 모양이라고 미안하다고 한다. 부회장이 20일 아침 국방대학원생 일행이 목포에 오는데 조찬회를 스폰서할 것이라 한다. 6시 30분에 금수장에서 산경회 모임이 있었다.

9월 18일 (화)

서울에서 조선내화의 이종락 상무가 민영방송 신청여부를 이 회장님께 여쭈어 달라고 팩스로 보내왔다. 11시경에 회장님이 오셨기에 민영방송 신청문제를 놓고 신청할 필요가 없을 것이라고 의견을 말했더니 그대로 서울로 연락하라고 한다. 손용석 전무가 일본사람과 함께 내려왔기에 만나다. 1시경까지 회장님 방에서 이야기하다가 조덕송 고문이 오셨기에 점심 함께하려 했더니 개인사정으로 회장님과 협의할 일이 있다고 해서 부사장과 기흥식당에서 점심하다. 오후에 서울에서 부회장이 전화, 20일 아침의 목포에서 예정되었던 국방대학원학생들과의 조찬은 취소되었다고 한다. 그리고 자기는 21일에 광주에 내려오겠다고 한다. 신복진 부국장과 모상관 기자가 중국간다고 찾아왔기에 연변취재는 취소하고 북경에 머물러 취재하라고 지시하다.

9월 20일 (목)

부산에서 이정일 부회장이 전화, 한일 서남지역협력 세미나에 참석했는데, 기기에서 이환의 씨가 발표한 내용을 오늘 우리 신문에 실어주었으면 하기에 팩스로 보내라고 했다. 오후에 윤 부사장과 이상호 이사가 전남매일을 들고 와서 단평란에 전남일보 기자가 구속된 것으로 썼다고 한다. 편집국장과 부사장에게 이 문제는 출판물에 의한 명예훼손이니 엄중히 항의하라고 했다. 3시경에 전남매일의 박향구 주필이 전화로 정중히 사과한다. 그러나 터무니없는 기사에 격분을 금할 수 없으니 지면을 통해서 정정과 사과를 최대한으로 공개하라고 요구하다. 지켜보겠다고 못을 박았다.

9월 21일 (금) 전남매일이 사과문을 내다

오후에 이 부회장이 이환의, 손용, 최봉인 이사와 함께 서울에서 내려왔기에 윤선호 부사장과 문순태 편집국장에게 손 교수를 소개하다. 전남매일에서는 어제의 나의 강경한 항의에 응하여 제1면에 정정문과 제2면에 사과문을 실음으로써 전남일보의 명예를 훼손했음을 이례적으로 크게 사과했다. 7시부터 그랜드호텔에서 전남·광주 방송비평회 리셉션이 있었고 그 후로 광주시장이 주선한 만찬이 있었다. 이어서 우리 이정일 부회장이 '연희정'에서 주연을 베풀었다. 손용, 최창섭, 서정우, 김이환 교수, 김포천 사장, 유선협회의 최 전무, 텔레컴의 정 상무, 교육신문의 김영용 사장, 광주일보의 김종남 등이 참석하다.

9월 24일 (월) '서남유선방송'을 개국하다

아침회의를 빨리 마치고 10시경에 오늘 있을 세미나행사를 위해서 부사장과 신양파크로 가다. 커피숍에서 최대권, 윤석정, 장달중, 박하일 교수 등과 이정일 부회장과 함께 담소하다가 10시 30분에 세미나장에 들어가다. "90년대 한국의 정치제도"에 관한 세미나를 개최하다. 5~6분간의 나의 인사말을 마치고 먼저 조선대의 김홍명 교수가 '대통령중심제'에 관한 주제를 발표하고 이어 최대권 교수가 '내각책임제'에 관한 주제를 발표하다. 점심때 헤드테이블에서 잡담을 나눈 후 오후토론에 들어갔는데, 토론은 3시 25분에 끝나다.

일단 신문사에 돌아와 윤 부사장, 홍·김·이·문 국장, 이상호 이사, 박귀남, 김연두 등을 이끌고 비아로 가서 그동안 준비해오던 '서남유선방송' 개국식 행사를 갖다. 돼지머리를 앞에 놓고 재배하다. 신문사에 돌아오니 세미나를 끝내고 신문사에 들른 이 부회장과 최·윤·장 교수 등이 막 출발하려 한다. 부회장은 차로 서울로 떠나고 나머지 세 교수와 김홍명 교수는 문 국장이 안내하여 장어집으로 가다.

9월 25일 (화)

회장님이 10시 넘어서 전화를 하셨다. 11시에 포항제철 행사에 참석하였다가 바로 서울로 올라가시겠다고 한다. 이상호 이사 방에 들러 서울 광고문제를 알아보다. 오후에 순천지사에 들러볼까 했는데 주재기자가 부재중이라 보류하다. 목포지사로 전화했으나 부재중이다. 오후에 김충곤 국장을 불러 풀 페이지네이션에 관심을 갖고 추진하라고 하면서 기왕 전산화를 했으니 그 효과를 내려면 이를 서둘러야 한다고 강조하다. 서한영 이사가 김봉수를 데리고 가려했다는 말을 듣고 보니 섭섭하다. 오무가 내려왔기에 9월 말일자로 사표를 제출하라 하고 10월 1일자에 서울로 발령했다가 처리할 생각이라고 밝히고 사표를 받아놓았다. 문 국장이 공보처에서 연락받았다는데 강 총리 방북시 수행할 기자로는 광주일보가 지명받을 것이라고 하더란다. 청와대 염비서관에게 연락했으나 부재중이다.

9월 26일 (수)

오전에 서울지사 김 부장을 전화로 불러 어제의 일(강 총리 방북수행기자 선성)에 내해 물어보았더니 자기가 공보처장관에게 강력하게 어필해 보았지만 이번 일은 공보처에서 한 것이 아니라 청와대와 안기부 쪽에서 결정한 것이라면서 다음에는 유의하겠다 하더란다. 낮에 서울대 동창회문제로 가족회관에서 이광국, 김훈 청장, 이내균 사장, 유순석 지검장하고 점심하면서 10월말에 총회를 하고 이사들로부터는 10만 원 이상의 찬조금을 받기로 하다. 오후에 고행원 부장이 김식 씨를 데리고 왔다. 신문사 이야기를 하다가 갈렸는데, 나중에 생각하니 한전

이사장에 취임한 것에 대해 축하했어야 할 터인데 못한 것이 아쉽다.

9월 27일 (목)

아침회의 끝내고 회장님과 통화, 박태준 최고위원이 화순을 방문하는데 거기에 관해 특별히 관심을 갖도록 편집국에 지시했다고 보고하다. 이정일 부회장이 전화, 광양에 있는 자기의 사촌 처남이 광양에서 교통사고로 작고하여 오후에 다녀올 것이라고 한다. 점심 후 김포천 사장이 방문, 이 지역 언론계 동향을 놓고 환담하다. 변동현 전남대 교수가 지난번 방송비평회 세미나를 후원해준 데 대해 고맙다는 인사차 내사했다. 한겨레신문에 내가 세미나에서 한 발언요지가 나왔다 하기에 찾아보니 몇 줄 나와있을 뿐이었다. 이만영 부장에게 김동환 부지사와 점심약속을 잡아보라고 했더니 요즘 시간이 바쁜 것 같으니 추석 후에나 만나는 것이 좋겠다고 한다.

10월 1일 (월)

오무를 서울지사 주재로 발령하도록 지시하고 박 주필에게 이 사실을 알려주다. 최봉인 이사의 전화가 왔기에 오무의 서울발령 사실을 알려주다. 회장님께 전화를 걸었으나 연결되지 않았다. 조 차장의 말에 의하면 이번 추석엔 못내려오고 서울에 계실 것 같다고 한다. 10시에 수습사원 18명을 올라오라 해서 떡값 10만 원씩을 지급하다. 오후에 이만영 부장이 올라와서 박귀남 부국장이 자기명의로 나주에서 케이블TV를 신청했다고 귀띔한다. 이는 일종의 배임행위여서 용납할 수 없다.

10월 2일 (화)

오늘은 추석 전날이라 빨리 강판하기로 했다. 회장님이 오실 것으로 생각했는데, 교통관계로 올해는 서울에서 추석 차례를 올리기로 했다 한다. 논현동 부회장에게 전화했으나 불통이다. 부사장과 홍 국장을 불러 박귀남의 나주에서의 케이블TV 신청여부를 알아보라고 했더니 잠시 뒤에 올라와서 나주에서 자기 동생명의로 신청했다는 것이 확실하다고 보고한다. 그 문제를 크게 떠들지 말고 조용히 그것을 회사에서 회수하는 것으로 하라고 지시하다. 이윽고 박귀남이 어색한 표정으로 변명하기에 공연한 짓 하지 말고 그것을 회사에서 겸영하는 것으로 재수속하도록 하라고 종용하다. 낮에 회장님으로부터 전화, 모든 것이 정상이라고 보고하고 이사재임 문제를 유의하시라고 말씀드리다.

10월 3일 (수)

추석이다. 조 기사가 첫 새벽인 5시 50분에 집으로 차를 가져왔다. 식구들과 함께 10시에 광주를 출발하다. 백운동 로터리에서 광주대 앞까지는 교통지체가 심해 시간이 걸렸다. 학산에 11시 30분경에 도착했다. 12시 넘어 성묘하고 강거실로 갔다. 점심을 함께 먹고 장인어른 묘소를 참배하고 3시 넘어서 광주로 돌아왔다.

10월 6일 (토)　　지검장에게 지국기자를 변호하다

오늘 아침에는 기관장조찬회가 신양파크호텔에서 있어 그 곳에 참석하다. 조찬회가 끝난 후 유순석 지검장을 만났더니 어제 신문에 폭력단속 기사를 잘 써주어서 감사하다고 말한다. 그래서 우리 진도지국의 김봉태 기자가 검찰로부터 10일까지 출두하라는 통지를 받았다는 사실을 말하고, 김 기자는 매우 양질의 기자인데 만약 김 기자를 분리심의하지 않고 다른 기자들과 몰아 때려서 어떤 조치를 취한다면 우리도 가만히 있을 수 없다고 했더니 선처하겠다고 약속한다.

조찬장에서 나오다가 정현채 민자당사무총장의 등을 두드리니 차나 한 잔 하자고 한다. 화순, 장흥 광고문제는 자기와는 전혀 무관한 문제인데 일부러 기념식수 고사에 관한 기사를 실었다고 지적하면서 특히 고행원 부장과 윤선호 부사장에 섭섭함을 느낀다고 하소연한다. 10시경에 회장님 방에서 8월 결산, 9월 수지현황, 10월 자금사정을 황·

홍 국장이 보고하다. 오후에 목포지사의 임행연 지사장이 왔기에 회장님 방에서 윤 부사장, 이 광고이사, 이 업무국장을 불러 목포지사 운영문제를 의논하다. 임 지사장과 이상호 이사 사이에 치열한 공방전이 벌어지기에 따로 부사장실로 가서 결말을 지으라고 했다. 회장님께서는 전산부와 제판부의 성력(省力) 가능성을 묻고 성력화에 노력하라고 지시하신다.

10월 8일 (월)

이효계 시장과 최인기 도지사에게 전화, 13~14일의 관훈클럽세미나가 있다는 것을 상기시키다. 오후에 부사장이 보고하기를 지난 24일자 우리 신문에 광양제철노조가 새로운 출발을 한다는 기사가 나왔다고 해서 이번에 자사의 모집광고를 전국 각지에 주면서 우리는 뺐다고 한다. 기사자체는 나무랄 수가 없지만, 조선내화와 밀접한 사이인 광양제철에 관한 기사라면 취재지시나 편집과정에서 충분한 배려가 있어야 했을 터인데 그대로 통과해 버렸다면 우리 데스크의 감각이나 판단이 한심스럽다. 나의갑 사회부장을 불렀더니 미리부터 고개를 숙이고 사과한다. 포철과 조선내화와의 관계를 새삼스럽게 일깨우면서 다시는 이러한 일이 되풀이되지 않도록 경고하다.

10월 10일 (수)

회장님이 내일 일본으로 떠나실 예정이어서 전화로 몇 가지 사항을 보고하다. 오후에 이만영 부장과 전남도 김동환 부지사를 만나 남도학숙 성금 1억 5천만 원을 전달하다. 그리고 김 부지사와 오늘 지면에 나온 한라그룹이 목포 대불단지 옆에다 또 다른 공단을 세운다는 기사를 놓고 환담을 나누다. 3시에는 광주시청으로 이효계 시장을 찾아가 1억 원의 성금을 전달하고 이번 토요일에 있을 관훈클럽 심포지엄에 관해서 의논했는데 시에서는 선물까지 준비하겠다고 한다. 제2사회부 나 부장을 불러 포항제철 취재경위를 물어보고 앞으로 그런 지각없는 짓은 하지 말라고 경고하다.

10월 12일 (금)

이내균 사장과 점심을 하면서 25일에 열 서울대 재광동창회 창립총회 준비문제를 논의하고 회사에 돌아와 신문을 보니 남화토건이 탈세혐의로 국세청으로부터 정밀조사를 받는다는 내용의 기사가 실려 있다. 그 회사의 부사장으로 있는 윤도 형님에게 전화했더니 조사는 벌써 끝났고 별일 아니라고 가볍게 말한다. 오후 4시경에 남화토건의 최상옥 회장이 전화로 몹시 섭섭하다고 하면서 성실한 업체의 명예를 훼손시켰으니 정정해 달라고 요구한다. 문 국장을 불러 알아봤더니 그 기사가 자기도 거치지 않고 나갔다고 한다. 내일부터 당장 출입기자를 바꾸라고 하니 너무 성급하게 할 것이 아니라 내주 말에나 했으면 좋겠고 부사장 의견도 같다고 한다. 저녁때 신태호 회장이 전화하여 저녁식사를 함께하자고 한다. 원양회관에서 저녁식사를 하면서 신 회장은 남화토건 같은 성실한 업체는 보호해야 한다는 것을 역설한다. 자세한 내용을 알아보고 적절히 조치하겠다고 했다. 유순석 지검장이 나의 사장취임 3주년을 축하하는 난분을 보내왔다.

10월 13일 (토)　　관훈클럽 행사에서 환영사를 하다

오후에 경남대의 정대수 교수와 외국어대의 김정기 교수가 신문사로 찾아왔다. 이들과 함께 4시에 관훈클럽의 최병우 기자 기념세미나가 열리는 신양파크호텔로 가다. 원우현 교수, 박권상 주필, 김지운 교수 그리고 김학준 대통령정치특보 등이 미리 내려와 있기에 정담을 나누다. 서울서 오는 차가 늦어져서 세미나는 5시 30분에야 개회했다. 신용석 관훈클럽총무와 원우현 언론학회 회장, 그리고 박권상 주필, 김진형 주간이 각각 인사말을 하고 내가 제일 마지막에 광주를 찾아준 회원들을 위해 환영사를 했다. 김학준 특보는 주제발표를 끝내자마자 오늘 밤 심야토론에 나가야 한다고 비행장으로 달려갔다. 이어서 가족회관에서 이효계 광주시장이 스폰서한 만찬회에서 내가 일어서서 이 시장의 인품과 업적을 자세하게 소개했다. 호텔로 돌아와서 홍순일, 김진현, 정인양, 이상희, 김지운, 원우현, 방자명 등과 따로 11시까지 술자리를 가졌다.

10월 14일 (일)

8시에 신양파크에서 홍순일, 이상희, 김남희 여사와 조찬을 들고 한국일보의 정일화 부장을 데리고 망월동묘지를 참배하고 돌아오는 길에 우리 신문사에 들러 전산시설과 편집국을 돌아보게 하다. 10시경에 세미나에 참석, 12시에 금수장에서 최인기 전남지사가 베푼 오찬에 참석하다. 나는 맨 첫머리에 최 지사를 소개하면서 어려운 시기에 광주시장을 맡아 시정을 잘 처리한 점과 도지사를 맡은 뒤에도 우루과이라운드 협상으로 불만이 많은 농민들을 달래면서 정부의 농업정책 수행에도 주도적 역할을 하고 있음을 강조하였다. 식사 후에 박권상, 정인양, 홍순일 씨와 담양의 식영정을 돌아보고 오는 길에 엔진이 멈춰 예정보다 늦게 세미나 장에 도착하다. 종합토론 사회자인 유재천 교수가 광주지방언론인들의 견해를 들어보자고 하는데 나는 다른 바쁜 일로 자리를 먼저 떠났다.

10월 16일 (화)

논현동으로 전화했더니 이정일 부회장이 조선내화로 출근했다고 한다. 전화를 돌려 몇 가지 사정을 이야기하고 , 이번에 박철언 의원 쪽에서 세미나를 하자고 한다는데 접촉한 바 있느냐고 물었더니 그렇다고 한다. 그 쪽이 제시한 조건에 따른다면 전남일보의 위상에 손상을 입을 우려가 있으니 차라리 우리가 그를 초청하는 형식으로 하자고 했다. 김진원 부장에게도 그런 전제로 교섭하되 그렇지 못하면 안하는 것으로 하라고 지시하다. 광주상호신용금고의 이종열 사장에게 2억 원 상환을 연기하자고 연락하다. 그래도 22일까지에 4억이 더 필요하기에 회장님께 연락했더니 확실한 말씀 대신에 조선내화의 이동만 부장과 황 부국장이 상의하도록 하라고 하신다. 김포천 MBC사장은 이번에 현대그룹의 정주영 회장을 초청해서 19일 토론회를 개최할 예정인데 나더러 행사 후 만찬회에 꼭 참석해 달라고 한다.

10월 17일 (수)

이 부회장에게 전화했더니 11월 10일에 조순 부총리가 광주가는 길에 강연회를 가졌으면 좋겠다고 한다. 제목은 "동구권 경제개혁의 교훈"으로 하고 후원은 광주은행의 송병순 행장에게 부탁했다 한다. 그러나 이 문제는 송 행장보다는 광주전남경영자협회의 박용훈 회장이 후원하는 것이 좋을 것 같아 박 회장에게 말했더니 흔쾌히 수락한다. 5시부터 신양파크에서 금호재단이 주최하는 세계샤머니즘 심포지엄이 있기에 MBC 김 사장에게 전화했더니 자기도 가보겠다 한다. 오후 2시에 편집국 간담회에서 박 주필과 문 국장이 간담회의 성격에 이의를 제기하고, 매주 개최할 것이 아니라 격주로 편집국부장회의로 좁히자고 건의한다. 앞으로 좀더 검토해 보기로 하다. 평소 진도 씻김굿을 한번 보아두려 별렀기에 6시 넘어서 무속관계 학술행사가 열리는 신양파크호텔로 가서 씻김굿을 관람했다.

10월 18일 (목)　첫 세미나참석 보고회를 열다

조순 부총리 강연회 관계로 광주은행 송 행장에게 연락하다. 박용훈 회장에게 협찬을 부탁하면서 오찬회에는 송 행장을 비롯 시장과 지사, 상공회의소 회장 등을 초청했다고 알려주다. 오후 4시부터 9층 강당에서 새로 시도하는 세미나참석 보고회가 열렸다. 이 보고회는 직원중에 언론관계의 발표회나 토론회에 참가한 사람이 거기에서 얻은 새로운 정보나 자료를 동료들에게 전달해주기 위해서 마련된 것이다. 4시 10분에 강당에 올라가보니 편집국 사람들이 한 20명 참석하고 있었다. 내가 참석했다는 말이 알려졌는지 나중에 총무국장과 편집국간부들이 더 많이 참석했다. 제1보고자는 손정연 부장, 취재시스템에 관한 세미나내용을 비교적 조리있게 종합해서 전달한다. 서정우 교수가 발표한 편집국 내의 내적 통제분석 결과를 전달하고, 김정기 교수의 일본기자클럽에 관한 발표내용과 김학수 교수의 미국 뉴스룸 편제내용을 요약 설명하다. 제2보고자인 이용헌 기자는 기사문장론에 대한 세 국문학자들의 발표내용을 상당히 잘 정리해서 전달한다. 끝으로 이용헌 기자를 불러 칭찬 격려하고 그 내용을 가지고 수습기자들을 재교습하는 기회를 마련하라고 지시하다. 그리고 그런 분야의 연구분위기를 조성하라고 당부하다.

10월 22일 (월)

아침회의 중에 이정일 부회장이 서울에서 도착했다. 조회가 끝나자 이 부회장, 윤 부사장, 문 국장, 그리고 박 주필을 불러 박철언 세미나 문제를 협의했다. 나창주 의원의 주제발표는 모양새가 좋지 않으니 빼기로 하고 대신 토론자로 나와 역할을 맡도록 하기로 하였다. 부회장은 문화부장관을 초청하면 어떻겠느냐고 했는데, 나는 이질감 때문에 토론회가 산만해질 수 있으니 안 된다고 반대했다. 그래서 발표자는 박철언 혼자로 하고 대신 토론자를 제대로 반론을 펼 수 있는 사람으로 고르기로 했다. 이돈명 총장은 사양한다고 해서 이광우 전남대 교수를 타진해 보기로 했다. 김진원이 오후 비행기로 갔기 때문에 오후에 나창주를 만나서 이야기하도록 했다. 이정일 부회장은 서울서 온 서모라는 성악가 부부를 인터뷰하도록 알선하고 오후에 목포로 내려갔다.

10월 23일 (화) 박철언 토론회를 기획하다

10시경에 이 부회장이 목포에서 오다. 김남식이 중국산 홍삼 한 상자를 가져왔다. 이정일 부회장 방에서 부사장, 문 국장 불러서 박철언 토론회에 관해서 협의하다. 발표자는 박 의원 한 사람으로 하고 토론자는 나창주 의원, 이한의 씨나 송용식 씨 중 한 사람을 선택하기로 하고, 김진배, 이광우 , 김홍명, 송인성 씨 등을 반대토론자로 선정했다. 낮 무렵에 이광우 교수가 왔기에 토론회계획을 이야기했더니 상당히 적극적 관심을 보이면서 박철언을 불러낼 수 있다면 한번 해보자고 한다. 낮에 코리아나호텔로 가서 부회장, 이광우 교수와 함께 점심하면서 토론회에 관해서 협의하다. 부회장은 오후에 곡성에 있는 아산화백을 방문한다고 음악가 서씨 부부와 함께 떠났다가 저녁때 신양파크로 갔다.

10월 24일 (수)

아침회의 끝내고 회장님과 통화, 박철언 의원 초청토론회에 관해 말씀드렸더니 5일에는 광주에 갈 일이 있으니 참석해도 괜찮겠느냐 하시기에 회장님의 참석은 너무나 당연한 일이라고 환영의 뜻을 올렸다. 김진원 부장의 보고에 의하면 서울서는 나창주 의원만 토론자로 참석하기로 했단다. 김진배 의원에게는 내가 직접 전화했더니 기꺼이 토론자로 참가하겠다고 한다. 유순석 지검장이 토론회 일자를 물어왔기에 11월 6일 오후 2시라고 알려주다. 박용훈 회장에게 전화, 지난번 약속했던 조순 부총리 초청 강연회에 100만 원을 찬조하겠다는 약속을 재확인하고 김연두 부국장을 보내겠노라고 알리다. 2시에 일제징용 수기 현상모집의 가작당선자에게 상장과 부상을 수여하고 축하와 격려를 하다. 3시경에 주재기자회의에 나가 진도문제를 설명하고 위축되지 말고 활동하라고 격려하다. 5시에는 최근 화재로 큰 피해를 입은 광주전자를 부회장과 함께 찾아가 위문하고 타월 500장을 전달하다.

10월 25일 (목) 광양제철 기사로 추궁받다

아침회의 중에 이 부회장이 참석하다. 곧이어 회장님도 출근하셨다. 간부들을 데리고 회장님 방에 들어가 지난번부터 미루어오던 수습기간문제를 어떻게 정할 것인가를 꺼냈더니 회장님도 부회장도 모두 냉담한 반응이다. 급기야 회장님이 지난번에 말썽을 일으켰던 광양제철 노조 기사문제를 꺼내면서 왜 1개월 동안이나 보고도 하지 않으면서 사원들에게 생색내는 일에는 수삼차 전화를 하여 재촉하느냐고 따지신다. 부회장과 부사장이 옆에서 지켜보는 가운데 오전 내내 추궁하고 또 추궁하신다. 낮에 지하식당에서 점심을 하면서도 2시부터 편집국장, 부국장, 편집위원실장 등을 소집하라고 하신다. 2시에 문 국장, 오 부국장, 장광영 실장을 데리고 들어갔더니 회장님은 또 3시가 넘도록 질책을 되풀이하신다. 이 부회장은 3시경에 상경했다. 김연두 부국장이 박용훈 회장을 만나고 와서 조순 부총리 강연회는 주최측에서는 아무런 부담을 않고 외부 찬조금에만 의존하려 한다고 약간 불쾌한 반응을 보이더라고 보고한다.

10월 29일 (월)

아침회의를 마치고 나니 광주세무서의 임원식 서장이 전화, 이훈동 회장님과 자신을 공격한 정체불명의 유인물이 배달되었다 한다. 곧이어 이 회장님으로부터 전화가 왔다. 대만으로 출발하시기 직전에 임 서장으로부터 연락을 받은 듯했다. 그 유인물을 팩스로 회장님과 부회장에게 보냈다. 간부들을 소집해서 대책을 논의해봤으나 뾰족한 방법도 없어서 우선 어떤 범위로 배포되었는지 알아보고, 수거폐기하라고 지시하다. 문면을 읽어보니 회장님과 임 서장에게 공히 유감을 품은 사람의 소행임이 분명하다. 낮에 금수장에서 이광우, 김홍명, 송인성 교수들과 문 국장이랑 점심하면서 박철언 초청토론회 문제를 논의하다. 오후에는 예산심의를 하다. 6시에 코리아나호텔에서 임 서장을 만나다. 투서자를 잡기 위해서 나더러 도경국장이나 검사장에게 부탁해 달라면서 자기는 안기부 지부장을 만나겠다고 한다. 이영권 의원이 찾아와서 내일밤 김대중 총재 초청만찬회에 참가해 달라고 한다. 6시 30분부터 국제호텔에서 전문직여성클럽 20주년 기념리셉션에 참가하다. 나와 김포천 사장이 초청을 받았는데 그 자리에서 몇 마디 인사말을 남겼다.

10월 30일 (화)　음해색출 수사를 의뢰하다

이정일 부회장으로부터 전화, 괴유인물을 어떻게 처리할 작정이냐면서 현상금을 걸고라도 정식으로 수사의뢰해서 색출해야 할 것 아니냐고 한다. 이 문제는 오후에 협의하기로 하고 오전 중에는 예산심의를 끝냈다. 오후 2시에 부장급 이상 간부 38명을 접견실에 소집하여 괴유인물 내용을 소개하고, 이는 전남일보의 위상을 깨트리려는 외부의 파괴공작의 일환이라 생각되니 이번에는 적극적으로 대처하여 뿌리를 척결해야겠다고 강조했다. 전원이 동감을 표했으나 그렇다고 뾰족한 해결책이나 의견도 제시되지 못했다.

4시경에 도경을 찾아가 여 국장을 만나서 이 지역의 고질로 되다시피 한 음해행위를 뿌리뽑아야 하지 않겠느냐 말하고 유능한 수사관을 한 사람 배치하여 색출에 협조해 달라고 부탁하다. 유순석 지검장에게도 전화로 이 점을 강조하고 협조를 부탁하다. 이만영 부장을 불러 도경수사과장에게 정식으로 수사를 의뢰하도록 지시하고 이 문제에 관해서는 철저한 보안을 지키라고 당부하다. 이내균 사장이 찾아와서 사랑의 전화에 관한 기사를 부탁한다. 김동구 백제약품사장이 11월 4일 강진에서 예정된 육림기념비 제막식 기사취재를 부탁한다.

10월 31일 (수)

문순태 국장의 보고에 의하면, 이번 괴편지는 언론기관, 국세청, 경찰, 도교위, 시교위에도 배포되었다 한다. 그리고 대체로 기관장들은 별로 대수롭지 않게 여기고, 언론계에서도 화재거리도 될만한 가치가 없는 장난으로 받아들인다고 한다. 이광국 회장이 전화, 서울대 조완규 총장의 광주방문을 환영하기 위해 공항으로 나가자 한다. 조완규 총장과 함께 다른 두 교수들이 도착했기에 잠시 환담한 후 심 기자가 조 총장을 인터뷰하다. 그 후 이광국 회장과 이내균 사장이 조 총장일행을 안내하여 백양사로 향하고 나는 회사로 돌아오다.

6시부터 신양파크호텔에서 김대중 총재 초청만찬회가 있어서 언론기관장들은 헤드테이블에서 김 총재와 함께 식사했는데 이 자리에는 김포천 사장, 박성섭 사장, 기독교방송의 한 국장, 조아라 여사, 오병문 전남대 총장, 이돈명 조선대 총장 등이 참석하다. 김 총재가 특히 나에게 전남일보 잘 되어가느냐고 관심을 표명한다. 7시에 끝나서 옆방에서 열리는 서울대 총장 초청만찬회에 갔더니 이미 식사가 시작되고 있었다. 목포에서도 배종무 총장을 비롯하여 김환, 김영진 등 서울대 출신들 약 30명이 참석했다.

11월 2일 (금) 광주 학생독립운동 세미나를 열다

이 부회장이 아침에 상경했는지 아무런 연락이 없다. 오전에 한길사의 김언호 사장이 광주대학교의 이종수 교수와 정은진 기자의 안내로 내방을 찾아왔다. 김 사장은 출판관계세미나가 있어서 광주에 내려왔는데, 전남일보와 공동으로 독서장려 행사를 벌이자고 제의한다. 점심먹고 부사장과 함께 우리 회사가 주최하는 광주 학생독립운동 기념세미나가 열리는 광주상공회의소로 가다. 최정기 광주 학생독립운동 동지회장을 비롯하여 김기한, 조길룡, 박준채 등 동지회 회원들과 김상권 광복회 지회장 등이 참석하다. 주제발표할 박성수 교수도 서울에서 내려와 점심을 마치고 올라오다. 2시에 "광주 학생독립운동의 재조명"이라는 제목의 세미나가 개회되었다. 벽두에 내가 한 5분 동안 인사말을 하고 이어 박성수 교수의 주제발표로 들어갔다. 박 교수가 주제발표하는 것을 보고 나는 일단 회사로 돌아왔다. 6시경에 가족회관에서 발표자와 토론자들을 위한 리셉션이 있어서 참석했다. 학생독립운동 동지회 회원님들과 광복회, 보훈청관계자들 그리고 광주학생운동 발단에 기여했던 박준채 교수님 등이 참석하여 만찬이 진행되었다.

11월 3일 (토)

아침 8시에 신양파크호텔에서 기관장 조찬회가 있었다. 오늘의 조찬회는 이효계 시장이 주관했는데 어제 서울에 가서 테크노폴리스를 마무리지었다고 보고한다. 회사에 돌아와 아침회의를 마치다. 회장님은 다음 월요일에 장성에서 일을 보시고 다시 상경했다가 7일에 광주에 내려오시겠다고 한다. 이정일 부회장이 6일의 박철언 세미나가 끝난 후 이곳 주요기관장들과 만찬할 작정이라고 하기에 그러면 토론자들은 별도로 내가 대접하겠다고 했다. 11시경에 학생의 날 기념행사에 참석하다. 식장에는 최정기 회장, 김상권 광복회 지회장, 김기한 동지회 부회장, 이양우 교육감, 안종일 교육감 등이 참석하다. 최정기 회장이 일부러 나를 단상자리에 올라오라고 하고, 기념사에서 특히 나의 참석을 언급하기도 했다. 2시경에 광주시 체육관에서 기자협회 배구대회가 있어서 참석하다. 오늘 쓰지무라 아키라 동경대학 교수가 서울에 도착했다고 연락이 왔기에 4번이나 전화했는데도 통화하지 못했다.

11월 5일 (월)

회장님은 오늘 아침 장성으로 와서 평통회의를 마치고 2시 30분에 광주로 오실 예정이라고 한다. 목포의 차남수 옹이 어제 별세하셨다. 부음기사를 쓰게 하고 회장님 명의로 조화를 보내도록 지시하다. 오후 1시 30분에 회장님이 도착하시다. 부사장을 데리고 인사하러 들어갔더니 표정이 조금 어두워 보인다. 괴편지에 대한 수사를 의뢰했다는 사실을 말씀드리고 그동안의 진행상황을 보고드리다. 다른 사람들을 퇴장시킨 뒤 회장님은 누가 범인인 것 같으냐고 물으신다. 수사를 맡겼으니 기다려 보자고 했다. 다른 문제는 보고도 받지 않으시고 모든 것을 사장이 책임지고 일하라고 분부하신다. 9일에 일본에 갔다가 2~3일 후에 오시겠다고 한다. 내일 박철언 의원 초청토론회에 대한 준비상황을 총점검하고 만찬 초청대상자를 선정하기 위해 부회장에게 연락하다. 유 지검장은 이곳 주요기관장들은 따로 연회정에서 대접할 기회가 있으니 우리 만찬회에서는 빼는 것이 좋겠다고 귀띔한다.

11월 6일 (화)　박철언 초청 토론회를 열다

11시경에 이 부회장이 김진배 의원과 함께 비행기 편으로 도착하다. 12시경에 이들과 함께 신양파크호텔로 가서 일식집에서 김정숙 여성정치연구소장과 국효문 교수 등과 함께 식사하다.

1시 20분에 박철언 의원이 도착했다. 박승제, 나창주 등 민자당 국회의원들이 여러 명 같이 왔다. 1시 30분에 세미나 장은 벌써 700석이 가득 찼다. 조 고검장, 유 지검장, 신태호 상공회의소 회장 등이 보인다. 박철언 의원과 첫인사를 나누었는데 사전에 나에 대한 정보를 가지고 있는 듯 매우 친근하고 정중하게 대한다. 1시 40분에 개회, 내가 인사말을 했는데 실수를 연발했다. '5・18'을 '8・15'로, '나창주'를 '나종주'로 오발했다가 정정했다. 청중이 예상 밖으로 많이 모여 내가 많이 흥분했던 모양이다. 박 의원의 주제발표가 1시간이 넘었다. 차분한 목소리로 북방정책을 설득력 있게 설명한다. 10분 휴식 후에 토론이 시작되었다. 이광우, 김홍명, 김진배로 이어지는 동안 분위기가 상당히 고조되었다. 그러나 박 의원의 답변은 매우 침착하고 조리 있고 성실하다. 6시 20분까지 계속되었는데 관훈클럽 수준의 토론으로 여겨진다. 박 의원으로서는 큰 성과를 거둔 셈이다. 세미나 후에 열린 만찬회에는 이정일 부회장, 박철언, 나창주, 김진배, 송인성, 이광우, 국효문, 이화성 여사, 문 국장, 김연두 부국장 등이 참석하다.

11월 7일 (수)

10시경에 부회장으로부터 전화, 새벽에 광주에서 출발하여 서울에 도착했다고 하면서 기획국 직원들이 수고가 많았으니 식사라도 후하게 대접하라고 한다. 오전 중에 김활용 목사가 찾아왔다. 어제 차남수 옹의 장례식에 참례했는데 조효석 선생의 조사가 어찌나 절실하던지 모두 울음을 참지 못했다 한다. 그리고 고인이 가시기 이틀 전에 친지들에게 고별사를 써놓으셨는데 매우 감격스러운 내용이었다면서 그 사본을 건네준다. 내용도 매우 다듬어졌고 글씨도 흐트러짐이 없다.

참으로 놀라운 분이다.

11월 10일 (토)　　조순 부총리 초청강연회를 열다

아침회의를 하는데 이 부회장이 조순 부총리와 함께 도착해서 '뽐뿌집'에서 아침을 먹는다고 연락이 왔다. 회의를 마치고 윤 부사장을 데리고 신양파크로 갔다. 커피숍에서 부회장, 조 박사, 이계식 박사를 만나 한참 동안 이야기하다. 강연회는 10시 30분에 시작했다 그동안에 사람들이 꽤 모여서 분위기가 괜찮다. 내가 단상에 올라가 인사말을 간단히 끝내고 조 박사의 강연이 시작되었는데 내용이 경청할만한 알맹이가 있다. 12시에 강연회를 끝내고 일식집에서 점심을 했는데 여기에는 조 박사, 이계식 박사, 이 부회장, 박용훈 회장, 이효계 광주시장이 참석하다. 식후에 민속박물관으로 안내하여 최계원 관장의 선도로 관 내를 돌아보다.

11월 12일 (월)

아침회의에서 진도 김봉태 기자문제에 대해 간부들의 의견을 물었더니 업무국장은 조속히 복직시키자고 하고 편집국장은 좀더 두고 보자고 한다. 낮에 노조에서 요직을 맡은 천갑수 기자와 정명섭 기자를 데리고 점심을 같이 하다. 회사가 겪는 재정상태를 설명하고 금년 중에는 노조의 요구를 충족시킬 수 없을 터이니 무리한 요구는 말라고 이르고 내년에는 사정이 호전될 것 같다고 설명하다. 또한 인사권에 개입하는 조항은 경영권을 침범하는 것이니 쓸데없이 고집하지 말도록 유의하라고 했다.

저녁때 세계일보의 정범태 부장이 자사 문화부에 있다는 이 기자를 데리고 신복진 부국장과 함께 내방에 찾아왔다. 오랜만에 만났으니 저녁이나 함께하자고 김연두 부국장까지 불러 9시경까지 술과 저녁을 들면서 환담하다. 세계일보에서는 현재 "재인"이라는 시리즈를 내는데 특집을 내기 전에 이 기자는 4개월 간 자료조사를 했고, 기사를 작성하면 데스크를 거치지 않고 바로 정 부장에게 제출되어 자구 하나하나가 신중히 점검된다고 한다.

11월 13일 (화)

조회 마치고 문순태 국장에게 이번의 노사협상에서 경영측 대표로 나서라고 했더니 자기는 배후에서 조정하는 편이 좋겠다고 사양한다. 김충곤 국장을 불러 노사협상 문제를 협의했더니 임금인상 문제가 가장 큰 쟁점이 될 것인데, 인상률은 광주일보를 보고 결정하면 될 것이고 봉급체계 문제는 재론하게 되면 상호간 복잡하게 될 것이니 그대로 놓아두고 해결해야 할 것 같다고 의견을 제시한다. 전남대의 이광우 교수가 찾아와서 전남사회문제연구소에서 세미나를 계획하는데 150만 원을 협찬해 달라고 한다. 현금지원은 어렵다고 입장을 밝혔는데도 막무가내식으로 졸라댄다. 3시부터 노사협상에 대한 대책회의를 열었다. 윤 부사장, 이상호 이사, 홍 국장, 조 차장 등이 참석하다.

11월 14일 (수)　괴편지사건 수사결과가 신통치 않다

회장님과 통화, 11월 들어서 광고판매고가 올라간다는 보고에 만족하신다. 자금사정을 말씀드리고 괴편지사건에 대한 도경의 수사결과를 보고했다. 오전에 최호진 경사와 안 형사가 찾아왔다. 도경의 말에 의하면 서울에서 지문감식결과가 나왔는데, 유효지문은 하나밖에 나타나지 않아서 과학수사에 대한 기대는 할 수 없다고 하며, 복사용지에는 체액이 잘 스며들지 않아 여러 장의 편지 중에서 식별할 수 있는 것은 오직 하나뿐이었다고 한다. 이제부터는 용의자 7명에 대한 간접수사를 할 수밖에 없다고 한다. 누구를 중점적으로 수사할 것인가를 묻자 O. M. J.등 3명으로 압축된다고 한다. 수사비를 더 주는 것이 좋겠다는 윤 부사장의 의견이다.

2시에 편집간담회를 열다. 전원이 참가하다. 보궐선거 취재문제, 박철언 토론회에 대한 후평, 협의자 사진게재 문제 등을 언급하다. 4시부터 노사협상이 시작되다. 회사 측에서는 사장, 부사장, 이상호 이사, 홍 국장이 나섰고 서기로는 조 차장, 이충훈이 담당했고 노조 측에서는 천갑수, 정명섭, 문충식, 임영섭, 오일종 등이 나왔다. 개회사를 통해서 금년에도 우리 노사문제를 진지하게 협의해서 좋은 결과를 내도록 하자, 우리의 노사협상은 작년에 이미 틀을 잡았으니 금년에는 약간만 보완하면 될 터이니 가능한 빨리 끝내자, 지금 58억쯤 적자를 내고 있으니 임금인상에 너무 무리한 요구를 말고 인사권에 개입하는 일은 없어야 할 것이라고 당부하다.

11월 16일 (금)

김포천 사장과 통화, 어제 밤 언론사 사장들의 회합이 있었는데 나만 빼고 모두 참석했다고 한다. 식사 후에 김포천, 박성섭, 신동호 세 사람이 모여서 앞으로 언론사끼리 윤번제로 골프모임을 갖기로 잠정 합의했다고 한다. 오늘 아침 무등일보 박 사장이 "덕산칼럼"을 썼기에 전화로 칭찬했더니 무척 좋아한다. 낮에 윤 부사장이 이광현 국장과 김선남, 이효방 부장하고 내년도 업무국계획안을 협의하고 점심하러 간다기에 동행하다. 오후에 이정일 부회장과 통화, 평민당 이수인 의원을 초청해서 토론회를 여는 문제를 협의하다. 4시경에 부사장, 이 국장, 허광욱 위원 등을 대동하고 나주 봉황면에 있는 박기남 부국장의 고향집으로 조문가다.

11월 19일 (월)

부사장을 데리고 회장실로 가서 광고실적과 도경수사 결과를 보고하고 홍 국장을 불러 진도기자, 군산지국 문제, 10월 수지내역, 자금사정, 노사협상 문제 등을 보고하도록 하다. 마지막 판에 내일까지 1억 1천이 있어야 한다고 하자 서울 이동만 차장을 전화로 불러 송금하라고 지시하신다. 또한 내가 거처할 아파트문제를 말했더니 임대금 3천만 원을 빼서 가불로 처리하라고 하신다.

11월 21일 (수)　격주로 부장회의 열기로 하다

오늘도 기분이 좋지 않다. 그런데 나인건설의 상무라는 사람으로부터 고맙다는 전화가 왔다. 우리 회사의 아침 간부회의에서 나인주택문제가 제기되었는데 사장이 그것을 기사화하지 말라고 지시했다는 말을 들었다고 하면서 고마움을 표시한다. 11시경에 동산주택 주민들 10여 명이 항의하러 신문사에 찾아와서 사장면담을 요청한다고 한다. 편집국에서 먼저 처리하라고 했더니 이만영 부장이 나가서 한 30분동안 공방전을 벌이는 것 같더니 편집국으로 데리고 내려간 것 같다. 점심때 조기상 위원장이 찾아왔다. 상당히 수척해 보였다. 전남대 김민환 교수가 번역한 책을 가지고 찾아왔다. 12시에 김동환 부지사와 만나기로 했기에 이만영 부장을 데리고 송죽헌으로 갔다. 2시부터 편집국 부장들을 모아놓고 앞으로 격주로 부장들과 만나겠다고 말하고 지면제작에 관한 문제, 회사의 운영상태, 노사협상 등에 관해서 설명하다.

11월 22일 (목)

오전 중에 고향선배인 유재양 씨의 장남이 찾아왔다. 지난번 우리 신문의 장편소설 〈산화〉의 작가수상식 때 참관한 바 있지만 차분히 인사드리지 못했다면서 그 작가가 자기 장인이라고 한다. 자기는 이번 12월에 광주지검으로 내려와 검사시보로 근무하게 되었다고 한다. 오후에 이정일 부회장으로부터 전화, 강진 백련사의 윤 주지스님이 내일 본사를 방문할 것이니 사정을 들어보고 도와주라고 당부한다. 지난 수해 때 종각이 무너졌고 종이 없어졌는데 보수할 예산이 없어서 도와주어야겠는데 우선 지면에 딱한 사정을 소개하고 강진출신인 아남그룹이나 동원참치 등에 도움을 요청해야 할 것 같다고 한다.

11월 23일 (금)　백련사 주지가 도움을 요청한다

오전에 강진 만덕산 백련사의 윤 주지스님이 찾아왔다. 종각과 종이 무너져서 보수하려면 5천만 원이 드는데 신문사에서 도움을 주셨으면 한다. 오세성 편집부국장에게 그 문제의 처리를 맡기다. 2시에 편집국 부장회의를 소집하다. 앞으로는 격주로 소집하겠는데 특별한 안건을 가지고 하는 것이 아니라 사장과 부장들 간의 간격을 좁히기 위한 커뮤니케이션의 기회로 삼자는 데 목적이 있다고 했다.

4시에 노사협상을 시작했다. 노조전담자 문제는 회사 측의 방침대로 따르기로 합의하고 편집인을 공정보도심의위원회의 구성원으로 하자는 문제는 편집국장을 포함한 양측 4명의 대표로 하기로 합의하다. 그리고 '심의위원회의 건의나 합의는 편집인이 성실히 따라야 한다'는 대목은 '편집인이 이를 존중하고 성실하게 조정 반영한다'로 타협하다. 최인기 도지사가 전화, 남도학숙에 관한 사정을 설명하고 협조해 달라고 한다.

11월 26일 (월)

아침회의 마치고 회장님께 전화, 내일 맞이하는 생신을 미리 축하한다는 말씀 올리다. 성옥장학금 67명분을 업무국장에게 지국을 방문해서 직접 수여하도록 하고, 우리 신문에 연재했던 '광주 · 전남현대사' 출판을 허용하겠다고 보고하다. 이광국 회장이 점심을 함께하자고 했으나 선약이 있어 내일로 미루었다. 또 오늘이 문순태 국장의 생일이라는 사실을 늦게 알고 간부들에게 연락해서 초원에서 회식하다. 오후에 서울의 최 이사에게 연락, 내일 회장님 생신이니 축하화분을 갖다 드리라고 지시하다.

11월 28일 (수)

회장님께 전화하여 생신을 축하드린다고 말씀 올리고 사원들의 신문확장 운동의 성과가 좋다는 것을 보고하다. 오전 중에 12월분 예산심의를 끝내고 11시 40분에 박인성 주필과 함께 목포로 출발하다. 성옥 문화상 후보선발을 위해 조효석 위원, 배중무 목포대 총장, 김암기 예총목포 지부장, 김영호씨, 남 선생 등이 나오시다. 내가 맡은 언론분야의 수상후보는 한글학회의 정재도 선생과 전 호남매일 편집국장 이돈체 씨였는데, 정재도 씨가 선발되었다. 심사가 끝난 후 박 주필은 다른 심사위원들과 술자리에 어울리고 싶어해서 혼자 지사에 들러 임지사장을 만나다. 광주 무등관광호텔에 도착하니 5시 55분, 뷔페식당에서 열린 산경회 모임에 참석하다.

11월 30일 (금) 편집국장 임명동의제를 물리치다

오전에 안기부 송 지부장이 전화, 오늘 광주사태 피해자들에 대한 보상액이 확정되었다고 한다. 정부로서는 최선을 다했는데 액수문제로 시끄럽게 되면 지역사회를 위해서도 이로울 것이 없으니 너무 자극적인 반응은 안보였으면 좋겠다고 한다. 그 내용을 대충 문 편집국장에게 알리고 적절하게 배려하라고만 전했다. 문 국장은 발표내용만 싣고 반응은 안 싣겠다고 한다. 얼마 후에 유순석 지검장이 송 지부장과 같은 내용의 부탁을 한다. 점심 후 새로 나온 우리 지면을 보니 제15면에 5단으로 보상내용에 대한 반응이 실려 있다. 내용은 별로 문제될 것 없을 만큼 온건한 것이었다.

4시에 노사협상 3차 회의를 시작하다. 편집국장 임명동의제를 놓고 약 1시간 30분 동안 격론을 벌였다. 임명동의제는 경영측의 고유권한인 경영권을 침해하는 것이니 결코 용납할 수 없다고 내가 선언했다. 노조측에서는 임명동의제는 이미 중앙의 유수한 신문들이 모두 채택한 것인데 사장이 부당하게 고집한다고 반박한다. 나는 그러한 반박에 대하여 중앙의 신문들이 그것을 받아들인 것은 그들이 노조의 부당한 폭력에 굴하여 문명사회의 기본적 룰을 망각하고 있기 때문이며 이는 분명 한국언론의 수치임을 알아야 한다고 주장했다. 현대 산업사회에서는 하나의 불문율이 있다. 경영자는 노조의 노동3권을 존중하고 노조는 경영자의 경영권을 존중해야 한다는 것이 현대 문명사회의 대원칙이다. 만약 선진국가에서 경영권의 핵심인 편집국장의 임명에 대해서 노조에서 개입해서 받아들인 예가 있다면 제시해 보라, 제시할 수 없다면 나는 절대로 편집국장 임명에 개입하려는 노조의 어떤 시도도 용납하지 않을 것이라고 선언했다.

12월 3일 (월) 내년도 신문판매계획을 보고하다

10시 넘어서 회장님이 목포에서 올라오셨다. 오전 중에는 내년도 신문판매계획을 시내와 지방으로 나누어 업무국장이 보고하다. 1시까지 보고하고 지하식당에서 식사하다. 오후에 전주지사 주재기자 선임을 위해 이계옥이란 사람을 면접하다. 처음에 군산지국 기자로 물색하다가 전주지사 사정이 급해 여러 가지로 탐색한 끝에 우선 전주지사를 맡겨보기로 결정했다. 보안대의 성화용 대장이 서울로 전직하게 되었다고 인사차 내사했다. 삼익주택의 김재두 이사가 아파트입주 문제로 나를 찾아왔다. 그리고 KAL의 이희정 지점장이 신임인사차 내사했다. KBS광주총국 이연수 기자가 보도국장이 되었다고 인사차 왔다. 전에 언론연구원에서 연수받았을 때 나를 만난 적이 있다고 회고한다.

12월 4일 (화)

아침 7시 50분에 집에서 허겁지겁 나가서 신양파크에 갔더니 기관장 조찬회가 막 시작되었다. 오늘은 최인기 지사가 회의를 주재하다. 그는 지난 1년을 회고하면서 이 해가 무사하게 끝나가는 것은 기관장들의 협조 덕택이라고 사의를 표하다. 그리고 남도학숙에 관해 자초지종을 설명하고 계획보다 1년이 늦었지만 실속으로는 600억 정도의 이익이 있었으니 전화위복인 셈이라고 결론짓는다. 2시 10분에 회사를 출발해서 3시 20분발 비행기로 서울로 가다. 6시에 세종회관에서 열린 연합통신 29주년 기념리셉션에 참석하다. 김대중 총재, 조세형 의원 , 김인곤, 최영철, 박철언 의원, 김진현, 고건, 김창식, 홍순일, 김충한, 장재국, 이억순, 한동원, 이종전, 이규행, 심상기, 최준 교수 등을 만나다. 8시경에 집에 돌아왔는데 9시 KBS뉴스를 보니 조세형 의원과 나와 최 이사가 담소하는 모습을 클로즈업으로 비쳐주고 있었다.

12월 6일 (목)

이내균 사장이 전화로 서울대 동창회문제가 잘 되어 갈 것 같다고 한다. 홍승민 박사를 회장으로, 오병문 총장과 이광국 회장을 부회장으로 추천했는데, 본인들이 모두 승낙했다는 것이다. 광주사진협회의 강봉규 회장과 신 고문이 찾아와서 사진전시회의 참석을 권유하면서 차기회장으로 신복진 부국장을 선임하려는데 취임을 허용해 달라고 한다. 하나의 사회단체장에 취임하는데 꼭 소속회사 장의 허가가 필요한 것은 아니라고 생각하나, 사진협회 회장의 역할이 과중해서 우리 회사의 정상적 업무수행에 지장이 있을 정도라면 덮어놓고 좋다고만 할 수 없을 것 같다고 했다. 5시에 무등산 온천관광호텔에서 동창회 구성에 관해 사전협의를 하고 6시 30분에 본회의를 시작하다. 시장과 도지사에게 미리 축사를 부탁했다. 사전협의대로 회장에 홍승민 박사, 부회장에 이광국, 오종문, 부회장에 최종수, 이내균, 상임이사에 박성섭, 감사에 최병수가 선임되었다.

12월 7일 (금)

오전에 보안대장 이성범이 신임인사차 왔다. 부여출신으로 전주에서 근무하다가 왔는데 법대출신이라 한다. 인상이 부드럽다. 어제 밤의 서울대 광주동창회 관계기사를 취재해서 홍 박사의 사진과 함께 실으라고 편집국에 지시했더니 오늘 지면 14면에 2단으로 취급했다. 점심때 이광국 회장과 이내균 사장이 찾아와 나주곰탕 집에서 식사하면서 앞으로의 동창회 진로문제를 협의하다. 무주리조트 기사가 실렸기에 서울 박갑동 국장에게 연락하여 광고와 연결시켜보라고 했다. 오후에 새로 선임된 서울대 동창회 임원들이 기관장들을 예방하자고 하는데 나는 4시부터 노사협상이 있기 때문에 빠지기로 양해를 얻다. 오늘 노사협상에서도 편집국장 임명동의조항을 가지고 논란을 벌이다. 회사의 건전한 발전을 위해서는 노조에서 불필요한 인사권의 개입이 없어야 한다는 점을 역설하느라 대부분의 시간을 할애하다. 실무위원회에서 다시 이야기하기로 하고 산회했다.

12월 9일 (일)

8시에 식사하고 났는데 김길천, 김선남, 박기수 그리고 발송부 직원 두 명이 이삿짐을 도우러 왔다. 김충곤 국장이 자기 부인을 데리고 왔고, 박갑동 부인, 정권이 처와 처형이 도우려고 오셨다. 이삿짐을 싸놓고 보니 꽤 많아서 화물차 2대로 싣고 나머지는 승용차에 싣고 가다. 새로 들어갈 삼익아파트로 가니 임 비서, 조 차장이 나와 있고 배달소년들이 4~5명 와있다. 대부분의 짐은 앞쪽에서 콘도라로 실어 올렸다. 점심은 동지죽을 넉넉히 쑤어 5~6차에 걸쳐 먹었다. 이삿짐을 옮기는 데 합세했던 이효방, 최숙환 등 시판부직원 5~6명이 집으로 와서 식사하다.

12월 10일 (월)

문 국장이 서울에 갔다는데 아침 안개가 짙어서 비행기로 못 내려오니 늦어질 것이라고 연락이 왔다 한다. 경비요원 4명에 대한 발령장을 수여하다. 인쇄한 연하장에 내 육필로 이름을 써넣었다. 점심때 김포천 사장과 함께 '보호선도대상' 수여식장에 나가다. 헤드테이블에 유순석 지검장이 앉아 있다가 나에게 자리를 권한다. 이효계 시장, 최인기 지사, 임광행 회장, 마행열 회장 등이 동석했다. 리셉션이 끝난 후 김포천 사장과 커피숍에서 20분간 정담을 나누다. 오후에 조 고문이 전화, 신년특집에 대통령인터뷰를 시도해보려고 오늘 낮 이수정 공보수석과 이야기했는데 실현성은 별로지만 질문서를 미리 작성해서 전달하자고 한다.

12월 12일 (수) **내년도 지면제작방향을 제시하다**

아침에 회장님께 전화하여 자금사정을 말씀드리고 17일까지에는 3억 7천이 입금되어야 한다는 사정을 설명드리다. 오후 2시에 편집간담회를 열다. 오늘은 전원이 참석하다. 게다가 허광욱, 최하림 논설위원까지 참가했다. 신년특집계획을 토론하기 전에 내가 내년도 지면제작의 방향을 제시하다. 첫째, 지자제의 실시로 지방화시대가 열렸으니 독자의 관심이 지방문제로 집중할 것이다. 따라서 면수배정과 취재시스템의 개편이 필요하고 기자나 편집자의 착상의 대전환이 필요하다. 둘째, 광주보상문제는 나름대로 해결되었다지만 진상구명문제는 6공에서는 난망이다. 명예회복도 부분적일 뿐이고 기념사업은 적극 추진해야 된다. 그런데 지난 10년간에 무척 거칠어진 심성을 순화시키는 것이 큰 과제다. 국가의존에서 자립자조의 길로 인도해야 한다. 밝은 지역사회를 스스로 만들어야 한다. 셋째, UR협상이 내년도로 연기되었는데 저항한다고 대세를 거역할 수는 없는 것이니 차라리 적응하고 적절한 대응력을 기르는 방향으로 노력해야 하며, 타지역 또는 타국농민들의 대응자세나 방법을 소개해야 한다고 강조하다. 6시에 부국장급 이상의 간부들이 윤 부사장의 집을 방문하고 집들이를 축하하다.

12월 14일 (금)

10시부터 전남대에서 열린 전남사회연구회 세미나에 참석하다. 이광우 전남대 교수의 안내를 받고 세미나장에 들어갔으나 참석자들이 아직 모이지 않아서 정시에 시작하지 못했다. 10시 30분에 시작했는데 이광우 회장의 인사말에 이어 곧바로 주제발표로 들어가려다 유한호 광주대교수가 나의 격려사를 듣도록 하자고 제의했다. 짤막하게 격려사를 했다. 명노근 전남대교수가 내 말에 열심히 고개를 끄덕거린다. 주제발표 중에 송기숙 교수가 들어와서 내 곁으로 찾아와 인사한다. 10시 45분에 회사로 돌아왔다.

오후 4시에 제 5차 노사협상을 시작하다. 편집국장 임명동의안에 대해서는 두 번의 회의를 통해서 노사양측의 입장이 충분히 개진되었으니 노조측에서도 회사의 입장을 신중히 검토하리라 생각한다. 그러나 충분히 이해하는 데는 다소 시간이 필요한 것 같으니 그 문제를 오늘은 유보하고 다른 문제를 토의하자고 했다. 다른 문제들은 예비회담에서 합의한 대로 통과되었다. 5시 30분에 산회하고 6시부터는 서궁에서 신태호 회장이 스폰서한 산경회 모임에 참석하다. 송병순 광주은행장, 김종식 씨가 불참하고 모두 참석하다.

12월 17일 (월)

부사장, 이 이사, 홍 국징을 불러 노사협상에 내한 예비회의를 개최하다. 법정공휴일과 대체휴일문제를 논의하고 회사측 입장을 정리하다. 법정휴일은 대체휴일로 하고 하계휴가 5일과 나머지 6일은 1개월에 하루씩 쉬도록 한다. 그리고 연월차휴일도 그 다음 달에 쉬는 것으로 의무규정으로 하다. 11시에 소년소녀가장 돕기 성금전달식을 9층 강당에서 거행하다. 안준 광주시교육감과 조형수 전남교위 학무국장 등이 참석한 가운데 33명의 소년소녀 가장들에게 성금을 전달하고 격려하다.

12월 18일 (화) 현인원도 파악하지 못한다고 질책받다

10시 넘어서 회장님이 도착하시다. 부사장과 함께 들어가서 회사의 자금사정을 말씀드리다. 오후에 회장님이 여러 가지 문제를 물어보시더니 특히 인원이 많다는 점을 강조하면서 무등일보와의 인원차이를 물어보신다. 부사장이 무등일보는 243명인데 우리는 254명이라 대답하다. 그런데 홍 국장더러 비교표를 가져오라고 해서 확인하니 263명으로 되어 있다. 회장님은 이른바 경영을 맡는 사람들이 자사의 현인원 파악도 제대로 못하니 무슨 수지개선이 있을 수 있겠느냐고 추궁하신다. 3시경에야 서울 이 부장에게 전화해서 3억을 돌리라고 지시하신다. 아침에 조치해 놓고서 우리를 불러 자금염출이 얼마나 어렵다는 것을 강조하기 위해서 연출하신 것 같다. 이어 두서너 차례 더 융단폭격을 당했다. 늦은 시간까지 회장님도 담배를 많이 피우고 망연한 표정을 지으신다. 밤에 집으로 돌아와 혈압을 재어보니 아래지수가 100을 넘어 있다.

12월 19일 (수)

아침회의 끝내고 별도로 부사장, 이 국장, 문 국장과 진도기자 문제를 협의하다. 김봉태 기자 복직에 대해 회장님은 부정적이고 부회장은 긍정적인데, 광주일보나 무등일보는 새로 임명했는데 더 이상 지연시킬 수 없으니 업무국장이 직접 진도현지 사정을 알아보고 회장님께 보고하도록 지시하다. 목포로 회장님께 전화했더니 이광현 국장은 김 기자를 싸고도는 사람이니 다른 사람을 보내야 한다면서 내일 회장님과 다시 협의한 후에 보내자고 하신다. 이 국장을 삐삐로 불러 되돌아오도록 지시하다. 2시에 편집국 부장급들을 소집해 신문의 제작방향에 대해서 지자제, 광주문제, UR협상 이후의 문제를 짚어서 이야기하다. 그리고 회사경영의 어려운 사정을 설명하고 노사협상에도 협조가 있기를 부탁하다. 오후에는 연하장에 서명하느라 상당한 시간이 걸렸다.

12월 20일 (목) 진도주재 기자문제를 논의하다

부사장과 업무국장을 데리고 회장님 방으로 가서 진도주재 기자문제를 논의하다. 회장님이 나더러 김봉태 기자 문제를 설명하라고 하신다. 광고모집건과 농협조합장에 얽힌 문제를 설명하고, 그 정도라면 주재기자를 바꿀 만한 이유가 못된다고 했다. 그랬더니 고발자는 누구냐고 물으신다. 중앙지 기자들이라고 답변하니 어째서 그것을 감추고 보고하느냐고 추궁하신다. 감출 이유도 없는 것이고, 문제의 내용이 중요한 것이지 고발자가 누구냐는 별로 중요하지 않다고 생각했기에 말씀드리지 않은 것이라고 대답했다. 그러자 회장님은 전 해남검찰지청장이 전에 김봉태 기자가 여자문제로 협박한 사실이 있음을 지적하더라고 한다. 그 여자문제는 광주일보기자가 관련된 것이고 김봉태와는 무관한 것이라고 해명했지만 받아들이려 하지 않으신다. 오후에 부사장, 광고이사를 데리고 내년도 광고계획안을 보고하고 연후에 문 국장을 불러 김봉태 문제에 대한 의견을 물었다. 문 국장은 약삭빠르게 눈치를 채고 지청장이 그렇게 말한다면 문제가 있는 것이니 재임명은 재고해야 할 것이라고 답변한다. 회장님은 문 국장의 '애사심'에 감사한다고 표현하신다.

12월 21일 (금)

회장님이 10시경에 신문사에 나오셨다. 어제 처리한 진도기자 문제로 이광현 국장이 상당히 불만을 가지고 있으니 일단 불러서 주무국장의 의견을 들어보고 회장님 방침을 설득시키는 것이 좋겠다고 하니 그렇게 하겠다고 하신다. 11시에 남도예술회관에서 염제장학금 전달식이 있어 이 이사를 데리고 참석했다. 이연술 회장이 인사말을 읽는데 국민학생보다 어색한 어조로 낭독, 그러나 그런대로 그분의 성실성이 드러나서 좋았다. 도경의 여 국장이 이훈동 회장님의 흉상을 제작할 조각가를 고르는데 우리 문화부의 도움을 받아야 하겠다고 하다. 4시에 노사협상을 시작하다. 대체휴일 문제를 논의하다가 결국 합의를 보지 못하고 내주 초 간사회의에서 논의하기로 하다.

12월 22일 (토)

아침회의 때 어제 노사협의에서 논의했던 동계휴가문제를 간부들과 의논했더니 일요일을 끼어 3일간으로 하는 것이 좋겠다면서 각국실별로 더 논의해보자고 한다. 서울에서 최 이사가 내려왔는데 부회장이 망년회에 쓰라고 보낸 220만 원을 가지고 왔다. 강원일보 강표원 사장에게 전화로 우리가 추진 중인 지자제대학 프로젝트를 참고하라고 소개해주고 우리신문사이 신문협회 광고협의회 가입문제를 적극적으로 협력해 달라고 부탁하다. 그는 당연한 일이라며 적극 협조하겠다고 다짐한다. 오후에 문 국장을 불러 장광영 실장과 정기상 부장 문제, 서울주재기자 문제, 경영상태, 신문제작에 관한 문제 등을 의논하고, 불원간에 부분적으로 조정하고 1월 중순쯤에 재조정을 할 작정이니 편집국장의 의견을 제출하라고 요청하다.

12월 25일 (화)

지난번 부회장이 보내준 격려금을 편집, 제작국에는 각각 50만 원씩, 광고, 업무, 총무국은 30만 원씩, 기획실, 논설위원실은 10만 원씩, 추가로 책정해서 전달하고 노조에는 천갑수와 정명섭을 불러 30만 원을 수교했다. 부산일보의 송 사장에게 전화하여 지자제대학을 개설해 보라고 권했더니 매우 고맙다고 한다. 그리고 신문협회 광고협의회 가입문제와 지방지 광고국장친목회에 전남일보의 가입문제를 밀어주도록 당부하다. 오늘은 크리스마스라 일찍 돌아가는 날이기에 3시경에 사내를 한 바퀴 돌다가 제작국장실에 들렀더니 김인곤 의원으로부터 전화가 왔다. 곧 바로 그랜드호텔에서 만나자고 한다. 요즘 혈압이 부쩍 오른다고 했더니 스트레스를 너무 받지 않도록 하라며, 언제라도 광주대학으로 오겠다면 쌍수를 들고 받아들이겠다고 한다.

12월 26일 (수)

회장님께 우리 신문사옥에 옥탑광고 시설공사를 시작해서 2월 20일에 점화할 예정이라고 보고하다. 낮에 김인곤 의원이 우리 회사간부들을 무등온천관광호텔에서 오찬에 초청했다. 윤 부사장, 박 주필, 조효석 위원, 허광욱 위원, 이홍재, 오세성, 고행원 등이 참석하고 광주대학에서는 김 이사장과 이 부총장이 동석했다. 김 의원은 자신이 전남매일에 관여한다는 항간의 설을 극구 부인하고 광주보상법 제정에서 자신의 역할을 자세히 설명한다. 오후에 김포천 문화방송 사장과 박성섭 무등일보 사장에게 전화, 오늘 밤 도지사공관에서의 만찬에 관해서 의논하다.

12월 27일 (목)

오늘 개각발표가 있었다. 박철언, 최병렬, 임인택, 송언종, 최창윤, 최영철, 손주환, 이상연 장관들에게 축전을 보내다. 회장님께 지역사회연구소와 통일문제연구소 설립안을 팩스로 보내드렸더니 팩스로 보냈다는 점에 대해 안 좋아하시는 것 같다. 뉴욕의 부회장과는 4일만에 연결이 되었다. 생일을 축하하고, 지난번에 보내준 격려금은 각 국실별로 적절하게 분배해서 전달했더니 모두 기분 좋게 받아들이고 고맙게 생각한다고 알리다. 내년도 경영계획은 부회장 귀국후 보고하기로 했다고 하니 10~15일에 귀국하겠는데 그 골자를 팩스로 보내 달라고 한다. 이수인·박석무 의원이 인사차 방문했다.

12월 28일 (금)　　배달소년 기숙사건립을 건의하다

회장님께 전화, 지금 우리 회사 배달소년들의 기숙방을 구하는 데 8천6백만 원이 소요되는데 월산동에 있는 땅에다 5천만 원을 들여 조립식으로 기숙사를 지으면 훨씬 저렴하게 운영할 것 같다고 보고드렸더니 계획을 한번 세워보라고 하신다. 문화부 천갑수 기자에게 회장님 흉상을 조각할 수 있는 전문가를 알아보라고 했더니 전남대 예대학장 김행신 교수, 조선대 조소과 과장 정윤태 교소, 호남대 문억자 교수, 남도예술고 윤영월 교사 등 4명을 추천한다. 목포 김명수 부장에게 전화하여 목포 경찰서장에게 이 네 명을 알려주고 참고해서 위촉하도록 하라고 통고하다. 오전 중에는 예산심의를 하다. 이내균, 노광표, 임원식 서장 등과 나주곰탕 집에서 점심하고 내 방으로 와서 커피를 마시다. 6시에 무등관광호텔에서 윤 부사장 부부와 이상호 이사 부부를 초청해서 우리 부부와 함께 저녁모임을 가졌다.

12월 29일 (토)

종근당의 흑백 전단광고를 16면에 꼭 넣어 달라는 바람에 박갑동 국장, 최 이사, 부사장, 이 이사간에 몇 차례나 전화가 왔다갔다 했다. 10시 30분 무렵에 그 광고는 돈을 안 받을 셈치고 4면을 털어내고 넣도록 지시하다. 서울 광고국이 다음 교섭을 위해 비빌 언덕을 마련하기 위한 희생적 결정이다. 김종효로부터 3개년 경영계획의 개요를 보고받다. 이경식 차관에게 축전을 보내다. 오후에는 이광현 국장이 해남에 있는 친구가 모치를 구해놓기로 했으니 다녀오자고 해서 이상호 이사, 고행원 부장을 데리고 해남으로 출발하다.

12월 31일 (월)

윤 부사장에게 내년도 경영방침을 "내실을 다지는 해"로 정하고 거기에 세 가지 목표를 '지역중시', '자질향상', '사풍확립'으로 정하자고 했다. 12시 30분부터 편집국 종무파티를 연다고 해서 지하에서 식사하고 기다렸더니 1시에야 다 모였으니 올라오라고 한다. 편집국은 분위기가 어수선하다. 마이크를 잡고 간단히 송년사를 하고 각 데스크를 슬쩍슬쩍 돌아서 올라와 버렸다. 1시 반부터 시작한 광고국은 제대로 준비하고 전원이 기다렸다가 깔끔하게 인사를 하고 축배를 들었다. 이어서 총무국, 기획국, 업무국, 제작국을 차례로 돌고 나니 3시 반쯤 되었다. 몸이 고단해서 집으로 돌아왔다.

1991년: 광고, 보급 등의 收益基盤의 擴大

창간 후 3년째로 접어든 1991년에는 신문사의 내부기반을 확충하는 데 중점을 두었다. 창간초기에는 부지를 매입하여 새 사옥을 건축하느라 거액을 대출하고 윤전기나 전산장치 등 주요 기자재를 리스로 구입했기 때문에 재무구조상으로는 적자가 크게 나타났지만 경상수지상으로는 나쁜 편이 아니었다.

연초부터 각 지방의 지사 지국을 순회하면서 보급과 광고의 목적달성에 매진하라고 채찍질했다. 기사의 질을 높이기 위해 부별교육과 연수를 강화하였고, 수익기반을 다지기 위해 광고와 판매조직을 강화하였으며, 실적에 따라 덤을 보태주는 인센티브제를 실시했다.

경영적자를 메우기 위해서 중앙지들의 현지인쇄를 맡으려 했다. 우리는 1991년 초에 동아일보 호남판을 우리 공장에서 인쇄하기로 협약을 맺고 10월 1일부터 10여만 부를 찍기 시작함으로써 상당액의 적자를 메울 수 있었다.

신문의 경영기반을 다지는 데는 기관광고나 큰 기업체의 광고를 수주해야 하는데, 그러려면 신문인협회의 산하에 있는 광고협의회에 가입하는 것이 필수적이다. 전남일보는 끈질기게 문호개방을 요구하여 마침내 5월 16일 광고협의회 가입이 확정되었다.

우리는 또 1991년에 처음 실시되는 지방자치 선거를 앞두고 지방의회 입후보자들에게 필요한 지식과 교양을 심어주기 위해 2주간의 지방자치에 관한 프로그램을 기획하여 연속적으로 강의를 실시했다. 정치초년생들로부터 많은 관심을 끌었다.

1월 1일 (화)

1991년의 새해를 맞이했다. 아침에 큰아들 내외로부터 세배를 받다. 둘째는 서울에서 전화로 새해인사를 보내다. 어제 노준채 외과에서 주사를 맞았는데 오늘 아침에도 여전히 몸이 좋지 않다. 기관지염의 증상이 느껴진다. 서울 회장님 댁으로 전화, 몸이 불편해서 상경하지 못해 직접 세배를 드리지 못해 죄송하다고 말씀드리다.

1월 3일 (목)　1991년 시무식을 거행하다

오늘 아침에도 기침이 나오고 오한이 든다. 간부회의를 마치고 나니 회장님이 오셨기에 간부들을 데리고 세배를 드리다. 그러고 나서 부장급 이상의 직원들로부터 세배를 받다. 11시에 기관장 신년하례식이 합동으로 열리는 상공회의소에 회장님을 모시고 부사장과 함께 나가다. 오후 3시에 전 사원을 강당에 모아놓고 시무식을 거행했다. 회장님이 인사말씀 도중에 최근 우리의 지면이 창간 때의 활기를 잃고 전국에서도 최악의 적자상태로 운영되었다고 지적하신다. 깜짝 놀란 나는 사장의 인사말을 통해서 지난해의 실적을 일일이 소개하고 사원들의 헌신적 노력에 감사한다고 말하고, 상당한 적자를 낸 것은 사실이지만 금년에는 우리 모두가 적자 폭을 줄이는 데 노력하자고 격려했다. 식후에 회장실에서 진도지국 문제와 1월자금 문제를 논의하다가 회장님은 결제도 하지 않고 광양으로 출발하셨다. 노조에서는 시무식을 적자 논의로 도배했다고 비난성명을 냈다.

1월 4일 (금)

오늘도 몸이 안 좋다. 회장님은 오늘 11시에 광양제철 4기 기공식에 참가하셨다가 서울로 가는 길에 들르기로 했기에 아침에 백지에 사표를 써놓고 기다리는데, 회장님은 오늘 여기 안 오고 바로 서울로 가신다고 연락이 왔다. 홍승민 회장, 이광국 고문, 김 감사(약국), 오병문 총장, 이내균 사장 등 서울대 광주동창회 임원들과 초원식당에서 신년하례를 교환하고 회식하다.

1월 5일 (土)

어제 문 국장이 청와대 한 과장으로부터 연락을 받았다고 하는데 그 곳을 출입하는 최혁 기자에게 문제가 있으니 다른 사람으로 교체해줄 것을 바란다고 한다. 옥순종 기자를 보내는 것이 어떻겠느냐 해서 그렇게 하라고 하고 월요일부터 보내라고 했다. 미국에 있는 부회장에게 91년도 경영계획안을 팩스로 보내주라고 지시했다. 그리고 홍보지를 1월 중순경에 발행할 수 있도록 준비할 것을 지시하다.

1월 7일 (월)

아침회의 때 문순태 국장이 서울의 조덕송 고문으로부터 연락을 받았는데 3월경에 통일문제 세미나를 했으면 하더란다. 통일원에서 4~5백만 원쯤 끌어올 수 있을 것 같다고 하더란다. 이리국토관리청의 박병선 청장이 이번에 건설부 건설경제국장으로 전임되었다고 이임인사차 찾아왔다. 또 병무청의 한희수 청장이 본청 동원소집국장으로 전임되었다고 인사차 내사했다.

1월 9일 (수) **사장 측근을 청와대로 배치했다고 불평하다**

오전 중에 문순태 국장이 올라와서 이런 말을 한다. 며칠 전 천갑수 기자와 최혁 기자가 자기 집으로 찾아왔는데 청와대 출입을 옥순종 기자로 바꾼 것은 그가 회장이나 사장과 동향인 목포출신이기 때문이 아니겠느냐고 하더란다. 참으로 엉뚱한 생각을 하는 사람들이다. 낮에 박성섭 사장의 전화를 받고 무등산관광호텔로 나갔다. 전남대 오병문 총장도 우연히 만나게 되어 함께 일식집에서 점심을 먹다. 무등일보의 제호를 호남일보로 고친다는 말이 있는데 사실이냐고 물었더니 그 제호를 2천만 원 주고 샀다고 한다. 오후에 천갑수와 최혁을 따로 불러 어찌해서 그런 철없는 생각을 하느냐고 물었더니 편집국에 그런 낭설이 떠돌기에 해명 해주기 위해서 알아본 것이라고 변명한다. 동아일보 출신의 윤형중 씨가 금호타이어 사장으로 취임하고 인사차 방문했다. 뜻밖이었다.

1월 10일 (목)

오전에 조덕송 고문이 전화, 어제 회장님을 만났는데 지난번 신년인사 후에 일어난 편집국반응이 마음에 걸린다면서 30만 원을 주면서 편집국사람들과 만나서 의견도 들어보고, 사장, 부사장, 주필 등과도 저녁에 만나 술도 마시며 달래고 오라 하더란다. 아니 회장님이 그런 사명을 주었다면 조용히 내려와서 만나고 갈 것이지 마치 그런 사명을 띠고 가니 알아서 협조해 달라는 식으로 들려서 씁쓸하다. 나중에 회장님과 통화하면서 지자제대학 개설에 대한 반응이 좋아 130명으로 1차를 마감했다고 보고하고 조 고문이 내려온다 하더라고 말씀드리니 자기가 내려간다고 하더라고 하신다. 회장님이 시치미를 떼시는지 어쩐지 알 수가 없다. 지하식당에서 점심하고 오후에 문 국장을 불러 진도주재 기자문제가 풀리지 않으니 편집국에서 사람을 현지에 파견하여 실태를 파악하고 해결방안을 제시하라고 주문하다. 저녁때 전남대병원장을 만나 윤도 형님 진료관계를 협의하고 집으로 돌아오다.

1월 11일 (금)

오전에 최시영 기자가 진도 출장간다고 올라왔다. 김봉태 기자 재임명에 관한 나의 생각을 설명 해주고 건전한 사풍을 세워나가는 데 아주 중요한 문제이니 실태를 잘 파악해서 보고하고, 새로운 사람이 있거든 알아보고, 기사도 취재시켜 보라고 했다. 이용헌 기자를 불러 전남대병원으로 연락해서 특실을 빨리 구해보라고 했더니 서무과장이 원장의 지시를 받고 애쓴다는 것이다. 4시부터 노사협상 제7차 회의를 열었다. 하계휴가는 6일간으로, 동계휴가는 2일간으로 합의하고, 연월차휴가는 월차휴가 6일간을 의무적으로 쉬도록 하되 연휴를 허용치 않기로 했다.

오늘은 대체로 양측 말을 듣는 것으로 하고 발언을 삼갔으나 뜻한 바대로 합의해 주었다. 김흥래 목포시장이 신임인사차 방문했다.

1월 12일 (토)

김충곤 국장에게 동아일보 홍 기자에게 연락해서 인쇄관계를 협의하라 했더니, 어제 전남일보에서 사장과 만나서 협의할 용의가 있다는 사실을 본사에 알렸으니 높은 선에서 협의가 있을 것이라 대답하더란다. 오전 중에 김영재 사장이 전화, 중앙일보의 홍 상무나 김동익 사장하고 중앙일보의 호남지방판 인쇄문제를 이야기하다가 지금 광주일보와 협의중에 있다고 하기에, 하마다 윤전기를 사용한다는 점에서 호환성이 있기 때문에 전남일보와 계약하는 것이 유리할 것이라 했더니 그렇게 하겠다 하더란다. 그리고 정보교환이나 판매조직의 협력도 함께 모색해 보겠다고 하며 1월 22일에 서울에서 계약할 수 있도록 우선 서울지사장과 예비접촉을 했으면 좋겠다고 한다. 부사장, 김 국장, 홍 국장을 불러, 앞으로 중앙사들의 인쇄계약에 대비해서 우리가 적절한 조건을 제시할 수 있도록 대비하라고 지시하고 우선 김 국장은 서울로 가서 추세를 알아보고 오도록 했다. 그리고 CATV에 관한 신년도설계를 위해 박귀남 부국장과 김종효 부장을 서울에 출장보내기로 했다. 김우룡 교수에게 전화했더니 오늘 미국으로 갔다가 22일경에 귀국하겠다고 한다. 오전 중에 이만의 전남도 기획관리실장이 신임인사차 내사했다.

1월 14일 (월) 회장-사장 간 불화설이 돌다

회장님께 지자제대학 개강에 관한 이야기와 동아, 중앙일보에서의 인쇄관계 협의가 들어왔다고 보고하다. 그리고 진도에 최시영 기자를 출장보냈다고 했더니 김봉태 문제를 거론, 몹시 역정을 내신다. 조덕송 고문이 내일 광주에 온다면서 미리 편집국 부장들에게 전화로 무슨 말을 했는지 모르지만 사 내에 이상한 기류가 흐르며 지난번 시무식에서의 인사말과 연결시켜 회장과 사장 간에 갈등관계가 형성된 것이 아니냐고 쑥덕거린다고 보고했다. 회장님은 조 고문이 광주에 내려오는 것은 회장님 자신과는 전혀 관계가 없다는 점을 강력하게 주장하신다. 12시에 광주은행에서 우리회사 간부들을 초청했기에 코리아나 호텔로 가다. 1시 40분에 최인기 지사가 지자제대학에서의 강의 때문에 회장실로 왔기에 담소하다가 2시에 함께 강당에 올라갔다. 내가 인사말을 하고 이어서 최 지사가 첫 강의를 시작하다. 이영일 의원과 신순범 의원이 뒤이어 강의하고 갔다.

1월 15일 (화)

아침회의를 마치고 나니 회장님이 출근하셨다. 부사장, 홍 국장을 데리고 노사협상에 대한 경과를 보고드리고, 앞으로 노조와의 협상에서 제시할 임금인상안을 보고하다. 이번 임금인상은 본사부담 총액 베이스로 7%선, 그러니까 본봉 2%선에서 제시하겠다고 했더니 그 선을 지키라고 한다. 조 고문이 1시까지 도착할 터이니 함께 점심하자고 해서 기다리다가 아무래도 늦어질 것 같아서 먼저 지하식당에서 점심을 마치다. 1시 30분에 현관 앞에서 지자제대학 수강생들과 두 파트로 나누어 기념촬영을 하다. 3시에 신문구독 6차 사원확장운동에 아직까지 목표의 60%에 미달한 34명의 사원들을 회의실에 소집하여 30분 동안 훈계하다. 불참자가 8~9명 있기에 일일이 체크하도록 했다.

1월 16일 (水) 괜찮다 해놓고 반박했다고

아침회의에서 이춘성 기자가 김신석 판사에게 출강요청을 소홀하게 했기 때문에 그 시간 강의가 펑크났다는 보고를 들었기에 문 국장에게 이 기자로부터 경위서를 받아 올리도록 지시하다. 그리고 진도 김봉태 기자는 재임명하지 않기로 했으니 새 사람을 찾으라고 이 국장에게 지시하다. 오늘 아침부터 기관지에 이상이 있는 것 같기에 반 이비인후과에 가서 진찰을 받다. 회사로 돌아오니 회장님이 나오셨다는데 부사장이 들어가 있다 한다. 한참 후에 나왔기에 들어가서 회사의 현상태에 대한 평가에서 회장님과 나 사이에는 상당한 거리가 있는 것 같다고 서두를 꺼낸 뒤, 내가 보기에는 회사는 이제 기반이 섰기 때문에 잘 될 것으로 본다고 말하다. 지금 이 신문사는 일반 돈벌이업체가 아니라 회장님의 기념비적 사업인 것이니 비록 돈이 거액투입되었지만 기초작업에 그만한 돈은 투입할 가치가 있는 것이니 마음을 즐겁게 가지실 것, 그리고 임금문제도 깎아서 좋은 것이 아니고 10% 정도 올려야 좋은 신문으로 이끌어갈 수 있다는 것을 강조하다. 그러자 회장님은 연초 시무식 때 인사말을 미리 나에게 보여 주었는데도 괜찮다고 해놓고 공개적으로 반박했다는 사실을 추궁하신다. 2시에 신춘문예당선작들에 대한 시상식을 하다. 4시에 연세대 신방과 서정우 교수가 변동현, 김원태 교수들을 이끌고 찾아왔기에 송죽헌에서 식사하다.

1월 17일 (목)

아침회의 때 편집국에서 중동에서 전쟁이 터졌다고 알려왔다. 오늘은 호외를 겸해서 제작을 빨리하고 상보를 호외로 내자고 했다. 김진원이 전화, 대검에서 42명이 광주로 내려갔기 때문에 광주 공무원들이 바짝 긴장할 것이라고 한다. 그리고 한겨레신문에서는 영남파와 호남파의 갈등이 심화되는데 호남파가 밀린다고 한다. 또 노조에서는 송건호 사장을 축출하고 이돈명 변호사를 영입하려 한다고 한다. 조 고문이 서울에 도착해서 전화, 어제 회장님과 내가 만났을 때의 분위기가 걱정되는 모양이다.

김영정 장관과 이도선 의원이 지자제대학 강의차 내사해서 이야기하는데 회장님이 도착하셨기에 이들을 회장실로 안내하다. 이들이 나간 후에 부사장과 홍 국장을 불러 노사협상에서의 임금문제를 걱정하면서 7%선을 지킬 것을 종용하신다. 어제 10%선을 생각해야 할 것이라는 나의 제의가 마음에 걸린 듯했다. 또 이 자리에서 신년시무식 때의 인사말과 진도기자 문제, 그리고 임금인상률을 높게 잡으려 한다는 점을 지적하면서 사장이 회장의 뜻을 거역한다는 점을 거듭 지적하신다. 그러나 막판에 이르러 다른 뜻으로 해석하지 말라고 부언하신다.

1월 18일 (금)

아침회의 때 이춘성 기자의 직무태만을 규명하는 인사위원회를 오늘 오후에 열자고 했더니 문 국장이 크게 반발한다. 인사위원회까지 열고자 한다면 관련국장들에게 사전에 알려주고 대비할 수 있는 여유를 주어야 할 것이 아니냐는 것이다. 사안이 중대하고 또한 인사위원회를 열기 전인 이 시점에서 거론했으니 이것이 바로 사전협의가 아니겠느냐. 더 미룬다고 더 좋을 것도 없으니 오늘 열기로 한다고 밀어붙였다. 반 이비인후과에 가서 치료받다. 오후에 다시의 최영진 씨가 한말의병으로 전사했던 최택환 선생의 묘비를 위한 글씨를 장전에게 부탁하고 싶은데 도와달라고 해서 천갑수 기자를 연결시켜 주다.

2시에 간부회의를 소집하여 신문사의 경영내용을 밝혀 설명하다. 그리고 3시에 이춘성 기자의 직무태만에 대한 문제를 놓고 부사장, 문 국장, 이 이사, 홍 국장을 불러 인사위원회를 열다. 문 국장은 경고정도로 하자고 제의하고, 홍 국장은 애매한 태도를 취하고, 이 이사는 엄히 다루자고 주장하고, 부사장은 출입정지처분을 내리자고 한다. 그러나 출입정지라면 편집국 사정이 어려우니 다른 형태의 처벌을 택해야 할 텐데, 그러려면 차라리 규정을 제대로 지켜 본인에게 사전통고하고 3일 후에 정식으로 인사위원회를 열자고 결론지었다. 장을병 교수, 이효계 시장, 이종찬 의원이 강의차 내사했다. 4시에 노사협상을 시작하다. 주로 편집국장 임명조항에 토의가 집중되었는데 내가 그것은 삭제해야 한다고 강력하게 주장했기 때문에 결국 다음 회의로 결정을 미루기로 했다.

1월 19일 (토) 지자제대학 수료식을 거행하다

아침회의 중에 서울에서 회장님이 전화, 최봉인 이사의 임기가 1월

22일로 되어 있으니 연장해서 등기변경하라고 지시하신다. 오늘은 중동전에 관한 컬러사진이 있으니 강판시간을 좀더 앞당기기로 했다. 9시경에 평민당 이영근 의원이 지자제대학 강의차 내사했기에 한참 동안 담소하다. 10시 40분에 수료식이 있어서 부사장, 이 이사, 이·김·홍·문 국장과 함께 참석하다. 23명에게 이수증을 수여한 후 그동안 진지한 청강을 치하하다. 수강생들을 두 개 그룹으로 나누어 신문사 내부시설을 돌아보게 하고 11시 20분에 신양파크에서 마련한 음식으로 리셉션을 하다. 나의 축배제의로 모두 '위하여'를 고창, 그동안의 노고와 감사의 뜻을 교환하다.

1월 21일 (월)

아침회의 때 오늘 2시에 이춘성 기자에 대한 징계위원회를 개최하겠다고 했더니 문 국장이 또 주무국장과 사전협의도 없이 열려 한다고 항의한다. 징계위가 열리려면 3일 전에 통고해야 된다는 규정이 있다고 총무국장이 거든다. 토요일날 사전통고하라고 내가 지시했는데 이행하지 않고서 이제 와서 무슨 뚱딴지같은 소리를 하느냐고 호되게 질책하다. 그러나 규정이 그렇다면 오늘 정식으로 연락하고 수요일에 열기로 하자고 결론내리다. 평화통일문제연구소와 지역사회연구소의 간판을 제작해서 부착하라고 총무국장에게 지시하다. 전북일보의 서정상 사장과의 통화중에 전주일보에서는 교육자치에 관한 강좌를 금주부터 실시중이라고 하기에 그 프로그램을 보내 달라고 부탁하다. 6시에 서울공항으로 올라가서 약 1시간 동안 기다렸더니 이 부회장이 뉴욕에서 도착하다. 차를 함께 타고 논현동까지 갔다가 내일 만나기로 하고 신사동 집으로 가다.

1월 22일 (화)

9시경에 논현동으로 가다. 회장님이 혼자 계시기에 들어가서 지자제대학의 수료식과 자사와의 인원비교 후의 처리문제 등을 협의하다.

이어 이 부회장을 만나다. 그동안의 경과보고서를 전달하고 나서 신년 시무식에서의 회장님과 사장의 사세(社勢) 평가상의 불일치, 진도기자 처리문제, 노사협상에서의 견해차이로 회장님으로부터 괘씸죄를 받고 있다고 실토했다. 부회장은 고생했다고 위로한다. 무교동에서 설렁탕을 먹고 서울지사에 들러 최 이사와 조 고문을 만나 이야기를 나누다. 3시에 최 이사와 프레스센터로 가서 손선규 신임사무국장을 만나 축하하고 우리 신문의 광고협의회 가입문제를 다시 한번 촉구하자 그렇게 하겠다고 다짐한다.

1월 23일 (水)　이 기자를 1개월 감봉처분하다

8시 30분발 아시아나가 안개로 30분 연발하여 광주에 10시에 도착하다. 부사장으로부터 경과보고를 받다. 이춘성 기자 징계문제로 노조와 편집국지회에서 항의성 모임이 있다고 해서 심히 기분이 상하다. 오세성 부국장이 징계위 개최문제와 관련해 편집국 분위기를 전하면서 편집국장에게 맡기는 방향으로 하는 것이 좋겠다고 권고한다. 중대한 징계문제를 편집국장에게 맡긴다는 것은 말도 안 된다고 물리치다. 2시에 징계위를 열다. 부사장, 이 이사, 홍·문 국장이 참석하다. 참고인으로 고행원 부장, 박귀남 부국장을 불러 이춘성 기자와의 연락관계 경위를 청취하다. 다음에 이춘성 기자를 불러 불성실한 태도를 추궁하다. 문 국장은 견책정도로 의견을 제기한다. 이 이사는 문 국장을 따라가고, 홍 국장은 출근정지, 부사장은 근신 10일 정도를 제기한다. 최종적으로 감봉(봉급의 1할인 6만 원 정도) 1개월 처분을 사장이 결정하다.

1월 24일 (목)　허위보도로 사장 고소당하다

아침회의 때 문 국장이 어제의 징계결과를 편집국 부장들에게 전달했고 본인도 받아들였다고 보고한다. 회장님과 부회장에게 징계위의 결정내용을 알려드리다. 고재방 형이 향교의 신임전교와 대표 2명과 함께 인사차 내사하다. 전태홍이 목포 YMCA이사장으로 취임했다고 그 곳 총무와 함께 왔기에 전광미 기자를 불러 인터뷰하도록 하다. 저녁때 오세성 부국장과 이 사회부장이 찾아와서 이춘성 기자에 대한 조치가 적절했고 노조나 편집국지회에서도 사건내용을 잘 이해했다고 알려준다. 그리고 며칠 전에 임광기 기자가 문병담 법무사가 인감을 위조해서 8억을 사취했다는 혐의로 수배되었다는 기사를 썼는데 문씨가 강력하게 항의해 속보를 통해 해명한 바 있다. 그런데 문병담 씨가 어제 사장, 편집국장, 사회부장, 임 기자를 상대로 고소를 제기했다고 보고한다.

1월 25일 (금)

회장님과 통화, 지자제대학에 대한 호응률이 좋아 122명이 응모했다는 사실과 문병담 법무사가 고소를 제기했다는 것을 보고했더니 앞으로 오보가 없도록 철저히 교육시키라고 당부하신다. 이춘성 기자가 찾아와서 그동안의 잘못을 정중히 사과하고 문병담 씨 고소사건에 대해서도 신중하게 대비하겠다고 다짐한다.

노사협상에 대한 예비회의를 가졌다. 오늘의 노사협상에서도 지루한 논쟁만 되풀이될 터이니 간사장회의로 대신하고, 노조측의 대안을 받아보되 인사권에 관한 문제는 더 이상 논의나 타협의 여지가 없다는 것이 사장의 확고한 입장임을 똑똑히 알려주라고 지시했다. 예비회의 직후에 천갑수와 정명섭이 내 방으로 찾아와서 어떤 타협안을 모색하려 하기에 더 이상의 타협이 있을 수 없다는 것을 다시 한번 강조하다. 그들은 1년에 한 번씩 신임안 표결제를 채택하면 어떻겠느냐고 하기에 그것은 현존의 해임건의안보다는 약하지만 부작용이 강할 것이라고 일축했다. 그러면 노조의 내규로 정하면 어떻겠느냐고 해서 그것은 내가 가부를 말할 입장이 아니라고 하니 그들은 고민스러운 표정으로 물러갔다. 오후에 서울에서 최 이사, 김진원, 김용해가 내려와서 부사장 주제로 방송전담반 회의를 갖다.

1월 28일 (월)　지자제대학 2기 개강식을 갖다

회장님에게 전화로 지자제대학에 125명이 등록했다고 보고하다. 이상호 광고이사가 어제 광고국 외근사원들이 연월차수당이 상여금성격의 수당이니 외근사원들에게도 지불해야 하지 않느냐고 요구하기에 이치에 맞지 않다고 물리쳤다고 보고한다. 그런데 오늘은 그들이 모두 나와서 아무 말 없이 근무중에 있다고 한다. 오후에 최인기 지사가 지자제대학 강의차 나왔다. 2시에 지자제대학 2기 개강식을 하다. 6시에 신양파크호텔 6층 중국식 홀에서 재광 서울대동창회 이사회를 개최하다. '간사장'을 '상임이사'로 변경한다는 것을 가결하고 앞으로의 활동에 대한 아이디어를 교환하다. 법대출신의 강신영이 오늘은 나와서 상당히 적극적으로 발언한다. 김난수 광주대 총장도 참석했다. 9시경에 집에 돌아와 강의안을 준비하다.

1월 29일 (화)

최낙경 화백이 내려왔다. 턱수염이 더욱 덥수룩하다. 이번에 백두산을 다녀왔는데 스케치를 많이 해왔다 한다. 내일 목포에서 있을 박화성 여사 기념관 개관식에 참석하기 위해 왔다고 한다. 사장 취임기념으로 내 초상화를 하나 그려드리고 싶으니 독사진 큰 것과 작은 것을 달라고 한다. 1시 40분에 현관에 나가 지자제대학 2기생들의 입학기념 촬영을 하다. 2시에 "지방자치와 언론의 역할"에 대해서 70분간 강의하다. 오후에 영광원자력 발전소의 행정실장으로 있는 김성식 후배가 자기네 홍보부장을 데리고 찾아왔다. 근일 내로 우리 회사 간부진과 발전소 간부들과 회식할 기회를 가졌으면 좋겠다고 한다. 전남대 조재룩 교수가 강의에 나오다. 6시 40분에 이 부회장이 광주에 도착하다.

1월 30일 (수)

부회장 방에서 부사장과 홍 국장이 3개년 경영계획안을 브리핑하다. 부회장은 서울에서의 광고유치에 전력을 다해줄 것과 외간 등 수익사업을 강화하여 수지를 개선하고 증자(자본금 50억 원 선)로 영업외비용을 줄이고, 인력을 재조정하고, 역할분담을 철저히 실행할 것을 주문한다. 국효문 시인이 와서 한참 동안 이야기하다. 오후에 김형덕(전 여성개발원장)이 지자제대학 강의차 내려오다. 홍승민 박사가 내사했기에 문화부 김지연 기자를 불러 인터뷰하도록 지시하다.

4시에 노사협상을 시작하다. 편집국장 임명동의안 등 4가지 안건이 제기되었다. 그러나 다시 한번 해임건의안은 논의의 여지가 없음을 강조하다. 해임건의안을 신임안으로 바꾸는 것은 허용하다. 그런데 문안을 보니 3분의 1이상의 발의로 2분의 1로 가결되는 것으로 되어 있기에 좀 이상하다고 했더니 부사장과 홍 국장은 잘 되었다고 하기에 합의해 주었는데 아무리 생각해도 말이 안 된다. 밤에 정명섭을 집으로 불러 모순점을 지적하고 내일 시정하라고 했더니 긍정적으로 응답한다.

1월 31일 (목) 편집국 새 인사안에 합의하다

천갑수 노조위원장을 불러 편집국장 불신임조항 3분의 1 찬성발의, 2분의 1 가결로 한다면 불합리하다는 점을 지적했더니 그도 시인한다. 오늘 노조간부들과 협의해서 보고하겠다고 한다. 1시 30분에 부회장과 최 이사가 목포에서 도착하다. 편집국 인사계획안을 부회장에게 넘겨주고 검토하도록 했다. 부사장, 홍 국장을 데리고 1월 예산안을 심의하다. 모택환 한전나주지점장이 인사차 찾아왔다. 2시 30분에 회장님이 도착하시다. 광주은행이 조선내화와의 거래를 바라고 있으니 목포지점하고 연결해 주시도록 말씀드리다. 진도 주재기자로 김상현을 면접하고 채용하기로 결정하다. 장을병 총장, 지대섭 위원장이 지자제대학 강의차 찾아오다.

편집국 인사안을 회장님과 합의하다. 문 국장을 이사로 겸임하고, 장광영, 이홍재를 논설위원실로 보내고 최하림을 편집국부국장으로 보내고, 편집국의 정치부, 사회부, 제2사회부, 교육체육부장 등의 교체 등 대폭적인 부처이동을 단행하기로 했다.

2월 1일 (금)　　프로 축구단을 창설하겠다고

아침회의에서 편집국 인사조정안과 문 국장의 이사승진에 관해서 발표하고 이를 계기로 제2의 창간자세로 일해줄 것을 당부하다. 61사단장과 지법원장이 신임인사차 방문했다. 재야운동가인 장기표 씨가 강의를 위해서 서울에서 내려왔다. 인터뷰를 하라고 지시하다. 김기삼 조선대 교수가 아파서 못나오겠다 하더니 나와서 강의해 주다. 11시에 장광영 실장이 인사발표 내용을 알고 안색이 변한 채 찾아와서, 전남일보 편집에서의 자기역할을 강조하면서 논설위원실로의 이동을 철회해 달라고 집요하게 요구한다. 장 실장의 역할과 공헌에 대해서는 누구보다도 사장이 높이 평가한다. 그러나 우리 편집부 사람들을 언제까지나 어미 닭의 날개 속에 있게 할 수는 없고 이제 솔로 플라이트를 시켜 창의성을 살릴 시기가 왔으니 그렇게 알라고 했지만, 그는 단 하루 만이라고 발령을 늦추어 달라고 한다. 회장님께도 호소하겠단다.

이정일 부회장이 전남일보 프로축구단을 창설하겠다고 말을 꺼냈다. 신문사에서 1억, 조선내화에서 2억, 다른 곳에서도 주를 모집하여 컨소시엄 형식으로 구성해서 경영권을 갖겠다는 것이다. 회장님은 목포에서 올라오시지 않았다.

2월 2일 (토)　　무등일보를 '호남일보'로 바꾼다고

금강기업의 고재철 사장이 100억을 투입하여 10월부터 광주매일을 창간하려고 법원에도 등기했다고 한다. 무등일보는 4월 1일부터 호남일보로 제호를 바꾸고 전북에 편집분실을 설치하여 전북에 보급을 강화할 것이라고 한다. 김학준 대통령특보와 이종찬 민자당 의원이 지자제대학 강의차 서울에서 내려왔다. 이들은 회장실에서 전남일보의 지자제대학 구상을 극구 칭찬한다. 11시 40분에 제2기 지자제대학의 수료식을 거행했다. 나는 수료식장에서 132명의 수강생에게 그동안의 수고를 치하하고 이들을 두 반으로 나누어 편집국, 제작국, 윤전실 등을 시찰하게 하고 12시 30분에 종강 리셉션을 열다. 회장님은 일장연설을 하고 나서 모두에게 축배를 제창하도록 하다. 오후에 오세성, 최하림 부국장을 불러 업무분담과 앞으로의 편집국관리에 만전을 기하도록 부탁하다. 그리고 김진원 부장의 경솔한 사표제출에 주의를 주다. 오전 중에 천갑수, 정명섭이 와서 편집국장 인준안을 그대로 놓아두자고 하기에 다음 회의에서 제의하자고 했다.

2월 4일 (월) 광주매일 창간에 공동대처하자고

아침회의에서 지자제대학 3기를 추진하는 방향에서 검토하도록 지시하다. 광고국 영업부 사원들에 대한 승진발령을 내도록 하고 서울지사는 영업이라는 말을 빼고 발령하도록 지시하다. 노조에서 불신임(?)안 조항을 통과된 것으로 공고하겠다고 통첩이 왔기에 천갑수와 정명섭을 불러 공고는 보류하고 다음 수요일회의에서 논의하자고 설득했다. 박성섭 무등일보 사장이 광주매일의 창간에 대해 공동으로 대처하자고 전화했다. 광주일보랑 함께 협의하자고 하기 위해 김종태 사장에게 연락했다. 김 사장은 그것을 막을 수는 없는 것 아니냐고 소극적이다. 낮에는 오늘이 박인성 주필의 생신일이기 때문에 회장님도 모시고 논설위원실과 각국실장을 초치하여 코리아나 호텔에서 회식하다. 김동환 부지사가 회장님을 만나러 와서 통일미 사먹기 운동에 협조해 달라 요청하기에 문 국장을 불러 내일부터 통일미 사먹기 캠페인 기사를 내도록 하고, 박 주필에게는 사설을 쓰도록 전화하다. 문 국장에게 정례적인 사원교양강의를 개설하도록 지시하다.

2월 6일 (수) 편집국장선임 타협안을 통과시키다

10시 넘어서 노사협상을 위한 예비회의를 하다. 편집국장 선임안 합의내용을 번복하는 것이 복잡한 결과를 가져올 것이 아니냐고 부사장이 우려한다. 그러나 나는 아무리 복잡한 결과가 온다 하더라도 시정할 것은 시정해야 한다고 단호하게 말했다. 4시부터 노사협상이 시작되다. 지난번 회의에서의 경과를 설명하고 감사와 사과의 뜻을 전하고 협조를 당부하다. 재론하는 것은 꼴사나운 일이나 사안이 워낙 중대한 일이니 재론하여 합리적 바탕에서 재정립하자고 제의했다. 그러나 노조측에서는 지난번 안을 기정사실화하고 재론을 피하려는 자세를 취했다. 합리적인 말을 받아들이지 않는 사람들과는 더 이상 의논할 필요가 없다고 일갈하고 퇴장해버렸다. 한참 후에 부사장이 나와서 '2분의 1로 가결한다'는 것을 '5분의 3으로 가결한다'로 고치자고 타협안을 내놓았다. 그 타협안을 받아들이기로 했다. 홍 국장이 최종문안을 작성했는데 또 거꾸로 해석되는 문안이다. 어이없는 일이다. 문안을 바로잡아 통과시키다.

2월 7일 (목)

낮에 부사장과 이상호 이사와 함께 광주은행 송병순 행장, 양 전무, 박 상무를 무등산관광호텔로 초청하여 점심을 함께하면서 5억 원의 융자를 부탁했다. 융자를 약속하면서 그 대신 광주은행에서 창업투자회사를 만들려 하는데 이정일 부회장의 참여를 말해 달라 한다. 오후에 조경석 씨가 전화, 서울에 편집학원을 설립하려 하는데 그 원장으로 윤상철 씨를 영입하고 연구위원을 몇 명 추천받았다고 한다. 6시 30분에 송죽헌에서 천경송 고법원장, 이원배 지법원장, 31사단장, 61사단장, 목포 해역사령관, 보병학교장 등을 위한 환영만찬회가 있었다.

2월 8일 (금)

8시에 신양파크에서 열린 기관장 조찬회에 참석하다. 거기서 정현채 민자당 사무총장을 만났는데 그는 광주매일창간문제와 관련해서 고재철 씨가 지하철공사를 맡아 하면서 '국민의 소리'에 혼이 나서 앞으로 지자제가 실시되면 사업을 위한 방패가 있어야 하겠다고 신문발행을 발상한 것이라고 설명한다. 회장님과 전화, 통일미 사주기 캠페인에 100구좌를 전남일보 몫으로 발표할 것이라고 말씀드리고 조선내화에서는 200구좌쯤 신청하실 것을 권고하다. 2시에 상공회의소에서 광주권 중소사업공단 조성에 관한 연구보고회가 있어서 참석하여 신 회장을 만나니 무척 고마워한다. 회사로 돌아와 4시부터 노사협상 11차 회의를 하다. 3개년 경영계획에 관해서 홍 국장이 설명하고 부사장이 부연하다. 편집국장 신임조항을 재론하려 하기에 재론의 여지가 없음을 다시 강조하고 사인을 받다.

2월 12일 (화)

10시에 광고국 영업사원들에게 승진발령장을 수여하고 또한 수습을 마친 10여 명의 사원들에게 정식으로 사원발령장을 수여하고 격려하다. 오세성 부국장이 오늘 미문화원에 가서 미국의 한국통일문제 전문가와 위성인터뷰를 하고 왔다고 보고한다. 거기에는 허광욱 위원과 카메라맨이 동행했다고 한다. 또 오세성 부국장이 오늘 2시에 언론중재위에 나가게 될 것이다. 일단 상대방의 주장을 들어보고 정정보도를 요구한다 하더라도 사건이 결말날 때까지는 그럴 수가 없다고 버티라고 지시하다. 오후에 오세정 부국장이 중재위 회의에 참석하고 와서 화해가 성립되지 않았다고 보고한다. 아무래도 우리 회사측에도 문제가 있는 것 같다. 그래서 오 부국장더러 북부서의 조사경위를 확인해보고 상대방인 문 법무사와 만나 그 쪽의 명예를 회복시켜 주되 꼴사납지 않은 내용으로 결말짓도록 해보라고 지시하다. 이효계 시장과 화니백화점의 이덕승 사장이 구정인사차 찾아왔다.

2월 13일 (수)

2시경에 회장님이 서울에서 도착하시다. 부사장을 데리고 경과보고하고, 홍 국장더러 중앙지들의 현지인쇄애 대한 대비책과 아울러 우리의 윤전시설을 보강해야 하는 사정을 자세히 설명드리도록 하다. 오후에 박권상 선배가 전화, 이제까지 관여하던 시사저널의 일은 그만두었다면서 구상하던 신디케이트를 시작해볼까 한다는 것이다. 신디케이트를 통해서 김용구, 최일남 등이 칼럼을 쓴다면 받아주겠느냐 한다.

박 선배에게는 특별 배려를 해드리겠는데 다른 분들에게까지 똑같은 대우를 해줄 수는 없다고 했다. 어쨌든 내려와서 자세히 상의하기로 했다. 부산일보, 강원일보, 대전일보 등을 연결시키려 하는데 나더러 그들이 적극 협력해 주도록 도와 달라고 한다.

2월 15일 (금)

오늘이 정월 초하루이다. 6시 30분에 일어나 7시에 집사람과 함께 학산으로 출발하다. 학산에 8시에 도착, 형님에게 세배하고 가족들과 차례를 모시다. 9시가 넘어 유달동에 도착하니 박 주필, 이상호 이사, 허광욱 위원, 장광영 위원, 김충곤 국장 등이 기다리고 있다. 응접실로 들어간 잠시 후에 윤 부사장이 도착하다. 이어 이정일 부회장이 조선 내화에 다녀온다면서 들어오다. 모두 함께 회장님과 사모님에게 세배를 드리다. 몽탄 처가로 가서 점심먹고 2시경에 광주로 왔다. 5시경에 천갑수, 정명섭, 임영섭이가 세배차 집으로 왔다. 떡국을 먹으면서 난 이야기, 신문사이야기, 무등일보이야기 등을 했다. 편집국 분위기가 많이 달라졌다는 것을 느낄 수 있었다.

2월 18일 (월) 윤전기 앞에서 무사운전을 빌다

광주일보에서 4월 1일부터 증면을 계획한다고 한다. 우리도 이에 대응해서 준비를 서둘러야 할 것 같다. 낮에 광주상호신용금고의 이종열 사장, 이 전무, 문 상무를 초청해서 함께 점심을 먹었다. 이번에는 2억 원쯤 융자해 달라 했다. 3시에 윤전부에 내려가 무사고운전을 기원하는 고사를 지냈다. 내가 초헌이 되고 천갑수가 아헌, 김 국장이 종헌이 되어 재배했다. 밤에 고행원이 양주를 한 병 들고 세배하러 왔다. 이광현 국장을 불러 함께 술을 마시며 놀다가 9시경에 떠나다.

2월 21일 (목)

오전에 명산의 최한수 후배가 찾아왔다. 목포공단사무소를 다니면서 장전으로부터 서예를 사사받는다고 한다. 3시부터 9층 강당에서 문 이사와 각 부장들을 포함한 40여 명의 편집국사원들에게 "사회에서의 언론의 역할"이라는 제목으로 강의하다. 언론인으로서 사회를 보는 기본적 틀을 갖추기 위해서는 사회체계와 언론체계와의 관계를 잘 이해해야 할 필요가 있다고 강조하다. 모두 열심히 경청해 주었다. 4시 30분에 강의를 마치다. 5시에 자동차판매회사인 VOLVO 광주지점 개점식이 있어서 이상호 이사를 데리고 참석하다. 김포천 사장에게 6시에 열리는 BPW 무등산클럽 촛불의식에 가겠느냐고 전화했더니 가자고 한다. 무등산호텔로 갔더니 김포천, 김영태 화백, 이치우 의대교수 등이 와 있다. 약 50~60명이 참석하였다. 신태호 회장이 광주의 생산도시화의 과정을 설명한 후 촛불점화를 끝내다.

2월 22일 (금)

오늘은 광주대학교 졸업식 및 학위수여식이 있기에 화환을 보내라고 지시하다. 광고국의 김현철군을 데리고 광주대로 가는데 입구근처에서 차가 몹시 붐비다. 이사장실로 가서 김인곤 이사장과 김난수 총장을 만나고 함께 졸업식장인 강당으로 가다. 김 이사장이 나더러 갑자기 축사를 해달라고 한다. 중간에 슬쩍 빠져나오려 했는데 꼼짝없이 붙들려 끝까지 머물렀다. 집으로 가서 점심먹고 4시부터 노사협상을 시작하다. 회사의 어려운 사정을 설명하고 상여금인상과 학자금지급으로 참아줄 것을 요청하다. 노조측에서는 크게 실망을 표시한다. 간사회의에서 더 논의하기로 하고 산회하다. 재광 목고동창회 김명철 회장 부친상에 조문하다.

2월 26일 (화)

10시에는 불우한 환경 속에서 인하대 시험에 합격한 학생에게 한 독자가 보낸 격려성금 280만 원을 전달했다. 오전에 한일은행 호남본부장 신동혁 이사가 이임인사차 찾아왔다. 부사장과 동기동창이라 한다. 낮에 부사장, 이상호 이사 이척묵 국장과 함께 아구탕 집에서 점심하다. 민형배 기자를 불러 농민대학에 대한 구상을 설명하고 구체적 프로그램을 만들어보라고 지시하다. 장준호 사장이 서울에서 전화하면서 백 지사와 잘 아는 사이인데 그를 많이 도와줄 것을 당부한다. 6시에 신양파크호텔에서 개최된 송언종 장관 초청의 기관장만찬회에 참석하다. 주요기관장 40명 정도가 참석하다. 백형조 지사가 유독 광주일보 김종태 사장 옆으로 가서 쑥덕거리는 모습이 눈에 띈다.

2월 27일 (수)

11시에 각화동에서 열린 광주시 농산물도매시장 개장식에 참석하다. 이 광주시장, 농수산부차관, 지정도 광주시 자문위원, 농협(전남) 지회장 등이 참석하다. 오전에 노경진 조흥은행 본부장 그리고 이상천 제일은행 호남본부장이 따로 본사를 방문하다. 오후에 하명중 영화감독이 두 아역을 데리고 본사를 방문하다. 이들과 한참 동안 이야기하다가 편집국으로 보내 인터뷰하도록 하다. 6시 30분부터 현대극장에서 〈혼자 도는 바람개비〉 시사회에 김연두를 데리고 참석하다. 극장에서 국효문 시인과 만나서 중앙에 있는 자리에서 김원자 부장이랑 함께 영화를 관람하다. 이효계 시장도 간부들과 함께 나왔다. 끝나서 함께 식사하자고 하니 자기네 직원들과 같이 해야겠다고 사양한다. 이 부회장과 극장로비에서 만나 하 감독과 아역 두 사람, 그리고 그들의 어머니들과 국효문, 김연두, 김원자, 부회장, 김영용 등과 조선옥에 가서 11시까지 식사하면서 환담하다.

2월 28일 (목) 최 차관이 기르던 난분을 보내다

최인기 내무차관이 자신이 광주시장과 전남지사로 오랫동안 재직하는 동안에 꾸준히 협조해준 데 감사하다는 딱지를 붙여 자신이 집에서 정성스럽게 가꾸던 난분을 보내왔다. 10시부터 예산심의를 하다. 회장님은 평통회의에 나가셨다고 한다. 최하림 부국장과 손정연 부장을 불러 요즘 연일 1면 머리기사의 제목이 광주일보에 비해 한 박자 늦어진다는 사실을 지적하고 제목에 좀더 신경을 쓰라고 촉구하다. 4시경에 이 부회장이 목포에서 올라왔기에 부사장, 홍 국장, 김 국장을 불러 윤전기 증설계획을 설명하고, 구체안을 작성해서 내주 초 서울로 가서 회장님께 보고하도록 지시하다.

3월 1일 (금)　'농민강좌' 기획을 지시하다

아침회의에서 문 이사에게 내일 열리는 "CATV 어떻게 수용해야 하나"의 세미나를 자세히 커버하도록 지시하다. 민형배 기자를 불러 농민강좌에 대한 프로그램을 월요일까지 제출하라고 지시하다. 채복희 기자를 불러 이번에 부동산기사로 호된 시련을 겪었는데 이런 시련을 겪는 것은 대기자가 되는데 좋은 교훈이 될 것이라고 격려하다. 그러나 고집을 버리지 않고 있음을 경고하고 현실을 무시하고 원칙만 내세우는 것은 철없는 이상주의자에 불과하다고 일깨우다. 오늘은 아파트주민들과의 대화에서는 고집을 버리고 부드럽게 풀어가도록 당부하다. 어제 밤 김선남 부장이 무척 애써서 얽힌 문제를 거의 풀어놓은 모양이다. 유선TV세미나에 참가하기 위해 서울에서 중견학자들이 대거 광주에 내려와서 7시부터 전야 리셉션을 연다고 해서 참가할까 했는데 아무래도 금호재단에서 마련한 잔치에 나가는 것이 언짢아 불참하기로 했다.

3월 2일 (土)　지방지도 CATV 겸영할 수 있어야

아침에 유선TV 세미나장에 축화를 보내라고 지시하고 9시 40분에 김연두, 박귀남을 데리고 신양파크로 가다. 유재천, 원우현, 김지운 교수 등과 커피를 마시다가 10시에 세미나장에 입장하다. 오전 주제는 김우룡 교수의 "유선TV의 이상적 소유형태"이다. 토론이 진행되는 도중 여러 학자들이 전남일보를 언급하였기에 토론의 끝판에 발언권을 얻어 신문사가 유선TV를 운영할 수 있어야 한다는 점을 다음과 같이 강조했다.

유선TV는 인쇄, 전파, 통신매체의 연장선상에 있는 매체이며 종합매체이기 때문에 신문사가 그런 개발된 테크놀로지의 도입기회를 막는 것은 불합리하다. 지방지가 유선TV를 겸영한다고 해서 정보독점 또는 매체집중화라고 말할 수 있겠는가. 한국일보나 중앙일보처럼 7~8개의 전국매체를 가진 것은 집중화라고 할 수 있지만 지방지의 CATV소유는 결코 집중화로 볼 수 없다. 발행지에서의 겸영을 금지한다는 것도 말이 안 된다. 유선TV는 초기에는 대도시에서만 운영될 것인데 발행지에서의 겸영을 못하게 한다면 지방지들은 유선TV사업에 참가할 기회를 갖지 못할 수도 있다. 그리고 인쇄매체 하나만으로는 적자운영을 면치 못하는 실정인데 건전한 언론육성을 위해 지원을 못 해줄망정 이를 금한다는 것은 말도 안 된다. 불필요한 단서조항은 없애야 한다고 주장했다.

3월 4일 (월)

아침회의 마치고 회장님께 전화, 이번 주말에 새로 들어간 아파트 집들이를 하려는데 간부급사원들을 모두 초청할 예정이니 회장님께서도 시간이 허용하신다면 꼭 참석해주시면 좋겠다고 말씀드리다. 오전 중에 부사장, 김 제작국장, 홍 국장, 장 부국장, 김종효 부장 등과 윤전기 증설방안을 토의하다. 오후에 윤영규 씨가 YMCA이사장에 취임했다고 총무와 함께 인사차 방문했다. 광주문제를 논의하다가 금년 5월에는 행사를 5·18관련단체들만이 따로 할 것이 아니라 관이나 일반시민들이 모두 모여서 함께 치르는 것이 더 뜻이 있을 것 아니겠느냐 했더니 동감이라고 한다. 그러면서 그는 지식인관련자들에 대한 보상문제와 명예회복을 위한 재심이 이루어져야 한다고 강조한다. 7시에 금수장호텔에서 백형조 지사 환영만찬회가 열렸다. 여기에는 시장, 안기부 지부장, 보안대장, 제병교육본부장, 31사단장, 고법원장, 지법원장, 고검장, 지검장, 도경국장, 전남교육감, 광주교육감, 오병문 총장,

광주일보, 무등일보, MBC, KBS, CBS 등이 참석하다. 백 지사가 7일에 전남일보 편집국간부들하고 점심하고 싶다면서 나를 초청한다.

3월 5일 (화)

오늘은 서울에서 윤전기 증설문제와 주차장문제를 협의하기 위해 부사장 제작국장, 장 부국장, 김봉수, 김종효 등이 상경했다. 오전 중에 전남대의 박하일, 김민환 교수가 찾아왔다. 이이 오남 토지공사 지사장이 신임인사차 방문하다. 이상호 이사가 오늘 우리 지면에 무등건설에 관한 기사가 두 개나 나갔는데 그것 때문에 건설사측에서 매우 섭섭하게 생각하며 항의했다 한다. 4시경에 서울에서 부사장으로부터 전화, 오전부터 점심을 시켜다 먹으면서 보고했는데 결국 제3안으로 낙착되었다고 한다. 즉 중고윤전기를 사서 지상주차장에 설치하고, 주차장은 주변땅을 매입해서 이전하는 것으로 결정했다는 것이다.

3월 6일 (수)

회장님이 운동하러 나가셨다 하기에 카폰으로 연결하여 윤전기 증설계획과 임금인상문제를 협의하다. 임금인상은 9%선에서 타결시키기로 합의했다. 새로 31사단장에 임명된 조영길 소장이 신임인사차 방문하다. 이어서 과학고등학교장이 신임인사차 왔는데 만나보니 전에 목포고등학교 교장이었다. 노성경 기자를 불러 무등건설 관계기사를 알아보고 주의를 촉구하다. 또 아침에 이준성 기자로부터 임광기 기자가 검찰조사를 받았다고 들었기에 이만영 부장을 불러 경위를 알아보다. 4시부터 노사협상을 시작하다. 노조에서는 13%인상을 마지노선으로 제시하고 회사측의 이해를 촉구한다. 7%선에서 다시 계산해보고 금요일에 다시 만나기로 했다. 황 부국장이 주변에 있는 땅 129평을 흥정했는데 한 평에 450만 원을 달란다고 회장님께 보고했더니 400만 원 선에서 해결해 보라고 하신다.

3월 8일 (금) 간부들을 집들이에 초청하다

오늘은 7시 30분에 신양파크호텔에서 기관장 조찬회가 있었다. 오늘의 의장은 이효계 시장이 맡았고 백 지사는 취임을 신고했다. 끝나자마자 나와 일일이 인사도 나누지 못했다. 회장님이 전화, 오는 13일에 동아일보에서 초청을 받은 아사히신문 간부일행이 광주를 거쳐 목포에 들렀다가 영암, 강진을 돌아보고 목포에서 일박하고 부산으로 떠난다고 한다. 나중에 동아일보 홍 기자가 전화, 돌아오는 15일에 자사의 송수한 상무가 광주에 들러서 현지인쇄문제로 나를 만나고 싶어한다고 하기에 그렇게 하자고 했다.

오후 3시부터 노사협상을 시작했다. 노조측의 말에 의하면 이제까지의 협상내용을 오늘 있을 노조총회에 상정한다는 것이다. 협상도중에 있는 문제를 총회에 올린다는 것은 납득하기 어려운 일이라고 말하고, 만약 오늘의 총회에서 노조대표들의 행동을 제약하는 결정이 나오면 협상진행이 어렵게 될 것이니 오늘의 총회에서는 그동안의 경과를 설명해 주고 회사의 어려운 입장을 주지시키는 기회로 삼아 달라고 당부하다. 6시 반경에 부차장급 40명이 찾아와 10시경까지 즐거운 시간을 가졌다.

3월 9일 (토)

아침 8시에 금수장호텔에서 산경회 모임이 있었다. 한국은행의 지점장이 전근하고 광주농협 지회장이 퇴임하게 되었기 때문이다. 8시 반에 부사장과 함께 회장님께 어제의 노사협상에 관해서 보고했다. 어제 노조총회가 열렸는데 13.7% 인상요구를 더 양보할 수가 없고 다음 수요일 회의까지 관망하되 타결되지 않으면 쟁의신고를 하기로 했다고 보고하다. 그러니 아무래도 광주일보에서 제의했다는 9%(본봉) 선 이하로 내려가기는 어려울 것 같다고 말씀드리다. 윤전기 증설에 따르는 토지구매문제도 논의하다.

12시에 나는 먼저 떠나면서 회장님에게 집들이 모임에 참석해 주시라고 초청하다. 1시 넘어서 회장님을 비롯하여 부국장급 이상의 회사 간부 거의 전원이 집으로 찾아왔다. 이홍재만 빠지다. 리버사이드 호텔의 오권수 사장이 난분을, 이효계 시장과 백형조 지사가 꽃바구니를, 오덕교 무안군수가 백자항아리를 보내주다. 회장님이 금일봉을 보내시다. 9시경에 전남일보 노조집행부(천갑수, 정명섭, 임영섭, 오일종, 민영배)가 찾아와서 한 시간 동안 놀다가다.

3월 11일 (월)

대우기획 조정실의 김윤식 이사가 홍보직원을 데리고 인사차 왔다. 나와 김용원 사장과의 관계를 설명하고 우리회사에서 국창대회를 구상하고 있는데 이 사업을 대우와 제휴해서 추진시켰으면 하니 협조해주기 바란다고 했다. 그는 구체적 계획안을 대우기획실로 보내주시면 검토해서 사장에게 상신하겠다고 약속한다. 이효계 시장과 백형조 지사에게 보내주신 축의에 감사하고, 오권수 리버사이드 사장에게도 난을 잘 받았다고 사의를 전하다.

오세상 부국장이 찾아와서 동부서에서 민병담 사건을 검찰로 송치했는데 두 주모자들은 빼버리고 여사무원이 문서를 변조한 것으로 돌리고, 그 여사무원들에 대한 구속영장도 검찰에서 기각해 버렸다고 한다. 오후에 유 지검장을 만나 전남일보가 개입된 사건을 동부서나 검찰이 다 같이 너무 소홀하게 취급한 점에 유감을 표명하고 만약 계속 그런 자세로 나간다면 우리도 좌시하지 않겠으며 편집국에 특별취재팀을 만들어 철저히 대처하겠다고 했다. 그리고 검찰에서 그 문제를 더 진지하게 조사해보라고 촉구했더니 전화를 걸어 재조사를 지시한다. 밤에 이광현, 이상호, 이척묵, 고행원, 김선남, 손지현 등을 초청해서 저녁을 함께하다. 이상호 이사가 술이 거나하게 돌아 구수한 노랫가락을 뽑다.

3월 12일 (수)

이정일 부회장이 서울에서 전화, 4월 초쯤에 "지역발전 해소를 위한 정치발전 세미나"를 열자고 해서 문 이사에게 세미나 계획안을 마련해서 팩스로 서울로 보내라고 지시하다. 이훈동 회장님이 전화, 내일 일본의 아사히신문 간부들을 초청해서 만찬회를 가질 예정이니 나도 참석하라 하신다. 이화일 사장이 이곳 송죽헌에서 상공부차관 일행을 접대하기 위해 일부러 내려왔다. 2시경에 신문사에 도착했기에 내방에서 이야기하다가 내 차로 송죽헌으로 가다. 홍 국장에게 노사협상 간사회의를 열어 9%인상안을 놓고 타협점을 모색해 보라고 했는데 노조측에서 더 이상 양보할 수가 없고 목요일 총회에서 사퇴를 선언하겠다 하더란다. 신복진 부국장을 불러다가 근무자세를 경고하고 편집국에서의 더 적극적인 협조를 보이라고 촉구하다.

3월 13일 (수)　본봉 9%인상에 합의하다

목포에 계시는 회장님과 통화, 어제의 노사간사회에서 노조측이 지난번에 제기한 자기네 최종안을 수락해 주지 않는다면 현 집행부는 총사퇴하는 수밖에 없다고 강경한 태도를 보인다는 점을 보고하다. 그리고 사실 협상을 너무 오래 끌어왔으니 오늘은 본봉은 9%인상하되 총부담액은 11%선에서 타결해 버리려 하니 양해해 주시기 바란다고 했더니 그렇게 하라고 수긍하신다. 그런데 오후 4시부터 협상을 시작해야 하기 때문에 아사히신문 간부초청회에 내려가지 못하겠다고 말씀드렸다.

4시부터 노사협상 제15차회의를 시작하다. 한번 정회하고 본봉을 9% 인상하고 제수당은 동결하는 대신에 가족수당과 조정수당을 신설하기로 합의하다. 결과적으로 본봉 7.8%, 총부담액 10.8% 인상한 것으로 된다. 7시에 회의를 끝내다. 저녁에 집에 들어가니 권노갑 의원이 축화를 보내왔다. 10시경에 자고 있는데 회장님이 전화 노사협상결과를 물으신 후 목포에서의 아사히신문 간부들을 위한 만찬회에 광주일보에서는 기자를 보내 인터뷰까지 해갔는데 전남일보에서는 뭐하고 있었느냐고 질책, 이어 부회장으로부터도 질책조의 전화가 있었다.

3월 14일 (목) 아사히 손님 보도에 소홀했다고

문 이사에게 어제 아사히신문 일행의 회장님 댁 방문기사와 사진을 뒤늦었지만 게재하도록 지시하다. 9시 30분에 회장님이 도착, 회장실에 들어갔더니 대뜸 광주일보에서는 어떻게 알고 인터뷰까지 했는데 우리 신문은 뻐젓이 알면서도 소홀히 했음을 지적하신다. 부사장과 홍 국장을 들어오라 해서 어제 최종적으로 타결된 노사협상에서의 임금 인상 내용을 보고하도록 하다. 대체로 수긍하시면서도 제수당 외에 가족수당과 조정수당 등이 첨가되어 간다는 데 문제가 있다고 지적하신다. 회장님은 11시경에 서울로 올라가시고 이종열 사장과 김남식 씨가 방문하다. 3시경에 이정일 부회장이 도착하다. 아사히신문의 나카에 사장 관련기사를 보더니 '나카에'가 '나카이'로 표기되었다는 점을 몹시 못마땅하게 지적한다. 노사협상결과를 보고하도록 하겠다고 해도 안 들으려 할 정도로 불쾌한 심기를 드러낸다. 어제 밤의 무성의에 대한 불만을 표시한 것이다. 문 이사에게 부회장의 반응을 전해 주고 앞으로는 철저한 주의가 있어야겠다는 점을 강조하다.

3월 15일 (금)

아침회의에서의 문 이사의 보고에 의하면 편집국 부차장급 이상의 간부들이 이번 노사협상 결과에 대한 불만을 집단적으로 제기했다고 한다. 광주일보에 비해서 격차가 있는데도 노조대표들이 그 문제에 대해서 소홀히 했다고 하면서 사장에게도 따지겠다고 하더란다. 오후에 코리아나호텔을 경영하는 강대직 회장이 찾아왔다. 진주 강씨 수은공파 종친회장을 맡는데 나를 수은선생 기념사업회의 고문으로 추대하겠다면서 앞으로 벌일 기념사업에 적극 협조해 달라 한다. 상당히 사근사근한 인상이다. 무숙사 건립의 경험담을 들려주면서 내가 도울 수 있는 일이 있다면 협조하겠다고 말하다.

3월 18일 (월)

문 이사에게 이춘성 기자가 돌연 사임했는데 그 이유가 분명치 않으니 정확한 이유를 파악하라고 했다. 그리고 본사방문난에 때때로 사장실 방문자가 누락되는데 그런 일이 없도록 수배하라고 지시하다. 전남도 의사회의 노철원 회장과 대한 삼락회의 임종태 회장이 신임인사차 방문하다. 총무국장에게 광고협의회 가입승인지연에 관한 항의문을 신문협회로 보내도록 지시하다. 오후에 광주서중일고 동창회의 이상진 회장이 동창회 임원들을 인솔하고 신임인사차 내사하여 광주일고 이전문제를 놓고 협조해 달라 한다. 서예가 서희환 교수가 서예전시회를 열게 되었다고 인사차 방문했기에 문화부의 천갑수 기자를 불러 인터뷰기사를 쓰도록 했다.

3월 19일 (화)

KBS광주총국의 신동호 총국장이 본사 시청자홍보실장으로 전임되었다고 이임인사차 찾아왔다. 서울대학교 광주동창회가 천경송 광주고법원장 후원으로 천지가든에서 열리다. 오후에 회장님과 통화, 대지구입 문제와 신문협회에 보내는 광고협의회 가입문제를 논의하다. 서울지사의 최봉인 이사가 서희환 전시회 참석차 내려와서 동화은행에 있는 자기 동생과 함께 찾아오다. 5시에 남봉기념관에서 열린 서희환 서예전 개막식에 참가하다. 이효계 시장, 김포천 사장, 김종태 사장, 최승범 전북대 교수, 이영식 목포대교수, 서예가 김정재, 예총목포지회의 김암기 지회장, 서예가 장전, 화가 김화태 등이 참석하다. 5시 30분에 화니백화점에서 김영태, 박 교수 2인전이 있기에 MBC 김 사장과 함께 가다. 이효계 시장이 우리가 오기를 기다렸다고 한다. 김우자, 장건화 교수 그리고 오승윤 화백을 그 곳에서 만나다.

3월 20일 (水)

아침 8시 30분에 금수장호텔에서 산경회 조찬회가 있었다. KBS 신국장의 이임과 광주농협 지회장과 도로공사 지사장의 부임을 축하하는 모임이다. 전주로 이치백 전라일보 회장에게 전화, 광고협의회 가입에 관해 신문협회가 가입승인을 지연시키는 데 대해 항의공한을 보냈다는 사실을 알리고 다음 신문협회 회의 때는 신설사 사장들이 집단으로 항의할 것이라고 했더니 그 내용을 팩스로 보내 달라 한다. 그리고 이 회장은 신설사 사장회의를 대전쯤에서 열자고 한다. 내가 전주가서 전북지사를 만날 일이 있다고 했더니 26일쯤 오면 안내하겠다고 한다. 낮에 예원에서 신 KBS 총국장 송별회가 있었다. 2시에 오랜만에 편집간담회를 열다. 윤 부사장, 박 주필, 조 위원, 문 이사, 최 부국장, 오 부국장이 참석하다. 전문기자제의 실시로 최근 우리 신문의 지면이 활기를 띤다고 칭찬하다. 그러나 지면제작에 아직도 유의해야 할 점이 몇 가지 있다고 지적하니 모두 순순히 수긍한다. 생산적인 회의였다.

3월 21일 (목)

이번 지방의회선거가 끝나면 지방의회가 구성될 것이기에 우리 신문의 지면구성을 재검토중에 있다고 편집국장이 보고한다. 그리고 수습기자의 모집을 검토해 달라고 한다. 오전 중에 일본대사관의 오노 참사관이 점심을 함께하자고 연락이 왔다. 그랜드호텔로 갔더니 이케우치 이사관과 오노 참사관이 와 있다. 인사를 나누고 광주와 전남지방의 현황을 설명해 주고 전남일보의 역할도 설명하며 3시까지 이야기하다.

오후 늦게 이춘성 기자를 불러 편집국장이나 사장에게는 아무런 말도 없이 사표만 내던지고 며칠간 나오지 않았다는 사실을 추궁하니 한참 동안 묵묵부답이다. 이번에 고대 박사과정에 합격했다고 한다. 그리고 다른 곳도 알아보는데 거기도 거의 약속되어 있다는 것이다. 그러고는 문병담 법무사 사건에서는 고소인들이 취하해 버렸고 경찰관들도 고소내용을 말한 적이 없다고 부인하고 있다고 한다. 이제 사장님이 직접 검사장에게 말씀해서 풀어갈 수밖에 없다고 말한다.

3월 22일 (금)　명예훼손 고소를 철회했다고

아침회의에서 문 이사의 보고에 의하면 문병담 씨가 본사를 상대로 제기한 명예훼손 고소를 취하했다 한다. 도대체 이 사건에 대한 편집국의 보고는 믿을 수 없다. 다시 확인해서 보고하라고 지시하다. 요즘 서울에서도 전남일보 기사에 대한 불만표시를 많이 접한다면서 각별히 신경을 써 달라는 부회장의 전화가 있었다. 2시에 편집국 부장들이 봉급에 불만이 있어 연판장을 만들어 건의하겠다는 보고가 있기에 모두 사장실로 올라오라고 했다. 회사에 어려운 사정이 많음에도 불고하고 중간관리자들을 위해 과분하리 만큼 봉급을 인상했는데도 불만을 표시한다는 것은 유감스러운 일이라고 전제하고 어디 할 말이 있으면 해보라고 했다. 몇 부장들이 우리의 봉급수준이 광주일보와 비교해서 15만 원 정도의 차이가 있다고 주장한다. 내가 그 주장을 받아들이지 않자 확증을 제시하겠다고 해서 그렇게 하라고 했다. 그러나 더 이상의 월급조정은 할 수 없고 내년에나 참고하겠다는 언질만 주고 끝내다. 박봉식 KBS총국장이 신임인사차 방문했다. 4시에 노사협정조인식이 있었다. 광고와 보급에 좀더 힘써 달라고 당부하다. 6시에 코리아나호텔에서 노사대표들이 함께 회식하다.

3월 24일 (일)

고행원 부장 부부가 9시 30분에 집으로 왔다, 커피를 마시고 나주 동강면 송암저수지로 갔다. 이미 우리 회사의 낚시동호회인 전일낚시회의 회원들이 12명 가량 낚싯대를 드리우고 있다. 이광희가 15수, 김종효, 배진이가 10수 정도 나머지는 3~4수 정도이다. 이 밖에 나황부, 문종신, 임동욱, 최정권, 오환진 등이 수면을 응시하고 있다. 낚싯대 두 개를 준비해 주고 김성욱이가 마련해 준 의자에 앉아서 한 시간 반가량 찌를 바라보다가 겨우 붕어 한 마리를 낚았다. 점심은 김밥으로 때우고 2시경에 고 부장네하고 먼저 출발하다. 집사람과 고 부장 부인은 쑥을 캐 왔다. 광주에는 3시 30분에 도착했다.

3월 25일 (월)　농민교실 만들자고 제의하다

회장님께 어제 김대중 총재의 광주연설 내용을 말씀드리고 임원들의 봉급문제를 꺼냈다. 사장, 부사장은 몰라도 이사들은 국장직을 겸하기 때문에 월급을 조정해야겠다고 했다. 그러나 회장님은 중역들은 자제해 주었으면 하는 뜻을 비치면서 천천히 처리하라고 권하신다.

전남도의 백형조 지사의 초청으로 12시에 금수장에서 점심을 함께 하다. 그 자리에서 앞으로 농민문제가 이 지역뿐 아니라 국가적 차원에서도 중요한데 우리가 해결책을 공동으로 모색해야 되지 않겠느냐고 강조했다. 그래서 관과 농민단체와 농민들이 한 자리에 모여 공감대를 조성할 수 있는 농민교실을 만들자고 제의했다. 백 지사는 취지에는 찬동하나 바로 행동에 옮기는 것보다는 좀더 관망한 후에 착수하는 것이 좋겠다는 의견이다. 그리고 신문사끼리의 경쟁, 기관들의 의구심도 무시할 수 없으니 우선 부지사나 관계국장들과 의견을 종합해서 연락 주겠다고 한다.

3월 27일 (수)

간밤에 많은 사원들이 야간작업을 했고 오늘 새벽에도 일을 했기 때문에 오늘은 10시 30분에 인쇄에 들어갈 수 있다고 한다. 이치백 전라일보 회장에게 전화, 모레 전주를 방문할 예정이라고 알렸다. 현소환 씨가 연합통신사장으로 취임했다는 기사를 보고 갈천문 편집국장과 김영일 전무 등에게 축전을 보내고 현 사장에게는 전화로 직접 축하하고, 이번에 IPI회의로 교토갈 때 우리 이훈동 회장님을 잘 모셔 달라고 부탁하다.

3월 28일 (목)　　선거결과 조판에 16시간 걸리다

오전 중에는 예산심의를 하느라고 부사장과 홍 국장하고 시간을 보내고 낮에는 기홍식당에서 함께 점심하다. 이번 지방의회 선거에서 당선된 사람들의 명단과 사진을 4페이지에 걸쳐 배열했는데 그것을 컴퓨터로 조판하는 데 무려 16시간이나 걸렸다. 무등일보는 2면으로 호외를 냈는데 그 편집이 엉성했다. 판을 짜는데 나종경과 서영이가 고생했다기에 사장실로 불러서 그 노고와 열성을 칭찬하면서 그러한 솔선수범을 자주 동료들에게 보여주라고 당부하다. 김원자 부장을 전화로 불러 문화면 기사들을 칭찬하고 광주지법 여판사에 대한 기사를 써주는 것이 좋겠다고 권하다.

3월 29일 (금)

회의 마치고 10시 30분에 전주에 가려고 막 떠나려는데 광주시내의 지방의회 당선자 20여 명이 당선인사차 찾아왔다. 잠시 만나 축하의 말을 전하다. 이광현 국장, 고행원 부장, 김선남 부장과 전북의 지사, 지국장들을 만나기 위해 전주에 있는 뉴코아호텔로 갔다. 조봉구 차장, 오래호, 김득령, 권봉행, 김기환 기자 등이 기다리고 있다. 점심을 하면서 노고를 위로하고 그들의 요구사항을 청취하다. 팩스를 달아줄 것, 전북판을 매일 내주고 당일로 제작해줄 것, 이리, 군산 등에 지국을 개설해서 전북종합판이 되도록 해줄 것 등이다. 식후에 전북경찰국의 이승완 국장을 방문하고 이어 전북교육위의 홍태표 교육감을 만나 교육계문제와 지방의회 선거문제를 화제에 올리다. 다음으로 전라일보사를 방문, 이치백 회장을 만났는데 세든 사옥이 좀 초라하고 중역실이 너무 비좁다.

4월 1일 (월)

아침에 출근하자 윤 부사장이 어제 운동하다가 허리를 다쳐 오늘 회사에 나올 수 없다고 전화하다. 이춘성 기자가 또다시 사표를 냈다고 문 이사가 보고하고 수습기자를 모집하자고 졸라댄다. 우선 고영봉 기자를 1주일간 법원까지 취재하도록 하기로 했다. 광주매일이 아마 본격적으로 창간작업에 들어간 모양이다. 금호타이어의 윤형중 사장이 광주에 내려왔다면서 점심을 팔레스호텔에서 함께하자고 전화했다. 12시 10분에 호텔로 갔더니 김종태 사장, 김포천 사장, 유순석 지검장 등이 이미 와 있다. 주로 골프장 문제가 화제에 올랐다. 금호타이어의 노동쟁의가 우려스러운 모양이다.

4월 2일 (화)

부사장이 어제 하루 쉬고 오늘 나왔는데 지압을 받았지만 아직도 허리가 불편하다고 한다. 언덕에서 공을 그린에 올리려고 세게 쳤는데 몸이 돌아가는 바람에 삐걱했다 한다. 오후 2시에 신양파크호텔에서 우리가 주최하는 세미나가 있어 1시 30분에 호텔로 갔다. 세미나실에는 아직 사람들이 별로 모여 있지 않다. 2층식당에서는 김진배, 김정숙, 윤정석 교수 등 서울에서 온 사람들이 식사중이기에 잠시 그들과 어울리다. 2시 20분에 세미나가 시작되어 내가 인사말을 했다. 첫 주제는 지병문 교수가 맡았는데 내용이 아주 충실하다. 김광수 교수가 사회를 하면서 너무 시간제한을 강조하는 바람에 토론자들이 준비한 것을 제대로 발표하지 못한 느낌이 있다. YWCA의 김경천 총무와 오수병 교수의 경우가 그렇다. 그러나 이만의 전남도 기획실장은 꽤나 똑똑하게 문제를 질의하고 의견을 제기한다. 두 번째 주제를 윤정석 교수가 발표하는 도중에 나는 신문사로 돌아왔다.

4월 3일 (수)　수술받은 부회장을 위문하다

오늘 이정일 부회장이 위 수술을 받는다기에 긴급하게 서울로 출발했다. 서울지사로 가서 최 이사와 조 고문을 만나고 최 이사와 서울대병원으로 갔다. 이 부회장은 아직 수술실에 있고 회장님은 며느님과 함께 병실에 가셨다고 한다. 병실로 가서 회장님을 뵈었는데 몹시 걱정스러운 표정이시다. 위로의 말씀밖에 다른 이야기를 드릴 형편이 아니다. 회장님이 자꾸 그만 들어가라고 하시기에 내려오다가 수술대기실에서 이화일 사장을 만나 잠시 위로의 말을 건네다.

4시에 동아일보로 가서 김병관 사장을 만나다. 광고협의회 가입에 협조해 주기를 당부하다. 그리고 동아일보의 인쇄를 우리가 맡는 문제를 협의했는데 자사의 중고윤전기를 가져다 쓰라고 한다. 5시 30분에 공보처 이경식 차관을 만나 유선방송문제를 이야기하고 언론연구원에서 수습기자교육을 받게 해 달라고 말하니 즉석에서 언론연구원의 한동원 원장에게 전화로 지시한다. 문공부 이덕주 국장을 만나 유선방송문제에 협조를 부탁하다.

4월 4일 (목)

논현동으로 가서 회장님을 뵙고, 어제 동아일보의 김 사장이 자사에 중고윤전기가 있으니 그것을 가져다 쓰고 인쇄비를 상쇄해 가자고 제의하더라고 보고했다. 그리고 대지매입문제는 빨리 황 부국장에게 전담시켜서 추진하는 것이 좋겠다고 건의했다. 서울지사로 가서 이인호 한국일보 광고이사에게 전화, 우리 회사의 광고협의회 가입문제를 도와 달라고 부탁하다. 김진원 부장과 도가니탕으로 점심하다. 나비표본을 선물로 준다. 오후에 매스컴신문의 이 사장이 찾아와서 전남일보가 비약적으로 발전한 데 놀라지 않을 수 없다고 말한다. 제일기획, 경향신문, 갤럽조사의 결과가 모두 광주일보보다 전남일보가 높게 나와 있다고 한다. 객관적 자료가 그렇게 나왔다면 그대로 보도해야 할 것 아니냐고 했더니, 여러 신문에서 협박받게 되겠지만 그대로 게재하게 했다고 생색을 낸다. 2시에 난분과 과일상자를 사들고 최봉인 이사와 함께 서울대병원으로 이 부회장을 찾아갔다. 부회장이 혼자 있기에 약 1시간 동안 위문하다. 5시에 프레스센터에서 거행된 신문의 날 기념행사에 참가하다.

4월 6일 (토)

유선TV운영에 언론과 재벌을 배제하는 방향으로 의견이 모아지고 있다는 기사가 나왔다. 허광욱 위원을 불러 유선방송에 언론기관이 참여할 수 있어야 한다는 점을 주장하는 사설을 쓰도록 지시했다. 허광욱 위원과 장광영 위원을 데리고 아구탕 집에서 점심을 먹다. 김충곤 국장에게 회장님 선친 제사에 뭔가 보내는 것이 좋겠는데 조선내화 쪽에 알아보라고 했더니 그쪽에서는 이미 꽃을 보냈는데 우리 것도 함께 보냈노라고 한다.

4월 8일 (월) 박권상 신디케이트 받기로 하다

아침회의에 이광현 국장이 나오지 않았다. 서울에서 늦어진다고 연락이 왔다 한다. 10시경에 회장님이 내려오셨다. 부사장과 홍 국장을 데리고 3월수지, 4월자금, 윤전기 가격비교 등을 보고하다. 동아일보 중고윤전기 문제를 빨리 알아보기로 하고 조덕송 고문의 월급을 올려 130만 원을 지급하기로 했다. 또 서울지사의 박 국장에 대한 할애금 선지급은 연말까지 연기해 주고, 미수금회수는 6월까지 연기해 주기로 했다. 전라일보의 이치백 회장으로부터 박권상 씨의 신디케이트 관계로 전화가 왔다. 전라일보에서는 박권상, 최일남, 정운영의 것을 싣기로 했다고 한다.

4월 9일 (화)

광주매일이 9월 창간을 목표로 사장에 김효중, 전무에 김중광, 편집국장에 김원욱으로 진용을 짠다고 한다. 회장님이 9시 30분에 목포에서 도착하시다. 목포지사 대지 299평 매입관계로 이석철이란 사람이 왔는데 부사장과 황 국장이 나가서 평당 390만 원으로 계약을 체결했다. 회장님이 가방을 꺼내시더니 평통자문위원 등록에 관련된 기사철을 내놓고 평통부의장이 발행하는 신문에서 이런 기사를 크게 실을 수 있느냐고 강하게 추궁하다. 그 문제는 어제 말씀드린 바 있는데,

왜 숨기려 하느냐고 하니 어안이 벙벙하다. 어제는 제사를 모시기 때문에 참았는데 오늘은 차분히 이야기해야겠다면서, 되풀이해 다그치더니 끝판에는 부드러운 어조로 누그러지신다.

이효갑, 이종열 사장, 임 서장이 찾아왔고, 고재철, 박선홍, 최상옥, 권승관 등 새로 취임한 광주상공회의소 임원들이 인사차 방문하다. 신준만이 와서 일전에 물의를 빚어 심려를 끼친 것에 대해 죄송하다고 사과한다. 그러나 광고국의 최정권으로부터 경위서를 받아 달라고 한다. 오후에 부사장, 이 이사를 불러 광고국 불상사에 관해서 경위서를 받는 것이 어떠냐고 하니까 이 이사가 제발 그 문제는 자기에게 맡겨 달라고 한다. 유순석 지검장이 5·18에 대비한 대학총장들의 성명내용을 보도해 달라고 부탁한다. 백형조 전남지사가 농민교실 공동운영 문제는 안 되겠다고 알려왔다.

4월 10일 (수) 광주매일의 진용이 밝혀지다

아침회의에서 문 이사가 광주매일의 최근동향에 대하여 보고한다. 그에 따르면 사장에 김효중, 부사장에 고경주, 전무에 김중광, 편집국장에 김원욱이고, 이춘성도 그곳에서 근무중이라고 한다. 그리고 우리 사원 중에서도 5~6명이 접선중에 있다고 한다. 서울과 통화했는데 부회장의 목소리가 맑다. 수술 후 경과가 좋은 모양이다. 12시에 무등산관광호텔에서 언론중재위 초청 오찬간담회가 있어서 참석하다. 언론중재위의 정 위원장이 김해도 총장하고 도착하여 마삼열 위원 등과 2층으로 올라갔다. 김포천, 김종태, 박성섭, 박배식, 그리고 김 부장판사와 젊은 정 판사 등도 왔다.

2시부터 편집국부장 간담회를 열었다. 정기상, 장형래 부장만 불참했다. 이번 상경했을 때 몇 가지 조사보고에서 우리 신문이 광주일보에 앞선다는 사실을 확인했는데, 이는 여러분들의 노고의 결과라고 치하하다. 그러나 얼마 전의 평통에 관련된 기사에서는 사주의 입장을 생각하지 않고 기사를 함부로 쓴 것은 유감스러운 일이라고 지적하다. 광주매일이 한참 태동 중에 있는데 사원들이 동요하는 것을 막는 데 노력해 달라고 당부했더니 대우개선과 수습기자모집을 요구하고 나선다.

4월 11일 (목)

광주매일의 고재철 회장이 이번에 서울가서 지방유지들과 만난 자리에서 자기는 이제까지 관급공사로 성장했는데 앞으로 지방의회가 구성되면 신민당으로부터 생체해부를 당할 것이니 돈이야 얼마 들던지 간에 신문사를 하나 차려 방패로 삼겠다고 말했다고 한다. 그리고 현재 광주매일의 동향과 무등일보의 동향을 회장님께 말씀드리고 본사에서도 몇 사람 스카우트당할 것 같은데 이에 대비해서 수습기자 모집을 검토해야겠다고 했더니 어느 정도 수긍하신다. 박권상 씨에게 전화하여 신디케이트 원고료로 박 선배에게는 20만 원, 다른 분들에게는 각 10만 원으로 책정하고 5월부터 게재하기로 개별접촉 중에 있다고 알리다. 순천철도청의 이승제 청장이 신임인사차 방문하여 편집국과 공무국까지 순방했다.

2시부터 오태선 사진부차장의 사진기자제 유실에 관한 징계회의를 시작하다. 윤 부사장, 이 광고이사, 문 편집이사, 홍 총무국장이 참석하다. 오태선의 해명서 내용이나 직접진술 내용이 애매모호하다. 신복진 부장을 불러 물어봐도 확인되지 않는다. 입원사실과 출근부를 알아보고 결정내리기로 했다. 오전 중에 입원중에 있는 부회장에게 전화했는데 검사받는 중이라고 한다. 본사간부들을 토요일에 위문차 보낼까 한다 하니 내주 초에 광주로 내려갈 것이니 그럴 필요는 없다고 한다.

4월 12일 (금)

아침에 회장님과 통화, 동아일보의 공무국장이 앞으로의 신문인쇄에 관한 업무협의차 내려오기로 했다는 것을 보고하다. 10시 30분에 동아일보의 공무부국장이 내려왔다. 여의도에 있는 윤전기는 현재 가동 중인 것이라 한다. 낮에 무등일보 박성섭 사장과 만나 점심을 함께

하다. 광주매일에서 14명 정도 뽑아갈 것 같다는 말이 있어 간부들은 직접 불러서 갈 의사가 있는지 물어보고 사표를 제출하라고 했다 한다. 김원욱은 만류중이고 미국에나 가서 심사숙고하도록 종용 중이라고 한다. 호남일보로 제호를 바꾸는 문제는 검토 중이고 사옥건축은 6월에 본격적으로 진행시킬 예정이고 윤전기도 24면을 인쇄할 수 있도록 갖추겠다고 한다.

회사에 돌아와서 김연두를 불러 물어보았으나 광주매일에 대해서는 모르는 척했다. 김종효를 불러 물어보니 그는 상당히 많은 정보를 가지고 있었다. 고재철 씨가 연간 1,500억 원 정도의 공사를 하는데 그 중 10% 정도가 외부로 뜯겨나간다고 한다. 만약 신문사를 경영하면 그 중 20내지 30억 원쯤은 건질 수 있을 터이니 연간 30억 정도의 적자는 커버된다는 것이다. 또 지방공사의 수주, 금남로 지하상가, 송원학원의 백화점 등 신문사의 원호사격이 필요하다는 것이다. 그리고 우리 신문에 있었던 문종주가 기획실에서 근무중이라고 한다. 오후 1시 40분 비행기로 윤 부사장, 이상호 이사, 문 이사, 홍·이·김 국장 등이 상경하여 부회장을 위문하고 6시 40분에 돌아왔다.

4월 13일 (토)

회의 마치고 회장님 방으로 가서 광주매일의 창간 진행상황과 스카우트에 대한 우리 사내의 반응을 보고하고, 동아일보 공무국장의 본사 인쇄시설에 대한 평가가 양호하다는 점을 말씀드리다. 회장님이 내일 사내간부들과 골프하자고 하시기에 사정이 있는 홍 국장, 이척묵 국장, 허광욱 위원을 제외하고 두 팀을 조직하여 아침 8시 50분까지 옥과로 나오도록 수배했다. 회장님은 12시가 되기 전에 목포로 떠나시다. 고행원 부장이 지하식당에서 점심하면서 오후에 내가 목포에 가면 자기도 따라가겠다고 한다. 일단 집으로 가서 집사람을 데리고 목포에 2시 20분에 도착했다. 목포상공회의소로 가니 성옥장학금 수여식이 진행중이었다.

4월 15일 (월) 스카우트에 흔들리지 말라고 당부

아침회의를 마치고 회장님 방으로 가서 무등일보 편집국의 동향과 우리 편집국의 움직임에 관해서 논의하다. 그리고 수습기자를 모집하는 사고를 내겠다고 회장님께 보고하다. 내 방으로 돌아와 편집국 조창현 기자를 불러 광주매일에서 스카우트가 들어오는 모양인데 흔들림 없이 일하도록 동료들을 격려하라고 당부하다. 문화부 임미희 기자가 출산휴가를 마치고 건강한 모습으로 출근인사차 들렀다. 오후에 서울의 박갑동 국장이 한국신문 광고협의회 회장을 맡고 있는 중앙일보의 광고이사를 만나서 우리 신문의 가입승인문제를 요청했다면서 그에게 재촉구해 달라고 한다. 전화로 중앙일보 광고이사를 불러 신설신문사들에 대한 광고협의회의 문호봉쇄의 부당성을 지적하고 즉각적인 가입승인을 촉구했더니 잘 알았다고 하면서도 하필 자신이 회장을 맡자마자 골치아픈 문제가 생겼다고 투덜댄다. 문 이사가 미 국무성에서 본사 편집국간부중 한 명을 미국 방문하도록 초청했다고 보고한다.

4월 16일 (화)

광주고등검찰청의 조성욱 고검장이 법무부차관으로 영전된 것을 전화로 축하했더니 감사의 뜻을 표한다. 그러면서 이번 검찰인사에서 특히 호남에 대한 배려가 많았다는 것을 지상에 논평해 주었으면 하기에 편집국에 귀띔했다. 법무부 교정국장으로의 영전한 유순석 지검장에게도 축하인사를 보내다. 10시경에 회장님이 목포에서 올라오셨다. 4월 자금조달문제를 보고하고 지하에서 점심하다.

오후 2시부터 오태선 사진부차장의 카메라렌즈 분실사건에 대한 징계위를 개최하다. 렌즈분실에 대해서는 5월 10일까지 전액을 원가로 변상하도록 하고 1개월간의 출근정지 처분을 내리다. 그리고 신복진 부장에 대해서는 사장이 경고하고 시말서를 받기로 하다. 박인성 주필에게 내일 오전에 있을 YWCA 간담회에 나를 대신해서 참석하라고 연락하고 서울 조 고문에게는 월급을 인상한 내용을 알려드리다. 오후

5시경에 조성욱 고검장이 이임인사차 방문했다. 그동안의 노고를 치하했다. 심 기자가 전남대병원에 교섭하여 나를 위해 4월 29일부터 5월 2일까지 종합신체검사를 받을 수 있도록 예약해 놓았다고 알려왔다.

4월 17일 (수) 호남 아마바둑 우승자를 시상하다

오전 10시에 응접실에서 본사가 주최한 제3회 호남아마바둑 최강전에서 우승한 4명에 대해 시상식을 거행하다. 그동안 대회를 진행시키는 데 고생한 고재봉 사범의 노고를 치하하고 4명의 입상자들에게 축하와 격려를 보내다. 10시 넘어서 광주 동구의회의 심우인 의장과 문동식 부의장, 그리고 2명의 의원들이 인사차 방문하다. 지방의회의 중책을 맡게된 데 대해서 축하하고, 처음에는 서툰 점이 있겠지만 연구하고 공부해서 알찬 성과를 올리도록 하라고 격려하다. 11시 20분에 유순석 지검장이 이임인사차 찾아왔다. 어려운 시기에 내려와서 적극적 성격과 뛰어난 위기관리능력을 발휘하여 소임을 다했다고 칭찬하다. 한국일보 편집국장에게 자신을 도와주도록 당부해 달라 한다. 12시에 송죽헌에서 조, 유 그리고 김기환 고검차장을 위한 송별회가 있었다. 백 지사와 이양우 교육감이 안 보이고 광주일보에서는 박진동 고문이 대신 나왔다. KBS총국장도 안 보인다. 이 송별회는 상공회의소에서 주최한다고 해서 고재철, 박선홍, 마행열이 참석했다. 오후에 회장님이 일본손님들과 함께 신문사에 나오셨다. 손님들을 데리고 사내를 한 바퀴 돌았다.

4월 18일 (목)

아침에 조덕송 고문이 오늘의 세미나 참석차 내려와 사장실에 들렀기에 한참 동안 이야기하다. 낮에는 조 고문과 박 주필 그리고 부사장과 함께 식사를 하다. 식후 곧바로 세미나가 열리는 무등산관광호텔로 가다. 2시에 "통일문제 세미나"를 개회하다. 인사말을 마치고 김덕 교수의 주제발표를 잠시 듣다가 회사로 돌아오다. 신복진 부국장을 불러 그제 있던 징계위의 결정내용을 전하고, 분실물에 대한 경과보고를 2년 동안이나 하지 않은 사실을 경고하고 사진부 책임자로서의 시말서를 써내도록 지시하다. 부산일보의 송 사장이 전화, 사내에 무슨 일이 있느냐고 묻는다. 기협노보에서 전라일보의 분규문제 보도를 우리 신문으로 잘못 본 탓이었다. 한동원 언론연구원장이 전화, 기자교육에 대한 필요성을 발행인들에게 설득시켜 달라고 한다. 5시에 다시 세미나장으로 가서 종결되는 것을 보고 집으로 가다.

4월 19일 (금)　터무니없이 비위 건들지 말라

7시 30분 사직공원에서 열렸던 4·19 위령탑 참배식에 나갔다. 이효계 시장이나 백형조 지사 등 기관장들이 나와 있으나 언론사 사장들은 보이지 않는다. 이효계 시장을 만난 자리에서 어제의 우리 신문 "기자 25시"난에 나온 노성경 기자의 기사에 관해 내가 먼저 미안하다는 심정을 전했다. 그랬더니 이 시장이 자기도 그 기사를 읽고 우리 회사의 회장, 부회장, 사장, 편집국장 등과의 평소의 정의로 보아 매우 섭섭했다고 토로한다. 회사에 돌아와 아침회의에서 이 문제를 거론했더니 문 이사가 그 기사를 옹호하려 든다. 어처구니가 없어 회사의 기본노선과 정면으로 맞서는 의견을 어떻게 편집국장이 옹호하려드느냐고 호통치다. 데스크에서 이런 무책임한 기사를 통과시킨다면 어떻게 데스크를 믿을 수 있겠는가. 설익은 기자들의 무책임한 내용을 실어 회사의 기본방향에 혼선을 가져오는 것은 용납할 수 없다. 터무니없이 기관장들의 비위를 건드려 무슨 이득이 있단 말인가 하고 질책을 하자 문 이사도 조심하겠다고 태도를 바꾼다. 아침회의에서 내가 지적한 내용은 회장님에게도 그대로 보고하다. 부회장에게는 그 말을 뺐는데, 그 쪽에서 묻는다. 아침에 안기부 광주지부에서 부회장에게 연락이 있었다고 한다. 이만영 정치부장을 불러 단단히 주의를 주다. 오전에는 새로 부임한 문종수 지검장이 오후에는 김유후 고검장이 인사차 왔다.

4월 20일 (토)

회장님이 오늘 10시에 일본으로 출발하신다고 한다. 4월 자금사정을 말씀드리니 알았다고 하시면서 27일에 귀국해서 동아일보 윤전기 문제를 협의하자고 하신다. 김충곤 국장을 불러 서울출장 결과를 보고 받다. 윤전기는 알버트 쪽보다는 이케가이 쪽이 좋으며 이케가이와 토교기가이 양사의 제품을 접속시키는 데도 기술지원을 해주겠다고 하더란다. 오후 1시 30분에 명성예식장에서 신종천 사진부 기자가 결혼식을 올렸다. 끝날 때까지 지켜보다가 신 기자 부모님께 축하인사를 전하고 집으로 오다.

4월 22일 (월)

광주은행 창업투자 사장, 대주건설 사장, 목포대학 미술교수 등이 잇달아 찾아왔다. 일본 하마다 회사의 쓰가 씨 부부가 어제 김충곤 국장과 목포를 다녀왔다면서 신문사에 들러 윤전기에 관한 이야기를 하다. 기종이 다른 윤전기를 서로 연결시키기란 매우 어렵다는 것이다. 이내균 사장이 럭키치약회사를 경영한다는 해남출신자를 데리고 왔기에 이광현 국장이랑 함께 서궁으로 가서 점심하다. 2시에 윤전부사원으로 응모한 오 군을 면접하다. 가정환경이나 건강, 용모는 괜찮으나 인내심이 있을지 모르겠다. 그러나 채용하기로 결정하다.

최시영이 오늘 출근했다고 해서 사장실로 올라오라 했다. 부인의 건강상태를 물어본 다음 현재 우리 편집국의 구조상 허리부분이 약한 편인지라 최 차장의 역할이 매우 중요하니 좀더 분발해야겠다고 당부하다. 박권상 선배가 전화, 신디케이트 계약조건을 확인한 후 최일남 씨의 고료를 좀더 올렸으면 하기에 일단 정한 선에서 시작하자고 거절했다. 노성경 기자가 올라와서 "기자 25시"로 심려를 끼쳐서 죄송하다고 사죄하기에 조용한 어조로 잘못된 점을 지적해 주다. 부회장이 전화, 평통관계기사에 이어 "기자 25시"로 연속 실수를 범하는데 부국장급 데스크들은 무엇을 하느냐고 짜증을 낸다.

4월 23일 (화)

최하림 부국장에게 박권상 씨와 연락해서 신디케이트 칼럼관계를 협의해보라고 지시하다. 문익주 목중고총동창회 회장이 찾아오다. 4월 27일 목중고의 밤 행사에 대한 광고를 부탁한다. 이상호 광고이사를 불러 광고를 내주되 요금은 고려하라고 귀띔하다. 업무국에 들렀더니 전주의 조봉구 지사장이 김선남, 이효방 두 부장들과 이야기하기에 고행원 부장까지 불러서 새날회관에서 점심을 사다. 선남대의 이용일 교수가 찾아와서 신체부자유자들의 연주회 지원을 요청한다. 3시에 한일친선 맹인사진전이 있다고 신복진 부국장이 꼭 나와 달라기에 화분을 보내고 나가서 보다. 김포천 사장과 홍승민 박사를 비롯한 광주의 사진작가들이 다수 참석하였다. 작품 자체보다도 그 작품을 마쓰모도 회사에서 사진표면에 요철을 내어 복사한 것인데 맹인들이 점자를 읽듯이 손으로 만져서 작품을 감상할 수 있도록 개발한 것이 특색이다.

4월 24일 (수)

최봉인 이사와 박갑동 국장이 어제 있었던 광고협의회 회의에서 미가입사에게 문호를 개방하기로 결정했다는 사실을 매일경제 광고국장으로부터 확인했다고 알려준다. 광주매일로 옮겨간 박정구 기사와 윤전부의 유병동이 이임인사차 내 방에 들렀다. 오후 2시부터 편집국 부장회의를 소집하다. 고행원, 정기상 부장이 결석하다. 최근의 우리신문의 지면내용을 광주일보와 비교해서 평가하고 지면쇄신에 힘을 기울이라고 촉구하다. 또 지난번 노성경 기자의 "기자 25시"를 언급하고, 회사의 기본노선에 정면으로 배치되는 의견이 기명기사로 나간다는 것은 허용될 수 없다는 점을 강조하다. 부장들이 회사의 기본방침을 모르고 있다면 그런 사람들에게 어떻게 데스크를 맡길 수 있겠느냐고 경고하다. 6시에 남봉미술관에서 열린 호남대학교수 작품전을 참관하다. 호남대의 박귀인 이사장, 양인옥 학장, 문옥자, 국효문 교수, 김포천 사장, 정승주 전남대 교수 등이 나왔다.

4월 25일 (목)

11시 30분에 처조카 소영이 결혼식이 있어서 집사람과 함께 참석하다. 조기포 동문이 찾아왔다. 조광조를 모시는 죽수서원의 준공식이 내일 있을 예정이어서 그 때문에 왔는데 배향문제로 좀 복잡하다고 한다. 화순의 유 기자와 본사 문화부장에게 죽수서원의 준공식을 취재하라고 지시하다. 이정일 부회장이 내일 미국으로 떠난다는 말을 듣고 전화, 3주일쯤 걸리겠다고 한다. 서울의 옥순종 기자가 환경청장관에 권이혁 씨가, 차관에 한갑수 씨가 되었다고 연락하다. 어제 최루탄 부상자문제를 사회면 톱으로 다루면서 사진설명엔 지난 달 발생한 것으로 되어 있으나 실은 작년 것이어서 경찰에서 곤혹스럽게 생각한다는 것이다. 도경의 여 국장에게 전화하여 내부단속을 하겠으니 너무 실망하지 말고 억울할 때는 직접 사장에게 연락하라고 하다. 제2사회부의 나 부장을 불렀더니 미리 슬슬 긴다. 광주문제에 관해서는 한 옥타브 낮춘 선에서 다루라고 하니 그렇게 하겠다고 다짐한다.

4월 29일 (월)　종합검진을 위해 입원하다

전남대병원에 전화를 걸어보니 11시 30분까지 입원하면 된다고 한다. 일단 신문사로 출근했다. 아침회의를 마치고 회장님께 전화로 신탁은행에 예탁한 2억 원을 인출하지 마시라고 말씀드리다. 그리고 종합건강 체크를 위해서 병원에 입원한다고 말씀드리다. 11시 30분에 1101호실에 입원하여 환자복으로 갈아입고 간호실로 가서 체중과 신장을 재다. 2시 넘어서 부사장을 비롯하여 간부들이 과일 캔 한 통을 사들고 문병차 왔다. 마침 총무국의 최동립 아버지가 영안실에 안치되어 있다고 해서 모두 함께 조문하고 올라왔다. 4시경에 병원주변이 소란해졌다. 전남대 여학생 박승희 양이 강경대 군 사망에 항의하여 분신해 3도 화상을 입고 응급실로 실려왔기 때문이다. 곧이어 대학생들이 몰려와서 응급실을 둘러싸고 뒷문 앞에 군집하여 노래와 구호를 외쳐댔다. 경찰이 이를 제지하느라고 최루탄을 쏘았기 때문이다.

4월 30일 (화)　　병원 앞이 종일 시위로 소란했다

아침에 일어나니 병원 뒷문 쪽에서 철야농성했던 학생들 10여 명이 노래를 부르고 있다. 위투시 촬영을 위해서 아침을 일부러 굶었다. 오전 중에 내장검사를 받았다. 점심도 굶고 4시경에야 끝나 밥을 먹었다. 5시경부터 학생들이 뒷문에 모이더니 이내 큰 군중으로 부풀어 구호와 노래로 매우 소란해졌다. 평복으로 갈아입고 병원의 정문을 지나 뒷문쪽으로 걸어갔다. 한 여대생이 마이크로 죽은 승희 양을 소개하면서 백골단의 폭행을 규탄한다. 때때로 연사가 선창하는 구호에 따라 학생들이 그 구호를 복창하면서 기세를 올린다. 이진영 기자가 현장을 취재중이어서 물었더니 우리 회사에서만 사진기자까지 합해서 4명이 취재에 나서고 있다 한다. 취재에 수고하는 이들에게 음료를 사주려했는데 군중의 행렬이 도청 쪽으로 이동하기 시작했다. 이 기자가 한겨레 기자하고 학생들의 행진을 따라가겠다고 해서 나도 서서히 정문 쪽으로 옮겨갔다. 학생들은 저지하는 전경들과 한참 동안 몸싸움을 벌이더니 돌연 전경들이 최루탄을 쏘며 반격하는 바람에 나는 담벼락에 몰린 채 짙은 최루가스를 마시고 눈코를 뜰 수가 없어 고생했다. 부상자가 10여 명이나 발생했다. 11시경에야 입원실로 돌아왔다.

5월 1일 (수)

오늘은 오전 중에 별로 검사받을 것이 없다고 하기에 10시 넘어 신문사로 나갔다. 쌓여 있던 결재서류를 처리하다. 최상옥 남화토건 사장의 부친상에 조문하기 위해서 나는 회장님과 함께 회순으로 갔다. 차중에서 요즘 우리 신문의 논조에 대해 의견을 말하다. 결국은 편집국장인 문 이사가 조심해 주어야 한다는 점에 대해서는 회장님도 수긍하시는 듯하다. 나는 병원 앞에서 내리고 회장님과 다른 일행은 회사주변의 음식점으로 점심을 하러 갔다. 오늘은 낮부터 죽을 먹고 1시간 만에 물을 한 컵씩 마시라고 한다. 오후에 안과, 치과, 신경외과, 이비인후과, 피부과 등을 다녔다. 5시경에 장준호 사장이 찾아왔다. 백형조 지사가 나의 입원소식을 듣고 문병차 찾아오겠다기에 단순한 건강 체크이니 그럴 필요가 없다고 전화했다. 오늘밤도 병원주변에는 대 군중이 모여 함성을 지른다.

5월 2일 (목)

11시경에 약 30분간 장 투시촬영을 마치고 2시경에 신문사에 나가 결재를 마치고 광고국, 업무국, 논설위원실, 편집국을 순회했다. 부사장으로부터 허광욱 위원이 5월 7일에 김대중 평민당 총재를 인터뷰할 계획이라는 보고를 접하고 문 이사를 불러 그 경위와 목적을 물었더니 서울지사의 김진원이 앞서 요청한 것인데, 이제 연락이 왔다 한다. 그러나 당장 김 총재를 특별 인터뷰할 만한 이유가 없으니 인터뷰는 유보하라고 지시하다. 회장님과 통화했는데, 목포지사를 짓기 위해 마련해 놓은 땅을 팔자고 하신다. 5시경에 퇴원수속을 하다. 윤 원장으로부터 종합진찰의 결과를 브리핑받다. 지방간, 콜레스테롤 240, 심장비대, 대장에 계실(돌기)이 있으나 괜찮은 편이라고 한다.

5월 4일 (토)　신문우수 확장자를 시상하다

오전 10시에 제4차 사원확장운동에서 우수한 성적을 올린 사원들에 대한 시상식을 가졌다. 지난해 11월 21일부터 금년 1월 31일까지에 확장목표는 초과달성했으나 3월 31일 현재로 탈락한 부분을 제하면 약 89% 정도의 실적을 올린 셈이다. 그동안의 노고를 치하하고 우리 신문의 현재의 위치를 평가하다. 박우기 기자가 대만출장에서 돌아와 귀국인사차 올라왔다. 임영섭 기자에게 과학기술대 창립에 대한 구체적 정보를 수집해서 보고하라고 지시하다. 김영창 기자에게 최용수 군의 이동가능성을 알아보라고 당부하다. 2시에 조선대 문병란 교수의 딸 결혼식에 참석하다. 거기에서 김준태 부장과 한겨레신문의 박하강 기자를 만나 한겨레신문의 내분에 대한 설명을 듣다. 2시 30분에 호남대학의 양인옥 학장 장남결혼식에 참석하다.

5월 6일 (월)

오전 10시경에 사진부 오영상 기자가 사표를 제출하기에 1시간 동안이나 설득했으나 듣지 않는다고 문 이사가 보고한다. 당장 오 기자를 사장실로 올라오라고 했다. 왜 그만두려 하느냐고 물었더니 일할 수 있는 조건을 갖추어 주지 않기 때문에 광주매일로 가겠다고 한다. 사진부에 대한 차량배치도 그렇고, 박경래 기자에 대한 인사조치도 그렇고, 사신부에 대한 대우도 그렇고 모든 것이 마음에 들지 않는다는 것이다. 그런 정도의 사소한 불만 때문에 사표를 제출한다면 아마 어떤 신문사에서도 오래 견디지 못할 것이다. 어떤 특별한 이유도 없이 최초로 선택한 직장을 3년도 못 가서 옮기려는 것은 누가 보아도 경솔한 짓이다. 얼마 안 가서 크게 후회할 것이니 경솔한 행동을 말고 심사숙고하라고 당부했으나 그는 진지하게 듣는 것 같지 않다.

나종경 기자가 서울에서 열리는 편집기자회 회의에 참석하러 올라간다고 찾아왔다. 편집국 분위기를 물었더니 매우 침체되어 있고 기자들이 모두 비전을 잃고 있으니 분위기를 쇄신해줄 조치가 있어야 할 것 같다고 한다. 그는 또 편집국간부들의 무책임한 태도와 편집국장의 통솔에도 문제가 있다고 지적한다. 그리고 두 차례의 인사에서도 목포 출신을 우대했다는 생각이 기자들 사이에 짙게 깔려 있다고 한다. 참으로 어처구니없는 오해이다. 오후에 문 이사를 불러 나종경 기자가 지적한 편집국의 분위기를 반문했더니 어느 정도 시인하면서 솔직한 심정으로 편집국장을 광주일고 출신으로 바꾸어보는 것도 하나의 해결책일 것 같다고 토로한다. 어디까지가 진심인지.

5월 7일 (화) 대법원장에게 법원신축을 권하다

서울신탁은행 호남본부장인 박 이사가 전화했다. 광주일보와 무등일보에서는 무한 슈퍼신탁예금에 관한 기사를 잘 다루어 주었는데 전남일보에서는 아주 소홀히 취급했다고 항의투로 말한다. 전화를 끊은 후 문제의 기사를 찾아보니 별로 흠잡을 것이 없는 것 같은데 이 사람이 지나치게 투정부린 것이 괘씸해서 다시 전화를 걸어 강하게 반격했더니 이내 죄송하다고 꼬리를 내린다. 정 부장에게 기사를 다시 보완해서 내주라고 지시하다. 광주시청에 인사이동이 있어 간부 10여 명이 인사차 내사했다.

12시 10분에 무등산관광호텔에서 김덕주 대법원장 초청오찬이 있어서 참석하다. 나는 광주지방법원의 청사신축 문제가 긴요하다는 것을 알기 때문에 사전에 말할 자료를 좀 준비했다. 먼저 법원청사와 관사의 건립이 시급하다는 점을 강조하고 특별지원을 촉구했다. 대법원장은 각별히 유의하겠노라고 약속했다. 나는 내친 김에 대법원장에게 단도직입적인 질문을 했다. 잘 아시다시피 광주는 1980년부터 11년간을 진통 속에서 살아왔으나 아직 광주문제는 해결되지 못하였다. 작년에 정부에서 보상문제는 해결해 주고 기념사업은 이제 추진중이지만 명예회복 문제는 아직 미진하다. 그 사건에 관련되어 고생하다가 재판받고 '폭도'라는 죄명을 쓴 사람들의 명예가 아직 회복되지 않고 있기 때문이다. '광주폭동'을 '광주민주항쟁'으로 개칭하는 정치적 결단을 내렸다면 그들의 명예를 회복시키기 위해서 특별법을 재정해서라도 재심의 기회를 주어야 할 터인데 왜 그런 조치가 내려지지 않는지 궁금하다. 마침 우리 한국의 법을 지키고 다스리는 최고책임자가 이 자리에 오셨으니 그 문제에 대해서 어떻게 생각하시는지 의견을 듣고 싶다고 했다.

대법원장은 나의 질문에 대해서 현행시행법에 의해서는 재심하기는 어려울 것 같다, 재심한다 해도 다소는 되겠지만 근본적으로 해결하기는 어렵다, 역시 특별법에 의하지 않고서는 어렵다고 본다고 말했다. 이어 문종수 지검장은 그 문제에 대해서 형사소송법을 개정하면 일부 재심의 기회가 있을 수 있으나 근본적으로는 특별법이 제정되어야 가능하다고 의견을 제시했다. 오찬을 끝내고 회사에 돌아와 2시부터 증면에 관한 대책회의를 열었다. 결국 6월 7일부터 금요일에 4면을 증면하는 것으로 결정했다. 얼마후 최혁 기자가 왔기에 편집국의 분위기를 물어보고 동요방지에 협력하라고 당부하다.

5월 8일 (수)

회장님은 어제 동아일보의 김병관 사장과의 유성에서의 모임은 잘 마쳤고 김상만 회장께도 귀한 선물을 보내셨다 한다. 그리고 목포를 방문하는 일은 가을로 미루었고 윤전기문제는 다루지 않았다고 하신다. 오후 2시부터 편집국 부장회의를 소집하다. 이만영, 나의갑, 김준태 부장이 결석했다. 처음부터 분위기가 착 가라앉아서 마치 꾸중들으러 온 국민학생들의 표정이다. 나는 회의를 시작하면서 우리 회사의 실정이나 위상에 관한 인식이 경영층과 하부사원들 사이에 너무 큰 차이가 있다는 사실을 지적했다. 현재 편집국 내에 상당한 불만들이 쌓인 것 같은데 이것은 모두 사실을 정확히 알지 못한 오해에서 싹튼 것이다. 이는 사 내 커뮤니케이션의 흐름이 자연스럽지 못한 탓이다. 이러한 현상은 바로 중간간부들이 역할을 제대로 못하는 탓이라고 지적하고, 광주매일에서 스카우트작전으로 온갖 유혹을 다하는 이때에 간부들의 적극적 자세가 아쉽다고 강조하다. 그런데 정기상 부장의 귀띔에 의하면 오늘 부장회의 시작 전에 사환이 각 부장들에게 가지고 온 쪽지에는 '부장교육'에 참가하라고 편집국장이 써서 보냈다고 한다. 이렇게 쓴 문 이사의 진의가 무엇이었는지 모르지만 부정적 분위기를 조성하는 데는 성공한 셈이다.

5월 9일 (목)　　부장간담회가 아니꼬운 사람이 있다

편집국 준사원인 문경이를 불러 어제 부장들에게 회의에 나오라고 할 때 무어라고 했느냐니까 편집국장이 써준 대로 쪽지만 보여 주었다고 한다. 그 쪽지에 '부장교육'이라고 써 있었던 것이다. 참으로 한심한 노릇이다. 이른바 편집국장이란 사람이 회사의 중대사를 의논하기 위해서 소집하는 정례회의를 이렇게 거부감을 일으키게 하도록 농간을 부렸다니 믿기 어려운 일이다. 낮에는 광고유치를 위해서 이상호 광고이사와 아시아자동차 정중채 전무를 대접하려고 아구탕집에서 만났다. 기사관계로 약간 오해가 있었던 것 같으나 없던 것으로 씻고 광고에 협조하겠다고 약속한다.

오후에 이만영 부장이 올라왔다. 어제 회의에서 불평해 죄송하다고 사과한다. 그리고 회의가 끝나고 편집국으로 돌아가니 편집국장이 교육 많이 받고 왔느냐고 야유하더란다. 그리고 사장이 불렀을 때 나 부장과 김 부장을 일부러 붙들면서 점심때 술을 마셔서 늦었다고 변명하라고 시키더란다. 6시 40분에 회장님이 서울에서 도착하셨다. 근황을 보고하고 7시 넘어서 삼능건설에서 열린 서울대 광주동창회 이사회에 참석하다. 26명이 참석했는데 뷔페가 푸짐하다. 부국철강의 남 사장에게 광고문제로 쓴소리를 하다.

5월 11일 (토) ‘동아’와 인쇄계약을 맺기로 하다

아침 8시에 남서울호텔에서 박권상 씨와 만나다. 그는 나보다 지방지들끼리 제휴해서 워싱턴에 있는 이성렬 기자를 이용하는 방법을 연구해 보라고 권한다. 9시 넘어서 신사동 집으로 돌아와 지사로 연락했더니 동아일보 김 사장이 10시 30분에 만나자고 알려왔다 한다. 10시 15분에 서린호텔에서 최봉인 이사와 만나 시간을 맞추어 동아일보로 갔다. 김 사장은 권오기 부사장과 김광희 공무국장을 대동하고 대기중에 있었다. 동아일보를 광주현지에서 인쇄하는 것은 언제든지 응할 수 있으니 가계약이든 본계약이든 근시일 내에 맺기로 했다. 중고윤전기 인수문제는 우리 회사에서 검토한 바 이케가이와 토교기가이 제품을 사고 싶은데 그것들이 잘 접속될 것인지가 문제이므로 동아일보 쪽에서 접속가능토록 기술지원을 해준다면 살 용의가 있다고 하니 견적서를 개별적으로 내 달라고 했다. 김 사장은 자사사정으로 내년 6월에야 양도할 수 있을 것 같다고 하기에 우리 형편은 3월까지에는 반드시 가설해야 하니 그렇게 맞춰줘야 한다는 점을 강조했다. 그러니 동아 쪽에서 그 시기와 맞출 수 있도록 조정해보라고 당부했다. 12월까지는 해보겠노라 한다. 하여튼 빠른 시일 내에 확실한 것을 알려 달라고 했다.

5월 13일 (월)

오전에 박기남 부국장이 광주매일 업무국으로 가겠다면서 인사차 올라왔다. 자신의 전업분야를 찾아가니 말리지는 않겠으나 앞으로 우리 회사와 경합관계에 들어가는데 원성을 듣는 일은 안 해주기 바란다고 하니 여부가 있겠느냐고 한다. 환경청 광주지청의 이우종 청장에게 전화, 낮에 만나자고 해서 부사장을 데리고 시티힐호텔에서 점심하다. 오후에 기획부의 김종효가 찾아와서 광주매일로 가겠다고 한다. 정말 뜻밖이다. 자네는 우리사의 핵심부를 맡는 사람이니 다른 곳으로 갈 수 없는 일이라고 말렸다. 회장님께도 연락했더니 내일 내려오시겠다고 한다. 김종효가 내가 말할 때는 승복할 듯 하다가도 일어설 때는 머물겠다고 확약하지 않는다. 부사장과 홍 국장더러 김종효를 설득하라고 당부했다.

5월 14일 (화) **회장님이 신문 그만두고 싶다고**

아침에 부사장과 홍 국장의 말을 들어보니 어제 밤 자정 넘어서까지 김종효를 설득하여 오늘 나오기로 약속을 받았다 한다. 그런데 11시경까지도 나오지 않고 연락해 봤더니 목욕하러 가서 돌아오지 않는다고 부인이 대답하더란다. 김연두를 불러 광주매일로 갈 것인지 확실히 말하라고 했더니 그동안 회사에 대해서 섭섭한 마음이 없지 않았다고 토로한다. 그러나 꼭 가지 않겠다는 말은 하지 않는다. 김연두와 홍 국장을 데리고 기흥식당에서 점심하다.

오후에 김종효가 나왔다. 2시 넘어서 회장님이 도착하셨다. 김종효와 이야기하는 도중 서울의 송용식 의원으로부터 전화, 최근 우리 신문이 여당과 정부에 너무 심하게 나오고 있어 여러 곳에서 비슷한 보고가 들어온다는 것이다. 청와대에서도 이 회장의 신문이 이렇게 나올 수 있는 것이냐고 흥분한다는 것이다. 회장님이 전화를 바꾼 후 안색이 변하더니 무척 흥분된 상태에서 전화를 끊고는 김대중 총재와의 인터뷰기사는 광주일보에서는 안 실었는데 왜 우리 신문만 실었느냐고 나를 몰아세우신다. 부사장, 문 이사, 최 부국장, 오 부국장, 허광욱 위원, 이홍재 위원을 불러놓고 우리 신문이 반체제적 방향으로 보도하는 것으로 여러 곳에서 강력한 경고를 받았다고 강조하시면서 신문을 그만 두고싶다고 괴로운 심정을 토로하신다. 그러더니 마침내 공격의 화살이 나에게 집중되어 견디기 어려울 만큼의 모욕적 용어까지 섞여 나왔다. 물론 회장님의 공격이 나 개인에게 향한 것은 아니었지만 자존심에 심한 상처를 주는 것을 더 이상 참을 수 없어 그 자리에서 불쑥 일어나 퇴장해 버렸다.

5월 15일 (수)　사표 제출했더니 달래신다

생각은 많았으나 일단 회사에 나갔다. 사표를 써서 호주머니에 담고 막 사장실을 나오려는데 부사장이 들어와서 눈치를 채고 잠시 이야기를 하자고 한다. 아침회의를 부사장더러 진행시키라 하고 나는 이발하고 오겠으니 회장님이 나오시거든 10시에 들어오겠다고 전하라 했다. 회사에 들어갔더니 회장님은 경찰국장을 만나러 가셨다 한다. 11시경에 돌아오신 회장님은 그동안 사내간부들을 만난 이야기를 하면서 우리 신문의 지나친 논조에 유감을 표하신다. 우리 신문의 논조의 편향에 대해서는 사장 자신이 단속을 게을리 한 것은 아니지만 어떻든 회장님에게 깊은 심려를 끼쳐드린 것을 죄송스럽게 생각한다. 이런 결과에 대한 책임을 지고 사표를 제출하겠다고 말하고 사표를 내놓았다.

회장님은 깜짝 놀라며 말린다. 사장의 마음이나 자세는 누구보다도 잘 알고 있지만 이런 일에 관해서 당부하려면 사장을 나무랄 수밖에 더 있느냐, 믿는 나머지 좀 심하게 말한 것이니 양해해 달라고 달래신다. 그러고는 문 이사를 올라오라 해서 다시 한번 당부하신다. 나는 회장님과 편집국장 앞에서 신문제작상의 노선은 회장이나 사장의 의도나 자세에 의해 결정되는 것이지만 그것을 바로 지켜주는 것은 실제 제작현장에서 총 지휘하는 편집국장에 달려 있는 것이라고 강조하고 편집국장이 책임 있게 지켜주지 않는다면 위에서 백 번 강조해도 아무 효과도 없는 것이라고 말하다. 회장님은 서울로 올라가시고 부사장이 위로차 점심을 샀다. 2시에 문 이사, 오. 최 부국장을 불러 5월은 광주에서 민감한 달이니 지면제작에 톤을 한 옥타브 낮추라고 당부하다. 오후에 김준태 부장을 불러 개별적으로 주의를 주다. 밤에 최하림, 고행원이 집으로 오다.

5월 16일 (목)

아침회의에서 대기업을 운영하는 회장님의 입장과 광주라는 특수한 풍토 속에서 발행되는 전남일보의 위상을 조화시키는 데 따르는 미묘한 사정을 설명하고 광주의 5월을 보내는 동안 신중하게 배려할 것을 간부들에게 당부하다. 오후에 채복희 기자를 불러 최근의 취재활동을 치하하고 좋은 신문으로 발전시키는 데 기여하도록 노력하라고 격려했다. 이어 김민영 기자를 불러 요즘 교통문제를 잘 다루고 있음을 칭찬하고 그동안 목포에서 고생했음을 위로하고 1기생들이 외부 스카우트에 동요하는 일이 없도록 당부하다. 김 기자는 스카우트에 흔들리지 않을 것 같다.

충신교회의 배성룡 목사가 15일간 단식기도 중이라면서 기사화를 부탁한다. 문화부장이나 유일선 기자를 찾았으나 연락이 되지 않는다. 4시경에 반 이비인후과에 가서 진찰을 받다. 별것 아니고 담배를 당분간 끊으라고 한다. 서울의 박갑동 국장이 광고협의회에 가입되었다고 보고하고 광고는 이달 들어 5천만 원쯤 확보했으며 월말에는 6천만 원까지는 올라가겠다고 보고한다. 광주대 신방과 김기중 교수가 다음 학기에 "지역사회와 언론" 강의를 맡아 달라고 요청한다.

5월 17일 (금)

회장님에게 전화했더니 한결 부드러운 음성이다. 최영철 대통령특보로부터도 지면제작을 부드럽게 해 달라고 전화가 왔다고 한다. 본사에서도 5·18특집을 축소했으니 너무 걱정 마시라고 말씀드리다. 일본 아사히 텔레비전의 이상우 특파원이 아사히신문의 고바야시 기자가 광주로 취재차 내려가는데 한번 만나주라고 하며, 그는 요즘 매일 전남일보를 읽는데 편집이나 내용이 중앙지들보다 한결 낫다고 추켜세운다. 편집국과 제작국을 한 바퀴 돌고 몇 사람의 등을 두드려 주다. 낮에 부사장과 인근에 새로 낸 백반집에 가다. 오후에 조영길 소장으로부터 전화, 내일 금수장호텔에서 점심을 하자고 한다. 서울에서 민승연이란 후배가 내려오다. 이번에 고향인 영암에서 신민당후보로 광역의회에 출마하게 되었으니 도의회 의장이 될 수 있도록 밀어 달라고 한다. 성락인 군을 면접하고 윤전부 사원으로 채용하기로 결정하다. 한동원 한국언론연구원장이 전화, 24일에 있을 지방사장 세미나에서 토론할 안건에 대해 협의하다. 5시에 이비인후과 병원에 가서 주사맞다. 코리아타임스 한건주 편집국장 장남 결혼식에 축의금을 전달하도록 하다.

5월 18일 (土)　의견기사 절제하라 지시하다

오늘은 5·18 11주년 기념행사와 강 군 영구차가 광주에 도착할 예정이어서 시내가 몹시 시끄러울 것 같다. 아침회의에서 문 이사에게 5·18특집은 이미 발행했으므로 이제는 그날그날의 사건만 충실히 보도하고 기자들의 의견기사는 절제하고 사진도 줄이라고 지시했다. 광고국, 업무국, 공무국을 한 바퀴 돌았다. 12시 30분에 금수장호텔에서 31사단 조영길 소장과 점심하다. 광주대 김기중 교수에게 전화, 보도론을 맡아도 좋겠다고 했더니 많아야 1개월 반 가량 강의하게 될 것이니 "지역사회와 언론"을 맡아 달라고 해서 그러자고 했다. 전남대 변동현 교수가 방송비평회의 세미나에 참가해 달라고 전화하다.

5월 19일 (일)　수습기자시험에 130명 응모하다

오늘은 수습기자시험을 실시하기 때문에 8시 30분에 광주상고로 갔다. 총무부 홍 국장, 황 부국장 등 시험감독을 맡는 책임자들은 나와 있으나 시간이 좀 빨라서인지 부사장, 문 이사, 최 부국장, 오 부국장, 손 부장 등은 9시가 다 되어서 나타났다. 168명의 응모자 중에서 38명이 불참하고 130명(12명의 사진부 지원 포함)이 응시하다. 입사시험이 순조롭게 진행되는 것을 확인하고 9시 30분에 이상호 이사와 이광현 국장과 화순의 향암산으로 갔다. 작년에 갔던 곳인데 지금은 입구도로가 상당히 정비되어 산장까지 차가 들어갈 수 있었다. 화순주재 유성운 기자가 나와 있고 점심과 송어회를 주문했다고 한다. 평소 주재기자들에게 피해를 주지 말라고 강조한 터라 유 기자가 나타난 데 대해 이 국장과 김선남 부장이 애써 변명하려 한다. 정상에서 도시락을 먹고 2시에 산장으로 내려오다.

5월 20일 (월)

5·18의 11주년 기념행사도 끝났는데 그동안 우리신문 지면은 그런대로 무난하게 정리해 주었다고 아침회의에서 논평했다. 그러나 광주는 박승희 양의 장례, 보성고교생의 분신, 오늘 아침 경찰에 맞아 중태에 빠진 시민 때문에 앞으로 더 시끄러울 것 같다. 그러니 5월과 6월 중순까지는 일어나는 사건들에 관해서는 충실하게 보도해 주되, 기자들의 지나친 의견노출은 삼가라고 했다. 그리고 사진도 좋은 것은 선택하되 과용하지는 말라고 주문하다. 문 이사가 예측기사도 쓰지 말라 지시했다고 한술 더 뜬다. 진담인지 두고 볼 일이다.

오후에 우리 신문의 지면을 훑어보니 광주일보보다 심하게 느껴진다. 5면에 실은 손숙 씨의 "오 5월의 광주"가 눈에 띄고 14면에 나온 두 개의 박스기사가 모두 감정을 자극하는 내용이다. 광주일보의 "탑"은 그야말로 휴머니티가 풍기는 좋은 내용이어서 대조적이다. 그리고 이효계 광주시장의 기자회견 내용을 광주일보에서는 가로 2단 정도로 취급했는데 우리는 1단으로 묻어버려 너무 소홀히 다루었다. 나 부장을 불러 지적했더니 그대로 시인한다. 5시 30분에 신양파크에서 방송비평회가 세미나를 끝내고 리셉션을 열었다.

5월 21일 (화)　사장말에 오갈이 들어 기사 못쓴다?

아침회의에서 문 이사가 간밤에 독자들로부터 많은 항의전화가 왔다고 보고한다. 어제 새벽에 권청수라는 시민이 시위현장에서 경찰에게 얻어맞아 중태에 빠졌는데 그 기사에 경찰이 때렸다는 사실이 빠졌기 때문에 항의가 들어왔다는 것이다. 그런데 그 원인을 엉뚱하게도 사장에게 돌린다. 사장님이 부장들을 하도 질책하니까 부장들이 오갈이 들어서 그런 결과를 가져오게 된 것이라고 돌려댄다. 아니 누가 있는 사실을 왜곡하라고 했느냐, 있는 사실을 안 썼다면 기자에게 책임을 추궁할 일이지 엉뚱하게 사장에게 책임을 돌린다니 무슨 얼빠진 짓이냐, 그리고 사장이 주변사정을 설명하고 지침을 주는데 오갈 들 정도의 기자라면 무슨 일을 맡기겠느냐고 호통쳤다.

문 이사도 음성을 높여 맞받으려다가 내가 계속 몰아치니 자리에서 벌떡 일어나 나가버린다. 이윽고 부사장이 나가더니 데리고 들어온다. 문 이사는 떨떠름한 표정으로 죄송하다고 사과했지만 도무지 용납할 수 있는 심정이 아니다. 11시경에 뉴욕의 이정일 부회장과 통화, 그간의 소식을 알리고 박경래 기자를 다음에 서울로 보내겠다고 하니 동의한다. 6월 2일의 귀국은 어려울 것 같다고 한다. 오늘이 초파일이다. 3시 30분에 이 이사, 이 국장과 화순 도암면에 있는 운주사를 찾아가서 천불천탑을 둘러보다.

5월 22일 (수)

오전에 부사장, 홍 국장을 데리고 회사의 인력을 점검하다. 1991년 2월 1일 이후 15명이 줄었는데 12명은 보충해야 된다. 도중에 회장님으로부터 전화가 왔다. 두 사람에게 자리를 잠시 비워 달라 하고 통화하다. 일상적인 것을 보고한 다음 어제 지면 제작문제로 문 이사와 고성이 오고갔는데 매우 중요한 사안이므로 내일 내려오시면 상세히 말씀드리겠다고 했다. 그리고 내일 11시에 보해의 장성공장 준공식이 있으니 함께 나가시자고 했다.

2시부터 편집국 부장회의를 하다. 전원이 참석했다. 연일 수고가 많았다고 서두를 붙이고 요즘 사장과 편집국 부장들 사이에 아직도 교감이 부족하고 오해가 일어날 기미가 있는 것 같다고 말했다. 개인이나 회사나 사회생활하는 데는 상호작용 속에서 여러 가지 반응이 일어나는데 일어난 반응에 따라 사람들은 또한 자신의 언동을 조절하게 된다. 신문에서도 발신내용에 대한 외부의 반응이 드셀 경우에는 조절해갈 필요가 있는데, 사장이 행사하는 이 조절작업을 오해하거나 거부해서는 안 되는 것이라고 타이르다. 오후에 조선대의 김희경 교수가 방문해서 한 30분간 대화했다. 서울 신림동에 사시는 작은 고숙이 별세하셔서 몽탄의 형님이 상경하는 길에 들르셨다.

5월 23일 (목)

조회 도중에 회장님이 서울에서 도착하시다. 부사장, 홍 국장, 김 국장과 대지활용을 위한 세 가지 방안을 비교검토했다. 간부들 의견은 초기에 자금소요는 많지만 부가가치가 높기에 제1안 쪽이 좋겠다는 것이었으나 회장님은 제2안과 제3안 쪽에 마음이 있는 것 같다. 결국 결론을 내리지 못하고 다음으로 보류하기로 했다. 11시경에 회장님과 함께 김유후 고검장과 문종수 지검장, 주광일 지검차장검사를 방문하고 환담하다. 오후에는 순천 주재기자 후보자를 면접하다.

오후 조용한 시간을 얻어 회장님과 만난 자리에서 며칠 전 교육판 제작과정에서 지나치게 혁신적 내용을 담았다고 해서 김준태 부장을, 그리고 기자들의 기명기사 내용들이 너무 선정적이어서 데스크인 나의갑 부장에게 주의를 준 사실이 있었다는 것을 말씀드렸다. 그리고 권창수란 사람이 경찰로부터 구타당하여 중상을 입은 사건이 있었는데 우리 기사에는 경찰이 때렸다는 사실이 빠져 있어서 독자들로부터 강한 비난이 들어왔다고 한다. 그래서 사장이 문 이사에게 경찰이 때렸다는 사실을 밝히지 못할 이유가 있었느냐고 묻자, 대뜸 부장들이 사장의 경고에 오금이 굳어 그렇게 된 것이라고 변명했다. 나도 기자들의 자유로운 활동에 제약을 가하고 싶은 생각은 조금도 없다. 그렇다고 언론의 원칙에 어긋나고 무책임한 내용을 묵인할 수는 없는 것이니 허술한 점이 발견될 때마다 필자나 데스크를 불러 따지게 되는데 이를 마다한다면 사장의 책임을 포기하란 말이나 다름없다. 그렇게 되면 신문은 무성격하고 무책임한 신문이 되고 말 것이라고 단언했다. 이런 말씀을 듣고 난 회장님은 사장의 진의는 충분히 이해하는데 아무튼 너그러운 마음으로 보듬어 나가자고 하신다.

5월 24일 (금) 지방신문사장 세미나에 사회를 맡다

오늘 언론연구원 주최로 지방신문사장 세미나가 있어서 9시 30분에 유성으로 출발하였다. 리버럴 호텔에 도착하자, 한동원 원장과 세미나 진행에 관해 사전협의를 가졌다. 12시 30분에 2층 식당에서 강표원 강원일보 사장과 이치백 전라일보 회장, 한동원 원장과 함께 점심을 하다. 2시 30분에 한동원 원장의 개회사로 세미나는 시작되고 내가 사회를 맡아 진행시키다. 안광식 교수와 강표원 사장의 발제가 있은 후 20분간 휴식하고 종합토론에 들어갔다. 우리나라 신문의 편집의 문제점은 면별기획에서 모두 거의 같은 패턴을 취하기에 각지의 표정에 특색이 없고, 지방지는 또한 중앙지를 모방한다는 점을 토론하는 데 너무 많은 시간을 소모했다.

기자재교육문제를 재론해서 부활시키는 것을 만장일치로 가결시키려 했는데 대구매일의 김 사장이 강력히 이의를 제기한다. 중앙지들의 지방분공장 설치문제에 매우 강한 반발이 제기되고 앞으로 중앙지들의 지방침투를 반대한다는 뜻을 정부당국이나 중앙지들에게 강력하게 건의하기로 결의했다. 7시에 최창윤 장관이 도착하여 리셉션에서 만찬 스피치를 하다. 밤에 이치백 회장 방에서 중부매일, 인천신문, 대전매일, 전라일보, 경상일보, 국제신문 사장들과 만나 전남일보를 포함하여 신신회(新新會)를 만들기로 결의하다.

5월 28일 (화) 염치없는 스카우트를 비난하다

10시에 동아일보가 주최하는 국제살롱전이 남도예술회관에서 열리기에 사진부의 신복진 부국장과 함께 가다. 김포천 사장 그리고 많은 사진작가들을 만나다. 11시에 광주종합체육관에서 열린 광주·전남 청소년체육대회를 참관하다. 2시 30분 코리아나호텔에서 광주매일의 김효중 사장을 만나다. 요즘 신문사의 스카우트작전이 너무 지나치다, 아무리 자유경쟁이라 하지만 저금으로 사람을 빼내간다면 업계질서를 어지럽히게 되는데 이렇게 수단과 방법을 가리지 않을 수 있느냐, 4년 걸려 조출하게 성주해 놓으니까 산적들이 도끼 가지고 와서 기둥 찍어내고 주춧돌 빼가는 심정인데 이래도 괜찮은 거냐, 라고 했더니 심정 잘 알겠다고 미안한 표정을 짓는다. 7시에 금수장에서 산경회 모임이 있었다. 끝나고 고재철 광주매일 회장을 다방으로 불러 요즘 귀사에서 벌이는 스카우트 작전이 언론계 관행을 벗어나 염치나 체면도 없이 자행되는데 이러고도 언론계에서 떳떳하게 행세할 수 있다고 생각하느냐고 따지니까 곤혹스러운 표정으로 자제하겠다고 약속한다.

5월 29일 (수)

김종효 부장이 여비규정을 만들었다고 가지고 와서 부사장, 홍 국장을 불러 함께 심의하고 확정하다. 오후 2시부터 접견실에서 국실장들을 모아놓고 신문활자 확대방안을 논의하다. 여러 가지 모양과 크기의 활자로 인쇄한 5가지 텍스트를 각 국별로 가지고 가서 앞으로 이틀간 벽에 걸어놓고 관람시킨 후 투표를 통해서 최종결정하기로 했다.

5월 30일 (목)

오전 중에 부사장, 홍 국장과 함께 6월 예산안을 심의하다. 12시에 국가보훈처장이 내려와 기관장간담회를 연다고 해서 참석하다. 서울에서 민 처장이 내려오지 못하고 김 차장이 내려왔다. 김 차장은 인사말에서 이제까지는 보훈가족에 대해 사회복지적 차원에서 원호활동을 벌였지만 이제 제7차 경제5개년계획에서는 국가보훈적 차원에서 보훈사업을 강화할 것이며 국가유공자나 유가족들이 긍지를 가지고 살아갈 수 있도록 하겠다고 한다. 오후에 광고국의 신현호가 좀처럼 만날 수도 없는데 아무래도 광주매일에서 비용을 주워 어디론가 보낸 것 같다는 보고가 들어왔다. 그리고 도안부의 신준만과 이척묵이 또 충돌하고 회의 때에 얼굴을 맞대려 하지 않는다고 한다. 이상호 이사에게 어떻든 신현호를 찾아서 신문사에 나오도록 강력하게 권유하도록 지시하다.

5월 31일 (금)

오전에 문 이사에게 사회부 고영봉 기자가 그만둘 것 같은데 어떠냐고 물었더니 나 부장에게는 사의를 표했다고 한다. 오늘 사회부 전원과 점심을 함께할 것이니 코리아나호텔에 예약하라고 지시하다. 10시에 광주은행의 자회사인 광은창업투자 개업식이 있어 부사장과 함께 참석하다. 12시 30분에 코리아나호텔에 갔더니 나 부장 이하 사회부기자 전원이 모여 있다. 고영봉 기자가 한쪽 구석에 앉아서 종시 얼굴을 들지 않는다. 우선 사회부의 노고를 치하하고 덕분에 우리 신문이 꾸준히 전진한다고 평가하다. 그러나 최근 광주매일에서 스카우트하는데 동요말고 우리의 행진을 계속하자고 격려하다. 우리 사내에 불만이 많다는 것도 알고 있다, 고교출신이나 부차장들의 봉급이 타사에 비해 적다는 불평이 있다는 것도 인정한다, 하지만 우리가 노임을 조정한 것이 엊그제이고 또 다음 노사협의가 연말에 있을 것이니 그때 가서 조정할 생각이지만 그 안에라도 다소의 보완은 있을 것이라고 말해 주다. 그러자 최시영이 봉급문제보다도 더 중요한 것은 동기부여가 필요한데 이것이 조직관리상에 문제가 있다면서 획기적이고 가시적인 결단을 보여달라고 주문한다. 6시경에 오세성, 최하림 부국장이 올라와서 장시간 편집국 분위기를 논의하다. 간부들이 책임을 미루지 말고 자기위치에서 최선을 다해 주라고 당부하다.

6월 1일 (토)

문 이사가 서울에 가고 없어서 오세성 부국장이 아침회의에 나왔다. 고영봉의 사표를 계기로 간부들에게 사원결속을 강화하도록 당부하다. 나 부장을 불러 고영봉의 사직에 이른 경위를 들어보고 포기하지 말고 만류해 보라고 촉구하다. 고향선배인 고재방 형에게 전화하여 고영봉 부친을 만나 나의 뜻을 전하고 영봉이를 다시 우리 회사로 내보내도록 설득해 달라고 부탁하다. 서울에서의 언론인 테니스대회에 출전한다고 이만영, 정기상, 민영기, 김선남, 조형근 등이 사장실로 올라왔기에 격려금 10만 원을 전달하다. 11시경에 백형조 지사가 공보관을 데리고 방문했다. 부사장을 오라 해서 함께 만났는데 어제 기사를 대대적으로 다루어 주어서 고맙다고 한다. 그리고 우리 사에서 기획하던 농민교실 개설문제는 농촌국장에게 말해 놓았으니 추진하는 것이 좋겠다 한다. 12시 20분에 골프약속이 있어 옥과로 나갔더니 노광표 연초제조청장과 강이라는 젊은 실업가가 기다리고 있다. 빗속에서 티업하다.

6월 3일 (월)　수습기자 다섯을 뽑다

10시경에 회장님이 서울에서 도착하셨다. 그동안 스카우트당한 상황을 보고하고 김효중 사장과 고재철 회장 만나서 항의하고 경고한 내용을 말씀드리다. 오전 중에 업무국사원을 보충하기 위해서 업무국장, 총무국장, 부사장 배석시켜 3명을 면접하고 채용하기로 결정하다. 지하에서 식사하는데 회장님이 뱃속이 안 좋다고 그냥 올라가시기에, 미음을 주문해서 올리다. 1시 30분부터 수습기자 1차 합격자 12명 중에서 일반기자직 3명, 사진기자직 2명을 선발했다. 박 주필에게도 면접에 배석하라고 했는데 잊어버렸는지 불참했다. 5시경에 면접을 끝내고 윤전부 2명과 도안부 1명에 대한 선발은 우리에게 맡겨졌다. 김종효가 금요일부터 나오지 않는데 아무래도 틀린 것 같다고 한다.

6월 4일 (화)　주춧돌 빼가지 말라 경고하다

아침 7시 30분에 신양파크호텔에서 기관장 조찬회가 있었다. 그 자리에서 신태호 회장님이 광주상공회의소를 퇴임하는 고별사를 하다. 신 회장은 특히 내 손을 붙잡고 한번 만나자고 한다. 8시경에 조찬회를 마치고 나오다가 광주매일의 고재철 회장을 만나 잠깐 이야기하자고 커피숍으로 안내했다. 어제 이훈동 회장님이 내려오셨기에 고 회장님을 만나 스카우트를 자제해 달라고 말씀드렸다는 말을 했더니, 서로 사이좋게 지내라고 당부하시더라고 전했다. 그런데 광주매일에서는 내가 고 회장에게 말한 후에도 또 우리 기자를 데려갔는데 그 사람은 우리 수습기자 1기생인 고영봉이다. 이미 데려간 수습기자 2명까지는 기정사실로 하더라도 고영봉만큼은 돌려보내라고 요구했다. 수습기자 1기생은 아직 덜 여문 기자들이지만 신문사에서 장래를 짊어지고 나갈 주춧돌인데 이 사람들을 대뜸 빼내간다는 것은 경우에 어긋나는 일이다. 지난날 한국일보의 장기영 사장이 사원들을 집단적으로 스카우트해간 중앙일보의 이병철 회장에게 담판을 걸어 옮겨간 사람들 중 일부를 되돌려 받은 사실이 있다는 말을 해주었다.

우리가 광주라는 같은 하늘 아래에서 앞으로 좋은 낯으로 지내려면 일정한 선을 지켜주어야 할 것 아니겠느냐니까 고 회장도 고개를 끄덕이며 김효중 사장에게 당부하겠다고 한다. 회사로 돌아가 오전 중에 수위후보자를 면접하고 낮에는 서울에서 테니스시합에서 우승하고 돌아온 사원들을 축하하는 오찬을 베풀었다. 오후 3시경에 도안실 요원 2명을 면접하다. 고재방에게 전화하여 고영봉 아버지를 만나 내 뜻을 전해 달라 했다.

6월 5일 (수)

아침회의를 끝내고 광주매일의 김효중 사장을 전화로 불렀는데 외국에 나가 한 1주일 있다가 온다고 해서 다른 책임자를 바꿔 달라고 하니 총무국장이 나온다. 김 사장이 외국에 나갔다는 말은 나를 피하기 위한 변명 같기에 총무국장에게 내가 기다리고 있으니 김 사장이 어디 있든간에 오전 중으로 나에게 전화하도록 전해 달라고 했다. 낮에 편집부의 손정연 부장을 비롯 부원전체를 기흥식당으로 불러 식사를 함께하면서 현재 회사가 당면한 실정과 외부로부터의 평가를 설명하고 동요 없는 협력을 당부하다. 오후에는 윤전부사원과 전기부사원 3명을 뽑기 위해 15명의 지원자들의 면접을 마치고 3명을 확정하다. 7시에 인제미술관에서 열린 호남대 윤옥자 교수의 조각전시회에 김원자 문화부장과 함께 참석하다. 김 부장이 1기생들이 집단인휴원을 제출한다는 말이 있다고 하기에 부사장에게 잘 살펴보라고 연락하다. 양인옥, 이용일, 정승주 교수들을 전시회에서 만나다.

6월 6일 (목)

10시에 사직공원의 현충탑 밑에서 현충일 행사가 있어 참석하다. 이효계 시장, 안준 교육감, 최 보훈창장, 김훈 국세청장, 김상권 광복회지회장, 김종태 광주일보 사장 등과 함께 의식을 맞추다. 회사에 돌아오니 김효중 광주매일사장으로부터 전화가 왔다기에 다시 연결시키다. 고재철 회장으로부터 아무 말이 없었느냐니까 말 잘 들었다고 한다. 광주매일 쪽에서는 지금 잠잠히 있는데 전남일보 쪽에서 신경이 너무 날카로운 것 같다고 한다. 영봉이도 광주매일로 나오지 않는다고 말한다. 그러나 전남일보에도 나오지 않고 있으니 혹시 앞으로 나가더라도 반드시 돌려보내라고 요구했다. 이 문제로 더 이상 우리 사이에 옥신각신 안 하기를 바란다고 했다. 김 사장은 그 문제는 편집국장을 불러서 이야기하겠다고 다짐한다. 낮에 고행원과 제2사회부 기자 전원을 기흥식당으로 불러 제2사회부의 역할에 기대가 크다고 강조하고 전국에서도 가장 좋은 신문으로 만들도록 분발하라고 촉구했다. 저녁에 영봉 아버지와 전화가 연결되어 영봉이를 설득시켜 꼭 전남일보로 보내라고 촉구하다.

6월 7일 (금)　최하림 부국장, 혈압으로 쓰러지다

11시에 어제 인휴원을 내고 출근하지 않은 1기생 8명을 접견실로 소집했다. 여러분의 진의를 모르는 바 아니지만 그 방법에는 문제가 있다고 지적하고 그런 행동이 대내외적으로 미치는 영향에 대해서 깊이 생각했어야 할 것이라고 했다. 여러분 1기생들이야말로 전남일보의 초석이며 그동안 착실히 성장하고 있어서 믿음직스럽고 자랑스럽게 생각한다. 여러분 노력의 덕택으로 전남일보는 굳건하게 발전하므로 창간 5년이 되는 1993년부터는 가장 앞선 대우를 해줄 수 있을 것이라고 약속했다.

사실은 어제가 윤 부사장의 생일인데 다른 일 때문에 축하회식을 못했기에 12시 30분에 기홍식당으로 초청, 간부들과 케이크를 자르고 오붓하게 식사하다. 4시 무렵에 문 이사가 급히 전화로 최하림 부국장이 혈압으로 쓰러졌다고 알려왔다. 오늘 낮에 전남도 기획관리실의 송재구 실장과 식사하는 자리에서 최하림이 혈압으로 쓰러져 왼쪽 팔과 다리에 마비가 와서 동산병원에서 응급치료받고 CT촬영을 위해서 우성병원으로 옮겼다고 한다. 부사장을 데리고 우성병원으로 급히 찾아가니 최하림 부국장은 CT실에서 촬영중이었다. 결과를 기다렸다가 수술이 필요하다면 전남대병원으로 옮길 수 있도록 주선하라고 지시하다.

6월 8일 (토)

오늘은 아침 간부회의를 시작하기 전에 회장님이 서울에서 도착하셨다. 몇 가지 사항을 보고하고 오늘은 2시에 골프약속이 있어 부사장을 데리고 나가야 한다고 미리 말씀드리고, 6월자금, 5월수지, 인력보충 문제 등을 심의처리했다. 오늘 낮에는 부장급 이상의 간부전원을 코리아나 호텔로 불러서 회식하면서 회장님의 특별담화를 경청하기로 했다. 식사를 마친 후 회장님은 지난번의 태국방문에 이어 중국을 방문할 계획을 말씀하시고 현재 모기업인 조선내화와 다른 계열회사의 발전상을 대충 설명하신 다음 전남일보도 앞으로 5년 이내에 수지균형을 맞출 수 있을 것이니 열심히 일해 달라고 당부하신다.

회식은 1시 30분에 마치고 이상호 이사와 문순태 이사에게는 최하림 부국장을 문병차 가시는 회장님을 수행하도록 부탁하고, 나와 부사장은 골프약속이 있어 옥과로 갔다. 광주로 돌아와서 우성병원으로 가서 최하림 부국장의 상태를 살피다. 부인이 와서 간호하는데 표정이 어둡지 않다. 좀 안정되면 서울로 데려가서 한방으로 다스리겠다고 한다. 환자본인은 듣기는 하는데 자신의 의사를 표현하는 데는 자유롭지 못하다.

6월 10일 (월)

오전 중에 신입사원들(수습기자 6명, 업무국사원 3명, 광고국 1명)에 대한 사령장을 수교하면서 환영사를 하다. 이어 수습기자 6명을 사장실로 불러 20분간 오리엔테이션을 실시하다. 낮에 장형래 부장을 비롯한 교열부 18명의 기자들과 회식하다. 내근기자, 특히 교열부기자들의 고충이 많다는 점을 인정하고 회사의 앞날이 밝다는 점을 강조하면서 열심히 협조해주기를 당부하다. 오후 2시 30분부터 수습기자를 위한 첫 강의를 시작했다. 언론활동에서 가장 기초적인 문제, 뉴스란 무엇이며 뉴스의 가치는 어떻게 판단하는 것인가에 대해서 2시간 반 동안 강의했더니 모두 열심히 들어준다. 5시경에 언론연구원의 한동원 원장이 전화, 6월 22일이 창립기념일이니 21일 12시에 전·현직 임원들을 초청한 오찬에 꼭 참석해 달라 한다. 7시경에 부사장과 병원으로 최하림 부국장을 위문하다. 그제 반하고는 상태가 많이 다르다. 오늘은 대체로 의사표명이 가능할 정도로 회복되어 있다. 내일이라도 앰뷸런스가 구해지면 서울로 올라가서 경희의료원에서 한방치료를 받겠다고 한다.

6월 11일 (화)

아침회의 마치고 사장실에서 윤전부사원 3명과 수위 1명에 대해 사령장을 수교하고 환영의 말을 주다. 최하림 부국장이 앰뷸런스가 준비되어 12시 30분에 서울로 떠난다고 한다. 김연두, 허광욱과 함께 우성병원으로 갔더니 최 부국장의 상태가 더욱 좋아진 것 같다. 국효문 호남대 교수가 문병차 와있었다. 12시 30분에 기흥식당에서 경제부, 정치부 기자들과 합동회식했다. 나는 이들에게 회사사정과 비전을 2시간 동안 이야기하느라고 식사를 전혀 하지 못했다. 그러나 사장과의 공감대를 넓히는 데는 효과가 있었다고 본다. 그들은 편집국 내 분위기가 경색되어 있다고 호소한다.

6월 12일 (수)

어제 우리 신문에 호남백화점의 안현수 회장이 신양파 폭력단의 일원으로 수감중에 있다는 기사가 나왔는데, 그것이 오보라고 알려졌기에 문 이사더러 정정기사를 내주라고 지시하다. 오전 중에 부사장이 김종효를 만나 보았는데 매우 심한 심리적 갈등을 겪고 있더라면서 사장이 직접 전화 한번 걸어 주었으면 한다. 즉시 종효에게 전화해 구질구질 생각말고 내일부터 출근하라고 권유했다. 오후에 홍 국장에게 직접 만나서 데려오라고 지시했다. 오늘 낮에는 문화부 및 교육체육부 사람들과 회식했다. 두 부서의 고충을 구체적으로 지적하면서 노고를 치하하고 우리의 밝은 앞날을 설명했다. 그런데 천갑수는 약간 제동적 발언을 하고 임영섭은 건설적 내용의 발언으로 대조를 보인다.

2시에 편집국 부장회의를 사장실에서 열다. 정기상, 장형래 부장이 불참을 사전통고하다. 수습기자교육을 체계적으로 실시할 것과 전일 제작의 장단점을 비교 검토하라하고 편집국 내의 분위기쇄신에 힘을 보태라고 촉구하다. 나 부장에게 안현수 회장에 관한 오보사건을 지적했더니 변명의 여지없이 잘못했다고 시인하면서 그러나 필자인 모상관 기자에 대한 문책을 자신에게 맡겨 달라고 한다. 7시에 송죽헌에서 새로 부임한 고검장과 지검장을 환영하는 자리가 상공회의소의 주최로 열렸다. 주요기관장들이 대부분 참석하고 보안대장, 상무대 책임자,

31사단장만 불참했다. 어떻든 화기애애한 분위기였다.

6월 13일 (목) 명예훼손을 솔직히 사과하다

아침회의에서 이상호 광고이사가 목포지사장의 비협조적 태도에 불만을 표시하기에 광고와 보급의 측면에서 더 자세한 실태를 파악한 후 적절한 조치를 취하겠다고 말했다. 그러자 윤 부사장이 어제 목포지사와 본사 간의 견해차를 조정해서 해결책을 세워 주었는데 또 다시 원점으로 돌아가서 일방적 이야기만 한다고 짜증을 낸다. 부사장의 핀잔에 발끈한 이 이사도 소리를 높여 맞서다가 자리를 박차고 나가버린다. 우선 부사장을 달랜 후 이 이사에게 전화했더니 외출했다고 한다. 집으로 연락해보니 목욕갔다고 한다. 나주시의 안홍식 시장이 친상을 당했다는 말을 듣고 조의를 표하고, 목포의 항도여중 이 교장에게 어젯밤 교육감과의 통화내용을 알려주다. 오전 중에 있은 남도학숙 간담회에는 부사장더러 참석하도록 했다.

오후에 안현수 호남백화점 회장을 그랜드호텔에서 만나다. 그 자리에는 그랜드호텔의 회장과 다른 어떤 사장이라는 사람이 함께 나와 있었다. 안 회장은 신양파 폭력단에 관련되었다는 보도에 대해 격앙된 어조로 항의한다. 그러나 나는 문제의 기사가 오보였다는 사실을 확인했기 때문에 안 회장이 불쾌한 심경을 충분히 토로할 수 있도록 조용히 들어준 후에 명예를 훼손했다는 점을 솔직히 시인하고 해명기사를 내주겠노라며 양해를 구했다. 내가 빳빳하게 나오면 한 차례 난장판이라도 벌일 기세였는데 뜻밖에 내 태도가 부드럽게 나오자 그도 기사를 엄벌해 달라는 선으로 부드러워졌다.

6월 14일 (금) 부사장, 이 이사 화해하다

아침회의에서 이상호 이사가 어제 부사장에게 고성을 질렀다는 점을 정식으로 사과하고 부사장도 자신이 좀 흥분했다는 것을 시인했다. 나도 두 사람의 사과에 고맙다고 했다. 10시경에 조선내화의 이 고문이 서울에서 내려와 우리 회사에 들렀다. 응접실에서 부사장, 김충곤 국장, 홍 국장 등과 합석하여 12시에 이르기까지 그분이 조선내화에서 오랫동안 어떻게 기여했는지를 근청했다. 오늘 낮에는 조사부 사람들과의 회식을 기흥식당에서 가졌다. 이 자리에서는 연설조의 말은 빼고 편한 자세로 잡담을 교환했다. 이내균 사장이 호주에 다녀왔다고 전화했다. 저녁에 코리아나호텔 강 회장이 김포천 사장과 나를 자기 호텔로 초청했다. 자신이 추진하는 수은 선생기념사업에 협조를 구하기 위해서이다.

6월 15일 (토)

김진현 과기처장관이 광주에 내려와서 12시 30분에 코리아나호텔에서 오찬을 함께하자고 한다. 김 장관이 나를 보더니 몹시 반긴다. 동자부차관도 함께 들어왔다. 과기대가 새로 생기고 이미 원자력발전소도 있고 해서, 이곳에서는 테크노폴리스에 대한 관심이 높으며 김 장관의 역할에 대해서도 기대를 크게 건다고 말했다. 2시에 퇴근하여 이광현 국장과 함께 골프연습장에 가서 4시 30분까지 공을 다섯 박스나 치고 나니 몸이 적당히 피곤하다. 이 국장은 월곡지국 개업파티에 나가면서 7시까지 연락하겠다더니 우리집에서 병어회를 만들어 식사를 준비하고 기다리는데 종무소식이다. 밤에 다시 동촌의 최병학 씨로부터 전화, 월요일 11시에 한말의병사건 때 순국하신 최택현 선생의 묘비제막식이 있으니 꼭 참석해 달라 한다. 도지사도 참석하기로 했으니 꼭 왔으면 좋겠다고 한다.

6월 18일 (화)

최윤섭 씨가 공원용지문제에 대한 최근의 언론보도를 걱정하기에 고행원 부장을 불러 우리 신문에서는 그 문제를 어떻게 다루려느냐 물었더니 자기자신이 편집국 회의에서 발의하여 그 문제를 시리즈로 다루기로 했다고 한다. 그리고 시리즈로 다룬 후에 여러 관계기관의 의견을 수렴하여 전면특집으로 내기로 의견을 모았다고 한다. 이렇게 되면 윤섭 씨에게는 큰 타격이 될 터인데 그렇다고 편집국에서 집중적으로 취재하는 문제를 막을 수도 없고 난처한 문제이다. 김광복 전남대 교수가 왔기에 국악대잔치에 협조해 주어 고맙다고 말하고 차후에도 국악관계의 대행사에 협조해 달라고 당부하다. 3시 30분에 매스컴신문의 남광현 기자가 찾아와 약 1시간 동안 전남일보 현황과 성격에 관해서 인터뷰하다. 7시에 무등산관광호텔에서 산경회의 모임을 갖다.

6월 19일 (수)　무등일보가 광주매일에 분노하다

무등일보에서는 광주매일이 10명 정도의 편집국기자들을 스카우트해갈 움직임이 있어서 편집국장이 고재철 회장과 고경주 부사장에게 금광기업의 약점을 폭로하겠다고 위협했다고 하며 박성섭 사장도 광주매일의 스카우트를 좌시하지 않겠다고 벼른다고 한다. 박 사장에게 전화를 걸어봤다. 박 사장은 이번에 미국에 가서 윤전기를 계약하고 왔다면서 광고협의회 가입문제를 전남일보가 해결해 주어서 크게 덕을 보았다고 고마워한다. 업무국과 광고국을 한 바퀴 돌아보다. 신양파크호텔의 박용훈 회장에게 전화해 장녀의 결혼을 미리 축하하다. 서울에서 최하림 부국장의 부인이 전화, 이제 휠체어를 탈 수 있을 정도로 회복되었다고 한다. 오후에 편집국에서 48만 원의 추가예산을 신청했다. 이 돈은 편집국 부별단합 회식대라고 하는데 그 회식은 사장의 지시에 따른 것이라 한다. 오세성 부국장을 불러 알아보고 다시 문 이사를 불러 그 식사경비의 일부는 편집국에 예치된 돈으로 치르라고 했다. 그리고 옥순종 기자의 방미 여비 3백만 원 청구는 편집국의 의견을 붙여서 올리라고 지시하다. 서울 광고국의 박 국장 요청으로 방송광고공사의 이기홍 전무에게 전화하여 공익광고 배정에 전남일보를 특별히 배려해줄 것을 당부하다.

6월 21일 (금)

비행기편으로 서울로 올라가 프레스센터에 11시경에 도착하다. 한동원 원장방에서 한참 이야기하다가 임직원모임이 열리는 코리아나호텔로 가다. 최창윤 공보처장관, 김 신문행정국장, 방우영 조선일보 사장, 호영진 한국경제 사장 윤임술 전원장, 신우식 서울신문 사장, 이종전 이사, 조순환 이사 등이 참석했다. 지방의회선거 결과를 이야기하면서 방우영 사장이 의기양양하게 떠든다. 유선방송사업에 언론사를 배제한 데 대해서 내가 이의를 제기하자 최 장관은 언론사가 모두 달려들면 매우 번거롭게 된다고 변명한다. 그러면 콘소시엄 형식으로 참여시킬 수 있는 것이 아니냐고 했다. 오후에 최하림 부국장을 병원으로 위문하고 위문금을 전달하다. 그는 일어나 앉을 정도로는 회복했다. 서울지사에 들러 조 고문과 만나다.

6월 22일 (토)

비행기로 광주로 내려와서 10시경에 부사장으로부터 경과보고를 받다. 서울로 송언종 체신부장관에게 전화, 지방광역의회 선거결과에 관해서 이야기를 나누다. 이 결과로 호남의 고립상태가 더 심화될 것 같다고 우려를 표명했다. 김충곤 국장을 불러 제작국 사정을 들어보고 김연두 부국장을 불러 광주매일로 갈 것이라는 말이 있는데 어찌된 일이냐고 물었더니 광고국장으로 가게 되었다고 실토한다. 가더라도 양식에 벗어난 행동을 말라고 당부하다. 일본 하마다 회사의 스가 씨가 내방하다. 폴더를 강화하는 문제를 논의하다. 집으로 돌아왔는데 김 국장이 전화, 전일 제작분(제5면과 제12면)의 원고가 나오지 않았고 전산부가 가버렸다고 한다. 회사에 전화하니 전화도 잘 안 받는다. 나 부장에게 잘 수습하라고 당부하다.

6월 24일 (월)　풀어진 근무자세를 질타하다

아침회의에서는 지난 토요일에 겪은 사실들을 들어 질타했다. 직원들의 근무자세의 해이가 심각한 단계에 이르렀음을 개탄했다. 10시에는 MBC가 남봉미술관에서 개최한 무등산 사진컨테스트 전시회에 참석하다. 백형조 지사, 안 광주부시장, 안준 교육감 등이 나오다. 12시 20분에 코리아나호텔에서 30여 명의 지방주재기자들과 점심하면서 회사의 발전상을 소개하고 기자에게는 신문제호가 주는 영향력이 크다는 사실을 일깨우다. 3시 넘어서 태형 형님이 나주에 사는 이석호 씨를 데리고 신문사를 방문했다. 우리 지면에 보도된 공원문제에 관해서 자세히 설명하는데 납득할 만한 점도 많기에 채복희 기자를 불렀더니 부재중이어서 고 부장더러 직접 들어보라고 했다.

6월 25일 (화)

오전에 기획국의 김연두 부국장이 이임인사하러 올라왔다. 이제까지 관장하던 사업관계(테니스대회, 국악대공연)에 대해서는 빈틈없이 인계했다고 한다. 그래도 끝까지 자신의 임무를 수행하고 당당하게 인사하고 떠나는 사람은 오직 이 사람뿐이다. 앞으로 변함없이 사랑해 달라면서 눈물을 글썽거린다. 포옹해 달라고까지 한다. 교열부 김정숙 기자가 수습기자들을 데리고 왔기에 내가 식사를 사주다.

6월 26일 (수) 박권상 칼럼의 전재를 거절하다

10시 30분에 연주동 체육관 옆에 세운 올림픽국민체육생활관 개관식에 참석하다. 서울에서 박철언 장관과 문태갑 국민생활체육협의회장이 왔다. 식후 새 건물시설을 시찰하다. 박성섭 사장이 신디케이트 칼럼에 나오는 박권상 씨의 글을 무등일보에 전재하는 것을 양해해 달라고 한다. 박권상 씨의 글은 전남일보에만 독점적으로 싣기로 본인과 사전에 약속되어 있다. 다른 것이라면 양보해 줄 수도 있지만 그것만은 안 되겠다고 단호하게 거절했다. 무등일보에서는 근간에 편집국에서 10명 정도 스카우트 당할 것 같다고 한다. 3시에 윤전부 사원을 보충하기 위해 해남출신이라는 사람을 면접하고 합격시키다. 오전 중에 백 지사가 기사문제로 전화했고 부지사도 같은 문제로 전화했다. 좀 부드럽게 다루라고 지시하다.

6월 27일 (목)

조회 중에 회장님이 내려오시다. 오전 중에 제2공장 건축안과 윤전기 도입안을 논의하다. 도중에 동아일보의 김병관 사장이 광주에 내려올 것이라는 연락을 받다. 오후에 시내지국 지원안을 보고하고 1천7백만 원을 지원하기로 하다. 오전 중에 이종렬 사장이, 오후에는 임원식 세무서장이 내방하다. 김병관 사장이 5시 40분 공항에 도착할 것이라는 연락을 받고 마중나가다. 동아일보의 광주지사에 있는 박정열이란 사람이 나왔는데 별도로 차를 준비하지 않았다고 한다. 공항 안에서 김 사장을 만나 오늘 밤 별도의 선약이 있느냐니까 있다고 한다. 내 차로 함께 가자고 하니까 자기 차가 나와 있을 것이라고 찾으러 나간다. 카폰으로 연락했더니 회장님이 그랜드호텔에 계시다고 해서 그곳으로 가다. 회장님이 커피숍에서 기다리고 계시다. 얼마 후에 김 사장이 도착, 차를 마시면서 윤전기문제를 꺼내다. 김 사장은 우리쪽에서 먼저 사려고 알아봤을 터이니 가격을 제시해 보라고 한다. 김 사장이 다른 일행과 함께 가려하는 것을 회장님이 우리와 동행하자고 권하니 따라 나선다. 연희정으로 가서 술자리를 마련했다.

6월 28일 (금)

11시경에 김 사장으로부터 전화, 아침에 일어나지 못해 약속한 골프모임에 못나가서 죄송하다고 사과한다. 점심을 함께하자고 했더니 자기 회사 지사사람들과 함께하기로 했다 한다. 신문인쇄문제는 영남일보에 주는 단가보다는 더 높게 주겠다고 한다. 그리고 윤전기 가격문제는 우리가 같은 규모의 하마다기계를 7천만 엔에 오퍼받은 바 있으니 그것을 기준삼아서 협상하기로 하고 월말경에 우리쪽 대표를 보내겠다고 했다. 오후에 창간기념행사안을 회장님께 보고하고 3시에 기획부 직원 2명을 선발하기 위한 면접을 했다. 5시경에 회장님 방에 갔더니 지난번 백형조 지사에 관련된 기사와 그 다음날의 제1면 머리기사를 보이면서 백 지사를 자극하는 기사를 낸 데 유감을 표하신다. 문 이사가 자기 부인이 간 종양증세가 있다고 서울로 올라가다.

6월 29일 (토)

아침회의에서 오세성 부국장이 오늘의 머리기사로 도청이전 문제를 놓겠다고 해서 어떤 중요한 변화가 있다면 모르겠거니와 그렇지 않다면 적절치 않다고 했더니 다른 톱감이 없다고 한다. 나중에 정치부장이 가지고 온 기사를 보니 무난한 내용이어서 그대로 게재하라고 했다. 오전 중에 부사장, 홍 국장과 7월예산안을 심의하고 지하식당에서 점심하다. 회장님이 나오신다고 해서 밖에 나가지 않고 기다렸는데 2시 넘어서 도착하셨다. 매우 침울한 표정이시다. 업무국 최숙환 차장을 불러 회장님을 찾아뵈라고 이르다. 5시경에 회장님이 부르시기에 부사장을 데리고 들어갔더니 어제 문제삼았던 기사를 다시 꺼내면서 재발방지를 위해서는 어떻게 해야 하느냐고 물으시기에 그것은 회장님의 뜻이 사장을 통해서 편집국으로 잘 흘러들어가게 해야 한다고 답변하다. 다시 말하면 편집국의 목을 지키는 편집국장이 회장님의 뜻을 잘 파악해서 그것이 언론의 정도에 어그러지지 않는 범위 내에서 충실하게 반영될 수 있도록 협조하면 되는 것이라고 말씀드리다.

7월 1인 (월)

오늘 광주매일에서 그동안 스카우트한 사람들을 총소집한다고 하기에 우리 회사 내 각 국실에서 어떤 변화가 있는지 보고하라고 지시했다. 편집국에서는 유일선, 정창선, 광고국에서 사식부 1명, 문종식, 총무국에서 강길영이 사직원을 냈다고 한다. 유일선 기자를 불러 물어보니 광주매일로 가기로 결심했다고 한다. 선배들의 꼴이 마음에 들지 않아서 못 있겠다는 것이다. 서울지사의 김용해도 지난 주말에 광주매일을 다녀갔다는 것이 확인되었다. 회장님께 전화했더니 오늘은 조선내화의 무슨 날이라 해서 휴일이라고 한다.

무안군의회의 나남수 의원이 무안군 냉동창고에 관해서 정확하지 못한 기사를 썼다고 항의한다. 신문사로 직접 나와서 자세한 사실을 제시하고 항의하는 것이 더 효과적이라고 권했다. 5시에 신민당 김대중 총재 초청만찬회가 있어 정치부장을 데리고 참석하다. 마침 헤드테이블에서 김 총재와 상당시간을 함께 가질 수 있어서 모처럼 사담할 기회가 있었다. 5월에 있었던 특별인터뷰 기사 후에 겪었던 곤혹스러운 일들과 이번 광역선거에 관한 이 지역의 여론에 관해서 이야기하다.

7월 2일 (화)　회장님의 편집방향도 유의하라고

오후에 미문화원의 에임스 원장이 신임자인 코맥 여사와 2명의 직원을 데리고 찾아오다. 코맥 새 원장은 시카고대학에서 국제관계를, 소르본대학에서 프랑스어를 전공했다고 하는데 우리말도 썩 잘 구사한다. 백형조 전남지사가 공보관을 데리고 찾아왔다. 이번 기사를 통해서 협조해 주어 고맙다고 인사한다. 그 기사에 대해서는 회장님이 매우 신경을 쓰시면서 각별히 당부하시더라고 귀띔했다. 지방선거에서 당선된 민승현이 찾아와서 광역도의회의 의장으로 지금 몇 사람이 경합 중인데 자신이야말로 최적자이니 지면을 통해서 밀어 달라고 간청한다. 하여간 정치부장을 만나보도록 했다. 문 이사를 불러 부인건강이 어떠냐고 물어보고 편집국의 스카우트 대비책을 단단히 세우라고 촉구하다. 그리고 이번 백 지사와 관련된 기사 두 건을 통해 이 회장님이 우리의 편집방향에 대해서 어떻게 생각하시는지 알았을 것이다. 우리의 편집방향에 대한 회장님의 우려는 상당히 심각한 단계에 이르고 있으니 문제가 될 만한 일은 항상 사전에 사장과 협의하는 것만이 최선의 해결책이라고 강조하다.

7월 4일 (목)　금호를 흠집내지 말라 했는데

김충곤 국장이 아침회의 때 일본의 스가 씨가 11월 11일에 한국에 오는데 이케가이 BB 3대와 새티라이트 중고가 있다고 하니 상담해보자고 보고한다. 회장님께 전화로 여쭈었더니 동아일보 것보다 싸다면 그 쪽으로 하는 것도 검토해 보라고 하신다. 아침회의에서 금호가 패밀리랜드를 개장할 예정인데 우리 경제부가 보기에는 문제점이 많다고 문 이사가 보고한다. 현재 우리 회사에 대한 금호쪽의 협조가 미흡한 것은 사실이지만 큰 사업장의 개장과 같은 경사에는 조그마한 꼬투리를 잡아 흠집을 내지 말고 가능하면 좋은 결실을 맺도록 격려하되, 실제로 어떤 결정적 결함이나 문제점이 있다면 보다 충실하게 취재하여 필요할 때 결정타를 가하라고 지시하다. 그런데 오늘 오후에 우리 지면을 보니 금호와 광주은행에 관한 가십기사가 3건이나 나와 그 쪽에서 섭섭하다는 전화가 왔다는 보고가 들어왔다. 문 이사에게 아침에 내린 내 지시를 환기시키고 어찌된 일이냐고 따졌더니 정 경제부장에게 책임을 돌린다. 정 부장을 불러 추궁했더니 지나쳤다는 점은 승복하면서도 오히려 문 이사에게 더 큰 책임이 있다고 성토한다.

7월 5일 (금)

아침회의에서 간부들에게 요즘 편집국 핵심부서에서 몇 명이 광주매일로 갈 것 같다는 정보가 도는데 철저하게 대비하라고 당부하다. 그리고 어제 경제가십란에 실린 3건의 기사가 모두 아침회의에서 내린 지침을 어겼다는 사실을 지적하다. 광주고속의 이원우 상무와 페밀리랜드 본부장이 위락시설 개설인사차 방문하다. 어제 우리 신문에 난 비판기사에 대해서는 한마디도 꺼내지 않는다. 나도 덕담만 늘어놓고 보내다. 제작국 김충곤 국장이 문 이사에 대해 몇 가지 비판적인 의견을 개진한다.

서울지사의 최봉인 이사로부터 조선내화의 이 고문님이 별세했다는 부음을 받다. 오후에 이효계 광주시장이 우리 신문 14면에 게재된 “공안통치 분쇄와 민주정부수립을 위한 광주·전남대책회의"의 "민주시민상"기사에 관해 섭섭하다고 항의전화를 주다. 문 이사를 불러 시장의 항의를 전했더니 의로운 시민에 대한 상을 주었는데 무엇이 문제냐고 퉁명스러운 반응이다. 6시에 그랜드호텔에서 한국생산성본부 특별강연회 리셉션에 나가 특별부탁을 받고 인사말을 하다. 장형래 부장이 광주일보의 부차장 봉급표를 구해오다.

7월 6일 (土)　　테니스대회 개회를 선언하다

10시 30분에 우치동에 있는 패밀리랜드 개장식에 참석하다. 디즈니랜드처럼 이색적인 건물을 지어놓았으나 주변경관들과는 썩 잘 어울리는 것 같지 않다. 접근도로상에는 찾아오는 시민들로 빽빽하다. 박정구 부회장이 반갑게 맞이한다. 이효계 시장, 안 교육감, 여 경찰국장, 송 광주은행장이 보이고 언론계에서는 박성섭 사장과 한영준 CBS 국장이 참석했다. 뙤약볕 속에서 30분간의 의식을 지켜보고 기념식수와 테이프커팅을 끝내고 돌아오다. 낮에 회장님, 부사장, 이 이사와 함께 지하식당에서 식사하고 1시 40분에 회장님을 모시고 동신고등학교 코트로 가다. 2시에 백형조 지사와 안주섭 광주시부시장 참석하에 제1회 전남일보회장배 직장클럽 테니스대회의 개회를 선언하다. 백 지사에게 축사와 시구를 부탁하다. 3시에 회장님은 이 고문 장례식 때문에 상경하시고 나는 4시에 회사로 돌아오다.

7월 7일 (일)

아침에 일어나니 비가 내리고 있다. 오늘 테니스대회를 속행하는 것은 어렵겠다. 총무국장에게 전화, 진행위원들과 대책을 마련하라고 지시하다. 진행위원들과의 협의결과 다음 토요일로 연기하는 것이 좋겠다고 의견을 모았다고 한다. 어제 224개 팀 중에서 5개 팀이 불참했으나 예선까지는 무난히 치렀고, 여자부 혼합복식부는 1차전까지 끝냈으니 93게임이 남았다고 한다. 10시경에 이내균 사장이 전화, 오늘 12

시 30분에 지산동 천주교회에서 전남대 오 총장 딸 결혼식을 마친 후 재광서울대 동창회 오찬회를 갖자고 한다. 12시에 신문사에서 차를 보내라 해서 결혼식장으로 나가다. 가족회관에서 서울대동창회 임원들과 함께 점심하고 이내균 사장 차로 고재철 사장 집에 들러 잠시 위문하고 3시 40분에 집에 오다.

7월 9일 (화)

오후 4시 30분 김포공항에 도착하니 최 이사가 기다리고 있다. 신공항쪽으로 옮겨 로비에서 기다리는데 동일상역 직원들이 많이 나와 있다. 김남식 씨도 나왔다. 최연식 사장이 처음으로 공항에 나왔다면서 겸연쩍은 표정으로 변명한다. 이 부회장 부부가 거의 동시에 나왔다. 부회장은 비교적 건강한 얼굴빛이지만 체중은 4~5킬로그램 줄었을 것 같다. 좀 피곤한 것 같아서 주요업무 사항을 읽어보도록 요약서를 건네주고 내일 아침 광주로 내려갈 것이라고 알리다.

7월 10일 (수)

2시에 부장회의를 소집하다. 오늘 우리신문의 지면에 나온 사진문제, 그리고 월요일의 도청앞 분수대사진의 누락문제를 따지고, 지난번 민주시민상에 관련된 기사에서 우리 신문의 기본노선과는 맞지 않는 기사처리를 했다는 점을 지적하다. 3시 30분에 서울지사장을 포함한 간부진들과 창사기념일에 표창할 모범사원을 어떻게 선발할 것인가를 논의하다. 5시에 목고의 하 교장과 박인태 교감이 찾아와서 9월의 교육계 인사이동이 있을 때 박 교감을 몽탄중학교장으로 추천해 달라고 한다. 7시에 조선옥에서 한전이 초대한 만찬에 참석하다. 박 주필, 허광욱 위원, 이상호 광고이사, 오세성 편집부국장, 나의갑 부장 등이 참석했는데 영광원자력발전소에 관한 보도에 협조를 얻고자 해서 자리를 마련한 것 같다.

7월 12일 (금)　명창 성창순과 김성녀를 만나다

오전중에 회장님이 전화로 부회장으로 하여금 광주에 정착하도록 다시 촉구하라고 하신다. 12시 넘어서 판소리 명창 성창순 여사, 판소리 연기자 김성녀 씨, 그리고 김광복 전남대 교수가 찾아왔다. 함께 코리아나에서 점심을 먹다. 2시 40분에 시민회관에 가니 벌써 극장 안은 만원이었다. 공원에 놀러나온 노인들이 모조리 들어온 모양이다. 미리 잡아놓은 자리가 없어서 서 있다가 공연이 시작된 후에 의자를 가져다가 홍 국장과 함께 관람하다. 사회를 맡은 김성녀 씨의 인기가 대단하다. 그녀의 노래도 싱싱하고 탄력이 있다.

7월 15일 (월)　우리 편집방향을 크게 수정해야 한다

8시에 부회장에게 전화하여 9시에 논현동 사무소로 나가겠다고 하다. 9시 30분에 회장님이 출근하셨기에 부회장과 함께 들어가다. 창사 3주년을 맞아 전남일보의 현위치와 실정을 짚어보고 앞으로의 방향에 대하여 논의하고자 두 분을 뵙자고 했다고 서두를 꺼냈다. 보급과 광고분야의 현황과 상반기까지의 경영분석 결과를 보고하고, 사내의 전반적 운영은 순조로운 편이나 편집국의 제작방향에는 문제가 있다는 점을 지적했다. 현재 우리 신문의 편집방향은 우리회사의 기본방향에서 일탈하고 있어 일부 급진주의자들의 대변지로 오인될 우려가 있다고 지적하고 진지한 궤도수정이 있어야 한다고 강조하다.

그러나 부회장은 몇 군데 의견을 들어보니 전남일보가 위기상태에 있는 것 같으니 이를 바로잡기 위해서 자신의 의견을 정리하여 회장님께 제시하겠다고 말한다. 회장님도 궤도를 수정할 필요는 인정하지만 그렇다고 현시점에서 편집국장을 교체하는 것은 위험하다고 생각하시는 것 같다. 오후에 서울지사에 들렀더니 이한빈 박사와 이중재 씨가 우리의 좌담기사기획에 응하기 위해서 우리 지사에 나와 있다. 잠시 동안 두 분과 환담하고 3시 20분에 코리아나호텔로 나가 앞서 우리의 제작이사였던 서한영 씨를 만나다.

7월 17일 (수)

간부들을 데리고 올라가 창사 3주년기념행사에 관해서 다시 한번 점검하다. 회장님은 행사가 끝나면 저녁에 주요기관장들과 만찬을 했으면 하신다. 시장, 지사, 안기부지부장, 보안대장, 도교육감, 시교육감, 고검장, 지검장, 고법원장, 지법원장, 국세청장, 도경국장 등 12명을 초청하기로 하다. 이 12명에게 일일이 전화했더니 검찰에서는 직원들과의 회식 때문에, 법원에서는 전남북판사들 보임 때문에 못 나올 것 같다고 한다.

오후 2시부터 부국장급 이상의 간부들을 회장실로 소집하다. 이제 신문사도 어느 정도 정상궤도에 올랐고 부회장도 건강을 회복하여 귀국하였으니 신문사의 중요한 문제는 부회장과 협의해서 진행시키도록 하라는 요지의 말씀을 하시다. 오후에 인사조정문제로 승진발령의 필요성을 말씀드리고 각 국실에서 추천한 명단을 놓고 각자에 대한 배경설명과 사장의 의견을 말씀드리다. 그리고 부회장이 광주에 머무는 동안 숙소를 안정시키는 것이 건강에 큰 도움을 줄 것이라고 의견을 말하자 회장님은 나의 그러한 배려에 대해서 새삼스럽게 고맙다고 말씀하신다.

7월 18일 (목)

회장님은 인사조정문제는 이정일 부회장과 협의해서 결정하도록 하라면서 골프를 치러 나가셨다. 이광현 국장의 이사승진을 강력하게 설득했더니 충분히 납득하신 것 같고, 그러나 이것 역시 부회장과 협의해서 결정내리라고 위임하신다. 부회장에게 인사조정의 배경을 설명했더니 이렇게 인심쓰는 식으로 해버린다면 나중에 인사적체현상이 올 것이라며 난색을 표명한다. 부사장을 불러서 인사조정안을 재검토하고 편집국인사는 문 이사를 불러 의견을 들었다. 그는 고행원과 김진원에 대해서는 이의를 제기하지 않았다.

목포대 배 총장이 찾아왔다. 배 총장, 이 부회장과 함께 금수장으로 가서 목고동창회 임원들과 합류하여 이양우 교육감에게 고교평준화를 철회한 데 대해서 감사를 표하고 회식하다. 오후에 이 부회장과 이광현 국장의 승진문제를 더 자세히 의논한 끝에 승진시키기로 합의했다. 제작국의 오한진과 나 부장문제는 제작국장이 현재 세풍에 출장중이어서 내일 결정하기로 했다. 7시에 무등산온천호텔에서 환경청장이 초청한 만찬에 참석하다.

7월 19일 (금)　　기관장들과 창사기념만찬회를 갖다

오전에 이효계 시장, 이양우 전남도교육감, 안준 광주시교육감 등이 우리 회사의 3주년 기념을 축하한다고 방문했다. 오후에 부회장이 돌아오다. 부사장과 제작국장을 부회장 방으로 불러 나 부장과 오한진 차장의 승진문제를 검토하다가 오한진 차장만 부장대우로 승진시키기로 합의하다. 이광현 국장의 이사승진문제를 강력하게 설득했더니 부회장도 그렇게 하자고 동의한다. 이 결과를 회장님에게 보고하고 홍 국장에게 발령품의를 내도록 지시하다. 3시에 강당에서 창사 3주년 기념식을 거행하다. 모범사원에 대한 시상을 회장님과 내가 한 후 회장님의 기념사와 나의 인사말이 이어졌는데 잘 진행된 것으로 생각된다. 7시에 연희정에서 이 지역 주요기관장들과의 만찬회가 있었다. 회장님, 이 시장, 백 지사, 이 교육감, 안 교육감, 김훈 청장, 이성범 대장, 송문호 안기부지부장이 참석했다. 고법원장, 지법원장, 고검장, 지검장은 법조계 모임 때문에 불참했고 도경국장이 다른 일로 못나왔다.

7월 20일 (토)

부회장 방에서 부사장, 홍 국장, 김 국장과 제2공장 건설문제와 윤전기문제를 논의하다. 앞으로 장기적 안목으로 볼 때 229평의 땅은 너무 작으니 그 옆에 있는 땅을 사는 것이 좋겠다는 데 합의하다. 건물에 대해서는 229평의 경우와 500평의 경우 두 가지로 준비하기로 했다. 국효문 교수가 구독자신청서 9명 분을 가지고 찾아왔다. 그런데 오늘 서울대동창회 골프모임이 12시 30분 티업이라 서둘러 비행장 골프장으로 가다.

7월 22일 (월)

부회장에게 전화로 7월 자금문제를 이야기했더니 오후에 회장님께 말씀드리겠다고 하면서 제2공장 부지의 추가구입과 복합건물 건설안을 미리 회장님께 말씀드려 달라고 한다. 10시에 이번 인사에서 승진한 사람 20여 명을 접견실에서 사령장을 수여하고 격려의 말을 보내다. 11시경에 회장님과 통화, 복합건물안을 설명드렸더니 신경질적 반응이시다. 이어 도경인사에 관련된 기사를 보고했더니 또 다시 짜증을 내면서 팩스로 기사를 보내 달라 하신다. 오후에 도경인사관련기사 때문에 나 부장을 불러 경위를 알아보고 주의를 주다. 3시에 윤전부에 채용할 사람을 면접하고, 채용하기로 결정하다. 6시 넘어서 광주세무서 임원식 서장이 전화, 자기 서에 근무하는 직원이 금전수수관계로 징계되었다는 사실을 한겨레신문에서 취재송고했다는데 아는 사람이 있으면 막아 달라고 한다. 언론인명록을 찾아보니 노향기 군이 편집위원으로 올라 있었지만 전화는 걸지 않았다.

7월 24일 (수)

무등일보의 김승규 편집국장이 갈릴 것이라고 한다. 회장님께 전화로 필요자금 2억은 우선 광주금고에서 조달하라는 지시를 확인하고 화분치리문제, 광고문제, 동아일보 송 상무로부터의 연락내용 등을 차례로 보고하다. 인원충원 문제를 물으시기에 윤전부와 광고국의 결원을 보충했다고 말씀드리니 광고국은 보류하라고 하신다. 일단 위임하셨던 것이기에 벌써 합격통지까지 나간 상태라고 말씀드리니 자료를 팩스로 보내 달라 하신다. 오후 2시부터 편집국 부장회의를 열다. 정기상과 고행원이 불참을 신고했고 나머지는 20분 지난 후에 모였기에 시간을 엄수하라고 잔소리하다. 요즘 우리 신문의 신민당에 대한 공세가 두드려지게 나타난다고 지적하고 이 지역에서는 신민당이 다수당이지만 전국적으로는 소수당이니 지나치게 비판하여 기를 꺾는 일은 삼가라고 충고하다. 그리고 서남관광단지에 대한 기사는 연통기사를 그대로 받았는데 자존심도 없느냐고 꼬집었더니 나 부장이 크게 반발, 고성으로 항변하기에 호되게 꾸짖다. 나 부장이 나중에 찾아와서 사과하다.

7월 26일 (금) 조상현 씨에게 판소리 협조를 당부하다

아침회의 마치고 부회장과 통화, 자금관계를 말하고 월말에는 4억 9천이 필요하다고 알렸더니 28일 내려와서 협의하자고 한다. 적십자 전남지사장이 신임인사차 여 사무총장과 함께 찾아왔다. 오후에 오세성 부국장이 김 북한관장과 판소리 명창 조상현 씨를 데리고 올라오다. 전남·광주는 판소리의 고향이면서도 흔히 전북의 그늘에 가려져 있다는 점을 강조하고 조 명창의 활발한 활동을 높이 평가했더니 퍽 좋아한다. 앞으로 우리 회사의 국악행사에 적극 협조를 당부하다.

7월 29일 (월) 외부 인사압력을 물리치다

자금문제를 말씀드리려고 회장님께 전화드렸더니 자금문제는 부회장을 통해서 보고하도록 하라고 하신다. 여관구 도경국장이 청와대 치안비서관으로 취임한다고 인사차 찾아왔다. 11시에 광주은행에서 MIS와 KINS 발족식이 있어서 참석하다. 오후에 8월 예산안을 심의하다. 회장님이 광양지국문제를 물어보며 이도선 의원이 방문할 것이라 한다. 회장님이 이도선 의원의 전화를 바꿔주면서 광양지사의 서범원 기자를 사장직권으로 처리하라고 하신다. 나는 이도선 의원에게 회장님은 서 기자를 당장 처분하라고 하시지만 그렇게 할 만한 명분이 없으니 그렇게는 할 수 없다고 말했다. 그리고 그러한 처분은 서범원 기자 개인에 국한될 문제가 아니라 주재기자 전체에 영향을 주는 것인 만큼 함부로 인사할 수는 없다고 말했다. 이 의원은 서 기자가 신민당을 편파적으로 지지하고 이훈동 회장이나 박태준 회장 그리고 이 의원을 몰아 붙여 비판한다고 내세웠다. 그러나 그것은 이 의원의 주장이지 객관적으로 문제삼을 만한 구체적 증거가 없지 않느냐고 반박했다. 이 도선 의원은 나중에 다시 전화를 걸어 이 문제는 자신이 서 기자와 절충해서 연락하겠다고 물러섰다. 발행인과의 친분만 믿고 정당한 언론 활동에 압력을 넣으려하는 태도는 받아드릴 수 없다.

7월 30일 (화)

아침회의를 마치고 나니 이정일 부회장이 서울에서 비행기편으로 도착하다. 부회장 방에서 윤 부사장과 함께 자금문제를 꺼냈더니 금년도 자금계획을 알아보자고 한다. 기존의 계획안과 새로 윤전기증설을 포함한 계획안을 홍 국장이 설명하는 데 자금소요만을 내세웠을 뿐 대책에는 성의가 없다고 신경질적으로 반응한다. 그러면서 경영진의 무능과 무책임을 노골적으로 규탄한다. 다소 예상은 했지만 이렇게 노골적 공격을 받으리라고는 생각하지 않았다. 아니 그동안 온갖 성의를 다해 노력했는데 칭찬을 못해줄 망정 이렇게 야박스럽게 나온다면 참을 수 없는 일이다. 옆에 있던 윤 부사장은 그동안 참았던 담배를 연방 빼끔거리고 있다. 지하식당에서 식사하려다가 기분전환을 위해서 포천삼거리 보신탕집으로 갔다. 회장님이나 부회장이 당장 오늘 필요한 자금에 관해서도 해결안을 주지 않기에 부사장에게 광주금고에 교섭해 보라고 보냈다. 오후에 회장님께 광주금고에서 2억 원을 조달해 보겠다고 보고하다. 서울에서 사는 필주당숙이 세상을 떠났다는 연락을 받아, 3시에 급히 몽탄으로 가다.

7월 31일 (수)　　제2공장 건설안을 검토하다

부회장 방에서 부사장, 홍 국장, 김 국장, 김종효, 김봉수와 제2공장 건설안을 검토하다. 330평을 더 사서 종합건물을 지으려면 100억쯤 드는데 너무 힘에 버겁고, 229평짜리 땅은 팔고 330평짜리만 갖고 추진하면 윤전기관계는 해결되지만 그래도 역시 힘에 부치다. 뚜렷한 결론을 내리지 못한 채 오전회의를 마치다. 부회장은 논설위원들과 편집국 국장단과 점심을 먹으러 가고 지하식당에서 식사하다.

2시부터 응접실에서 편집간담회를 열다. 박 주필, 조효석, 허광욱, 문순태, 오세성, 윤선호, 부회장이 참석하다. 먼저 부회장에게 그동안의 지면 제작내용에 대한 생각을 말하라고 했더니 초창기와 달리 기대에 못 미친다고 지적하고, 이는 사주측이나 경영측, 제작측 모두의 책임이라고 약간 톤을 높여서 말한다. 이어서 내가 증면계획을 설명하고 정보면에 대해서는 문 이사더러 설명하라 하고, 이어 서울지사 사진부 부활문제, 편집문제, 신민당기사 문제 등 어제 부회장이 지적한 문제들을 다시 꺼내 여러 사람의 의견을 들어보다. 4시에 윤 부사장, 홍 국장과 부회장 방에서 출장비, 일당문제를 협의했는데 부회장은 모든 것을 광주일보 수준에만 맞추고 무등일보는 알아보지도 않았다고 홍 국장을 강하게 질책한 후 금액수준을 상당히 낮추어서 제시하면서 내일 다시 논의하자고 한다.

8월 1일 (목) 특별한 아이디어에 포상한다

아침회의에서 앞으로 신문제작의 각 분야에서 뛰어난 실적이나 기발한 아이디어를 낸 사람에게는 포상할 계획이니 각국실장은 적절할 후보가 있으면 추천하라고 시달하다. 부회장 방에서 부사장, 홍 국장을 불러 여비규정을 심의하다. 해외여행은 삭제하고 국내여행의 출장비와 일당을 정하는 데 제1안은 광주일보 수준으로 하고 제2안은 그보다 5~6천 원 차등을 두어 책정했는데 부회장은 제2안에 사인한다. 이것은 무등일보보다 낮은 수준이어서 사원들의 불만을 더욱 자극할 것인데 걱정이다.

광주매일에서 8월 14일까지 광고국 외근자를 스카우트한다는데 우리신문에서 3~4명 갈 것이라는 풍문이 돌고, 허정, 이척묵, 김현철이 이상한 움직임을 보인다고 한다. 오후에 회장님이 전화했기에 7월분 광고실적을 보고했더니 더 자세한 숫자를 요구하신다. 4시에 새로 부임한 김정길 광주고검 차장검사가 신임인사차 방문했다. 4시 30분에 이광현 이사가 부회장과 함께 목포로 내려가다. 내일 영광에 가려 하는데 그곳 김범무 차장과 연락이 안 되었다고 한다.

8월 2일 (금)

집사람을 태우고 영광으로 갔다. 여름휴가를 보내기 위해서다. 아침에 백형조 지사가 전화로 오늘 도의회에서 임시회의가 있는데 지사를 답변석에 앉히려 하기 때문에 그것을 피하기 위해서 지방으로 나가니 신문에서 잘 봐 달라고 한다. 이제 민주화시대에 들어갔으니 너무 격식에 구애받지 말고 필요하다면 지사가 언제든지 의회에 나가서 답변해야 할 것이라고 말하고 권위주의의식은 버리라고 충고했다. 법성포 가매미 해수욕장에 도착하자 백 지사가 방금 전남도 마약추방캠페인 대회를 마치고 헬리콥터 편으로 떠났다고 한다. 김범무 기자가 부군수, 공보계장과 함께 나왔다. 민박집으로 찾아가려 하는데, 목고 후배인 김성식 원자력발전소 행정실장이 찾아와 자기네 영빈관으로 가자고 한다. 해변에서 3킬로쯤 떨어진 곳에 있는 영빈관에다 짐을 풀고 해변으로 다시 나가 한 시간쯤 해수욕을 하다. 비는 내리지 않지만 햇볕은 없다. 물이 따뜻해 해수욕에는 지장이 없다. 6시에 김 실장 초청으로 한전 전용식당에서 양식을 대접받다.

8월 3일 (토)

아침 9시에 이광현 이사가 전화, 오늘 오후에 김선남 부장이랑 법성포로 오겠다 한다. 10시에 송 기사가 왔기에 숙소에서 체크아웃하고 해변으로 나왔다. 가족들은 물에 들어가고 텐트 안에서 기다렸다. 오늘은 햇볕이 쬐어 몸을 더 이상 태우면 짱뚱어가 될 것 같아서 물에 안 들어가기로 한 것이다. 오늘 이 해수욕장에서는 창원 JC와 영광 JC의 합동모임을 갖는다고 한다. 함평군수와 부군수가 찾아와서 인사하고 점심을 함께하자기에 극구 사양하다. 4시경에 이광현 이사와 부인 그리고 딸이, 그리고 김선남 부국장이 자기의 3남매를 데리고 찾아왔다. 오후에는 1시간가량 물 속에 들어가 수영하고 6시경에 수박과 닭죽을 먹었다.

8월 5일 (월)

아침회의에서 문 이사가 오늘부터 편집국 출근을 8시로 앞당겼다고 보고한다. 사전협의 없이 그런 조치를 취했다고 윤 부사장이 절차상의 문제를 제기하여 잠시 옥신각신하다. 회장님께 전화로 광고외근 2명이 광주매일로 갔다고 보고했더니 고 회장에게 강경하게 항의하라신다. 홍 국장이 내일부터 미국방문에 오르기에 부사장과 황 부국장과 기홍식당에서 점심하다. 3시에 윤전부에 2명을 보충하기 위해 두 사람을 면접하다. 광주대의 김기중 교수에게 전화했더니 방미중이고 강호수 교수가 8월 30일부터 "언론과 지역사회"를 강의해 달라고 한다. 광고국 김현철을 불러 사의를 철회하라고 종용하니 내일까지 더 생각하겠다고 한다.

8월 6일 (화)

오전 중에 정기상 부장이 사표를 제출하고 나갔으며, 최혁, 조장현, 정용화 기자가 나 부장에게 사의를 표명했다는 보고가 들어왔다. 문 이사에게 대책을 물었더니 광주일보에서 김용제란 사람을 타진해 보도록 고행원에게 지시했다고 한다. 무등일보의 이정식 편집부장을 교섭해서 손 부장을 다른 부서로 전용하는 방법도 생각해 보겠다고 한다. 11시에 광주학생기념관에서 최한영 선생의 1주기 추념식이 있어서 참석하다. 시장, 교육감, 김 광복회 지회장, 최정기 광주학생독립운동 동지회장, 최상옥 사장 등이 참석하다. 오후에 이상호 이사를 불러 김현철이 광주매일로 옮기는 것으로 태도를 확정한 것 같으니 그 자리에 최정권을 보내도록 지시하다. 박권상 씨가 전화로 신디케이트 칼럼니스트들이 고료를 받은 사람도 있고 안 받은 사람도 있다고 한다.

그리고 최일남 씨에 대한 고료는 더 후하게 고려해 달라고 한다.

8월 7일 (수)

아침회의 마치고 문 이사를 따로 불러 편집국에 대한 사후대책을 협의하다. 외부 스카우트는 당장 어려울 것 같고 출입처 공백은 메워야 한다. 경제부 데스크는 고행원, 제2사회부는 김명수, 시청캡은 옥순종, 도청캡은 최시영, 국세청은 채복희에게 맡겨볼까 구상하다. 부회장에게 전화로 편집국 보충안을 밝히고 광고국문제는 김현철 자리에는 최정권을 보내고, 최정권 자리에는 조 차장을 보내면 어떻겠느냐 하니까 좋다고 한다. 내일 아침에 광주로 내려오겠다 한다. 회장님에게도 조 차장의 전보를 건의했더니 긍정적으로 받아들이고 내일 오시겠다고 한다. 오후에 문 이사와 편집국 대책을 계속해서 논의하다. 오늘 오전에 편집국 전원을 모아놓고 더욱 분발해 달라고 당부하고 자신도 편집국장 자리를 내놓을 용의가 있다고 말했다 한다. 5시경에 광주매일로 간 최혁, 조장현, 정용화가 찾아왔다. 양식을 가진 사람으로서는 도저히 해서는 안 되는 일을 했다는 것을 가슴에 새기고 다시는 이러한 일을 되풀이하지 말라고 충고하다.

8월 8일 (목) 부회장이 대량이탈을 추궁하다

오후에 부회장이 임원과 국장들을 회장실로 소집한다. 부회장은 자신이 요양차 회사를 많이 비웠는데 돌아와서 여러 채널을 통해서 들어보니 전남일보의 위상이 많이 떨어지고, 경영도 엉망이어서 위기상태에 빠져 있다는 것을 느낀다고 말한다. 그래서 사원들은 회사에 비전이 없다고 느껴 많은 수가 빠져나갔는데 여기에 대해서 간부들은 앞으로 어떤 생각과 대책을 가지고 있는지 말해 보라고 한다.

맨 먼저 문 이사가 이번 많은 사람들이 빠져나간 데 대해서 사장이나 부사장이 무진 설득을 폈고 자신도 백방으로 노력했지만 결국 빠져 나가버려서 책임을 느낀다고 말하고 그러나 앞으로 지면쇄신과 제작시간 단축을 결행하여 타사와의 경쟁에서 기필코 승리할 것을 다짐했다. 이에 대해 회장이나 부회장이 감동하는 듯했다. 다음 광고이사, 업무이사, 부사장이 말하다. 부사장은 백로와 까마귀를 구별해야 할 것이라고 의미심장한 말을 한다.

마지막으로 내가 35명이라는 많은 숫자가 빠져나간 것은 나의 부덕의 소치라고 생각하며 책임을 통감한다고 말하다. 나간 사람들 중에는 아까운 사람도 있지만 공연히 불평하는 자나 애사심이 전혀 없는 사람도 끼어 있으니 남아 있는 사람들이 힘을 모아 일한다면 전화위복의 결과가 올 수도 있을 것이라고 했다. 마지막에 회장님이 매우 높은 어조로 그동안에 있었던 불만사항을 일일이 들추어내신다. 마치 경영층은 아무것도 안하고 방관했던 것처럼 추궁하신다. 책임자 노릇이 이렇게 힘드는 것인가, 참으로 참담한 심정이다.

8월 9일 (금)

새벽에 눈이 떠서 곰곰이 생각해 보았다. 오늘 회사에 나갈 것인가 말 것인가. 답답해서 이광현과 통화하다. 그는 회사에 나가서 서서히 일을 풀어가는 쪽이 좋겠다고 권한다. 회사에 출근했다. 아침회의에서 어제 회장님의 말씀을 상기시키면서 여러 간부사원들에게 전화위복의 기회로 삼도록 하기 위해 있는 지혜를 짜서 분발하자고 당부하다. 윤부사장이 약간 이의를 제기한다. 사원들의 대량이탈에 대한 책임이 경영층에만 있는 것이 아니라 부장, 국장에게도 있고 사주에게도 있는 것이 아니냐, 경영층의 책임을 물으려면 판매·광고의 실적이나 회사의 재무구조를 타사의 것과 비교해서 떨어졌을 경우에 물어야 할 것이 아니냐고 따진다.

오전 중에 경제부장 자리를 메우는데 편집국에서는 고행원 부국장을 추천하는데 업무국에서는 어떻게 생각하느냐고 물었다. 업무국에서도 고 부국장의 경제부장 겸임에 이의가 없기에 그대로 정하고, 장형래 부장을 제2사회부장으로, 김영석 부국장을 교열부장 겸임으로

정했다. 그리고 옥순종 기자를 시청캡, 민경관을 청와대출입, 천갑수 기자를 국세청, 최시영 차장을 도청캡으로 결정했다. 오후에 제작국 김충곤 국장을 불러 서울에 출장다녀온 결과를 보고받다. 저녁에 이광현이 올 줄 알았는데 안 오고 혈압은 103까지 올라가고 분통이 터질 것 같아 잠이 오지 않는다.

8월 10일 (토)   스트레스 쌓여 못 해먹겠다 실토하다

아침회의를 막 끝내고 나니 회장님과 부회장이 목포에서 올라오셨다. 회장님 방에 가서 인사하고 나서 그제 밤과 어제 밤에 혈압이 올라 잠을 이루지 못했다고 말하고, 이렇게 스트레스 받고서는 더 이상 버티기 어렵다고 실토했다. 사장 취임 후 여태까지 아무런 사심 없이 온힘을 기울여서 성실하게 일했는데도 그렇게 회장님의 기대에 미치지 못하다면 그만 둘 수밖에 없지 않느냐고 말씀드렸다. 회장님은 하나의 기업체를 책임맡고 운영하는 데는 잠을 못 이루는 날이 하루 이틀뿐이겠느냐고 달래면서 자신이 그렇게 엄하게 따진 것은 사장보다도 다른 사람들을 겨냥했던 것이라고 말하신다. 편집국장에 대해서도 지난번 어떤 조치를 생각했는데 미리 발설되는 바람에 실행하지 못해 기회되는 대로 조치할 터이니 흔들림 없이 도와 달라고 하신다. 회장님은 11시경에 옥과로 떠나시고 나는 부회장, 이 이사와 함께 지하식당에서 식사하다.

8월 12일 (월)

오세성 부국장이 휴가를 마치고 돌아와서 인사차 올라왔다. MBC 김포천 사장이 14일 서울에 올라갔다가 서독방송국과 자매결연을 위해 2주간 유럽을 다녀오겠다고 전화했다. 전남대 병원장과 1시 약속하여 만나다. 혈압을 재보니 생각보다 높지 않다. 내일 아침에 밥을 먹지 말고 나와서 검사해 보자고 한다. 노외과에 들렀더니 노준채 박사는 공연히 검사할 필요 없으니 진정제나 복용하라고 권한다. 코리아나호텔 강 회장이 강항 선생 기념사업 계획이 도에서 중앙으로 넘어갔다면서 오늘 밤 김포천 사장이랑 함께 저녁이나 먹자고 한다. 몸이 불편하다는 구실로 사절하다. 오전에 국효문 교수에게 전화, 구독자모집 협조에 감사를 전하고 점심을 초대했더니 다음에 부회장이 내려오면 함께하자고 한다.

8월 13일 (화)

옥순종 기자가 서울에서 내려왔다. 청와대출입을 교체하려면 후임자에 대한 신원조회가 2개월쯤 걸리는데 민경관 기자의 경우는 해직기자라 어려움이 있을는지 모른다고 한다. 옥 기자는 그동안 서울에 집을 마련했고 중앙대 신방대학원에 등록했다고 한다. 따라서 광주로 전보되는 것을 매우 아쉽게 생각하는 처지임을 뒤늦게 알았다. 전남교육위의 오영대 위원이 찾아오고 이어 광주시 교육위원이라 하는 김 원장이 찾아와 한참 이야기하다가 갔다. 동아일보의 김충식 부장이 휴가차 고향에 내려왔다고 들렀다. 김병관 사장과는 노조관계로 자주 만난다고 한다. 전남도의회의 민승연 위원이 내일 점심을 함께하자고 한다.

8월 14일 (수)

회장님이 목포에서 정오가 가까운 시간에야 도착하셨다. 광고국의 허정 부국장과 김위인이 광주매일로 갔다고 말씀드리자 또 걱정을 많이 하신다. 회장님과 지하식당에서 점심을 하다. 2시부터 편집국 부장회의를 열다. 광주매일이 9월 중에 창간한다고 소식지를 발간했다. 이 광주매일의 창간에 대비해서 우리도 한결 내부질서를 가다듬고, 특히 오후시간에 데스크를 비우는 일이 없도록 하라고 지시했다. 참석했던 모든 사람들의 표정이 시무룩하다. 김준태는 원고를 내려야 한다고 양해를 구하고 내려갔고 김원자 부장과 나의갑 부장은 눈을 감고 있다. 교조출신의 전남도 교육위원 4명이 방문했다. 너무 과격한 노선을 고집하지 말고 조화를 이루어가기 바란다고 충고했다. 전남도의회의 민승연 의원이 어떤 건축사 친구와 함께 와서 한참 떠들다 돌아가다. 서울에서 박권상 선배가 찾아왔다. 회장님께 안내해서 인사드리고 사내를 안내했다. 부산일보에 기고하는 원고를 우리신문에서 받아줄 수 없느냐 하기에 당분간은 어렵고 앞으로 더 연구해 보자고 했다.

8월 15일 (목)

아침회의를 하는데 회장님이 나오셨다. 여친, 여수, 부안 주재기자를 뽑아야 하는데 내일 필기 테스트를 하고 이어서 면접할 예정이라고 보고하다. 그리고 광고국 외근사원 모집에는 경력자가 9명, 신인이 10명이 응모했는데 서류심사에서 걸러내고 내주 화요일에 면접할 예정이라고 보고드리다. 서울 부회장에게도 알리려 했는데 운동나갔다고 한다. 11시에 회장님은 부사장과 남광주 CC로 두 팀을 부킹하여 나가시고 나는 기관장들과의 골프모임이 있어 같은 시각에 옥과로 갔다. 기온은 31도를 넘어서 무척 덥다. 아웃에서 61타, 인에서는 좀더 잡혀서 총계 105타가 나왔다. 교육감이 꼴지를 해서 내가 행운상을 탔다. 폭탄주를 주어 3분지 2쯤 마셨는데 취기가 돌아 저녁 12시까지 고역을 치르다. 혈압이 너무 오를까 걱정했는데 괜찮았다.

8월 16일 (금)

3시 넘어서 부사장, 문 이사, 이광현 이사와 함께 주재기자를 면접하다. 여수지사장 추장근은 고졸이고 37세이며 공인중계사 자격을 갖고 있다 한다. 부동산에 손대어 재정상태는 양호한 편이고 인품과 용모도 괜찮은 편이다. 여천의 장현준은 33세이고 전문대 졸, 재산도 10억쯤은 된다고 하며 용모도 똑똑하다. 브리태니카에서 훈련을 받아 놓아 섭외력이 뛰어날 것 같고 자신감도 대단하다. 그러나 부안의 장종현은 재산은 많다고 주장하며 교통신문사 논설위원을 지냈다고 떠들지만 아무래도 교양이 부족한 것 같고 택시회사를 운영한다는 데 믿음이 가지 않는다.

8월 19일 (월) 고르바초프 사임 호외를 내다

부회장이 광고국 외근사원 면접날을 22일로 연기했으면 하기에 회장님과 협의한 후 그렇게 하기로 했다. 노조 사무국장 김중태가 오늘 휴가를 끝내고 출근하더니 조사부인사에 대한 항의로 운영위원회를 소집하는 방을 붙여놓았다고 한다. 이 사람이 절차도 무시하고 천방지축이다. 문 이사는 조회가 끝나자마자 서울 간다고 떠났다. 부인이 수술자리가 화농해서 병원에 가야 한다는 것이다. 오후에 오세성 부국장이 올라와서 김중태가 교열부 일을 그만두고 노조일을 전담하겠다고 한다. 이 사람은 모든 것이 제멋대로이다. 소련의 고르바초프가 건강상 이유로 대통령직을 사임하면서 6개월간의 비상사태령을 내렸다는 외신기사가 들어왔다. 아무래도 심상치 않다. 쿠데타가 일어난 것 같다. 광주일보로 알아보았더니 호외발행에 망설인다고 한다. 우리는 당장 준비해서 한 장짜리로 5만 8천 부를 찍으라고 지시했다. 회장님과 부회장에게도 연락했다.

8월 20일 (화) 동광양 의회가 우리 기사에 항의하다

동광양 시의회에서 지난번 교육위원회 선출과정에서 부정이 있었다는 우리 신문의 보도와 관련해서 의장과 의원들이 연서로 항의문을 보내왔다. 우리의 해명기사에 더욱 분격했다고 한다. 광양지사의 서범원 기자는 모든 것이 해결되었다고 말하고 의원들은 현재 일본여행중이라고 한다. 오세성 부국장을 불러 광양현지의 진상을 다시 한번 알아보고 정치부장, 사회부장과 협의해서 우리에게 잘못이 있으면 정중히 사과하는 기사를 쓰라고 지시하다.

강대직 회장이 일본에서 교장단 32명이 영광에 있는 강항 선생의 유적지를 찾아오게 되었으니 잘 취재해서 보도해 달라고 부탁한다. 김원자 문화부장에게 적절히 취급해 주라고 지시하다. 홍 국장이 미국여행에서 돌아와 10시경에 출근, 노조문제를 잘 살펴보라고 지시하다. 오후에 회장님으로부터 전화가 왔기에 노조관계를 말씀드리다. 광고에 더욱 신경쓰라고 하신다. 박갑동 이사가, 어제 최봉인 이사와 김진원 부장이 이 부회장과 장시간 만났는데 무슨 별다른 연락이 없었느냐고 묻는다. 저녁때 편집부 전율호 기자를 불러 편집국 분위기를 알아보니 인사관계에 대해서 상당히 불만이 많다. 나종경 기자가 가장 심하게 반발하고 있는데 만약 그 사람이 움직이게 되면 자기도 움직이겠다고 한다.

8월 22일 (목)

10시부터 광고국 외근사원 면접을 시작했다. 오전 중에 7명의 면접을 끝냈다. 지하식당에서 점심하고 1시경에 회장님 방으로 가서 330평짜리 대지문제를 말씀드렸더니 목포 땅이 팔리지 않으면 돈이 어디서 나겠느냐고 하신다. 1시 50분부터 면접을 다시 시작, 5명을 더 만나보았다. 4시경에 면접을 끝내고 그 중 5명을 뽑아 신원조회에 문제없으면 뽑기로 결정했다. 오후에 청와대의 염 비서관이 전화, 경상대학의 박 총장이 연합통신에 "소련 쿠데타실패의 교훈"을 썼으니 그것을 우리 신문에 전재해 주었으면 한다. 오세성 부국장에게 그 기사를 찾아 검토해보고 괜찮다면 내일 전재하라고 지시했다. 백제약품의 김기운 회장님이 지방에 가셨다기에 김동구 사장에게 전화하다. 《초당자전》을 잘 읽었는데 책의 내용이 아주 잘 되어 있더라고 칭찬했다. 이경식 학우가 서울에서 내려왔기에 이내균 사장하고 저녁을 함께하고 9시에 귀가하다.

8월 24일 (토)　　이진영이 노조위원장으로 보선되다

회장님이 포항 내화공장에 사고가 발생했다고 걱정하신다. 이번 태풍으로 공장 안에 물이 들어와 키룽 두 개에 불이 꺼졌다고 한다. 회장님은 10시경에 포항으로 떠나셨다. 오전 중에 어제 전남일보 노조 임시총회에서 노조위원장으로 보선된 이진영이 김중태 사무국장과 인사차 찾아왔다. 노조는 회사하고는 공동운명체임으로 상호적대시할 것이 아니라 긴밀한 협조관계를 유지해야 한다는 점을 강조하다. 최일남 씨와 통화하다. 이번에 신디케이트 칼럼 원고료를 5만 원 더 올렸다는 사실을 알려주다. 낮에 김영석 부국장, 손지현 차장과 지하식당에서 점심하다. 오후에 이 부회장과 통화하다. 우리신문의 독자란에 무슨 문제가 있는 것처럼 말한다. 자세히 읽어보았지만 이상한 점을 찾을 수 없다.

8월 26일 (월)　　최일남 씨가 고료문제로 항의하다

회장님이 지난 22일자의 사회면 톱으로 나온 소련 쿠데타 실패에 대한 국내반응을 다룬 기사에서 전남대생의 논평내용이 너무 과격했다는 점을 지적하신다. 즉시 문 이사에게 알려 자세한 내용을 검토하도록 요망하다. 10시부터 광고국 외근사원들을 앞에 놓고 40분간 오리엔테이션 강의를 하다. 도중에 최일남 칼럼리스트로부터 전화, 고료를 차별지급하면서 이번에 5만 원 올려준 것을 생색냈다고 신경질적으로 비난한다. 박권상 선배에게 전화로 왜 나와의 신사협정을 깨고 입장을 난처하게 만들었느냐고 항의하다.

낮에 홍기훈 의원이 찾아오다. 이번에 화순군의회 의원들이 많이 입건되어서 내려왔다고 한다. 최봉인 이사가 함평, 고흥 향우회장들과 함께 찾아왔다. 요즘 부회장 생각이 어떠냐고 떠보았더니 나더러 부회장직을 받아들이면 어떠냐고 자기의 생각을 던진다. 6시 30분에 송죽헌에서 열린 전남대 오종문 총장의 초대 만찬회에 가다.

8월 28일 (수)

조회 마치고 나니 부회장이 출근했다. 회장님은 대전에서 비행기편으로 대구로 해서 포항으로 가시는 도중이라 한다. 무등일보에 전화하니 박성섭 사장은 뉴질랜드에 갔다고 해서 서재일 주필하고 통화하다. 그동안 무등일보에서는 편집국을 위해서 14명을 두 번에 걸쳐 모집해 충원하고 가을에 다시 수습기자 10여 명을 더 보충할 예정이라 한다.

기성기자로는 전에 광주일보에 있다가 중앙일보 순천 주재기자로 있는 사람을 제 2사회부장으로 채용했고, 교열부장 대우로 광주일보의 차장을 채용했다 한다. 12시 못되어 이 부회장, 윤 부사장, 이광현 이사 등은 곡성지국의 이선우 기자 부친상에 조문가고 나는 홍 국장과 기흥식당에서 점심하다. 3시에 부회장이 조문에서 돌아와 응접실에서 부사장, 문 이사, 오세형 부국장, 제 2사회부장, 경제부장, 조사부장 등을 모아놓고 연합통신에서 편집중인 걸프전쟁 화보를 전남일보 이름으로 찍어 판매하면 어떻겠느냐고 의견을 묻는다. 도대체 그렇게 하는 것이 전남일보에 무슨 도움이 되고 무슨 뜻이 있단 말인가!

8월 29일 (목)

집사람이 어젯밤부터 몸이 불편하다. 요즘 회사 내의 분위기도 안 좋은데 마음이 몹시 무겁다. 서울에서 김인곤 의원이 전화했다. 내일부터 국제회의에 참가하기 위해서 한 1주일 동안 해외여행을 하겠다고 한다. 자기 자부가 작품전(판화전)을 한다고 한다. 사실은 어제 우리 신문에서도 잘 커버했더라고 말해 주다. 자신도 10월경에 책을 낼 예정이라고 한다. 요즘의 나의 따분한 심경을 이야기했더니 광주대학으로 온다면 언제든지 환영하겠다고 다짐한다. 오전 중에 9월 예산안 심의를 거의 마쳤다. 오후에 제작국장이 올라와서 제작국의 스카우트 대책과 증설계획에 관해서 브리핑한다.

8월 30일 (금)　　제 2공장 건설계획안을 토의하다

10시경에 회장님과 부회장이 목포에서 도착하시다. 10시 30분부터 접견실에서 제 2공장 건설계획안을 토의하다. ABCD로 준비한 네 가지 안을 김종효 부장이 설명하다. A안을 567평에 B안은 338평에 지하 4층과 지상 6층, C안은 338평에 지하 4층과 지상 1층, D안은 229평에 지하 2층과 지상 1층으로 짓자는 것이다. 부회장은 B안, 부사장은 D안, 홍 국장과 김종효, 김봉수는 B, C안, 제작국장은 일단 B, C안을 지지

했다. 나는 ABCD안이 모두 거액이 소요되니 차라리 E안을 생각해 보자고 했다. 229평에다 조립식으로 2층으로 짓고 ABCD안에서 나오는 차액으로 338평을 사놓고, 나중에 환경변화에 맞추어 건축하자는 것이다. 부회장은 대뜸 반대했고 회장님은 귀가 솔깃하셔서 검토해 보자고 하신다. 제작국장도 상당히 적극적으로 E안을 지지한다. 2시부터 광주대학에서 시작되는 첫 강의에 나갔다. 4시 30분부터 다시 건설계획안을 토의하다. 결국 D안과 E안을 재정리해서 3월 4일 다시 논의하기로 했다.

8월 31일 (토)　거듭되는 질책에 못이겨 퇴장하다

아침회의 때 문 이사가 나종경 기자 등 일부 편집부기자들이 움직일 것 같다고 보고한다. 9시 30분에 회장님이 나오셨기에 편집부의 동요를 걱정하면서 이제까지 편집국에서 빠져나간 명단을 다시 점검해 보다. 회장님이 338평짜리 땅을 구입하기로 결정했다면서 오늘 오후에 그에 대한 대책회의를 열라고 하신다. 지하식당에서 회장님, 부사장과 함께 식사하는데 이광현 이사가 들어와서 부사장과 귓속말을 한다. 내 방으로 돌아와서 커피를 마시고 신문을 읽는데 부사장이 올라와서 사회면 머리기사의 제목에 구제(救濟)가 사제(赦濟)로 오식되어 개판하고 1만 5천 부쯤 회수했다고 한다.

2시에 회장, 부사장, 제작국장, 총무국장, 김봉수 부장 등과 338평짜리 땅 활용을 위한 대책회의를 4시까지 마치고 나서 오식사고를 보고했더니 회장님이 대노하시다. 교열부장을 불렀으나 외출중이어서 한 30분 후에 만나보고 회장실에 올라갔다. 회장님은 옛날에 있었던 편집상의 실수를 모두 열거하시면서 죄인다루듯이 몰아세운다. 더 이상 견딜 수 없어 그 자리에서 퇴장해 버리다. 5시경에 집에 돌아왔는데 부사장으로부터 전화가 왔다. 자기도 계속해서 질책을 들었는데 회장님이 상경차 나가시면서 내 방을 들여다보시더라 한다.

9월 2일 (월)

아침에 이광현 이사에게 전화하여 토요일에 있었던 일을 말하고 오늘 회사에 나가지 않겠다고 했다. 송 기사가 집에 왔기에 차를 그대로 보내다. 윤 부사장으로부터 전화가 왔다. 차를 다시 보낼 터이니 나와 조회만 끝내고 쉬시는 것이 어떠냐고 한다. 이미 회장님께 나의 결심을 말씀드렸으니 그럴 필요 없고 차도 보내지 말라고 했다. 집사람은 연방 나에게 신경쓰면서 내일 서울에 올라갈 예정이라 집안청소를 열심히 한다. 오전 중에는 다음 강의에 필요한 내용을 준비하고 오후에도 계속해서 강의안을 준비했다. 저녁때 이광현 이사가 집에 들어가는 길에 들렀다. 회사에는 별 일이 없었다 한다. 이 이사는 나더러 여러 가지 불편한 일이 있더라도 너무 신경쓰지 말고 회사에 나오라고 권하다. 부사장으로부터 전화가 왔다. 회장님이 오후에도 전화해서 내가 나왔는지를 물어 보시더라고 하면서 내일은 나와서 조회나 끝내고 쉬라고 권한다.

9월 3일 (화)

8시 50분발 비행기로 서울가는 집사람을 공항에서 내려 주고 회사로 나가다. 10시경에 부회장이 서울에서 공로로 왔다. 부회장실에 들렀더니 오늘은 그래도 잠시 소파에 앉아서 말을 듣는다. 그러나 여전히 나와는 진지한 대화를 나눌 자세가 아니다. 4시 30분에 회장님이 도착하셨다. 매우 따사롭게 맞아주신다. 몸이 불편해서 어제 쉬었다고 했더니 지난 주말에는 다른 일 때문에 너무 심하게 회를 냈노라고 시인하신다. 5시가 못되어 이진영 노조위원장이 전국 언노련의 권영길 위원장과 광주일보의 한송주 노조위원장과 함께 방문했다. 5시 넘어 강당에서 새 노조위원장 취임식이 있었다. 격려사를 하고 다과회에 잠시 머물다.

9월 4일 (水)

윤도 형님이 오늘 8시 30분에 운명하셨다. 9시에 신탁은행 중흥동 출장소 개업식에 참석하다. 박용호 이사, 이광국 회장, 배 한국은행 지점장 등과 테이프커팅을 하다. 신문사로 돌아왔다가 상가에 들르다. 호상은 윤하 씨가 맡고 발인은 9월 5일 10시, 장지는 나주 동강면이라고 한다. 점심먹고 12시 30분에 신문사로 돌아오다. 신문을 훑어보고 나니 회장님과 부회장이 옥과에서 운동하고 돌아오시다. 3시 40분부터 상고출신 5명을 면접하고 그중 2명을 뽑아 기획과 총무로 돌리고 전일실업 출판부에 근무했던 사람을 면접하여 제판부로 돌렸다. 이어서 제2공장 배치설계안을 검토하다.

9월 5일 (목)

8시에 송 기사가 집으로 왔으나 머리가 어지러워 나갈 수가 없어서 그냥 돌려보냈다. 8시 30분에 윤 부사장에게 오늘 몸이 불편해서 못 나가겠다고 했더니 나와서 조회나 끝내면 어떻겠느냐고 한다. 나가서 쓰러져야 속이 풀리겠느냐고 쏘아붙였다. 10시 30분에 신문사로 다시 전화를 걸었더니 부회장이 접견실에서 회의를 주재한다고 한다. 회장님과 연결, 몸이 불편해서 못나간다고 했더니 잘 요양하라고 한다. 11시경에 부회장에게 전화, 몸이 불편해서 못나갔다고 하니까 조심하라고 한다. 목소리는 좀 부드러운 편이다. 12시경에 이광현으로부터 전화, 위로말 끝에 저녁에 들르겠다고 한다.

9월 6일 (금)　　땀 닦으라고 손수건을 준다

아침회의 마치고 회장님께 전화, 목소리가 부드럽다. 부회장은 아직 목포에서 올라오지 않았다. 오전 10시에 윤도 형님 발인식이 있기에 나인효친아파트에 들렀다. 10시 30분에 영구차가 나주로 출발하는 것을 보고 회사로 돌아오다. 나 비서가 부회장은 지금 무안에서 배 총장과 식사 중에 있다고 보고한다. 1시 20분에 신문사에서 나가 광주대학으로 가서 강호수 교수 방에서 잠시 환담하다가 2시 넘어서 강의실로 가다. 지난번보다 수강생이 훨씬 많아 넓은 강의실에 가득하다. 상의를 벗고 "사회란 무엇인가?"를 설명하는데 열기가 차올라 얼굴에 땀이 줄줄 흐른다. 어떤 학생이 손수건을 건네준다. 강의에 열중하다보니 3시 30분이다. 강의를 끝내고 나오니 학생들이 열강이었다고 소리친다.

9월 9월 (월)

부회장에게 전화. 내일 저녁때 광주로 오겠다 한다. 오전에 김대중 총재로부터 전화가 왔다고 한다. 그러나 마침 이 회장님과 통화 중이어서 연결시키지 못했던 모양이다. 김 총재 댁으로 전화하다. 지난 토요일에 전화드렸던 것은 그동안 어려웠던 야당통합에 급진전을 보인 데 대해 축하말씀을 드리기 위한 것이었다고 하고 오랜 진통 끝에 오늘 다시 좋은 전망을 보여주니 다행스러운 일이라고 말하다. 어떻든 통합은 이 지역 주민뿐 아니라 전 국민이 열망하는 바이니 인내와 아량을 가지고 반드시 성사시키시기 바란다고 했다. 오후에 창업금고의 문병식 사장이 찾아왔다. 부사장을 불러 광고에 관한 이야기를 나누다. 신태호 회장과 통화, 근일 내에 김포천 사장이랑 함께 만나자고 한다.

9월 10일 (화)

광주일보에서는 10월부터 매일 20면을 발행하기로 결정했는데 노조에서 22명의 증원을 요구한다고 한다. 이에 대해서 우리도 대책을 마련하기 위해 9월 16일(월)에 회의를 열기로 했다. 이런 사실을 연락하기 위해서 부회장에게 전화했으나 운동나갔다 한다. 회장님에게 전화, 수습기자 면접을 9월 17일로 했으면 어떻겠느냐고 했더니 좋다고 하신다. 11시에 남도예술회관에서 건축사 회원전이 있기에 나갔으나 시간이 늦어 테이프커팅이 끝난 후였다. 잠시 축하하고 문종수 지검장, 마행렬 회장과 함께 나오다. 오후에 민자당 전남지부 사무처의 안재영 처장이 방문하다. 6시에 농협강당에서 농협 전남지회 창립 30주년 기념리셉션이 있었다. 지사, 교육감, 안기부지부장, MBC사장, KBS총국장, 연초제조청장, 전남도의회 의원들이 참석했다.

9월 11일 (수)

신양파크호텔에서 기관장 조찬회가 있어서 7시 30분에 도착하다. 임광행 회장, 마행렬 회장, 강의건, 송문호 등과 같은 테이블에서 식사하다. 끝난 후 이양우 교육감이 이번 일요일에 송정리 공항에서 김포천 사장이랑 골프하자고 한다. 천일여객의 김동기 사장, 한전 전남지사의 김필수 지사장이 반갑게 악수한다. 문순태 이사가 광주일보의 김석수 편집부차장이 우리 회사로 오고 싶은 의사가 있다면서 그의 이력서를 건네준다. 부회장과 통화, 수습기자 면접일을 9월 17일로 재확인하고, 자금문제를 꺼냈더니 회장님에게 전화하라고 한다. 회장님께 상의드렸더니 부회장과 협의하라고 하신다. 어떻든 9월 13일에 광주에 오시겠다고 하신다. 2시부터 이리, 순창 주재기자 면접을 했다. 윤부사장더러 오늘 밤 광주일보의 김용제에게 연락해서 우리 회사로 올 의사가 있는지 여부를 타진해 보라고 하다.

9월 12일 (목)

조회를 마치고 9명의 신입사원들에게 사령장을 수여하고 간단히 격려의 말을 주다. 서울로 부회장에게 전화, 김석수의 이력서와 그에 대한 문 이사의 소견서를 팩스로 보내다. 11시 30분에 호남대 학보사 편집장이 인터뷰하겠다고 찾아왔다. 접견실에서 만나 12시 50분까지에 응답을 마치고 사진촬영까지 했다. 임건우 보해양조 사장이 점심을 같이 하자고 하더니 오후에는 다음에 하자고 연락이 왔다. 회장님과 통화, 9월 상여금을 조기지급할 것을 건의했더니 양해하고 내일 3시경에 광주에 오시겠다고 한다.

9월 13일 (금)

1시 20분에 광주대학으로 가서 "커뮤니케이션이란 무엇인가?"에 대해서 2시간 동안 열을 올려 강의하다. 다음 금요일은 추석휴가 전일이라 휴강을 원하기에 그렇게 하자고 했다. 부랴부랴 회사로 돌아왔더니 회장님은 2시 30분에 도착하셔서 혼자 계신다고 한다. 회장님 방으로 갔더니 안 좋은 안색이다. 6시 30분부터 무등산 관광호텔에 "형사정책"세미나 리셉션에 참석하다. 광주대 김란수 총장에게 KBS 박 총국장을 소개하다. 김 총장은 10월중에 소련의 모대학 총장을 광주대에 초청하여 강연회를 개최할 예정이라고 한다.

9월 14일 (토) 회장님이 나의 사임설을 묻는다

아침회의를 끝내고 나니 회장님이 출근하신다. 서울로 부회장에게 전화했더니 송영식 의원과 이리에 내려갔다고 한다. 회장님 방에 들렀더니 회장님께서 나더러 신문사를 그만두겠다는 말을 다른 기관장들에게 했느냐고 물으신다. 그런 사실이 없기에 그렇지 않다고 대답했더니 어떤 기관장이 그렇게 이야기하더라고 한다. 회장님은 이어 지난번에 사장에게 좀 심하게 이야기했던 것은 한 집안 식구같고 서로 믿는 사이여서 그렇게 했는데 달리 해석해서는 안 될 것이라고 하신다. 또한 그런 말이 부회장 귀에라도 들어가면 어떨까 염려된다고도 했다. 물론 앞으로의 문제는 조용한 기회에 다시 말씀드릴 예정이지만 자신의 건강을 유지하기 위해서도 심사숙고해야 할 것 같다고 말씀드리다.

오후에 원광대에서 있을 세미나에 참석해야 하기 때문에 1시에 이리로 출발했다. 3시에 원광대에 가니 손주환 의원, 김병국, 서정우, 최창섭, 이강수, 변동현 교수 등이 나와 있다. 4시부터 시작되는 "지역감정과 언론·정치" 세션에서 내가 사회를 맡았다. 나는 지역감정이란 용어가 오용되고 있음을 지적하고 '지역편견'을 시정하기 위해서 언론이 어떻게 해야 된다는 것을 제시했다. 저녁을 먹고 2차까지 함께하자는 권고를 뿌리치고 광주에 돌아오니 9시 40분이었다.

9월 16일 (월) 광주지역 언론사장 모임을 갖자고

12시부터 '예원'에서 광주국세청의 김훈 청장이 언론사 사장들과 오찬을 함께하자고 해서 참석하다. 광주일보의 김종태 사장, MBC 김포천 사장, KBS 박배석 총국장, CBS의 한상준 국장이 나오다. 이 자리에서 김포천 사장이 광주지역의 언론사 사장끼리 모임이 필요한데 한 달에 한두 번 유사제로 해서 모이는 것이 어떻겠는가 제의하다. 광주매일이나 전남매일의 가입여부는 딱 결정하지 말고 느슨하게 놓아두자고 했다. 2시부터 증면에 대한 대책회의를 열다. 우선 10월부터 주 3회 20면을 발행하고 11월부터 매일 20면을 발행하는 것을 원칙으로 하고 이에 소요되는 비용을 기획국에서 추정하도록 했다. 부회장이 3시경에 돌아왔는데 서울 동일상역의 최연식 사장과 간부 일행이 내려와서 화의를 7시 무렵까지 했는데도 결론을 못 지어 서울로 돌아가는 비행기편을 취소했다고 한다.

9월 17일 (화) 주 3회 20면 발행을 검토하다

10시부터 일반기자 10명을 면접하고 나니 12시 40분이 되었다. 지하에서 식사하고 회장님 방에 들어가 어제 김 국장으로부터 들은 오한진 부장의 사임사실을 보고했더니 대노하신다. 오 부장이 서울 현대경제로 옮겼는데, 그 쪽 이규행 사장이나 서한영 이사를 잘 알고 있으면서 왜 항의하고 막지 못했느냐는 것이다. 당장 전화하라고 한다. 내 방에 와서 서 이사에게 강경한 어조로 유감을 표시했다. 그러나 서 이사는 오히려 그 사람의 장래를 위해서 아량을 베풀라고 한다. 오후에 교열기자 10명, 사진기자 3명에 대한 면접을 계속했다. 5시경에 끝내고 일반기자 4명, 교열기자 4명, 사진기자 1명을 선발했다. 일반기자는 3명만 뽑고 한 명의 TO는 간부급 스카우트를 위해 남겨놓자는 나의 의견을 회장과 부회장이 받아들이지 않았다. 이어서 증면대책에 관해서 논의하다. 10월 초부터 주 3회 20면 발행하려면 인원과 시설보강에 4억 2천만 원이 소요된다고 하니까 회장님께서 결정을 보류했다.

증설건축안도 결론을 보류하다.

9월 18일 (수)

아침회의 마치고 나니 부회장이 출근했다. 수습기자를 9월 25일에 소집한다는 사고를 낸다고 말하다. 손용 교수에게 이은식 군의 합격을 알려주다. 전남대 조성술 교수가 이용구 군의 합격발표를 보고 감사하다고 전화했다. 서울의 서한영 씨에게 선화했너니 오한진 부장문세는 도저히 변경할 수 없다고 못박으면서 또 다른 몇 사람도 자기에게 전직을 신청해 왔다고 말한다. 낮에 홍 국장의 생일을 축하하는 오찬을 기홍식당에서 갖다.

9월 21일 (토)

광주매일 고재철 회장이 전남일보를 고소하겠다는 말은 완전히 와전된 것이라 한다. 오히려 고광삼 문제에 대해서는 전남일보가 매우 점잖게 취급했다는 점을 광주매일에서는 고맙게 생각한다는 것이다. 무등일보에 대해서는 최혁 기자가 고소장을 작성했다고 한다. 오늘은 좀 일찍 끝내기 위해서 9시 30분에 인쇄에 들어갈 것이라고 한다. 오늘은 공휴일이라 회장님과 전화연락이 되지 않는다. 11시경에 사내를 일순했다. 편집국과 제작국은 거의 비어 있는 상태이다. 윤전부에 내려가 보니 김 국장이 와 있다. 발송부까지 돌아다보고 올라왔다. 이광재 전무와 김포천 사장에게 전화했으나 둘이 모두 연결되지 않는다. 이상호 이사와 오후에 무등산에 가기로 했는데 집에 돌아와서 취소했다.

9월 22일 (일) 주차해 놓은 차를 들이받다

오늘은 추석이다. 주월동 교통이 너무 혼잡해서 송정리로 돌아가다. 몽탄까지 1시간 20분쯤 걸렸다. 형님과 성묘마치고 강거실로 가서 장모님을 뵙고 모촌으로 갔다. 인평에서 무안까지 내가 조심스럽게 운전하고 가다. 2시에 무안에서 내가 조심스럽게 차를 몰고 몽탄까지 왔다. 그러나 몽탄면 사무소 앞에서 노상에 주차해 놓은 차를 받아버리고 말았다. 내 차의 왼편 앞쪽이 망가지고, 앞차의 왼편후미 부분이 오그라졌다. 그리고 그 차 앞에 서 있던 오토바이가 넘어져 약간의 손상을 입었다. 경찰에서 조서를 받으려는 것을 말리고 광주에서 모두 변상해 주겠다고 명함을 건넸다.

9월 24일 (화) 세계 수채화대전 테이프를 끊다

10시경에 국제수채화연맹의 이강주 총재와 연변 미술대의 안 교수, 그리고 국제신보의 이 이사 등 3명이 찾아왔다. 수채화 복사본 몇 장을 선물로 준다. 12시에 부사장과 전시회가 열릴 민속박물관으로 갔다. 안영준 씨가 나와 있다. 세계수채화대전의 테이프커팅을 한 뒤에 전시장을 돌아다니면서 이강재 총재의 설명을 듣고 나서 리셉션 테이블에가 인사말을 했다. 나는 대전의 뜻을 설명하고 후원에 감사한다고 하면서 참석한 주요 인물들을 소개했다. 오후 2시경에 회장님이 도착하셨다. 전시회에 관해서 설명하고 우리 신문의 증면문제를 협의했다.

9월 25일 (수)

아침회의 마치고 나니 회장님이 목포에서 도착하셨다. 오늘 편집국 부장회의는 기훙식당에서 점심을 먹으면서 할 것이라 했더니 회장님이 관심을 보이시기에 회의에 모시겠다고 했다. 그러나 아무래도 제작내용의 실책을 지적하는데 부장들 입장이 난처할 수도 있고 또한 부장들이 불평을 늘어놓으면 회장님이 불편할 수도 있어서 회장님은 참석하지 않는 것으로 했다.

12시 20분에 기훙식당에서 편집국 부장회의를 열었는데 김준태 부장만 빠지고 모두 참석했다. 먼저 이번에 영입한 김석수 부장을 환영한다고 말하고 10월부터는 중앙지들이 현지인쇄를 시작하고 광주일보가 매일 20면 발행에 돌입하고, 광주매일이 11월 1일에 창간하기로 확정했으니 드디어 뜨거운 경쟁에 들어선다는 사실을 주지시켰다. 우리도 10월부터 주 3회 20면을 발행키로 했으나 무모한 경쟁은 피하기 위해 시설보강은 하겠지만 우선 주 2회 20면 발행으로 시작해서 반응을 봐가면서 증면할 작정이라고 말하고 근간에 있었던 제작내용상의 실수를 몇 가지 지적했다. 모두 나의 지적을 긍정적으로 받아들이면서 화기애애한 분위기 속에서 끝내다. 5시부터 윤전부 직원 2명과 전산부 직원 1명을 면접했다. 회장님은 6시 30분에 서울로 떠나셨다.

9월 26일 (목)　동아 팩시밀리 전송실험에 성공하다

아침회의 마치고 회장님과 통화하다. 이상호 광고이사가 10시경에 대전으로 출장을 떠나다. 1시까지 신문을 보다가 지하식당에서 식사하고 올라오니 문순태 이사가 찾아왔다. 일전에 회장님께는 말씀 올렸다면서 이 달에 편집국장직에서 떠나 논설위원실로 보내 달라고 한다. 나도 어떤 생각을 가지고 있지만, 우리 회사의 사정이 10월 말까지는 인사이동이 어려울 것이니 그동안이라도 단단히 자리를 지켜달라고 당부했다. 2시부터는 내일 있을 노사협의 토의안건을 사전점검하다.

3시에 동아일보에서 권오기 부사장, 송 상무, 김광희 공무이사, 장홍근 편집국장, 김봉호 호남취재본부장, 이영득 제작국부국장 등이 찾아와서 응접실에서 환담하다. 신동아나 여성동아의 발행광고는 우리 신문에 게재해 달라고 당부하다. 3시 30분에 지하 3층에 설치된 동아일보 팩시밀리 장치를 시동하다. 동아일보 서울본사에서 보내온 것을 필름으로 받아, 즉시 컬러 2면을 포함 24개면을 합쇄하는 것을 시험해 보았는데 모두 그 선명한 인쇄효과에 놀라워했다.

9월 27일 (금)

오전에 이발관에서 머리를 짧게 깎았다. 점심을 빨리 먹고 오후 강의를 위해 광주대학에 가다. 사회체계와 언론체계에 관해서 설명하다. 신문사에 돌아오니 4시 30분에 노사대표들이 나를 기다리고 있다. 회의실에 들어가니 문 이사가 보이지 않는다. 점심먹고 몸이 아프다고 집에 돌아갔다 한다. 노사대표간에 상견례를 하고 내가 노조의 새로운 대표들에게 격려와 부탁의 말을 하자, 이진영 노조대표가 회사 일에 성실하게 협조하겠다고 답사한다. 자녀장학금 지급문제로 상당한 시간이 소요되었다. 이 문제는 해결하지 못해 가장 마음 무겁게 생각하는 문제인데 연말협상에서 해결하기로 하자고 제의했다. 노조측이 준비한 토의안건들 중 절반을 토의하고 나머지는 10월 10일에 다시 모여 논의하자고 했다. 6시 30분에 코리아나호텔에서 산경회 모임이 있었다. 김포천 문화방송사장이 독일에 갔다가 오는 길에 비엔나에서 사왔다는 폴란드 보드카를 마시면서 정담을 나누다.

9월 28일 (토)

아침회의에 오세성 부국장이 나왔다. 문 이사가 몸이 아파서 서울에 갔다는 연락이 왔다 한다. 9시 50분에 새로 발족한 광주매일의 김효중 사장과 김원욱 편집국장이 인사차 왔다. 부사장을 불러 합석했다. 그들은 말로는 미안하다고 표현한다. 그러나 무등일보는 오히려 광주매일 때문에 바라던 감원을 할 수 있게 되었다고 엉뚱한 변명을 하기도 한다. 그러면서 자기들이 그동안 몸담았던 무등일보의 박성섭 사장은 '언'짜도 모르는 사람이라고 혹평한다. 도중에 회장님이 서울에서 전화를 넣으셨다. 문 이사가 결근했다는 사실에 신경이 쓰이시는 모양이다. 10시 20분에 허광욱 위원, 광고국의 최정권과 화순의 남광주CC 개장식에 참석했다.

나는 테이프커팅이 끝나는 대로 빠져나왔다. 12시 조금 지나서 무등산 온천호텔에 김인곤 의원의 《민초의 진혼곡》 출판축하회에 참석했다. 벌써 큰 홀 안에는 손님들이 가득 차 있다. 헤드테이블에는 주인공인 김 의원, 김란수 총장, 조세형 의원, 배종무 총장, 오종문 총장, 안준, 이양우 교육감, 조아라 여사, 홍남순 변호사 등이 자리잡고 있다. 식후 조세형 의원이 다가와서 그동안 못 찾아봤다고 인사한다. 김인곤 의원에게 오늘 만나자고 말했더니 4시에 신문사로 오겠다고 한다. 4시에 김인곤 의원이 회사로 찾아와서 한참 동안 정담을 나누고 허광욱 위원과 원양회관으로 가서 9시까지 술을 마시다.

9월 30일 (월)

아침회의에서 "김대중 총재의 바웬사 면담불발"과 "농도 전남의 농정 제로"라는 기사제목이 너무 심했다고 논평하고 지난 토요일 강판무렵에 국장석과 정치부장석이 비워 있었다는 점을 지적, 주의를 촉구했다. 오전 중에는 10월 예산안을 심의하다. 농촌진흥공사의 지사장이 방문하다. 목포에서 서한태 박사로부터 포항방문단 뒤처리문제로 편지를 받았기에 서울 최봉인 이사에게 연락, 처리하도록 지시하다. 3시경에 회장님으로부터 전화, 문 이사가 나오지 못한 이유를 꼬치꼬치 물으시고 입원중인 박 주필에게는 나더러 위문을 가도록 권하신다. 최하림 부국장의 건강상태를 물으시기에 내일부터 나오기로 했는데 자세한 것은 다시 전화해 보겠다고 했다. 나중에 최 부국장이 직접 전화했기에 모레쯤 일단 광주로 내려오라고 했다. 5시에 남도예술회관에서 의제선생 탄생100주년기념 여성 서예백일장 입상작 전시회가 개막되기에 참석하다.

10월 1일 (화)　동아일보 호남판 인쇄를 시작하다

문순태 이사가 나왔다. 딸의 출산에 어려움이 있어서 급하게 서울에 올라가야 했단다. 그러면서 사장에게 아무런 신고도 없이 오랫동안 자리를 비웠다는 점을 들어 유감을 표했다. 오늘 동아일보의 현지인쇄를 우리 공장에서 시작했다. 10시부터 준비해서 1시에서 1시 30분까지에 10만 5천부를 인쇄했다 한다. 전기부분에 이상이 발생했으나 우리 기술진이 해결해 주었다고 한다. 10시에 수습기자 9명과 제작국 사원 4명에 대한 발령장을 수여하고 환영의 말을 건넸다. 김란수 광주대총장과 전화, 소련 교육아카데미 원장의 광주에서의 강연 (11월 20일)에 관해 실무자접촉을 시키기로 합의하다.

낮에 이내균 사장과 환경청의 길 청장과 점심하고 2시부터 수습기자 오리엔테이션을 시작하다. 기자는 초법적 존재가 아니다, 기자는 조직 속의 일원이다, 사시나 회사의 전통을 몸에 익혀야 하고, 위계질서를 지켜야 한다, 기자는 사회개혁을 위한 액티비스트가 아니다, 어떤 신념이나 이데올로기에 붙들려 있어서는 저널리스트가 될 수 없다, 기자는 전문분야뿐 아니라 모든 분야의 소양을 갖추어야 종합적 분석력을 지닐 수 있다는 것을 설명하다. 4시 넘어서 부사장과 조선대병원에 입원중인 박 주필을 위문하다. 감기몸살로 아프다더니 치아도 좋지 않다고 한다. 5시 20분에 국군의 날 행사에 참가하기 위해서 31사단을 방문하다. 야외에서 만찬 뷔페를 들면서 건배하다.

10월 2일 (수)

어제 밤 동아일보를 인쇄할 때 동아의 송전시설에 이상이 있어 지방판 4만 3천 부만 찍고 시내판과 컬러판 간지 8면은 서울 본사에서 인쇄해서 직송했다고 한다. 오전 10시경에 최하림 부국장이 서울에서 내려왔다. 안색은 괜찮은데 본인은 건강에 아직 자신이 없으니 논설위원실로 보내 달라고 한다. 서울로 회장님과 부회장에게 전화하다. 부회장에게 문 이사의 최근 태도를 이야기했는데 별로 놀라지 않는다. 오후쯤에 광주로 내려오겠다고 한다. 11시 반 넘어서 제작국에 내려갔다. 문 이사가 제작현장에서 보이지 않는다.

오늘 1면 머리기사와 외신면 머리기사에 중복된 부분이 있다. 오후에 편집국에 내려가 오세성 부국장과 이야기하는데 문 이사가 들어왔다. 논설위원실에 들러 허광욱 위원과 담소하다. 4시 40분에 문순태 이사를 불러 사의를 표명한 이유를 물어보았다. 추석 전에 회장님에게는 사의를 표명했고 부회장에게는 아직 이야기한 바 없는데 가능하면 빨리 조처해 달라고 한다.

10월 4일 (금)

8시부터 신양파크에서 기관장 조찬회가 있었다. 오늘의 모임은 이효계 시장이 주재하면서 전국체전 참가결과를 보고한다. 조찬회가 끝나서 나오려는데 이 시장이 따로 만나자고 한다. 광주시의회에서 내린 5·18특위가 상무대 땅 68만 평을 무상양여해야 한다는 결의내용을 어제 우리 신문에서 톱뉴스로 취급했는데, 청와대에서 몹시 신경 쓰는 문제인데 전남일보에서 그렇게 대서특필해 버리니 곤혹스럽다는 것이다. 회사에 돌아와 서울로 연락했더니 부회장은 운동하러 나갔다고 하며 회장님은 중역들과 회의중이라 한다. 1시 50분에 강의하기 위해 광주대학으로 가다. 김기중 교수를 만나다. 수업은 다음 주에 끝나야 할 것 같다고 한다. 2시부터 4시까지 강의하고 다음 주에 "지방신문을 비판한다"라는 제목으로 2백 자 원고지 5장 정도의 리포트를 작성하라고 했다. 전남대 변동현 교수가 다음 달에 광주에서 언론학회가 열리는데 전남일보에서 조찬을 스폰서하면 어떻겠느냐고 문의한다.

10월 5일 (토)

프레스센터의 송용식 이사장이 전화, 요즘 중앙지들이 지방에서 현지인쇄를 시작하여 지방지들이 어려운 경쟁을 벌이는데 앞으로 지방지들이 어떤 방향으로 나가야 할 것인가를 모색하는 세미나를 열고자 하니 나더러 호남지방을 대표해 주제를 발표해 달라고 한다. 더 생각해 보자고 했다. 지하식당에서 식사하고 갓나온 우리 신문을 훑어보았너니 15면 톱에 5·18기념사업에 대한 광주시의회 5·18 특위의 기본계획이 속보로 나와 있다. 광주일보에는 한마디도 비치지 아니했다. 국장을 찾았으나 없다. 나 부장을 찾았지만 그 사람도 없다. 오세성 부국장 불러서 경위를 따졌더니 이 문제는 아침 편집국회의 때부터 거론되었는데 국장이 15면 톱으로 올리라고 지시했다는 것이다. 이만영 정치부장을 불렀더니 그 기사의 출처는 정치부이지만 그 처리는 사회부로 넘겼던 것이라고 한다. 다른 신문에는 안 나왔는데 왜 굳이 이

기사를 냈느냐고 추궁하니까 사회부의 나 부장이 미리 취재지시했던 것으로 안다고 답변한다.

10월 7일 (월)

오후 2시부터 접견실에서 회장님, 부회장, 김 제작국장, 홍 총무국장, 김봉수, 김종효 등과 제 2공장 건축안을 검토하다. 제 1안이 지하 3층 지상 2층 윤전기 전용건물로 짓되, 지하설계시에 나중에 복합건물로 개축할 수 있도록 고려한다는 방향으로 결정했다. 윤전기 도입안은 역시 제 1안인 이케가이 BB와 토교기가이 SA를 도킹시키는 편이 바람직스럽기 때문에 기술진에서 상경하여 4개 사를 방문해 의심스러운 점을 협의한 후 확신이 있으면 확정하기로 결정했다. 오전에 부회장께 전화하여 오늘 오후에 회장님이 광주에 오시니 내일 비행기로 내려와서 중요안건 결정에 참여하도록 권유했으나 약속이 있어 못 오겠다고 한다. 어떻든 회장님을 뫼시고 협의해 보고 내일 꼭 자기가 참석해야 한다면 비행기편으로 내려오겠다 한다.

10월 8일 (화) 정년문제, 편집국장 문제 논의하다

9시 30분에 회장님이 오셨다. 회장님과 단 둘이서 정년문제와 편집국장 문제를 상의했다. 10월 30일자로 정년해당자가 박인성, 조효석, 김영석인데, 세 분 모두에게 적용하되 박 주필은 논설고문으로 해서 조덕송 선생과 동등한 조건으로 대우하고, 조 선생과 김영석 부국장은 한 사람 몫을 톡톡히 하기에 상여금까지도 지급하는 것이 좋겠다는 의견을 제시하다. 문 이사는 논설위원실로 보내 주필로 보하고 허광욱 논설위원을 편집국장으로 전보하는 것이 좋겠다고 제의했다. 회장님이 오는 14일에 일본에 갔다가 21일에 광주에 올 예정이니 그때 가서 시행하자고 하신다. 낮에 금수장 호텔에서 열린 서울대 동창회 이사회에 참석하다. 홍 회장은 불참하고 이광국, 이내균, 천경송, 박성섭, 남사장 등이 참석하다. 이번 행사에는 '자랑스러운 서울대인'으로 뽑힌

이혜구 씨를 초청해서 국악에 대한 강연을 듣기로 하다. 이용일 교수에게 교섭을 부탁하기로 하다.

10월 9일 (수)

오후 2시에 편집국 부장회의를 소집하다. 10월부터 중앙지들의 현지인쇄가 시작되고 광주일보의 20면 증면으로 우리는 중대한 도전을 받고 있다, 그런데 어제 우리가 20면 발행을 시작해 보니 사내에 약간의 불평이 있는 듯하다, 간부들이 잘 조정해 주기 바란다, 우리도 10월부터 주 3회 20면을 발행하기로 예정하나 여러 가지 사정으로 당분간 2회로 줄여서 실행할 생각이라고 설명했다. 광주의회의 5·18특위 기사문제를 거론했더니 나의갑 부장이 큰 소리로 항변한다. 회의를 마치고 나의갑을 따로 불러 차분히 따졌더니 잘못했다고 사과한다. 고행원 부국장을 불러 사회부를 맡아보는 것이 어떠냐고 물었더니 극구 사양한다. 그러나 정경분야의 부국장 데스크에는 관심을 보인다. 회장님은 오후에 검찰청 등 몇 군데를 돌아보고 서울로 올라가셨다.

10월 10일 (목)

이번 전주에서 열리는 전국체전에 광주일보에서는 광주선수단에 50만 원, 전남선수단에 50만 원씩 격려금을 보냈다는 정보가 있어 회장님께 말씀드리고 우리도 격려금을 전달하는 것이 좋겠다고 여쭈었더니 그렇게 하라고 승낙하신다. 11시경에 교육체육부의 김용일 부장과 진주로 출발해 12시 5분에 도착하다. 전남 대표단과 광주 대표단 본부에 각각 찾아가서 임원들과 선수들의 노고를 치하하고 격려금을 전달하다. 우리 회사에서는 임영섭 팀장을 포함하여 7명이 파견되어 열심히 뛰고 있다. 임영섭과 강 기자, 김 부장하고 함께 점심하고 3시 10분에 광주에 돌아오다. 광주에 돌아오자마자 회장님으로부터 전화가 왔다. 이 지역의 공무원 30여 명이 검찰내사를 받고 있어 이 지역 공무원사회가 매우 불안한 상태에 있다는 어제 날짜의 우리 사회면 머리기사에 관해서 왜 보고하지 않았느냐고 꾸중이다.

4시부터 노사협의회를 시작하다. 임동욱 군의 특채를 둘러싸고 논란이 벌어졌다. 임 군의 채용경위를 설명해 주고 그 사람에 대한 채용이 인사원칙에 어긋난 것은 아니라고 해명했다. 특별 보너스 문제는 사원들의 희망사항으로 받아들이지만 회사의 형편상 지급하기는 어렵다는 것을 분명히 했다. 6시 30분에 정 검찰총장이 베푼 리셉션에 참석하다. 광주 고검장을 지낸 정 총장은 반가운 표정으로 맞아 주었다. 문종수 검사장을 만나 최근 우리신문에 보도된 공무원사회에 대한 검찰내사에 관한 기사내용을 놓고 솔직하게 논의함으로써 충분한 상호이해에 도달하다.

10월 11일 (금)

아침회의 마치고 회장님께 전화하니 목소리가 부드럽다. 어제 밤에는 전화상태가 고르지 못해 알아듣기가 힘들었고 중한 손님이 옆에 있어서 전화를 끊게 되었다면서 지검장과 만난 이야기를 다시 묻는다. 다 듣고 나서 수고했다고 하시면서 실은 나중에 그 기사를 읽어봤더니 별로 문제될 것도 없는 것으로 생각되었다고 위로하신다. 2시부터 광주대학에 출강하다. 오늘은 "뉴스란 무엇인가"에 관해서 1시간 반가량 강의하고 제출된 리포트를 수렴한 후 종강을 선언하다. 3시 40분에 회사로 돌아왔더니 그동안 회장님으로부터 두 번이나 전화가 왔다고 한다. 다시 연결했는데 15일에 있을 신문협회 행사와 회의에는 회장께서 참석하지 못하니 사장이 대신 참석해 주었으면 좋겠다고 하신다.

10월 12일 (토)

아침회의 마치고 회장님 그리고 부회장과 통화, 노사협의 결과와 검찰관계 기사에 관해서 설명드리다. 제작국에 내려가 제작진행 상황을 살피고 손정연 부장에게 문제될 만한 기사에 대해서는 조기에 보고하도록 당부하다. 특집부 김준태 부장이 광주매일로 나가 인사했다는 말이 들어왔다. 12시 20분에 기홍식당에서 회사등기 4주년, 그리고 사장 취임 4주년을 기념하는 회식을 부사장, 이상호 이사, 이광현 이사, 홍석우 국장, 김충곤 국장과 함께하다.

오후에 산행을 위해서 일단 집으로 오다. 얼마 후 이광현, 이상호, 고행원, 손지헌이 봉선동 집으로 모여 3시에 고흥으로 출발하다. 시간이 늦어 산행은 무리하다는 것으로 의견이 일치하여 녹동으로 바로 들어갔다. 녹농 해변에 자리 잡은 선비치호텔은 신장개업한 지 얼마 안 되어 시골 호텔로서는 수준급이었다. 광고국의 최정권과 고흥이 고향인 조득주가 함께 찾아왔다. 매운탕 집에서 저녁을 먹다. 조득주 집에서 횟감을 보내왔다. 식후에 부두에 나가서 야간낚시하는 것을 구경하고 호텔로 들어갔다. 고행원은 한 잔 마신 소주에 취해 먼저 들어가서 녹아 떨어졌다. 온돌방이 너무 더워서 12시 넘도록 잠이 들지 않는다.

10월 13일 (일)

새벽 6시에 일어나서 부두에서 배를 기다리다. 6시 30분에 조득주가 큰 배와 작은 배 두 척을 끌고 왔다. 자기 큰집 형과 기관장이 함께 따라 왔다. 한 30분 걸려 녹동항에서 빠져나가 배를 멈추고, 두 배에 나누어 타고 바다에 낚시를 담갔다. 한참 있다가 내 낚시에 바다장어가 걸려왔다. 이어서 노래미 한 마리가 잡히고 모래무지같이 생긴 것을 두 마리 낚았다. 도중에 아침밥(도시락)을 먹었다. 몇 군데 물살따라 장소를 옮겼으나 성과는 시원치 않다. 12시 넘어서까지 낚시질했으나 신통치 않아서 끝내기로 하고 배를 소록도로 대 달라 하여 우리는 내리고 배는 보냈다. 공원의 관상수가 일품이라 해서 찾아갔는데 지금은 손질이 덜 되었는지 기대한 것만큼은 못하다.

10월 14일 (월)

아침회의에서 문 이사의 보고를 들으니 김준태 부장을 붙잡는데 실패했다고 한다. 서울로 부회장에게 전화, 오늘 오후에 서울로 올라갈 예정이니 저녁 때 만나서 내 신상문제를 말하겠다고 하니까 선약이 있으니 내일 아침 9시에 영동호텔에서 만나자고 한다. 이번 전국언론인 배구대회에서 우리 편집국 팀이 우승했다고 우승기와 대형 컵을 가지고 왔다. 가만 있을 수 없어서 점심때 기흥식당에서 불고기파티를 열기로 했다. 부사장, 오 부국장, 손정연 부장이 참석하고 편집국 전원이 나왔다. 2시 넘어 광주공항으로 갔다. 서울에 도착, 최봉인 이사를 프레스센터 지하 커피숍에서 만나 서울지사의 사정을 보고받다.

10월 15일 (화)　부회장에게 사의를 표명하다

8시 40분에 영동호텔 커피숍까지 걸어 나가서 9시 20분까지 기다렸더니 부회장이 커피숍에 나왔기에 나는 조용한 목소리로 말했다. 지난 3년간에 모든 힘을 모아 전남일보를 대표적 지방지로 만들려 온갖 노력을 쏟았다. 다만 금년 8~9월 들어 광주매일의 창간으로 40여 명이 빠져나감으로써 잠시 좌절을 겪었으나 그렇다고 비관적 상태는 결코 아니다, 지금이라도 사세를 가다듬으면 당당히 선두를 지켜나갈 수가 있다, 편집국장이 사표를 냈고 주필이 병석에 있으니 빨리 공백상태를 메워야 위기현상을 막을 수 있다, 나 자신도 지난 10월 12일로 사장에 취임한지 만 4년이 되는데 그동안 주어진 여건에서 사심 없이 일했고 또 어느 정도 성과도 거두었다고 생각하니 이제 여한이 없다, 지난번에 말했던 대로 내 자리를 내어놓겠으니 부회장이 도맡아서 이끌어가기 바란다.

다만 그렇게 하려면 부인과 함께 광주로 집을 옮기고 현장에서 모든 것을 파악하고 지시해야지 외부사람들 말만 듣고 성실하게 일하는 사람들을 엉뚱하게 질책하는 일은 없어야 한다고 말했다. 부회장은 나의 말에 일체 논평하지 않고 이런 이야기를 회장님에게도 했느냐고 묻는다. 지난날 사의를 표명한 일은 몇 번 있으나 최근에는 그분의 고달픈 심정을 느끼고 있는지라 차마 그런 말을 드릴 수가 없었으니 부회장이 전해드렸으면 한다고 말했다. 11시에 신문협회 총회에 참석하다. 23명의 언론사 대표들이 모였다. 식사하는 자리에서 나는 "신문계의 무한경쟁, 이대로 좋은가"라는 제목으로 세미나를 열어 언론계의 자율규제를 검토하자고 제의했다. 3시에 있은 시상식에 참여하고 최 이사와 서울지사에 들렀다가 5시 10분에 비행기로 내려오는데 이효계 시장, 김종태 사장, 박성섭 사장도 동승했다.

10월 16일 (수)

아침에 부사장과 어제 서울에 다녀온 이야기를 나누고 간부회의에서는 신문협회 총회에서 있었던 일을 설명하다. 오늘 10시부터 여수에서 전국민속경연대회가 개막되고 12시에는 이어령 장관 초청오찬이 있기에 웬만하면 참석하려고 서둘렀는데 밀린 결재서류를 처리하고 나니 10시가 넘어버렸다. 여수에 가는 것은 포기했다. 논설위원실에 들렀다가 제작국에 가서 오늘 나갈 지면을 점검하다. 프레스센터 송용식 이사장으로부터 전화가 왔다. 30일에 있을 신문협회 세미나에서 주제를 발표해 달라고 부탁하기에 사내사정이 여의치 않다고 했더니 알아차린다. 광주일보 김종태 사장은 신문협회 부회장이라 거북하다고 하더란다.

10월 17일 (목)

아침회의에서 문 이사는 김준태 부장이 마음을 돌려먹고 토요일부터 다시 우리 신문사로 출근할 것이라 한다. 우리로서는 다행한 일이지만 진퇴문제가 그렇게 흐려서야 어찌 대접을 받겠는가. 부회장과 통화했는데 목소리는 부드러워졌으나 무관심한 어조는 여전하다. 승용차 기사로 25세의 강유원이란 청년을 면접했다. 운전경험이 약하나 써보기로 했다. 11시에 부사장이 현대자동차 서비스 지점장과 직원 그리고 허광욱 위원과 함께 골프하러 나갔다. 이번에 화제사건이 있었던 해양도시가스의 장형태 사장이 방문했기에 이번 사고로 심려 많았겠다고 위로하다. 최하림 부국장이 서울에서 내려왔다. 논설위원실에서 전화했는데 바빠서 만나지 못했다. 광주대학 수강생들이 제출한 리포트를 읽어보고 채점했다. 생각보다 나은 편이다. 조사부 정영택 기자가 이번 주말에 진도로 바다낚시를 가자고 한다. 임동욱이와 지난번에 갔는데 돔을 30마리 정도 낚았다고 한다. 이상호와 이광현에게 진도 낚시건을 말하다. 이 이사는 나의 사퇴의사를 거두라고 진지하게 권한다.

10월 18일 (금)　　광주지역 사장단 모임을 만들다

아침회의에서 문 이사더러 바르셀로나 취재기자 파견에 우리 회사의 명단이 누락된 경위를 조사해 보고하라고 지시하다. 김충곤 국장이 올라왔기에 일전에 부회장에게 나의 사의를 표명했다는 사실을 알려주다. 11시경에 제작국에 내려가 오늘의 지면제작 내용을 살펴보고 12시에 원양회관으로 가다. 김종태 광주일보 사장, 김포천 문화방송 사장, 박성섭 무등일보 사장, 박배식 KBS 총국장, 한영준 CBS국장이 이미 와서 기다리고 있다. 이 지역의 언론사 사장들이 모임을 결성하고 첫 모임을 갖기 위해서다.

방송에 관해 잡담을 나누다가 다음 달에는 문화방송이 유사가 되어 회의를 소집하기로 하고 광주매일은 당분간 초청을 보류하기로 했다. 회사에 들어오니 회장님으로부터 전화가 왔었다고 해서 다시 연결시켜 그간의 경과를 보고하고, 특히 부회장에게 사의를 표명했던 내용을 말씀드렸더니 좀 피하려는 기색이다. 6시부터 신양파크호텔에서 광주, 전남 경영자협회 창립 10주년 기념 축하만찬회가 있었다. 식후 코오롱그룹 박동찬 회장의 초청특강이 있었는데 사업에 경륜이 높은 분이라 듣는 사람에게 감명을 주는 바가 많다.

10월 19일 (토)

부회장은 아침부터 남서울호텔에서 손님을 만난다고 연락이 되지 않는다. 이진영 노조위원장을 불러 문 이사가 노조에 투쟁기금으로 10만 원을 냈다는 방을 붙였다는데 당장 제거하라고 종용하고, 기사(技

士) 문제와 관련해서 “우리는 분노한다”는 방을 붙였다는데 그것도 뜯으라고 지시하다. 도대체 왜들 이런 상식 이하의 행동을 자행하는지 이해할 수 없다. 양식 있는 기자들이라면 부끄러워할 줄 알아야 할 것이라고 말했다. 노조위원장은 지시한 대로 뜯겠다고 승복한다. 광주시의 이효계 시장에게 월요일에 있을 예술회관 개관기념 만찬에 참석하지 못한다는 것을 전하다. 4시에 이광현, 이상호 손지헌이 봉선동 집으로 왔다. 간단히 저녁을 지어먹고 주말낚시를 위해 진도로 출발하다.

10월 20일 (일)

호텔에서 새벽 6시에 일어나서 두 대의 차에 나누어 타고 낚시터로 출발하다. 우리는 해변에서 차에서 내려 모터선으로 갈아타고 양어장까지 가서 즉시 낚시를 내렸다. 얼마 안 있어 고기가 물기 시작했다. 처음 올라온 것은 갯장어, 이어서 상당히 큰 노래미가 올라왔다. 돔도 두어 마리 올라오고 우럭도 상당히 큰놈이 오는데, 주로 노래미가 많다. 장어도 세 마리가 올라왔다. 집사람도 몇 마리 낚았는데 싱글벙글 아주 신통한 모양이다. 11시경에 낚시를 거두고 허 소치의 운림산방을 돌아보고 쌍계사로 가서 첨찰산을 오르다. 계곡이 상당히 길고 아기자기하다. 해발 470 정상에서는 진도의 전경이 훤히 나려다 보인다. 산에서 내려와 막걸리 한 잔씩 마시고 진도읍에서 김봉태 주재기자를 만나 차를 한 잔씩 마시고 새로 건설된 연륙교 진도대교를 건너 팔각정에서 해남사람들과 어울려 식사하다.

10월 21일 (월)　소련인 초청강연회를 열다

두 명의 러시아 학자들을 초청하여 최근 러시아 학계의 동향을 알아보는 강연회를 광주대학교와 공동으로 개최하였다. 9시 45분에야 서둘러 신양파크로 출발, 10시 5분에 도착하다. 벌써 사람들이 많이 모여 있다. 커피숍에서 김란수 광주대학 총장을 만나고 같은 자리에 나와 있던 코스트마로프 박사와 마주에프 박사와 첫 인사를 교환했다.

전자는 영어가 유창하고 후자는 전혀 못한다. 강연회는 10시 정각에 시작했다. 내가 마이크를 잡고 인사말을 하다. 이들을 초청한 광주대의 김 총장을 높이 평가하며 소개했다. 강연회는 12시에 끝나다. 기자회견이 있은 후 중국관에서 김 총장, 소련인 두 연사들과 두 사람의 통역자들과 함께 식사하다. 광주 예술회관 개관식에 참석하려 했는데 가지 못했다. 7시에 신양파크에서 이어령 장관이 참석하는 리셉션에 갔더니 이어령 장관과 시장, 지사는 예술인들과의 모임에 나가고, 그 자리에는 부시장, 마행렬 회장, 기무사령관, 경찰청장, 오종문 총장 등이 남아 있었다.

10월 22일 (화)

10시경에 회장님이 목포에서 도착하시어 정년퇴직자 3명에 대한 처리문제를 협의하다. 박 주필은 정년퇴직시키고 조효석 위원과 김영석 부국장은 촉탁직으로 발령하고 건강을 유지하는 한 전과 같은 조건으로 대우하기로 결정하다. 2시에 김영석 부국장이 찾아왔기에 회사의 정년해당자에 대한 처리안을 설명했더니 광주매일에서는 자기를 부국장으로 임명하고 3년 동안 임기를 보장해 주겠다 했으니 똑같이 대우해 달라고 한다. 3시 넘어서 박 주필 사모님이 찾아와 1개월간의 병가원을 제출하려하기에 이를 만류했다. 우리 사규를 설명해 주고 나로서는 본인이 직무수행을 할 수 있는 능력을 갖출 경우 1년 기간의 촉탁계약을 허용하는 권한밖에 없다고 설명하다.

10월 23일 (수)

10시경에 회장님으로부터 전화가 있어 김영석 부국장건과 박 주필건을 보고하다. 편집국에서 내려가 문 이사와 만나보고 문화부, 사진부를 돌아 제작국에 내려가서 제작된 지면을 점검하다. 2시부터 4시까지 부장회의를 열다. 사진부장이 불참했다. 바르셀로나 파견명단 누락문제, 정읍문화원장 명예훼손 문제, 해외패션사진 불게재 문제, 제작

시간 지연문제, 경찰-학생충돌 문제 등을 지적하고 증면문제에 대한 의견을 청취하다. 2시 직전에 백형조 지사가 전화, 남도 한마음행사에 쓰기 위해 건설업자들에게 성금을 요구했다는 우리 신문의 기사에 항의를 제기한다.

10월 24일 (목)

오후에 회장님이 카폰으로 연락하였는데 지금 포항가는 길인데 모레 아침에 광주로 오겠다고 하신다. 서울로 부회장에게 전화, 회장님이 모레 아침에 광주에 오시는데 부회장이 꼭 내려와서 회사의 중요 안건들을 논의하고 인사문제도 매듭짓자고 하니, 내려갈 수 없으니 회장님과 상의하라고 떠넘긴다. 나의 진퇴문제도 분명히 하고자 하니 제발 내려와서 앞으로의 문제를 책임질 사람이 결정해야 할 것 아니냐고 강하게 촉구하다. 잠시 후에 막 나온 신문을 보니 우리 사설에서 또다시 남도 한마음축제를 위한 성금문제를 비판하는 내용이 실려 있다. 미처 논설위원실에 도지사의 항의사실을 알려주지 못했는데 사설에 나와버렸으니 난처한 일이다. 그러나 다행히 사설 내용은 비판적이라기보다는 양비론적 입장이었다. 허광욱 위원이 올라와서 나중에야 문제된 것을 알고 깎아냈는데 죄송하다고 사과한다. 그러나 그 사람에게 책임이 있는 것은 아니다. 김포천 사장이 서울에 출장간다는 연락이 왔다. 오늘 2시부터 제병훈련본부에서 무기성능시범장에 나오라는 초청을 받았으나 나가지 못했다. 4시부터 남도 한마음축제 행사가 시작되었지만 거기도 나갈 사정이 아니어서 나가지 못했다.

10월 25일 (금)

남도 한마음축제가 10시부터 여수종합운동장에서 열리는데 도와의 관계유지를 생각해서 사장이 뒤늦게라도 참석하는 것이 좋겠다는 의견들이어서 10시 넘어서 여수로 출발하다. 여수에 도착하니 12시 가까이 되었다. 백형조 지사를 만나 늦어서 미안하다고 말하고 어제 또

다시 사설까지 나갔는데 너무 섭섭하게 생각하지 말라고 했다. 지사는 이렇게 일부러 참석해 주어서 고맙다고 말한다. 1시 넘어서까지 행사를 참관하다가 돌아왔다. 포항에서 회장님으로부터 전화가 왔다는 말을 듣고 카폰으로 연락했더니 내일 아침에 광주에서 자세한 이야기를 하자고 하신다. 실은 아침에 서울에 근간 올라 가볼까 해서 부회장 댁으로 전화했더니 부회장은 올 필요가 없다고 딱 잡아뗀다. 그러나 목소리는 어느 정도 부드럽다. 사모님의 말을 들어보니 최근에 건강이 더 나빠지는 것 같다. 6시 50분에 상유회 회원들이 광주공항에 도착할 예정이어서 7시부터 신양파크호텔에서 열리는 해태구단 축하리셉션에는 불참하기로 하고 공항으로 나갔다. 조경석, 차준석, 오완교 등이 기다리고 있다. 구용상 부부만 빠지고 전원이 모였다. 상유회원 일행을 천지가든으로 안내하여 식사하고 10시경에 신양파크로 옮기다.

10월 26일 (토) "부회장은 발빼도록 하겠다"고

아침회의에 문 이사가 아프다고 안 나오고 오세성 부국장이 나오다. 회장님이 포항에서 뜻밖에 9시에 도착하셨다. 김영석 부국장을 회장님 방으로 보냈더니 회장님이 일단 3년간의 촉탁직을 보장하며 3년간 종전의 봉급을 지급하고 건강이 지속되는 한 5년간 더 연장해서 보장해 주겠으니 사장과 만나서 증표를 남기라고 말씀하셨다고 한다. 10시에 60명의 소년 배달학생들에게 성옥장학금을 전달하고 격려하다.

다시 회장님 방으로 가서 인사문제를 협의하다. 편집국장에 허광욱, 제 1부국장에 오세성, 제 2부국장에 고행원, 주필에 문순태를 임명하기로 일단 합의했으나 이는 먼저 부회장과 협의한 후에 시행해야 하니 부회장에게 알리기로 했다. 부회장이 회장님 협의를 마친 후에 나와 통화했는데 허 국장을 편집국장으로 보내는 경우 편집국에서 반발이 없겠느냐 하면서 개편안에 동의할 수 없다고 한다. 그러고는 전화를 끊어버린다. 부회장과의 통화내용을 회장님께 전했더니 회장님이 종이쪽지를 보이면서 부회장 자신이 적어낸 안과 동일한데 무슨 소리냐고 개탄하신다. 인사문제보다 더 중요한 것은 회장님과 부회장 간의 갈등을 해소하는 것이 선결이니 회장님이 올라가셔서 타협을 짓고, 월요일에 부회장더러 개편안을 저에게 연락하도록 하시라고 권하다. 회장님은 결연한 표정으로 앞으로 5년간은 신문사를 자신이 맡아 운영하고 부회장은 발을 빼도록 할 것이니 소신껏 일해 달라고 당부하신다. 오세성 부국장은 허광욱 밑에서 일하기가 거북하니 논설위원실로 보내 달라 하더라고 하신다. 회장님은 5시 넘어 상경하고, 5시 30분에 상유회 회원들과 '초원'에서 식사하고 작별하다.

10월 28일 (월)

아침에 정치부장에게 새로운 시론필진에 안영섭 박사를 넣도록 지시하다. 그리고 오늘 지면의 알림란에 발표하도록 했다. 아침에 부회장으로부터 전화가 오기로 했는데 오지 않는다. 회장님께 전화드렸더니 부회장이 지금 조선내화 부사장실에서 동일상역 중역들과 회의중에 있다고 하면서 부회장에게 복잡한 문제는 꺼내지 말라고 하신다. 오후에 부회장으로부터 전화, 허 위원을 국장으로 임명한다는 말이 한 달 전부터 있었기 때문에 혼선을 일으킨 것처럼 말한다. 참으로 신경을 건드리는 말이다. 허 위원을 영입한 후 오늘날까지 사장 입으로 그를 국장으로 삼겠다는 말은 해본 적이 없노라고 반박했다. 6시 30분부터 무등산관광호텔에서 광주시의회가 초청하는 만찬회에 참석하다.

10월 29일 (화) 새 편집국장, 주필을 발표하다

8시 50분 비행기 편을 예약해 놓았으나 서울가고 싶은 생각이 없어 취소했다. 아침에 오세성 부국장이 전화했다. 그러나 신문사에서 만나 이야기하자고 했다. 아침회의를 마치고 오 부국장을 만났더니 회사의 인사방침에 따르겠다고 한다. 부회장에게 전화했더니 오늘 인사는 편집국장, 주필 그리고 박 주필의 퇴임만 발표하고 나머지는 자신이 12월 초에 내려와서 전면적 인사를 단행하겠다는 것이다. 회장님께 전화, 오 부국장의 태도변화를 보고했더니 인사를 이랬다저랬다 한다고 짜증내신다. 박 주필에게 퇴임을 정식으로 통고하기 위해서 홍 국장을 박 주필 집으로 보내어 인사내용을 전달하게 했다.

2시 30분에 국실장급 간부들을 소집하여 문순태 이사가 그동안 중책을 완수하느라 수고가 많았다고 평가하고 주필로 승진했다는 사실을 발표하다. 후임 편집국장은 허광욱 위원이 맡고 박 주필은 정년퇴임하게 되고 조효석 위원과 김영석 부국장 대우는 정년퇴임하되 전임과 동등한 조건으로 당분간 함께 일할 것이라고 발표하다. 광주대학의 김란수 총장에게 전화하니 서울에 출장갔다고 한다. 서울 프레스센터에 전화하여 내일의 세미나에 참석하지 못하겠다고 연락하고 서울 지사장을 대신 참석시키겠다고 연락하다.

10월 30일 (수)

오전 중에 광주대의 김란수 총장과 연락이 되어 오늘 밤 7시에 국제호텔에서 저녁을 함께하기로 했다. 낮에 도지사와 시장이 언론사장들을 초청했기에 송죽헌으로 가다. 김종태, 김포천, 박배식 사장이 참석하고 박성섭 사장은 광양에 갔다 하며, CBS 한 국장은 유럽여행 중이라 한다. 주로 지사가 말하는데 추곡매입에 농민들 반발이 예상되니 언론사의 협조를 바란다고 한다. 김종태 사장이 몇 가지 아이디어를 제시하고 나의 의견을 묻기에 초기매입은 순조롭게 진행될 터이니 걱정할 것 없을 것이고 국회의 심의가 시작될 때까지는 오히려 농민들의 여론을 충분히 표출시켜 주는 것이 좋을 것이다. 언론사의 협조는 추곡매입에 대한 국회결정이 있은 후 극단적 시위가 벌어졌을 경우에 필요할 것이라고 의견을 말하다. 7시에 국제호텔에서 김란수 총장을 만나서 학교사정을 알아봤더니 모든 점에서 100퍼센트 환영하는데 이사장의 선거문제가 있으니 9월에 시작하는 것이 어떠냐고 의견을 제시한다. 그러나 이사장이 좋다고 한다면 자기는 언제라도 좋다고 말한다.

10월 31일 (목)

오늘은 목포에서 전남학도체육대회 개회식이 있어서 10시에 목포로 가다. 11시 30분에 목포에 도착했는데 목포 실내체육관 앞에는 리무진들이 줄지어 나온다. 개회식이 벌써 끝난 모양이다. 임광기 기자의 안내를 받아 본부석으로 나아가니 이양우 교육감이 막 자리를 떠나려는 찰나였다. 이 교육감 차에 함께 타고 신안비치호텔에 마련한 오찬회장으로 자리를 옮겼다. 오찬이 끝나고 2시경에 목포지사에 들렀으나 지사장은 점심하러 가고 없다. 목포대 서용석 교수와 연락이 되어 초원호텔 커피숍에서 만나기로 했다. 초원에서 임 지사장으로부터 지사사정을 보고받는데 서 교수가 부인과 함께 찾아오다. 서 교수는 박석무 의원이 시원치 않으니 무안에서의 공천을 자기가 시도하고 싶다 한다. 진정 그런 뜻이 있다면 조승형 씨를 만나서 실정을 살펴보라고 했다.

11월 1일 (금)

문 이사는 아침회의에 나오지 않고 서울에 갔다 한다. 허광욱 편집국장에게 특집부 처리문제와 주간취재계획을 연구해서 실시하라고 지시하다. 목포대 통일문제세미나 내용을 기사화하라고 문화부에 이송하다. 회장님께 전화하여 편집국장 이취임식과 편집국의 분위기 변화에 관해서 보고하다. 10시에 광주문예회관에서 거행된 광주시민의 날 행사에 참가하다. 박성섭 사장이 동행하다. 부회장이 전화로 내일 아침에 강진 백련사에 들렀다가 모레 상경하겠다고 연락했다.

12시경에 편집국에 들러 허광욱, 오세성을 데리고 새날회관으로 가다. 추어탕으로 점심하면서 향후 편집국 운영문제를 논의하다. 오전중에 박 주필이 짐을 가지러 왔다기에 논설위원실로 가 보았더니 가고 없다. 오후에 국악인 조상현 명창이 방문했기에 이 지역에서의 국악진흥문제를 논의하다. 6시에 KBS가 주최한 영호남 미술교류전에 참석테이프커팅에 참여하다. 6시 20분부터 신양파크에서 개최된 광주매일의 창간 리셉션에 참석하다. 케이크커팅에 참여하라고 호명하기에 사양하다가 김완욱이 일부러 찾아와서 권하기에 응하다. 광주의 주요기관장들은 거의 온 것 같다. 김종태 사장은 보였으나 박성섭 사장은 보이지 않았다.

11월 2일 (土)　　준우승한 테니스팀을 격려하다

아침에 날씨관계로 부회장이 비행기를 타지 못하고 승용차로 부인과 함께 12시경에 내려와 이광현 이사를 데리고 강진으로 내려갔다. 백련사에서 일보고 저녁에 광주로 돌아올 것이라 한다. 회장님께 전화했더니 운동하러 가셨는데 아마 바로 광주로 내려가실 것 같다고 한다. 지하식당에서 식사하고 1시에 허 국장과 함께 연주동 종합체육관에서 열리는 기자협회 광주지회 주최 배구대회에 나가다. 이 시장, 백 지사, 이 교육감, 안 교육감, 정상용 의원들이 우리 응원코너를 예방하다. 기협광주지회에서 마련한 리셉션에서 기협회장인 안 차장을 만나다. 무등일보 박 사장이 나왔고 김포천 사장은 방송관계 세미나 때문에 못나왔다고 한다. 광주일보에서는 최승호 전무가 나왔다. 박성섭 사장은 나에게 증면보류를 약속해 달라고 조른다. 앞으로 증면은 불가피한 추세이니 당분간 보류하는 것으로 양해하라고 했다. 전남일보의 배구팀은 결승전에서 무등일보와 대결했는데 첫 세트는 이기고 2, 3세트에 져서 준우승에 그쳤다. 그러나 응원석은 단연 전남일보가 열성적이어서 응원상을 차지했다. 경기 끝나고 선수들을 격려한 후 천갑수 지회장과 주장선수를 불러 수고했으니 오늘 밤 선수들에게 고기먹이고 영수증을 올리라고 했다. 그리고 허 국장더러 사장 대신 개선파티에 참석하라고 했다.

11월 4일 (월)

아침에 일어나니 양 허벅지가 뻐근하다. 10시경에 회장님이 오셨다. 광주매일 창간 리셉션 모습, 박 주필에게 점심을 대접하려 연락했는데 여의치 못했다는 사실, 허 국장 취임 후의 편집국의 분위기 변화 등을 말씀드리다. 조 고문께서 오랜만에 전화를 주시다. 박 주필의 정년퇴임을 지상에 발표한 것을 섭섭하게 생각한다. 그리고 자신에 대해서도 회사에서 혹 귀찮게 생각하는 것이 아니냐고 한다. 저간의 사정을 설명하고 공연한 생각은 마시라고 했다. 송건호 사장이 한겨레신문 광주지사에 3일간 볼 일이 있어서 내려왔다고 전화했다. 신기하 의원이 서울에서 전화, 자신은 민주당 당무위원에서 빠져 있지 않은데 전남일보에서는 당무위원에서 탈락되어 총새에세 섭섭해 하는 양으로 가십에 나왔다고 어처구니없어 한다. 6시경에 회장님이 서울로 떠나면서 소신껏 일하라고 손을 흔들어 주신다. 6시 넘어서 몽탄으로 아버님 제사를 모시러 갔다.

11월 5일 (화)

아침회의에 앞서서 부사장이 올라와서 어제 밤 이홍재 위원을 만나봤는데 떠날 결심을 굳히고 있어서 매우 기분이 상했다고 보고한다. 회의 마치고 이 위원을 불렀다. 죄송하다고만 한다. 어린 사람도 아니고 환갑이 내일 모레로 접어든 사람이 무엇 때문인지는 모르겠지만 일시적인 불쾌감으로 종신토록 봉직하기로 맹세한 직장을 갑자기 떠난다니 무슨 짓이냐고 따졌다. 지금 이 직장을 그럴 만한 이유도 없이 떠난다면 다른 사람들은 어떻게 평가하겠으며 평소 신뢰하고 정을 주어온 사람들의 가슴에 비수를 꽂고 뛰쳐나가는 배신행위가 아니냐고 꾸짖었더니 눈물을 흘리면서 나가려 한다. 다시 앉혀 놓고 타일렀으나 나중에 다시 인사차 들르겠다고 해서 떠난다는 말을 하려거든 다시 만날 필요도 없다고 했다.

11시 40분에 한국리스주식회사 광주지점 개점 10주년 기념식에 참가했다. 사전에 나에게 축사를 특청했기에 준비한 축하의 말을 펼쳤다. 서제일 사장, 고판남 세풍제지 회장님이 축배를 제의했다. 이내균 사장이 토요일 12시에 골프하자고 전화하다. 오후 늦게 부회장에게 이홍재 위원이 그만둘 것 같다고 말했으나 그저 시무룩한 반응이다.

11월 6일 (수) "농도 전남 대책없다"를 고치다

아침에 문 이사에게 이홍재 위원이 나왔느냐고 물었더니 오늘 나와서 사설을 쓰는 중이라고 말한다. 10시경에 보일러공을 면접했다. 자격증도 3개나 있고 나이도 32세, 성품도 괜찮아 보이는데, 몸이 좀 약한 듯하지만 채용하기로 했다. 11시 넘어서 이홍재가 올라와서 잠시 동안 마음이 흔들렸으나 사장님으로부터 꾸중을 듣고 전남일보에 머물기로 결심했다고 한다. 잘했다고 격려했다. 오늘 서울로 올라가서 부회장을 만나겠다고 한다. 회장님은 전경련시찰단의 일원으로 부산으로 내려가셨다고 한다. 10시 30분에 연주체육관에서 농협주최로 우수농수산물 전시회 및 한마당잔치가 있어서 참석했다. 지사, 농협지회장, KBS 총국장, 교육감 등이 나와 있다. 신문사에 들어와서 대장을 보니 "농도 전남 대책 없다"는 제목이 1면 톱으로 올라 있다. 당장 5층으로 내려가 막 강판하려는 것을 중지하고 허 국장을 불러 제목을 "대책 시급"으로 바꾸라고 했다. 제목 하나가 이렇게 달라질 수가 없다. 점심 후 2시부터 부장회의를 열다.

11월 7일 (목)

오전에 전남대 변동현 교수가 전화했다. 15일에 광주에서 한국언론학회가 열리는데 지난번 광주매일에서 3백만 원을 지원해 주고 광주시장에게 만찬스폰서를 교섭해 주기로 했는데 김지운 회장과 함께 광주매일을 방문했더니 김효중 사장이 내부사정으로 약속을 이행하지 못 하겠다 하더란다. 하도 화가 나서 광주매일과는 모든 것을 잘랐으니 나더러 광주시장에게 만찬후원을 교섭해 달라고 한다. 광주시장에게 전화했더니 시장이 대뜸 감사한다고 말한다. 시장의 이름까지 박아서 광주시 행정을 칭찬하고 격려해 준 전남일보의 사설에 진심으로 감사한다고 말한다. 사실은 나도 그 사설을 읽어보지 않았기 때문에 그야 당연한 칭찬이 아니겠느냐고 받아 넘겼다. 그러면서 이번 한국언론학회가 광주에서 정기 학술발표회를 하게 되니 시장께서 만찬을 베풀어 격려해 주신다면 고맙겠다고 말했더니 사장님 말씀이라면 기꺼이 따르겠다고 하면서 그런 기회를 준 것을 오히려 영광으로 생각한다고 화답한다. 나중에 사설을 읽어보니 공연한 칭찬이 아니라 여러 가지 사실을 조목조목 따져가면서 긍정적으로 논평하였다. 논설위원실에 가서 알아봤더니 이홍재 위원이 집필한 것이었다고 한다. 오늘은 문 주필의 생일이라 기홍식당에서 간부들과 회식하다.

11월 8일 (금)

아침회의에 광주매일, 고재철 회장을 비방하는 유인물을 가져왔다. 6백억 원을 탈세한 악덕기업가라고 매도하면서 현재 보유하는 토지와 지가를 기록해 놓은 것이다. 10시경에 장형래 부장이 신안지국의 박성태 기자와 함께 올라와서 신안에서 사는 8세 어린이가 심장판막증으로 고생한다는 기사를 보고 그동안에 접수된 구호금 450만 원을 전달하자고 해서 그의 아버지를 불러 돈을 전달하고 격려하다. 오늘은 허광욱 국장의 생일이기에 기홍식당에서 간부들과 회식하다. 오후에 서울 부회장으로부터 전화, 병원에서 건강체크를 했다 하며 내일 오전 비행기편으로 광주로 오겠다고 한다. 3시에 회장님이 부산으로부터 전화하시다.

11월 10일 (일)　12월 초에 모종 조치 취하겠다고

이상호 이사와 손지현 차장이 산행을 위해서 봉선동 집으로 왔다. 우리는 커피 한 잔씩 마시고 9시 30분에 집에서 출발하여 백양사 입구로 들어갔다. 약사암 가파른 돌계단을 올라가는데 힘이 든다. 오늘은 날씨도 싸늘한 편이다. 백양사 주변 산밑에는 아직도 단풍이 빨갛게 남아 있으나 중턱부터는 시들고 있다. 백학봉에 오르니 12시가 넘었다. 과일만 깎아먹고 하산하여 2시경에 산채백반을 시켜먹다.

집에 돌아오니 4시가 넘었다. 원래 오후 5시에 그랜드호텔에서 이 부회장과 만나기로 약속이 되어 있었다. 그런데 부회장이 옥과에서 골

프하고 6시경에 도착할 것 같다고 해서 나도 좀 늦게 나갔다. 부회장이 전남대 박준규 교수와 함께 나타났다. 일요일인데도 일부러 오늘 만나자고 제의한 것을 보면 뭔가 중대한 복안을 밝힐 것 같아 궁금했다. 부회장에게 뭔가 말하고 싶은 이야기가 있는 것 같은데 솔직하게 말해 보라고 했다. 그는 잠시 머뭇거리더니 현재의 회사경영이 부진한 책임이 전적으로 회장과 사장 그리고 편집국장에게 있다고 단정하면서 앞으로 회장님과 협의해서 자기가 경영을 맡게 되면 12월 초에 조치를 취하겠다고 말한다.

11월 11일 (월)

전남대 변동현 교수에게 광주시장 비서실장하고 연락해 보라고 했더니 비서실장이 언론학회와의 만찬약속에 관해서 전혀 모르는 사실이라고 잘라 말하더라고 한다. 내가 직접 비서실장을 전화로 불러 시장과 약속이 되어 있으니 확인해 보고 나에게 결과를 연락하라고 했다. 비서실장은 시장이 만찬약속 사실을 수첩에다 적어 놓았더라고 말한다. 그러면서 요즘 말이 많으니 식사를 호화로운 호텔에서 하는 것은 삼가는 것이 좋겠다고 한다. 나도 좋은 생각이라 말하고 소박하지만 알찬 집을 찾아보라고 했다. 한국일보의 박정삼 부장과 신상식 기자가 찾아와서 11월 13일 한국일보의 광주 현지인쇄 자축연을 열 예정이니 꼭 참석해 달라고 당부한다. 김대중 총재도 참석할 것이라고 한다. 낮에 회장님과 통화하면서 어제 부회장으로부터 들은 부회장의 복안이야기를 했더니 "그런 일이…"하면서 못 마땅하다는 반응이시다. 중도일보의 이웅렬 사장과 통화, 조선일보에서 윤전기를 4억여 원을 주고 사들였다고 한다.

11월 12일 (화)

2시경에 회장님으로부터 전화, 동아일보의 김병관 사장이 주말에 광주에 간다는데 무슨 연락 받았느냐고 물으신다. 나 비서에게 물었더니 동아일보 호남본부장인 김봉호 부장으로부터 그런 연락을 받고 논현동 비서실로 연락을 했다 한다. 그런 사연이라면 곧장 사장에게 보고해야 할 것 아니냐고 꾸짖었다. 회장님은 이번 16일에 대만을 가게 되어 있으니 김병관 사장이 내려가면 나더러 부사장과 함께 골프대접을 하라고 하신다. 김병관 사장에게 연락하여 회장님이 외국에 나가시게 되니 나하고 골프하자고 했더니 그러면 10시에 부킹해 놓으면 좋겠다고 한다.

조승형 의원이 전화, 오늘 모 신문사 편집국장이 인터뷰하러 왔는데 함께 온 사람들이 김 총재가 한국일보 리셉션에 나가는 것을 광주언론계가 싫어한다 하더라고 한다. 자신은 이번에 광주에 수행하지 못한다고 한다. 4시부터 노사협의회를 열어 증면문제를 논의하다.

11월 13일 (水) 김 총재와의 등석을 보이콧할 것이라고

아침회의를 하는데 회장님으로부터 전화가 왔다. 16일에 대만에 가신다는 것을 취소하고 17일 아침에 내려오셔서 김병관 사장이랑 예정해 놓은 골프에 동참하겠다고 하신다. 두 팀을 예약하기로 했다. 이정일 부회장 댁으로 전화했으나 부재중이어서 부인하고 통화하다. 편히 교수생활할 터인데 신문사 일로 고생이 많다고 위로해 준다.

조승형 의원이 전화, 어제 광주매일 편집국장이 인터뷰하러 왔는데 김대중 총재가 오늘 한국일보 리셉션에 참석하는 것을 광주 언론계가 몹시 싫어하여 광주일보, 전남일보, 무등일보가 보이콧할 것이라는 소문이 있는데 그것이 사실이라면 나더러 잘 수습해 달라고 한다. 무등일보 박 사장, MBC 김 사장, KBS 박 총국장에게 연락해서 함께 나가기로 약속했다. 나중에 윤재걸 부대변인이 나에게 전화했다. 조승형 의원으로부터 들으니 최 사장님이 협조해 줄 것이라 해서 마음놓고 있다고 말한다.

오늘 논설위원실 조효석 위원이 목포에서 전시회를 열기에 2시 30분에 허광욱 국장과 김충곤 국장과 목포 KBS방송국에 가서 조 선생의 전시회를 참관하고 5시에 테이프커팅에 동참하다. 여기에는 최향춘, 김준형 씨 등 원로들을 비롯해서 김 목포시장, 김암기 예총지회장, 배종무 목포대총장 등이 참석하다. 목포에서 5시 15분에 출발해 무등산관광호텔에는 6시 45분에 도착하다. 한국일보 리셉션에 들어가니 김대중 총재가 축사하는 중이었다. 김 총재와 한국일보 장 회장과 인사하고 그 자리에 참석한 김인곤 의원과 신기하 의원 등을 만나다. 밤 11시 30분에 김 총재를 만나려 했으나 만나지 못했다.

11월 14일 (목)

새벽에 조경석 씨가 전화, 어제 밤에 김 총재를 못 만났다고 하니 오늘 새벽에 다시 전화하라고 한다. 무등산관광호텔로 전화해 최재승 보좌관과 연결되다. 어제 밤 김 총재와 만나지 못했다고 했더니 미안하다고 한다. 어제 밤은 여러 가지 사정이 있어 도저히 틈을 얻을 수 없었다고 한다. 10시에 이정일 부회장이 도착했고, 회장님은 오후에 광주로 오실 것이라 한다. 허 국장이 광주매일로 간 정기상과 김준태를 만났는데 할 수만 있다면 전남일보로 돌아가고 싶다 하더란다.

민형배 기자가 한겨레신문으로 간다고 어제 사표를 제출했다고 해서 민 기자를 전화로 불렀으나 연결되지 않는다. 11시 30분에 민 기자가 내방으로 왔기에 한 시간 동안이나 설득했으나 기어이 가겠다고 한다. 오후에 금융증권일보의 김용수란 기자가 찾아와서 취직을 부탁한다. 목포 YMCA총무가 청소년들을 위해 강연해 달라고 해서 사절했다.

오후에 회장님이 오셨다. 지난번 부회장이 12월 초에는 자신의 복안을 단행하겠다고 했는데 나의 문제도 깨끗이 정리하는 것이 좋겠다, 그렇게 하려면 지금 임기 중에 있을 때 명예롭게 퇴임할 수 있는 명분을 마련하는 것이 나 자신을 위해서나 회장님과 부회장을 위해서나 신문사를 위해서 좋을 것 같다고 말씀드리다. 회장님은 고개를 설레설레 흔들면서 절대로 흔들리지 말고 소신껏 일해 달라고 간청하신다.

11월 15일 (금)　방콕의 잠롱보다 훌륭한 시장

회장님은 2시 50분에 비행기로 상경하시다. 부회장은 해남에서 일을 마치고 신문사에는 들르지 않고 바로 비행장으로 나갔다 한다. 오후 4시에 전남대에서 시작하는 한국언론학회 모임에 화환을 보내고 직접 참석하다. 김지운 회장, 최준, 윤회중 교수 등을 만나고 회사로 들어오다. 7시에 광주시장이 협찬하는 만찬회가 태봉갈비 집에서 열렸다. 사전에 이효계 시장이 나오는 것을 재확인하고 만찬장으로 갔더니 백여 명의 학자들이 모여 있다. 7시에 이효계 시장이 도착했는데 제 2진이 비행기가 늦어 8시 30분에 도착했다. 김지운 회장이 먼저 개회사를 하고 내가 일어나서 광주를 찾아준 회원들을 환영하면서 이 시장을 소상하게 소개했다. 이 시장이 방콕의 잠롱 시장보다도 더 훌륭한 시장이라는 사실을 일일이 근거를 대면서 소개했더니 젊은 사람들은 좀 과찬으로 여기는 것 같고 시니어들은 그대로 수긍하는 표정들이었다.

11월 16일 (금)

아침회의 마치고 회장님께 전화했더니 안 계신다. 오늘은 회장님 생신이기 때문에 가족끼리 운동 나갔다 한다. 동아일보의 김봉호 호남취재본부장에게 김 사장이 광주에 내려오면 우리 회사에 몇 시경에 방문할 것인지 알려 달라고 당부하다. 3시에 퇴근하여 저녁을 일찍 먹고 전남대로 가다. 전남대 신방과 창립축하행사에 초청받았던 것이다. 전남대 신방과의 변동현, 김민환, 김원태, 송정민, 이의정 교수 등이 반갑게 맞아준다. 변 교수의 인사말 나음에 내가 축사 겸 격려사를 하고 김민환, 이의정 교수의 말이 있었고, 창설 이후의 신방과의 활동모습을 담은 비디오 다큐멘터리를 틀었다. 9시경에 동아일보에서 내일 남광주CC에서 만나자는 연락이 왔다.

11월 17일 (일)

아침 8시 30분에 집에서 나와 화순에 있는 남광주CC에는 9시 30분에 도착하다. 회장님은 좀 전에 도착하셨고 동아일보 김병관 사장은 조금 후에 도착했다. 우리와 별도로 나온 박갑동 국장 팀은 벌써 나갔다 하고, 이홍재, 이척묵 팀은 우리팀을 위해 순서를 양보했다. 우리 쪽 팀은 회장님, 김병관 사장, 나 그리고 윤 부사장으로 짜고, 제2팀은 허광욱 국장, 동아일보의 홍인근 국장, 장 차장으로 짜서 10시에 티업했다. 첫 타구가 유연하게 맞아 관중들의 탄성과 더불어 체면을 세우다. 아웃에서 50을 쳤다. 그동안 안 친 것으로는 체면유지가 되었는데 동아일보의 김 사장 솜씨도 나와 비슷한 수준이었다. 세 번째 그늘집에서 시계를 보니 시간의 여유가 없어 플레이를 중단하고 샤워했다. 식당에서 맥주를 마시면서 조급한 상태에서 윤전기 문제를 내가 꺼내다. 회장님은 윤 부사장에게 조사된 자료를 설명하라고 지시하시다. 좀 어색한 분위기였다. 김 사장은 가격문제는 실무선으로 넘기자고 했다. 3시 30분에 김 사장은 공항으로 가다.

11월 19일 (화)

아침회의 끝에 허 국장에게 조선대 김홍명 교수의 기고가 어떻게 해서 실리게 되었는가 물었더니 머리를 긁적거리면서 문 주필이 이 부장에게 부탁해서 들어왔다고 한다. 원고내용을 읽어보고 실었느냐고 캐물으니, 실은 읽어보지도 못했다고 미안하다는 표정을 짓는다. 10시에 신입사원 6명에게 발령장을 수여하고 격려하다. 오전에 오남택 총경이 나주서에서 북부서로 전임되었다고 인사차 내사하다.

오후에 회장님이 전화, 포항방문 건이 어떻게 되었느냐고 물으신다. 지금 일정을 짜는 중이라고 했더니 시일이 촉박한데 이렇게 늑장을 부리냐고 속사포를 쏘신다. 곧이어 부사장을 불러 호통을 쳤다고 한다. 허 국장을 불러 재촉했더니 허 국장은 지난번 부회장의 말만 믿고 있다가 혼쭐났다고 놀란다. 저녁 때 민형배를 만났는데 며칠 사이에 얼굴이 반쪽이 되어있다. 저러다가 정신적으로 너무 큰 타격을 받지 않을는지 걱정된다.

11월 20일 (수)

최봉인 이사가 아침에 왔기에 서울지사 이전에 관한 보고를 아침회의를 마치고 들었다. 10시에 하계사원확장운동 성과에 대한 시상식을 회의실에서 가졌다. 좋은 성과를 올린 기획부와 5명의 사원들에게 표창장을 수여하다. 2시부터 편집국 부장회의를 소집했는데 전원이 참석했다. 전국지들이 자방침투에 혈안이 되는데 지방지들은 긴장하고 비상한 각오로 대비해야 할 것이라고 강조하다. 바르셀로나 사진취재비 부담문제를 예로 들어 우리 회사의 준비태세가 한심스럽다고 지적하다. 편집국 사원들의 주말 광양연수 시찰문제를 회장님께 전화로 보고하다.

11월 21일 (목) 민형배 기자 다시 돌아오다

한겨레신문으로 갔던 민형배 기자가 오늘부터 다시 우리 회사로 돌아왔다. 일전에 보였던 수척한 표정은 없어졌으나 고뇌의 흔적은 아직도 남아 있다. 광주일보의 김성 기자(기협 광주전남지회장)가 나 부장과 함께 찾아왔는데, 지난번 백양사에서의 세미나 텍스트도 가지고 왔다. 몽탄면 사창리에서 사는 오병옥 선배가 찾아왔다. 목고 동창인 임순길 군이 몇 번이나 전화하더니 4시경에 찾아왔다. 오랜만에 만났는데 알고 보니 몽탄면 양장리가 고향이라 한다. 자기 형님이 놀고 있으니 일자리를 알선해 달라고 한다.

11월 23일 (토)

오늘은 편집국 수련회가 있기 때문에 1시에 출발하려면 신문제작시간을 앞당겨야 한다. 그런데 한편 조선내화 계열사 임원들이 전남일보 강당에 모여서 수련회를 갖기로 되어 있다. 10시경부터 계열사임원들이 서울에서 또는 포항에서 신문사에 모여들기 시작했다. 최연식 동일상역 사장, 조덕송 고문, 최봉인 지사장 등이 내방으로 오다. 11시에 회장실에 모두 집합했기에 내가 환영사를 하고 앞으로 더욱 광고에 협조해 달라고 당부하다. 사내시찰을 시키고 11시 20분에 신양파크호텔로 옮겨서 점심을 먹었다. 2시부터 새마을 본부의 김준 선생과 김덕중, 이창우 교수 등의 강연이 7시 50분까지 계속되었다. 수련회를 끝내고 중국식당에서 저녁을 먹다. 이창우 교수가 동참했는데 술이 거나해지니까 거드름을 피우는 것이 눈에 거슬렸다. 9시 넘어 집에 돌아왔더니 허광욱 국장이 성암농장에서 편집국 수련회가 순조롭게 진행되고 있다고 전화로 보고하다.

11월 25일 (월)

오전에 이정일 부회장과 통화, 어제 밤 태국에서 돌아왔다고 한다. 수요일쯤 광주에 내려오고자 하는데, 증면문제에 관해서 각국간부들의 의견을 듣고 싶다고 한다. 점심때 재광언론사 사장들의 모임을 송죽헌에서 열었는데 오늘의 유사는 MBC이다. 김종태, 김포천, 박성섭, 박배식 사장이 나왔고 이효계 시장과 백형조 지사가 초대되어 나왔다. 다음 유사는 전남일보가 맡기로 했다. 3시 30분에 회장님이 목포에서 오셨다. 완도광산문제를 이야기하다가 우리신문의 증면문제로 화제가 옮아갔다. 업무이사가 20면 증면을 강력하게 주장한다고 했더니 그 사람, 책임도 못 지면서 떠든다고 핀잔을 주신다. 형님이 광주에 오셨다가 들르셨다.

11월 26일 (화)

아침회의에서 내일 이정일 부회장이 본사로 내려와 증면문제에 관해 각국의 의견을 듣고 싶어 하니 각기 준비하도록 지시하다. 그리고 오늘의 합동회의는 내가 참석하지 못하니 부사장이 주재하고 결과를 보고하라고 지시하다. 점심은 지하식당에서 빨리 마치고 12시 30분에 목포로 출발했다. 문 주필에게 전화했더니 오늘 성욱재단의 문화상 수상대상자 선정회의가 있다는 것을 모르고 있었다. 자기도 곧 내려가겠다고 한다. 1시 40분에 목포에 도착하다. 조효석, 배종무, 김암기, 박석기 씨 등이 모여 있다. 내가 심사를 맡은 언론분야에는 KBS 목포방송국의 이창진 부장이 신청했다. 그는 성실한 방송인이기는 하나 대상 수상자로는 미흡하다고 보기에 장려상 후보로 추천했다. 3시 40분에 목포를 출발하여 몽탄으로 갔다. 형님이 안 계시다. 염소가 배가 고픈지 계속 소리를 지르고 있다. 아마 형님이 새벽부터 출타하신 것 같다.

11월 27일 (수)　주재기자의 노조가입을 반대하다

10시에 사직체육관에서 열린 부산·광주 정 나누기 체육대회에 참석하다. 10시 반 넘어서 신문사로 돌아왔다. 강봉규 회장이 이홍재 위원과 함께 찾아오다. 강 회장이 발행하는 잡지《사람사는 이야기》를 잘 읽었다고 호평했더니 고맙다면서 점심을 함께하자고 한다. 그 잡지에 초당 김기운 선생이 강진에서 이루어 놓은 조림사업을 소개하는 것이 어떠냐고 추천했더니 매우 좋은 아이디어라고 고마워한다. 12시부터 삼화도기에서 서울대 광주동창회 이사회가 있기에 참석하다.

오후 2시부터 윤전부에서 일할 두 사람을 면접하다. 3시부터는 노사협상을 앞두고 대처방안을 논의하다. 4시부터 노사협상을 시작하다. 개회사를 통해 협조를 당부하고 금요일마다 만나되 후반에는 더 횟수를 늘려서라도 가능한 한 연말내로 매듭짓자고 하다. 주재기자들은 그들이 광고와 판매분야에서는 사업자로서 본사와 계약을 맺고 있다는 점에서 노조원으로 인정할 수 없기 때문에 노조가입에 반대했다.

11월 28일 (목)

아침회의에서 노조에 주재기자들이 가입하는 것은 인정할 수 없다는 것을 정식으로 통고하라고 지시하고, 법률전문가에게 유권해석을 구해보고, 다른 회사의 사정도 알아보라고 지시하다. 김충곤 국장이 남아서 윤전기 문제 등을 협의하다. 윤전부 사원도 2명 모두 써야 되겠다고 주장한다. 회장님과 통화, 어제의 노사협상 결과를 보고했더니 봉급인상 문제는 광주일보와 똑같이 할 수는 없으니 잘 연구해 보라고 당부하신다. 전남대 박준규 교수가 찾아와서 내일 있을 고산학회 세미나에 관해서 이야기하다. 김원자 문화부장에게 고산학회 세미나를 유의하라고 당부하다. 오후에 부사장에게 노사협상에 대한 대비를 더 철저히 시키라고 지시하다. 이 부회장에게 전화, 내일 고산학회 세미나에 참석을 권했더니 그렇게 하겠다고 한다. 박용운 회장이 내일 광주·전남 경영인클럽 조찬회에서의 강연이 있다는 것을 일깨워준다.

11월 29일 (금)　경영자협회 조찬회에서 강연하다

아침 7시 30분에 국제호텔에서 광주·전남 경영자협회에서 주최하는 연수조찬회에 강연 초청을 받고 7시 20분에 도착했다. 주최측 대표인 박용훈 회장과 송병순 광주은행장들을 만나 식사를 마치고 8시부터 강연을 시작했다. 약 60명이 참석했는데 좁은 홀이 꽉 차있다. 강연내용은 '지역사회에서의 언론의 역할'이었다. 9시 5분에 끝마치고 차 한 잔 하자는 것을 바빠서 그냥 귀사했다. 부회장이 비행기 편으로 오기로 했는데 못 오게 되었다 해서 서울로 전화했더니 몸이 불편해서 못 온다고 한다.

11시에 광주보훈병원에서 병상 3백 석 증축준공식이 있어 참석하다. 이효계 시장, 보안대 이성범 대령 등이 나와 있다. 테이프커팅만 끝내고 바로 귀사하다. 3시 30분에 전남대에서 열리는 고산학회 세미나에 참석하다. 박준규 교수와 김열규 교수를 만나다. 윤양현 선생도 나와 계신다. 윤씨 종친회를 대표해서 나오신 모양이다.

11월 30일 (토)

오후 2시에 노조의 김중태 사무국장을 불러 주재기자의 노조가입은 허용할 수 없다는 것이 확고한 회사의 방침이니 공연히 복잡하게 만들지 말고 협조하라고 경고하니 다음 회의 때 그런 방향으로 하겠다고 수긍한다. 그에 앞서 오전에 영광의 김범무 차장에게 전화로 알아보았더니 노조측에서 가입을 권유하더라고 한다. 그러나 주재기자는 사업자료서의 성격이 있어 원칙적으로 노조에 가입할 자격이 없다는 것을 알아야한다고 일깨우다.

12월 2일 (월)

노조간부인 최성국 기자를 불러서 주재기자들의 노조가입에 대한 회사의 방침을 알리고 절대로 가입을 허용할 수 없으니 다음 운영위원회에서 가입신청을 철회하도록 하라고 지시하다.

12월 3일 (화)

9시 넘어 논현동 부회장 댁으로 가 부회장과 공장건축 문제, 윤전기 도입문제, 노사협상 문제 등을 이야기하다. 부회장이 각 국실장으로부터 받아놓은 업무추진복안들을 틈나는 대로 읽어보라고 나에게 건네준다. 10시 30분에 최봉인 이사와 함께 조선내화에 들렀는데 회장님이나 이화일 사장이 모두 부재중이다. 오후에 서울지사로 가서 조 고문을 만나 한참 동안 이야기하다. 4시 넘어 경향신문에 들러 심상기 사장을 만나 월간지 광고문제를 꺼냈더니 딱 잡아뗀다. 최봉인 이사가 불쾌한 모양이다. 다시 지사에 들러 박갑동 국장, 김진원 부장을 불러 근황보고를 받고 6시경에 신사동집으로 가다.

12월 4일 (수)　　부회장이 연대책임론을 펴다

아침 9시 30분에 논현동으로 가서 부회장과 만나다. 올해 노조협상에서는 노조측이 요구하는 것이 터무니없이 많다는 것을 말한다. 그러니 이러한 불만들을 어느 정도 해소하려면 상당한 액수의 봉급인상이 불가피할 것 같다고 말하다. 부회장은 연말에 인사문제를 결말짓겠다고 하면서 문 주필과 허 국장의 복안을 받겠다고 한다.

현재의 형편으로 논설위원실은 개편의 여지가 없고, 편집국의 부장 이동도 옴짝달싹도 못할 형편이며, 아직 기자들의 인성이나 능력을 파악할 기회를 갖지 못했던 허 국장에게 구체적 인사이동안을 제출하라는 것은 무리한 일이라고 지적해 주다. 그러자 부회장은 일전에 제기한 바 있는 뚱딴지같은 회장-사장-편집국장 연대책임론을 또다시 끄집어낸다. 그리고 서울지사의 최봉인 이사와 김진원 부장을 본사로 내려보내겠다고 한다. 10시경에 회장님을 뵙고 부회장과의 대화내용을 말씀드렸더니 그 사람은 현지사정도 잘 모르면서 괜히 그런다고 가볍게 받아들이신다. 노사협상은 광주일보를 잘 알아보고 1, 2, 3안으로 정리해서 추진하고, 인원문제는 특히 신중히 고려하라고 당부하신다. 점심은 프레스센터 지하에서 언론인금고의 김중기와 함께하다. 식후에 박갑천, 한동원, 이종전 씨 등을 만나다.

12월 5일 (목)

광주국세청에서 조선내화, 로켓전지, 고려시멘트, 금광기업 등 12~13곳을 대상으로 주식이동 상황을 조사할 예정이라고 허 국장이 보고한다. 즉시 회장님에게 알려드리다. 이런 움직임에 대해서는 위에서부터 누르려 하지 말고 응하면서 대처하는 것이 좋을 것이라고 건의하다.

삼락회의 임종태 회장이 방문하여 국창근 전남도의회 의장의 폭언에 대해 항의하는 내용의 문서를 전달한다. 이미 보도했던 문제이지만 정치부장에게 참고하라고 보내다. 오후 3시부터 부사장, 홍 국장, 황 부국장, 이충훈과 노사협상에 대한 대책을 논의하다. 이내균 사장이 내일 열리는 재광 서울대동창회에 많은 회원들에게 참석토록 해달라고 한다. 아침에 목포대 서용석 교수가 서울에 다녀왔다면서 전화, 출마할 뜻이 있으니 도와 달라고 한다.

12월 6일 (금)

오전에 신기하 의원이 찾아오다. 자기의 저서를 가지고 와서 며칠 후 출판기념회를 가질 예정이라 하며 약 한 시간쯤 이야기하다가 가다. 오후 4시에 노사협상을 시작하다. 먼저 노조의 요구사항을 들었다. 노조원들로부터 받은 앙케트 결과를 모조리 담은 것이기 때문에 요구의 폭이 매우 넓다. 그들의 요구대로 올려 주려면 봉급을 40여%쯤은 올려 줘야 하는 것이다. 적자논리는 펴지 말라고 선수친다. 봉급체계도 광주일보와 같이 해 달라고 요구한다. 여러분들의 요구는 이해하지만 그렇다고 현실조건을 무시하고 일방적 요구만 한다면 시간과 정력의 낭비밖에 남는 것이 없을 것이라고 말하다. 현재 우리의 경영적자가 100억쯤 되는데 이런 상태에서 노조가 터무니없이 요구한다면 좌절밖에 얻을 것이 없으니 제발 현실을 감안하여 무리한 요구는 철회하라고 종용하다. 학자금, 부차장 수당, 고졸대우개선 등을 포함해서 작년의 인상률 정도로 해서 해결하자고 제의했다. 김중태가 펄쩍 뛰면서 반발하다. 6시부터 신양파크호텔에서 시작된 서울대 광주동창회 정기총회에 참석하다. 여성회원들이 15~16명 참석했다. 모두 60명쯤 나오다.

12월 7일 (토)

새벽 6시경에 회장님으로부터 전화가 왔다. 황 부국장더러 세무조사에 잘 대비하도록 지시해 달라 하신다. 도의회 조사단들이 완도광산에 다녀와서 발언한 내용을 알려드리다. 이내균 사장으로부터 그동안 위암으로 고생하던 고재철 동창이 어제 밤 11시 20분에 타계했다는 부음을 듣고 충격을 받다. 부고는 신문에 내지 말라고 한다. 2시경에 고재철 상가에 가니 박귀인 호남대 이사장이 호상을 보고 있다. 서울에서 윤재명 의원이 내려왔다. 저녁 먹고 11시까지 있다가 집으로 오다.

12월 9일 (월)

10시경에 경리부 민영기 부장과 봉선동 동회로 가서 인감을 새로 등록했다. 동회에는 마침 라인건설 공 회장이 나와 있어서 인사했다. 회사로 돌아가서 연하장에 사인하다. 3시경에 허 국장과 편집국의 특집부 운영문제에 관해서 협의하다. 4시에 특별상과 편집상 대상자를 선정하기 위한 인사위원회를 소집하여, 특종상에 최종경, 편집상에 나종경을 수상자로 선정하다. 부사장을 불러 차량운전 기사들의 근무자세에 문제가 있다고 지적하고 시정책을 강구하도록 지시하다. 이정일 부회장은 내일 오후 아니면 모레 광주에 오겠다고 전화하다. 저녁에 고행원이 와서 우리신문의 뉴스가치의 평가가 엉망이라고 개탄한다.

12월 10일 (화)　　소홀한 기사취급을 질책하다

아침회의 때 어제 지면의 소련 해체에 관한 기사를 너무 소홀히 취급한 데 대해서 화를 내려다 참고 허 국장에게 오늘 2시에 부장과 국장들 전원을 회의에 소집하라고 지시하다. 이정일 부회장에게 전화하니 내일 11시 비행기로 내려오겠다 한다. 인사지체 때문에 문제가 많으니 빨리 인사 보따리를 끌러 놓으라고 요구하다. 1시 가까이 되어 지하식당으로 내려가는데 오늘은 배달소년들을 소집한 날이라 식당이 만원을 이루고 있다. 2시에 편집국간부회의를 응접실에서 열었다. 허광욱 편집국장이 눈을 지긋이 감고 앉아 있다. 소련 해체에 관한 기사의 뉴스평가에 대해서는 모두가 변명의 여지없이 잘못된 것이었음을 시인한다. 그러나 이만영 부장이 이를 변명하려 들기에 반박하고 그러한 실수를 저지르게 된 것은 부국장이나 부장데스크가 그날의 뉴스버지트를 머리 속에 넣지 못했기 때문이라고 지적하다. 또한 어제 지면의 사진취급이 엉망이라는 점을 광주매일의 경우와 비교해 지적했더니 김석수 편집부장이 구시렁거린다. 밤에 회장님이 포항에서 전화, 내일 광주로 오시겠다 한다.

12월 11일 (수)

10시경에 회장님이 포항에서 광주에 도착하시다. 광주 국세청에서 주식이동상황을 조사하기 위해 두 사람이 회사로 찾아와서 황 부국장더러 자료를 달라 해서 가지고 갔다. 완도광산과 관련하여 전남도 의회에서 문제를 삼고 있다는데 회장님이 전남도청의 유 과장을 불러 문제의 진상을 알아보시면서 신문사에서도 적절히 대처하라고 당부하신다. 부회장을 기다리다가 12시 30분에 회장님과 지하식당에서 식사하는데 부회장이 도착했다. 함께 회장님 방으로 올라가서 노사협상에서의 노임인상요구에 대한 회사측의 대안을 홍 국장으로부터 브리핑받다. 네 가지 시안을 작성했는데 회장님은 그 범위 내에서 알아서 타결하라고 미루어 버리신다. 좀더 여유 있게 상한선을 두는 것을 사전 양해 받으려 했는데 조금도 여유를 허용하지 않으신다. 작성된 시안만 고집하다가는 타결이 어려울 것 같은데, 설령 타결된다 하더라도 그 결과에 있어 다른 회사와 큰 차이가 있게 되면 치열한 경쟁을 뚫고 나가는데 어려움이 있을 것이라고 우회적으로 의견을 말하다. 부회장은 4시경에 해남으로 내려가고, 회장님은 5시경에 상경하셨다.

12월 12일 (목)

아침회의에서 허 국장에게 군관계 기사를 소홀히 다루지 말라고 당부하고 상무대 매입에 관련된 기사를 작성해서 안기부 쪽의 반응을 귀띔해 주면서 조심스럽게 취급하라고 하다. 간밤에 박봉열 차장에게 신형식 씨의 빈소에 조화를 보내라고 전화했는데 꽃이 없어서 조의금으로 10만 원을 보냈다고 총무국장이 보고한다. 이정일 부회장이 10시 30분에 목포에서 도착했는데 아래층을 돌아보느라고 8층에는 12시가 되어서 올라오다. 서울지사의 최봉인 이사가 내려왔다.

오늘은 이 부회장이 46회 생일이라 간부들을 코리아나호텔에 초청해 축하회식을 하다. 이 부회장, 윤 부사장, 문 주필, 이상호, 이광현, 김충곤, 허광욱, 홍석우, 화호렬, 오세성, 이홍재 등이 참석하다. 내가 부회장의 건강회복과 생일을 축하하는 축배를 제의하다. 부회장은 정계진출에 대한 화제를 꺼내면서 모레 내려와 다시 재론하자고 한다. 2시부터 내일 있을 노사협상에서의 사측제안에 관해 협의했다. 막 바로 계수를 제시하는 것은 어색하니 먼저 몇 가지 방향을 제시하고 회사의 경영상태의 설명과 더불어 총액을 제시하여 협상을 유도하기로 했다.

12월 13일 (금) 9% 봉급인상안을 제의하다

아침에 회장님과 통화, 광주 국세청에서 서울 신탁은행에 조선내화에 관한 자료를 제출할 것을 요청했다는 사실을 보고하다. 광주일보의 김종태 사장과 통화하여 이 달의 언론사 사장들의 오찬모임을 12월 26일에 하기로 합의하고 이를 김포천, 박배식 사장에게 연락하다. 오전 중은 연하장에 서명하는데 상당한 시간을 보내다.

오후 4시부터 노사협상을 시작하다. 첫연설을 통해서 우리 사원들은 타사와 비교해서 대우를 제대로 못 받는다고 막연히 생각하는 것 같은데 이는 사실과 다르다고 말하다. 다만 학자금을 지급하지 못하는 사실과 부차장급에 대한 봉급과 고졸출신에 대한 봉급이 다소 낮다는 것은 인정한다. 이런 점은 이번 협상에서 모두 보완하겠다, 그러나 회사의 경영상태가 적자를 면치 못하고 있으니 봉급인상은 총액으로 9% 인상하는 선에서 해결하려 한다고 한계를 분명히 밝혔다. 그리고 호봉제를 바꾸지 않을 것이며 제수당을 세분하지 않으며 상여금도 변경이 없을 것임을 분명히 했다. 앞으로 협상을 주 2회로하고 수시로 간사회의를 하기로 합의했다.

안기부차장이 부사장에게 전화로 상무대 관련기사를 놓고 그럴 수가 있느냐고 섭섭함을 표명하더라고 한다. 송문호 지부장에게 전화해서 우리 입장을 해명했더니 오늘의 지면에 나온 남북합의문에 대한 반응기사가 편향되었다고 불평한다.

12월 14일 (토) 정계진출에 대한 의견을 제시하다

아침회의에서 어제 사회면 머리기사로 다룬 남북합의서에 대한 이 지역의견 반응이 너무 비판적이고 편향되었다는 불평이 들려온다고 지적하고 앞으로 부회장의 정계진출 문제도 있으니 균형을 유지하는데 힘써 달라고 당부하다. 10시경에 부회장이 공로로 도착하다. 부회장 방으로 가서 지난번 안기부지부장의 불평과 우리 지면에 관련된 문제들을 이야기했더니 오늘 점심을 안기부지부장과 함께하기로 했다고 한다. 그리고 서울 회장님께 전화하여 현금 5백만 원을 보내 주시도록 말씀드려 달라고 한다. 부회장과 부사장은 제2공장 건축문제를 논의하고 나는 편집국장, 주필을 만나 제작관계를 의논하다. 또 나주에서 전남일보 불매운동이 일어났다고 익범 동생으로부터 전해 듣고 허 국장에게 경위를 알아서 보고하라고 지시하다.

2시부터 부회장의 정계진출 문제를 놓고 간부들과 간담회를 갖다. 이 자리에는 부회장, 부사장, 문주필, 오세성 부국장, 허광욱 국장, 이만영 부장이 참석하다. 문 주필은 부회장의 정계진출이 신문에 영향이 있으며, 민자당 전국구도 확실치 않으니 앞으로 4년간 기다리면서 신문사를 책임맡아 이 지역에서의 신망을 쌓으라고 권하다. 이만영 부장은 타이밍이 아주 좋으니 이번이 정계진출할 적기라고 의견을 제시한다. 부사장과 허 국장, 오 부국장 등은 지역구는 당선가능성이 희박하니 전국구로 진출하라고 권하다. 나는 부회장이 정계에 진출하면 신문은 상당한 영향을 받을 것이 뻔하지만 부회장은 정계가 적성에 맞는 데다가 누가 말린다고 들은 사람도 아니니 소신대로 뜻을 세워 보라고 하다.

12월 17일 (화)

김충곤 국장이 내일 서울에 출장가겠다고 한다. 윤전기점검 문제를 일본기술자들과 협의할 필요가 있다는 것이다. 오후 3시에 남도 예술회관에서 염제장학금 수여식에 참석했다. 이효계 시장, 안준 교육감, 박진동 광주일보 고문, 김포천 사장, 한영준 국장 등이 나와 있다. 1천 8백여 명에게 2억여 원의 장학금을 수여한다니 대단하다. 이연술 회장이 인사말을 읽는데 매우 어색한 모습이다. 하지만 배우지 못한 그 분의 소박한 성격이 부각되어 인상적이다. 이 시장이 격려사를 즉석연설로 하는데 한편의 인간드라마라고 평하면서 감동적 어조로 이 회장을 칭찬한다. 6시에 코리아나호텔에서 산경회의 송년회가 있었다.

12월 19일 (목) 신년특집을 위한 지침을 주다

오늘 회사에서 노사협상이 있어서 오후 3시에 목포에서 있을 성옥문화상 시상식에는 참석하지 못하겠다고 회장님에게 미리 양해를 구하다. 2시에 허 국장과 오 부국장을 불러 신년특집 계획에 대해 보고받다. 여러 가지 계획을 세우느라고 수고했지만 제시한 계획에는 초점이 없고 짜임새가 흐리다고 지적하고, 신년특집의 기본은 새해를 맞이해서 희망을 제시하고 우리의 환경이 어떻게 변할 것인가를 풀어 주어야 한다, 내년에 예견되는 큰 문제로서는 통일, 선거, 경제, UR인데 우리의 특집에서는 선거에 편중되어 있고, 그것도 4개의 선거 중에서 총선에 집중되어 있어 좀더 균형을 취하도록 재조정하고, 통일에 대한 것을 더 보충해야겠으며, 독자조사도 선거에 국한하지 말고 중요문제를 모두 포함시키도록 하라고 지시하다.

4시부터 노사협상을 시작하다. 간사회의에서 어느 정도 진전이 있었고 회사측 입장을 이해한 것으로 알고 있었는데, 노조측에서는 아직 회사측에서 제시한 고졸출신 부분을 어떻게 조정할 것인가를 정하지 못하였다. 급여체계를 광주일보 것으로 맞추어 달라고 강력하게 주장하고 있어서 우리의 체계가 결코 부실한 것이 아니니 만약 노조측에서 불만이 있다면 제시한 기본 틀을 깨지 않는 범위 내에서 보완토록 해야 한다고 말해 두다.

12월 20일 (금) 노조의 무단퇴장을 꾸짖다

지하식당에서 점심하고 전남발전연구원의 개원식이 1시에 있다고 보도되었기에 화분을 보내라 하고 2시 30분부터 도청회의실에서 열린 리셉션에 참석하다. 리셉션에서 조규하 지사를 만나 26일 우리가 주최하는 오찬에 나오겠다는 약속을 받다. 국창근 도의회의장이 나를 보더니 그동안 찾아보지 못해 죄송하다고 인사한다.

4시부터 노사협상을 시작하다. 이번 협상에는 한계가 있다는 이야기를 하려고 우리 회사의 재정상태를 설명하기 시작했는데 돌연 노조위원장이 협상을 거부해 퇴장하고 이어 사무국장인 이화경도 퇴장한다. 못된 버릇을 고쳐야겠다고 기다리고 있었더니 10여 분 후에 전원이 들어오고 위원장이 다가와 고개 숙여 사과한다. 회사측 수석대표의 발언 도중 퇴장한다는 것은 대화자체를 거부하는 것이고 노조대표로서의 의무를 포기한 것이며 인간사회에서 지켜야 할 기본예절에 위배되는 것이라고 크게 호통치다. 노조측으로부터 정중한 사과를 받고 다시 회사의 입장을 설명하다. 노조측에서는 두당 10만 원씩 올려 달라고 요구한다.

12월 21일 (토) 최이사가 회의 도중 퇴장하다

오후에 회장님과 부회장이 합석한 가운데 총무국, 업무국, 광고국, 편집국, 논설위원실, 제작국 순으로 업무보고를 하다. 광고국 보고중에 내가 서울지사의 내년도 목표액을 대뜸 75%나 높게 잡은 대목을 지적하고 별다른 지원이 없이 박 국장 팀에게만 맡긴다면 달성하기 어려울 것 아닌가 하고 지적했더니 최 지사장이 과중한 책정이라고 불평을 늘어놓는다. 회장님이 지사장의 광고에 대한 태도가 너무 무성의하다고 지적하시고 일일이 추궁하자 최 이사는 처음에는 참고 있다가 차츰 어조를 높여 항변하더니 마침내 이런 직장은 그만두겠다고 자리에서 일어나 나가버린다. 퇴장하는 최 이사에게 큰 소리로 남으라면서 붙잡으려 했으나 최 이사도 극도로 흥분상태에 있었기 때문에 들은 척도 않고 나가버린다. 데려오라 했더니 벌써 회사 밖으로 나가버렸다고 한다. 보고회는 저녁 8시에 끝내고 전원이 기흥식당에서 식사하다.

12월 22일 (일)

오늘은 회장님을 모시고 골프하기로 약속되어 있다. 회장님, 부회장, 부사장, 허 국장, 오 부국장, 홍 국장, 이척묵 국장, 이만영 부장, 이홍재 위원 등이 참석하여 클럽하우스에서 식사하고 8시에 티업했다.

12시 30분에 골프경기는 끝내고 점심후 회사로 돌아와서 회장님, 부회장, 부사장, 홍 국장과 경영계획을 검토하다. 김종효 부장이 기다리고 있다가 보고하다. 금년도의 경영실적은 양호하고 앞으로의 계획도 괜찮게 짜여진 것으로 평가했다. 그런데 계획에 의하면 내년도 자금부족이 39억으로 나와 있다. 부회장이 이 부족자금을 어떻게 조달할 것인지 회장님의 지침을 주시하라고 했다. 회장님은 은행융자를 알아보고 목포에 있는 땅과 광주에 있는 땅을 처분해서 조달하라고 하신다. 부회장이 회장님의 지시하신 대로 은행융자나 땅의 매도가 여의치 않다면 어떻게 할 것인가를 꼬치꼬치 따져가니 회장님이 화를 내시며 나에게 사장의 방안을 제시하라고 하신다. 회장님의 지시대로 해보는 수밖에 다른 방도는 생각나지 않는다고 말했다.

12월 23일 (월)

어제 최봉인 이사가 자리를 박차고 떠난 후 궁금해서 아침회의를 끝내고 서울 지사로 전화했더니 최 이사로부터 10시 20분에 출근하겠다는 연락이 있었다고 한다. 11시경에 최 이사로부터 전화, 목포에서 간밤에 서울로 올라왔다 한다. 대단히 죄송하다고 말하면서 목포로 가서 만난 몇 사람들에게 자기가 전남일보를 사퇴했다고 말했다 한다. 본사에 다시 들러 인사하고 오려 했으니 서울에서 먼저 정리하고 2~3일 후에 광주로 내려가서 작별인사를 하겠다고 한다. 그날 최 이사의 회장님의 말씀에 대한 반응이 너무 과격해서 무조건 만류하기도 어렵게 되었다고 말하고 최 이사 자신도 계속 근무할 생각을 버린 것 같으니 회장님에게 용서하라고 권할 생각도 없다고 잘라 말했다. 그러니 신문사를 그만둔다 하더라고 앞으로의 처세를 위해서도 언동에 신중해야 할 것이라고 충고하다. 홧김에 불평을 확 쏟아버린다면 다소 위안이 될는지는 모르지만 최 이사 자신의 인격에 손실이 클 것을 명심해야 할 것이라고 타이르다. 2시부터 제병협동교육본부장의 취임식에 참석하기 위해 상무대로 가다. 식후 본부장 방에서 다과회가 있다는데 그냥 돌아오다. 6시에 그랜드호텔에서 윤재걸 씨의 시사칼럼집 출판 축하연에 참석했다.

12월 24일 (화)

점심 후에 허광욱 국장을 내 방으로 데리고 와서 편집국 인사구상을 어떻게 하느냐를 알아봤다. 이홍재를 부국장으로 하고 손정연을 논설위원으로 보내고 김진원을 경제부장, 고행원을 사회부장, 나의갑을 교육체육부장, 김석수를 편집부장으로 했으면 좋겠다고 제시한다. 부회장과 전화, 서울지사에 근무하는 정 기사의 발령을 아직도 보류하고 있는데 벌써 10월 20일부터 근무하고 있는 중이라 한다. 그렇다면 발령장을 내주고 월급을 지불하라고 지시하다. 최 이사가 서울지사에 마침 나와 있기에 목포에서나 서울에서 좋지 않은 소리가 들려오는데 언동을 각별히 조심하라고 재차 촉구하다. 그렇게 하겠다고 다짐한다. 회장님과 카폰으로 연결, 조덕송 고문의 상여금 문제를 말씀드렸더니 내년에나 시행할 일이니 나중에 광주에 내려가서 협의하겠다고 하신다. 오늘 3억을 송금받았는데 나머지 1억 3천은 광주금고에서 조달하겠다고 보고하다.

12월 26일 (목)　사모님 병환이 무거운 것 같다

회장님은 사모님이 서울대병원에 입원하여 아침부터 그 쪽으로 나가셨다 한다. 이효계 시장이 오늘 우리가 유사로 소집한 재광 언론사 사장 모임에 참석하지 못하겠냐고 연락하다. 오늘 모임을 위해 11시 50분에 코리아나호텔로 갔다. 한영준 국장이 기다리고 있다. 김종태, 박성섭, 김포천 사장이 오고, 좀 늦게 백형조 지사가 들어왔다. 오찬이 끝나고 백 지사를 먼저 보내고 언론사 사장들은 남아서 광주매일을 가입시킬 것인지 여부를 논의했다. 결국 한 1년쯤 경과를 보고 신문협회에 가입하는 것을 보고 권유하기로 했다. 그리고 각사의 노사협상을 통해서 봉급을 몇 퍼센트 올리기로 했는지 물어보았더니 김종태 사장은 현재의 봉급에서 10%넘게 봉급을 올릴 수는 없고 상여금도 올릴 수 없다고 말한다. 그렇다면 그 선을 꼭 지키라고 당부했다. 오후에 목포의 정준철과 서신배가 찾아와서 우리 목포지사의 정 기자가 못되게 굴어 불매운동을 벌일 움직임이 있다고 귀띔한다.

3시부터 노사협상을 시작하다. 노조에서 제의하는 10만 원 인상을 받아들인다면 총체적으로는 20%의 인상이 되니 받아들일 수 없고 9% 선에서 검토해 보라고 했더니 협상은 결렬된 것이라고 노조측에서 일방적으로 선언하고 퇴장해 버렸다. 얼마 후 노조측에서 다시 들어와서 사과하고 협상을 속개했으나 합의에 실패하고 연초에 다시 논의하기로 하고 산회했다. 저녁에 교통사고로 남광병원에 입원중인 최시영 차장을 위문하다.

12월 27일 (금)

전화로 회장님에게 어제의 노사협상 결과를 보고하고 서울 부회장댁의 기사채용 문제, 신년사 작성문제, 양춘관 처리문제 등을 보고하다. 양춘관 문제는 과중하게 처리하지 말았으면 하신다. 오후에 노조의 이진영 위원장과 김중태 사무국장을 오라고 했더니 협상기간에는 정식안건의 논의가 아니면 만나지 않는다는 대답이다. 전화로 호통을 치고 당장 올라오라고 했다. 이윽고 찾아왔기에 사장과 사원간에 만나는데 무슨 금기가 있을 수 있느냐고 따졌다. 내일 노조총회를 연다는 말이 있는데 그렇게 되면 말이 많아 집행부 입장만 더 어려워질 수 있다, 회사의 사정을 무시하고 일방적 요구만 관철하려 한다면 아무것도 해결되지 못하고 결국 해사행위로 간주될 수도 있으니 경솔한 짓 말고 9% 선에서 명분을 살릴 수 있는 방법을 모색해 보라고 종용했다. 6시 30분부터 광주·전남 기자협회에서 주는 "올해의 기자상" 시상식에 참석하다. 광주시장, 전남도지사, 김종태 사장 등이 참석했다. 대상과 금상을 모두 전남일보가 수상했기에 흐뭇했다. 7시 30분에 문예회관에서 열린 송년음악회에 참석하고 9시에 리셉션에 참석하다.

12월 30일 (월)

10시경에 부사장, 홍 국장과 1월분 예산안을 심의하다. 11시경에 김영진 의원이 찾아왔다. 응접실에서 한 30분가량 이야기하다. 뛰어나게 활발한 의정활동을 칭찬했더니 전남일보의 힘을 많이 입었다고 고마워한다. 논설위원실과 제작국을 돌아보다. 12시에 내방으로 돌아왔는데 부사장은 외출했고 이광현 이사도 방금 나갔다 한다. 오후에 서울지사에 전화했더니 최봉인 군이 사무소에 와 있다. 부회장과 만났는데 신년에 회장님 댁에 함께 가서 사과드리자고 하더란다. 6시가 못되어 노조에서 단합대회를 한답시고 농악을 쿵쾅거리면서 요란하다.

12월 31일 (화)

아침회의 마치고 회장님과 통화, 오늘 종무식이 끝나면 올라갈까 한다고 하였더니 사모님이 편찮으셔서 이번 신년에는 세배를 받지 않겠다고 하면서 광주에서 일을 잘 봐 달라고 하신다. 부회장에게 전화했더니 어머님이 오늘 저녁때 퇴원하실 거라고 한다. 총무국장에게 쾌유를 비는 난분과 과일을 사 놓으라고 지시하다. 1시 30분에 편집국 사원들이 9층에서 송년회를 하기에 그 자리에 나아가 지난 1년 동안의 노고를 치하하고 건배를 올리다. 이어 제작국, 광고국, 총무국, 그리고 업무국 순으로 찾아다니며 격려하고 건배하다. 3시 30분에 이광현을 동승시켜 서울로 출발하다. 중부고속도로로 갔는데 도중에 전혀 막힘이 없이 3시간 남짓 걸려 서울에 도착했다.

1992년: 社勢의 安定과 地方記事 優先主義

창간 후 4년째로 접어든 1992년에도 초기의 만성적자 상태를 벗어나지는 못했지만 편집, 보급, 광고 등, 모든 분야에서 어느 정도 안정을 찾을 수 있었다. 기자들의 기사취재나 기사작성 능력이 상당히 향상되었고 빈번한 보급확장 노력으로 목표부수를 확보하게 되었으며 아파트 건축의 붐을 타고 광고의 수주가 제법 활성을 띠었다.

중앙지들이 지방에서의 현지인쇄와 더불어 지방침투를 강화함에 따라 지방지들도 지방뉴스를 중요시하지 않을 수 없었다. 창간 초부터 '지방기사 우선주의'를 지켜오던 전남일보는 6월 중순 무렵에는 거의 매일같이 지방기사를 제 1면 탑으로 올리곤 했다.

광주일보가 4월 20일 창간기념일부터 증면을 단행하여 앞질러 나가자 광주의 여타 일간지들은 바짝 긴장하지 않을 수 없었다. 전남일보도 연일 간부회의를 열고 대책을 논의했으나 더 이상의 증면경쟁은 아무런 실익이 없는 무모한 짓이라고 결론짓고 주 3회 20면 발행을 유지했다.

한편 예민한 촉각을 지닌 전남일보 노조가 회사의 모든 움직임에 결코 눈을 감지 않았다. 6월 25일에 목포지방법원의 한 판사가 목포경찰의 현직 서장을 고발한 사건이 발생했다. 이 사건에 대한 보도가 지연되자 편집에 대한 외부의 압력이 있었다고 노조에서 크게 반발하였고, 또한 결혼한 여성 수습기자의 임명이 보류되자 노조의 항의가 끈질기게 이이졌다.

1월 1일 (수)

새벽에 일어나 아이들로부터 세배를 받고, 사모님(회장님의 부인) 병환 문안차 병원에 들렀다. 회장님과 이화일 사장 부부가 와 있다. 사모님과 회장님께 위문의 말씀을 올리고 잠시 회장님께 편집국 인사 문제를 보고하다.

1월 2일 (목)

새벽 6시 30분에 서울집을 출발, 광주에 도착하니 10시 20분이다. 최옥수가 신년인사차 광주집으로 찾아오다. 조기포 동창이 전화, 이번에 평민당 무안지구 조직책 후보로 시청했다고 한다. 저녁에 최봉인 이사로부터 전화, 갑자기 목포에 조문갔다 왔는데 그동안에 나에게 전화가 왔다 해서 걸었다는 것이다. 회장님에게는 지난 31일에 찾아가서 사과말씀을 올렸다고 한다. 부회장과 여러 가지 이야기가 오고갔는데, 경솔하게 사표 내지 말고 함께 일하자고 하더란다.

1월 3일 (금)　　합동 신년하례식에 참석하다

간부들을 데리고 회장님 방으로 가서 인사한 후 단 둘이 앉아서 노임협상 경과를 보고하고 노임문제에 대한 나의 소감을 말씀드렸다. 농촌에서 농사지을 때도 적기에 시비(施肥)해야 효과가 있듯이 회사운영에서도 적기에 노임을 올려 주어야 그 효과를 극대화시키는 것이 아니겠느냐는 생각이 든다고 말을 꺼내다. 지금 우리 언론계는 아시다시피 무거운 경쟁을 벌이는 중인데 이 경쟁을 이겨내려면 사원들의 가슴 속에 뜨거운 애사심이 용솟음쳐야 합니다, 그러자면 모든 사원들이 회장님을 자랑하고 회사를 사랑하는 마음을 일으키게 해야 하는데 월급에 불만이 쌓여 있다면 어찌 그런 마음이 생길 수 있겠습니까, 그래서 이번에 15% 정도는 올려주는 것이 좋을 것 같다고 표명했더니 아무 말씀을 안 하시지만 다소 수긍하는 듯하다.

11시에 광주상공회의소에서 기관장 합동 신년하례식에 회장님을 모시고 부사장과 동행했다. 약 800명이 모인지라 홀 안은 빽빽하다. 12시 30분에 부회장이 서울에서 도착했다. 지하식당에서 함께 점심하고 3시에 강당에서 시무식이 있었다. 회장님의 신년사 다음에 나의 인사말이 이어졌다. 마련한 원고를 보고 또박또박 읽었더니 다소 호소력이 있는 듯한 반응이다. 이어서 특종상, 편집상을 수여하다. 오후에 편집국의 인사이동을 발표하다. 밤에 임광기 기자가 전화, 노조 편집국지회에서 오늘의 인사내용에 불만을 품고 편집국장 해임안을 거론하고 있다고 한다.

1월 7일 (화)　최봉인 이사 사표를 제출하다

여수의 박일출 시장이 전남도 본부의 상수도본부장으로 오게 되었다고 인사차 찾아왔다. 광주지방병무청의 이채우 청장이 서울로 전임되었다고 인사차 내사했다. 11시 30분에 이정일 부회장이 비행기 편으로 내려오다. 최봉인 이사가 오늘 내려와서 사표를 제출하겠다 했으니 내일쯤 새 서울지사장을 지상에 발표하겠다고 했다. 그랬더니 박갑동 국장을 편의상 이사로 승진시키는 것은 몰라도 지사장으로 발령하는 것은 동의할 수 없다고 이정일 부회장이 이의를 제기한다. 회사의 사정상 서울지사를 비어 놓을 수는 없으니 다른 대안이 있으면 제시하라고 했더니 자기는 반대하니 회장님과 협의해서 시행하라고만 한다. 오후에 최 이사가 서울에서 내려와 사표를 제출하다. 목포에서 신문발행을 준비중이라는 말이 들리는데 진행상황은 어떠냐고 물었더니 구체적인 것은 말하지 않고 서울에 준비사무실만 마련했다고 한다. 매우 어려운 사업이니 작은 규모로 시작하라고 권하다.

3시부터 노사협상을 시작하다. 직책수당을 주고 봉급을 일괄해서 4만 원 인상하는 안을 제기했더니, 진일보한 제안으로 받아들이면서 상여금 600%와 일괄 8만 원 인상안을 대안으로 제시해온다. 다시 회사사정을 설명하면서 제시한 안이 성의껏 내놓은 것이니 노조원들을 설득해서 마무리하도록 당부하다. 이 이상 요구한다면 마치 총을 대고 강탈하는 것이나 다름없으니 지성인들답게 잘 판단해서 마무리하자고 했다. 늦은 시간에 회장님이 전화했다, 걱정이 되시는 모양이다.

1월 8일 (수) 구체적 편집지침을 제시하다

부회장이 10시경에 출근했다. 박갑동 국장을 서울지사장으로 발령하는 것은 반대하지만 이사승진은 동의했는데 그렇다면 지사장발령은 아마도 최봉인 이사에 대한 배려 때문이라 생각되니 당분간 보류하기로 하고 이사승진 발령은 당장 하겠다고 했더니 그것도 자기는 동의하지 않는다고 한걸음 더 물러났다. 그렇다면 다른 대안이 있는 모양인데 제시하라고 하니 그저 사장이 회장과 협의해서 발령하라고 한다. 정 그렇다면 발령자체를 보류할 것이니 대안을 생각해 보라고 했다. 제작국으로 내려 가보니 오늘의 지면제작은 순조롭게 진행되고 있다. 노조의 대자보를 보니 내용을 상당히 신중하게 정리한 것이었다.

2시부터 편집국 부장회의를 소집하다. 이번에 일부 인사이동이 불가피했음을 설명하고 나 부장, 김석수 부장, 김진원 부국장의 노고에 대해 치하하고 앞으로의 방향에 지침을 제시하다. 보수니 혁신이니 구별할 것이 아니라 우리의 환경변화를 과장이나 과소평가 없이 있는 그대로 제시해야 할 것이며, 농민문제나 전교조문제도 사실을 죽이지 말고 과장 없이 보도해야 할 것이며, 기자들의 주관적이고 편향적이고 선동적인 기명기사는 삼가라고 지시했다. 그리고 노사협상에 대해서는 회사의 실정을 이해하고 적극 협조하는 자세를 보이도록 요청했다. 오후에 조경석 씨가 찾아와서 목포에서 민선시장에 출마할 뜻을 비친다. 저녁을 함께하고 공항까지 바래다주었다. 최봉인 이사가 늦게 왔기에 다음에 회식하자고 했다.

1월 9일 (목)

오후 3시에 윤전부 박동규를 징계하기 위한 인사위원회를 열었다. 부사장, 이상호, 이광현, 김 제작국장이 참석했다. 김 국장의 설명을 들어보니 파면감이다. 박동규를 직접 불러 소명할 기회를 주었는데 자신의 잘못을 시인하고 용서를 빈다. 그러나 참석자들의 의견은 사원으로서 수용할 수 없다는 데 일치했다. 파면까지는 가혹하니 3개월간의 정직처분을 내리자고 해서 그렇게 했다.

오후에 이홍재 위원을 불렀더니 아직도 인사에 대한 불만이 남아 있었다. 정치, 경제, 사회 등 중요한 분야는 모두 오 부국장에게 맡기고 자기에게는 문화와 편집, 조사 등을 맡겼다는 데 불만이었다. 진에 최하림 부국장에게는 정치면을 맡겼는데 그것마저도 맡기지 않았다고 불만이었다.

1월 10일 (금) 신춘문예 당선작을 시상하다

2시에 신춘문예당선작 수상식이 있었다. 허광욱 국장, 오세성 부국장, 김원자 부장이 배석한 가운데 소설, 시, 희곡 분야의 3명의 입상자들에게 상패와 부상을 전달하고 격려하다. 4시 20분 비행기로 상경하다. 프레스센터에 5시 50분에 도착하다. 관훈클럽 방에서 유일연, 정인양 씨를 만나 이야기하다가 19층으로 올라갔다. 김대중, 김영삼, 박철언, 남재희, 박권상, 남시욱, 문도빈, 김진현, 유혁인, 정광모 등을 만나다.

1월 11일 (토)

문 주필에게 어제의 사설에 오자가 3개나 있었다고 지적하고 교열부에 주의를 촉구하라고 말하다. 서울대 동창 박종학이 찾아와서 점심을 함께 하다. 1시 50분에 우리 회사에서 주최하는 어린이들을 위한 무대극을 감상하기 위해 문예회관으로 가다. 김의경 사장과 김정호 교수가 있기에 함께 들어가서 〈피터팬〉을 구경하다. 어린애들의 환상을 자극하고 만족시키기에 충분하다. 무대와 객석의 호흡이 잘 맞는다. 오늘은 관객의 수효가 상당히 많다.

1월 13일 (월)

아침회의가 끝나자 이홍재 부국장이 신복진 부국장을 통해서 사표를 전해왔다고 허광욱 편집국장이 보고한다. 광주매일로 가는 것 같다고 한다. 윤 부사장도 낌새를 전혀 못차렸다고 한다. 편집국에서의 업무분담에 불만이 있었던 것 같다. 광주체신청 조보준 청장이 서울로 전임되었다고 인사차 방문했다. 2시경에 광주매일의 김효중 사장이 신문협회가입을 위한 추천장을 받기 위해 찾아왔다. 고재철 회장이 아직 신문을 잘 모르는 처지라 김 사장의 입장도 어렵다고 한다. 이홍재의 입사문제는 아직 보고받지 못했다고 한다. 3시경에 회장님이 오셨기에 김 사장을 회장님에게 인사시키고 추천서에 도장을 받도록 하다. 회장님은 김 사장에게 앞으로는 더 이상의 스카우트를 하지 말라고 당부하신다. 회장님과 최 이사의 사임발령 문제와 차량처리 문제를 협의하다.

1월 14일 (화)

최봉인 서울지사장의 사임발령을 지상에 게재하도록 했다. 회장님은 부재중이시고 부회장과 통화, 이홍재가 광주매일로 간다는 사실을 알렸더니 사전에 아무런 연락도 없었다면서 언짢은 눈치이다. 새벽에 이홍재와 통화하고 오늘 10시에 만나기로 했는데 아무런 연락도 없다. 2시에 노사협상에 앞서 대책회의를 가진 후 4시부터 노사협상 제 8차 회의를 시작하다. 노조측에서 제출한 안건을 보니 지난번보다 오히려 더 많은 것을 요구한다. 상여금 600%를 요구하고 봉급을 일괄해서 4만 원에다 6% 정률인상과, 사건, 위험, 군경력 수당 등을 계속 요구한다. 지난번에 제시한 회사안이 최종안이니 10%이내에서 조정작업을 해보라고 했더니 협상을 포기할 것 같은 반응이다. 간사회의에서 다음 회의일자를 정하기로 했다. 김옥두 의원과 통화하다.

1월 15일 (수)　　홍 변호사에게 변명의 기회를 주다

아침회의에서 일제 때 소학생들을 여자정신대로 끌고 갔다는 연합

통신 기사를 광주일보에서는 크게 취급했는데 왜 우리는 빠트렸는지 추궁하다. 홍남순 변호사가 지난번 노 대통령이 기자회견에서 자치단체장 선거를 연기하겠다고 언급한 데 대한 반응기사에서 자신의 의견이 잘 못 전달되었으니 해명하는 기사를 게재해 달라고 해서 거절했던 것이다. 그랬더니 홍 변호사가 서울의 이 부회장에게 연락했는지 간밤 11시경에 부회장이 좌담기사를 만들어 홍 변호사에게 변명할 기회를 주었으면 하더란 것이다. 좀 불쾌한 일이다. 곧바로 홍 변호사에게 전화를 넣었다. 그때 보도된 홍 선생의 반응은 의외이기는 하나 소신 있는 의견으로 평가되는데 이를 번복한다면 오히려 이상하지 않느냐 했더니 자꾸 자기변명만 되풀이한다. 정 그렇다면 홍 선생의 입장을 존중해서 해명할 기회를 드리겠다고 했다.

회장님에게 전화, 어제의 노사협상에서 노조가 제기한 요구조건과 협상경위를 설명 드렸더니 신중히 대안을 마련해 보라고 당부하신다. 오후에 광주일보를 보니 여자정신대 기사를 제1면 머리기사로 다루었다. 우리도 인쇄 도중에 개판하여 4만 부쯤 찍었다. 2시경에 허광욱 편집국장, 오세성 부국장을 불러놓고 연일 패배한 데 대해서 호되게 질책했다. 마땅히 편집국 석회(夕會)에서 논의되었어야 할 것 아닌가 하고 따졌다. 그리고 새로운 취재시스템을 구상하도록 지시하다. 홍남순 변호사가 자기입장을 밝힐 수 있는 좌담회를 마련해준 데 대해서 고맙다고 좌담회를 마친 후에 인사차 왔다. 6시에 송죽헌에서 광주시장이 초청하는 만찬회가 있었다.

1월 16일 (목)

점심 먹고 약 1시간 남짓 운전연습을 하고 돌아오니 회장님으로부터 전화가 왔었다고 한다. 회장님에게 전화했더니 평통의 홍성철 수석부의장과 송한호 총장이 광주에 내려가니 인터뷰기사를 실어주었으면 하신다. 허 국장에게 취재를 지시하도록 연락하다. 그리고 일요일에 골프하자고 하셔서 남광주CC에 부킹하고 허 국장과 오 부국장에게 동참하도록 연락하다. 6시 30분에 무등산관광호텔에서 기아차의 김선홍 회장이 초청하는 만찬회가 있었다. MBC 교양강좌 연사로 내려온 길에 이곳 기관장들과 만나보자는 것이란다. 중국식당에서 김 회장이 기아와 아시아 자동차회사의 배경과 현황을 자세히 설명하고 이 지역의 경제에 관한 자신의 견해를 피력했다.

1월 17일 (금)

회의 끝내고 나니 박갑동 국장이 전화한다. 어제 회장님 뵙고 광고관계를 보고하고 운전기사를 달라고 했더니 사장과 협의하라고 하시더란다. 본인이 충분한 운전능력을 가지고 있으면서 따로 기사를 달라고 하니 그런 팔자 좋은 소리는 접어두라고 했다. 부사장과 홍 국장과 노사 간사회의를 위한 대책을 논의했다. 지난번에 제시한 회사측 입장을 약간 재조정하고 노조의 요구를 최대한 압축시키기로 했다. 사장의 태도가 절충의 여지가 없으니 당분간 그 선에서 연장시킬 수밖에 없다고 버티기로 했다. 그리고 다음 월요일에 필요하다면 회장님 모시고 새로운 선을 모색해 보기로 했다. 안기부 소속인 박왕규 공사가 주영대사관으로 전임하게 되었다고 전화했다. 영국의 데일리 미러의 로드 밀러 회장의 부인이 우리나라 교포인데 자기와는 친교가 있다고 자랑한다. 한국일보의 정경희 씨와 통화, 얼마 전 기아차의 김선홍 회장이 광주에 왔다간 이야기를 하다. 그는 김 사장과 동창이다.

1월 18일 (토)

신일토건의 송재영 사장이 찾아와서 점심을 하자고 한다. 인간개발원의 장만기 원장이 소개한 사람인데 한라건설의 정인영 회장과 밀접한 관계에 있다고 주장한다. 이야기를 해보니 꽤나 통하는 데가 있다. 고향이 강진이라고 한다.

무등산관광호텔에서 점심을 마치고 2시 30분에 회사에 돌아오니 광주 YWCA의 조아라 회장과 김경천 총무가 기다리고 있다. 김 총무가 이번 총선에 광주북구 민주당 조직책을 신청중인데 중요한 시점이니 단단하게 김대중 총재에게 당부해 달라는 것이다. 나 같은 사람이 무슨 힘이 있다고 그런 부탁을 하는 거냐고 했더니 광주의 두 거물 여성 지도자들은 자기들이 탐문한 바에 의하면 김 총재에게 가장 영향력이 있는 사람이 최 사장이라 하더라고 추켜세운다. 김 총무는 이 지역 여성계에서 가장 활발하게 활동중에 있으면서 더 이상 금배지가 뭐 필요해서 그러느냐, 정치에 너무 집착하지 않는 것이 좋을 것 같다고 말하다.

1월 20일 (월)

회장님께 노사협상문제, 제2공장 건설업자 선정문제, 1월 자금 결제문제, 12월 수지개요문제 등을 보고하다. 그리고 노임문제는 광주일보에서의 해결안을 기다릴 것이 아니라 내일 있을 우리의 노사협상에서 13% 내외에서 마무리짓는 것이 좋겠다는 의견을 우선 말씀드리다. 회장님은 오전 중에는 안기부 등 다른 곳에서 볼일이 있으니 오후에 논의하자고 미루신다 광고국 이상호 이사가 광주대 교무처장을 만났는데 나랑 함께 점심을 하자 한다기에 국제호텔 일식부로 나오라 했다. 오후에 강봉규 예총지회장이 내일 전시회를 한다고 찾아왔다. 초당약품의 김동구 사장을 전화로 연결하여 초당선생과의 인터뷰문제를 협의하도록 주선했다.

회장님은 오후에 지검장을 만나러 가셨다가 6시 넘어서야 노사협상문제에 대해 협의를 시작했다. 노조에서 다른 조건은 거의 회사안을 받아들이고 기본급 6%선에서 일괄 4만 원의 인상을 요구하고 있으니 봉급의 4%선에서 타결해 보겠다고 말씀드리다. 회장님은 2%선에서 해결해 보라고 제의하신다. 밤 10시경에 회장님으로부터 전화. 2%이하의 선에서 결말지으라고 재삼 강조하신다.

1월 21일 (화)　부회장의 정계진출을 의논하다

부회장이 자신의 정계진출에 대해 사내의견을 수렴해서 팩스로 보내 달라고 한다. 그런데 이 문제를 먼저 허 국장과 문 주필에게 연락한 다음에야 나에게 전화한 것이다.. 최하림 위원이 서울에서 내려왔다고 신고한다. 낮에 부사장과 점심을 먹고 2시부터 부회장의 정계진출에 대한 사내간부들의 의견을 물어보기 위해서 내 방으로 모이도록 했다. 부사장, 문 주필, 이광현 이사, 허 국장, 오 부국장, 이만영 부장, 박상수 기자 등이 참석했다. 부회장의 정계진출은 신문에 부정적 영향을 줄 것이란 점에 대해서는 의견이 일치했다. 허나 부회장의 연령이나 의지의 굳음으로 보아 정계진출을 막을 수 없다면, 민주당 쪽으로 접근하는 것이 좋을 것이다. 민자당 쪽으로 접근하려한다면 전국구는 생각해 볼 수 있으나 지역구는 목포나 해남 모두 희망이 없으므로 포기하는 것이 좋을 것이다. 혹시 다음 기회를 노리려면 어느 특정 정당의 지구당을 맡는 것보다는 서남개발연구원 같을 것을 만들어 활동하는 것이 유리할 것이라는 의견이었다.

4시부터 노사협상을 시작하다. 다른 조건은 대체로 합의했으나 노임인상은 일괄 4만 원에 기본급 4%선으로 인상하느냐 여부를 놓고 협상하다가 휴회했다. 회장님에게 경과를 보고했더니 노조요구대로 하면 총액베이스로 따지면 13.7%가 되는데 너무 많으니 기본급 인상률을 3% 로 내려 12%선에서 타결해 보라고 하신다. 결국 내일 다시 협상하기로 했다.

1월 22일 (수)

간밤의 MBC뉴스에 이정일 부회장이 해남, 진도지구 민자당후보로 비공개 신청됐다는 것을 허광욱 국장으로부터 연락을 받았는데 오늘 아침 무등일보에도 26명의 신청자 명단이 소개되어 있다. 편집국에서나 노조에서는 냉담한 반응을 보이고 있다 한다. 서울로 부회장에게 전화해 보니, 자신이 신청한 것은 아니고 청와대 쪽에서 영입케이스로 넣은 것이라고 한다. 광주의 박용훈 회장도 권유는 받았지만 지신이 신청한 바 없고 정계에 나갈 뜻이 없다는 것을 신문에 내 달라 하더라

했더니 자신도 함께 기사화 해달라고 한다. 이 문제로 회장님과 통화했는데, 회장님은 부회장의 정계진출을 극구 반대하신다. 광주의 안기부 송 지부장에게 민자당의 전국구후보로 누가 예상되느냐 물었더니 최영철 특보, 김식 씨 그리고 지대섭 씨 등이 유력시되고 있다고 한다.

낮에 노조의 이진영 위원장이 술에 취한 채 찾아와서 카페트에 무릎을 꿇고 제발 살려 달라면서 눈물을 흘린다. 오늘의 노사협상에서 노조측 안을 수락해 달라는 것이다. 그러나 회사안이야말로 최대한으로 성의를 보인 것이니 받아들이도록 협조하라고 했다. 4시부터 시작된 협상은 노조위원장이 술에 취한 상태여서 사장도 참석하지 않고 홍 국장과 김중태 사무국장 간의 간사회의로 대신했는데 타결에 실패했다. 12%선을 넘어서는 결코 타협할 수 없다고 홍 국장에게 엄명을 내렸던 것이다.

1월 23일 (목)　12.89% 인상으로 타결하다

총무국의 홍 국장은 아침회의에 나오지 않고 노조와 협상을 계속했다. 10시에 홍 국장이 간사회의에서 노조가 12.89% 선에서 합의했다고 보고하기에 즉시 회의실에 노사양측 대표들을 긴급소집하여 합의문에 조인했다. 기념촬영도 하고 양측대표들에게 노고를 치하하고 앞으로의 협력을 당부하다. 회장님에게 결과를 보고하려고 전화를 넣었더니 청와대 최 특보가 찾아와서 요담중이라고 한다. 2시에 코리아나 호텔에서 광주지역 언론사장단의 오찬회가 있었다. 김종태 사장, 김포천 사장, 박성섭 사장, 박배식 KBS총국장, 한영순 CBS 국장 그리고 백형조 도지사가 특별 참석했다. 김종태 사장에게 우리의 노사협약 타결내용을 알려주고 광주일보에서도 가능하면 보조를 맞추어 달라 했다. 김 사장은 참 잘했다고 칭찬한다.

1월 24일 (금)

아침에 전화로 회장님에게 어제의 노사협상결과를 노조총회에서 인준했다는 사실을 보고하다. 이정일 부회장에게 안기부 송문호 지부장과의 대화내용을 전해 주고 박 국장의 서울지사장 발령과 서울지사의 김 양에 대한 인사발령 사실을 알려 주다. 광주 YWCA 김경천 총무가 김대중 총재와 면담했다는 사실과 조승형 비서실장으로부터 매우 쌀쌀한 대접을 받았다고 섭섭함을 전한다. 조아라 여사와도 통화, 역시 면담결과에 불만을 말한다. 12시에 예원에서 광주 국세청장이 초청하는 오찬회에 나가다. 4시에 전남대에서 있은 삼성재단에서 30억 원 지원금 전달식에 참석하다. 5시 넘어 고향선배인 박병진 씨가 건축가 2명을 데리고 방문하여 광주학생회관 설계를 맡을 수 있도록 시장에게 부탁해 달라 한다. 공모하는 것으로 알고 있으니 작품을 제출하고 연락하라고 했다. 6시에 금수장호텔에서 신태호 회장의 초청으로 산경회가 열렸다.

1월 25일 (土)

회장님께 전화로 어제 5억 원을 보내주셔서 감사하다고 말씀드렸더니 노임결정 결과를 전화로만 보고하고 새로운 임금내용에 대한 결제도 없이 월급을 지불해서는 안 된다고 하신다. 벌써 새로운 월급표에 의해서 지급중이어서 어렵다고 했지만, 새로 증가된 분은 나중에 지급하라고 하신다. 윤 부사장과 홍 국장 불러 지급 중지하라고 하고 새로운 월급내용을 홍 국장더러 서울로 올라가서 월요일 아침에 보고하고 나서 지불하도록 지시했다. 홍 국장이 나중에 회장님께 보고했는지 회장님이 나에게 전화로 그대로 지급하라고 하신다. 임원진과 고문직에 대한 월급조정은 보류했다는 사실을 아시게 된 것 같다. 노조의 이진영 위원장이 찾아왔기에 이번 노사협상에서 노조측이 협조해준 데 대해 고맙다고 치하하다.

1월 27일 (월)

11시 30분에 금호재단의 이강제 전무가 광주언론인 모임인 언우회에서 발간한 "전남언론사"를 가지고 찾아왔다. 비용이 1천만 원쯤 들었는데 각 사에서 1백만 원씩 부담해 준다면 나머지는 금호에서 맡겠다고 한다. 모처럼 만났으니 식사나 하자고 부사장까지 데리고 기흥식당으로 가다. 마침 거기에는 조효석 위원, 문 주필, 손정연 위원이 식사하고 있기에 우리와 합께 계산하다. 회장님으로부터 전화받고 노임협상결과보고서를 오늘 파우치 편으로 보내드리겠다고 했다. 이번 노임인상은 총액베이스로 12.9% 올린 셈이라고 말씀드렸더니 지난번에는 12.79%라고 하더니 왜 더 올라갔느냐고 하신다. 지난번에는 12.89%로 말씀드렸고 사건수당이 6백만 원쯤 붙어서 그렇게 되었다고 해명하다. 전남수협지회의 민경언 지회장이 오후에 찾아오다.

1월 28일 (화)

회장님과 통화, 광고가 이 달 목표를 못 채웠다고 보고하니 목표를 세웠을 때는 그만한 근거가 있었을 것인데 월급을 올려 주고도 그것을 못채웠다면 말이 되느냐고 추궁하신다. 박갑동 국장이 어제 회장님 따님이 코오롱회장에게 광고를 부탁해 놓았으니 가보라 하더라고 한다. 회장님이 사업에 대해서 이렇게 세심하시다는 것을 감탄하지 않을 수 없다. 오전 중에는 2월 예산안을 심의하다. 낮에 제작국에 내려갔다가 식당으로 갔더니 보리국을 끓였다. 오늘 3시부터 도청에서 이상연 보훈청장 주최의 다과회가 있다고 하는데 나가지 못했다.

1월 29일 (수)

아침회의 마치고 회장님과 통화한 후 부회장에게 노사협상 결과보고서와 박 국장과 김 양의 인사관계 품의서를 회장님에게 올려 달라고 말하다. 10시 30분에 전남도에서 주최하는 농산물특판장 개장식에 참석하다. 오후 2시부터 편집국 부장회의를 열다. 노사협상 결과를 알려주고 이제 보급과 광고에 총력을 기울여야 할 때라고 강조하다. 머리기사의 뉴스밸류 평가에서 우리 편집국간부들이 고정관념에 사로잡혀 있는 것 같다고 지적하고 오늘의 지면을 예로 들어 구체적으로 설명하다. 문화부에 관련된 기사, 교열부에서 실수한 실례, 정치부에 관련된 기사, 교육체육부에 관련된 기사, 농수산판의 제작, 인물 페이지의 제작, 통신기사를 취급하는 데 있어서 주의할 점 등에 관해서 약 2시간에 걸쳐 지적하고 역설했다. 대체로 수긍하며 경청한다. 광주대 김란수 총장에게 교수초빙 문제를 문의해 보고 안영섭 박사에게 연락하여 내일 서류를 갖추어 광주로 내려오라고 했다.

1월 30일 (수)

아침회의 도중에 회장님이 서울에서 도착하시다. 박갑동 국장을 서울지사장으로 발령하는 품의를 부회장이 부결사인을 해서 보냈더라고 말씀드리니 회장님은 매우 불쾌해 하시면서 무엇 때문에 부회장에게 돌렸느냐고 나무란다. 중요한 인사이니 부회장에게 돌리는 것이 당연하지 않으냐고 말하고 오는 3일에 부회장이 광주에 내려오기로 했으니 그때 다시 설득해 보겠으나 내 말을 들어줄 것 같지 않으니 회장님께서 설득시켜 동의를 얻어 주시면 좋겠다고 말씀드리다. 오늘도 건축업자 선정문제는 논의조차 안하시려 한다.

목포지사의 임행년 지사장이 목포에서 사는 오 씨라는 사람과 또 한 사람을 데리고 와서 우리 신문기사 내용이 틀렸으니 정정해 달라 한다. 문제의 기사를 읽어보니 크게 문제가 될 만한 것은 아닌 것 같다. 이 문제는 편집국에서 더 자세하게 내용을 검토하여 적절한 조치를 취할 것이고 그 기사를 취급한 정 기자에게는 더 이상 그 문제에 관여하지 않도록 하겠다고 했다. 오후 3시에 안영섭 박사가 도착했기에 광주대로 가서 김 총장에게 소개하고 저녁을 함께하려 했으나 사정이 있어 그냥 돌아오다. 밤에 안 박사가 집으로 찾아와 정담을 나누다.

1월 31일 (금)

10시에 회장님이 나오시다. 부사장을 데리고 회장님 방에 들어가니 회장님은 불쑥 1주에 하루 20면을 발행하면 1주에 얼마가 더 드느냐고 물으신다. 5백만 원쯤 될 것이라고 대답했더니 그럼 1주에 2회를 내면 1천만 원이 더 드는 것이냐고 되물으신다. 아무래도 자신이 없기에 정확히 알아보고 말씀드리겠다고 하고 나와서 알아보니 주 2회의 경우는 2천 1백만 원, 주 6회의 경우는 4천 6백만 원이 더 든다고 한다. 허광욱 국장에게 목포건축가들의 불만사항을 더 자세히 알아보고 적절하게 처리하라고 당부하다. 목포의 정재조 기자가 또 두서너 개의 기사를 송고했는데 보류했다고 한다. 임 지사장에게도 그 사실을 알려주라고 했다.

조덕송 고문이 전화하여 신장이 좋지 않아 아침에는 얼굴이 붓는다고 한다. 한 1주일 검진을 위해 입원해야겠다고 한다. 그러면서 논설위원실의 보강을 역설한다. 광주 북부경찰서의 박일만 서장이 취임인사차 방문했다.

2월 1일 (토)

광주 고검의 김유후 검사장이 청와대 사정수석으로 임명되어 오늘 12시 30분에 송죽헌에서 송별회식을 한다는 연락이 왔기에 회장님에게 전화로 말씀드렸더니 곧바로 광주로 올라오겠다고 하신다. 12시 30분에 송죽헌으로 가다. 시장, 지사, 교육감, 고법원장, 지법원장, 지검장, 광주경찰청장 광주국세청장, 상공회의소 회장, 전남대총장, 제병합동교육본부장, 31사단장, 안기부지부장, MBC사장, 광주매일사장 등이 참석하다.

2월 3일 (월)

오늘은 좀 서둘러서 11시 30분에 초쇄를 내기로 했다. 회장님은 비가 오는데도 이화일, 이경일 그리고 손자들을 데리고 남광주CC에서 7시부터 골프치시는 중이라 한다. 목포에 있는 부회장에게 전화하니 오늘 광주에 오지 않고 목포에 머물겠다고 한다. 그러면 내일 아침 회장님 댁으로 세배 드리러 갈 예정이니 거기에서 만나자고 했다. 11시 무렵에 제작국에 내려가 제작진행 상황을 살폈더니 예정대로 나가고 있다. 서울로 조승형 의원에게 전화했으나 부재중이다. 행남사 조 비서가 선물로 도자기를 두 세트 가져왔기에 하나는 부사장에게 나누어주다. 2시 넘어 회장님이 전화, 특별한 일은 없고 제작도 끝났으니 일부러 오실 것은 없고 내일 아침 9시 넘어서 간부들 데리고 세배차 목포에 가겠다고 말씀드리다.

2월 4일 (화)　　목포 회장님 댁으로 세배가다

8시에 떡국을 먹고 목포로 출발했다. 9시 20분에 도착했다. 회장님께 세배를 올리고 정원을 한 바퀴 돌아보다. 그때 광주금고의 이종렬 사장, 문 상무, 이 전무 등이 도착한다. 우리 일행들과는 목포에서 헤어지고 나는 몽탄 형님 댁으로 가서 세배를 드리다.

2월 5일 (수)

아침에 조승형 의원에게 전화했으나 부재중이었다. 10시경에 이광현 이사를 데리고 앞서 정년으로 퇴임하신 박인성 주필 댁으로 갔다. 사모님이 나와서 전남일보에서 왔다고 했더니 박 주필이 외출중이라며 맞아들이려 하지 않는다. 정녕 안에 계시는 모양인데, 할 수 없이 가져간 선물만 남기고 돌아왔다.

2월 6일 (목)

새벽에 조승형 의원에게 전화했으나 벌써 외출했다 한다. 출근길에 라디오를 들으니 김인곤 의원의 공천이 확실히 결정되었다고 한다. 김 의원 집으로 전화했더니 김 의원은 여태까지 광주에 있다가 8시 30분 비행기로 서울로 떠났다 한다. 광주대 김란수 총장과 통화하다. 김 총장은 안 박사 문제는 김 의원이 광주로 내려왔을 때 면접이 있을 것이라고 한다.

조경석 씨가 국제항공학원 문제로 간절하게 도움을 요청하기에 KBS 총국장에게 전화해 박연제 기자의 도움을 요청했다. 나는 박 기자에게 내 친구가 국제항공학원을 개설하려는데 내가 그를 도와야 할 입장에 있다. 박 기자가 북부교육청 출입기자 중 가장 영향력이 있다고 들었는데 다른 특별한 사정이 없다면 나를 대신해서 교육청 담당관에게 국제항공학원인가를 선처해주도록 당부해 달라고 했다. 그는 아주 순순하게 그렇게 협조하겠다고 대답한다.

2월 7일 (금)

오늘은 기관장 조찬모임이 7시 40분부터 도청회의실에서 열렸다. 백형조 지사가 회의를 주재하다. 이번 연휴가 비교적 조용하게 끝났다고 평가하고, 사전선거 운동도 없었다고 말한다. 이제 농업도 시장경쟁 원리에 입각한 상업화를 지향해야 한다면서 2월부터 10월까지 전남미 예약제를 도입하겠다고 한다. 기세익 청장에게 북부서에 관한 인사문제는 처리되었느냐고 물었더니 중앙에서 아직 결정을 내리지 않았다고 한다. 9시 30분에 회장님이 서울에 오셨다고 전화하시다. 낮에 전남도의 이관종 지역경제국장이 나를 포함해서 부사장, 허광욱 국장, 오세성 부국장을 점심에 초대했다. 강 부지사와 정영식 기획관리실장도 동석했다.

2월 11일 (화)

이른 아침에 김인곤 의원에게 전화하다. 조찬을 함께하자고 했더니 지금 손님과 대화 중이라고 하면서 9시부터 학교에 있을 것이니 학교에서 만나자고 한다. 9시 30분에 아침회의를 마치고 목포로 회장님께 전화했더니 오후 3시에 광주로 오시겠다고 하다. 10시에 광주대학교로 나가다. 이사장인 김 의원은 그때 김 총장과 함께 초빙교수 후보들을 면접하는 중이었다. 내가 도착했다고 메시지를 전했더니 김 의원은 도중에 혼자 나왔다. 김 의원은 나하고 만나기로 한 후 김란수 총장과 안 박사에 관해 장시간 논의했다고 한다. 결국 안 박사의 학문적 배경이나 인품도 좋았지만 무엇보다도 최 사장이 철저히 보증하고 추천하는 인물이라 채용하기로 결정했노라고 김 총장이 말한다. 어찌나 고맙던지, 하여간 잘된 일이라 기쁨을 표하면서 결코 후회하지 않을 선택이라고 장담하다. 정말 뜻밖이었다. 역시 사람은 모든 일에 마지막 순간까지 최선을 다해야 하는 것임을 절감했다.

카폰으로 상무대의 제병훈련본부장인 임복진 장군이 내방할 것이라는 연락을 받고 급히 회사로 돌아오다. 안영섭 박사가 회사에 와 있기에 교수채용이 확정되었다고 말해 주었으나 쉬 믿어지지 않는 모양이다. 상무대의 임 장군이 신문사로 찾아와서 이제 군복을 벗고 정계에 발을 딛게 되었으니 잘 보살펴 달라고 당부한다.

2월 12일 (수) 언론사장 초청만찬에 참석하다

오전에 오종열 시의원과 전교조 간부들이 방문했다. 참교육 실현을 위해서 여러분들이 경주하는 노력이 좋은 열매를 맺기를 바란다고 격려하고 우리 신문의 기본정신을 설명해 주다. 오늘의 편집국 부장회의는 부사장이 주재하는 행사계획 회의와 중복된다고 해서 안 하기로 했다. 오늘 밤 광양제철에서 전남북 언론사 사장들을 초청했기에 4시 35분에 광양을 향해 출발하다. 광주 톨게이트에서 무등일보의 김효중 사장과 만나 함께 6시 30분에 광양에 도착했다. 방을 배정받고 7시에 로비로 나갔더니 김종태, 박성섭, 안광영 씨 등이 와 있다. 전북에서도 전북일보, 전라일보, 전북도민신문, 전주일보, 호남매일 등이 참석했고 여수 MBC사장, 순천 KBS 국장 등도 나왔다. 포항제철의 홍 부회장, 정 사장, 김종진 광양제철소장, 송기오 철강협회 부회장 등이 회동했다.

2월 13일 (목) 광양제철 제3고로를 시찰하다

아침에 조선내화 광양공장으로 전화하여 회장님과 통화하다. 11시 30분에 제철소에서 만나자고 하신다. 아침을 먹는데 송기오 철강협회

부회장이 민자당의 대권주자문제를 화제로 꺼낸다. 아무래도 박태준 회장이 가장 유리한 입장에 있고 또한 가장 적격자라고 강조한다. 박 회장이 호남지역에 대해서는 각별한 애정을 지니고 있으며 지역사회 발전을 위해서도 많은 일을 했다고 내세운다. 10시에 사장단 일행은 정 사장의 인도로 광양제철 제3고로의 계열공정을 시찰했다. 그 다음 폐수처리시설을 보고, 하역부두를 돌아 제4기 고로 연화정초 식장에 도착하다. 우리 회장님도 여기에 와 계셨다. 이도선 의원, 강 부지사, 이용호 동광양시장, 동광양시의회 의장, 동광양시경찰서장, 광양군수 등이 참석하여 연화에 휘호하고 기념촬영을 했다. 영빈관으로 옮겨 칵테일파티 거친 후에 오찬으로 이어지다. 우리는 제철초등학교 시설을 시찰하다. 모든 시설이 이상적이리 만큼 완벽하게 갖추어져 있다. 이어서 20억 원을 들여 건조중에 있는 유리하우스를 구경하다. 박태준 회장의 혜안과 원려에 감탄했다.

3시 넘어 광양을 출발했는데 송기오 부회장이 내 차를 타고 광주까지 함께 왔다. 4시 20분에 광고국 외근사원 면접을 하고, 5시 30분에 노사협약을 위한 조인식을 하다. 6시 20분부터 코리아나호텔에서 노사대표 만찬을 마치고 룸살롱으로 가서 술과 디스코, 노래로 10시 30분까지 보내다.

2월 14일 (금)

조회 중에 송기호 부회장이 왔기에 우선 문 주필과 만나게 하고 회의 마치고 내려가서 허광욱 국장을 만나게 하다. 서울지사의 박갑동 이사가 전화했다. 어제 조 고문이 사전에 분위기를 조성해 주어서 오랜만에 이정일 부회장을 만났는데 그동안 오해가 있었는지 모르지만 최 지사장이 떠난 직후에 인사발령을 하면 박 국장이 오히려 오해받을 것 같아서 보류했노라고 말하면서 광고관계도 도울 일이 있으면 돕겠다고 하더란다. 내가 '박 이사'라고 새로운 호칭을 힘주어 부르니 기분이 나쁘지 않은 모양이다.

오후 4시에 이리지국 기자를 면접하다. 조 고문으로부터 전화가 왔다. 박 국장 입장을 도와주어 고맙다고 인사하다. 아직도 건강이 좋지 못하다고 한다. 오후에 김인곤 의원으로부터 전화, 어제와 오늘 자신을 지면에 잘 반영해 주어 고맙다고 한다. 나도 안 박사를 채용해 주어서 마음 깊이 감사하고 있다고 말하고 안 박사가 개발한 유권자관리 프로그램을 가지고 오라고 했으니 그것을 이번에 유용하게 써보라고 하다.

2월 15일 (토)

아침에 회장님과 통화, 어제 밤에 노조총회가 열렸는데 새로 맡아야 할 위원장 후보가 나서지 않아서 이진영이 유임되고 사무국장도 김중태가 그대로 유임되었다고 한다. 나주지국의 김수평 기자에게 연락했으나 통하지 않는다. 이진영과 김중태가 올라와서 노조의 직책을 그대로 유임하게 되었다고 보고한다. 4시경에 안 박사와 그의 부인이 찾아오다.

2월 18일 (화)

회장님이 전화하셨기에 대통령이 광주에 와서 3시에 이곳 기관장들과 다과회가 있을 예정이라 참석할 것이라고 보고하다. 어제 고행원 부국장이 지적했던 지방판에 게재된 나주기사를 읽어보고 지방부장을 불러 다른 기사로 바꾸라고 지시하다. 오후에 서울에서 유네스코의 문화전문 담당자인 백승길 씨가 찾아왔다. 내일 해남에서 유네스코가 주최하는 전시회가 있어서 왔다고 한다. 내일 다시 광주로 오겠으니 금호재단의 이강제 전무와 저녁을 함께하자고 한다. 민학회 관계로 잘 아는 사이라고 한다.

영남일보의 김상태 편집국장이 찾아왔다. 지방지 5개사(전남, 영남, 국제, 전북, 제주)의 제휴문제를 협의하기 위해서라고 한다. 허광욱 국장에게 검토하도록 했다. 3시 20분부터 전남도청에서 노 대통령과의 다과회가 있어서 참석했다.

2월 19일 (수) 부회장, 여전히 박 이사를 불신하다

회장님과 통화, 회장님 출국기사를 내겠다고 말씀드리다. 지금 광고 실적이 어떠냐고 물으신다. 이정일 부회장에게 전화, 박 이사에게 서울지사의 업무권한 대행을 맡기면 어떻겠느냐고 했더니 찬성하지 않는다. 취재는 민경관, 관리는 박용상에게 맡기자고 한다. 백형조 선남시사가 취임 1주년을 맞이하여 인사차 전화했다. 나는 그간의 노고를 칭찬하고 오늘 지면에 지사취임 1주년에 관한 기사가 나갈 것이라고 귀띔하다. 낮에 이광국 회장이 점심하자고 하여 이내균 사장이랑 함께 코리아나호텔 앞 아구탕집에서 점심하다.

2시에 편집국 부장회의를 열다. 그래픽편집의 중요성, 컬러의 활용, 선거기사에 설문·조사의 활용, 정치마당의 상대적 축소, 광양제철의 유리하우스 문제, 헬기추락사건의 뉴스가치판단, 우키지마마루 사건의 보도지연, 기사가 따르지 않는 희귀한 사진, 극장에 관한 보도와 광고 문제 등을 지적하다. 추락사건의 희생자에 대한 소개기사의 위치와 제목에 문제가 있다고 지적했더니 김석수 편집부장이 승복하지 않고 끈질기게 항변한다. 저녁때 유네스코의 백승길 씨가 광주에 도착해 이강제 전무와 함께 리버사이드에 있다고 연락이 왔다. 10시경까지 함께 술을 마시다. 그 곳에서 김영용, 유재길 등도 만나다.

2월 20일 (목)

회장님이 오늘 10시에 외국으로 떠나신다고 하면서 1주일 동안 잘 부탁한다고 당부하신다. 이 부회장이 박 이사에게 서울지사의 권한대행을 맡기는 것을 반대한다고 말씀드렸더니 내 자식이지만 어렵다면서 잘 달래라고 하신다. 광주대의 박지동 교수에게 전화, 전남일보의 구독을 권하다. 신방과 교수들이 한 사람도 지방지를 구독하는 사람이 없다고 한다. 전남대의 변동현 교수에게 구독을 권했더니 자신은 전남일보를 이미 보고 있다고 한다. 다른 교수들에게 권하라고 했다. 낮에 윤 부사장, 이광현 이사하고 지하식당에서 식사하고 이광현 이사와 하남으로 가서 1시간 동안 운전연습을 하다.

전북일보의 서정상 사장에게 전화, 지방 5사의 제휴문제를 협의했더니 동의를 표한다. 노성경 기자가 소련취재 출장품의서를 가지고 왔다. 이진영 기자의 출장과 중복되기에 편집국장에게 조정하도록 지시하다. 최정호 교수가 자기 고향인 전주에 들렀다기에 전화로 "전일시론"에 글을 쓰라고 권했더니 쾌히 승낙한다. 이만영 부장을 불러 "전일필진"을 선정하는 데 후보자를 찾아보라고 했다. 조경석 씨가 '국제항공학원'에 대한 사업인가가 드디어 나왔다고 알리면서 그 동안 애써준 덕택이라고 고마워한다.

2월 21일 (금)

김대중 총재를 따르던 김인태가 갑자기 국민당 공천을 받고 신안 고향에 내려가는 길이라고 들렀다. 기왕 공천을 받았으니 건투하기를 바란다고 말하고 그러나 대부분의 유권자들 정서에 반하는 노선의 정치활동을 한다는 것은 쉽지 않을 것이라고 안타까움을 표시하다. 11시 30분에 백형조 지사가 신문사에 들렀다. 지난 1년 동안 고생이 많았고 이제는 도민들의 호응도 좋은 편이니 이대로 한 1년 밀고 나가면 좋은 성과를 올릴 수 있을 것이라고 격려하다. 그리고 이제부터는 농민들을 위한 고향 쌀 사주기운동이나 쌀 예매제를 추진하는 것과 병행하여 지방자치제의 문화적 기능을 업그레이드시키는 방향으로 힘쓰라고 조언하다. 박물관 건립에 관해서는 백 지사도 높은 의욕을 보인다. 어떻든 문화적 치적을 남기는 데 힘을 기울이라고 권하다.

2월 22일 (토)

아침회의를 끝냈는데 허광욱 국장이 늦게 올라왔다. 박태준 회장을 따라왔던 송기오 철강협회 부회장이 초청한 편집국장과의 조찬에 참가하느라고 늦었다고 한다. 민자당의 고귀남 위원장이 엊그제 준 원고에 첨삭할 것이 있다 하더란다. 옛날 전남매일에서 함께 일했던 정의로 거절하기가 어려운 모양이다. 그러면 매수를 줄여서 독자투고난에다 처리하는 방법을 생각해 보라고 했다. 오늘 광주대 졸업식이 있기에 9시 40분에 학교로 찾아가는데 차가 밀려 11시가 되어 겨우 도착했다. 오늘 졸업식에는 학사가 2천 74명, 석사가 18명이 학위를 받을 것이라 한다. 오늘 졸업상을 타는 우리 신문의 김충곤 국장을 만나 축하하고 회사에 돌아오다.

2월 24일 (월)

오늘은 교원인사 발표가 있었기에 초쇄가 11시 30분에 들어가다. 낮에는 오늘이 김충곤 국장의 49회 생일이기에 그의 뒤늦은 광주대 졸업을 겸해 축하해주기 위해서 간부들이 기홍식당에 모여 회식하다. 지방주재기자들의 회의가 끝나고 나서 김수평, 김범무, 박봉열이 인사차 들르다. 오전 중에 서울의 성균관대학의 장을병 총장에게 전화하여 우리 신문 "시론"의 필자로 참여하도록 했다. 목포대의 배종무 총장이 내일 세미나를 끝낸 후에 열리는 리셉션에 참석해 달라고 전화했다. 김훈 광주국세청장이 이번에 서울의 국세청장이 광주를 방문하게 되니 유의해 달라고 부탁한다.

2월 26일 (수)

이정일 부회장이 소유한 이하여행사의 정 회장이 주주총회에 참석하기 위해 광주로 내려왔다가 인사차 방문했다. 사내를 일순하면서 주요간부들과 인사시키다. 조경석 씨가 28일에 윤재명 학원연합회 회장과 함께 광주에 내려오겠다면서 그날 밤에 송문호 안기부 광주지부장과 식사하자고 연락한다. 오전에 이효계 광주시장이 갑자기 찾아왔다. 왜 왔나 했더니 이번 도시가스 폭발사건 보도에 대해 크게 협조해준 것에 감사드리기 위해서 일부러 왔다고 한다. 상공회의소의 신태호 회장이 장성에 건립한 3·1사(祠)에 관한 취재를 부탁한다. 편집국장과 사회부장에게 그 취지를 전달해 주다. 대인실업의 박 회장이 찾아와서 자기 회사가 KS지정업체인데 전남도의 감사결과, 미비점이 발견되어 실격될 염려가 있으니 도와 달라고 하소연한다. 김영창 기자에게 전남도 공업과에 알아보고 도울 수 있으면 도와주라고 말하다. 광주대의 김란수 총장이 학위수여식 때는 경황이 없어 일부러 찾아왔는데 실례가 많았다고 사과전화를 했다.

2월 27일 (목)

회장님이 귀국하신 후 처음으로 통화, 얼마 전에 가스폭발사고로 호외를 발행한 것 말고는 별 다른 일이 없다고 보고하다. 이정일 부회장은 이번 주말에 있을 조선내화 주주총회에 못 내려오겠다고 한다. 오전 중에 3월 예산안을 심의하다. 신탁은행의 박용호 이사가 서울로 전임하게 되었다고 인사차 방문하다. 낮에는 나석주 비서의 졸업을 축하하기 위해서 박미라 양과 송 기사와 함께 점심하다. 오후에 동아일보의 송 상무가 내려와서 전북쪽 인쇄는 자기네 본사에서 하겠다고 한다. 한일은행의 신 이사가 본사로 간다고 인사차 방문했다.

2월 28일 (금)　호외발행을 사전협의하기로 하다

오전에 이번 광주은행의 인사에서 새로운 자리를 맡은 박재철 상무, 정길연 이사, 오기화 감사가 인사차 방문했다. 낮에는 '예원'에서 이곳 언론사 사장들의 간담회가 있었다. 김종태 사장, 김포천 사장, 박성섭 사장, 박배식 총국장, 한여준 국장 등이 참석했다. 이 간담회에서 나는 서재필 박사 기념사업은 광주일보가 단독 주최할 성질의 것이 아니라 이 지역 언론사들이 공동으로 참여해야 할 것이라고 주장했더니 광주일보의 김 사장도 나의 주장에 동감을 표시한다. 또한 신문사의 호외발행은 요즘 와서는 별로 의의가 없고 낭비에 흐르기 쉬우니 서로 사전협의를 거쳐 조정하자고 제의했더니 그것도 모두 동의한다. 그리고 광주일보의 금년도 노사협약은 아직 맺지 못했는데 가능하면 전남일보 수준에서 결정하겠노라고 김 사장이 다짐한다. 조경석 원장이 6시경에 찾아왔다. 7시에 금수장에서 윤재명 씨와 송문호 안기부지부장하고 저녁을 함께하자고 해서 참석하다.

2월 29일 (土)　　제 2사옥 건축문제를 논의하다

아침회의를 끝내고 나니 회장님이 도착하시다. 회장님을 모시고 접견실에서 관련간부들을 불러 제 2사옥 건축문제를 논의하다. 부사장, 김 국장, 홍 국장, 김봉수 부장이 참석하다. 업자가 선정되면 3월 23일에 착공해서 약 7개월 후인 10월 말경에 끝내기로 하다. 그래서 내년 3월말경에 모두 완공하기로 하다. 공사는 지명입찰하도록 하고 개별적으로 비교해서 수의계약하기로 하고, 우선 삼능건설, 라인건설, 무등건설, 대영토건 등을 선정하다. 광주국세청의 김훈 청장이 3월 5일에 이 지역 언론사 사장들과 오찬을 함께하자고 연락이 왔다. 낮에 회장님을 모시고 윤 부사장, 김 국장, 홍 국장과 함께 지하식당에서 점심하다. 민영배 기자를 불러서 백 지사에 관한 기사가 너무 지나쳤다는 점을 지적하고 회사의 입장도 고려하라고 타이르다.

3월 2일 (월)

오전 중에 상업은행의 신인식 이사, 조흥은행의 문희창 이사, 외환은행의 오세주 이사, 한일은행의 김재곤 이사가 차례로 인사차 본사를 방문하다. 김영창 기자가 전남도의 유 공업과장이 최 시장님의 부탁이라 해서 박병진 회장의 KS업체 감사를 무사히 통과시켜 주었다고 보고한다. 그러한 결과를 박 회장이 나에게 곧바로 알리지 않았다는 사실이 좀 괘씸하다. 전남대의 변동현 교수가 찾아왔다. 〈따라지 향연〉 관람초대권을 4장 건네주고 추어탕 집에서 점심하다. 회사에 돌아오니 회장님이 목포에서 도착하셨다. 지난번 선정했던 4개의 건설업체 중에서 삼능건설과 정 사장네 것은 빼고 아린건설, 무등건설, 그리고 부회장과 관련있는 가든주택을 넣기로 합의하다. 그러나 회장님이 떠나면서 개별접촉은 수일 후로 미루라고 부사장에게 지시하셨다 한다. 오늘의 "전일시론"(全日時論)에 금호실업의 이강제 전무의 글이 실려 있어서 이 전무에게 전화로 칭찬했다. 필진소개에서 최정호 교수가 맨 마지막으로 나와 있어서 이만영 부장에게 앞으로 이런 필진순위를 정할 때는 좀더 신경을 쓰라고 촉구하다.

3월 3일 (화) 조세의날 유공자로 표창받다

9시 30분에 광주국세청에 도착해 김훈 청장을 만나고 고재철 상공회의소 회장, 박선홍 부회장, 강신영 변호사 등을 만나 차를 마신 후 '조세의 날' 유공자 표창식에 참석하다. 오늘은 꽃을 달고 내빈석에 앉지 않고 수상자로서 일반석에 앉았다. 재무부장관이 주는 표창장을 받고 다과회에 참석하다. 회사에 돌아와 강원일보의 김준하 사장과 통화하고 송 장관이 초청하는 만찬회가 있어서 참석하다.

3월 4일 (수)

7시 30분에 광주시청에서 지역기관장 조찬회가 있었다. 회사에 돌아와 광주대 김란수 총장에게 전화, 머리도 시끄러운데 이번 일요일 저녁에 연극 〈따라지의 향연〉을 관람하지 않겠느냐고 했더니 보겠다고 한다. 초대장을 두 장 보내다. 수원대 박현태 교수에게 전화, 법정대학장으로 승진한 것을 축하하고 오랜만에 정담을 나누다. 3시 30분에 회장님이 해남 성산광산에서 돌아오시다. 김남식이 서울에서 내려왔다고 들렀다. 목포에서 김병수 부장이 전화, 최영철 청와대특보가 전국구공천에 들어 있지 않다는 사실을 알고 목포지구 민자당원 1,200명이 탈당을 결의하고, 무소속으로 출마하도록 촉구한다고 알려 준다.

3월 5일 (목)

회장님과 한담을 나누다가 전남도청 공업과의 유 과장이 들어오기에 지난번에 박병진 사장을 도와준 데 대해서 고맙다고 말하고 그 자리를 나왔다. 복도에서 최근 민자당에서 국민당으로 옮긴 윤재걸 씨를 만났는데 자신의 입장을 도와주었는데 변변히 인사를 차리지 못했다고 머리를 숙인다. 회장님은 그동안에 안기부와 경찰청에 다녀오셨는데 매우 만족스러운 표정이다. 안기부지부장이 전남일보를 호평했던 것 같다. 회장님과 지하식당에서 식사하고 다방에 들렀다가 엘리베이터를 타고 올라오는 도중에 건강문제를 말씀하시다가 85세까지는 건강하게 신문사를 직접 경영하겠다고 새삼스럽게 강조하신다. 나의 최근 동태에서 신문사를 떠나지 않을까 하는 생각이 드시는 모양이다.

서울에서 최봉인이 전화로 목포문학상 시상기사와 관련해서 노발대발하더란다. 전화를 걸었더니 시상식에 참가한 인원이 50명으로 나와 있다면서 일부러 격하시킨 것 아니겠느냐고 흥분한다. 도지사와 안기부지부장이 나의 생일을 축하하는 뜻으로 꽃을 집으로 보내오다.

3월 11일 (水)

백형조 지사와 송 안기부지부장에게 생일축화를 보내준 데 대해 사의를 표하다. 오전에 문종수 광주지방검찰청장이 난분을 보내왔다. 오전 중에는 오늘 오후에 있을 편집회의에서 지적해야 할 문제들에 대한 자료를 수집하다. 12시 10분에 금수장에서 열린 서울대학 광주동창회의 이사회의에 참가하다. 이사회가 끝난 후 김 총장과 다방에 들러 영광선거문제와 안 박사에 관한 이야기를 하다.

2시부터 편집간부회의를 열다. 김진원 부장과 정형래 부장만 결식하고 전원참석하다. 우선 신문확장과 광고에 대한 편집국간부들의 협조에 감사를 표하고, 최근의 지면제작에서의 몇 가지 사례를 칭찬하다. 그러나 신안 해저전선 고장사건에 대한 취재가 허술했던 점을 구체적으로 지적하고 거기에 대해서 무등일보에서는 얼마나 상세히 보도했던가를 상기시켰다. 또한 TV난에 정보가 부족하다는 점을 조선일보와 대조해서 제시했다. 목포문학상과 관련해 최 이사로부터 항의가 있었다는 것을 지적하자 김진원과 고행원이 극구 변명한다. 기자용 카메라가 필요하다고 하면서 몇 대 새로 구입해 달라고 요구한다.

3월 12일 (목)　박태준 기사 소홀히 한다고

박태준 후보의 선거운동을 돕는 제강협회의 송기오 부회장이 조회 중에 찾아왔기에 잠시 만나 이야기하다. 그는 박태준 회장이 유세 중에 호남발전에 대한 비전을 제시하는데 이곳 정치부기자들이 핵심을 붙잡지 못하고 가십 정도로 취급해 버린다고 불평한다. 광주고속의 오세욱 사장이 신임인사차 들렀다. 아주 탄력있는 인상이다. 이어서 송병익 한은지점장이 신임인사차 방문했다. 경기도 이천출신이라는데 이곳 근무는 처음이라 한다.

한국 잉크회사의 김 사장이 전화로 전남일보가 다른 잉크를 쓰려 한다는 정보를 접했다면서 자기 회사에서도 전남일보의 요구조건을 맞추어줄 터이니 자사와 계속 거래해 달라고 요청한다. 점심때 나의 62회 생일을 축하하는 회식을 간부들과 함께했다.

3월 13일 (금)

제 2사옥 부지를 위해서 박석철 씨 소유의 240평 땅을 구입하려 하는데 땅 주인이 평당 450만 원에 팔겠다 하더라고 부사장이 보고한다. 회장님은 500만 원쯤 예상하신다니 성사될 것 같다. 최 이사가 지난번에 목포문학상 관계로 너무 흥분해서 죄송하게 생각하고 있다고 사과 전화를 걸어왔다. 근일 내로 내려와서 간부들과 송별회식을 갖도록 하자고 말하다. 낮에 윤 부사장, 이상호, 이척묵, 양춘관, 신 부장 등과 점심하다. 회사에 돌아오니 목포 YMCA에서 21일에 강연회가 있다는 사실을 상기시킨다. 이진영 노조위원장이 소련에 간다고 인사차 올라왔다. 오후에 회장님에게 전화로 땅문제를 보고하다.

3월 14일 (토)

조회 마치자 정유철 기자가 일본에 출장갔다 돌아왔다고 인사차 올라왔다. 떠날 때 여비를 보태주지 못했기 때문에 10만 원을 건네주다. 2시부터 합동연설회가 있기에 가장 격전지로 알려진 동구유세장으로 나가보다. 허 국장, 오 부국장, 이만영 부장, 정용택 차장, 이광현 이사 김선남 부국장 등이 전남공고 교정에 나와 있다. 맨 먼저 나온 사람은 조규범 민자당 후보였다. 나름대로 지지를 호소했는데 어조나 내용도 무난하나 학생들의 야유가 있었다. 다음에 나온 감사원 출신의 이문옥 후보의 연설에는 학생들의 격려박수와 시민들의 격려박수도 풍성하게 나왔다. 김대중 씨는 추어올리면서 신기하 의원에 대해서는 깎아 내린다. 다음에 윤재걸 후보가 나와서 자신이 국민당으로 옮긴 이유를 해명하면서 민주당의 공천비리를 통렬하게 비난한다. 김대중 총재까지 공격의 대상으로 삼자 청중들로부터 상당한 야유가 있었다. 마지막으로 황 후보가 나와서 자기소개하는 것을 듣다가 유세장에서 빠져 나왔다.

3월 16일 (월) 광주일보가 24면으로 증면한다고

회장님에게 전화로 광주일보의 노사협상 결과에 대해서 보고하다. 광주일보의 노사협상은 이제 마무리 단계에 접어들었는데 그 결과는 전남일보와 비슷하게 총임금을 13% 인상했으며 정액으로 각 인당 2만 8천 원, 정률로 9.5% 인상했다고 한다. 그리고 4월 20일의 창간기념일부터는 24면으로 증면한다고 보고했다. 광주일보가 이렇게 증면하면 우리 신문의 보급에는 별로 큰 영향은 없을 것 같지만 광고에는 상당한 영향이 있을 것 같다. 무등일보 박 사장이 전화로 우리 신문의 대처방안을 묻기에 당분간 출혈경쟁할 생각은 없으니 증면하지 않겠다, 만약 증면하게 되면 알려줄 터이니 귀사에서도 그렇게 하도록 하라고 말했다. 순천지사의 이 기자가 지사를 맡을 때 6천만 원을 가지고 가서 4천만 원을 투입했는데 집안사정으로 더 이상 지사운영을 못하겠다고 사의를 표명했다니 딱한 노릇이다.

3월 17일 (화)

회장님이 오늘 중소기업연합회 임원들과 청와대를 방문하신다고 한다. 오전 중에는 YMCA강연을 위한 원고를 정리하다. 한국 잉크회사의 영업사원이 '백복윤' 난분을 가지고 찾아왔다. 우리 회사가 양지잉크와 거래하려 한다는 말을 듣고 김 사장이 보낸 것이다. 양지에서는 1,200만 원짜리 중앙공급장치를 설치해 준다고 해서 검토해 보라고 한 것인데 한국잉크에서도 같은 조건을 들어줄 수 있다면 제작국장하고 만나서 협의해 보라고 했다. 목포의 송 시장이 오늘 밤 광주은행의 송 행장과 함께 저녁을 같이 하자고 한다. 오늘 밤 집에서 초청한 사람이 있어서 사양했다.

3월 19일 (목)

아침회의 때 허 국장의 보고에 의하면 순천경찰서의 전경들이 순천대에 들어가 화풀이로 기물을 파손한 사건이 있었다고 한다. 그런데 오전에 기 청장이 경찰의 사기에 영향을 주니 그 기사를 보류해 주었으면 하고 허 국장에게 사정하는데 들어주는 것이 어떻겠느냐고 물어왔다. 물어볼 것 없이 언론보도의 원칙을 지키라고 시달했다. 12시에 코리아나호텔에서 CBS가 유사로 주최한 언론사장단 간담회가 있었다. 김종태 사장이 광주일보의 노사협약은 전남일보와 똑같은 수준에서 마무리지었다고 밝힌다. 간담회를 마치고 나서 김효중, 박성섭 사장과 따로 차를 마시면서 4월 20일부터 광주일보가 24면을 발행한다는데 각사의 사정은 어떤가를 알아보았다. 모두 사정이 어렵다고 한다. 일단 우리도 증면하지는 않겠지만 대책은 세워야겠다면서 월요일에 다시 모이면 김 사장과 함께 논의해보고 만류해보기로 합의하다. 오후에 김여칠 교수가 내려왔다.

3월 20일 (금) 김 총재 기사 좀더 크게 다루라고

아침에 출근하면서 새벽에 발행한 광주매일의 지면을 보니 김대중 총재가 광주에서의 연설계획을 취소했다는 보도가 나와 있다. 지역감정 완화를 위한 큰 용단이다. 그런데 무등일보는 3단 정도로 조그맣게 취급하였다. 감각이 이렇게 다를 수가 있을까. 아침 간부회의에서도 이 문제가 나왔다. 허 국장은 우리도 무등일보처럼 조그맣게 취급할 생각이라고 한다. 광양유세가 민자당보다 수가 적었고, 광주에 재야와 학생들이 썩은 달걀을 던질 것이라는 소문도 있다고 해서 취소한 것 같다는 말도 했다. 이것은 큰 문제라고 생각했다. 허 국장에게 이 문제를 좀더 크게 다루라고 지시했다. 이유야 어떻든간에 민주당이 패배의식에서 연설을 취소한 것으로 해석된다면 선거결과에도 큰 영향을 줄 것이고, 만약 이 지역에서 민주당이 크게 실패한다면 호남지역에 얼마나 큰 좌절감을 주겠느냐. 민주당을 돕기 위해서가 아니라 지역정서에 충격을 주지 않기 위해서도 성명의 내용을 제대로 보도해 주라고 강력하게 지시했다.

3월 21일 (토)

오전에 안기부에서 전화가 왔다. 서울에서 홍사덕을 비방하는 전단을 뿌리다가 안기부 직원이 붙들렸다는 기사가 나왔다는데 선처해 달라고 한다. 조회때 허 국장에게 그 기사를 신중하게 처리하라고 지시하다. 조회를 끝내고 강당에 가서 오늘 연설해야 하는 YMCA 강연원고를 점검하다. 10시 30분에 허 국장이 안기부직원이 관련되었다는 기사는 안 실을 수가 없어 광주일보와 협의해서 3단 정도로 취급하겠다고 보고한다. 그렇게 하라고 했다.

11시에 광주를 출발, 목포에 12시 30분에 도착하다. 목포 YMCA 김탁 총무가 기다리고 있다. 그러나 다른 사람들은 아직 도착하지 않았다. 12시 40분에 권이담, 전태옹, 조경석, 박팔운, 박창규, 정명여고 교장 등이 참석하다. 서용석 교수는 오늘 딸 생일이라 서울에 가기 때문에 못 온다고 한다. 초원호텔에서 커피를 마시고 3시에 MBC홀에서 강연을 시작하다. 중고생이라고 하지만 중학생 쪽이 많아서 내 말을 이해할 수 있을까 걱정이다. 막상 마이크를 잡고 시작했는데 무드가 잡히지 않는다. 강연이라기보다는 원고를 읽어내려가는 식이 되어버렸다. 돌아오는 길에 목포검문소에서 광주대학 부근까지 내가 직접 운전했다. 밤에 강진, 완도에 우리 신문이 배달되지 않았다는 제보를 받고 김선남, 노성경(당직중)에게 진상을 알아보고 보고하라고 지시하다.

3월 23일 (월)　민자당 입장도 해명해 주도록 하라

아침회의 중에 회장님이 오셨다. 강진·완도에서 금전살포했다는 기사로 배달사고가 있었다는 것을 미리 보고하다. 안기부지부장이 강진 기사 때문에 선거에 영향이 많으니 해명해 주었으면 좋겠다고 사정한다. 편집국장과 사회부장에게 민자당측 주장도 충분히 반영해 주라고 지시하다. 백형조 지사도 같은 문제로 전화했다. 김식 의원이 직접 못하고 자기에게 부탁했다 한다. 사회면에 민자당에서도 맞고소했다는 기사가 나가자 민자당 측에서 2만 부를 사갔다.

광주일보가 4월 20일부터 24면으로 증면할 계획이라는데 그렇게 되면 16면을 내는 우리 신문과는 격차가 생겨 아마도 10년 내에 따라잡기는 힘들 것이라고 회장님께 말씀드리다. 그리고 광고와 보급에 큰 영향이 있을 뿐 아니라 편집국에서도 유능한 기자들을 많이 빼앗기게 되어 결정타를 입을 염려가 있다는 것을 지적하다. 그렇다고 자금사정이 어려운데 무작정 증면하자는 것도 무책임한 말이지만 증면문제가 전남일보의 전도에 상당한 영향을 주게 될 것임을 명심해야 한다고 강조하다.

3월 24일 (화)　증면 못한 책임 사주에게만 밀지 말라

10시경에 회장님이 목포에서 올라오셨다. 부사장, 홍 국장, 이광현 이사, 이상호 이사를 참석시켜 행사계획을 보고하고 총무배달 제안과 목포지사 정비안을 말씀드리다. 회장님은 이광현 이사의 숫자개념이 흐리다고 불만스럽게 지적하신다. 지하식당에서 모두 함께 점심하고 오후에 다시 증면문제를 논의하다. 어제 내가 말씀드린바, 증면이 늦어지면 앞으로 10년간은 광주일보를 따라잡기 어려울 것이라는 경고가 마음에 걸렸는지 무모한 출혈경쟁은 있을 수 없다고 쐐기를 박으신다. 먼저 광고가 뒷받침되어야 하고 편집국 인원중에도 여성들이 많은 편인데 이 정리는 서둘지 않고 증면 못하는 책임을 사주에게만 미루려 한다고 지적하신다. 만약 그런 태세만 갖추어진다면 당장에라도 증면하라고 하신다. 4시경에 회장님은 목포로 떠나시다.

3월 25일 (수)

아침에 회장님이 목포에서 올라오셨다. 총선결과를 놓고 환담했다. 회장님은 박태준 회장이 포항과 광양에서 민자당 후보가 모두 낙선되어 입장이 어려워진 것이 마음에 걸리는 듯하다. 회장님은 또 서울의 김영구 의원의 당선여부에 관심을 기울이신다. 홍기훈, 임복진, 김인곤, 신기하 의원에게 전화걸어 당선을 축하하다. 나머지 광주·전남지역의 당선자들 중 내가 친하게 여기는 사람들에게 축전을 보내도록 했다. 회장님은 11시경에 전주를 다녀오신다고 떠나셨다. 낮에는 김충곤 국장과 갈비탕 먹다. 박윤종 씨가 자신의 수상록을 가지고 왔다가 나를 못 만나고 가셨다 한다. 잠시 읽어보니 참으로 솔직하게 자신의 심정을 토로한 내용이라 매우 흥미가 있다. 전화를 걸어 노고를 치하하고 공감하는 바가 많다고 말씀드리다. 목포 YMCA 김 총무가 전화해 지난번의 강연에 감사한다고 말한다. 장준호 사장이 전화, 목포의 원예조합장 김환이가 장암으로 와병 중이라고 한다. 한번 문병 다녀와야 하겠는데.

3월 26일 (목)

조회 끝내자 회장님이 도착하셨다. 총선 당선자들에게 축전을 보내기 위해서 명단을 골라서 나 비서에게 맡기다. 그러고 나서 ABC 실사에 대비해 증쇄하는 문제를 말씀드리다가 부사장, 이광현 업무이사를 불러 그 문제를 협의하다. 그러나 이 문제는 더욱 신중히 사전조사를 해보고 결정하기로 했다. 조승형 의원에게 전화, 이번 총선을 치르느라 수고가 많았다고 위로하고 총선결과를 축하한다고 말하다. 그리고 김 총재에게도 축의를 전해주라고 당부하다.

낮에는 CBS 한영준 국장을 송별하는 언론사 사장단 오찬회를 가졌다. 광주매일이 유사가 되어 예원에서 치렀다. 김종태 사장이 서울에서 못 내려온다고 연락이 있었다 한다. 실은 증면문제와 ABC문제로 신문사장들끼리 협의할 참이었는데 무위로 끝났다.

이영일 의원이 낙선인사차 들렀다. 지난번 과문불입을 꼬집었더니 일부러 찾아온 것인가. 6시 30분에 가족회관에서 산경회 모임이 있었다. 신태호 명예회장이 볼펜을 선물로 가지고 참석하시다. 한은 지점장의 가입을 승인하고 환영하다. 박윤종 씨의 수상록을 읽고 감명이 깊었다고 강조했더니 모두 흥미를 느껴보고 싶다고 한다. 신 회장이 나중에 저자에게 연락하여 회원들에게 한 권씩 나누어주도록 하겠다 한다.

3월 27일 (금)

논설위원실로 가서 환담하고 있는데 신기하 의원이 광주시의원들과 함께 당선인사차 들렀다. 처음부터 자신 있는 싸움이었다고 한다. 13대 국회에 들어가 광주 지역사회를 위해 일을 많이 했는데 아무것도 한 것 없다고 몰아세우더라고 억울해 한다. 광주대 김란수 총장에게 전화하고 〈엄마는 50에 바다를 발견했다〉 초대장을 4매를 보내 주다. 도경의 서재연 씨와 김우만 사장이 점심을 함께하자고 해서 아구탕집에서 만나다. 식후 신문사로 동행해 커피를 마시면서 담소하다. 회장님이 목포에서 오늘 못 올라가겠는데 별일 없느냐고 전화하셨다. 김원자 부장을 불러 이강제 금호재단 전무와 문화에 관한 세미나개최 문제를 협의하라고 지시하다. 이만영 부장이 내일 정치부 사람들을 데리고 화순으로 단합모임에 나간다고 보고하다.

3월 28일 (土) 〈엄마는 50에 바다를 발견했다〉를 주최

아침회의를 하는 도중에 서울에서 연극배우 박정자, 오지혜 씨가 신문사로 찾아왔다. 응접실에서 이야기하다가 김지연 기자를 불러 인터뷰하도록 지시하는데 회장님이 오셔서 기다리고 계신다고 한다. 회장실로 찾아가니 분위기가 뭔가 저기압이다. 오늘 결산공고가 4개면에 걸쳐 나간다고 보고했더니 광고수익은 얼마쯤 되느냐, 4면으로 증면할 경우에는 용지대는 얼마나 더 드느냐고 물어보신다. 그리고 오늘의 공연 〈엄마는 50에 바다를 발견했다〉의 반응이 좋다고 말씀드렸더니 수익은 얼마쯤 되는 것이냐, 개런티는 얼마나 주느냐고 물어보신다. 뭔가 문제점을 잡아내시려는 듯했다. 수익은 6백만 원쯤 될 것이라 했는데 알아보니 2백만 원 정도라고 해서 다시 들어가 정정해서 보고했다.

3시에 연극공연을 보기 위해 남도예술회관으로 가다. 부사장이 자기 부인과 함께 왔다. 남도회관이 워낙 좁아서 그런지 시작할 무렵에 벌써 사람들이 거의 차 있었다. 박정자 씨는 3시 공연은 리허설이니까 7시에 나오라고 하더니 공연내용을 보니 상당히 짜임새가 있다. 다만 함께 출현한 오미애의 목소리가 잘 전달되지 않는 것이 흠이다.

3월 30일 (월)

김진원 부장을 불러 식목일이 다가오니 강진에서 조림에 성공한 김기운 백제약품 회장을 만나 조림사업에 관한 기사를 기획해 보라고 지시하다. 오전에 부사장과 홍 국장과 4월 예산안을 심의하다. 12시에 송죽헌에서 한은 광주지점장이 주최하는 언론사장단 오찬회에 참석하다. 김종태, 김포천 박성섭, 박배식 사장이 참석하고 김효중 사장은 불참했다. 식사 중에 광주일보의 4월 증면문제는 어떻게 되어가느냐고 물었다. 김종태 사장은 금년 중에는 어렵겠다고 한다. 지난번 노사협약의 부기에 증면시는 3개월 전에 노조의 동의를 얻어야 한다고 되어 있어서 편집국에서 증면을 주장해야 할 처지인데 주객이 전도되었다고 푸념이다. 작년에 8억의 적자를 냈다고 한다.

3월 31일 (화)

회장님이 건강체크를 위해 서울대병원에 입원하셨다 한다. 몇 번이나 병원에 전화를 넣었으나 연결이 되지 않는다. 오전에 박석무 의원이 당선인사차 방문했다. 이번 선거에서는 최씨 문중에서 전폭적으로 협조해 주어서 당선할 수 있었다고 고마워한다. 농협 전남지회의 심문섭 지회장이 본부 연구위원으로 전임되었다고 인사차 방문하다. 낮에 신태호 회장이 농진청 앞 벚꽃이 만발했으니 '초원'에서 꽃구경하면서 점심이나 함께하자고 해서 찾아가다. 위창남 사장, 동화석유의 신 사장, 박진동 고문 등이 합석했다.

박갑동 이사가 오늘 서울에 올라간다고 들렀다. 이사 직함을 갖게 되니 훨씬 활동에 도움이 된다고 말한다. 광양지국의 김 지국장을 주재기자로 임명하기 위해 면접했다. 편집국에서 실시한 필기시험의 결과도 괜찮다고 해서 합격시켰다. 동신대의 이상섭 총장이 찾아와서 총장취임 축화를 보내준 데 대해 감사를 표한다. 그런데 이 총장이 신문사에 들렀다가 자기를 찾지 않고 갔다 하여 윤 부사장이 정도 이상으로 흥분하고 있었다.

4월 1일 (수) 고정 칼럼을 소홀히 생각하지 말라

아침회의에서 지난번 월요일에 "월요시론"이 게재되지 않았다는 사실을 지적하고, 그렇게 된 이유는 필자인 최정호 교수와 사전연락이 없었기 때문이다. 고정칼럼을 소홀히 하고서 어떻게 좋은 신문을 만들 수 있느냐고 크게 질책하다. 오전에 최정호 교수와 연락되어 시론은 다음 월요일에 싣기로 하고, 4월 27일에 있을 문화진흥에 관련된 세미나에서 "남도문화의 특성과 우수성"에 대한 주제로 강연해줄 것을 의뢰했더니 사양하다가 수락한다. 김원자 부장의 보고에 의하면 금호재단의 이강제 전무가 필진참여를 사양하더라고 한다. 이 전무에게 전화해 받아들이도록 했다.

2시부터 편집국간부회의를 열다. 김석수 부장만 빠지고 전원이 참석하다. 고정칼럼의 중요성에 대해 새삼 강조하고, 조선일보의 "경제대전" 시리즈와 광주일보 서영진 부장의 "지방시대의 지방활성화" 시리즈를 들어 힘들여 칭찬했더니 허 국장이 살짝 이의를 제기한다. 김 진원을 불러 지난번 지시한 대로 백제약품 김 회장과 접촉했느냐 물었더니 서울지사의 광고국에 연락하도록 했다고 해서 질책하다. 백제의 초당 선생께서 전화했기에 이번 취재의 취지를 설명해 드리고, 이곳 산경회에서 초당자서전을 호평했더니 많은 사람들이 보고싶어 하더라고 하니까 10여 부 보내주시겠다고 한다. 회장님으로부터 5시 넘어 전화, 건설업체 선정문제를 말씀드렸더니 삼능건설에 연락하라고 하신다. 삼능의 이광국 사장에게 연락했더니 신 이사가 찾아왔기에 윤 부사장에게 보내서 협의하도록 하다.

4월 2일 (목)　　제1면에 '기사 인덱스'를 넣어라

아침회의 때 이광현 이사가 구해온 〈대통령의 사람들〉 비디오를 편집국장에게 건네주다. 그리고 1면에 '기사 인덱스'를 오늘부터 넣으라고 지시하다. 회장님에게 전화로 3월 광고실적을 보고하다. 2시부터 지방주재 기자들을 소집했기에 3시경에 강당으로 올라가서 그동안의 노고를 치하하고 취재, 광고, 판매 등 일상업무를 충실하게 수행해 달라고 당부하다. 김인곤 의원이 당선인사차 방문하다. 한라그룹의 송두빈 씨가 공로로 광주에 왔다면서 본사로 찾아왔다. 한참 동안 정담을 나누다가 광주일보 편집국장을 만난다고 나갔다. 오늘 밤 광주시장이 기관장들을 만찬에 초청했기 때문에 무처럼 만났지만 저녁을 함께 못해 섭섭하다고 말했다. 노조위원장인 이진영 기자가 광주 언노련 의장이 되었다고 인사차 올라왔다. 의장된 것은 축하해야겠지만 그것 때문에 신문사 일을 소홀히 해서는 안 된다는 것을 강조하고, 4월 17일의 전일노조의 기념행사도 조촐하게 치르라고 타이르다.

4월 3일 (금)

10시 30분 신양파크로 갔더니 송두빈 전무가 기다리고 있다. 11시에 정인영 한라그룹 회장을 만나다. 그 방에는 광주은행 송병순 행장과 한라그룹 임원들이 모여 있었다. 정 회장과 인사를 나눈 다음 회장님에 대해서는 송두빈 전무로부터 많이 들었을 뿐 아니라 최근의 월간조선 기사를 통해서 사업에 대한 집념과 투지가 대단하다는 것을 알고 깊이 존경한다고 말하다. 그리고 목포의 한라타운 구상에 대해서는 1990년 말에 우리 신문에서 자세히 보도한 바 있고 또한 내 자신이 목포출신이기 때문에 큰 관심이 있으며, 정 회장님이나 목포의 발전을 위해서도 그 구상이 꼭 실현되기를 바란다고 했다. 정 회장님도 송 전무로부터 나에 대한 소개를 들었는데 직접 만나고 보니 인상이 퍽 마음에 든다면서 서울에 오면 무교동에 나가 빈대떡이라도 시켜놓고 정담을 나누자고 한다.

4월 4일 (토)　　왜 사장이 광고에 간여하느냐고?

김진원 부장을 어제 찾았는데 오늘 아침까지도 아무 연락이 없기에 사장실로 올라오라고 했다. 럭키금성의 '고객 서비스의 달' 기사가 어떻게 되었느냐고 물었더니 2일자 신문에 벌써 실었다고 한다. 광주일보에 비해서는 다소 소홀하지만 일단 보도했으니 광주에서의 실제행사를 취재해서 다시 실어주라고 지시하다. 광고관계는 광고이사도 있는데 사장님이 직접 관여하시느냐고 불평하기에 광고야말로 사의 존립과 직결되는 것이니 사장이 관심 갖지 않을 수 없는 것 아니냐고 호통치다. 또한 이번 결산공고 유치에도 김 부장이 소홀했다는 점을 추궁했다. 김 부장은 마침내 그 기사는 못 싣겠다고 하면서 나가버린다. 다시 들어오라고 해도 그대로 가버린다. 허 국장에게 연락해서 올려보내라 했으나 올라오지 않는다. 부사장이 다시 연락하고 허 국장이 다시 설득했으나 올라오지 않았다. 오후에 서울로 올라가서 외국에서 돌아온 부회장을 맞이하다.

4월 5일 (일)

작은 아들 승락이가 3시경에 요즘 만나는 처녀를 다방으로 나오라고 했다며 제 어머니와 함께 나간다. 나도 한번 만나보는 것이 좋을 것 같아 '난'다방으로 나갔다. 처음보는 얼굴이지만 낯설지 않다. 몇 마디 가정사정을 물어보았는데 대답하는 말씨나 태도가 얌전하게 느껴진다. 나는 여의도 성모병원에 입원 중인 한국일보 정경희 씨를 문병하려고 먼저 나왔다. 정경희 씨는 중상이었다. 6일간을 의식을 잃고 있었고, 뇌가 부었으며 한쪽 눈이 실명할 뻔했는데 다행히 정상으로 회복 중이라 한다. 호흡이 곤란했고, 무릎 위 뼈가 골절했고 골반이 으스러진 줄 알았는데 절개해보니 괜찮더라고 한다. 천만 다행이다. 한두어 시간 이야기하다가 일어섰다. 밤에 승락이가 돌아와서 그 처녀에 관한 소감을 들어보니 싫지 않은 것 같고 집사람은 그 처녀가 상당히 마음에 든다고 한다.

4월 6일 (월)

9시에 논현동 조선내화로 나가 이화일 사장과 만나 이야기를 나누고 10시 30분에 회장님이 오셨는데 오늘 신문의 날 기념식에 참가하겠다고 하신다. 김진원 부장의 불손한 자세에 관해서 말씀드렸더니 어떻게 처리하겠느냐고 물으신다. 글쎄 사의 기강을 위해서는 징계조치를 취해야겠는데 해임, 정직, 감봉, 경고 중 어떤 것을 내릴 것인지 회장님이 정하시든지, 아니면 인사위원회를 열어 결정하는 방법도 있다고 했다. 만약 조치를 취했을 때 그 사람이 나간다 하더라도 지장이 없겠느냐고 물으신다. 당장에 대역을 구할 수 없다면 지장이 없다고 볼 수는 없다고 했다. 지장이 있다면 강경조치보다는 설득하는 방법이 현명하지 않겠느냐는 의견이시다.

11시 30분에 서울지사에 들렀더니 이정일 부회장과 조 고문이 대화 중이었다. 점심때 서울지사의 전 직원을 데리고 음식점에 가서 그간의 노고를 치하하다. 식후에 프레스센터에 가서 신우식 서울신문 사장, 이상우 전무를 만나고 언론연구원의 한동원 원장과 이종전 이사 등을 차례로 만나고 5시 30분에 19층 신문의 날 기념식장으로 가다. 김병관 동아일보 사장, 안병준, 문병하, 김준하, 현소영, 김종태, 호영진, 장재국 등을 만나는데 회장님도 나오셨다. 이어 리셉션에서는 김영삼, 김대중, 정주영, 박태준, 정 총리, 최창윤, 최영철, 정구영 씨 등이 참석하다.

4월 9일 (목)

최정호 교수에게 전화, 이번 시론내용에 대한 반응이 좋았다고 알려주다. 다음 27일에 있을 세미나에 관해서는 실무자와 연락해서 잘 보살펴 달라고 한다. 허 국장이 올라와서 민형배 기자를 일본 원예농업 박람회에 파견하자고 해서 그렇게 하라고 승낙하다. 점심때 혼자 남아 1시경에 지하식당에서 식사하는데 옆에 나 부장이 있기에 전남과 광주의 입시를 분리해서 실시하자는 문제에 대해서 국 의장이 이의를 달고 나오는데 시비를 가려주는 것이 좋겠다고 하니 교육난에서 다루겠다고 한다.

1시 30분에 손석규 성업공사 사장이 초도순시차 광주에 왔다가 본사를 방문했다. 성격이 호탕하고 말도 시원시원하다. 김규 교수가 일요일날 골프약속을 못 지키는 것을 사과하면서 다음 기회에 부회장, 손용 교수랑 한번 어울리자고 전화했다. 4시경에 김진원 부장이 부사장실에서 행사계획 협의를 마치고 내 방으로 와서 전일의 무례를 사과한다. 성의의 충고를 그런 식으로 받아들인다는 것은 전혀 예기치 못한 일이었으며 철없는 짓으로밖에 볼 수 없다. 앞으로 성의 있는 협조를 기대한다고 말했다.

4월 10일 (금)　결혼 숨긴 여기자 당장 해임하라고

회장님과 통화하면서 교열부 임정희 기자에 대한 처리문제를 협의했다. 임 기자는 4월 1일자로 수습기간이 끝났는데 나중에야 결혼했다는 사실이 드러나서 그저 묵인할 수는 없는 문제지만, 평소 근무태도도 모범적이고 능력도 있고 또 결원도 빨리 채워야 하기 때문에 고민중이라고 말씀드렸다. 회장님은 당장 해임조치 하라고 하신다. 그렇게 쉽게 처리해 버릴 수 있는 문제가 아니라고 하자 화를 내면서 일방적으로 전화를 끊어 버리신다. 논설위원실로 내려갔다. 조효석 선생이 점심먹으러 가자고 하신다. 부사장에게 점심하러 가자고 하니까 이미 광고, 업무 이사들과 약속이 있다 하기에 논설위원 4명과 함께 점심을 먹다.

4월 11일 (토) 1,000호 발행날에 손자를 얻다

회장님에게 전화했으나 오늘 조선내화가 휴무중이다. 이정일 부회장과 통화, 임 기자 처리문제를 이야기했더니 이력서 위조이니 해임조치를 해야 한다고 단호하게 말한다. 10시에 광주 KBS총국에서 심포지엄이 있어서 가보려고 차를 탔는데 서울에서 큰 자부가 둘째 손자를 순산했다는 소식이 왔다. 오늘 둘째 손자도 얻었으니 그저 지낼 수 없어서 12시 가까이 되어 간부들에게 점심을 함께하자고 연락했다. 기흥식당에서 불고기 파티를 열었는데, 주요 간부들이 모두 참석했다.

오늘이 마침 전남일보가 1,000호를 발행하는 날인데 손자를 보게 되었으니 그 이름을 “천호”라고 작명해도 좋겠다는 생각이 들었다. 오후에 김영석 부국장이 와서 임 기자의 근무태도나 능력이 뛰어나다는 것을 강조한다. 이어서 나의갑 부장이 수습기자 훈련에서 보인 임 기자의 능력을 칭찬하면서 선처를 간청한다. 저녁때 허 국장이 편집국 분위기가 안 좋다고 보고한다.

4월 13일 (월)

회장님에게 김충곤 국장의 서울출장 결과와 민형배 기자의 취재를 위한 일본 출장문제를 말씀드리고 오늘 오후에 상경하겠다고 전화드리다. 최윤섭 씨가 4월 18일의 무숙사 행사에 참석해 달라고 하면서 MBC, KBS에도 취재를 의뢰해 달라고 한다. 10시에 바둑대회 우승자들에 대한 시상식을 갖고 축하와 격려의 말을 전하다. 지하식당에서 식사하고 2시부터 배달사고 문제를 둘러싼 강진지사의 김찬문 기자 처리문제를 놓고 인사위원회를 열다. 평소의 근무태도를 참작해 정중한 서약각서를 받고 엄중히 경고처분하기로 결정하다.

3시에 본사 노조의 편집국지회의 임원들이 올라와서 교열부 임 기자에 대한 임명보류 조치를 철회하고 계속해서 근무할 수 있도록 관대한 처분을 간청한다. 이력서 위조는 용납할 수 없는 위법행위이니 더 이상 논의의 여지가 없으나 여러분이 그렇게 높이 평가하니 다음 인사위원회에서 참작하겠다고 약속하다.

4월 14일 (화)　사장의 온정주의를 꾸짖는다

9시에 논현동 조선내화로 나갔다. 회장님이 반가이 맞아 주신다. 교열부 임 기자의 이력서 위조에 따른 인사위원회의 결정과 그 후의 경과에 대해서 말씀을 드렸다. 소속부장과 부국장 그리고 편집국 내 5명의 노조간부들이 잇달아 임 기자의 유임을 진정하기에 우리 회사의 사규에 비추어 용납할 수 없으나 여러분들의 간절한 호소를 감안해 며칠 후의 인사위원회에서 결정하겠다고 약속했다는 사실을 말씀드리다. 회장님은 사장의 생각은 어떠냐고 물으신다. 물론 회사의 기본원칙은 지켜야 되지만 모처럼 솟아오르는 응집력을 살리고 싶은 생각도 없지 않다고 말씀드렸더니, 무슨 소리냐면서 사장의 나약한 온정주의에 대노하신다. 마침 손님이 왔기에 일어섰다.

서울지사로 와서 박 이사를 만나 근황보고를 받고 12시에 청와대 본관으로 가서 대통령과의 오찬에 참가하다. 여기에는 21개의 지방신문사장들이 참석했다. 여러 지방의 사정을 미리 지명해서 묻다가 지방에서의 보급문제를 묻기에 내가 대답했다. 잠재독자는 많으나 배달인원이나 우편사정으로 늘리지 못한다는 사정을 설명했다. 오후에 회장님은 운동하러 나가셨고 부회장과 연락해서 임 기자 문제에 대한 회장님의 강경한 입장을 전하다. 6시부터 대연각에서 공보처장관 초청만찬회에 참석하다. 9시에 만찬 끝내고 돌아오는 길에 청담동 회장님 댁으로 찾아가서 다시 한번 말씀드렸으나 인사조치하라는 입장을 고수하시기에 그대로 따르기로 했다.

4월 15일 (수)

항공편으로 8시 30분에 광주에 도착, 아침회의를 주재하다. 청와대 오찬과 공보처장관 만찬에 참석했던 이야기를 설명해 주다. 종친회의 최윤섭, 최병철 씨가 전화, 부숙사 재향에 꼭 참석해 주고 KBS, MBC를 수배해 달라고 당부한다. 김포천 사장과 박배식 총국장에게 취재를 부탁하다. 2시에 편집국간부회의를 열다. 그동안에 있었던 과장보도, 오식, 진부한 용어의 제목, 소제목을 쓰지 않는 점, 광주일보, 광주매일, 전남매일에서 본 좋은 기사들을 인용하면서 비판과 자극을 주다. 그리고 외신해설의 필요성, 전수교육의 실천 등을 강조하다.

3시 30분부터 임 기자 처리문제를 놓고 인사위원회를 개최하다. 먼저 인사관리규정을 위배한 자는 해임시킨다는 대원칙에는 타협이 용납되지 않는다는 것을 강조하고 각자의 의견을 청취했다. 허 국장은 동정론을 펴고, 부사장은 약간 회사측에도 책임이 있다는 식으로 발언하기에 쐐기를 박다. 결국 해임하는 것으로 의결했다. 즉시 회장님께 보고하고 부회장에게도 알렸다. 어제 밤에 잠을 설쳤더니 머리에 열이 있다. 그러나 혈압을 재보니 거의 정상이다.

4월 16일 (목) 김 총재가 조선일보를 극구 칭찬하다

11시 30분에 조선일보 광주인쇄공장 준공식에 참석하다. 방우영 사장, 방상훈 부사장, 김대중 주필, 신동호, 인보길 국장, 이규태 논설주간 등이 맞이한다. 김대중 총재를 비롯해서 광주·전남출신의 민주당 의원들이 거의 모두 나왔다. 이효계 시장, 백형조 지사, 오종문 총장, 김란수 총장, 김준형 회장, 강대직 회장, 윤형중 사장 등이 보인다. 김대중 총재가 축사를 했는데 사전에 철저하게 준비했는지 그럴 듯한 근거를 대면서 조선일보의 역사와 전통을 극구 칭찬하고 미화해서 평가한다.

회사에 돌아왔더니 무등일보 김효중 사장이 점심을 함께하기 위해 코리아나호텔로 오라 한다. 거기에는 김포천 사장, 광주환경청의 길 청장, 해태타이거즈의 노주관 사장이 와 있다. 식사 후에 김효중 사장에게 차를 마시면서 교열부 임 기자의 자리를 찾아 봐 달라고 당부하다. 점심때 노조 편집국지회가 임 기자 문제로 회의를 열고 회사측의 해명을 요구한다고 부사장과 홍 국장이 보고한다. 조금 진정된 후에 대화하기로 했다. 편집국의 허광욱 국장과 오세성 부국장을 불러 지회 대표에게 회사의 입장을 설명해 주라고 했다. 오후 늦게 김상현 의원이 우리 회사를 방문했다.

4월 17일 (금)　　출생지 좋아야 성공한다고 비꼰다

부사장과 함께 회장님을 만나 임 기자에 관한 인사위원회의 결정에 대한 사내 반응을 보고하다. 부사장이 편집국의 반응을 참작하여 감일등하는 방향이 어떻겠느냐고 발언하기에 거부하다. 일단 해면조치하고 본인이 원한다면 촉탁으로 근무할 수 있도록 고려해 보겠다는 의견을 제시하다. 허 국장이 민형배 일본출장 품의서를 가지고 왔기에 결재받을 때 회장님에게 임 기자에 대한 편집국의 분위기를 보고하고 촉탁직 임명을 고려해 보시도록 권고해 보라고 했다.

12시에 송죽헌에서 백형조 지사초청으로 언론사사장 오찬회가 있었다. 박성섭 사장만 빠지고 모두 참석했다. 백 지사는 4월 30일에 서울 잠실체육관에서 전남출신 인사 3천 명을 초청해 가을쌀 예매제에 관해서 설명하는 행사를 갖으려 하니 협조해 달라고 한다. 김 사장은 광주매일창간기념 청와대 인터뷰에 대해서 설명한다.

5시에 전남일보 노조 3주년 기념행사를 시작했다. 식장에 들어갔더니 생각탓인지 사장을 보는 표정들이 싸늘한 것 같다. 노조위원장의 기념사 중에도 경영층을 비난하는 말이 들어 있다. 특히 우리회사에서는 출생지가 좋아야 성공한다는 말이 있다는 식으로 비꼰다. 나는 격려사에서 말을 천천히 하면서 어조를 엄숙하게 조정했다.

4월 20일 (월)

목포지사의 김명수 부장이 내일 있을 조선내화의 계열회사인 세라믹공장의 기공식을 토지개발공사에서 대대적으로 홍보하겠다고 하는데 어떻게 했으면 좋겠느냐고 물어왔다. 성실하게 취재해서 있는 그대로를 알려주라고 했다. 시하식당에서 점심하는데 홍 국장이 오늘 간부회의는 부장급회의와 차장급회의로 나누어서 개최했으면 좋겠다고 한다. 그러자고 했다.

먼저 2시에 부장급회의를 열었다. 임 기자에 대한 인사위원회의 결정이 내려진 경위와 결과에 대해서 설명했다. 임 기자에 대한 여러 사람들의 진정에 대해서는 끈끈한 동료애를 느끼게 하는 귀중한 것으로 받아들이지만 그렇다고 회사의 근간적 원칙을 무시할 수는 없다. 그러나 가능하면 여러분의 진정을 존중하는 뜻에서 촉탁직으로 계속 일할 수 있는 기회를 주기로 했다고 알려주었다. 그런데 일부에서는 이왕에 관용을 베풀려거든 해면조치를 취하지 말거나, 촉탁직으로 돌린다 하더라도 어느 시점에 가서 풀어준다는 약속을 해주기를 바랬다. 그러나 안 된다고 했다. 이어서 열린 차장급회의에서도 같은 과정이 반복되었다. 질문도 훨씬 많았다. 모든 질문에 끈기 있게 그리고 성실하게 대답했다.

4월 21일 (화) 더 이상의 불복은 해사행위다

아침회의 때 허광욱 국장의 보고에 의하면, 어제 노조 편집국지회 회의에서 강경파들이 회사의 결정에 불복하고 서명운동을 벌이기로 했다 한다. 나는 이러한 행동은 단연 용납할 수 없는 것이라고 규정했다. 어제까지 편집국사람들의 진정이나 호소는 애사적 차원에서 받아들였고 고맙게 생각했다. 회사측으로서는 최선의 조치를 취하고 그 배경과 취지를 충분히 설명했다. 그럼에도 불구하고 다시 불복행위를 한다면 이는 회사의 기본질서를 무너뜨리는 해사행위로 간주해 단호하게 처리할 수밖에 없다고 선언했다.

아침회의 마치고 이진영 노조위원장을 불렀다. 지금 서명운동이 있다고 한다, 이 위원장 자신은 회사의 입장에 공감한다고 한다, 그렇다면 지도층의 역할이 무엇인가, 옳은 방향으로 이끌어가는 것이 지도층의 역할이 아닌가 하고 가슴을 치면서 강조했다. 이어 김원자 부장을 불렀다. 자기는 중간간부로서 회사의 입장도 이해하지만 여성의 권익을 옹호하지 않을 수 없다고 말한다. 김 부장이 진정으로 임 기자를 아끼고 계속 함께 일하고 싶거든 더 이상의 항거는 중지하도록 충고하라고 말하다.

점심때 금수장호텔에서 백형조 도지사의 송별회식이 있었다. 회식 후 회사에 돌아와서 백 지사에게 전화 그간의 노고를 치하하고 앞으로 더 큰 역할을 기대한다고 격려했다. 태평양화학에서 주최한 광주·전남미인대회에서 선발된 미녀들이 방문했다.

4월 22일 (水)

논설위원실에 들러 임 기자 문제처리 경위를 설명해 주다. 제작국장방에 들렀다. 광주일보가 경향신문의 현지인쇄 문제를 협의중인데 7만부를 찍어 달라 한단다. 서울 롯데화랑에서 오늘부터 전시회를 갖는 정우범 씨에게 전화하여 직접 참관하지 못하지만 축하한다는 뜻을 전했다. 이정일 부회장과는 동창관계의 인연이 있어 개막식에 문상주 학원연합회장과 함께 참석하고 축사를 해주기로 했다고 한다.

오늘 5시부터 전남일보의 편집국지회장 선출이 있다는데 그 회의안건 중에는 임 기자의 촉탁기간에 대한 회사측의 언질을 요구하자는 대목도 들어 있다 한다. 그런데 오전 중에 비상대책회의가 있었는데 거기에서 이진영 위원장이 아무런 사전협의 없이 독단적으로 임 기자를 설득하여 회사측 결정에 따르게 했다는 데 대해서 규탄을 당했고 위원장은 그러한 규탄에 대해서 불쾌감을 표시했다고 한다. 허광욱 국장을 불러 광주일보의 최근동향으로 봐서 5월 이후 불시로 24면 증면을 단행할 수도 있으니 이에 대비책을 세우라고 지시하다.

4월 23일 (목)

아침회의 때 증면대비책을 세우라고 간부들에게 지시하다. 회장님이 운동하러 가셨다기에 카폰으로 정년문제를 어떻게 처리할 것인가를 문의했더니 화를 버럭 내신다. 부회장은 처음에는 정년은 그대로 실시해야 할 것 아니냐고 하더니 현실적으로 난점이 있다고 하니 회장님과 협의해서 결정하는 것이 좋겠다고 한다. 김동환 광주시장이 신임인사차 방문했다. 우리가 주최하는 문화진흥 세미나에 문화관계 담당직원들이 많이 참석하도록 협조해 달라고 부탁하다.

노조의 이진영 위원장이 올라와서 비상대책위와의 충돌을 이야기하고 노조위원장직을 사퇴하기로 결심했다고 고백한다. 문제는 어디에서나 있게 마련인데 경솔하게 판단하지 말고 계속해서 일하라고 타이르다. 목포대 서용석 교수가 건강진단을 위해 전남대병원에 왔다가 신문사에 들렀기에 이광현과 함께 그랜드호텔로 가서 커피를 마시다. 나종경 차장이 기협지회장으로 당선되었다고 인사차 올라왔다. 편집국 분위기를 건전하게 이끌어 가라고 당부하다.

이효계 전남지사가 목포를 다녀온다면서 신임인사차 들렀다. 우리 회사가 농민문제와 향토문화문제를 특히 관심있게 다룬다는 사실을 상기시키면서 27일에 있을 문화세미나 행사에 협조해 주도록 당부하다. 김정수 기자가 호남대에 출강한다는 사실을 보고한다. 일상근무에 지장이 없는 범위에서 출강하는 것은 권장할 만한 일이라고 격려하다. 6시 30분에 코리아나호텔에서 산경회 모임이 있었다.

4월 25일 (토)

아침에 회장님이 뜻밖에 전화를 주시다. 동아일보에서 하서 김인후 선생의 동상을 광주의 어린이공원에다 세운다는데 알고 있느냐고 물으신다. 잘 모른다고 대답했더니 거기에 회장님 이름도 나온다는 말을 들었다고 하신다. 그러고 보니 얼마 전 광고에서 얼핏 본 기억이 난다. 동아일보의 문병호 비서실장을 통해서 기념비건립 실무자와 연결되었다. 건립작업은 현재 80% 정도 진척되었으며 7~8월경에 완공될 것이라 한다. 회장님께 그대로 알려드리다.

4월 27일 (월)

오늘은 신양파크에서 문화관계 세미나를 우리가 주최하기 때문에 조회를 일찍 마치고 신양파크로 갔다. 서울 유네스코의 백승길 씨가 도착했기에 함께 커피숍으로 갔다. 허광욱 국장과 김정호 무등일보 주필과 세미나장에 입장하다. 10시에 세미나를 정식으로 개회하다. 세미나의 배경과 취지를 설명하고 금호문화재단의 협조에 감사한다고 말하고 이강재 전무를 일으켜 세워 박수를 보내주다. 애초에 120명 정도가 참석할 것으로 예상했는데 지사와 시장의 각별한 성원으로 200명쯤이 참석, 진지한 분위기에서 진행되었다. 점심에 190매의 식권이 나갔다 한다. 헤드테이블에는 최정호 교수, 백승길 위원, 김정호주필, 지건길 박물관장, 손광은 교수, 이강제 전무 등이 나와 함께 자리를 잡았다. 오후 세션이 시작되는 것을 보고 나는 신문사로 돌아왔는데 최교수는 종합토론 전에 떠났다 한다.

4월 29일 (수)　우리 신문 기사의 흠을 꼬집어 내다

이정일 부회장은 오늘 방콕으로 출발했다 한다. 회장님은 내일 내려오겠다면서 광고에 열을 내도록 다시 당부하신다. 연세대 서정우 교수가 6월 12일 연세대 행정대학원에서 지방의원들을 상대로 하는 특강에 나와 강의해 달라고 한다. "지방의회와 언론"이라는 제목으로 90분 강의라고 한다. 승낙했다.

2시에 편집국 부장회의를 열다. 김진원, 김석수가 불참하고 전원이 참석하다. 이번 문화관계 세미나는 알찬 성과를 거두었다고 평가하고,

지방문화의 진흥이나 농어촌의 복지향상은 우리 신문의 주요 관심사임을 상기시키다. 우리가 목포의 물문제를 광주매일과 함께 충실하게 다루었지만 그 접근방법에서 광주매일은 애정을 가지고 해결책을 모색한 데 반해 우리는 비판적 각도에서 사고원인을 캐내는 데 역점을 두었다. 그러나 유감스럽게도 광주매일의 접근법이 우리의 노선에 부합하는 바람직한 방법이었다고 강조하다. 그리고 김대중 총재 인터뷰 내용에 중요한 대목이 있었는데, 광주일보는 그것을 세내로 1면기사로 뽑았는데 우리는 그저 가벼운 인터뷰기사로 묻어버리고 말았다고 비판했다. 그리고 사진부에 대해 시정할 점을 몇 가지 지적했다. 회의 끝에 오세성 부국장을 불러 기사선택에 정신을 차리라고 당부하다. 7시에 신양파크에서 신태호 회장이 스리랑카 명예영사로 취임한 것을 축하하는 만찬이 있었다. 금호의 박정구 회장, 송병순 광주은행장, 마행렬 사장 등이 참석하다.

4월 30일 (목)

회장님이 이상호 이사에게 광고사정을 물어보니 이 이사는 이 달에는 면목없이 되었으나 새 달에는 만회하겠다고 대답한다. 부사장, 홍국장을 불러서 회장님과 함께 정년문제를 논의하다. 회장님이 내 의견을 물으신다. 가장 간단한 방법은 부국장대우를 부국장하고 똑같이 55세로 적용하면 되지만 조금 더 안정적으로 조정하려면 부장은 53세에서 55세로, 부국장대우는 56세, 부국장은 57세, 국장은 58세로 하면 될 것이라고 제의했다. 일단 그 자리에서는 내 의견대로 합의했는데 나중에 결재과정에서 회장님이 국장과 부국장을 57세로 하자는 의견을 제시하시기에 그대로 결정했다.

증면문제를 말씀드렸더니 광고도 형편없는 지경에 어떻게 증면문제를 꺼내느냐고 꾸중이시다. 지하식당에서 식사하고 오후에 회장님 방에 들렀더니 광고문제의 심각성을 강조하면서 사장의 역할이 수익도모에 있음을 다시 강조하신다. 그리고 광주일보에서 여론조사결과를 발표한 기사를 꺼내면서 사장은 이것을 아느냐고 묻는다. 잘 알고 있고, 대책도 강구한다고 말씀드렸더니 왜 그런 중대한 문제를 회장에게 보고 안했느냐고 꾸짖는다. 그러다가 5시경에 서울로 떠나셨는데 내 마음속에 가라앉은 찌꺼기는 저녁 늦게까지 가시지 않는다.

5월 1일 (금) LA폭동현장에 기자를 특파하다

아침회의에서 LA사태를 취재하기 위해서 정용택 기자를 특파하자는 말이 나와 우선 왕복 비행기값 60만 원을 주어 보내기로 했다. 10시에 남도예술회관에서 법의 날 행사에 참석했다. 12시경에 회장님이 전화하시다. 정용택 기자를 LA로 보내기로 했다고 하니 비용은 어떻게 되느냐고 물으시기에 60만 원쯤 든다고 했더니 승낙하신다. 오후에 허국장을 불러 오늘 1면에 LA폭동 사진을 썼는데 그것이 모두 조간에 이미 나온 사진들이란 점을 지적, 이렇게 무신경해서야 어찌 타지와의 경쟁에서 이길 수 있겠느냐고 질책하다. 그리고 정 기자 특파기사에 일부러 '조사부 차장'이란 타이틀을 밝힐 필요가 없지 않느냐고 따졌더니 자신이 일부러 넣어 달라 요청했다고 변명한다. 오후에 이경현 민자당 전남지부장이 김복수, 조규범 위원장들과 함께 인사차 방문하다.

5월 2일 (토)

아침에 회장님과 통화, 정용택 기자가 오늘 오전 중에는 LA에 도착, 제1신을 보낼 것이라 했더니 비용을 얼마 주어서 보냈느냐 물으신다. 왕복 비행기값 60만 원만을 주고, 교통비나 통신비는 나중에 청산하기로 하고 보냈다고 했다. 그런데 정용택의 개인사정을 보아준 양으로 말씀하시기에 그렇지 않고 꼭 필요해서 보낸 것이라고 변명했다. 그런데 여비결재서류를 황 부국장을 통해 팩스로 보내라고 하신다. 아무래도 이상하기에 어제 결재한 품의서를 가져오라 해서 40만 원은 가불이라는 것을 명기했어야 할 것 아니냐고 했다. 민영기 부장이 와서 회장님이 전화로 물어보시기에 100만 원이 나갔다고 답변했다고 한다. 회장님이 누군가로부터 제보를 받고 나의 보고가 틀렸다는 확증을 잡기 위해서 팩스로 보내라고 한 것이 확실하다. 이유야 어떻든 결과적으로 회장님께 허위보고한 셈이다. 회장님께 다시 전화를 걸어, 꾸중을 듣겠다고 전제하면서 사실을 털어놓았다. 회장님으로부터 당연히 꾸중을 들었다. 죄송하다고 말씀드리고 전화를 끊었으나 뒷맛이 씁쓸하다. 3시부터 금호문화회관에서 이강제 전무 아들 결혼식에 참석하다.

5월 4일 (월)

아침회의에서 LA교포를 돕는 모금운동을 벌일 것인가를 논의하다. 결국 오늘은 광주시장과 전남도지사가 교포들을 돕기 위해서 금일봉을 기탁했다는 정도로 기사화하고 모금창구를 개설하는 문제는 더 두고 보기로 했다. 황 부국장을 불러 특파원 비용문제로 회장님과 통화한 내용을 말해 주었더니 자기는 그 문제에 대해서 관여하지 않았다고 시치미를 뗀다. 광주시장으로부터 2시에 시작되는 우치동물원 개관식에 참석해 달라는 초청이 있었는데 나가지 못했다.

저녁때 고행원 부국장이 올라와서 전남매일의 안광양 사장이 성금유용 혐의로 구속되었다고 보고한다. 그리고 광주일보의 김종태 사장이 오늘 우리 신문의 성금접수 기사를 보고 편집국 간부들을 크게 질책했다 한다. 특파원 파견에서나 지난번 목포 물문제, 그리고 3도 7개군 영호남친선모임(장수) 기사 등 번번이 전남일보에 뒤떨어졌음을 질책했다고 한다. 목포에서 장준호 사장이 차인석 박사와 서용석 교수랑 목포에서 저녁을 함께하자고 전화했다. 그러나 오늘은 선약이 있어서 못 가겠다고 했다.

5월 5일 (화)　　모처럼 산책길에 막국수라니

오늘은 어린이날이어서 신문이 휴간이다. 이광현 이사도 서울에 간다기에 등산계획은 짜지 않았다. 한가하게 아침을 먹고 심심해서 집사람과 밖으로 나갔다. 비가 내린다. 우산을 받고 철로를 넘어 사직공원

쪽으로 올라갔다. 숲은 바로 앞에 보이는데 공원으로 접근하는 길을 몰라 한참 동안 헤매다 찾아내다. 공원을 뒤덮은 신록은 비에 젖어 더욱 싱싱하다. 오랜만에 가져본 조용한 분위기에 시간가는 줄 모르다가 시계를 보니 1시 반이 넘었다. 점심을 먹으러 공원에서 나왔으나 적당한 음식점이 없다.

집사람은 갈비를 먹고 싶은지 '수궁갈비'를 이야기한다. 택시를 잡아 되돌아가는 것도 귀찮고 갈비라면 여기에도 있지 싶어 봉선동 쪽으로 걸어나왔다. 도중에 좀 깨끗하게 보이는 음식점이 있는데 창문에 왕족발이니 막국수니 써 있다. 막국수가 어떠냐고 물었더니 집사람은 싫다면서 좀 토라진 표정으로 통닭이나 사가자고 한다. 집 근처에 와서 '마포 갈비집'에 눈을 주면서 들어가자고 하니 집사람은 불평을 쏟아놓는다. 집에 돌아와서도 집사람은 불평을 쏟아 놓는다. 순간, 놀라움과 억울함과 미안함을 느꼈다. 아내로부터 이렇게 노골적인 불평을 들어본 것은 처음이다. 나는 여태까지 아내에게 내가 할 수 있는 최선을 다했다고 믿었다. 그런데 아내의 아주 소박한 욕구마저 알아차리지 못할 만큼 무심했던 것이다. 모처럼 가진 남편과의 산책길을 겨우 막국수로 때우려 했으니.

5월 6일 (수)

아침회의에서 주요 기관장들로부터 LA성금 기탁이 줄지어 들어오는데 본사에서도 얼마쯤 내놓아야 할 것 아니냐는 문제가 제기되었다. 임직원 일동의 봉급의 0.5%이면 85만 원 정도가 되니 좀더 채워서 100만 원을 내놓기로 했다. 박성섭 무등일보 사장으로부터 전화, 방금 자기 회사의 간부회의에서 광주일보의 증면에 대비해서 6월 1일부터 20면으로 증면하기로 결정했다고 한다. 그렇다면 우리도 가만 있을 수 없다. 당장 대책회의를 열기 위해 주요 간부들에게 오후 2시에 모이라고 연락했다.

광주대의 김란수 총장에게 전화했더니, 11시 30분에 YWCA 간담회에 나갈 것이라 한다. 간담회가 끝난 후 김 총장을 만나 요즘의 나의 심경을 털어놓았다. 이제 언론사를 떠나 교수직으로 돌아볼까 하는데 광주대학에 자리를 마련해 주었으면 좋겠다고 했다. 김 총장은 자신보다는 김인곤 이사장을 설득시켜야 하니 이사장에게 직접 말하는 것이 효과적일 것이라고 귀띔한다.

2시에 증면문제를 협의하기 위해서 간부회의를 열었다. 증면하자면 가장 문제되는 것이 인쇄시간이다. 광주일보보다 1시간이 늦어지는데 이것을 어떻게 해결하느냐가 문제였다. 마감시간을 단축할 것인가, 아니면 별지로 인쇄할 것인가를 논의하다가 더 연구해 보기로 했다. 다만 증면개시는 6월 1일을 넘지 않게 하기로 했다.

5월 7일 (목) 언론대학원 설립을 권유하다

기관장 조찬회가 광주시청에서 7시 30분부터 시작되었다. 김동한 신임 광주시장이 취임인사를 겸해서 시정방침을 밝혔다. 제 2 외곽도로 건설을 예정보다 3~4년 앞당겨 완공하고, 광주시 6만 빈민층의 소득증대와 생활환경 개선에 노력하고, 5·18기념사업을 적극 추진함으로써 광주민주화 운동의 승화를 위해 봉사하겠다고 다짐한다.

점심때 김인곤 의원과 신양파크호텔에서 만나다. 광주대에는 신방과와 출판과라는 두 개의 학과가 있어서 커뮤니케이션학 교수의 수효로 보자면 다른 대학보다 두 배 이상이나 많고 또 학생 수도 그만큼 많다. 이러한 인적 자원을 잘 조정하고 커리큘럼을 가다듬어 실무교육을 강화한다면 다른 대학과 크게 차별화된 인기학과로 육성할 수 있을 것이다. 뿐만 아니라 광주지역에는 언론에 종사하는 현역언론인이 약 500명, 전북에 300명 정도가 있다. 따라서 광주대에 언론대학원을 개설하여 석박사과정을 두고 기성언론인들을 등록케 하여 체계적 교육을 실시한다면 지방언론계의 자질향상과 풍토개선에 획기적 기여를 할 수 있을 것이다, 또한 광주대가 이미 확보한 언론전공 교수 14명을 중심으로 언론연구소를 개설하고 언론실무개선을 위한 프로젝트를 개발한다면 언론내용의 개선은 물론이고 학생훈련을 위해서도 좋은 자료를 제공할 수 있을 것이라고 역설했다. 나의 이러한 제안에 대해서 김인곤 이사장은 전폭적인 동감을 표시하면서 만약 내가 원한다면 광주대의 교수 TO에 관계없이 언제든지 맞아들이겠다고 새삼 다짐한다.

5월 8일 (금)

오늘이 어버이날이다. 회사에 출근해 8층에 들어서니 비서 박 양이 카네이션을 꽂아 준다. 조회를 마치고 허 국장에게 앞으로 증면하더라도 증원해 줄 수 없으니 사진부에 1명 정도만 생각하고, 교정부의 부족한 인원은 취재부서에서 전용하되 1개월간의 기사건수와 기사의 질을 조사비교해서 실적이 낮은 사람으로 보충하라 했다. 10시에 운전기사직을 지원한 두 사람을 면접하다.

오후에 담양에 있는 공수여단장이 전화했다. 부대내에서 동료끼리 칼부림이 있었는데 그 중 한 사람이 죽은 사건이 벌어졌다. 그런데 그것을 전남일보와 무등일보에서 취재해 갔으니 선처해 달라고 부탁한다. 영 내에서 일어난 피살사건을 묵살할 수는 없는 것이라고 말하고 편집국장에게 적절하게 처리하도록 일러 놓겠다고 얼버무렸다. 이양우 교육감이 5월 15일에 대학공동지원제 찬반에 대한 공청회가 도의회에서 있게 되는데 전남일보에서 토론자를 추천해 달라고 한다. 반대하는 입장에서 발언해 달라고 한다. 허 국장에게 나 부장을 보내라고 지시하다.

5월 10일 (일)　둘째 아들의 약혼을 성사시키다

8시 30분에 송 기사가 차를 가지고 집으로 왔다. 집사람과 함께 차를 타고 우선 송정리 금호타이어 축구장으로 갔다. 광주지역 언론인 축구시합에 얼굴을 비치기 위해서다. 9시가 되었는데 개회식은 아직 열리지 않았다. 서울에서 김주언 기협회장과 광주·전남지역 지부장인 광주일보의 김성 차장이 나와 있다. 우리 회사에서는 신복진 부국장, 이선우 기자, 최시형 차장, 나종경 기자, 천갑수 기자 등이 연습 중이다. 9시 30분에 대회 개회를 보고 서울로 출발, 12시 넘어서 도착했다. 점심 후 정경희 씨를 문병하기 위해서 뉴욕제과점에서 생과자 한 상자를 사고, 양재동 화훼단지로 가서 난 한 분을 샀다. 여의도 성모병원에 가니 정경희 씨 어머님과 누이동생이 와있다. 정경희 씨는 머리에 가제모자 같은 것을 쓰고 얼굴은 전보다 더 핼쑥하게 보이지만 말소리는 생각보다 힘이 있다.

5시 30분에 집에 돌아와 집사람과 둘째 아들 승락이를 데리고 서라벌로 나가서 신부후보와 그 부모들과 만나다. 음식을 나누면서 양쪽의 뿌리를 서로 알아보다. 안동 김씨로 김좌진 장군과 일가동문이라 한다. 서로 혼사를 성립시킬 의향이 있다는 것을 확인하고 우선 약식으로라도 약혼절차를 갖추기로 했다.

5월 11일 (월)

9시에 논현동 조선내화에 들렀다. 회장님께 LA특파에 대한 결과와 효과를 말씀드렸더니 만족하시는 듯하다. 업무국에서 ABC제도에 대비하기 위해서 일본을 시찰하겠다는 계획도 승인 받고, 자금문제를 보고하다. 언론연구원 도서실로 가서 학교신문에 관한 참고도서를 대출받다. 이어 서울지사에 들러 박 이사를 만나 근황보고를 듣고 점심을 함께 한 후 8시 넘어 광주에 도착하다. 박권상 씨로부터 전화, 이제부터 월간 4편의 칼럼을 쓰는데 자기 것을 특별칼럼으로 해 주었으면 좋겠고 아니면 목요칼럼에 한 편만 넣어 주고 나머지 한 편은 광주에 있는 다른 신문과 계약을 맺을 수 있게 해주면 좋겠다 한다. 그것은 곤란하다고 일단 거부했다. 그 문제는 회사에 들어가 간부들과 협의한 후 다시 이야기하자고 했다.

5월 12일 (화)　　편집국장이 어지러워 입원하다

회장님이 전화로 박태준, 이종찬에 관한 기사를 잘 취급해 주도록 당부하신다. 허 국장이 조회에 나오지 않았다. 어제 회사에서 머리가 어지럽다고 기독교병원에 갔는데 입원해서 검사를 받으라고 했다 한다.

12시 30분에 신양파크에서 김영삼 씨가 언론사 대표들을 초청한 오찬에 참석하다. 이환의 씨가 반갑게 맞아 김영삼 씨의 옆자리를 권하기에 앉았다. 지금 우리에게는 지역감정의 해소가 지상과제인데 그를 위해서는 인재등용의 기회를 균등하게 배려해야 한다고 나는 말했다. 회식을 끝내고 김포천, 김효중 사장과 커피숍에서 환담하다. 그런데 광주매일의 김효중 사장은 삐삐통신사업을 추진하는 데 있어서 전남일보가 박용훈에게 압력을 가하여 금광기업과의 제휴에서 탈퇴하게 만들었는데 그것을 막지 못했다고 고 회장으로부터 질책을 들었노라고 하소연한다. 전혀 터무니없는 이야기이다. 오후에 최종경 기자가 찾아와서 김문기와 관련된 사건에 대해 적부심사를 신청했으니 지법원장에게 목포로 전화하도록 부탁해 달라한다. 법원장 만나서 사정을 이야기했더니 목포로 전화를 넣어주다.

5월 13일 (수)

허광욱 국장이 어제 기독병원에 입원했기에 오늘 나오지 못했다. 병명은 미로염이라 하는데 종합진찰을 받아야 하니 한 1주일쯤 걸릴 모양이다. 회장님에게 몇 가지 근황을 설명드리고 증면은 아무래도 6월 1일부터는 해야 할 것 같다고 강조하다. 12시에 초원에서 재광 서울대 동창회 주최로 김훈 국세청장을 위한 송별오찬회를 가졌다. 2시부터 편집국간부회의를 주재했는데 전원이 참석했다. 이번 이종찬 후보와 박태준 회장의 광주방문 기사에 회장님이 특별한 관심을 갖고 계신다는 것을 여러 차례 상기시켰는데도 그것이 지면에 충분히 반영되지 못하였다. 이것은 편집국의 운영에 문제가 있다는 것을 말해 주는 것이라고 지적하다. 또한 증면문제에 대해서도 편집국의 자세가 너무 소극적으로 보이는데, 증면은 일단 6월 1일부터 실행한다는 전제하에서 대비하라고 지시하다. 오후에 회장님을 모시고 광주국세청으로 찾아가 김훈 청장과 3 국장들을 만나 전남일보의 감사패를 전달하고 덕담을 나누었다. 돌아와서 회장님 방에서 김선남 부장을 일본 보내는 문제를 재론하다가 회장님이 서울에서 사모님이 편찮으시다는 소식을 접하고 급히 상경하시다.

5월 14일 (목)

아침 간부회의에서 승면문제로 10시가 넘노록 토론하나가 금주 내로 종합의견을 내기로 했다. 10시 30분에 회장님이 서울의 병원에 다녀오셨기에 사모님의 상태를 물었더니 괜찮다고 하신다. 사모님이 횟감을 잡수시고 고열이 있었다면서 여름 음식을 조심하라고 당부하신다. 증면문제는 신중히 검토하되 너무 서둘지 말라 하신다. 무안의 최종경 기자에게 전화했으나 부재중이다. 당숙은 종경의 적부심사의 결과에 대해서는 아직 모르겠다 한다.

2시 30분에 전남대 변동현 교수가 광주 가톨릭신학대학의 예비신부 40명을 데리고 신문사를 방문했다. 응접실로 맞아들여 약 40분간 커뮤니케이션의 중요성을 설명한 후 4명의 질문에 성실하게 답변해 주다. 대일실업의 박 회장이 부도를 내고 공장을 폐쇄한 것 같다고 함평주재 서영록 기자가 보고한다. 논설위원실에서 문 주필과 손정현 위원과 한참 동안 환담하다.

5월 15일 (금)　이한빈 박사의 전략을 듣다

10시경에 김훈 광주 국세청장이 이임 인사차 방문했다. 삼능건설의 이광국 사장이 입찰 결과가 어떻게 되었는가 궁금해서 전화했다. 함평에 있는 대일실업에 전화가 안 되기에 함평지국의 서영록 기자에게 알아보라고 했더니 부도내고 문을 닫았음을 보고한다. 지하에서 부사장과 식사하고 올라오니 서울에서 회장님이 전화, 사모님의 건강은 걱정할 것 없고 광고에 신경을 써 달라고 하신다.

오늘은 대학공동지원제를 폐지할 것인가 여부를 놓고 공청회가 열리는 날이어서 내일 사설로 다룰 필요가 있을 것 같아 논설실에 전화했다. 문 주필은 서울갔다 하고 최하림 위원만 있다. 내일의 사설란을 위해서는 서울의 조 고문이 남북문제를 다룬 장문의 단일사설을 보내왔고 다음 월요일에는 5·18사설이 나갈 예정이어서 실을 여지가 없을 것 같다고 한다. 그러나 내일 사설용 스페이스를 늘려서라도 공동지원제에 관한 문제의 사설을 싣도록 하라고 지시하다. 오세성 부국장을 불러 1면에 나온 5·18관련 사진을 지적하고 요즘 우리 지면이 광주매일이나 무등일보에도 뒤지고 있으니 더 분발해 오 부국장의 실력을 발휘하라고 촉구하다.

5시 30분부터 신양파크에서 이한빈 박사의 강연에 참석해야 했다. 이 박사는 나를 만나자마자 전남일보에 대한 관심을 표명하고 목포발전에 대한 전략을 미리 귀띔해준다. 8시까지 계속된 이 박사의 강연은 발상의 전환을 촉구하는 참신한 내용이었다. 그 좋은 아이디어를 취재보도하도록 내일 아침에 본사기자를 보내겠다고 미리 약속을 받아 놓았다.

5월 16일 (토)

아침회의에서 광고에 대한 편집국의 보다 적극적인 관심과 협조를 촉구하다. 고행원 부국장이 올라와서 어제 밤 도경의 오남택 교통과장을 만나서 성윤이 문제를 말했더니 6월 말쯤에 기회가 있을 것 같다고 하더란다. 민형배 기자를 불러 회사의 의도를 설명하고 독자여론조사를 설계하라고 지시하다. 이한빈 박사와의 인터뷰 내용을 물어봤더니 제대로 취재된 것 같아서 지면을 아끼지 말고 자세히 소개하라고 했다. 오늘 사설에 공청회에 관한 것이 나오지 않았기에 논설위원실에 전화했더니 문 주필은 서울에 있고 최하림도 금요일 저녁때 서울에 올라갔다고 한다. 오세성 부국장을 몇 번이나 찾았는데 부재 중이다. 나중에 서울에 갔다는 보고를 받았다.

5월 18일 (월) 편집국에 나사가 빠졌다고 경고

지난 주말에 문 주필, 최하림 위원, 그리고 오세성 부국장도 서울에 올라가 있었고 또 오늘의 망월동 취재 준비도 사전에 충분히 하지 않았다는 점을 들어 요즘 우리 편집국과 논설위원실이 다같이 나사가 빠졌다고 아침회의에서 경고했다. 이정일 부회장이 지난 주말에 외국여행에서 돌아왔다 하기에 전화했다. LA특파에 관해서 설명했는데 응답이 시큰둥하다. 본사근황을 몇 가지 알리고 전화를 끊다.

11시경에 회장님과 통화, 독자여론조사계획을 설명하고 꼭 필요한 것임을 강조하다. 건축입찰건도 입찰자들이 몹시 궁금하게 생각하니 곧 방침을 알려주면 좋겠다고 했다. 이내균 사장이 가든백화점에 폭약을 장치했다는 사실을 소유주인 박귀인 회장이 부인하더라고 해서 그것을 오세성 부국장에게 알려 주다. 오 부국장은 그 기사에 컷을 사용해서 크게 다룰 작정이라 하기에, 컷은 없애고 크기도 3~4단으로 줄이라고 지시하다. 낮에 부사장과 점심을 먹고 요즘의 나의 심경을 토로했더니 위로의 말을 들려준다. 변동현 교수가 지난번 신학대학생들에게 열강을 해주어 고맙다고 하면서 5월 30일 언론학회에 함께 참석하자고 한다. 손용 교수가 언론학회장에 입후보했다고 한다.

5월 19일 (화) 형님이 간암 선고를 받다

새벽에 몽탄 형님으로부터 전화, 한 2주일 전부터 가슴속에서 매우 날카로운 통증이 느껴진다고 한다. 당장 오늘 광주로 올라오시라고 했다. 조회 마치고 회장님과 통화, 내일 모레쯤 오시겠다고 한다. 김충곤 제작국장이 내일 서울에 출장은 가지만 아무래도 윤전기 도입은 실현가능성이 희박한 것 같다고 걱정한다.

11시경에 형님이 기후를 데리고 보훈병원에 와 있다는 전화를 주셨다. 검사결과를 보고 원장은 나를 별실로 데려가더니 형님의 병세가 치료하기에는 너무 늦었다고 한다. 간암이 확실한데 수술하려면 모두 떼어내고 새것으로 이식하는 수밖에 없는데 누가 간을 주겠느냐는 것.

정말 아찔한 말이다. 이제 더 번지지 않도록 항암제를 투입하고 고통스러울 때 진통제나 줄 수밖에 없다는 것이다. 어떻든 입원해서 더 자세히 검사를 해보고 치료받을 수밖에 없을 것 같았다.

5월 20일 (수)

오후 2시 30분에 회장님이 도착하셨다. 홍 국장, 김종효 부장, 부사장과 4월 실적과 5월 업무추진계획을 회장님께 보고드리고, 광주의 3대신문사의 91년도 경영실적 비교표를 회장님께 설명드리다. 5시에 영남일보의 서성숙 사장이 방문할 예정이어서 회장님은 목포로 내려가시다. 서 사장이 왔기에 윤 부사장하고 응접실에서 지방4사 제휴문제를 협의하도록 했다. 전북일보의 서정상 사장에게 뉴욕향우회장이 요청했던 문제를 어떻게 할거냐고 질문했더니 내일 오후에 연락하겠다고 한다. 7시에 무등산관광호텔에서 유준상 의원의 출판기념회가 있어 참석하다. 김효중, 김중광 등도 나왔다. 유 의원이 내빈들을 소개하면서 가장 먼저 나를 소개한다.

5월 21일 (목)

회장님이 증면문제를 꺼내더니 무등일보가 증면한다 하지만 어렵지 않겠느냐며, 업무이사의 의견은 증면하자는 편이지만 편집국이나 광고국은 소극적이라고 말씀을 하신다. 회장님의 뜻을 알겠기에, 증면도 급하지만 더 급한 것은 인쇄시설이라는 점을 말씀드리고 건축문제로 초점을 모아갔다. 애초에 계획했던 것보다는 건축비도 증가되었다는 점을 들어 자꾸 소극적인 방향으로 기울어지신다. 지하식당에서 점심하고 회장님은 다방으로 가시고 나는 보훈병원으로 갔다. 1시 30분에 병원장 방에 들어가 약 50분 동안 이야기하다. 형님의 현재 상태는 터미널케이스여서 항암제와 진통제를 놓는 방법 외에는 별다른 방책이 없다 한다. 원장은 자기의 동생이야기를 하면서 나를 위안하려 한다.

5월 22일 (금)　흔들리지 말고 도와 달라고

부사장과 회장님 방으로 가서 여러 문제를 협의했다. 증면은 사정이 어려우니 당분간 보류하고 대신 지면의 질을 높이는 데 노력해 달라고 하신다. 제2사옥 문제는 8억을 들여 가옥(假屋)으로 만들자고 하신다. 독자여론조사는 다른 목적보다는 우리 신문이 광주일보보다 구독률이 높다는 결과를 얻도록 추진해 보라고 하신다. 회장님은 부사장을 내보낸 후 나 혼자 있는 자리에서 앞으로 10년 동안은 신문을 내가 직접 경영할 작정이니 최 사장은 흔들림 없이 도와 달라 하신다. 때때로 심하게 말할 때도 있었지만 최 사장이 모든 것을 꾹 참는 것을 보면 과연 좋은 가정에서 자란 것을 알 수 있다고도 하신다. 내 손목을 잡고 자신의 의중을 비치시는 것을 보면 듣기 좋으라고 하시는 말씀만은 아닌 것 같다.

11시경에 회장님은 상경하셨다. 큰 여조카가 병원에 왔다며, 형님을 서울 한강성심병원으로 옮기는 것이 좋겠다고 한다. 여기서 좀더 경과를 보고 다음에 협의하자고 했다. 5시 30분에 남봉미술관에서 열린 자연사진가회 창립전에 참석하다.

5월 25일 (월)

허광욱 국장이 퇴원해 오늘부터 출근했다. 매우 조심스럽게 몸을 움직인다. 논설위원실에 들렀다가 그냥 올라왔다. 한참 후에 최하림 위원이 올라왔다. 지난번 사설집필 뒤처리문제를 보고하지 못한 데 대해 사과한다. 오늘은 윤 부사장의 생일이기에 간부들과 기영식당에서 회식하다. 조효석 고문과 황 부국장만 빠지고 간부들이 모두 참석했다. 오후에 보훈병원 원장실에 들렀는데 원장은 부재중이었고 별실의 형님만 만나보고 신문사로 돌아오다. 허 국장과 오 부국장을 불러 요즘의 회사사정을 이야기해 주고 6월부터 증면하기는 어렵겠고 7월쯤으로 연기하지 않을 수 없겠다고 귀띔해 주다. 그리고 최근 우리 지면에 활기가 없고 광주매일이나 무등일보보다도 떨어지는 느낌이 드니 좀

더 분발하라고 촉구하다. 6시에 신양파크에서 고재철 광주매일 회장의 자서전 출판기념모임이 있어서 참석하다.

5월 26일 (화)

새벽에 뒷산에 올라가 능선에서 조깅하고 내려오다. 오늘 오후에 민주당 후보 경선투표가 있는데 어제 양팔을 들어 환호하는 김대중 씨의 사진을 쓰겠다고 해서 쓰지 못하도록 말렸다. 아직 투표도 하지 않은 시각에 당선된 듯한 사진을 보인다면 독자를 속이는 것으로 보여 신뢰를 잃게 될 우려가 있기 때문이다. 광주일보는 김대중 씨의 흑백사진을 게재했다. 우리는 오늘 모처럼 컬러광고를 1면에 넣을 예정이었기에 이왕이면 김 총재의 사진을 컬러로 쓰도록 미리부터 몇 차례나 일렀는데 왜 못 썼는지 알아보지 못했다. 서울의 조카로부터 전화, 아버지를 서울로 모시는 것이 좋겠다고 한다. 자기 아버지는 특수한 체질이어서 오진했을지도 모른다고 말한다. 그러나 주말까지는 여기서 경과를 기다려 보자고 했다.

5월 27일 (수)

오늘 돌연 컬러사진을 1면에 쓰겠다고 한다. 그것도 어제 김대중 총재가 민주당 후보로 뽑힌 후 양팔을 흔드는 사진이라 한다. 그 사진이라면 오늘 아침 모든 조간지들이 썼던 것이어서 우리가 오늘 똑같은 것을 쓰면 우리 신문이 늦다는 인상만 줄 뿐인데 굳이 쓸 필요가 있느냐고 허 국장에게 전화로 제지했더니 모처럼 컬러로 내기로 하고 작업이 진행중에 있으니 이해해 달라고 한다. 2시부터 편집국간부회의를 열다. 우리 회사의 사정이 6월부터 증면하기가 어려운데 타사에 뒤지지 않으려면 질적 경쟁에 의존하지 않을 수밖에 없고, 그러자니 데스크들의 머리싸움에 기대하는 수밖에 없다. 경영진에만 미루지 말고 분발해 주기 바란다고 당부하다.

5월 28일 (목)

5시경에 서울에서 조덕송 고문이 오셨다. 한참 동안 정담을 나누다가 광주호에 있는 호반산장으로 안내했다. 논설위원실에 남아 있던 문주필하고 편집국에서는 허광욱과 오세성 부국장을 함께 데리고 가다. 부사장은 다른 모임이 있다고 하는데 그것을 포기하고 합류하도록 했다. 석양에 무등산 드라이브웨이를 달려서 호반의 횟집으로 가다. 송어회, 매운탕, 가물치탕, 닭도리탕을 그리고 소주를 시켰다. 날씨는 덥지도 춥지도 않아서 분위기가 무르익는다. 조 고문은 술을 거나하게 드셨으나 다른 사람들은 별로 많이 들지 않는다. 그러나 매우 유쾌하게 마시고 7시쯤에 자리를 뜨다.

5월 29일 (금)

아침회의 마치고 서울로 전화했더니 회장님은 운동하려 나가셨다고 한다. 10시에 보훈병원으로 가다. 형님의 퇴원수속을 끝냈다 한다. 병원장이 직접 나와서 여러 가지로 신경을 써준다. 11시경에 기후를 옆자리에 앉히고 형님과 함께 서울로 떠나다. 서울에는 4시경에 도착해서 예정시간보다 1시간 늦었다. 인후가 기다리고 있었다. 응급실로 들어가 입원수속을 마치고 나니 최병조 원장이 내려와서 형님을 위로하고 직원들에게 성의껏 모셔 달라고 당부한다. 5시 30분에 카폰으로 이정일 부회장에게 연락했더니 밤 11시경에나 돌아올 것이라 한다. 논현동에 전화했더니 회장님이 광주에 급한 일이 생기지 않았다면 내일 만나자 하신다.

5월 30일 (토)

8시 30분에 논현동 조선내화 사무실로 찾아갔더니 마침 회장님이 들어오신다. 회장님은 나를 보자마자 우리 형님의 병환이 어떠냐고 물으신다. 무등일보가 6월 1일부터 20면으로 증면한다는 사고를 보여드리고 이 내용은 별 것 아니지만 이것이 우리 회사 내외에 미치는 영향은 상당히 클 것이라는 것을 말씀드렸다. 특히 업무국과 광주시내 지국의 운영에 영향을 줄 뿐 아니라 사기에도 변화를 줄지 모른다고 했다. 무등일보 박 사장은 적자를 따지지 않고 광주일보에 대응하겠다고 큰소리 치더라고 말하고 회장님이나 부회장의 자존심이 걸려 있는 사업인데 박 사장에게 져서야 되겠느냐고 강조했더니 약간 불쾌한 표정을 보이신다. 우선 질의 경쟁을 해야 하지만 7월에는 우리도 증면을 생각해보아야겠다고 말씀하신다. 이화일 사장을 잠시 만나고 그대로 중부고속도로로 내려와 여산에서 점심을 먹고 1시 30분에 광주에 도착하다.

6월 1일 (월)

한남투자의 정홍기 사장이 자사 부사장을 데리고 방문하여 이번 목포에서 일어난 예금인출소동에 관해서 협조적으로 기사를 써준 데 대해 감사하다고 말한다. 윤 부장을 불러 동석시키고 광고신청에 있어서 광주일보와 차별 없이 공평한 배려를 바란다고 말하고, 그러면 우리도 더 적극적으로 협조하겠다고 말하다. 낮에 김동환 광주시장이 송죽헌에서 언론사장들을 오찬에 초청했다. 김종태, 김포천, 김효중, 박배식, 이정일(CBS) 사장이 나오고 박성섭 사장만 불참하다. 김효중 사장이 나더러 D-day(증면)가 언제냐고 묻기에 밝힐 수 없으나 준비하고 있다고 하니까 김종태 사장이 아마 내년 봄까지는 증면못할 것이라고 자기의 생각을 말한다.

6월 2일 (화) 선거관계 기사로 잇달아 항의받다

오늘 우리 신문의 1면 머리기사에 "전남도, '선거동향 자료작성'"이라는 기사가 나와 있다. 대선운동을 유예하자는 정부입장에도 불구하고 행정기관에서 사전운동을 한다는 혐의가 농후하다는 내용이다. 허국장을 불러 알아봤더니 민형배 기자가 취재했는데 그대로 실었다 한다. 문제될 만한 기사는 사장에게 보고하라고 했지 않았느냐고 추궁하니 죄송하게 되었다고 머리를 숙인다. 얼마 후에 이효계 지사로부터 매우 곤혹스럽고 섭섭하다는 항의성 전화가 왔다. 또 얼마 후 안기부의 송문호 지부장으로부터 전화가 왔다. 전남일보에 실린 문제의 기사는 아마도 중앙지들에 의해서 인용되어 큰 파문을 일으킬 것 같다면서 유감을 표시한다. 두어 시간 있다가 회장님에게 전화하니 광주의 여러 기관장들로부터 협박과 성토를 당했다면서 대노하신다. 7시 30분에 회장님이 다시 전화를 걸어, 어떻게 해서 그런 기사가 나가게 되었느냐고 캐물으신다. 생각할수록 화가 나시는 모양이다.

6월 3일 (수)

광주보훈청의 최병석 청장이 찾아와서 보훈의 달 행사에 대해서 설명하기에 고행원 부국장을 불러 인터뷰하도록 했다. 어제 전남도의 선거동향보고서에 관한 기사와 관련해 혹시 사설이 나가지 않을까 해서 논설위원실에 연락해 보았더니 아니나 다를까, 바로 그에 관한 사설을 집필중이라고 한다. 집필을 중단하고 다른 문제로 사설을 쓰라고 지시하다.

이한동 내무부장관이 오늘 초도순시차 광주에 내려왔다. 도지사가 5시 30분에 금수장에서 내무장관을 환영하는 기관장 만찬회가 있다고 알려왔기에 잠시 망설이다가 나갔다. 이 장관이 제일 먼저 나에게 술을 권한다. 어제 우리신문에서 다룬 선거동향 기사에 대해서 관료들 사이에서 말이 많았던 것이 아닌가 생각된다. 만찬회 도중 나는 장관에게 이런 취지의 말을 전했다. 이번의 광주 5월은 근래에 보기 드물게 조용하게 넘어갔다. 이는 광주시민들의 의식이 성숙했다는 결과이고 또한 시장, 지사, 경찰청장 등 기관장들이 민심을 잘 어루만져준 결과라고 생각한다. 장관도 잘 알다시피 이 지역은 가장 불평이 많은 곳이니 그 점 잘 헤아려서 마음을 크게 써주기 바란다고.

6월 4일 (목)

목포대의 서용석 교수가 전화, 6월 13일에 목포대에서 전국에 있는 대학의 통일문제연구소장들을 모아 세미나를 여는데 전남일보에서 후원해 달라고 한다. 그리고 박철언 의원도 주제를 발표할 예정인데 기자를 보내 인터뷰 기사를 써 주었으면 한다. 그리고 나더러 사회를 맡아 달라기에 사절했다. 회장님과 통화, 어제 내무장관 초청만찬회에서 이효계 지사를 한바탕 쏘아줄까 하다가 다음 기회로 미루었다고 말하니 회장님이 깜짝 놀라시면서 제발 그렇게 직설적으로 하지 말아 달라고 당부하신다.

점심때 광주일보의 박진동 고문이 금수장으로 초청하기에 나갔다. 금호재단의 이강제 전무와 한상운 씨도 나와 있다. 식후에 무등산장 쪽으로 가자고 해서 따라갔더니 무등산장 부근에 있는 공터로 안내한다. 그 곳에 약 3천 평의 공지가 있다. 거기에다 창무관을 건립하려는데 자연보호단체를 비롯한 시민들이 자연훼손을 이유로 반대하니 잘 살펴보고 판단해 보라는 것이다. 건립위원장은 노 씨인데 박 고문 자신은 부위원장을 맡고 있다고 한다.

6월 5일 (금)

이 달의 월례 기관장 조찬회가 아침 7시 30분에 도청회의실에서 열렸다. 조찬회는 이효계 지사가 주재하고 30분간 안기부에서 제공한 사로맹 호남지구 사건의 진상을 영상을 통해서 소개했다. 조찬회를 끝내고 나오다가 부지사에게 오늘 지사의 일정을 물어보니 승주지방으로 순시할 계획이라고 한다. 회사에 돌아와 회의를 시작하려 하는데 이 지사가 카폰을 걸어왔다. 무슨 말을 들었는지 이번에 여러 가지로 죄송하게 되었다고 미리 사과말을 앞세운다. 나도 이번 일에 이 지사가 곤혹스러운 입장에 빠진 데 대해서 충분히 동정하지만 또 한편으로는 섭섭한 점도 있어서 만나려던 참인데 앞으로 지사의 초도순시가 끝나면 만나서 솔직하게 심정을 털어놓을 기회를 갖자고 했다.

6월 6일 (土) 사회인 테니스대회를 열다

아침회의를 마치고 부사장과 테니스대회가 열리는 동신고 코트에 나갔다. 생활체육회의 한인수 회장과 체육회 간부들이 나와 있다. 10시 조금 넘어서 전남일보 회장배 광주·전남 사회인 테니스대회의 개회를 선언하고 회장님의 인사말씀을 대독했다. 220쌍의 테니스 대표들이 참여해 개회식을 마치고 각 구장으로 분산하다. 12시경에 회장님이 도착하셨다. 근황을 설명드리고 식사하러 가시자니까 늦게 아침을 드셨다 한다. 2시경에 집으로 가서 대학신문주간을 위한 세미나에서 발표할 주제논문을 준비하다.

6월 9일 (화)

아침회의 마치고 서울로 전화하니 회장님은 운동하러 가셨다 한다. 동아일보 김병관 사장에게 전화하다. 김인후 선생 동상건립에 대해 우리 회장님이 관심이 많다는 사실을 알리고 일부 추진위원들로부터 찬조성금이 들어온다는 말이 있는데 어떻게 진행되느냐니까 울산 종문회에서 비용을 거두지만 성과는 약한 편이라고 한다. 보통 얼마 정도 내느냐고 물었더니 밝히기를 사양한다. 이 회장님도 성금을 내고싶은 생각이 있는 것 같아 참고삼아 물어본 것이다. 북한 미술전에 관해서는 자사의 사업부장을 불러 물어보니 북한작품을 수입한 사람이 많은 적자를 낸 모양이라고 한다. 광주지방법원의 이원배 원장이 지난 5월 15일에 법원신축공사 기공식이 있었는데 그 공사를 촉진시키는 데 크게 도움을 준 나를 초청하지 못해 죄송하게 되었다고 말한다. 기공식은 외부손님 초대없이 약식으로 했다고 한다.

6월 10일 (수) 지방판의 당일제작을 촉구하다

2시부터 편집국 부장회의를 열다. 장형래 부장만 불참하고 모두 참석했다. 정치, 경제, 사회, 문화 사진, 편집, 교육, 교열 등 모든 분야에 걸쳐 시정할 점을 일일이 지적하다. 그리고 지방판의 당일제작을 서두르도록 지시하다. 서울 성심병원으로 전화했더니 형님이 직접 받는데 기운 없는 목소리다. 한방치료를 원하는 것을 보니 병원치료에는 더 이상 기대를 안 하시는 것 같다.

6월 11일 (목)

아침회의에서 지방판 당일제작 문제를 조속히, 가능하면 6월 17일부터 시작해 보라고 촉구했다. 오전에 전남 예비역 동우회의 장내성 회장 일행이 신임인사차 본사를 방문했다. 12시 20분에 직장에서 실시하는 종합신체검사를 받을까 했더니 사람이 너무 많아 오후 3~4시로 미루다. 오후에 대학신문주간 세미나에서 발표할 주제논문을 동국대학교에 등기로 보내다. 또 연세대에서 강연할 원고를 정리해 5시경에 등기로 보내다. 서울 성심병원으로 전화하니 조카가 받는다. 아버지는 더욱 수척해지셨고 음식도 많이 드시지 않는다고 한다.

6월 12일 (금)

아침에 목포대의 서용석 교수가 전화, 세미나 자료를 보내주겠다 한다. 낮에 자료가 도착했기에 허 국장에게 보내면서 내일 아침 기자를 공항으로 보내서 박철언 의원을 인터뷰하고, 세미나주제 논문내용은 요약해서 게재하라고 지시하다. 홍 국장과 적십자 광주지사에 들르다. LA구호성금 1천 9백만 원을 지사장에게 전달하고 적십자사의 구호작업을 높이 평가했다. 오후에 김동환 시장이 전화, 지방자치단체장 선거관계로 요즘 찬반론이 왕성한데 지상대담을 기획해 보면 어떻겠느냐고 한다. 좋은 생각이라 했다. 허 국장과 이만영 부장을 불러 이 문제로 찬반 양쪽 각 2명씩을 선발해서 좌담특집을 마련해 보라고 지시하다.

6월 13일 (토)

아침신문에 CATV 뉴스프로그램을 공급하는 언론사에 대해서는 지분 30% 제한조항을 삭제했다는 소식을 읽고 연합통신의 김영일 전무에게 전화하다. 연합통신에서는 준비가 많이 진행되었고, 30% 제한은 여전하다고 한다. 군소주도 거의 조직하는데 언론사 중에는 방송국도 끼워줄까 고려중이라 한다. 전남일보는 2년 전부터 CATV에 관심을 가져 현재 한 유선방송국을 운영중이며 뉴스프로그램 공급자 컨소시엄에도 참여의사가 있다고 말했다. 연합통신사는 가능하면 많은 지방신문사와 제휴하는 것이 유리할 것이라 했더니 그렇다고 수긍하면서 그 문제는 다시 중역회의에서 논의해 보겠다고 한다. 11시 30분에 윤 부사장, 오세성 부국장과 옥과로 갔다. 이종렬 사장이 먼저 와서 그린피를 지불했다고 한다. 12시 40분에 티업했다.

6월 15일 (월)

회장님에게 CATV 뉴스프로그램 공급자 가입문제를 말씀드렸더니 잘 검토하고 추진하라고 하신다. 그리고 운영자신청 문제는 우리 신문이나 계열사들은 겸영금지 조항에 걸려서 안 되고 서남유선방송은 너무 약하니 광주지역의 유력한 업체가 있으면 간판으로 내세우고 추진해 보자고 건의했다. 제휴대상으로 신태호, 박용훈, 화니백화점을 들었더니 금호는 어떠냐고 하신다. 이정일 부회장과 전화해서 이 문제를 협의했는데 부회장은 중원산업과 화니백화점의 이덕승을 알아보면 좋겠다고 한다. 손주환 장관에게 전화했는데 또 부재중이다. 나주 소재의 동신대학이 6월 18일 해태와 자매결연하는데 그 식장에 참석해 달라고 한다. 연합통신 김영일 전무와 통화, CATV가입을 위한 준비된 자료를 내일 우리 지사에 전달하겠다고 한다. 7시에 예원으로 가다. 이원배 광주지법원장이 기다린다. 법원 신청사 건립에 도움을 주었다는 점에서 사의를 표한다는 뜻으로 특히 나를 위해서 한 자리를 마련한 것이다. 그 자리에는 김종태, 송문호, 이효계, 문종수, 기세익이 참석했다.

6월 16일 (화) CATV 참여문제를 모색하다

공보처 방송행정국의 이덕주 국장에게 전화하다. 유선방송법시행령은 18일 각의통과가 좀 늦어질 것이라고 한다. 겸영금지라면 51% 이상의 주식소유를 금하는 것이지 그 이하는 소유할 수 있다는 말 아니냐 했더니, 어떻든 언론사는 참여를 사양하라는 뜻이란다. 문화재단도 특수관계에 들어간다고 한다. 7월에 시행령이 공포되면, 신청하라는 공고가 나갈 것이라 한다. 연통의 김영일 전무와 통화, 나의 제의를 받고 오늘 여러 지방언론사에게 참여를 권유하는 서한을 발송한다고 한다. 그러나 모든 지방 언론사에 보내면 혼선을 일으킬 것이니 한 지역에 한 개사만 골라 보내라고 하니 그렇게 하겠다고 한다. 오후 2시경에 회장님이 목포에서 올라오셨기에 자금문제를 말씀드리니 그 문제를 왜 이제야 말하느냐고 하면서 운영 계획보다도 액수가 많아진 이유를 자꾸 따져 물으신다. 그리고 돈이 나오게 할 궁리는 않고 말만 하면 돈이 나올 수 있는 것이냐고 하신다. 뒷머리가 무겁다. 혈압이 오르는 것 같다.

6월 18일 (목)

오후에 회장님으로부터 전화가 왔다. 최봉인이 목포에서 신문창간을 준비한다는 설이 있는데 알고 있느냐고 물으신다. 금시초문이라고 말씀드리다. 그리고 오늘밤에 서울로 올라갈 예정이라고 했다. 송 기사를 데리고 4시에 서울로 출발하다. 중부도로로 들어가 중부휴게소에서 쉬었다. 도중에 카폰으로 봉인이를 불렀더니 사무소에 있었다. 내가 서울에 도착하면 연락할 터이니 저녁을 함께하자고 했다. 8시 넘어서 서울에 도착하다. 8시 30분에 영동호텔 커피숍에서 봉인을 만나다. 호텔에서 가볍게 추어탕으로 식사하면서 신문사 창간문제를 물어보니 밝히려 하지 않는다. 내년 3월경에나 확실해질 것이라고 말한다. 이정일 부회장하고도 만난 지가 오래 되었다 한다.

6월 19일 (금)

아침에 논현동 조선내화로 나갔다. 이화일 사장과 만나 회사사정이 어렵다는 말을 주고받았다. 10시에 카폰으로 동아일보에 전화하니 김병관 사장은 아직 나오지 않았다고 한다. 우리 지사에서 기다리기로 했다. 지사에 가니 박갑동 이사가 기다린다. 조덕송 고문도 만났다. 북한 미술전관계로 통일원과 안기부사람들을 만나서 교섭한 이야기를 장황하게 늘어놓는다. 그림 수입자들의 요구액이 높아서 전시가 어렵겠다고도 한다. 낮에 서울지사 직원들을 모두 데리고 식사했다. 그동안 지사장이 공석으로 있어 지사운영이 엉성했지만 이제 박 이사를 지사장으로 정식임명했으니 박 이사를 중심으로 모든 일을 진행하라고 훈시하다. 4시경에도 김병관 사장이 오지 않았다기에 그냥 동아일보로 찾아가서 김상건 씨에게 성금(김인후 동상건립)을 전달했다. 연합통신으로 갔는데, 김영일 전무가 회의 중이어서 전 부장을 만나 자세한 설명을 듣다. 8시에 연세대로 가서 김 소장의 소개로 강의를 시작, 10시에 끝내다.

6월 20일 (토)

청담동으로 가서 회장님 뵙고 어제 동아일보에 가서 김인후 동상건립을 위한 성금 2백만 원을 전달했다는 것과 연합통신에 가서 뉴스 프로그램 공급자 컨소시엄 문제를 알아본 결과 가입하는 편이 좋겠다는 결론을 얻었다고 하니 추진하라고 하신다. 그리고 부회장을 만나고 내일 내려가면 어떻겠느냐고 하신다. 수원에서 형님을 문병하고 가야 한다고 말씀드리다. 신원통상의 박성철 회장과 통화, 내주에 인도네시아 공장준공식에 참가하기 위해 떠나겠다고 한다. 12시 30분에 수원에 도착, 형님을 만나다. 몸이 좀 쇄하신 것 같고 얼굴이 수척해지고 주름살이 굵게 보인다. 배는 괜찮지만 두 다리가 퉁퉁 부었다. 인후네 집은 교외에 있고 아담한 독립가옥이어서 환경이 괜찮다.

6월 22일 (월)

이정일 부회장과 통화, 연통과의 뉴스프로그램 공급자 가입문제에 대해 설명해 주고 박 이사의 지상발령 문제를 협의하다. 대행이란 말을 빼자는 데는 동의한다. 회장님과 이 문제를 협의했다. 그런데 윤 부사장은 반대한다는 의사를 밝힌다. 노준채 외과병원에 전화, 당뇨검사를 받으러 가겠다고 하니 받을 필요 없을 것 같다고 한다. 오늘은 이상호 이사의 생일이어서 간부들과 기흥식당에서 회식하다. 허 국장은 북한미술전 협찬을 얻기 위해 대주건설에 가느라고 불참하다. 오후에 허 국장을 불러서 창간 4주년 기념식 때 인사이동을 하는데 필요한 자료를 제출하도록 지시하다. 대주에서 1천만 원 협찬을 얻기로 했다고 한다. 일본의 스가 씨가 와서 제 2사태리아트 기어를 고쳐 5~6개월은 안심할 수 있다고 김 국장이 보고한다.

6월 23일 (화)

아침회의 때 박 이사가 서울지사장 권한대행으로 정식결제가 났다는 사실을 간부들에게 발표했다. 그러나 대외활동에 유리하게 하기 위해서 지상발령으로는 권한대행이란 말을 빼는 것이 좋겠다고 하니 부사장이 반대한다. 차라리 결재를 다시 해 권한대행을 뺀 것으로 맡아서 발령하자고 한다. 홍 국장도 같은 의견이라고 보탠다. 다른 사람들도 그러한 쪽을 찬성하는 표정이다. 오늘 지상발표는 보류하기로 했다. 낮에 이내균 사장이 제과회사의 박 사장이란 사람과 김기태 사장과 점심을 함께하자고 신문사로 찾아 왔다. 김창식 장관이 전화, 전에 자기가 비서관으로 데리고 있던 사람이 교통안전진흥공단 이사로 있기에 그 사람에게 창락이를 잘 보살펴주라 했다고 한다.

6월 24일 (수) 대학신문 주간 세미나에서 강연하다

아침회의 마치고 회장님과 통화, 박 이사의 지사장 발령을 보류한 이유를 보고드렸더니 나중에 광주에 내려오셔서 협의하자고 하신다.

판매협의회에서 ABC공사 7월실시 문제를 보류하기로 했다는 사실을 보고하지 않았다고 질책하신다. 2시에 편집국 부장회의를 열다. 지난 16일부터 연속해서 제 1면 톱으로 지방기사를 올린 것에 대해서 칭찬하고 사진부의 활약에 대해서 칭찬해 주었다.

김석수 부장이 요즘 항간에 우리 신문을 나산실업에 250억을 받고 매각할 것이라는 말이 있는데 사실이냐고 묻는다. 일고의 가치도 없는 낭설이다, 우리의 사세를 떨어뜨리기 위해 경쟁사에서 날조한 흑색선전 작전이니 현혹되지 말라고 하다. 그리고 유선방송에 대한 사업진출을 계획한다는 것을 알려주다. 한양대 팽원순 교수가 찾아왔다. 자기 누이동생의 사위되는 사람이 목포고와 전남대를 졸업하고 서울에 있는 출판사에 다니는데 취직할 기회가 없느냐고 한다. 정식으로 입사시험을 치르도록 권했다.

6시에 무등산관광호텔에서 전국대학신문주간 교수협의회의 최순열 회장을 만나보고 6시 20분부터 "다변화시대의 대학신문의 역할"에 대해서 강연했다. 먼저 인사말을 통해서 광주를 살펴보고 이 지역에 대한 사회적 편견을 불식시키는 데 앞장서 달라고 당부하다. 강연내용에 대해서 나중에 여러 사람들로부터 호평을 받다.

6월 25일 (목) 판사가 경찰서장을 고발하다

아침회의 전에 서울의 회장님과 통화, 동아일보에 회장님이 낸 성금에 관한 기사가 나왔더라고 말씀드리니 좋아하신다. 29일의 목포행사에 못 나갈 것 같다고 여쭈었더니 내가 못갈 형편이면 장 감사더러 나가도록 하라 하신다. 나 부장을 불러 요즘 임광기의 동정이 이상하다던데 어떻게 되어가느냐 했더니 오늘 서울에 올라갔는데 SBS 입사가 확정된 것 같다고 한다.

목포의 한 판사가 경찰서장을 고발한 사건이 발생했다. 서울의 이화일 조선내화 사장이 윤 부사장에게 그 기사를 보류할 수 없느냐고 전화했던 모양이다. 그래서 부사장은 그것을 그대로 편집국장에게 연락해 주고 바로 나에게 그 사실을 알려왔다. 그런데 11시경에 이원배 광주지법원장이 직접 나에게 전화로 고발도 취하되었으니 목포기사를 빼주었으면 좋겠다 간청한다.

편집국장은 올라와서 문제의 기사를 보류시키려는 상부의 움직임을 알아차리고 편집국의 옥 차장이 완강히 반대해 기사를 보류하라는 지시를 따르지 않고 편집국기자들이 제작거부 태도를 취한다고 한다. 화가 나서 편집국으로 뛰어 내려갔다. 목포기사를 머리기사로 잡아놓았던 것을 빼고 다른 기사로 대치하도록 지시했다. 초쇄가 12시 50분에 들어갔다. 오후에 문종수 검사장과 이원배 지법원장으로부터 감사하다는 전화가 왔다. 한라그룹의 송두빈 상무가 최 이사와 이 부장을 데리고 본사를 방문했다. 최영철 특보가 통일원장관으로 임명되었다는 소식을 듣다.

6월 26일 (금)　노조가 기사탈락의 해명을 요구

아침에 회사에 나와보니 노조에서 방을 붙여놓았다. 어제 목포의 판사가 경찰서장을 고발한 기사가 탈락된 데 대해 노조에서 결의문을 채택해 편집국장과 편집인의 해명을 요구하고 있다. 편집국장은 12시에 노조대표들과 만나보기로 하고 나는 오후에 만나보기로 했다. 편집국장은 12시에 노조대표들과 만나 목포기사를 탈락시킨 것은 모기업인 조선내화로부터 그러한 요청이 있었기 때문이며 앞으로도 회사의 이익이 되는 경우에는 그러한 요청을 거절할 수 없다고 솔직하게 답변했다고 보고한다. 2시에 편집국 부장들을 소집하여 해임안 결의와 같은 사태가 일어나면 회사의 위상에 영향을 주니 기자들과의 대화와 설득을 통해서 미연에 방지하라고 촉구했다.

오후에 나종경 편집국 노조지회장을 불렀더니 편집국지회에서는 어제의 성명발표로 손을 뗐다고 한다. 노조사무국의 김중태 국장을 불렀더니 오늘 편집국장의 해명을 듣고 노조원들이 더욱 격앙되어 편집국장 해임결의안을 제기할 것이라 한다. 이를 막으려면 사장이 직접 전원 앞에서 당부하는 것이 좋을 것이라는 의견을 말한다. 5시 30분에 편집국에 내려갔다. 허 국장이 먼저 나가서 앞서의 해명과정에서 오해의 여지가 있었다는 것을 시인하고 다시 해명했다. 이어 내가 나아가서 여러분들이 열심히 노력해 주는 덕택으로 우리가 질의 경쟁에서 단연 앞선다고 평가하고, 이번에 사실 대어(大魚)를 낚았으나 놓아줄 수밖에 없었음을 가슴 아프게 생각한다. 그것을 편집국에서 문제 삼는 것은 편집국이 살아 있다는 증거라고 칭찬하고, 그러나 회사를 운영하는 데는 여러 가지 불가피한 사정도 있을 수 있는 것이니 양해해 주기 바란다고 당부하니 날카로운 공기가 조금은 부드러워졌다.

6월 27일 (토) 편집국장 불신임안이 가결되다

어제의 해명과 설득으로 편집국 공기가 잠잠해진 줄 알았더니 실은 어제 밤 내내 노조원들이 장시간 회의를 거듭하고 오늘 12시에 편집국장 해임안을 표결하기로 결의했다고 한다. 만약 해임결의로 나아간다면 우리회사는 파국의 위기를 맞게될 것이라 일깨우면서 노조의 과격한 행동을 삼가라고 종용했으나 굽히지 않는다. 11시 30분 오 부국장을 불러서 투표가 결행될 것 같은데 노조원들이 투표를 결행하기 위해서 모이면 그 자리에서 그러한 행동의 여파가 심각할 것이라는 점을 경고하라고 당부하다.

한편 노조측에 대해서는 노사협의를 갖자고 제의했으나 무시된 채 12시부터 투표가 개시되었다. 사실은 승락이의 약혼식 준비를 위해 오전 10시쯤 서울로 떠나려 했는데 사정이 여의치 못해 예정시간에 못 갈 것 같으니 기다리지 말고 약혼식을 진행시키라고 미리 연락했다. 4시경에 개표절차만 남겨놓고 노조 측에서 협의에 응하겠다고 해서 협의를 시작하다. 노조 측에서는 30분간이라는 시한을 정해놓고 2가지 요구사항을 제시했다.

첫째 편집국장과 편집인은 이번 일에 대해서 어떻게 책임을 지겠느냐, 둘째 편집권 독립을 보장하는 방안을 내놓으라는 것이었다. 좋다.

앞으로 노사 간의 협의를 통해서 이번 사건을 분석해 보고 책임질 일이 있으면 책임을 지겠다. 둘째 편집권에 대해서는 경영자측과 노조측 사이에 개념상의 차이가 있다고 보니 앞으로 노사간에 진지한 토의를 통해서 개념의 동일화를 모색해 해결안을 찾아보자고 했다. 그러나 노조대표들이 편집국에 내려가기도 전에 노조원들이 개표를 시작해 버렸다. 불신임안이 가결된 셈이었다. 협상 도중에 일방적으로 감행한 변칙적 행동의 결과는 받아들일 수 없다고 선언하고 6시 넘어서 나는 서울로 떠나다.

6월 28일 (일)

10시에 신사동집에서 나와 오후에 광주에 도착하니 일요일인데도 부사장과 홍 국장이 신문사에 나와서 노조의 움직임에 신경을 기울이고 있다. 잠시 후 이광현, 이상호, 문순태, 김충곤, 허광욱 등이 나와 어제 개표한 편집국장 해임안에 대한 대책을 논의했다. 우선 받아들일 수 없는 요구이니 접수를 멈추고 내일 아침에 편집국 부장들을 불러 여태까지의 미지근한 태도에 일침을 가하고 적극 대응하도록 종용하고 12시에는 전체회의를 소집해 회사의 입장을 강온 양면에서 사장이 천명하고 호소하기로 했다. 그리고 노조에서 통고가 왔을 때 대응하기 위한 법률전문가들의 자문을 들어보기로 합의했다. 이러는 사이에 몸에서 연방 땀이 나고 혈압이 높아지는 것 같다. 저녁에 집에서 12시가 넘을 때까지 내일 전체회의에서 연설할 내용을 준비하다. 10시경에 회장님으로부터 전화, 어떻게 대비하느냐 묻는다.

6월 29일 (월)

아침 7시에 집에서 나와 7시 30분에 편집국부장 전원을 소집했다. 지금 우리 사내에서는 결코 있어서는 안 될 어처구니없는 사태가 벌어졌다고 전제하고 이러한 회사의 존폐가 걸린 위기 상태에서도 편집국 간부들 중에는 물건너 불구경하는 식의 방관자적 태도를 보이는 사람이 있다고 지적했다. 우리가 불행한 사태를 미연에 방지하기 위해서는 편집국 간부들이 소속부원들을 설득하여 노조원들의 항의행동을 중단케 하라고 촉구했다. 회의 중에 회장님이 도착하셨다. 회의 마치고 간부들과 회장님 방으로 인사차 가서 노조에 대한 대책을 의논했다.

우선 오늘 12시에 있을 회사측의 태도를 표명하는 데 있어서 전체 사원들을 소집할 것인가 아니면 편집국사원만으로 국한할 것인가를 논의했다. 그러나 그러한 회사 측의 내도 표명도 성급하게 오늘 할 것이 아니라 내일로 연기하는 것이 좋을 것이라는 의견이 나왔다. 오늘은 회장님이 노조 대표들을 불러 솔직한 심정을 털어놓으시는 것이 효과적일 것 같다는 것이다. 오후에 노조 간부들인 이진영, 김중태, 민형배, 정은진, 김재훈, 전승호가 회장실에 들어갔다. 그리고 이어서 4시에 편집국 부장들이 회장실에 들어갔다. 오후에는 나의 혈압이 오르는지 머리가 무겁다. 약을 연달아 먹었다. 이정일 부회장에게 전화해 이곳 사정을 이야기했더니 엉뚱하게도 회장님을 개입시키지 않았어야 할 터인데 하고 입맛을 다신다.

6월 30일 (화)

어제 노조대표들이 회장님과의 면담한 결과를 편집국지회에 보고하기 위해 작성한 보고서를 가져왔다. 읽어보니 별로 흠잡을 것이 없다. 회장님에게 그 문건을 갖다 드렸다. 그리고 곧바로 중역간부회의를 열어 그 자리에서 노조의 보고서를 낭독하고 거기에 대한 소감들을 들었다. 회장님의 뜻이나 노조의 뜻이 잘 나타났고 공감대가 형성되어 해결될 실마리가 보인다고 말했다. 그러나 이러한 결과가 사장선에서 이루어졌어야 할 것인데 회장님까지 심려를 끼치게 한 것을 죄송스럽게 생각한다고 심정을 밝혔다.

노조에서는 12시에 회의하기로 했는데 오후로 미루고 그것도 5시에 편집국 전체회의를 하기로 연기했다고 한다. 노조위원장인 이진영과 사무국장인 김중태가 면밀하게 돌파작전을 세우고 있으니 염려 말라고 해서 다소 마음이 놓인다. 6시 넘어서 집으로 돌아왔는데 손지현이 편집국기자회의에서 모든 것을 백지화하기로 결의했다는 사실을 전화로 알려왔다. 회사로 전화하니 공무국의 박한제가 받는다. 그 사람도 같은 내용을 확인한다. 9시경에 홍 국장으로부터 정식보고를 받았다. 노조의 이진영 위원장에게 전화해 수고했다고 격려했다.

7월 1일 (水)　사태를 책임지고 사의를 표명하다

아침 간부회의에서 이번 사태에 대해서 무거운 책임을 느낀다. 이 책임을 통감하면서 사장 자리를 떠나야겠다는 생각이 들었다고 실토했다. 그러자 모든 간부들이 그 말은 없었던 것으로 하자면서 설사 떠난다 하더라도 지금은 그런 시점이 아니라고 말렸다. 회의를 마치고 회장님 방에 들어갔더니 회장님이 무슨 내용의 회의이기에 그렇게 오래 걸렸느냐고 물어보신다. 이번 사태에 대한 소감을 밝혔다고 짤막하게 말씀드렸더니 부사장이 사장께서 아주 비장한 각오를 표명했다고 부연했다.

오후 2시에 편집국 전원과 중역 및 간부들을 참석시켜 강당에서 회장님의 격려사를 듣도록 할 예정이었는데 그러기 직전에 기자일동이란 이름으로 성명서가 나왔다. 우리의 깃발은 아직 내리지 않았으며 해임결의에 대해서는 일단 중단했지만 앞으로 회장의 약속이행을 지켜볼 것이라 했다. 회장님은 이러한 성명에 자못 흥분하셨지만 안 보신 것으로 하고 회장님의 격려의 말씀은 그대로 진행되었다. 뒷맛이 몹시 개운치 않다. 업무이사를 불러 시내지국에 대한 경리사원 지원문제를 논의하고 뉴스프로그램 컨소시엄 가입문제를 검토하다. 서울지사의 박갑동 이사가 내려왔다. 조승형 의원에게 전화해 광고문제를 부탁하다.

7월 2일 (木)

아침 간부회의에서 창사 4주년 기념호를 그 다음날인 20일에 내기로 결정했다. 업무국 쪽의 강력한 요청을 받아들인 것이다. 이만영 부장과 잠시 이야기하는 중에 이번 사태가 김진원, 나의갑, 문 주필 등과 어떤 연결이 있었던 것처럼 시사한다. 12시 20분에 기홍식당에서 편집국간부들과 회식하다. 김진원이 빠지고 이만영이 출장으로 불참했다. 우리는 이번에 너무나 큰 진통을 겪었는데, 어쨌든 수습되어 다행이라고 말하고 허 국장의 심려가 많았음을 들어 격려했다.

2시 30분에 중역간부회의를 소집해 윤 부사장, 이상호 이사, 이광현 이사, 홍 국장, 허 국장, 김 국장이 참석했다. 노조편집국지회 기자일동이란 이름으로 발표된 성명서 내용에 문제가 있는데 이 시점에서 다시 문제 삼을 것인가 여부에 대해 의견을 수렴했다. 대체로 내용은 문제가 있으나 이것은 순전히 대외용으로 작성한 것이라는 노조측의 해명이 있으니 당분간 사태추이를 관망하기로 했다.

2시 넘어서 목포에서 회장님으로부터 전화가 왔다. 회장님은 성명서에 대해서는 더 이상 문제삼지 말자고 하신다. 연통과의 컨소시엄에는 3% 지분을 갖겠다고 통보하고 7월 말에 있을 편집국장단 유럽방문에는 허 국장을 보내기로 합의하다. 오전에 이정일 부회장과 통화, 대충 이곳 사태의 경과를 이야기했더니 또 사태수습에 불만을 표시한다. 회사의 파국을 막기 위해서 혼신의 힘을 기울이는 노력에 대해서는 한마디의 격려도 없이 부정적 논평으로만 대응하는 부회장의 태도에 실망과 좌절을 느끼지 않을 수 없다. 이제 나도 마음이 지쳤고 모든 것을 정리할 각오를 하니 근간에 한번 만나서 이야기하자고 했다.

7월 3일 (금)

7시 30분에 광주시청회의실에서 기관장 조찬회가 있었다. 광주매일의 김효중 사장하고 나란히 앉았는데 요즘 광주매일도 노사협상이 결렬직전 상태에 있다고 한다. 처음 스카우트 당시 광주일보보다는 30% 더 주겠다고 약속했으니 그것을 실천하라고 요구한다는 것이다. 그러나 실지로 노조측에서는 이번에 23% 인상을 요구하는데 회사측에서는

7% 정도로 받아들이도록 버티고 있다 한다. 고재철 회장은 한 달에 4억 이상 적자를 내는 처지에서 더 이상 신문사를 경영할 생각이 없다고 몇 차례나 되풀이했다고 한다.

조찬회를 마치고 회사로 돌아오니 사내의 공기는 비교적 조용하고 모든 것이 거의 정상화된 듯한 분위기이다. 회장님은 오늘 가족들과 운동나가셨다 한다. 낮에 이내균 사장과 나주곰탕집에서 점심하다. 재광 서울대동창회장에는 이광국 씨가 굳이 사양하고 오병문 전남대총장을 밀자고 한단다. 광주고속의 오세욱 사장과 이두호 부사장이 광주터미널 개소 인사차 방문했다. 7시에 금수장에서 산경회 모임이 있었다. 송병순 광주은행장의 연임을 축하하는 모임이었다.

7월 7일 (화)　　윤전기에 고장이 자주 난다

회의 끝내고 허 국장에게 어제 "전일시평"이 안 나갔는데 어떻게 되었느냐고 물었다. 필자로부터 원고가 오지 않았다는 것이다. 박권상 씨에게 전화했다. "목요칼럼"을 폐지하기 어렵다면 "박권상 칼럼" 신설을 당분간 보류하고 "목요칼럼"에다 박 선배의 글을 두 번 싣는 것으로 하겠다고 했다. 자신도 요즘 부산일보와 강원일보에서 중단통보를 받았다면서 낌새가 이상하니 당분간 그대로 유지하자고 한다. 오전에 윤전부 사원을 충원하기 위해서 두 사람을 면접했다. 윤전기에 고장이 자주 나기 때문에 김영제 사장에게 전화 걸기로 했는데 김봉수가 자료를 가져오지 않기에 내일 연락하기로 했다. 오후에 788의 급지부에 이상이 있어 지절이 되어 신문인쇄가 약 1시간쯤 늦어졌다. 요즘 윤전부에 고장이 자주 나니 걱정이다.

7월 8일 (수)

문화방송이 주최하는 무등산사진콘테스트 전시회가 10시 30분에 남도예술회관에서 열리기에 참석했다. 김동환 광주시장, 이양우 전남도교육감, 강영기 부지사 등이 참석했다. 함께 테이프를 끊은 후 이 교육감이 다방에 가자고 한다. 지난번 "선거동향"기사문제도 있었고 최근에 굴렁쇠사건 기사도 겹쳐서 이효계 지사가 전남일보를 섭섭하게 생각하는 것 같다고 귀띔해 준다.

11시 30분에 무등산관광호텔에서 열린 전남도의회 개원 1주년 기념 리셉션에 참석했다. 광주매일의 김효중 사장과 나란히 앉았는데 무등일보에서는 이번에 봉급을 12.3% 인상했다고 한다. 그런데 광주매일에서는 8% 이상은 절대 안 되겠냐고 고 회장이 고집하면서 문을 닫겠다고 하니 사장짓도 못 해먹겠다고 푸념한다.

2시에 광주시 제2청사에서 광주시의회 개원1주년 기념리셉션이 있어서 참석했다. 미문화원의 여자 원장이 미문화원 주최로 음악회를 열고자하니 꼭 참석해 달라고 한다. 허 국장과 고행원 부국장을 불러 굴렁쇠 기사에 대해 경위를 물었더니 고부국장이 편집국의 분위기가 그 기사에 무척 신경을 쓰는 것 같아서 그렇게 한 것이라고 한다.

7월 9일 (목)

아침회의 마치고 회장님과 통화, 일본 하마다에서 견적이 들어왔기에 비교표를 만들어 보고할 것이지만 하마다로 주문하는 것이 좋을 것 같다는 의견을 말씀드리다. 또한 지난 토요일에 여수시장과 순천검찰의 검사가 볼링장에서 보인 행태를 꼬집는 기사가 나갔는데 회장님이 내려오시면 말씀드릴까 해서 보고하지 안 했다고 하니 바로 그날 광주지검장과 순천지청장으로부터 전화가 왔더라고 하신다.

민형배 기자를 불러 신문구독 주사 결과에 대해서 물어보고 나서 지난번 굴렁쇠 기사가 나가게 된 경위를 들어보았다. 편집부에서 정보를 받고 신중히 취재해 제출했다고 한다. 좀 지나치게 편집된 점은 인정하나 그것은 자신이 고집했던 것은 아니고 오히려 데스크에서 그렇게 취급하도록 지시했던 것이라고 한다. 오후에 편집국의 나종경 기자를 물러 사보용 원고를 건네주고, 지난번 굴렁쇠에 관한 기사의 편집경위를 들었다. 좀 지나쳤다는 점을 시인하면서 데스크의 지시에 따랐을 뿐이라고 발뺌한다. 무등일보의 박성섭 사장이 전화, 노임협상에서 군 경력수당을 인정해 주었으나 5% 인상으로 그쳤다고 알려 준다. 서울의 연통 김 전무에게 프로그램 컨소시엄 지분관계가 어떻게 되어가느냐 물었더니 광주일보에서도 5% 지분을 희망한다는 것이다.

7월 10일 (금)　북한미술 전시회를 개최하다

10시 30분에 편집국장과 북한미술품 전시회가 열리는 광주박물관으로 갔다. 북한 미술품 204점을 전시해 놓은 홀을 대충 훑어보고 박물관 사무실로 들어갔다. 테이프커팅을 하고 나서 최하림 논설위원이 북한의 미술에 대해 조리있게 해설을 해주어 북한미술에 대한 관중들의 이해를 더욱 깊게 해 주었다. 전시장을 일순하고 차려놓은 홀에서 내가 잠깐 인사말을 하고 이 지사가 축사를 해 주었다. 12시에 무등빌딩 12층에서 한국은행 광주지점장이 초청하는 오찬회에 참석하다.

7월 11일 (토)

10시에 상무대에서 포병학교장의 이취임식이 있어서 김선남 부국장과 참석하다. 포병학교장의 취임사와 이효계 지사의 축사를 듣고 리셉션에는 참가하지 않고 신문사로 돌아오다. 편집국장이 "전일시평"의 새 집필자후보 명단과 창사기념 특집호의 편집기획을 가져다 놓았다. 오후에 비행기편으로 형님을 찾아갔다. 형님은 무척 수척해지기는 하셨지만 생각보다는 기운도 있어 보이고 말씀도 잘 하신다. 다리에서 허리까지에 상당한 부기가 있고 행환도 상당히 부었다고 하신다. 점자, 현희, 반 서방, 인후, 황범, 길수와 길수 처, 정임 등이 와 있다. 이렇게 식구들이 모여 있어서 형님은 기분이 좋으신 모양이시다. 나를 무척 기다리셨던 것 같다. 10시까지 이야기하다가 일어났다. 인후가 청량리에서 지어온 약이 제발 효과가 있어야 하는데, 만약 효과가 없다면 회생의 희망은 없을 것 같다고 한탄한다.

7월 13일 (월)

아시아자동차의 정두채 공장장이 본사의 영업담당 전무로 가고 새 공장장으로 김광순이란 사람이 부임했다고 인사차 11시에 방문했다. 그리고 서울신탁은행의 박영호 씨가 광주지점장으로 부임했다고 찾아왔다. 목포사람인데 목중 출신이라 한다. 오늘이 초복이라고 간부들이 회식을 하자고 한다. 광호회관 부근 식당에서 삼계탕을 먹다. 문 이사는 다른 논설위원들과 나갔다 하고 이광헌 이사는 다른 약속이 있어 빠졌다.

오후에 조선대 총장으로 취임한 정병걸 교수가 찾아왔다. 알고 보니 문리대 철학과 출신으로 45년에 목중 교감을 지냈다 한다. 이번 총장 선거에서도 목중고 출신 교수들이 큰 힘이 되었다고 한다. 송욱 선생과 동창이라 하며 최병우 씨하고는 경기동창이라 한다. 9시 넘어 텔레비전을 보다가 잠이 들었는데 서울에서 전화가 왔다. 내일 11시 20분에 형님을 비행기로 모시고 광주로 내려온다는 것이다. 집사람이 깜짝 놀란다. 작은 조카의 말로는 칙범이네 집으로 모시기로 했다지만 그렇게 할 수는 없다. 집사람도 요즘 머리가 자주 짜릿짜릿해 병간호를 할 수가 없다고 하는데 형편이 아주 딱하게 되었다.

7월 14일 (화)

보훈병원의 김 원장에게 전화하다. 형님의 근황을 설명하고 재입원시켜야 할 것 같은데 나중에 찾아가겠다고 했다. 서울 성심병원 최병조 원장에게 전화해 형님이 화순에 있는 한의사의 치료를 받기 위해 내려오신다고 했더니 성의껏 해보라고 하면서 너무 기대하지는 말라고 한다.

2시부터 간부회의를 소집, 창사기념일에 시상할 모범사원 15명을 사정했다. 목중고 동창회 이사회를 5시에 연다고 연락이 왔다. 이내균 사장에게 나의 사정을 이야기하고 양해를 구하다. 3시 30분에 보훈병원으로 가서 김 원장을 만나서 입원실을 알아보고 4시 40분에 집으로 가니 화순의 '간박사'라고 하는 임승룡 씨와 서재연 씨가 와있다. 이 임이라는 사람은 몹시 떠드는 사람이다. 형님은 간암이 아니라 지방이 흉곽내부를 꽉 메우고 있다고 한다. 그것을 손으로 찢어내어 약으로 빼내야 한다고 한다. 자기가 고칠 수 있다고 장담한다.

7월 15일 (수)

회사에 나가 박성섭 사장에게 전화해서 지난번 노임협상에서의 인상률이 어느 정도였느냐고 물었다. 수당까지 합해서 8.5%인데 승급 호봉 분은 넣지 않은 것이라고 한다. 더 자세한 내용이 필요하다면 자료를 보내주겠다 한다. 어제 밤 조덕송 고문이 내려와서 홍 국장하고 저녁식사를 함께 했다고 한다. 북한미술전시회를 유치하는 데 고생이 많았다고 치하하다.

점심 후 1시 30분에 민속박물관에 들러 전시실을 한 바퀴 돌아보았다. 원동석 교수, 박석기 교수, 조효석 위원, 문 주필, 손 논설위원 등이 와 있다. 2시에 시청각교육실에서 세미나가 시작되었는데 잠시 들어보았다. 자리가 꽉 차 있다. 2시 30분에 회사에 돌아오니 성옥산업의 손용석 전무가 중국 손님 세 명을 데리고 왔기에 사내를 안내하고 올라가니 회장님이 도착하셨다. 회장님은 5시 30분에 다시 목포로 내려가셨다.

7월 16일 (목) 독자의식 조사결과를 검토하다

이광현 이사, 이상호 이사와 아구탕집에서 점심을 먹다. 2시부터 회의실에 간부들을 소집하여 광주 리서치에서 행한 독자의식 조사 결과를 보고한다고 해서 방청하다. 전남대의 이의정 교수와 오리콤에 있다는 간사격인 사람이 설명했다. 조사방법론은 제대로 밟은 것 같고 결과도 만족스럽게 나왔다. 비판지향형 독자보다 보수지향형 독자가 더 많이 나타난 것에 대해 문 이사가 질문했다. 보고회가 끝난 다음 광주 리서치 사람들을 응접실로 안내해 차를 마시면서 노고를 치하했다.

7월 20일 (월)　창사 4주년 기념식을 갖다

안준 광주시교육감이 교육청의 국장급인사 5~6명을 데리고 인사차 찾아왔다. 함께 회장님 방으로 가서 차를 마시며 환담하다. 11시 30분에 이효계 지사가 점심을 함께하자고 신문사로 찾아왔다. 회장님, 부사장, 최시영 차장과 함께 코리아나호텔에서 한식으로 점심하다. 3시에 9층 강당에서 창사 4주년 기념식을 거행하다. 모범사원 15명에 대한 시상을 회상님이 하시고 득종상, 편집상, 시국장 표창, 확장운동 우수자에 대한 상은 내가 주다. 회장님의 기념사가 있은 후 내가 격려사를 하다.

광주리서치에서 시행한 독자조사 결과에서 우리 신문의 구독이 광주일보와 같은 수준으로 나왔고 타지들과는 상당한 거리가 있는 것으로 나왔음을 지적하고 그간의 노고를 치하했다. 이제 성숙한 신문, 특색 있는 신문을 만들려면 회사에 대한 믿음과 제작에 있어서 한마음으로의 통일이 필요하다고 지적하다. 다시 말하면 제작에 종사하는 사람들의 가치판단 기준이 공통의 바탕에 서 있어야 한다는 말이다. 우리 사시 중에 민주주의에 대한 개념이 좀더 구체적이 아니어서 때로는 혼선이 일어난다. 우리가 추구하는 민주주의는 자유민주주의요, 의회민주주의이지 혁신적 민주주의, 또는 급진적 민주주의가 아니다. 우리 신문에서 일하는 한 개인적 신념이야 어떻든간에 회사가 추구하는 기본노선에 따르지 않으면 안 된다고 강조하다.

7월 24일 (금)

11시 30분에 기갑학교장인 김 준장이 신임 인사차 신문사에 들렀다. 목고 9회 출신이라 한다. 씩씩하고 야심만만한 표정이다. 12시에 광주일보 부근의 '또'식당에서 광주일보가 유사로 된 언론사 사장단 오찬회가 있었다. 무등일보의 박성섭 사장만이 불참(서울 출장중)하고 양종민 국세청장이 초대손님으로 참석했다.

오후에 신임 전남도경국장 이승완 씨가 인사차 찾아왔다. 광주가 생소하다고 한다. 광주라 해서 너무 긴장하지 말고 차분히 접근하면 정이 들 것이라고 위로해 주다. 3시 넘어 몽탄으로 가다. 방문을 다 열어놓고 있어서 바람도 통하고 기분도 상쾌하다. 형님도 모처럼 고향집에 오시니 마음이 좀 안정되신 것 같다.

7월 25일 (토)

아침회의에서 어제 보류했던 남양건설에 관한 기사를 오늘 싣기로 했다. 내일부터 올림픽경기가 시작되기 때문에 광주일보에서는 일요일인데도 신문을 발행할 것이라고 해서 우리도 8면을 발행하기로 했다. 광주 고검에 있던 김정길 차장검사가 전주지검장으로 발령받고 이임인사차 찾아왔다. 오전에 몽탄으로 전화했더니 형님은 한쪽 다리에서 부기가 상당히 빠졌고, 기분도 매우 좋은 편이라고 한다. 임승룡 씨가 벌써 집으로 찾아와서 가료중에 있다고 한다. 그가 전화로 걱정하지 말라고 한다.

7월 27일 (월)

회장님 방에서 이야기하는데 마행렬 남양건설 사장이 누군가를 데리고 찾아왔다. 지난 토요일 우리 신문의 1면 머리기사에 항의하러 온 것이다. 매우 섭섭하다는 말과 그 기사 때문에 타격이 심하다고 말한다. 이 회장님이나 나나 평소 마 회장과는 좋은 관계를 맺어 왔지만 우리 신문사의 입장에서는 그동안 섭섭한 대목도 많았던 것으로 알고 있다. 앞으로 상호간에 오해가 없도록 잘 풀어가자고 했다. 해명기사를 내주었으면 하기에 우리는 있는 사실을 그대로 실은 것이니 해명할 것은 없다고 잘라 말했다.

점심때 무궁회관에서 문종수, 김정길 검사장 송별오찬이 있었다. 식후에 문종수 검사장에게 회장님이 보내는 전별금을 전달하다. 몽탄으로 전화해 보니 형님의 다리에서는 부기가 빠져가고 있다면서 임승룡 씨의 말에 의하면 3개월쯤 후에는 산책할 수 있을 정도로 회복할 수 있을 것이라 한다.

7월 28일 (화)　남양건설의 편파성을 찌르다

오전에 남양건설의 조 상무가 찾아왔다. 어제 나간 속보에 놀라 광고를 5백만 원 짜리 내겠다고 하는 것을 거절하라고 했더니 허겁지겁 찾아온 것이다. 전남일보는 지역업체에 대해서 항시 따뜻한 마음으로 도우려는 사세를 견지하고 있고 마 회장의 이 지역에서의 역할에 대해서도 나름대로 평가하고 있으나, 다만 특정신문만을 의식하고 타지에 대해서는 전혀 신경을 쓰지 않는 자세는 문제가 있는 것 아니냐, 평소에 남양건설이 편파적으로 대한다는 말을 여러 차례 들었는데 이런 점은 마 회장도 함께 살아가는 지혜를 생각해야 될 것이다, 그리고 광고를 내겠다는 것은 고맙지만 트러블이 있은 직후에 내는 것은 양방에 모두 모양이 좋지 않으니 다음 기회에 협조하기로 하자고 돌려보내다.

오후에 회장님께 경리부와 광고국 여사원을 보충해 주기 위해 면접해야겠다고 하니 짜증을 내면서 구체적으로 어떤 일을 어떻게 하기에 필요하냐고 추궁하신다. 그것은 실무자들에게 들어봐야 할 터인데 사장에게 굳이 묻는다는 것은 왜 막지 못하고 충원하자고 하느냐는 뜻인 것 같다.

7월 29일 (수)

부사장, 홍 국장, 김종효를 데리고 회장실로 가서 종합보고를 했다. 뉴스프로그램 공급자 컨소시엄에는 3% 지분을 확보했으니 운영국 문제를 어떻게 할 것인가를 주로 토의했다. 운영국은 신문사에서는 겸영금지 조항 때문에 직접 관여할 수 없고 대리를 내세우자니 15억 정도를 출자해야 되는데 불필요한 정력을 소모할 필요 없이 포기하고 서남방송은 앞으로 유선업자들에 대한 처리를 보고 처분하는 것이 좋겠다고 결론을 내리다.

오후에는 제2공장건설 문제를 협의하기 위해 접견실에서 회의, 회장, 부사장, 이광현 이사, 김 국장, 홍 국장, 김봉수 부장 등이 참석하다. 회의를 시작하기 직전에 회장님이 이상우 사진정정 기사를 내보이면서 왜 이런 문제에 대한 보고가 없었느냐고 강하게 추궁하신다. 순간 그 문제를 경시한 것은 아니고 오 부국장더러 경위서를 써내라고 했는데 아직 제출하지 않았다고 말하고 이런 문제는 사장에게 전적으로 맡기면 될 것이 아니냐고 했더니 회장님이 불쾌한 표정을 지으신다. 당장에 오 부국장에게 강경한 어조로 빨리 경위서를 제출하라고 지시하다. 공장건설 문제는 5개방안에 관해 각자의 의견을 물어보시고, 이것을 결론내리기 전에 앞으로의 경영 전망에 대해서 보고하라고 하신다. 시설보강이나 증면할 생각은 없으신 것 같고 다만 질적 경쟁을 통해서 돌파하자고 하신다.

7월 30일 (목)

신문사에 출근해 회의를 마치고 나니 회장님이 목포에서 도착하셨다. 어제 이상우 사진오보사건에 대한 경위서를 받았다는 사실을 보고하니 거기에 대한 처리문제를 꼬치꼬치 물으신다. 그리고 각 지사, 지국별 수지표를 작성해서 제출해 달라고 하셔서 업무이사에게 그대로 지시하다. 광고국 여직원 채용문제는 다음 달인 8월 5일 오후 2시에 면접하기로 하다. 앞으로의 편집국 인사문제를 협의하고 나의 신상문제를 꺼냈더니 회장님은 아마도 부회장 때문에 그런 생각을 하는 것 같은데 부회장에게는 신경쓰지 말고 회장에게 협조해 달라고 간곡하게 말씀하신다. 회장님은 12시에 서울로 출발하시다. 오전에 노승행 지검장이, 오후에 신건 고검장과 차장검사가 신임인사차 방문하다. 홍 국장 불러 오보사건을 인사위에 회부하도록 지시하다. 오후에 전국 농공단지 기업인협의회장이라는 정연상 사장이 찾아왔기에 경제부로 보내다. 오전과 오후에 몽탄으로 전화했다. 형님의 목에 부담을 주는 담은 간박사가 와서 치료하여 좀더 가벼워졌다고 한다.

7월 31일 (금)

이광현 이사는 서울에 올라갔고 제작국 김충곤 국장이 아침회의에 나오지 않았다. 무릎 통증 때문에 치료를 받았는데 새로운 식이요법을 권하더란다. 제작국 윤전부 사람들이 과로 때문에 불평이 대단해서 이를 조정하느라 몹시 고단한 모양이다. 차범석 선생님에게 전화해 둘째의 결혼식 때 주례를 서주시도록 부탁드렸더니 흔쾌히 승낙하신다. 11시에 윤전부 사원 한 명을 면접하고 채용키로 하다. 이내균 사장에게 전화, 이번에 서울대 출신들이 이 지역 새 기관장으로 많이 왔으니(조선대 총장, 고검장, 고검차장, 지검장, 경찰국장 등) 환영회를 갖자고 제의하다. 1시에 몽탄으로 가다. 형님의 안색을 보니 무척 쇠약해지셨다. 목에서 담이 걸걸 끓어 발성이 재대로 되지 않아 말을 알아듣기 힘들다. 눈빛도 매우 흐리다. 얼마 남지 않았다는 예감이 든다.

8월 1일 (토) **형님이 투병 끝에 돌아가시다**

간밤에 TV를 보느라고 12시를 넘겼다. 막 잠이 들었는데 큰조카 인후로부터 전화, 형님이 12시 30분에 돌아가셨다 한다. 충격으로 잠이 들지 않는다. 몽탄에는 10시 넘어 도착했다. 셋째 조카 경우는 전보를 받고 오후에 도착할 것이라 하고 다른 조카들은 모두 집에 내려와 있었다. 창락과 승락은 1시에 출발하겠다고 연락이 있었다. 오후에 이내균 사장, 박기인 호남대이사장, 김기태 씨가 함께 몽탄 상가로 찾아오고 좀더 늦게 이종렬 사장이 조문왔다. 윤선호 부사장, 오세성 부국장, 홍석우 국장, 고행원 부국장, 손지현 차장이 찾아왔다.

8월 2일 (일)

아침부터 장례준비에 부산하다. 수박을 트럭에 가득 싣고 왔다. 돼지를 큰 것으로 잡다. 조문객들이 계속해서 찾아왔다. 이상호 이사와 이척묵 국장, 최정권이 찾아왔다. 이만의 목포시장이 부의를 보내고 광주에서 김상권 광복회 지회장이 회원 8명과 함께 조문오다. 형님이 돌아가셨으니 이제 보훈가족 대상자로 내가 승계해야 된다면서 곧바로 수속하라고 한다. 그리고 아버님 묘소를 국립묘지로 옮기는 문제를 고려해 보라고 한다. 내년 1월 9일 이전에 신청해야 된다고 한다. 무안국악회원들이 조문차 찾아왔다. 형님이 무안국악회의 부회장을 맡고 있었다 한다.

8월 3일 (월)

8시경에 입관절차를 거쳤다. 9시부터 조문객들이 밀려왔다. 9시 30분에 관을 마당으로 옮겨 조문객들을 받았다. 10시 30분에 발인하여 철도변 방앗간 못 가서 거리제를 지냈다. 사위들과 조카사위들이 상여줄에 지폐를 걸었다. 묘지는 아침부터 포크레인으로 작업을 했는데 입구를 넓게 정리하고 묘혈도 미리 파냈기 때문에 작업은 간단했다. 1시경에 점심을 먹고 집안들이 모여 사후대책을 의논하다.

8월 5일 (수)

회장님께 전화드리다. 그동안 병원에 다니셨다는데 괜찮으시냐고 묻고, 형님 상사에 후한 조의를 표해 주시어 감사하다고 말씀드리다. 이제 모든 것을 잊고 신문사 일을 잘해 달라고 당부하신다. 형님 상사에 조의를 보내주신 분들에게 전화를 넣다. 김동환, 박성섭, 이내균, 박기인, 김기태, 임 지사장, 이행주, 김상권, 이종렬 등에게 사의를 표하다. 점심때 부사장, 이상호 이사, 홍 국장, 김 국장, 허 국장, 오 부국장 등을 새날회관에 초치하여 비빔밥을 대접하고 고마움을 표시하다.

정주영 국민당 대표가 신양파크호텔에서 이 지역 각계 대표들을 만찬에 초청했다. 언론계에서는 박배식 KBS총국장, 김포천 MBC 사장, 이정일 CBS본부장 등이 참석하고, 서울에서 봉두완, 최불암, 이인원 의원 등이 따라왔다. 만찬은 7시에 시작한다는 것이 교통 사정으로 7시 40분에야 정 대표가 도착해서 조금 늦게 시작했다. 만찬 석상에서 정 대표가 인사말을 하고 나서 환영사를 할 사람이 없어서 이인원 의원이 나더러 권하는 것을 사절했다.

8월 7일 (금)

호남대학의 박기인 이사장이 신문사로 찾아왔다. 호남대에서 해직된 교수 2명에 대한 판결기사를 무등일보에서 잘못 보도한 데 대해 설명하러 온 것이다. 고행원 부국장을 불러 그런 기사가 있었느냐고 물었더니 우리는 정확한 사실을 취재해 놓았으나 싣지 않겠다고 한다.

낮에 무궁회관에서 고검장, 지검장 환영오찬회가 있었는데 군관계 기관장들은 제외되었고 무등일보 사장은 참석하지 않았다. 식후에 광주사장과 전남도지사를 별도로 남게 해서 우리 회사에서 주최하는 골프 날짜를 언제로 잡을 것인가를 협의했더니 우선 태풍 제니스가 지나간 후에 잡았으면 좋겠다는 의견이다. 오후에 한국부인회 광주시회장으로 취임한 박춘금이라는 여성이 윤 부사장 안내로 나를 찾아왔다. 자기 남편이 전에 조선대 체육대학장을 지냈다는데 나를 잘 알고 있다고 한다. 충주로 배치받은 모양이다.

8월 8일 (토)

오전에 공보처 이경식 차관이 전화했다. 이번 새로 생기는 유선방송심의위원회 비상임위원으로 나를 추천하기로 했단다. 손주환 장관이 적극 찬의를 표하더란다. 시골에 있는 사람을 잊지 않고 챙겨주어 고맙다고 했다. 이효계 지사에게 전화하니 태풍 때문에 여수지방으로 출장갔는데 오후 5시경에나 돌아올 것이라 한다. 최하림 위원을 불러서 이야기하는데 신승남 고검 차장검사가 부임 인사차 찾아왔다. 점심때 이광현 이사에게 점심하자 했더니 이효방과 박재남을 데리고 나와 순창으로 매운탕을 먹으러 가자고 한다. 맛있는 점심이었다.

8월 10일 (월)

아침회의에서 허광욱 국장에게 인사조정안을 작성했냐니까 우물쭈물한다. 오후까지 제출하라고 했다. 10시경에 회장님이 오셨다. 낮에 회장님과 지하식당에서 점심하고 다방에 함께 들르다.

오후 3시에 영암의 김 군수가 회장님을 찾아왔다. 회장님 방에서 김 군수 만나 이야기하다가 자리를 응접실로 옮겨 이만영 부장과 김 기자를 동석시키고 조선내화 사업부의 윤 부장으로부터 독산광산에 관한 사정 설명을 들었다. 지주인 김찬현 씨에게 더 진지한 태도로 협상에 응할 것과 보다 융통성 있는 대안을 내놓도록 김 군수가 종용해 줄 것을 당부하다.

이원배 지법원장이 이임인사차 찾아왔다. 밤에 방송위원으로 있는 김규 교수로부터 전화, 나를 유선방송심의위원으로 위촉하는 데 있어서 전제조건이 있다 하면서 이정일 부회장에게 CATV 운영국 신청을 포기하도록 해 달라는 것이다. 그렇지 않으면 나중에 내 입장이 곤란해질 것이라 한다. 그러면 김 교수가 직접 이정일 부회장에게 전화를 걸어 그렇게 말하라고 했다.

8월 11일 (화)

아침회의 중에 회장님이 전화, 오늘 3시에 있을 면접을 내일로 연기하면 어떠냐고 하신다. 오늘은 광산에 가보아야 한다고 하신다. 회의를 끝내고 허 국장이 남아서 어제 부회장과 전화했는데 인사 문제를 지금 다룰 필요가 있느냐 하면서 사장에게도 자기가 전화를 걸겠지만, 자신이 대노한다고 사장에게 전하라 하더란다.

김효중 무등일보 사장이 오늘 낮 기관장 오찬회에 나가겠느냐고 물어왔다. 지난번에 김동환 시장이 공개적으로 초청해 놓고 정식 연락이 없다는 것이다. 김 시장에게 전화했다. 오늘 오찬에 대해서 물었더니 축소해서 초청했다고 한다. 하지만 몇몇 언론사장들이 혼선을 일으키고 있어서 알려 준 것이라 했다. 그러자 잠시 후에 오찬에 꼭 나와 달라고 전화가 새삼스럽게 왔다. 예원에서 12시부터 오찬을 시작했다. 오종문 전남대 총장, 천경송 고법원장, 이 지법원장을 송별하는 모임이다. 김종태, 박성섭 사장이 불참했다. 부산일보의 송정재 사장이 구독자조사 질문표를 보내달라 해서 보내주다. 주요 기관장들에게 8월 30일 아침 7시에 남광주CC에서 티업하겠다고 연락하다.

8월 12일 (수) 종합유선방송 위원으로 임명되다

회장님은 오늘 10시부터 광주금고 총회가 있기에 금고로 바로 나가셨다. 영남일보의 심 사상이 국민당 광고를 진남일보와 국제신보에도 주도록 당부했다고 생색을 낸다. 지방 후발신문사끼리의 공동제휴문제를 서두르자고 한다. 2시부터 광고국 여직원을 채용하기 위해 4명에 대한 면접을 하다. 이상호 이사는 오늘까지 휴가중인데 면접 때문에 불려나왔다.

오전에 공보처의 손주환 장관이 나에게 전화했다. 종합유선방송 위원회의 방송위원으로 나를 위촉했다고 정식으로 통고한 것이다. 시골에 묻혀 있는 사람을 잊지 않고 배려해 준 데 대해 감사한다고 말하다. 그러나 우리 회사에서는 내가 서둘러서 CATV 운영국을 신청하려고 2년 전부터 상당한 자금을 투입해 현재 한 유선방송국을 운영중에 있다. 그런데 내가 만약 방송위원회의 위원이 된다면 장차 운영국을 신청하는 데 있어 아무런 문제가 되지 않을 것인지 걱정이 된다고 했다. 그랬더니 손 장관은 운영국 허가는 시도지사를 거쳐서 공보처장관이 재가하게 되지만 아직 구체적 시행령이 마련되어 있지 않기 때문에 지금 걱정할 문제는 아니라고 말했다. 회장님과 부회장에게 유선방송 위원을 맡게 되었다는 사실을 말씀드리다. 회장님은 4시경에 몸이 피곤하다면서 서울로 떠나시다. 밤에 공보처 이덕주 방송국장이 전화, 14일 오전 10시에 공보처장관실에서 임명장 수여식이 있다고 연락하다.

8월 13일 (목)

부회장에게 오늘 서울로 올라가는데 만났으면 좋겠다고 하니 오늘 밤 10시 30분에 돌아오는데 집으로 연락하겠다고 한다. 공보처에서 이덕주 방송국장이 내일 10시에 임명장 수여식이 있고 그 후에 장관과 점심을 함께하게 되어 있다고 오늘도 다시 연락한다. 오전에 박영식 지법원장에 이어 김영진 고법원장이 신임인사차 내사하다. 5시 5분에 KAL편으로 서울로 올라가다.

8월 14일 (금) 여석기 씨를 위원장으로 추천하다

10시에 출발해서 공보처에 갔더니 벌써 다른 지명위원들이 모두 나와 있다. 회의실에 들어가니 손주환 장관이 인사말을 하는 도중이었다. 내가 들어서자 말을 중단하고 반갑게 손을 내민다. 이경식 차관, 성락승 기획실장도 배석하였다. 종합유선 방송위원회의 중요성과 기구의 개요를 설명하고 새로 위촉받은 방송위원들이 앞으로 유익한 공헌을 해주기를 당부한다. 임명장을 수여하고 9명의 방송위원들을 모두 소개한다. 오찬을 함께하려 했으나 오늘이 노태우 대통령 회갑이라 청와대로 가야 한다면서 플라자호텔로 가서 위원장과 부위원장을 호선하고 사무국장을 지명해 달라고 한다.

호텔로 자리를 옮겨 최고령자인 여석기 씨가 임시의장이 되어 호선으로 들어갔다. 중앙대 양광남 교수가 나더러 추천하라 권한다. 연세도 가장 높고 학식도 높은 데다가 방송위원의 경험도 있고 하니 여석기 교수님이 적격일 것 같다고 위원장으로 추천하고, 부위원장으로는 한태열 교수가 마침 대전일보 사장직을 사퇴했으니 상임직을 맡는 것이 좋을 것 같다고 추천했다. 만장일치로 가결되었다. 5시 40분 비행기로 광주로 내려오다.

8월 15일 (토)

오늘 아침 광주매일에서는 유선방송위원회 인사를 보도하면서 위원장과 부위원장만 소개하고 위원들은 언급하지 않았다. 그러나 한국일보, 조선일보, 중앙일보, 한겨레신문은 모두 위원들까지 소개하였다. KBS나 MBC도 보도하지 않은 것 같다. 아침회의 때 간부들이 모두 나의 방송위원 취임을 축하해 주었다. 연합통신에서 축하전보를 보내왔다. 점심때 우리 간부들을 데리고 새날회관에서 축하회식을 하다. 부사장, 이상호 이사, 홍 국장, 김 국장, 허 국장 등이 참석하다. 식후에 허 국장을 불러서 인사조정안을 재촉하니 또 우물쭈물한다. 부회장을 의식하는 것 같다. 또한 자신의 입장에서도 인사의 시기가 부적절하다고 느끼는 모양이다. 2시가 넘어 집으로 가다. 가볍게 낮잠을 한숨 자고 초대장 정리를 하는데 송용식 씨로부터 전화가 왔다. 신원동상에서 목중고 동창생 200명을 초청해서 골프를 했는데 거기에 참석한 최영철 부총리랑 내 이야기를 했다고 한다. 밤에 동아마스터비전에서 방송위원 취임에 대한 축하화분을 보내왔다.

8월 17일 (월)

광주 유도회 장현상 회장과 부회장이 찾아와서 앞으로 연수회를 갖게 되는데 나더러 꼭 참석해 달라고 한다. 오후 1시부터 부사장, 홍 국장, 김 부장과 7월 실적과 8월 계획안을 회장님께 보고하다. 나중에 회장님이 이정일 부회장과 최근에 접촉한 일이 있느냐고 물으신다. 지난번 서울에 올라갔을 때 만나보려 했으나 태국 손님들과 골프를 하느라고 시간을 낼 수 없다고 하여 만나지 못했었다고 말씀드리다. 부회장이 태국에 투자한 결과가 좋지 않아 고민 중일 거라고 말씀하신다. 부회장과 접촉해서 충고해 주기를 바라시는 것도 같다. 한참 동안 걱정스러운 표정을 짓다가 5시가 못되어 목포로 내려간다며 자리를 뜨셨다.

8월 18일 (화)

오늘 윤 부사장은 삼성계열 중역들과 골프 약속이 있다고 나갔다. 10시경에 회장님이 오셨다. 광주상호신용금고의 이종렬 사장이 사임했다고 말씀하신다. 5억 5천만 원의 부실대출의 책임도 있고 사전허가 없이 휴가 갔다가 대형 교통사고를 냈다는 것이다. 잠시 후에 새로 임명된 광주금고의 장순익 사장이 인사차 찾아왔다. 한국상업은행 검사역을 하던 사람인데 광주고 3회 출신이라 한다. 지하식당에서 회장님과 점심하고 회장님은 서울로 떠나셨다. 2시경에 이종렬 사장이 찾아왔다. 물론 미리 각오는 했지만 막상 자리를 뜨게 되니 몹시 섭섭한 모양이다. 평소에 성심껏 일하고 많은 업적도 쌓았는데 좀 매정스럽게 처리되었다는 느낌이다. 위로의 말을 계속 건넸지만 짠한 마음이 가시지 않는다. 오후에 새로 전남대 총장으로 취임하는 최한선 교수가 인사차 찾아왔다. 총장으로서는 너무 젊은 감이 있으나 학교를 공부하는 곳으로 만들겠다는 결심만은 대단하다. 박석규 교수가 찾아와서 내일 남도예술회관에서 미협전을 열게 되었으니 나와서 테이프를 끊어 달라 한다.

8월 19일 (수)

서울에서 매일경제 유광필 이사가 뉴스프로그램 공급자 신청을 하려고 준비중인데 어떻게 될 것 같으냐고 물어왔다. 12시 직전에 회장님으로부터 전화, 유성에서 상경하는 도중 교통정체로 늦어진다고 하신다. 전남대 위인선 교수가 점심을 함께하자고 전화, 12시가 조금 넘어서 무궁회관에 갔더니 김포천 사장, 길병수 환경청장, 보성건설의 이 사장과 함께 기다린다. 2시까지 환담하다. 옆방에서 김인곤 의원과 도지사, 지검장 등이 식사하는 중이다. 서울의 박용상에게 전화해서 계열사중역들에게 초청장을 보내 달라고 당부하다. 안영섭 교수가 서울에서 광주에 도착했다고 전화, 7시에 저녁을 함께하기 위해 집으로 오라고 했다. 7시에 전남 미협전의 테이프커팅에 참가하다. 건배제의를 해 달라고 해서 전남미협의 발전을 바라는 축배를 선창하다.

8월 20일 (목)

김원자 문화부장이 최하림 위원으로부터 들었다면서 금봉의 문인화를 부탁하면 어떻겠느냐고 한다. 쌍낙관문제는 어떨까 하지만 받을 사람의 이름을 넣겠으니 적어 달라고 한다. 오후에 서울의 종합유선방송위원회의 사무국장이 임시사무실에 전화가 가설되었다고 연락하다. 김충곤 국장이 내방으로 올라왔다. 회장님이 신문사의 규모를 축소운영하려는 것 같다면서 부회장과의 관계가 원만치 않지만, 부회장이 광주로 내려올 채비를 하는 중이니 앞으로 어떤 문제가 일어나기 전에 명예롭게 떠날 수 있는 길을 택하는 것이 좋겠다고 귀띔한다.

8월 21일 (금)

11시에 전남대학교 최한선 총장 취임식이 있어서 참석하다. 최 총장의 취임사도 너무 길고 전북대총장의 축사도 너무 길었다. 회사에 돌아오니 문병식, 변동현, 조경석으로부터 전화가 왔다고 한다. 오늘은 비서인 미스 박이 나오지 않아 총무부 혜란이가 대신 근무했는데 글씨가 엉망이어서 알아볼 수가 없다. 변동현 교수는 유선방송 위원으로 지방에서는 유일무이한 사례로 취임하게 된 것을 축하한다고 한다. 오후에 이만영 부장을 불러 영암 문제가 어떻게 되어가느냐고 물으니까 전남도로 행정심판으로 넘어오면 회장님께 유리하게 전개될 것이라고 한다. 목포지사의 김명수 부장으로부터 전화, 보해의 임광행 회장님이 목포상공회의소 의장선거에서 16:12로 당선되었는데 라이벌인 이장용 씨와는 상당히 심한 감정대립이 드러났다고 한다.

8월 22일 (토)

아침에 부회장과 통회, 27일 집안에 경사가 있어서 서울로 올라가니 조금 시간을 내어 주었으면 한다고 말하자 26일 10시에 있는 동아일보 김병관 사장 아들 결혼식이 끝나면 만나자고 한다. 부민금고 문병식 사장이 축하한다고 찾아왔다. 이내균 사장이 이광국 사장이랑 점심을 함께하자고 해서 한전 앞 다복정에서 만나다. 2시부터는 무등일보 박희서 부장의 딸 결혼식이 계림교회에서 있어 참석했다. 김효중 사장, 광주일보 신용호 주필, 김승철 부장, 무등일보의 김태식 전무 등이 나와 있다.

오전에 광주대학으로 전화, 김인곤 이사장에게 오늘 10시 30분에 있는 학위수여식에는 참석하지 못하지만 오후에 한번 만나 뵈었으면 좋겠다고 했더니 그러면 오늘 저녁에 허 국장과 함께 식사를 하자고 한다. 민형배 기자를 불러 이번 전남일보 포지셔닝 조사결과를 잘 분석했다고 칭찬하다. 7시에 허 국장을 데리고 무궁회관으로 가다. 김 의원은 5시부터 와서 맥주를 여러 병 비운 모양이다. 김 의원 친구의 딸이란 사람과 무슨 금고 이사장이란 사람하고 함께 술을 마시고 있다. 우리는 10시까지 입담 좋은 김 의원의 화술에 취하다.

8월 25일 (화)

영광의 이해주 교육장이 신문사로 찾아왔다. 이화일 사장이 추석인사차 호남지방을 순방한다면서 찾아왔다. 12시에 무궁회관에서 새로 부임한 서울대출신 기관장들을 축하하기 위해서 재광 서울대동창회 이사들이 모였다. 오전에 박진동 고문이, 오후에는 김포천 사장이 축하차 방문했다. 박금순 한국 부인회장이 박춘금 광주 지회장과 김성희 부회장을 대동하고 방문했다. 서울로 승락이에게 전화해보니 머리가 아파 조퇴했다고 한다.

8월 26일 (수)

아침에 일어나서 승락이의 편두통증세가 어떤가 살펴보았더니 여전한 모양이다. 오늘은 회사를 쉬라고 권했으나 사무도 인계할 것이 있고 인사도 해야 하니 다녀와야 한다고 우긴다. 우선 청량리 한의원을 찾아가기로 했다. 88세의 한의사 할아버지는 아주 정정하시다. 등뒤로 손을 대고 진찰하더니 뇌수종이라 하면서 왜 이제 왔느냐 한다. 일찍 찾아왔으면 그런 고통 안 받았을 터인데 하는 뜻이다. 그러면서도 자기 약을 복용하면 내일 결혼식에는 깨끗한 머리로 임할 수 있고 해외여행도 문제없다고 장담한다. 집으로 와서 밥을 먹고 승락이를 대우빌

딩까지 데려다주고 프레스센터에 들렀다가 서울지사로 갔다. 조덕송 고문을 문밖에서 만나고 박갑동 이사와 민경관 기자를 만나보고 집으로 왔다. 밤에 승락이가 약혼녀하고 함께 왔는데 머리가 훨씬 개운하다고 한다.

8월 27일 (목)　둘째아들 혼사를 치르다

간밤에 비가 꾸준히 내렸다. 아침에도 그칠 줄 모르고 더욱 억수같이 쏟아졌다. 결혼식 하객들이 몹시 불편할 것 같아 걱정된다. 그러나 자고 나서 승락이 머리가 매우 개운하다고 하니 무엇보다도 기쁘다. 오늘 같이 즐거운 날 고통을 받게 되면 어쩔 것인가 고민했는데 괜찮다니 참으로 하나님께 감사드리고 싶은 마음뿐이다. 예식은 1시 정각에 시작되었다. 두 어머니들이 촛불을 밝히고 신랑이 입장하는데 싱글벙글 웃으면서 자신 있고 당당하게 걸어 들어왔다. 이어서 신부가 아버지와 함께 입장, 귀엽고 사랑스러운 표정이다. 차범석 선생의 주례사가 훌륭했다.

8월 28일 (금)

아침에 부회장에게 전화, 어제 결혼식장에 참석해 주어 감사하다고 말하고 어디에서 만나 이야기할 것인가 했더니 30일 광주에서 골프 약속이 있으니 그때 만나자고 한다. 집사람과 함께 승락이네가 새로 자리 잡은 구의동에 있는 현대아파트를 찾아갔다. 5시경에 서울을 출발했다. 중부고속도로를 통해서 여산에 와서 저녁식사를 했다. 10시경에 신혼여행을 떠난 승락이로부터 호놀룰루에서 전화가 왔다. 머리도 깨끗해서 유쾌하게 여행한다고 한다.

8월 30일 (일)

간밤에 축구시합을 구경하느라고 1시경에 잠이 들었는데 5시에 눈이 떴다. 오늘은 우리회사에서 주요기관장들을 골프에 초청했기에 남

광주CC로 나갔다. 조형근 차장이 나와 있었고 잠시 뒤에 윤 부사장, 그리고 회장님이 도착하셨다. 부회장은 나오지 않았다. 김동환 시장, 이양우 교육감, 송문호 안기부지부장, 노승행 지검장, 김실부 제병훈련본부장, 조영길 31사단장, 이승완 경찰청장 등이 도착했다. 해장국을 한 그릇씩 먹고 7시 20분에 티업하다.

8월 31일 (월)　이제 자력기반이 잡힌 것 같다

10시경에 회장님이 목포에서 올라오셨다. 오전 중에는 부사장, 홍국장, 김종호 부장을 데리고 회장님에게 하반기 운영계획 수정안을 보고하다. 9월 중 자금이 1억 7천만 원 정도 투입된다면 그리고 연내에 10억을 융자한다면 연말까지는 자금문제가 해결되는 것으로 보고하자 회장님도 좀 안도의 숨을 쉬시는 것 같다. 연 내에 적자가 1억 정도 추가될 것 같지만 이제 자력기반이 잡힌 것은 틀림없는 것 같다. 오후에 조효석 선생이 자신의 신저 〈서석대〉를 보내왔기에 논설위원실에 내려가서 조 선생님에게 축하드리고 아울러 우리집 혼사에 축의를 주신데 대해 감사 말씀을 드리다. 서울에서 아사히 TV의 이상우 기자가 동경출장중이어서 혼사에 참석하지 못했다고 전화했다.

9월 1일 (화)

회장님은 아침 7시에 남광주에서 중국손님들과 골프하고 3시에 대불단지에 건설중인 세라믹 공장 상량식에 나가신다고 한다. 동아석유의 윤성민 사장이 신태호 회장이 보낸 추석 선물을 가지고 왔다. 윤 사장은 신 회장이 간부회의 때 종종 내 이름을 거명하며 호평하신다고 한다. 신 회장님께 전화를 걸었으나 부재중이어서 감사하다는 메시지만 남기다. 낮에는 우리 회사간부들을 기흥식당으로 초대하여 이번 우리 집 혼사에 축의를 보내준 데 감사하다는 뜻을 표하였다. 조효석 선생만 빠지고 전원이 참석하다.

9월 2일 (수)

호놀룰루에서 서울로 오는 비행기가 몇 시에 있는지 알아봤더니 오후 3시 30분인가에 있다고 한다. 집사람이 KAL에 알아봤는데 승객명단에 승락이 부부가 들어있다고 한다. 어제 밤 자기 처가에는 연락이 있었다 한다. 10시경에 김충곤 국장이 서울에 출장간다고 인사차 내 방에 들렀다. 이정일 부회장 말이 나오자, 이번 추석에 3부자(회장님, 이화일 사장, 이정일 부회장)가 모여서 어떤 결정을 내릴는지 모르지만, 그보다 앞서 나의 입장을 표명하는 것이 좋지 않겠느냐는 의견이다. 동감이다. 회장님에게 전화해 오늘 밤 서울로 올라가겠다고 말씀드리다. 부회장과 만나야겠다고 하니 약속이 되었느냐고 물으신다. 아직 약속은 안 되었지만 더 이상 미룰 수 없으니 어떻든 만나봐야겠다고 했다. 알아서 하라고 하신다. 오후 2시 30분에 차장급 이상의 간부들을 소집해 독자조사 결과에 대한 설명회를 가졌다. 10시 넘어서 승락이부부가 왔다. 우선 건강하게 돌아온 것이 반갑다. 밤에 부회장에게 전화했더니 11시에나 돌아올 것이라 한다.

9월 3일 (목)　　아버지에게 무릎 꿇으라 권하다

아침에 이정일 부회장에게 전화했더니 무슨 조찬회에 나갔다고 한다. 9시경에 부회장이 카폰으로 논현동 부회장집에서 만나자고 한다. 논현동으로 찾아가 충분한 시간을 갖고 이야기할 수 있는 기회를 갖다. 최근 부자지간에 만나는 기회를 몇 번인가 피한 것으로 알고 있는데 물론 거기에는 그럴 만한 이유도 있었겠지만 내가 보기에는 부회장이 크게 잘못한 것 같다고 말을 꺼냈다. 오늘은 직책상의 입장을 떠나 인생의 선배라는 입장에서 기탄없이 충고해 주기로 마음먹었다. 누가 뭐라 하더라도 부회장은 훌륭한 아버지 밑에서 태어난 것을 가장 큰 복으로 생각해야 될 것이다, 이번 추석에는 아버지 앞에 무릎을 꿇고 그동안의 다소 소홀했던 점을 사과드리라고 권했다.

부회장은 아버지가 아들의 앞길을 막으려 하기 때문에 아버지의 그러한 태도를 바꾸지 않는 한 화해는 어렵다고 말하고 형님(이화일)의 무관심에 대해서도 섭섭하다고 털어놓는다. 나는 회사의 모든 사정이 이제 안정단계에 들어가 있으니 부회장이 모든 책임을 맡아 끌고 나가라고 권하니, 회사의 책임을 맡는 적기는 작년이었는데 이제는 늦었다면서 자기는 그러한 생각이 전혀 없으니 회사일은 회장님과 상의해서 해결하라고 한다. 회장님과의 화해문제나 회사운영의 총책임을 맡는 일이 모두 부회장이 해결해야 할 문제인데 남에게 미룬다는 것은 무책임한 일이다. 부회장의 앞날을 위해서도 실기하지 말고 이번 추석에는 마음을 가다듬고 3부자가 한 자리에서 만나 서로간에 어떤 마음의 응어리가 있다면 풀어가는 것이 좋을 것이라고 충고하다.

논현동으로 자리를 옮겨 회장님을 뵙고 부회장과의 대화내용을 자세히 말씀드리고 이화일 사장에게도 대충 설명하면서 좀더 적극적으로 개입해 동생의 마음을 풀어 주고 형제간에 불필요한 오해가 남지 않도록 했으면 한다고 의견을 제시하다. 오후에 공보처를 찾아서 손주환 장관과 이경식 차관을 만나고 추석을 맞이하는 조그마한 정의를 전했다. 밤에 승락이부부가 신사동 집으로 왔다.

9월 4일 (금)

집사람과 함께 7시에 신사동에서 출발, 공로 광주로 10시경에 도착하다. 부사장으로부터 그간의 경과를 보고받고 회장님께 전화 드리다. 목포의 수해를 입은 독자 1,300가구에 하이타이를 돌렸다고 보고하니 단가를 묻기에 만 원이라고 했더니 깜짝 놀라신다. 곧바로 천 원으로 고쳐서 말씀드렸다. 이광현 이사와 홍 국장을 따로 만나 이번 서울에 올라가서 회장, 부회장, 이화일 사장과 교환한 대화내용을 귀띔해 주다.

9월 5일 (토)

오늘은 홍 국장의 생일이라 해서 간부들과 회식을 하자고 했는데, 홍 국장이 골프약속이 있다고 해서 내주 초로 연기하기로 했다. 아침회의 끝나고 김충곤 국장에게 그동안 서울에서 있었던 이야기를 해주다. 참 후련하게 되었다고 공감을 표한다. 회장님은 월요일에나 광주에 오실 것 같다고 한다. 3시에 집사람이 신문사로 나왔다. 신문사 전체사원들에게 나누어주기 위해서 월산동에 있는 떡집으로 함께 가서 떡을 주문하고 월요일 10시까지 신문사 비서실로 배달해 달라고 했다. 그리고 집으로 가는 길에 시장에 들러 내일 등산에 필요한 과일을 사가지고 왔다. 승락이가 자기의 새 집에 전화가 가설되었다고 알려왔다. 머리아픈 것도 깨끗해졌고 오늘 집안살림도 깨끗하게 정리했다고 한다. 서울지사의 박갑동 이사가 광주에 내려왔다고 전화했다.

9월 7일 (월)　사원들에게 잔치떡을 돌리다

10시경에 우리가 떡집에 주문했던 떡이 신문사에 도착했다. 총무국으로 보내 모든 사원들에게 음료와 함께 고루 나누어주도록 했다. 대형우산을 한 개씩 전달했다. 나중에 들어보니 떡이 마침 배가 고플 때 돌려져서 모두 아주 맛있게 먹을 수 있었다고 한다. 3시 30분에 회장님께 서울에 다녀오겠다고 인사하고 서울로 떠나다. 신사동에 내려서 돋보기 안경을 사서 집으로 가다. 밤 늦게까지 방송위원회에서 회의자료로 보내준 문건들을 검토하다.

9월 8일 (화)

9시 40분에 순화동에 있는 삼도빌딩으로 갔다. 종합유선방송위원회는 그 5층에 있었다. 10시에 여석기 위원장 사회로 9명의 위원 중 이경숙 위원만 빠지고 전원이 참석한 가운데 최초의 회의가 시작되었다. 예산안을 통과시키고 위원회의 중요규정 중 핵심부분만 심의했다. 몇 군데 자구수정하고 통과시키다. 제3토의안건인 감사선임 문제가 토의되었는데 감사를 위원 중에서 뽑는다는 것은 원칙에 어긋난 일이 아니냐는 이의가 제기되었다. 그러나 방송위원회에서도 위원이 겸임하는 전례가 있다는 점에서 충분히 납득되는 일은 아니지만 통과시키기로 했다.

11시에는 손주환 공보처장관, 서기원 방송협회장, 방송개발원의 김원장 등이 참석해 위원회 현판식을 갖고 피로연에서 어울렸다. 12시에 코리아나호텔에서 손 장관이 내는 오찬이 있었다. 이경숙 교수가 후참해서 북한을 방문하고 돌아온 이야기를 듣다. 김일성을 하나님으로 대치하고 있더란다. 서울신문의 논설위원실에서 박갑천, 송정숙 위원들을 만나고 김포 6시발 비행기로 광주로 오다.

9월 9일 (수)

아침회의에서 조효석 고문의 〈서석대〉 출판축하회 문제에 대해 의견을 물었더니 회사명의로 개최하는 데는 문제가 있다고 보는 의견이 많았다. 오후에 별도로 토의해 보기로 했다. 박성섭 무등일보 사장이 전화, 노태우 대통령 중국방문에 수행기자를 파견하는 문제는 더 관망해보자고 했다. 회장님이 목포에서 전화, 광주에서 특별한 일이 없다면 오늘 목포에 계시겠다고 한다. 우남 이옥성 화백이 10여 년만에 나타났다. 여태까지 미국에 있었는데 지금은 서울의 미군숙소(사위 집)에 머문다면서 10월 말에 광주에서 근작전시회를 갖겠다고 한다.

9월 10일 (목)

오늘 다른 관청들이 모두 쉬는 공휴일이기에 초쇄를 11시에 내기로 앞당겼다. 전면광고가 2면이나 들어가니 컬러로 20면을 내기로 했다. 회장님은 목포에서 바로 남광주CC로 가셔서 10시에 티업하실 거라고 한다. 이화일 사장과 이종렬 사장이 동행하기로 하고 이정일 부회장은 어제 목포에 도착했는데 골프에는 참가하지 않는다는 것이다. 나석주와 박미라에게 추석선물로 구두표를 한 장씩 건네주다. 신문은 11시에 나왔고 12시에는 대부분의 직원들이 퇴사한 것 같다. 비서들도 빨리 보내주어야 하기에 나도 집에 들어가기로 했다.

9월 11일 (금)

추석날이다. 몽탄으로 가서 고모님 댁에 들렀더니 고모님은 1주일 전에 서울로 가고 안 계신다. 학산 집에는 인후네 식구들과 기후, 경후가 와 있다. 경후도 특별휴가를 받았다고 한다. 이번 차례는 형님의 서거로 차려만 놓고 배례는 생략했다. 집안식구들이 모두 함께 성묘했다. 고조부모 묘부터 차례로 배례하고 조부모님 묘에서 음식을 차려놓고 배례하고 형님 묘앞에서 다시 음식을 자려놓고 배례하다. 특히 승낙이 처는 술잔을 올리고 조상들에게 새 식구가 되었음을 신고하도록 했다.

9월 12일 (토)

아들네 식구와 딸네 식구들이 모두 있어서 집안이 가득한 느낌이다. 아침밥을 9시경에 먹고 커피를 마시면서 환담했다. 점심 먹고는 외손녀 소정이를 데리고 남광산으로 가다. 자연학습도 시킬 겸 가자고 했다. 강 서방은 집에 있겠다고 해서 집사람과 딸네하고만 출발했다. 대각사에서 산길로 접어들어 떼쓸 줄 알았는데 사뿐사뿐 잘 걸어간다. 소정이는 노랑나비를 보고는 잡는다고 한참 동안 승강이를 쳤다. 도토리를 따서는 소중하게 호주머니에 넣는다. 능선 길에 올랐다가 다시 문성고 쪽으로 가서 계곡을 지나 문성고 뒤쪽 산으로 올라가서 광주 시내와 무등산을 한눈에 보도록 했다.

9월 14일 (월)

회상님이 목포에 계시는 줄 알았는데 서울에 계신다고 한다. 서울로 전화해 이번 노 대통령이 중국을 방문하는 동안 민경관 차장더러 수행하도록 하자고 말씀드렸다. 광주일보의 김종태 사장도 보내겠다고 하고 박성섭 무등일보 사장도 보내겠다고 한다. 다만 광주매일의 김효중 사장은 아직 청와대에 출입기자가 없기 때문에 보내지 않겠다고 한다. 민경관 차장에게는 방중준비를 서두르라고 하다. 조효석 선생에게 출판을 축하하기 위해서 회사에서 1백만 원 정도 보조하고 신문사 강당에서 손님들을 초청해 조촐하게 축하회를 가졌으면 어떻겠느냐 했더니 일단 사양하시면서 좀더 생각해보자고 한다. 관훈클럽에서 10월 14일에 있을 최병우 기념토론회에서 주제를 발표해 달라는 요청이 있었다.

9월 16일 (수)　관훈클럽으로부터 주제발표를 요청받다

광주일보 김종태 사장이 전화, 광주 국세청장이 다음 월요일에 언론사 사장들을 오찬에 초대한다고 한다. 10시에 윤전부 계약직 사원 한 사람을 충원하기 위해 면접했다. 좀 집착력이 부족한 것 같으나 어려운 일에 종사했던 경험이 있어서 견디어낼 수도 있을지 모른다. 해남 태생인데 나중에 알고 보니 이광현 이사와 친척관계에 있다고 한다. 성균관대 김지운 교수로부터 팩스를 받고 김원자 문화부장을 불러 꾸짖으려 했는데 지난 9일자로 벌써 그 서평원고를 게재했고 그 내용도 자세히 소개되어 있기에 수고했다고 말하고 김 교수에게 그 사실을 전해 주다. 관훈클럽의 김영성 국장이 전화, "언론환경의 변화와 새로운 방향의 모색"이라는 제목으로 30분간 발표할 수 있는 내용을 준비해 달라고 한다. 조덕송 고문이 18일 광주에 들르겠다고 전화했다.

9월 17일 (목)

오랜만에 편집국을 돌아보려고 내려갔는데 임영섭 기자가 해외여행을 떠난다고 해서 결제하기 위해 다시 올라가다. SBS로 떠났던 임광기 기자가 서울 본사에 가서 연수를 다 마치고 왔다고 인사차 찾아왔다. 무등빌딩에다 사무소를 잡아 4~5명을 이끌고 업무에 착수했다 한다. 연수를 받아보니 전남일보에서의 근무가 얼마나 안일했던 것인가를 깨달을 수가 있었다고 한다.

낮에 부사장, 이 이사하고 지하에서 식사하다. 신광통신의 김기태 사장과 통화해 청첩장을 보내지 않았던 이유를 설명하다. 주말에 골프를 함께하자고 한다. 남양건설의 마행렬 사장과 통화, 어제 밤 송일성 기사가 와서 남양건설기사로 들어갈까 하는데 마 회장이 최 사장의 양해가 없으면 쓸 수가 없다고 하니 전화해 달라고 부탁하기에 새삼스럽게 전화 걸었는데, 기왕에 나간 사람이니 다른 신경 쓰지 말고 잘 데리고 있으라고 권하다.

9월 18일 (금)

아침회의 때, 국민당에서 광주에 있는 언론인을 영입하려 한다는 말이 나오자 김충곤 국장이 이광현 이사에 대해서 국민당에서 몇 번이고 알아본 사실이 있다고 말한다. 회의 끝내고 이 이사에게 신중하게 검토하라고 충고하다. 만약 진로를 바꾼다면 이 이사 자신의 의식과 체질개선이 선행되어야 할 것이라고 충고하다.

전경련의 조규하 전무가 전화해 다음 월요일 일본 구주대학의 하야시 신이치 교수가 서해안개발문제를 연구하기 위해 광주를 방문하니 잘 챙겨주었으면 고맙겠다고 한다.

회장님이 민경환 차장의 해외출장 여비 중 일당이 135달러로 되어 있는데 조선내화에서는 50달러로 책정했으니 어떻게 이런 액수가 나왔느냐고 하신다. 알고 보니 서울지사에서 제멋대로 계산한 것이었기에 시정하라고 지시하다. 낮에 영광 교육청의 이행주 교육장이 염산으로 점심하러 나오라기에 이광현, 고행원, 김선남과 갔다. 영광의 김법무가 출영했고 도중에 정병철 영광군수가 합류해서 유쾌하게 식사했다. 조덕송 고문이 광양제철에서의 강연 끝내고 회사로 찾아왔다. 저녁에는 부사장더러 술을 대접하라고 했다. 6시에 고행원 부국장과 나주군청으로 가서 송득영 군수와 김수평 기자와 함께 금성식당에서 술을 마시다. 나중에 안홍식 나주시장과 문 부군수, 임주현 교수가 동참하여 즐겁게 담소하다.

9월 19일 (토)

아침회의 중에 회장님으부터 전화가 왔다. 어제 민경관 차장 해외출장비를 조선내화 기준에 맞추어 일당 50달러로 고쳐서 지불했음을 보고하다. 얼마 후에 다시 서울로 전화해 보니 회장님이 지금 부회장과 면담중이시라 한다. 2일간 연속해서 부자지간에 면담을 계속하는 것으로 보아 일이 순조롭게 풀려나가는 모양이다.

10시 30분에 염주체육관에서 MBC가 주최하는 의제기념 주부백일장 행사가 있어서 참석하다. 안주섭 부시장, 이양우 전남교육감, 안준 광주교육감, 기독교병원 허 원장과 나란히 앉아 김포천 사장의 인사말을 듣다. 끝에 참석자들을 일일이 소개한다. 옥산과 희제 화백 등이 심사위원 자리에 앉아 있고 체육관 넓은 홀 안에는 백일장 참가자들이 가득히 모여서 먹을 갈고 붓을 들어 작품을 만드는 데 열중한다. 광주외 지방에서도 약 80명이 참가했다고 한다. 신문사로 돌아오니 우남 화백이 다방에서 기다리고 있다. 올라오라고 해서 잠시 만나보고 이광현 이사를 불러 우남과 만나보라 했다. 12시에 무등빌딩 스카이로사에서 광주대학의 은 서무처장을 만나 점심을 함께하다.

9월 21일 (월)

허광욱 편집국장은 아침회의 도중 광양제철 초청으로 광양으로 떠났다. 일본 규슈지방에서 하야시 가스노부 교수와 그 일행 5명이 환황해권(環黃海圈) 경제협력관계를 연구하기 위해 광주에 왔다며 우리 신문사를 방문했다. 이들에게 전남도청의 이관종 지역 경제국장과, 박선홍 광주 상공회의소 부회장, 그리고 오덕교 전남 발전연구원 행정실장을 만나볼 수 있도록 알선해 주다. 도중에 회장님으로부터 전화, 다음 수요일에 광주에 오시겠다고 한다. 낮에 광주 국세청의 양 청장이 이 지역 언론사장들을 금수장에 초청하여 오찬을 베풀었다. 박성섭 무등일보 사장만이 빠지다. 이내균 사장이 내일 12시에 다복정에서 재광 서울대 동창회 이사회를 하자고 연락하다.

9월 22일 (화) 신문활자 개선을 논의하다

12시에 재광 서울대 동창회 회장단 모임이 있기에 다복정으로 찾아갔다. 이내균 사장과 이광국 사장이 기다리고 있다. 박성섭 사장은 못 나온다고 하고 홍승민 회장과 오병문 총장은 장소를 잘 몰라 찾느라고 약 30분을 기다리게 했다. 오늘 모임은 차기 회장을 오병문 총장에게 넘기기 위한 사전협의를 위한 것이다. 동창회란 다른 모임과는 달리 선후배 간의 위계와 순위를 존중하지 않을 수 없는 것이니 순서대로 이광국 사장이 맡아야 할 것이라고 말을 꺼냈더니 이 사장이 펄펄 뛴다. 회사로 돌아와 3시 30분부터 회의실에서 신문의 본문활자 개선을 위한 간부회의를 열다. 내주 중에 다시 한번 열어 결정하기로 했다. 이광현 이사가 가정문제로 서울에 다녀온 후로 아무런 연락이 없기에 오후에 내 방으로 불러 귀임보고가 없음을 질책하다. 무슨 걱정거리가 생겼느냐고 물어도 우물쭈물 넘겨버린다.

9월 23일 (水)　이 국장의 국민당 입당이 보도되다

아침회의가 시작되기 전에 윤 부사장이 미리 찾아와서 무등일보 제 2면에 나온 기사를 보라고 한다. 거기에는 국민당 광주 북구지구당 위원장에 이광현이 내정되었다는 내용이 보도되었다. 그러한 기미가 있다는 것은 눈치채고 있었지만 이런 결정을 하면서 사전협의가 한마디도 없었다는 것은 도저히 용납할 수 없는 일이다.

10시경에 회장님이 서울에서 내려오셨다. 이광현 이사에 관해서 보고드렸더니 대노하시면서 당장에 처리하라고 하신다. 부회장에게 전화하여 이 이사 문제를 설명했더니 중역의 움직임도 몰랐느냐며 비난조로 말한다. 지하식당에서 회장님과 식사하고 오후에는 김충곤 국장이 회장실에 들어가더니 한참 동안 나오지 않는다. 3시경에 이광현 이사로부터 전화가 왔다. 신문사에 나와 있다고 한다. 당장 오라해서 알아봤더니 신문보도에는 자신도 놀랐다고 한다. 사실 어제 서울에 올라가서 정주영 회장과 인사하고 그의 정치특보를 만나서 다소의 의사소통이 있었다 한다. 자신은 지구당보다는 중앙당에서 협조한 후에 전국구를 택하려 했는데 우선 대선을 위해 지구당을 맡아 달라고 하더란다.

실은 3시경에 나는 회장님을 뵙고 나의 거취문제를 말씀드리려고 했는데 회장님이 광주금고에 가보실 일이 있으니 내일 이야기하자고 하신다. 김충곤 국장을 불러 여러 정황을 살폈다. 김 국장은 회장님도 내 뜻을 받아들이실 것 같다면서 처음 마음먹은 대로 추진하는 것이 가장 좋은 방법인 것 같다고 말한다. 이광현 이사는 이정일 부회장을 만나고 오겠다며 저녁에 서울로 올라갔다.

9월 24일 (목)

아침회의를 끝낼 무렵 회장님이 빗길을 달려 목포에서 도착하셨다. 부사장을 데리고 회장실로 가서 신문사업의 앞날에 대해서 이야기를 교환했다. 뉴미디어의 출현으로 신문매체가 겪어야 할 어려움을 설명해드리다. 부사장을 내보내고 회장님과 독대해 지난 추석 때 부회장과의 매듭이 잘 풀렸는지 알아보았다. 그때 부회장이 가족을 데리고 와서 함께 차례를 지냈고 그 후 조선내화 본사에서 몇 차례 사과를 하기에 마음을 돌려 모델하우스 문제도 풀어 주었다고 하신다. 부자 간의 얽힘이 풀어졌다는 것은 무엇보다도 내가 바라던 것이었음으로 다행스러운 일이라고 말하고 나는 지난번에 표명한 바대로 나의 사임결심을 실천하겠다고 말씀드렸다. 사임한 후 어떤 계획이 있느냐고 물으시기에 우선 2~3개월 쉰 뒤에 내년에는 학계에서 일자리를 찾아보고 나의 오랜 숙제였던 언론학이론 탐구에 노력하겠노라고 했다. 회장님은 그동안 내가 보여준 근무태도에 대해 높이 평가하시면서 회장님 가족화목이나 전남일보의 앞날에 대해서 그렇게 깊게 신경을 써준 데 대해 감사한다고 말씀하신다. 서울에 올라가시면 부회장과 다시 협의해 보고 사후문제를 결정하겠다고 하신다. 6시에 금수장에서 산경회 모임이 있었다. 한전지사장과 도로공사지사장의 신입을 환영하는 모임이었다.

9월 25일 (금)　천진일보와의 결연을 권고받다

서울교대의 김여칠 교수에게 전화하여 나의 거취문제를 분명하게 표명했다고 알려 주었다. 김 교수는 깨끗이 마무리지은 것을 좋게 평가하면서 이제 마음먹은 대로 실천하는 것이 좋겠다고 말한다. 강인섭 의원이 내일 김영삼 총재와 함께 광주로 내려오는데 무궁회관에서 언론사 사장들과 점심을 함께하자고 초청한다. 다른 언론사들에게 연락해 보니 모두 다른 선약이 있고 김효중 무등일보 사장과 박배식 KBS 총국장만 참석할 수 있다고 해서 나도 참석을 취소했다.

동아일보의 김병관 사장이 전화, 중국에 다녀왔는데, 천진일보와 전남일보가 결연하여 상호교류하는 것이 어떻겠느냐고 권한다. 좋은데 회장님과 협의해 통고하겠다고 하니 회장님과 직접 연결시켜 달라 한다. 광양으로 연락해 김 사장의 전화를 회장님께 연결시키다. 회장님이 승낙하면서 모든 일을 최 사장하고 상의해서 추진시켜 달라고 했다 한다. 김 사장이 전남일보가 천진일보 사장을 한국에 초청한다는 뜻을 서신으로 작성하여 오후 5~6시까지 팩스로 지사를 통해 보낼 수 있게 해 달라 한다. 주소가 있으니 서신은 우리가 직접 보낼 것이고 인민일보기자에게는 그런 뜻을 전해 달라고 했다. 이광현 이사가 11시경에 나왔기에 부회장과 만났다는 보고를 듣고, 윤 부사장, 이 이사와 함께 점심을 먹다.

9월 26일 (토)

아침에 회장님으로부터 전화, 어제 천진일보와의 결연문제가 어떻게 되었느냐고 물으신다. 갑작스럽게 어제 5~6시까지 편지를 보내라기에, 그렇게 졸속으로 보내는 것보다는 순서가 있으니 서신으로서 직접 보낼 터이니 인민일보 기자에게는 결연에는 원칙적으로 동의했으며 차후 서신을 보내겠다는 사실을 알려주라 했다고 보고하다. 관훈클럽에서 세미나 발제원고를 10월 5일까지 제출해 달라 한다. 박원동 대동건설사장이 10월 3일에 주요기관장들을 초청했으니 꼭 나와 달라고 한다. 김인곤 의원이랑 내 말을 많이 했다면서 듣기 민망할 정도로 칭찬을 늘어놓는다. 낮에 이광현 이사 송별회식을 기흥식당에서 간부들과 함께하다. 언론인금고의 김충기가 오늘 영암에서 이환의 의원의 개편대회에 참석하기 위해 광주에 왔다고 만나자고 한다. 저녁에 집으로 연락하기로 했다.

9월 28일 (월)

전남대 임주현 교수가 찾아왔다. 광주대학에 관심이 있다고 표명했더니 아주 좋은 생각인 것 같다고 한다. 임 교수의 둘째를 10월 11일에 결혼시킨다고 해서 신문에 한마디 실어 주도록 지시했다. 천진일보에 보내는 서신을 홍 국장이 초안잡은 것을 검토한 후 좀 수정해서 팩스로 회장님에게 보내드리도록 했다. 오후에 10월분 예산심의를 끝내다. 한국일보에 난 문화칼럼을 보고 필자인 김성우에게 전화하다. 칼럼이 나올 때마다 감명 깊게 읽었다는 사실과 그 칼럼이 지방문화에 관심을 갖는 사람에게는 좋은 자극제가 되었다고 칭찬했더니 좋아한다. 오늘부터 이광현 이사가 나오지 않으니 어쩐지 마음이 허전하다. 졸지에 정계로 뛰어들어 무척 당혹할 터인데 마음이 놓이지 않는다.

9월 29일 (화)

오후 3시 30분에 우리 신문의 본문활자 수정을 위한 회의를 하다. 오전 마감시간 직전에 이화일 사장의 장인께서 온양에서 별세했으니 부고를 내주었으면 해서 서둘러 광고부에 연락, 겨우 낼 수 있었다. 오후에 조경석 씨로부터 전화, 내일 상유회에서 이화일 사장 장인 상사에 조문가려는데 어떻게 하겠느냐 물어왔다. 다른 상유회원들은 부부동반하기로 하였으니 날더러 온양으로 올라오라고 한다. 그렇게 하기로 했다.

9월 30일 (수)

아침에 회장님에게 전화, 오늘 이광현 이사의 사임을 지상에 발표하겠다고 보고하다. 오전에 조경석 씨가 전화, 보해의 임건우 사장이 광주에서 오늘 온양으로 출발하는 모양이니 전화해서 그를 내 차에 동승시켰으면 좋겠다고 한다. 차중에서 임 사장으로부터 목포상공회의소 회장선거 때의 이야기를 듣다. 여산에서 잠시 쉬어 커피를 마시면서 나의 앞으로의 거취문제를 귀띔했나.

이화일 사장의 처가는 온양에서도 한참 떨어진 산간마을이었다. 밤나무가 우거진 농장이 있었다. 집 뒤에는 꽤나 넓은 사과 과수원이 있다. 키가 작은데 빨간 사과가 너무 많이 달려 있다. 시골집이라 하지만 넉넉함이 보인다. 서재에 꽂혀 있는 책들이 수준급이다. 아마도 큰 처남의 것인 모양이다. 영어원서도 상당히 있다. 고인은 77세라든가. 장모도 거의 같은 연세일 것 같은데 아주 정정하시다. 이화일 사장은 언제나 유머러스하다. 연방 웃기는 이야기를 해서 상가인데도 소리 높은 웃음소리가 나왔다. 박갑동 이사도 서울에서 다녀갔다 한다. 문 감사도 거기에서 만나다.

10월 1일 (목)　통신기사를 덮어놓고 받지 말라

아침 출근길에 광주매일을 보니 김대중 총재가 이번 5일 광주로 와서 "광주화해선언"을 할 것이라는 내용이 제1면 머리기사에 나와 있다. 광주의 재야나 시민들이 가만히 있을 것 같지 않다. 민주당의 부인기사가 나와 있기는 하다. 아침 간부회의 때 허광욱 국장에게 연합통신 기사를 무조건 받지 말고 민주당 출입기자에게 사실을 확인한 후 기사화하라고 지시했다. 회장님이 12시 무렵 전주에서 도착하셨다. 지하에서 식사한 후 회장님 방으로 가자고 하신다. 회장님이 9일 날 해외여행을 떠나신다는 데 나는 처음 결심한 대로 12일자로 사장직을 사임하겠다고 회장님께 말씀드렸다.

회장님은 부회장과 아직 충분한 협의를 하지 못하신 것 같다. 자꾸 내 결심을 만류하려는 듯 말씀하신다. 나는 어떤 일이 있더라도 이번 기회에 부회장을 사장의 자리에 앉혀 놓고 회장님이 경영의 핵심을 직접 전수해야 할 것이라고 강조했다. 회장님은 나의 진정어린 권고에 감동하신듯 "최 사장은 나보다 나이는 어리지만 최 사장의 마음이나 행동은 존경하지 않을 수 없다"고 과찬하신다. 오히려 송구스러움을 느꼈다. 회장님은 지금 사임한다 해도 앞으로 1년간은 봉급을 주겠다고 말씀하신다. 나는 즉석에서 사양했다. 당분간 2~3개월은 쉬고 싶고 내년 봄쯤에는 다른 일자리를 찾을 생각인데 일을 하지도 않고 공돈을 탈 수는 없다고 말씀드렸다. 그래도 회장님은 1년쯤은 고문 자리를 맡아 도와 달라고 하신다. 회장님의 깊은 배려에 감사한다고 하고 전남일보를 위해서라면 직함과 관계없이 돕겠다고 다짐했다. 4시 40분 비행기로 서울로 올라오다.

10월 2일 (금)

9시에 종합유선방송위원회의 정례회의가 있어서 순화동 삼도빌딩으로 갔다. 여석기 위원장에게 인사하고 유선방송의 장래에 관해서 이야기했다. 그리고 우리 회사에서 지난 2년간 유선방송사업을 운영했다고 말하니 약간 놀란다. 10시에 회의실에 내려갔더니 모든 위원들이 참석했다. 방송위원회의 여러 가지 규정을 한꺼번에 심의하자니 너무 시간이 소요되니 크게 문제될 만한 점만 검토하기로 했다. 김인섭 위원이 율사답게 몇 가지 대목을 판례까지 들면서 고쳐 놓는 것이 좋겠다고 제의한다. 그런데 이러한 규정들이 기존의 방송위원회 것을 참고하고 공보처 기획실의 심의를 거친 것들이기에 당장 고쳐 버리기도 그렇고 해서 여석기 위원장은 그 점은 자기에게 일임하고 통과시켜 달라고 한다. 그렇다면 그 몇 가지 대목은 유보한다는 조건으로 통과시키자고 내가 제의하니 김인섭 위원도 동의한다. 그러다가 아예 고쳐 버리기로 했다. 점심 후에 여 위원장 방에서 환담하다 유성화 총국장에게 강 군의 이력서를 맡기고 기회 있는 대로 배려해 달라고 당부하다.

10월 3일 (토)

7시에 차가 와서 7시 40분에 남광주CC에 도착했다. 필드에는 이효계 시장, 김동환 지사, 김정부, 김영진, 박영식, 이양우, 이승완, 이성범, 송문호, 이정일(CBS), 노승행, 국토관리청장 등이 참석했다. 이양우 교육감과 한 팀이 되기를 바랐는데 박영식, 이승완과 한 팀으로 묶여졌다. 이승완 청장은 상당한 경험이 있는 듯하고 박영식 원장은 서툰 편이다. 그래서 세 사람의 타순은 고정되다시피 했다. 1시 가까이 되어서 운동을 끝내고 식사하다. 돌아오는 차에서 신문사로 전화했는데 받지 않는다. 저녁에 이상호 이사가 내일 스케줄이 어떠냐고 물어왔다. 볼 일이 있어서 등산은 못할 것 같다고 했다.

10월 5일 (월) 중앙일보 광주공장 준공식에 가다

회장님이 오늘 회사에 나온다고 하셨는데 서울에 계신다고 전화가 왔다. 10시 30분에 하남공단에 지은 중앙일보 광주 인쇄공장 준공식이 있어서 나갔다. 귀빈실에 들렀더니 김대중 총재가 내려와 계신다. 반갑게 인사드리다. 지난번 우리집 혼사에 여러 겹으로 후의를 베풀어 주어서 고맙다는 인사를 드렸다. 옆자리에 있던 홍두표 중앙일보 사장에게 축하한다고 악수했더니 김 총재가 옆에서 최 사장은 축하하기보다는 떨떠름할 것 아니냐고 농담을 하신다. 경쟁이 치열해질 것이란 뜻이다. 강한 경쟁자가 나타나면 많은 자극을 받는 것이니 좋은 결과가 올 것이라고 웃고 넘겼다. 김 총재의 축사내용은 무척 가다듬어진 것인데 목소리에 힘이 없어서 충분히 전달되지 않는다.

12시부터 관광호텔에서 민주당 초청 간담오찬회가 있었다. 헤드테이블에 김 총재와 함께 나도 포함해서, 조선대 총장, 광주대 총장, 김효중, 한상운, 박배식 사장, 이정일(CBS), 국창근, 이부영 의원 등이 둘러앉았다. 김 총재의 연설이 끝난 후 내가 일어나서 지상에 보도된 김 총재님의 광주 대화합의 내용을 둘러싸고 이곳 사람들이 상당한 오해를 했는데 오늘 김 총재의 조리 있는 말씀으로 말끔하게 불식된 것 같다고 평가했다.

10월 7일 (수)

관훈클럽의 김영성 사무국장이 최병우 기념 세미나가 14일에서 22일로 연기되었다고 연락왔다. 그날 출판기념회까지 겸하려는데 책이 아직 덜 되었기 때문이라 한다. 회장님께 이번 13일에 신문협회 30주년기념식과 신문협회 총회를 함께 열 것이라고 말씀드렸더니 나더러 참석하라고 하신다. 그리고 30일에 하서 선생의 동상건립준공식이 있는데 김상만 동아일보 회장이 그날 밤 목포 유달동의 이 회장님 댁에서 유숙하기로 되었다고 한다. 무등일보의 박희서 부장이 12시에 삼다도회관에서 광주세무서의 김동기 서장과 점심을 함께하자고 해서 나갔다. 박부장에게 이광현의 개편대회 기사를 잘 취급해 주라고 당부하다.

10월 8일 (목) **사장들에게 나의 사의를 귀띔하다**

회장님이 내일 12시에 해외여행을 떠나셨다가 22일에 귀국하실 예정이다. 22일에는 관훈클럽 세미나에서 내가 주제를 발표하게 되어 서울에 있을 것이라고 알려 드렸다. 아침간부회의 때 내일 이광현이 국민당 북을지구당 개편대회에서 위원장으로 선출되는데 화환을 보내는 것이 어떻겠느냐 물었더니 모두 찬성하다. 광주대의 김란수 총장에게 전화했더니 지금 총장실에서 학생들이 농성 중에 있다고 한다. 얼마 전에 학생 몇 명을 처벌했는데 그에 대해 항의시위를 벌인다고 한다. 오후에는 교수들과 대책회의를 하고 내일 서울에 올라가니 월요일에나 만나자고 한다. 낮에 불고기 집 '대명산'에서 언론사 사장단 오찬회를 가졌다. 무등일보의 박성섭 사장만 빠지고 모두 참석했다. 다음 유사는 우리 전남일보 차례이기 때문에 나의 신상문제를 미리 알려 둘 필요가 있는 것 같다. 10월 12일자로 떠나기로 결심했으나 회장님이 해외여행 중이기 때문에 20일 넘어서 실행될 것 같다고 말했다.

10월 9일 (금)

아침에 서울 회장님 댁으로 전화, 오늘 해외여행을 떠나시는데 부디 유쾌한 여행이 되기 바란다고 말씀드리고 동정기사를 내겠다고 덧붙이다. 21일에 돌아올 터이니 잘 부탁한다고 하신다. 10시경에 광고국에 들러 이상호 이사와 이광현의 선거전망을 걱정하다. 이상호 이사는 이광현의 개편대회 현장에 나가 지켜보겠다고 한다. 조효석 고문을 만나 차를 마시면서 불원간에 사표를 내겠다고 말씀드리다. 이상호 이사가 개편대회에 다녀와서 대회가 성황리에 끝났다고 보고한다. 자기를 기어이 단상으로 끌어올리는 바람에 어쩔 수 없이 앉아 있다가 소개까지 받고 인사말까지 했다고 한다. 6시경에 한라그룹의 송두빈 전무가 최봉인을 데리고 찾아왔다. 정인영 회장을 모시고 왔는데 자기는 나를 만나기 위해 빠져나왔노라고 한다. 오늘밤에는 이곳 편집국장들과 저녁을 함께 할 예정이라고 한다.

10월 12일 (월) 사직서를 총무국장에게 맡기다

아침회의 때 오늘이 전남일보 설립등기를 한 지 만 5년이 되는 날이라고 회고하면서 간부들 모두 오찬을 함께하자고 제의했다. 김동환 광주시장과 송문호 안기부지부장이 사장취임 5주년을 축하한다고 화분을 나에게 보내 주었다. 10시 넘어서 광주대학에 가서 김란수 총장을 만나 오늘 전남일보에 사표를 제출했다고 말하다. 광주대학교에 신방과와 출판학과가 있고 전임교수만도 14~15명이 되니 신문대학원과 언론연구소를 실시하면 어떻겠느냐고 떠봤더니 두 가지가 모두 문제 있는 것 같이 말한다. 개방대학교라서 특수대학원 허가가 안 나올 것이며 연구소는 예산관계로 요청에 응해 주지 못하는 형편이라고 한다. 그러나 설립자의 뜻을 따라야 하는 것이니 먼저 김 이사장에게 말해서 그렇게 지시하도록 하라고 한다. 그리고 나를 채용하려면 공채공고를 내야 할 것이라고 덧붙인다. 12시 10분에 기흥식당에서 부사장, 이상호 이사, 홍 국장, 허 국장, 오 부국장, 문 이사 등이 참석해 오찬을 갖다. 오전에 사직서를 써서 총무국장에게 맡기다. 안기부의 송문호 지부장에게 축화를 보내주어 고맙다고 전화하다. 차범석 선생에게 전화하다. 그리고 이정일 부회장에게 전화해 내일 아침 8시에 만나자고 했다.

10월 13일 (화)　더 이상 응석을 부리지 말라

8시에 남서울호텔에서 부회장을 만나다. 커피를 시켜놓고 그동안 회장님과 어떻게 의견을 모았는지를 물었다. 회장님에게 신문사 운영에 관한 권한을 대폭적으로 이양할 것과 운영자금을 일시불로 지급해 달라고 요청했다가 거절당한 모양이다. 22일경에 워싱턴으로 떠나겠다고 한다. 회장님이 부회장의 요청을 들어주지 않으니 그렇다면 자기도 간여하지 않고 외국에 나가 있겠다고 한 모양이다. 그게 말이 되느냐고 했다.

나는 이미 사장의 자리를 떠나기로 결심한 사람이고 이제부터 부회장이 2대 사장으로서 새로운 터전을 다져가야 하는 중요한 단계인데 자리를 비우겠다니 그런 무책임한 말이 어디 있느냐고 윽박질렀다. 이제 사장과 부회장이라는 자리를 떠나서 내 자리를 이을 후배 사장에게 충고한다는 입장에서 반말투로 타일렀다. 나에게는 마치 부회장이 때를 가리지 않고 부모님 앞에서 응석을 부리는 철없는 부잣집 막내아들처럼 보인다. 당신의 아버지이신 회장님은 신중한 처신 때문에 주변 사람들로부터 높은 존경을 받는 분이 아니냐, 그리고 사업을 경영하는 데 있어서도 그 물샐 틈 없는 치밀성 때문에 많은 기업인들로부터 모범적 인물로 추앙되는 분이 아니냐, 이런 아버님을 둔 것을 천복으로 생각해야 한다, 지금 비록 아버님이 아주 건강하시지만 연세가 높으시다, 언제 돌아가실는지 아무도 모른다, 쓸데없이 자기의 젊은 고집만 세우지 말고 아버지의 경륜 높은 의견과 철학을 경청할 줄 알아야 한다, 따라서 무조건 머리를 숙이고 들어가서 한 3년 아버지 밑에서 훌륭한 경영의 노하우를 터득하는 것이 현명한 일이다, 아무리 부자지간이라고 해도 한 번 기회를 놓친다면 되돌릴 수 없는 결과에 도달할 수도 있는 것이니 경솔한 짓은 하지 말라고 했다.

나의 진지한 자세와 솔직한 표현에 느낀 바가 있었던지 부회장은 말끝마다 형님이란 호칭을 써가면서 나에 대한 자세에 상당한 변화를 보였다. 11시에 프레스센터로 가서 신문협회총회에 참석했다. 점심 후 편집기자회의 윤산학 국장, 관훈클럽의 김영성 국장, 송용식 의원, 한동원 원장, 이종전 이사, 연세대 박홍수 교수 등을 만나보고, 5시에 신문협회의 수상식에 참가하다. 우리 회사의 수상자인 김봉수 부장을 축하하고 박갑동 이사와 함께 기념촬영을 하다.

10월 14일 (수)

5시 30분에 집사람과 함께 청량리에 있는 한의사 장 선생을 찾아갔다. 집사람에겐 물약과 알약을 처방해 주고, 나에겐 괜찮다고 한다. 조선내화의 이화일 사장에게 전화해 시간이 있으면 만났으면 좋겠다고 하니, 지금 바로 춘천으로 출발하는 순간이라 한다. 운동 약속이 있는 모양이다. 차범석 선생께 전화, 양복 선물을 왜 사양했느냐고 했더니 지난번에 승락이가 가지고 온 분재가 참 마음에 들더라고 하신다. 그리고 신문사에 사의를 표명했다는데 어떻게 된 거냐고 물으신다. 사정을 설명 드렸더니 자신과 성격이 비슷한 점이 있다면서 이해를 해 주신다.

10월 15일 (목)

아침회의 끝내고 허광욱 국장하고 잠시 사담을 교환하다. 서울에서 부회장을 만나서 했넌 이야기하고, 멀지 않은 시점에서 회사를 떠날 것이라고 말하고, 허 국장은 마음 흔들리지 말고 일해 주라고 당부하다. 별로 뚜렷한 의사표명은 않는다. 지하에서 부사장과 점심하고 영산포의 신 기자에게 전화해 귀형외숙 댁의 위치와 전화번호를 알아보다. 2시 넘어 회사를 출발, 나주시청 앞에서 신 기자를 만나 외숙댁으로 갔다. 외숙은 생각했던 것보다는 수척한 모습이 아니다. 아들을 시켜 한의사에게 약을 돌려주고 전에 준 약값을 찾아오도록 했다 한다.

1시간가량 위문하고 약값으로 얼마큼 봉투에 넣어 드리고 왔다.

10월 16일 (금)

김충곤 국장이 서울에서 나와 부회장이 만난 결과가 어떻게 되어가는지 궁금한 모양이다. 지난 8일에 조덕송 고문이 회장님과 만나고 나서 그날 밤 부회장이 회장님을 만난 것으로 알고 있는데 일이 잘 풀리지 않는 듯싶다고 한다. 광주시장에게 전화했더니 서울에 출장가서 월요일에나 올 것이라고 한다. 코리아나호텔의 강대직 회장이 전화, 요즘 신문에서 호텔 사우나 요금 올린 것에 대해 언론에서 비판하는데 잘 봐 달라고 한다. 강 회장이 점심을 함께하자고 해서 마침 같이 있던 최하림 위원과 함께 호텔로 가다. 강 회장은 이번에 자기가 미국 아칸소의 리틀록에 가서 명예시민증을 받고 친선대사 증명서를 받았다고 자랑한다. 클린턴 지사가 대통령에 당선될 가능성이 높기 때문에 주목할 만하다. 더구나 자기 사위가 클린턴과 아주 가까이 지내고 있다고 우쭐댄다. 오후에는 나 비서에게 내 책을 정리해서 챙겨 놓으라고 했다. 우선 세 박스를 정리해서 포장했다.

10월 19일 (월)

아침회의를 미치고 책장을 정리한 뒤에 책을 박스 여섯 개에 싸서 집으로 보내다. 오전 중에 목포대 서용석 교수가 "월요시론" 원고를 써 가지고 왔다. 나의 사정이 어떻게 돌아가느냐 물어보고 학계로 나가겠다고 하니 아주 잘 되었다면서 마음이 놓인다고 한다. 5층 제작국에 내려갔다. 허 국장을 불러 앞으로 편집국 운영에 관한 복안을 물었으나 별로 신통한 대답이 없다. 손지현에 관한 이야기를 했는데 엉뚱하게도 업무국이나 광고국에 보내면 어떻겠느냐 한다. 이효계 시장의 아들이 내일 서울에서 결혼식을 올린다고 한다.

10월 20일 (화)　모스크바 인형극을 개막하다

아침 간부회의를 마치고 나서 김충곤 국장이 다시 찾아와서 이정일 부회장이 미국행을 준비하는 것 같다고 귀띔한다. 오후에 나주에 주재할 기자 후보 3명을 면접했다. 그 중 정이라는 사람은 외숙이 간곡히 부탁한 사람이다. 뿐만 아니라 그 사람은 부사장과 허 국장이 김덕영의 추천을 받고 적극 미는 것으로 알고 있다. 그리고 '고속용달'사장이란 사람은 이광현이 특히 부탁한 바 있고 고행원 부국장이 열심히 미는 사람이다. 나머지 조선대 출신이라는 사람은 업무국 박재남이가 추천했고 나석주 비서가 자기 선배라고 몇 번이나 리마인드시킨 사람이다. 그런데 필기고사의 결과를 보니 조선대출신이 월등하게 좋은 성적을 보여 주었다. 면접 결과도 마찬가지다. 만장일치로 조선대출신을 뽑기로 했다.

7시에 남도예술회관에서 우리회사가 후원하는 모스크바 중앙인형극단의 "진기한 콘서트"가 개막되었다. 개막 20분 전에 갔는데 넓은 홀 안이 텅 비어 있어서 매우 실망했다. 그러나 무대가 개막되는 정각 7시에는 그런 대로 사람들이 자리를 채웠다. 꼬마들이 많은 것은 당연하다. 입장료가 너무 비싼 것 같다. 그러나 인형의 연기는 일품이었다. 한국어로 설명하는 것이 서툴지만 호감이 간다.

10월 21일 (수)

관훈클럽 심포지엄에 관해서 기사화하라고 허 국장에게 자료를 주었는데 신문에 나오지 않았다. 최시영 차장에게 물었더니 자료를 인물난으로 돌렸다고 한다. 부회장과 이야기하려고 서울로 전화했더니 부회장은 부재중이라 부회장 부인과 통화했다. 바야흐로 사장이 교체되려는 중요한 시점에서 뒷일을 맡아야 할 부회장이 미국으로 떠난다는 말이 있는데 이게 말이 되느냐고 했다. 부회장 부인도 나와 똑같은 생각이었다. 만약 떠나게 되면 사태를 수습하기가 어려울 수도 있을 것이니 어떤 일이 있더라도 막아 달라고 당부했다.

한편 오늘 아침의 연합통신 기사에 전남일보 부회장 댁에 도적이 들어 상당한 피해를 입었다는 사실이 보도되었다. 부회장 부인께서도 이 사실을 시인한다. 급히 오세성 부국장에게 이 지역 언론기관들에게 연락해서 기사협조를 요청하라고 했다. 한전 광주지사의 이한섭 지사장이 찾아와서 일본시찰 이야기를 하고 가다. 오후에 마지막 책정리를 하고 짐을 싸다.

10월 22일 (목)　진지한 나의 충정에 동감을 표하시다

9시에 논현동 조선내화 사무소로 가서 회장님을 뵙다. 그동안의 회사 근황을 보고하고 지난번 상경했을 때 이정일 부회장과 만나서 교환했던 이야기를 소상하게 말씀드렸다. 회장님은, 부회장이 나더러 사장직을 맡아서 하라고 하기에 그러면 내가 네 밑으로 들어가란 말이냐고 반박하고 그럴 테면 네가 부회장을 그만두라고 했더니 나가 버리더라고 하신다. 그러면서 회장님은 내 손을 잡더니 최 사장이 1년만 더 사장직에 머물러서 도와달라고 간곡하게 당부하신다.

절대로 그럴 수는 없다고 나는 말씀드렸다. 나도 사장직을 내놓기로 결심하게 된 것은 회장님과 부회장 부자 간의 원만한 관계를 유지하는 데나, 전남일보의 발전을 위해서나 최선의 길이라는 결론을 내렸기 때문이니 그 참뜻을 살려주셔야 한다고 간청했다. 지금 회장님과 부회장의 회사운영에 대한 생각과 노선에 상당한 차가 있다는 것은 사실입니다, 따라서 이러한 격차를 조정해 절충시키기까지는 적지 않은 충돌과 갈등이 없을 수 없습니다, 그러나 그만한 고통을 피하려 하신다면 부회장의 생각을 돌려놓을 기회는 없을 것입니다, 부회장의 생각을 조금이라도 조정할 필요가 있다고 생각한다면 상당한 고통을 각오하고 과감하게 끌어안으셔야 할 것이라고 여쭈었더니 한참 생각하고 나서 또 다시 내 손을 잡고 최 사장을 존경한다고 과분한 표현을 하신다. 그러면서 부회장의 마음을 돌리도록 최 사장이 설득시켜 달라고 하신다.

11시에 프레스센터로 가서 관훈클럽에 들렀다가 언론인금고 김충기

이사와 점심을 함께하다. 3시부터 관훈클럽 심포지엄이 시작되었다. 김진현 장관의 강연이 있었고 예정보다 좀 늦게 나의 발표가 있었다. 시간이 없다고 발표를 짧게 하라고 재촉하기에 무슨 소리냐고 소리치고 나서 좀 줄이면서도 준비한 내용을 모두 제기하고 강조했다. 안병찬 주간과 임상원 교수가 논평했는데 두 사람 다 내 주장에 동감을 표하면서 반박하는 내용은 없었다. 이어 열린 출판기념 파티에서 만나는 사람마다 수고 많이 했다고 인사를 건넨다.

10월 23일 (금) 부회장 태도에 변화가 보인다

7시 30분에 신사동 집에서 나와 남서울호텔로 가다. 8시에 부회장이 나왔기에 뷔페로 아침을 하면서 이야기를 교환하다. 지난번 아버님을 만났을 때 아버님에게 사장직을 맡으라고 말했다가 호통을 맞았다고 한다. 자신은 신문사를 단념하고 동일상역에 전념하기 위해 최연식 사장에게 자리를 내놓으라고 했다고 한다. 회장님더러 사장을 하시라 한다면 부회장은 발행인 자리만 유지하겠다는 뜻인 모양인데 그렇게 되면 모양세도 이상하려니와 회장님이 모처럼 즐기고 계시는 즐거움을 빼앗음으로써 회장님의 건강을 무너뜨리는 결과가 될 것이라고 타일렀다. 그러니 쓸데없는 조건을 붙이지 말고 회장님의 뜻을 받아들일 것을 서약하라고 했다. 그리고 이제 부인께서도 모든 각오가 되어 있는 듯하니 거처를 광주로 옮기라고 권했다. 나의 이러한 경고와 권고에 부회장은 반발하지 않고 어느 정도 수긍하는 자세를 보여 주었다. 나는 또 오늘 미국으로 떠날 것이라는 생각을 당장 버리라고 종용했다. 부회장은 미국은 짧게나마 꼭 다녀와야겠다고 우긴다. 그러면서 나더러 사장은 고만둔다 하더라도 회사를 떠나서는 안 된다고 만류한다. "형님!", "형님!"을 연발하는 부회장의 어조에서 상당한 태도변화를 읽을 수 있었다.

회장님이 부회장을 찾으신다는 전갈을 받고 호텔을 나오는데 부회장 부인이 할 이야기가 있다 해서 함께 논현동집으로 갔다. 부인께서도 제발 오늘의 미국행을 막아 달라고 한다. 그러면서 어제 밤 회장님이 논현동집에 오셔서 부회장에게 최 사장이 5년 동안 온갖 고생을 다해 차려놓은 밥상을 숟가락만 가지고 먹으라고 하는데 아직도 제정신을 못 차리느냐고 말씀하시더라고 한다. 그리고 부인께서는 시아버님의 말씀이나 뜻이 백 번 옳다고 긍정하면서 나더러 신문사에 더 머물러 보살펴 달라고 한다.

11시 30분에 부회장이 집으로 돌아왔다. 많은 꾸중을 들었다면서 아버님 말씀대로 광주로 내려가겠지만 미국에 다녀와서 내려가겠다고 한다. 그리고 최 사장, 조 고문, 문 주필과 다시 만나 앞으로의 일을 상의하고 싶다면서 광주의 임직원들이 자기를 찾아와서 광주에 내려오도록 간청하기를 바라는 듯한 의사를 비친다. 자신의 사업을 맡으러 가는데 삼고초려의 형식을 바란다는 것은 치기(稚氣)에 불과하다고 핀잔을 주고 회사직원들이 모두 부회장을 영웅으로 모시는 줄 아느냐고 고언했다. 3시 비행기로 광주에 내려가서 부사장에게 근황보고를 받고, 아버님 제사를 모시기 위해 집사람과 몽탄으로 갔다.

10월 24일 (토)

신복진 부국장이 바르셀로나 사진첩을 가지고 왔다. 참으로 역동적인 작품들이다. 우리 신문에 이렇게 좋은 사진이 한 장도 실리지 못한 것이 안타깝다. 박갑동 이사로부터 전화, 광고 수탁액이 1억 원이 넘은 것에 대해 서울지사의 노고를 치하하고 노 기사의 근무태도에 대해서는 주의를 주도록 지시하다. 김인권 의원으로부터 전화가 왔다. 오늘 국감에서 농수산 관계 발언을 했는데 팩스로 자료를 보낼 테니 박스로 처리해 달라고 한다. 허 국장에게 특별 취급하라고 강조했더니 머리기사로 다루었다. 나의 신문사 사임문제는 어떻게 되었느냐고 묻는다. 사표는 벌써 제출했는데 회장께서 만류하시는 중이고 아마 내일쯤 결말을 지을 것 같다고 답했다. 그랬더니 너무 서둘지는 말라고 한다.

낮에 나의 측근에서 도와주는 나석주 비서, 박미라 비서, 박관수 기사를 데리고 점심을 함께하다. 떠날 날이 가까워지니 측근들이 마음에 걸린다. 오후에 이광현으로부터 전화, 지난번 관훈클럽 세미나에서 발표한 나의 논문내용이 조선일보 18면에 게재돼 있더라고 알려 준다. 내일 새벽에 무등산에 다녀오자고 한다.

10월 26일 (월)

오늘 회장님이 광주로 오기로 했는데 아직 광양에 계신다고 한다. 거기에서는 조선내화가 연례행사로 벌이는 기술경연대회가 있을 것이라 한다. 목포대의 배종무 총장이 전화, 여러 가지 말이 들려오는데 오늘 점심이나 함께 하자고 제의한다. 광양으로 전화해서 회장님의 스케줄을 살펴보니 오신다고 해도 오후가 되겠기에 점심을 같이 하자고 응했다. 12시에 송죽헌으로 나갔더니 배 총장과 김 사무국장 그리고 오병문 전남대 전 총장이 합석해 있다. 목포대 의과대학 유치문제를 이야기하고 있었다. 2시 30분에 신문사로 돌아왔는데 배 총장이 또 신문사로 와서 약 1시간가량 이야기하다가 갔다. 《금호문화》가 배달되어 펴 보았더니 이강제의 사소설, "첫 사랑 시말기"가 있어 매우 흥미있게 읽었다. 역시 글재주가 있고 작가적 소질도 상당하다. 전화를 걸어 칭찬했더니 언제 식사라도 함께 하자고 한다.

10월 27일 (화) **부회장과의 관계를 살피신다**

아침회의를 마치면서 홍 국장에게 오늘 회장님이 오시면 전에 내가 맡겨놓은 사표를 제출해 달라고 당부하다. 그리고 부회장이 미국으로 떠나면서 11월 8일에 자기가 돌아올 때까지는 도와 달라 하더라고 했다. 9시 30분에 회장님이 도착하셨다. 부사장과 함께 들어가 근황보고를 하고 부사장은 내보내고 단 둘이 남자, 지난번 부회장과 나눈 면담내용을 물어보신다. 부회장은 많이 변했으면서도 미국행을 고집하기에 좀 나무랐고 사원들의 삼고초려를 기대하는 듯해서 외부인사도 아니고 자신의 일을 맡는데 무슨 삼고초려냐고 심하게 따졌노라고 말씀드렸다.

회장님은 그때 부회장을 만나서 나의 장점에 대해서 지적하면서 최 사장에게는 명예롭게 대우해야 한다고 강조했다고 하신다. 그리고 부사장에게 직접 최 사장에게 귀국할 때까지 사장자리를 떠나지 말 것을 간청하도록 일렀다고 하신다. 그리고 최 사장이 사장자리를 떠나더라도 그 후에도 고문으로 성의껏 모셔야 한다고 엄명했다면서 나더러 그 제의를 수락해 달라고 하신다.

광주금고에 새로 취임한 장 사장과 이 전무가 찾아왔기에 지하식당에서 함께 식사하다. 관훈클럽 김영성 국장이 다음 달 4일에 지난번 심포지엄에서 수고한 데 대한 위로차 만찬을 준비했으니 꼭 참석해 달라고 연락했다. 수원대의 박현태 학장이 격려전화를 걸어왔다. MBC 김 사장이 오늘밤에 있는 산경회 모임에 함께 가자고 전화하다.

10월 28일 (수)

10시에 토지개발공사의 김곤섭 지사장의 모친상이 있어 우남동으로 조문을 다녀왔다. 광주대학의 은 처장에게 전화해 찾아가려 했더니 오후에 자기가 신문사로 들르겠다고 한다. 광주대의 안영섭 교수가 전화, 어제 광주대학교에서 러시아 교수를 초청하여 세미나를 했는데 자기가 패널로 지명되었지만 사전에 연락을 받지 않아 참가하지 못했다는 것이다. 그런데 총장이 만나서 왜 안 나왔느냐 하고 기자들이 무책임한 사람이라 비난했다 하더란다. 틈을 내어 집으로 들르던지 신문사로 오던지 하라고 했다. 낮에는 광주금고의 장 사장, 이 전무, 문 감사가 점심에 초청하기에 부사장, 이상호 이사, 허 국장과 담양 구탕집으로 가다.

오후에 은 처장이 신문사로 찾아왔다. 오늘 아침 광주대 김 총장이 운동하러 나갔다가 누구를 만났는지 내가 전남일보의 상근고문으로 계속 근무할 것이라 하더란다. 나는 예정대로 신문사를 정리하고 비상근 고문으로 필요한 자문에 응할 것이고 새 학기부터는 광주대에 나가겠으니 그렇게 알고 일을 처리해 달라고 했다. 그리고 어제 오후에 김인곤 이사장과 전화했으며 김 총장에게도 연락해 달라고 했더니 염려

말라고 하더라고 했다. 유선방송위원회의 유성화 총장이 전화, 11월의 정기위원회는 10일경에 열릴 것이라 한다. 오전에 회장님이 전화하여 하서 선생에 관한 기사를 잘 다루어 달라고 하시다. 창락이가 한양대 산업대학원 석사논문이 통과되었다고 알려왔다.

10월 29일 (목) 미 공보관이 선거전망을 묻는다

조회가 끝나자 회장님이 도착하셨다. 동아일보의 김상만 회장이 오늘 방문할 것이라는 말씀만 남기고 해남 성산광산에 다녀오겠다며 10시 30분에 나가셨다. 오전에 미국대사관의 공보관과 광주문화원장이 찾아왔다. 선거전망에 대해서 묻기에 이 지역에서는 민주당 지지 일변도이기 때문에 이쪽 공기만 가지고는 점칠 수 없지만 다른 지역에서도 김대중 씨에 대한 지지도가 상당히 높아지고 있어 거의 백중세로 보인다고 했다. 그리고 12월에 USIS에서 환경문제에 관심있는 기자를 미국으로 초청해 토론과 견문을 넓히는 기회가 있는데 김은진 기자를 지명하면서 보내줄 수 있느냐고 한다. 김 기자에 대해서는 나도 전문성을 인정하고 있으니 긍정적으로 검토하겠다고 약속했다. 문 이사와 허 국장의 생일을 축하하는 오찬을 기흥식당에서 가졌다. EXPO사절단이 홍보차 신문사를 방문했다. 이만영 부장이 미국 여행을 마치고 돌아왔다. 민경관 차장이 내일 해외여행 떠난다고 전화했기에 박갑동 이사에게 10만 원을 전달해 주라고 지시하다.

10월 30일 (금)

회장님은 오전 중 전남대 공대에서 열리는 내화물협회 세미나에 참석하느라 11시경에 들어오셨다. 무슨 일이 있었는지 나에게 사장직에 머물러 달라고 새삼스럽게 말씀하신다. 앞으로 고문역할은 충실히 봉사할 것이니 너무 걱정하지 마시고 일단 합의한 대로 진행시키자고 말씀드렸다. 낮에 기무사에서 주최하는 오찬회에 참가하느라고 '예향'으로 갔다. 박성섭 사장만 안 나오고 모두 나왔다. 김종태 사장이 한전지사장이 제의한 일본여행건을 제기하자 김효중 사장은 24일에 행사가 있어 어렵다고 하니 25일에 출발하기로 합의하다. 나의 참가문제는 유동적이지만 일단 가는 것으로 하고 추진하기로 했다. 기무사의 이성범 대령이 사실은 골프모임을 주최하려 했다면서 골프용 티셔츠를 한 벌씩 선사한다.

2시 40분에 어린이 공원에서 개최된 하서 선생 동상개막식에 참가했다. 회장님이 일찍 도착하셔서 앉아 계시기에 좌석을 다른 곳으로 옮겨드렸다. 신기하 의원과 조선대 총장과 나란히 앉았다. 최창윤, 이환의, 김상현, 조연하 의원, 김영삼 총재 등을 만나다. 김상만 회장은 이제 고령이어서 보행도 부자유스럽고 발음도 똑똑치가 않다.

10월 31일 (토)

어제 박권상 선배가 광주에 내려갈 테니 무등관광호텔에서 아침을 함께 하자고 해 아침 7시에 호텔로 찾아갔다. 호텔에는 무등일보 박성섭 사장이 와 있다. 그도 박권상 씨를 만나러 왔다고 한다. 잠시 후에 신건 고검장이 나타났다. 그도 박권상 씨와 아침을 함께하자고 해서 나왔다고 한다. 우리는 다 함께 2층으로 내려가 해장국을 먹으면서 환담했다. 최병우 씨에 관한 이야기와 또 박 선배가 구상하는《시사저널》에 관한 이야기를 했다. 식사 후에 박 선배는 그의 최근 저서 두 권을 건네준다. 오전중에 광주대의 은 처장이 전화, 오늘 아침 김인곤 이사장과 김란수 총장이 전화상으로 내 문제를 협의했다고 하면서 월요일 12시에 무등빌딩 '스카이로자'에서 김 총장이랑 셋이서 만나자고 한다. 낮에 문예회관 미술관에서 열리는 광주사진작가단 합동전에 갔다. 30여 개의 동호회에서 참여하여 700여 점이 출품된 대규모 전시회였다. 테이프커팅 끝에 나더러 축사를 부탁하기에 짤막하게 하다. 4시부터 조상현 명창이 출연한 〈이 산 저 전〉이라는 창극을 구경하다. 광주대에 제출할 나의 이력서에 그동안 내가 발표한 언론관련 학술논문을 수록했는데, 80여 편이나 된다. 이들은 주로 1970년대에 발표된 논문들이다. 나도 좀 놀라웠다.

11월 1일 (일)　백양사 단풍을 만끽하다

9시경에 이상호 이사와 고행원 부국장이 산행을 위해 집으로 모였다. 집사람도 따라나섰다. 장성 4거리를 지나 할렐루야 기도원을 거쳐 전남대 연수관에 이르니 10시 35분이었다. 계곡에 들어서니 벌써 양편 산등성은 만산홍이다. 노랑, 빨강, 청색이 맞물려 대가의 화폭처럼 현란하다. 긴 계곡을 지나 백양사가 바라다 보이는 고갯마루에서 쉬면서 과일을 깎아 먹었다. 천왕봉을 지나 백학봉으로 해서 하산하는데 그 가파른 길이 무척 길게 느껴졌다. 정상 능선에서 바라다 보이는 사방 산야는 너무 아름다워 우리만 감상하기에 아까운 형편이었다. 백양사의 빨간 단풍은 지금이 피크인데 사람들이 어떻게 많이 모였던지 마치 도떼기시장처럼 붐볐다. 3시 넘어서 백양사를 빠져 나오는데 차가 막혀 짜증이 나다.

11월 2일 (월)

10시 넘어서 회장님에게 전화, 모레 관훈클럽에서 특별 만찬모임이 있어서 서울로 올라가겠다고 말씀드리다. 그리고 모처럼 조사자료실에 들러 자료정리 상황을 점검했다. 제대로 정리되지 않고 엉망이다. 정용택 차장을 불러 요즘 도서 및 자료를 정리하는 방법이 많이 개발되어 있으니 그러한 문헌들을 구입해서 참고하고 또한 다른 언론사의 정보자료 분류법을 참고해 자료정리와 색출을 체계화하라고 지시하다. 낮에는 무등빌딩 '스카이로자'에서 광주대 김란수 총장과 은태완 처장을 만나다. 김 총장은 이번 교수초빙 공고에 신방과는 아예 넣지 않았다고 한다. 만약 넣어놓으면 한 20여 명쯤은 신청할 것이고 나중에 들러리만 섰다는 말썽이 일어날 가능성이 많기 때문이라 한다. 그리고 나더러 정식으로 결정되기까지는 광주대로 오게 되었다는 것을 광주대교수들에게 밝히지 말아 달라고 한다. 벌써 내가 광주대로 온다는 말이 퍼져 있다고 한다. 그리고 "광주대총람"을 주면서 93년 1학기의 담당과목을 참작하여 기존교수들의 과목들과 중복을 피해서 과목을 두 개쯤 선택해 준비하라고 한다.

11월 3일 (화)

조선내화의 이종락 상무가 이번 회장님 생신에 보낼 꽃은 조선내화에서 일괄 조정해서 보낼까 한다고 해서 그렇게 하자고 찬성했다. 광주대에 제출할 나의 대학 출강증명을 위해서 서울대는 박동해 씨에게, 외국어대는 정진석 교수에게, 성균관대는 박기순 교수에게 그리고 중앙대는 서울지사의 박경래 기자에게 각각 수고를 부탁했다. 성업공사의 왕병호 지사장이 11월 11일에 있을 자사 이전식에 참가해 달라고 한다.

오후에 무등일보를 그만두고 향토문화진흥원을 경영하는 김정호 원장이 찾아왔다. 자기 부인이 서울에서 요식업을 하면서 지점을 3개나 늘려 과잉투자해 실패하는 바람에 아들과 딸에게 큰 피해를 주어 고민중이라고 한다. 진흥원을 청산해 부채 일부를 갚고 자기도 취직하고 싶다고 한다. 그래서 전남일보에서 자기가 경영하는 재단법인 진흥원을 인수해 준다면 용역사업을 해도 괜찮을 것이고 자기도 대하기획을 통해서 나름대로 기여하고 싶다고 한다.

미국문화원에서 정은진 기자의 미국에서 열리는 세미나 참석 여부를 내일까지 확답해 달라고 한다. 여행일정표를 살펴보니 아주 유익한 내용들이 담겨 있다. 회장님께 정 기자를 미국에 보내야겠다고 강조했더니 알아서 처리하라고 하신다. 정 기자를 찾으니 부재중이다. 허 국장에게 정 기자를 미국에 보낼 수속을 하라고 지시하다. 광복회 광주지회의 김상권 지회장이 나를 광복회이사로 추천했다고 알려왔다.

11월 4일 (수) 지방언론인 재교육을 강조하다

오전에 정은진 기자를 불러 미국 세미나에 보내기로 결정했으니 충분한 준비와 면밀한 사전계획을 통해서 가능한 한 많은 것을 배워 오기를 바란다고 당부했다. 박동해 씨가 나의 서울대 출강경력 증명서를 등기로 발송했노라고 연락했다. 관훈클럽 만찬에 참석하기 위해서 오후에 광주공항으로 나갔다. 귀빈실에서 광주일보 김종태 사장을 만났는데 신문협회 이사회가 있어서 올라간다고 한다. 전남지역 현역 언론인들의 재교육이 절실하다고 강조했더니 동감을 표시하면서 방법을 모색해 보자고 한다. 감을 두 상자를 가지고 갔기에 신사동 집에 내려놓고 프레스센터로 가서 김충기, 김영성, 구월환 등과 환담하다. 7시에 지난번 관훈포럼에 참여했던 김진현 장관, 박권상, 남시욱, 최창섭, 임상원, 정진석, 박동화, 안병찬, 김정탁 교수 등과 만찬을 함께 하면서 산학협동 문제를 논의하다.

11월 5일 (목)

아침에 신사동 집에서 부회장 집으로 전화했더니 회장님을 뵈러 청담동에 갔다 한다. 박갑동 이사가 전화로 오늘 10시에 광고주들과 운동할 계획이라 한다. 그러나 어떻든 서울지사로 나갔더니 박 이사는 떠나고 없다. 조 고문은 요즘 배탈이 나서 고생하다가 좀 나아지는 편이라고 한다. 한국일보 정경희 논설위원에게 전화, 11시에 '토'다방에서 만났다. 정 위원은 이제 교통사고에서 회복되어 출근하는데 아직 계단을 올라가는 것이 고역이라고 한다. 최근에 위암언론상을 수상한 것을 축하한다고 했다. 그런데 오늘 점심은 자기 친구들로부터 수상을 축하하는 뜻으로 초청받았다고 한다.

오후에 조 고문이 지사에 나오셨다. 전에 회상님을 뵈었을 때 나에 대한 회장의 평가가 대단하더라고 전한다. 이화여행사의 정 사장과 잠시 만나서 신문사에 관한 이야기를 하다. 3시에 아시아나 편으로 광주로 내려오다. 비행기 안에서 성옥산업의 손용석 전무를 만나다. 해남에 출장간다고 한다. 내가 전남일보를 그만둘 것이란 이야기를 일전에 김 상무로부터 들었다고 한다.

11월 6일 (금)

아침에 서울로 부회장에게 전화했더니 오늘 10시에 회장님과 만나기로 했다고 한다. 다음에 회장님에게 전화드렸더니 역시 부회장과 만나기로 했다면서 다음에 자세한 내용은 연락하겠다고 하신다. 10시에 그랜드호텔에서 김란수 광주대 총장과 은태환 처장을 만나다. 김인곤 이사장과 협의한 결과, 신문에 낼 공모광고에 신문학분야도 포함시키기로 했다고 한다. 전공과목은 언론정책학으로 제시하면 경쟁자가 상당히 제한될 것이라고 한다. 김 총장은 이제 광주대 교수들을 만나서 혹 있을 수 있는 불만이나 잡음이 일어나지 않도록 이해시키라는 것이다. 총장더러 먼저 신방과 과주임에게 나에 대한 이야기를 귀띔해 놓으라고 부탁했다.

김기중 교수에게 점심하자고 연락했다. 김 교수는 총장으로부터 말을 들었다면서 환영한다고 반겨 주었다. 한식집 일송정으로 몇 사람을 데리고 나오라고 했더니 최병진 교수와 강호수 교수가 함께 나왔다. 4명의 교수들은 이구동성으로 환영한다면서 공모형식을 통해서 보다는 영입형식으로 하는 것이 좋을 것 같다고 한다. 과목선정은 기득권을 침해할 생각이 없다고 미리 말했는데 굳이 나더러 희망제목을 말하라고 한다. 결국 강호수 교수가 자기가 맡는 "매스컴과 사회"를 즐거이 양보하겠다고 하고, 또 김기중 교수가 "커뮤니케이션 심리학"을 내어놓겠다고 한다. 감사히 받아들이겠다고 했다. 오후에 조덕송 고문이 전화, 오전에 회장님과 부회장이 만나는 자리에 동석했는데 회장님께서 부회장에게 최 사장의 충고를 성실하게 따르라고 타이르면서 그동안 나의 전남일보에서의 역할에 대해 매우 높게 평가하더라고 전한다.

11월 7일 (토)　목고 무안동문회 모임에 참석하다

오늘 무안공원에서 무안출신 목중고 동문회가 열리는데 배종무 총장이나 정영식 기획실장은 모두 다른 일이 있어서 참석을 못하겠다 한다. 12시에 신문사에서 출발, 1시에 무안에 도착했다. 최종경 기자가 마중 나오다. 남산 현충탑 아래에 목중고 출신들이 30~40명 모여 있다. 조부현 회장과 총동창회의 김 회장이 반갑게 맞이하고 오덕교 군수가 거의 동시에 도착한다. 민자당의 노인옥 위원장도 나와 있다. 축사를 부탁하기에 짤막하게 하고 식사 후에 노래를 청하기에 〈수박타령〉을 불렀다. 고향으로 내려와서 처음으로 무안동문들과 만났는데 마음이 뿌듯하다. 남산에는 이 고장 출신 독립운동가들을 기념하는 탑이 서 있는데, 거기에서 우리 선친의 업적을 기리는 비문을 보고 감회가 깊었다. 뒷면에는 내 이름도 새겨져 있었다.

11월 8일 (일)

오늘은 형님의 탈상 날이라 산행은 아예 포기했다. 아침에 점자 조카로부터 전화, 서울에 있는 자손들 중에는 내일 출근해야 할 사람들이 많기 때문에 제사는 아침에 지내고 점심때 마을사람들에게 음식을 대접하고 오후에는 서울로 돌아갈 수 있었으면 좋겠다고 말한다. 집사람과 함께 10시 넘어서 몽탄 집에 도착했다. 제사를 모신 후 조카들을 모두 모아놓고 이제 제사를 큰조카가 사는 수원에서 모시게 될 터인데 그렇게 되면 고향에서 모일 기회가 적을 것이다. 사람이 자기 선산에 성묘하고 생가를 찾는다는 것은 자신의 뿌리를 찾는 일이어서 아주 소중한 일이다. 적어도 1년에 한번쯤은 모든 자손들이 모이는 기회를 가져야 한다. 형님이 돌아가신 날이 8월 1일인데 이때가 방학때이니, 그날 학산에서 모여 제사를 모셨으면 한다고 말했더니 모두 찬성한다.

11월 9일 (월)

회의 마치고 회장님께 전화, 12일에 내려오시겠다고 한다. 심복진 부국장이 사진작품집을 가지고 올라왔다. 내가 사장직을 떠나게 되어 아쉽게 생각한다고 말한다. 광주대의 은 처장에게 전화, 앞으로 담당할 과목에 대해서 신방과 교수들과 협의한 후 결정했노라고 알려 주다. 조경석 씨가 목포에서 올라왔다. 퇴임식을 13일에 할 것 같다고 하니 그날 다시 내려오겠다고 한다. 일부러 올 것까지 없다고 만류했다. 조경석 씨는 쌀 소비방법에 대한 연구문헌을 가지고 와서 한번 읽어보고 신문에 소개해 달라고 한다. 그리고 광주·전남지역의 숙원사업에 관한 자료를 찾기에 조사부에 연락해서 10여 장을 복사해서 건네주다.

11월 10일 (화)　　창간사장 퇴임사가 퇴짜 맞다

아침에 집사람이 이상호, 고행원, 김선남, 손지현에게 시골에서 가져온 감을 나누어주자고 해서 기사를 시켜 한 박스씩 전달하도록 했다. 회사에 나가 조회를 마치고 나니 이정일 부회장이 서울에서 비행기편으로 내려왔다. 내 방에 잠시 들렀다가 각 국실을 돌아보겠다고 일어서기에 부회장을 불러 동행하자고 했다. 12시 넘어서 부회장이 부국장급 이상의 직원들과 점심을 함께 하겠다기에 나는 빠지기로 하고 잠시 이야기를 나누었다. 그동안 이 지역 언론사 사장들과 추진하던 일본 시찰여행이 박두해 수속을 해야하는데 어떻게 했으면 좋겠느냐 물었더니, "모두 사장들이 가는데 다른 사람이 낄 수가 없지 않느냐"고 말한다. 내가 어찌 '다른 사람'인가. 취임해 5년여 동안 한번도 해외여행을 떠나지 않았던 사람인데 마지막으로 주어진 여행기회마저 양보하지 않는다니 너무 비정하다는 생각이 든다. 점심때 집으로 돌아와서 누워 있다가 4시경에 신문사로 다시 나갔다. 부회장은 내방에 들어오더니 부사장을 부른다. 그리고 부사장에게 내가 지면에 발표하도록 내려보냈던 퇴임사는 전례가 없는 일이니 게재하기 어렵다는 투로 이야기한다. 옆에 있던 부사장은 무슨 생각에서였던지 선뜻 그 말에 동조하고 나선다. 참으로 어처구니없는 노릇이다. 창간사장이 퇴임하면서 퇴임사를 내는 것은 애독자에 대한 하나의 기본예절이기도 한데 말이다. 게다가 이취임식은 취임식의 분위기를 해치지 않게 해야 한다느니 이임사가 너무 길지 않도록 조정해야 한다느니 말이 많다. 참다못해 '이런 몰상식한 처사가 어디 있느냐'고 큰소리로 호통치고 그 자리에서 나와버렸다.

11월 11일 (수)

오늘은 기분도 언짢고 해서 신문사에 나가지 않았다. 전화로 부사장에게 못나간다고 하고 나의 퇴임인사는 10분 정도로 짤막하게 하겠다고 통고했다. 오늘 낮에는 광주대학교 신방과 교수들을 점심에 초대했기에 한식집인 일송정으로 나갔다. 박지동, 유한호, 최병진, 강호수, 이종수, 이귀영, 윤석년, 임동욱 교수 등이 나왔다. 안영섭, 김기중 교수는 수업 때문에 나오지 못했다. 맥주로 건배하면서 앞으로 학구생활로 돌아가고 싶은데 뜻대로 될는지 모르지만 여러분의 협조와 격려를 바란다고 했다. 그리고 좋은 정보나 자료가 있으면 서로 나누어보게 해달라고 당부했다. 1시 30분에 점심을 끝내고 집으로 돌아왔다. 서울 유선방송위원회에서 11월 20일 10시에 정례회의를 개최하는데 회의자료는 그에 앞서서 보내주겠다고 연락이 왔다. 저녁때 집사람과 남광선으로 올라가서 한바탕 뛰고 나니 몸과 마음이 거뜬하다.

11월 12일 (목)

아침에 박관수 기사에게 전화해 오늘 출근을 안 하겠으니 신문사에서 대기하라고 했다. 나 비서에게 전화했더니 회장님이 나와 계신다고 한다. 그러면 회장님에게 내가 오늘 나가서 별로 할 일이 없으니 집에 있겠다 하더라고 말씀드리라고 했다. 부회장은 오후에나 나올 것이라고 한다. 오후에 이상호 이사로부터 전화가 왔다. 나더러 기분 나쁜 소리에는 신경쓰지 말고 좋은 말이나 기억하라고 하면서 오늘 점심식사 후에 회장님이 국장급 이상의 간부들을 불러놓고 하신 말씀을 전해준다. 최 사장이 신문을 창간하면서부터 5년 여 동안 무던히 고생했다, 신문에 난처한 기사가 날 때마다 최 사장을 상대로 화풀이를 했는데 그것을 꾹 참고 수용하는 것을 보면 인격적으로 훌륭하고 존경받을 만한 분이다, 이제 사장직을 떠나게 되었지만 고문으로 추대해 앞으로 1년간은 생활비를 지급하겠다고 하시더란다.

11월 13일 (금)

오전에 이효계 지사가 신문에 난 나의 퇴임소식을 보고 집으로 전화했다. 불원간에 함께 식사하도록 연락 주겠다고 한다. 이양우 교육감이 전화를 걸어 위로한다. 임병성 예총지회장은 나의 퇴임소식을 듣고 신문기업가들이 전문가를 아낄 줄 모른다고 성토조로 말하기에 그렇지 않다고 해명하다. 집에서 점심을 먹고 나니 기사가 차를 가지고 왔다. 그런데 내가 타던 차가 아니다. 내 차는 벌써 서울 동일상역으로 보내고 카폰은 부사장 차에 달도록 했다고 한다. 무엇이 그렇게 급하다고 퇴임식이 끝나기도 전에 차를 처분해 버린단 말인가! 혈압이 갑자기 오르는 것 같아 약을 먹고 신문사로 나가 회장님을 뵈었다.

나를 보자 회장님은 그동안 수고가 많았다면서 앞으로 자주 나와 강당에서 기자들을 교육시켜 달라고 하신다. 그리고 자신도 나와서 공부하겠다고 하신다. 많은 친지들로부터 오늘의 퇴임식에 참가하겠다는 것을 순전히 사내행사로 간략하게 하기로 했으니 제발 나오시지 말도록 당부했는데도 목포대의 배종무 총장과, 이내균 사장, 박상연 선배 그리고 서울에서 김여칠 교수가 일부러 내려왔다. 그런데 3시에 거행된 퇴임식에는 회사에까지 찾아온 이들 외빈들의 모습마저도 보이지 않았다. 회장님이 단상에 올라가셔서 준비된 인사말을 읽으시고 나서 최 사장은 그동안 수고가 많았고 임기가 아직도 1년이 남았는데 학구생활로 돌아가기로 결심했다 하니 앞으로 1년간 종전의 월급을 지급하며 비상임 고문으로 대우하겠다고 말씀하신다. 이어 내가 단상으로 올라가 사임하게 된 이유를 간략하게 설명하고 그동안의 창간과 초기 기반조성 작업에 심혈을 기울여 주신 사원 여러분의 노고에 깊이 감사드린다는 뜻의 퇴임사를 남겼다.